C·H·Beck

PAPERBACK

Mit großer Selbstverständlichkeit verwenden wir heute noch in unserer Alltagssprache lateinische Begriffe und Sprichwörter, die Eingang in unser kulturelles Gedächtnis gefunden haben. Doch abseits von geläufigen Redewendungen wie „Irren ist menschlich" (*errare humanum est*) oder bekannten Rechtsformeln wie „Im Zweifel für den Angeklagten" (*in dubio pro reo*) – die selbstverständlich in dem vorliegenden Buch nicht fehlen – haben sich Tausende eindrucksvoller Gedanken erhalten, die ursprünglich einmal in lateinischer oder gar in griechischer Sprache formuliert worden sind. Sie bilden in ihrer Pointiertheit einen wahren Schatz an Witz, Menschenkenntnis und Lebensklugheit, wodurch dieses Werk nicht nur zu einem wichtigen Bestandteil jeder Handbibliothek, sondern auch zu einem echten Lesevergnügen wird.

Um Leserinnen und Lesern eine leichte Orientierung in dem umfangreichen Band zu ermöglichen, stehen zuoberst auf jeder Doppelseite das erste und das letzte Leitwort (z. B. „Arbeit" oder „Liebe") in deutscher Sprache; dem einzelnen Leitwort folgen die zugehörigen lateinischen Begriffe, Sentenzen, Sprichwörter und Zitate mit Übersetzung, Beleg- und Vergleichsstellen, auch aus dem Griechischen. Am Ende des Buches bietet ein umfassendes Register stets die ersten lateinischen Wörter – etwa eines gesuchten Zitats – mit dem Verweis auf die entsprechende Nummer, die dem betreffenden Eintrag im Text zugewiesen wurde.

Hubertus Kudla (1932–2018) lehrte als Studiendirektor Latein und Deutsch an einem Münchener Gymnasium und war verantwortlich in der Lehrerfortbildung tätig. Er sammelte und erforschte über viele Jahre lateinische Begriffe, Sentenzen, Sprichwörter und Zitate.

Lexikon der lateinischen Zitate

3500 Originale mit Übersetzungen
und Belegstellen

herausgegeben von
Hubertus Kudla

Mit einer Erweiterung um griechische Originalstellen,
zusammengestellt von Agnes Luk,
übersetzt von Bernhard Zimmermann

C.H.Beck

1. Auflage. 1999
2., überarbeitete Auflage. 2001
3., durchgesehene Auflage. 2007

Originalausgabe

4., erweiterte Auflage. 2021
© Verlag C.H.Beck oHG, München 1999
www.chbeck.de
Umschlaggestaltung: Konstanze Berner, München
Umschlagabbildung: Pompejanische Wandmalerei,
Frau des Paquius Proculus. © akg-images
Satz: C.H.Beck.Media.Solutions, Nördlingen
Druck und Bindung: Druckerei C.H.Beck, Nördlingen
Gedruckt auf säurefreiem und alterungsbeständigem Papier
Printed in Germany
ISBN 978 3 406 77485 0

klimaneutral produziert
www.chbeck.de/nachhaltig

Inhalt

Zur Einführung

Das vorliegende Lexikon lateinischer Begriffe, Sentenzen Sprichwörter und Zitate soll allen interessierten Lesern helfen, den Wortlaut bekannter und unbekannter lateinischer Zitate rasch zu finden, die Quelle festzustellen und in der beigegebenen Übersetzung den Sinn des lateinischen Textes adäquat zu verstehen. Die angegebenen Parallelstellen bei anderen lateinischen Autoren weisen die Aufnahme oder das Weiterwirken des literarischen Bildes oder des Gedankens nach und lassen wiederholt das Gewicht der erstgenannten Aussage wohl leichter erkennen als ein aufwendiger philologischer Kommentar.

Die Begriffe, Sentenzen, Sprichwörter und Zitate wurden nach Stichwörtern angeordnet. Jeweils der Hauptbegriff, das dominierende Wort einer lateinischen Sentenz bzw. seine deutsche Übersetzung führt zu der Stelle, an der die Sentenz aufgeführt wird. Zum Beispiel kann Errare humanum est unter dem Stichwort *irren / Irrtum*, ad multos annos unter dem Stichwort *Jahr*, Ars longa, vita brevis unter dem Stichwort *Kunst* oder über den Verweispfeil unter dem Stichwort *leben / Leben* gefunden werden. Unter einem Stichwort / Suchwort werden die Zitate in der Regel in der Reihenfolge ihrer zeitlichen Entstehung angegeben.

Die Zusammenstellung der Zitate nach dem in ihnen enthaltenen Reizwort, dem Hauptbegriff, um den es bei der Aussage eigentlich geht, führt in vielen Fällen zu Aussagen von Autoren anderer Zeitepochen zum gleichen Stichwort, die sich aber auf Grund des verschiedenartigen Zusammenhangs, aus dem sie herausgelöst sind, in Nuancen, im gewählten Bild, in der ganzen Aussageintention und in der sprachlichen Form unterscheiden. Das Zitat erhält gleichsam Konkurrenz. Das Gewicht einzelner Formulierungen kann so verstärkt oder abgeschwächt werden. Indem der Leser Vergleichsmöglichkeiten findet, gewinnt er größere Distanz zum einzelnen Zitat und kann seine Bedeutung, Tragweite und Gültigkeit kritischer beurteilen und richtiger einschätzen. Der Bedeutungsumfang und die Inhaltstiefe der Begriffe im einzelnen Zitat, z. B. amor, caro, lex, natura, werden wiederholt erst durch andere Zitate, die dieselben Begriffe aufweisen, erkennbar.

Das Weiterwirken der von Philosophen und Historikern prägnant ausgedrückten Menschheitserfahrungen und nicht weniger Dichterworte von unvergänglicher Schönheit über Jahrhunderte und Jahrtausende hinweg wird sichtbar. In vielen Formulierungen aus Komödie, Tragödie, Epos und aus der Lyrik findet der moderne Leser die Situationen des persönlichen Lebens in Familie, Gesellschaft, Politik, im Staat und in der Geschichte gleichsam zeitunabhängig beschrieben, charakterisiert oder bewertet. Jugend und Alter, Glück und Leid, Schmerz, Liebe und Haß, Leben und Tod usw. waren stets wiederkehrende Themen der philosophischen Literatur und der Dichtung.

Neben den Stichwörtern des persönlichen Lebens wurden wichtige anthropologische, philosophische, juristische, historische und sonstige im modernen Kulturleben relevante Begriffe, auch Fachbegriffe, sowie Sentenzen und Redensarten in diese Sammlung aufgenommen. Einige Zitate, die sich mit den Namen historischer Persönlichkeiten verbinden, z. B. Caesar, Augustus, Vergil u. a., sind unter diesen Namen zusammengestellt.

Das grundlegende Denken der Römer und überwiegend durch die Vermittlung in lateinischer Sprache auch der alten Griechen hat sich in allen Kulturbereichen der Staaten Europas und der von Europa aus gegründeten und maßgeblich geprägten Staaten der Welt in vielen Formen erhalten. Moderne Philosophie, Theologie, Geschichtswissenschaft, Psychologie, Anthropologie, das Studium der Rechte, der Germanistik, der romanischen Sprachen, der Theaterwissenschaften, der Zeitungswissenschaft und manch anderes sind ohne eine gewisse Kenntnis lateinischer Begriffe, Definitionen, Sentenzen und Zitate ebensowenig vorstellbar wie die Lektüre der Feuilletons der deutschen und der internationalen Presse oder das adäquate Verstehen anspruchsvoller Beiträge in anderen Medien.

Lateinische Zitate finden sich in der geisteswissenschaftlichen Literatur allenthalben sowie in den meisten Werken der erzählenden deutschen und europäischen Literatur aller Jahrhunderte. Einige Beispiele hierfür (Fundstellen) wurden bei den aufgeführten Zitaten angegeben; sie gewähren einen kleinen Einblick in die Rezeption einzelner Zitate und Autoren. In einzelnen Fällen scheinen sie manchmal neues Leben oder eine Bedeutungserhöhung durch den literarischen Rang des Autors zu erhalten, der sie in sein Werk aufnahm.

Wie entstanden die zahlreichen Dicta, Sententiae, Proverbia und anderen prägnanten, zugespitzten Formulierungen, deren Urheber oft überhaupt nicht feststellbar zu sein scheint? Allgemein gültige Aussagen, geistreiche philosophische Gedanken, eine Lebensweisheit, eine Rechtsregel, eine verblüffende, umwerfend eindrucksvolle – meist kurze – Feststellung, die im Zusammenhang mit einem bedeutsamen historischen Ereignis steht, entstammen zumeist einem literarischen Werk, aus dem sie im Laufe der Jahrhunderte herausgelöst wurden.

Die geglückte Formulierung im jeweils spezifischen Einzelfall (Komödie, Tragödie, Brief, Gedicht, philosophische Abhandlung, historische Darstellung, juristischer Text) wurde als gültig und anwendbar auch für andere Fälle erkannt und als Zitat gebraucht. Das Zitat machte sich selbständig, wurde bekannter als die Quelle, der Zusammenhang mit ihr wurde vielfach vergessen. Lateinische Zitate leben in der Literatur und im mündlichen Gebrauch weiter und üben Einfluß auf das Denken der Menschen aus, insbesondere soweit die europäischen Sprachen gebraucht werden. Lateinische Zitate, Sprichwörter und Aussprüche gehören zum Bildungs- und Kulturgut Deutschlands und Europas und werden in fast allen Ländern der Erde verwendet. Ihr Gebrauch erweist ihre ungebrochene Lebenskraft und ihre Aktualität. Lateinische Zitate dienen über ihre substantielle, geschliffene, oft bildhafte Aussage hinaus auch gleichsam als eine Art von Katalysator unter den „Gebildeten".

Begriffe sind eine Aussage im Wort; sie bilden die Bestandteile der Aussagen bzw. der Aussagesätze und kommen hier zur Geltung. Inhalt und Umfang großer lateinischer Begriffe, z.B. honos, ius, natura, virtus und andere mehr, werden hier dem Leser in Aussagen bedeutender Autoren verschiedener Zeitepochen nahegebracht.

Lateinische *Sentenzen* (von lat. sententia Satz, Meinung, Urteil, Gedanke; griechisch: gnôme) sind Aussprüche, die in knapper Form einen Sachverhalt oder eine Erkenntnis besonders treffend ausdrücken. Sie sind sinnreiche, oft ein Urteil abgebende, durch eine Pointe auffallende und durch ihre geschliffene Ausdrucksweise überzeugende Denksprüche. Sie stehen dem Sprichwort nahe und wollen wie dieses eine Belehrung vermitteln. Nach Appius Claudius Caecus, Cato dem Älteren und Sallust erwiesen sich besonders Publilius Syrus, Seneca, Martial und Juvenal als Meister der Sentenz.

Sprichwörter enthalten in bildhafter Sprache leicht verständlich ausgedrückte, vielfach bestätigte Lebenserfahrungen und Lebensweisheiten und wollen enthüllen, warnen und belehren. Ein Sprichwort wird zunächst bildhaft-vordergründig aufgefaßt, danach metaphorisch verstanden. Sprichwörter schienen schon in der griechisch-römischen Antike eine Schöpfung des Volkes, nicht eine von bestimmten Verfassern zu sein. Jedenfalls sind Verfasser von Sprichwörtern namentlich nicht bekannt. Die These, daß ein Sprichwort nicht auf einen einzelnen Menschen zurückgeht, ist aber unwahrscheinlich. Auch Sprichwörter wurden einmal von einzelnen Persönlichkeiten geprägt, deren Namen jedoch nicht mehr bekannt sind. Durch häufigen Gebrauch wurden die Formulierungen im Laufe der Zeit abgeschliffen, vereinfacht, verkürzt.

Ein Sprichwort enthält eine vollständige Aussage. Zitierte Sprichwörter werden in der römischen Literatur meist durch einen erklärenden Zusatz, z. B. durch die Worte ut in proverbio est, Cicero, Orator 235, *wie es im Sprichwort heißt* oder ut aiunt, Cicero, Academici libri 1,18; De officiis 3,117, *wie das Sprichwort sagt* bzw. ut dicitur *wie man sagt,* gekennzeichnet. Der Einfluß griechischer Sprichwörter auf den lateinischen Bereich ist groß; er tritt vor allem in der römischen Komödie und Satire hervor. Die mittelalterlichen lateinischen Sentenzen und Sprichwörter sind sprachlich ungenierter, enthalten neue Wörter und fallen durch ihre Drastik auf. Im Hintergrund werden oft die verschiedenen Lebensformen der Katholischen Kirche sichtbar. Die zahlreichen biblischen Sprichwörter in der lateinischen Sprache der Vulgata erweisen sich vielfach als Parallelen zu Sprichwörtern der heidnischen Antike.

Von den eigentlichen Sprichwörtern lassen sich die *sprichwörtlichen Redensarten* abgrenzen, die einen nicht vollständig ausgeführten Gedanken enthalten und früheren Kulturschichten entstammen, z. B. non ovum tam simile ovo, vgl. Quintilian, De institutione oratoria 5,11,30, oder die ‚*Geflügelten Worte*‘, deren Quelle bekannt ist, z. B. in medias res, Horaz, De arte poetica 148, *unmittelbar zur Sache.* Der homerische Ausdruck ‚*Geflügelte Worte*‘, vgl. Homer, Ilias 1,201: épea pteroénta, ist seit Georg Büchmanns Zitatenlexikon mit dem Titel „Geflügelte Worte", 1. Auflage 1864, für sprichwörtliche Aussprüche, häufig erwähnte Zitate und ähnliches üblich, deren Ursprung nachweisbar ist.

Zitate sind wörtlich, gegebenenfalls gekürzt wiedergegebene Stellen aus gedruckten oder auch aus mündlichen Äußerungen eines anderen. Zitate dienen im allgemeinen dazu, die eigene vertretene Meinung, Äußerung, These, Lehre usw. durch Beiziehen der Äußerung eines kompetenten Dritten zu untermauern bzw. als richtig zu belegen. Die Zitate dieser Sammlung stammen in der Regel aus literarischen Werken. Ihr Verfasser wird namentlich genannt, der Titel des Werks und die Fundstelle, zum Teil auch Parallelstellen, sind jeweils genau angegeben, darauf folgt die deutsche Übersetzung. Die gewählte Form der Darbietung soll zu einem sicheren Verständnis des jeweiligen Zitats verhelfen und die aktive Verwendung erleichtern. Deshalb ist hier und da der Wortlaut gegenüber dem antiken oder mittelalterlichen Original leicht variiert – ohne daß dadurch freilich in irgendeiner Weise der Sinn verändert wäre; das gleiche gilt für kleinere Auslassungen, die nicht immer kenntlich gemacht worden sind.

Das Bücherzeichen 📖 gibt optisch zu erkennen, daß nach den Zitaten aus Antike, Mittelalter und Neuzeit nun im Wortlaut der Vulgata bekannte Zitate aus dem Alten und Neuen Testament folgen. Die Bibel wirkte ja am längsten und nachhaltigsten in der lateinischen Sprache der Vulgata in der Kirche, da zu wenige Theologen der hebräischen und der griechischen Sprache so mächtig waren, daß die Kirche die in hebräischer Sprache verfaßte Bibel, das Alte Testament, oder ihre Übersetzung in die griechische Sprache, die Septuaginta, auf Dauer zur Grundlage ihres praktischen Wirkens hätte machen können. Latein ist die Sprache der Katholischen Kirche. Die Herauslösung einzelner Bibelstellen und ihre Aufnahme in dieses Zitatenlexikon läßt sich durch die Erfahrung rechtfertigen, daß einzelne Aussagen der Bibel, zumal in lateinischer Sprache, vielen Christen nur verwaschen, verkürzt oder entstellt im Gedächtnis sind und beim Nachdenken über relevante philosophische und andere Begriffe und Themen nicht so ohne weiteres assoziiert werden können.

Neben die Welt der vielfach durch die altgriechische Literatur beeinflußten genuin römischen Zitate tritt in den Stellen des Alten und des Neuen Testaments so die in lateinischer Sprache seit ca. zwei Jahrtausenden vermittelte christliche Lehre und Tradition.

Der Inhalt des Buches gewährt punktuelle, aber oft tiefe, klärende Einblicke in viele wesentliche Bereiche des menschlichen Lebens und in die großen Themen und Werke der römischen und der späteren lateinisch geschriebenen Literatur. Dem Leser wird aber nicht nur ein handliches Hilfsmittel zur Verifizierung wichtiger Zitate bereitgestellt. Die vorliegende Zusammenschau, die Fülle großer Namen und unvergänglicher Gedanken dienen auch der Vergegenwärtigung des Lateins, das im politischen Zusammenwachsen der europäischen Staaten neue Aktualität gewinnt. Ungezählte lateinische Textstellen und Zitate, die einmal gemeinsamer Besitz waren, sind teils mehr, teils weniger lebendiges Gemeingut der europäischen Länder geblieben. Sie können, richtig verstanden, auch in Zukunft Wertvorstellungen und Bewußtseinsinhalte der Menschen prägen und so verbindend wirken.

Für das Korrekturlesen und für wertvolle Hinweise danke ich Frau Hildegard Propach.

Abkürzungen

a. E.	am Ende
AT	Altes Testament
NT	Neues Testament
CIC	Codex Iuris Canonici
CIC/1983	Codex Iuris Canonici in der ab dem 27.11.1983 gültigen Fassung
MA	Mittelalter
ma.	mittelalterlich

Kursivdruck innerhalb eines Zitats bedeutet: Das Wort ist im Original nicht enthalten.

A

Aas

Ubicumque fuerit corpus, ibi congregabuntur et aquilae. 1

📖 NT Matthaeus 24,28 Vgl. Seneca, Epistulae morales 95,43: Vultur est, cadaver exspectat. Er ist ein Geier und wartet auf das Aas.

Überall wo ein Aas ist, da sammeln sich die Geier.
Wort Jesu Christi

Abend

Nondum omnium dierum sol occidit. 2
Titus Livius, Ab urbe condita 39,26,9
Es ist noch nicht aller Tage Abend.

Quid vesper ferat, incertum est. 3
Livius, Ab urbe condita 45,8,6. Vgl. Gellius, Noctes Atticae 1,22,4: M.Varro in satura, quae inscripta est nescis quid vesper ferat ... M.Varro, in seiner Satire mit dem Titel Du weißt nicht, was der Abend mit sich bringt ... 13,11,1: ... nescis, quid vesper serus vehat ... Man kann nicht wissen, was die späte Stunde mit sich führt ... (Titel einer Satire Varros)

Was der Abend bringt, ist ungewiß.
Man soll den Tag nicht vor dem Abend loben.

Denique quid vesper serus vehat ... sol tibi signa dabit. 4
Vergil, Georgica 1,461 ff.

Schließlich, was der späte Abend noch bringt ... die Sonne zeigt es dir an.

Et coegerunt illum dicentes: Mane nobiscum, quoniam ad- 5
vesperascit, et inclinata est iam dies.

📖 NT Lukas 24,29

Und sie drängten ihn und sagten: Bleib doch bei uns, denn es wird bald Abend, und der Tag hat sich schon geneigt.

Abwechslung

Varietas delectat. Variante: Variatio delectat. 6
Phaedrus, Fabulae 2, Prologus 10 Cicero, De natura deorum 1,22 Rhetorica ad Herennium 3,12,22 Euripides, Orestes 234

Abwechslung erfreut.

7 Plerumque gratae divitibus vices.
Horaz, Carmina 3,29,13

Meist sind den Reichen Abwechslungen willkommen.

Adler

8 Aquila non captat muscas.
Erasmus von Rotterdam, Adagia 2 165, zu diesem Sprichwort: Animus excelsus res humiles despicit. Ein erhabener Geist verachtet niedrige Dinge.

Ein Adler fängt keine Fliegen.

Agamemnon

9 Vixere fortes ante Agamemnona / multi.
Horaz, Carmina 4,9,25

Helden lebten schon vor Agamemnon[1] in großer Zahl.
[1] König von Mykene, Feldherr der Griechen vor Troja

Akten

10 Quod non est in actis, non est in mundo.
Nach Cicero, Epistulae ad familiares 2,15,5: ... in actis non erat ... es stand nicht in den amtlichen Nachrichten.

Was nicht in den Akten steht, ist nicht auf der Welt.
... ist für den Richter nicht vorhanden.

11 ad acta

zu den Akten (legen)
eine Sache als erledigt betrachten

allein

12 Sola scriptura, sola gratia, sola fide.
📖 Vgl. NT Römer 3,28 ff. Galater 2,16

Allein durch die Schrift, allein durch die Gnade (Gottes), allein durch den Glauben.
Prinzipien der Rechtfertigungslehre Martin Luthers. – Der Streit darum war eine der Ursachen der Kirchenspaltung durch die Reformation, Thesenanschlag am 31. 10. 1517. Heute sind sich die evangelische und katholische Kirche einig, daß der Mensch Erlösung und Heil allein durch den Glauben und durch Gottes Gnade, nicht durch gute Taten erlangen kann.

→ *Gott*	Soli Deo gloria! Nr. **975**
→ *Muße / Müßiggang*	Numquam minus otiosus sum, quam otiosus, nec minus solus, quam solus. Nr. **1901**

alles

Omnia praeclara rara.   **13**
Cicero, De amicitia 79
Alles Vortreffliche ist selten.

Omnia habet, qui nihil concupiscit.   **14**
Valerius Maximus, Facta et dicta memorabilia 4,4
Alles hat, wer nichts begehrt.

ante omnia   **15**
Cicero, De lege agraria oratio 2,20 Vergil, Bucolica 2,62 Seneca, Epistulae morales 16,2
vor allem

omnia in omnibus   **16**
Tertullian, Adversus Praxean 4 NT 1 Korinther 15,28
alles in allem

Aut omnia aut nihil.   **17**
Alles oder nichts.

Qui totum vult, totum perdit.   **18**
Wer alles (haben) will, verliert alles.

→ *Besitz*   Omnia mea mecum porto. Nr. **193**
→ *einer*   unus pro omnibus Nr. **356**
→ *können*   Non omnia possumus omnes. Nr. **1375**
→ *Liebe*   Omnia vincit Amor, et nos cedamus Amori! Nr. **1625**

alt

Vetera quae nunc sunt, fuerunt olim nova.   **19**
Was jetzt alt ist, war einst neu.

Alter

Senectutem ut adipiscantur omnes optant, eandem accusant **20**
adepti.
Cicero, De senectute 4
*Alle wünschen sich, ein hohes Alter zu erreichen, haben sie es
aber erreicht, so klagen sie darüber.*

Senectus est natura loquacior.   **21**
Cicero, De senectute 55
Das Alter ist von Natur geschwätziger.

22 Apex est autem senectutis auctoritas.
Cicero, De senectute 60

Die Krone des Alters aber ist das Ansehen.

23 Honeste acta superior aetas fructus capit auctoritatis extremos.
Cicero, De senectute 62

Das ehrenhaft geführte frühere Leben erntet als letzte Früchte die des Ansehens.

24 Mens et ratio et consilium in senibus est.
Cicero, De senectute 67

Alte Menschen verfügen über Verstand, Vernunft und klugen Rat.

25 Mors omni aetati est communis.
Cicero, De senectute 68

Der Tod bedroht in gleicher Weise jedes Lebensalter.

26 Fructus autem senectutis est, ut saepe dixi, ante partorum bonorum memoria et copia.
Cicero, De senectute 71

Die Frucht des Alters ist, wie ich oft gesagt habe, die Erinnerung an früher erworbene Güter und ihre Fülle.

27 Immodicis brevis est aetas et rara senectus.
Martial, Epigrammata 6,29,7

Alles Besondere lebt nur kurz und altert nur selten. R. Helm

28 Dum vires annique sinunt, tolerate labores;
    iam veniet tacito curva senecta pede.
Ovid, Ars amatoria 2,669 f.

Solange Kräfte und Jahre es noch zulassen, ertragt Strapazen; schweigenden Schrittes, gekrümmt nähert das Alter sich bald.

29 Venturae memores iam nunc estote senectae:
    sic nullum vobis tempus abibit iners.
Ovid, Ars amatoria 3,59 f.

An das nahende Alter sollt ihr schon jetzt denken, Mädchen; so wird euch die Zeit nicht ungenützt verstreichen.

30 Tempora labuntur tacitisque senescimus annis.
Ovid, Fasti 6,771

Eilig entschwindet die Zeit, und langsam beschleicht uns das Alter.

Ubi peccat aetas maior, male discit minor. **31**
Publilius Syrus, Sententiae U 5
Wo das Alter sündigt, lernt die Jugend Schlechtes.

Hoc, quod senectus vocatur, paucissimorum est circuitus anno- **32**
rum.
Seneca, Ad Marciam de consolatione 11,5
Das, was man Alter nennt, ist der Ablauf sehr weniger Jahre.

Senectus ... plena est voluptatis, si illa scias uti. **33**
Seneca, Epistulae morales 12,4
Das Alter ... ist erfüllt von Genuß, wenn man es zu nützen weiß.

Dum bibimus, dum serta, unguenta, puellas **34**
poscimus, obrepit non intellecta senectus.
Juvenal, Saturae 9,128 f.
Während wir trinken, während wir Kränze, Salben und Mäd-
chen verlangen, überrascht uns unbemerkt das Alter.

Optamus senium; cum venerit, est male ventum. **35**
MA Werner / Flury o 76
Wir wünschen uns ein hohes Alter; ist es dann gekommen, ist es
unwillkommen.

→ *Jahr* O mihi praeteritos referat si Iuppiter annos! Nr. **1265**
→ *Krankheit* Senectus ipsa est morbus. Nr. **1405**

Analogie

analogia entis *creati et increati* **36**
Thomas von Aquin, Summa theologica I 13,5c und 1 sent.19.5,2 ad 1.
Vgl. Augustinus, Confessiones 11,9; 12,28
Analogie (Ähnlichkeit / Entsprechung) des Seins
Der Begriff ist in der katholischen Philosophie Ausdruck für das Verhält-
nis von Gottes Sein zu dem der Schöpfung. Das göttliche und das endliche
Sein sind nicht von gleicher Art, sondern haben nur Analogie. Es gibt Stu-
fen und Ordnungen des Seins. Alles Geschaffene hat Sein durch Gott;
Gott selbst *hat* nicht Sein, sondern *ist*. Gott wird in Beziehung zur Welt
gesehen, aber nicht mit der Welt identifiziert.

Anfang

Omnium rerum principia parva sunt. **37**
Cicero, De finibus 5,58
Die Anfänge aller Dinge sind klein.

38 Dimidium facti, qui *bene* coepit, habet.

Horaz, Epistulae 1,2,40. Vgl. Seneca, Epistulae morales 34,3: ... non sic quomodo principia totius operis dimidium occupare dicuntur. ... nicht so wie die Anfänge angeblich die Hälfte des ganzen Werkes ausmachen.

Die Hälfte hat schon geschafft, wer die Arbeit frisch beginnt.
Frisch gewagt ist halb gewonnen.

39 Ab Iove principium musae: Iovis omnia plena.

Vergil, Bucolica 3,60 Aeneis 7,219. Vgl. Ovid, Fasti 5,111: ab Iove surgat opus. Von Jupiter hebe mein Werk an. Vgl. Plato, Timaios 27c

Mit Jupiter fang ich an zu singen. Von Jupiter ist alles erfüllt.
F. Klingner
Die ersten drei Worte werden auch übersetzt mit: Der Anfang mit Gott!

40 Principiis obsta: Sero medicina paratur.

Ovid, Remedia amoris 91. Vgl. Seneca, Epistulae morales 72,11: Principiis illarum obstemus. Schon den Anfängen davon müssen wir Widerstand leisten.

Widerstehe den Anfängen, zu spät wird ein Heilmittel bereitet.
Hüte dich vor dem ersten Schritt ! …

41 Initia in potestate nostra sunt: de eventu fortuna iudicat.

Seneca, Epistulae morales 14,16

Die Anfänge stehen in unserer Macht: über den Ausgang entscheidet das Schicksal.

42 Ab Iove incipiendum.

Quintilian, De institutione oratoria 10,1,46

Aller Anfang mit Jupiter!

43 Necesse est minima maximorum esse initia!

Publilius Syrus, Sententiae N 14

Selbst die größten Dinge müssen sich aus sehr kleinen Anfängen entwickeln.

44 Omne initium difficile.

Aller Anfang ist schwer.

45 Ab initio nullum semper nullum.

Liebs A 4 N 119

Was von Anfang an nichtig war, bleibt immer nichtig.

In principio creavit Deus caelum et terram.   **46**

📖 AT Genesis 1,1

Am Anfang schuf Gott Himmel und Erde.
Der erste Satz des Alten Testaments.

Anfänger

Semper homo bonus tiro est.   **47**

Martial, Epigrammata 12,51,2. → Mensch Nr. **1809**

Ein guter Mensch bleibt immer ein Anfänger.
D. h., er wird oft betrogen bzw. er lernt nie aus.

Angeklagter

In dubio pro reo *iudicandum est.*   **48**

Nach Digesta 42,1,38; 48,19,5; 50,17,56: Semper in dubiis benigniora
praeferenda sunt. In Zweifelsfällen ist immer die wohlwollendere Entscheidung vorzuziehen. 50,17,192: In re dubia benigniorem interpretatio-
nem sequi non minus iustius quam tutius. Im Zweifelsfall ist es ebenso ge-
rechter wie sicherer, sich nach der milderen Auslegung zu richten.

*Im Zweifelsfalle (werde) zugunsten des Angeklagten (ent-
schieden).*
D. h., ... werde das mildere Urteil gewählt. – Übliche Kurzübersetzung:
Im Zweifel für den Angeklagten.

Angst

Philosophia pellit timores.   **49**

Cicero, Tusculanae disputationes 2,11

Die Philosophie vertreibt die Ängste.

In quem cadit aegritudo, in eundem timor.   **50**

Cicero, Tusculanae disputationes 3,14

Wen der Kummer befällt, den befällt auch die Angst. O. Gigon

Inter spem curamque, timores inter et iras   **51**
    omnem crede diem tibi diluxisse supremum.
Horaz, Epistulae 1,4,12 f.

*In all dem Getriebe von Hoffnung und Sorge, von Angst und
Ärgernissen nimm jeden Tag, der dir heraufdämmert, als letzten.*
Kayser / Nordenflycht / Burger

52 Timor Domini principium sapientiae.

AT Proverbia 1,7. Vgl. 9,10: Principium sapientiae timor Domini. Psalmus 110,10: Initium sapientiae timor Domini.

Die Furcht vor dem Herrn ist der Weisheit Anfang.

anrühren

53 Noli me tangere!

NT Johannes 20,17. Zur Deutung vgl. Hieronymus, Epistulae 59,4

Faß mich nicht an! (Rühr mich nicht an!)

Jesus Christus zu Maria aus Magdala nach der Auferstehung vor dem leeren Grab. – Eine eindringliche Warnung, dem Geschehen durch Materialisierung in eine ganz bestimmte Richtung eine noch höhere Realitätsgewißheit geben zu wollen, als sie die Wirklichkeit der inneren Erfahrung schon gewährt. E. Rettelbach

Apfel

54 Omne malum ex malo.

Sinngemäß nach AT Genesis 3

Alles Übel kommt von dem Apfel.

… den Eva dem Adam im Paradies gab.

→ *Ei*   ab ovo usque ad mala Nr. **348**
→ *Übel*   Malum ex malo. Nr. **3021**
→ *Zwietracht* malum discordiae Nr. **3522**

Apoll

55 Neque semper arcum tendit Apollo.

Horaz, Carmina 2,10,19 f.

Nicht immer spannt den Bogen Apoll.

… zum tödlichen Schuß.

56 Sic me servavit Apollo.

Horaz, Sermones 1,9,78. Vgl. Lucilius, Saturae fr. 231 und Homer, Ilias 20,443

So rettete mich Apoll.

Schlußsatz der berühmten Schwätzersatire. Mit diesen Worten drückt Horaz seine Erleichterung über die unerwartete Erlösung von einem aufdringlichen Schwätzer aus, der sich bei einem Spaziergang auf der Via Sacra in Rom an ihn gehängt hatte. Apoll wurde als der Schutzgott der Dichter verehrt.

→ *Regen*   Post nubila Phoebus. Nr. **2263**

Arbeit

Iucundi acti labores.   **57**

Cicero, De finibus 2,105. Nach Aischylos, Agamemnon 807 f.

Nach getaner Arbeit ist gut ruh'n.

Perfugium videtur omnium laborum et sollicitudinum esse **58** somnus.

Cicero, De divinatione 2,150

Zuflucht vor allen Mühseligkeiten und Kümmernissen scheint der Schlaf zu sein.

Labor omnia vincit improbus.   **59**

Vergil, Georgica 1,145 f.

Harte Arbeit überwindet alles.

Adspirat primo Fortuna labori.   **60**

Vergil, Aeneis 2,385

Fortuna ist hold dem ersten Bemühen. J. u. M. Götte

Laborum dulce lenimen.   **61**

Horaz, Carmina 1,32,14 f.

Der Mühen süße Linderung.

So nennt Horaz seine Laute.

Nil sine magno vita labore dedit mortalibus.   **62**

Horaz, Sermones 1,9,59 f. Zitiert von Hieronymus, Epistulae 58,7 (Migne 22,584). Vgl. Seneca, Epistulae morales 50,6: ... nihil est, quod non expugnet pertinax opera et intenta ac diligens cura ... es gibt nichts, was nicht beharrliche und angespannte Mühe und gewissenhafte Sorgfalt überwinden könnte.

Nichts gab ohne große Anstrengung das Leben den Sterblichen.

Iuvat ipse labor.   **63**

Martial, Epigrammata 1,107,8

Die Arbeit selbst macht Freude.

Generosos animos labor nutrit.   **64**

Seneca, Epistulae morales 31,4

Edle Menschen ernährt anstrengende Arbeit.

Laboribus vendunt dii nobis omnia bona.   **65**

Anthologia Latina

Nur gegen Anstrengungen verkaufen uns die Götter alle Güter.

66 Durum non facilem facit assuetudo laborem.
MA Werner / Flury d 195

Hart, nicht leicht macht Gewöhnung die Arbeit.

67 Nihil valet ille labor, quem praemia nulla sequuntur.
MA Werner / Flury n 75

Nichts taugt eine Arbeit, für die kein Lohn folgt.

68 Labor est etiam ipsa voluptas.
Manilius, Astronomica 4,155

Selbst die Arbeit ist da ein Vergnügen.

69 Cur quaeris quietem, cum natus sis ad laborem?
Thomas von Kempen, De imitatione Christi 2,10,1

Warum suchst du die Ruhe, da du zur Arbeit geboren bist?

70 Homo nascitur ad laborem et avis ad volatum.
AT Iob 5,7. Vgl. Genesis 2,15; 3,17–19

Der Mensch ist zur Arbeit geboren und der Vogel zum Fliegen.
Die menschliche Natur drängt zur Arbeit. Gott hat dem Menschen die Arbeit zur Pflicht gemacht. Den Christen motiviert ein religiöses Arbeitsgewissen.

71 Si quis non vult operari, nec manducet.
NT 2 Thessalonicher 3,10

Wer nicht arbeitet, soll auch nicht essen.
Zurechtweisung der Müßiggänger

→ *beten* Ora et labora! Nr. **202**

Arkadien

72 Ambo florentibus aetatibus, Arcades ambo
Vergil, Bucolica 7,4 nach Theokrit, Idyllia 8,3

Beide[1] *blühend an Jahren, Arkader beide.* F. Klingner
[1] Die Hirten Corydon und Thyrsis. – Berühmter Vers.

73 Et in Arcadia ego.
Aufschrift unter einem auf dem Boden liegenden Totenkopf auf einem Gemälde von Bartolomeo Schedoni, 1578–1615, das im Palazzo Sciarra-Colonna in Rom hängt. Helfer 53 „Auch ich in Arkadien" ist das Motto von Goethes Werk Italienische Reise, erschienen 1816/17. Vgl. in Schillers Gedicht Resignation, 1784, die Anfangszeile Auch ich war in Arkadien geboren. W. Raabe, Abu Telfan, Roman 1867, 28. Kapitel: Ja, auch ich war in Arkadien und ganz dafür geschaffen, ein Weib glücklich zu machen.

Auch ich in Arkadien[1].

[1]Landschaft im Innern der Peloponnes, in Antike und Neuzeit durch die
bukolische Poesie Inbegriff der heiteren Gebirgslandschaft – eines
Wunschlandes –, in der ein der Liebe und Poesie geweihtes Hirtenleben
möglich war. Sinn: Auch in Arkadien bin ich, der Tod, zugegen. Bartels
73 Andere Deutung: Auch ich war einmal im Land des Glücks und der
Liebe.

arm/ Armut

Paupertatem malum non esse ...   74
Cicero, Tusculanae disputationes 4,59

Die Armut sei kein Übel ...

Magnas inter opes inops.   75
Horaz, Carmina 3,16,28

Inmitten des Reichtums arm.
Lateinisches Wortspiel – Paronomasie

At nunc barbaria est grandis habere nihil.   76
Ovid, Amores 3,8,4

Aber jetzt gilt es als eine gewaltige Schande, nichts zu besitzen.
Armut ist die größte Sünde.

Pauper ubique iacet.   77
Ovid, Fasti 1,218

Der Arme liegt überall am Boden.

Pauperis est numerare pecus.   78
Ovid, Metamorphoses 13,824, zitiert von Seneca, Epistulae morales 33,4

Nur der Arme zählt seine Schafe.

Hominem experiri multa paupertas iubet.   79
Publilius Syrus, Sententiae H 8

Not macht erfinderisch.

Paupertas inpulit audax, / ut versus facerem.   80
Horaz, Epistulae 2,2,51 f.

Die Armut machte mich kühn und gab mir den Trieb zum Dichten.

Causa ei paupertatis sicut plerisque probitas erat.   81
Curtius Rufus, Historiae Alexandri Magni Macedonis 4,3,20

*Der Grund seiner Armut war, wie so häufig, seine Rechtschaf-
fenheit.*

82 Bene paupertas humili tecto contenta latet.
Seneca, Octavia 895 f.

Sicher geborgen bleibt Armut zufrieden unter niedrigem Dach.
Fortuna erschüttert die hohen Häuser.

83 Honesta res est laeta paupertas.
Aussage Epikurs, fr. 475, zitiert von Seneca, Epistulae morales 2,5

Eine ehrenhafte Sache ist fröhliche Armut.

84 Nihil habet infelix paupertas durius in se
quam quod ridiculos homines facit.
Juvenal, Saturae 3,152 f.

Das grausamste an solch unseliger Armut ist, daß sie den Menschen lächerlich macht. H. C. Schnur

85 Haud facile emergunt, quorum virtutibus obstat
res angusta domi.
Iuvenal, Saturae 3,164 f.

Nicht leicht kommt einer empor, dessen Tüchtigkeit häusliche Not sich hemmend entgegenstellt.

86 Paupertas artis omnis perdocet.
Plautus, Stichus 177 f.

Wen die Armut erwischt, dem bringt sie alle Künste bei.

87 Pauper mutatur, si dives efficiatur.
MA Werner / Flury p 24

Der Arme ändert sich, wenn er reich wird.

88 Pauperis in causa non auris sit tibi clausa.
MA Werner / Flury p 29

Wenn es um die Sache eines Armen geht, sollst du dein Ohr nicht verschließen.

89 Biblia pauperum
Ende des 13. Jahrhunderts entstanden, in zahlreichen Handschriften belegt.

Armenbibel
Bilderbuch, 34 Bilder, zum Neuen und Alten Testament zur Auslegung des Lebens Christi mit kurzen, vereinfachten lateinisch-deutschen Texten. Zielgruppe war das einfache Volk, das sich eine teuere Bibelhandschrift nicht leisten konnte. Die künstlerische Gestaltung wirkte weiter in der christlichen Ikonographie späterer Jahrhunderte. Mit der Erfindung des

Buchdrucks wurde die ‚Armenbibel' durch Bilderbibeln mit Holzschnitten verdrängt.

Qui dat pauperi, non indigebit.   **90**
AT Proverbia 28,27
Wer dem Armen gibt, dem wird nichts mangeln.

Paupertas et honestas a Deo sunt.   **91**
AT Ecclesiasticus 11,14
Armut und Reichtum kommen von Gott.

Beati pauperes spiritu, quoniam ipsorum est regnum caelorum.   **92**
NT Matthaeus 5,3
Selig, die arm sind im Geist, denn ihnen gehört das Himmel-reich.
Jesus Christus. Bergpredigt. Erste der Seligpreisungen. – Gemeint sind Menschen, die nichts wollen, weil sie wissen, daß vor Gott alles Mensch-liche Torheit ist und die daher alles von Gott erwarten.

Art

sui generis   **93**
Plinius Maior, Naturalis historia 23,134
von seiner eigenen Art, einzig, besonders

modus procedendi   **94**
Art und Weise des Vorgehens

→ *leben / Leben*   modus vivendi Nr. **1497**

Arzt

Si valeant homines, ars tua, Phoebe, iacet.   **95**
Ovid, Tristia 4,3,78
Wenn die Menschen gesund sind, Phoebus[1], so ruht deine Kunst.
[1] Phoebus Apollo: griechischer Gott der Heilkunst. – Übel ergeht es dem Arzt, wenn es niemand übel ergeht.

Non est in medico semper, relevetur ut aeger: **96**
     interdum docta plus valet arte malum.
Ovid, Epistulae ex Ponto 1,3,17 f.
Es liegt nicht immer am Arzt, daß der Kranke sich erholt: manchmal vermag die Krankheit mehr als gelehrte Kunst.

97 Stultorum incurata pudor malus ulcera celat.
Horaz, Epistulae 1,16,24
*Ein Tor, wer aus falscher Scham (dem Arzt) ungeheilte Gebre-
chen verheimlicht.*

98 Crudelem medicum intemperans aeger facit.
Publilius Syrus, Sententiae C 5
Der zügellose Kranke läßt den Arzt grausam werden.

99 Male secum agit aeger, medicum qui heredem facit.
Publilius Syrus, Sententiae M 24. Vgl. Heredem medicum facere est mor-
tem arcessere. Den Arzt zum Erben einsetzen heißt, den Tod herbeirufen.
Gott helfe dem Kranken, der seinen Arzt als Erben einsetzt.

100 Medicus curat, natura sanat.
Nach Hippokrates. MA H. Walther 14 564 e; 15 929
Der Arzt behandelt, die Natur heilt.
Grundlegende These. – Die Natur findet den Weg selbst. – Die Natur ist
ihr eigener Arzt.

101 Non curatur, qui curat.
Inschrift der Antoninischen Bäder in Rom.
Nimm deine Sorgen nicht mit ins Bad.
Wer sich sorgt, kann nicht geheilt werden.

102 Medico imputari eventus mortalitatis non debet.
Digesta 1,18,6 § 7
*Dem Arzt darf das Ergebnis der Sterblichkeit des Menschen
nicht als Schuld angerechnet werden.*

103 Modicus cibi, medicus sibi.
Wer beim Essen maßvoll ist, der ist sein eigener Arzt.

104 Qui medice vivit, misere vivit.
MA H. Walther 24 238
Elend lebt, wer nach ärztlicher Vorschrift lebt.

105 Medicus in sanatione est minister naturae, quae principaliter
operatur, confortando naturam et apponendo medicinas, quibus
velut instrumentis natura utitur ad sanationem.
Thomas von Aquin, De veritate Qu. XI Art. 1 Responsio De magistro
*Der Arzt ist bei der Heilung nur der Diener der Natur, die ur-
sprünglich wirkt, indem er die Natur kräftigt und Heilmittel verabreicht, welche die Natur wie Werkzeuge zur Heilung benützt.*

Sicut igitur medicus dicitur causare sanitatem in infirmo natura **106**
operante ...
Thomas von Aquin, De veritate Qu. XI De magistro
Wie also vom Arzt gesagt wird, daß er die Gesundheit im
Kranken dadurch hervorruft, daß die Natur wirksam ist ...

Praesente medico nihil nocet.   **107**
In Anwesenheit des Arztes schadet nichts (tut nichts weh).

Medice, cura te ipsum!   **108**
NT Lukas 4,23. Das Sprichwort hat in der jüdischen und römischen Literatur Parallelen. Vgl. Cicero, Epistulae ad familiares 4,5,5: ...
neque imitare malos medicos, qui in alienis morbis profitentur tenere se medi-
cinae scientiam, ipsi se curare non possunt ... mache es nicht wie die
schlechten Ärzte, die bei Krankheiten anderer behaupten, sie wüßten ein
Heilmittel, die sich selbst aber nicht heilen können ...
Arzt, heile dich selbst!
Jesus legt das Sprichwort den Mitbürgern von Nazareth in den Mund.

Athen

doctae Athenae   **109**
Properz, Elegiae 4,21,1
das gelehrte Athen

Nunc totus Graias nostrasque habet orbis Athenas.   **110**
Juvenal, Saturae 15,110
Die ganze Welt besitzt jetzt unser griechisches Athen.
Die ganze Welt hat Zugang zur griechischen Kultur, z.B. auch zur grie-
chischen Philosophie.

→ *Eule*   Noctuas Athenas portare (mittere) Nr. **475**

Auferstehung

Seminatur corpus animale, surget corpus spirituale.   **111**
NT 1 Korinther 15,44
Gesät wird ein irdischer Leib, auferweckt ein überirdischer
Leib.

Canet enim tuba, et mortui resurgent incorrupti: et nos immu- **112**
tabimur. Oportet enim corruptibile hoc induere incorruptionem:
et mortale hoc induere immortalitatem.
NT 1 Korinther 15,52–53

*Die Posaune wird erschallen, die Toten werden zur Unvergäng-
lichkeit auferweckt, wir aber werden verwandelt werden. Denn
dieses Vergängliche muß sich mit Unvergänglichkeit bekleiden:
und dieses Sterbliche mit Unsterblichkeit.*

aufschieben

113 Quod differtur, non aufertur.

Arnobius Iunior, Commentarium in psalmum 36 (Migne PL 53,375). Vgl.
Properz, Elegiae 2,3,8: Differtur, numquam tollitur ullus amor. Aufgeschoben, niemals aufgehoben wird eine Liebe.

Aufgeschoben ist nicht aufgehoben.
Lateinisches Wortspiel – Paronomasie

Auge

114 Fallunt nos oculi, vagique sensus
oppressa ratione mentiuntur.
Petron fr. 29,1 f.

*Die Augen täuschen uns und die unsteten Sinne trügen, wenn
der Verstand befangen ist.*

115 Homines amplius oculis quam auribus credunt.
Seneca, Epistulae morales 6,5

Die Menschen trauen mehr ihren Augen als ihren Ohren.

116 Beati monoculi in terra caecorum.
Vgl. MA H. Walther 15 030 b: Monoculus inter cecos rex. 2 213; 12 101 a

Glücklich die Einäugigen im Land der Blinden.

→ *Herr* Oculus domini saginat equum. Nr. **1122**

Augustus

117 Moriendum est.
Sueton, Divus Augustus 15

Man muß sterben. (Jetzt wird gestorben.)
Oktavian (Augustus) zu den zum Tode verurteilten Bürgern von Perusia,
als sie ihn um Verzeihung baten.

→ *eilen* Festina lente! Nr. **353**

Ausgang

118 Eventus quoque videndus erit, hoc est, quid ex quaque re soleat
evenire.
Cicero, De inventione 2,41

Auch auf den Erfolg wird zu sehen sein, d.h. was sich aus je-
dem Umstand zu ergeben pflegt.

Extrema semper de ante factis indicant.   **119**
Publilius Syrus, Sententiae E 17
Dein jetzig Tun enthüllt dein längst vergangnes. H. Beckby

aushalten

Durate, et vosmet rebus servate secundis.   **120**
Vergil, Aeneis 1,207
Haltet drum aus und bewahrt euch selbst für bessere Zeiten!

Perfer et obdura, multo graviora tulisti.   **121**
Ovid, Tristia 5,11,7. Vgl. Ars amatoria 2,178: Perfer et obdura.
Ertrage und harre aus! Viel Schwereres hast du schon ertragen.

Sustine et abstine!   **122**
Lateinische Übersetzung eines griechisch zitierten Ausspruchs des Philo-
sophen Epiktet, bei Gellius, Noctes Atticae 17,19,6
Halte durch und halte dich fern!

→ *Schmerz*   Perfer et obdura, dolor hic tibi proderit olim.
             Nr. **2485**

Ausnahme

… consuesse eos, qui leges scribant, exceptionibus uti.   **123**
Cicero, De inventione 2,130
Wer Gesetze niederschreibe, pflege die Ausnahmen anzugeben.

Exceptio firmat regulam.   **124**
Nicolaus Everardi, Loci argumentorum legales 9,1 f. u. 79,53 Liebs E 39.
Zitiert von A. Schopenhauer, Die Welt als Wille und Vorstellung II
Kap. 26, 1819/44
Die Ausnahme festigt (bestätigt) die Regel.

→ *Regel*   Nulla regula sine exceptione. Nr. **2260**

Ave

Ave, Caesar, morituri te salutant!   **125**
Sueton, Divus Claudius 21,6: Have, imperator, …
Heil dir, Kaiser! Die dem Tod Geweihten grüßen dich.
Gruß der Gladiatoren beim Einzug in die Arena.

126 Ave *Maria* gratia plena; Dominus tecum.

NT Lukas 1,28

Gegrüßet seist du Maria, voll der Gnade, der Herr ist mit dir.
Worte des Engels zu Maria bei der Verheißung der Geburt Jesu.

B

Barbar

Barbarus hic ego sum, qui non intellegor ulli. **127**
Ovid, Tristia 5,10,37

Hier bin ich der Barbar, weil mich keiner versteht.
Ovid über sein Leben in seinem Verbannungsort Tomi am Schwarzen Meer.

Quod non fecerunt barbari, fecerunt Barberini. **128**
Carlo Castelli, 1565–1639

Was die Barbaren nicht getan haben, taten die Barberini.
Der Spottvers ist gegen Maffeo Barberini gerichtet, der als Papst Urban VIII., 1623–44, aus Bronzeteilen des antiken Pantheons in Rom den Baldachin in der Peterskirche und Kanonen für die Engelsburg gießen ließ.

→ *reich* Dummodo sit dives, barbarus ipse placet. Nr. **2269**

Bart

Barba non facit philosophum. **129**
Nach Plutarch, Über Isis und Osiris 3 und nach Gellius, Noctes Atticae 9,2,4 Vgl. Horaz, Sermones 2,3,35: me iussit sapientem pascere barbam. Er riet mir, ich solle mir einen Weisheitsbart wachsen lassen.

Ein Bart macht noch lange keinen Philosophen.
Es sind nicht alle Philosophen, die lange Bärte tragen.

→ *Löwe* Barbam vellere mortuo leoni. Nr. **1684**

Bauch

Plenus venter non studet libenter. **130**
Nach Galenos, 3,85. Vgl. Apostolius, Sprichwörtersammlung 5,22 Cicero, Tusculanae disputationes 5,100: Quid, quod ne mente quidem recte uti possumus multo cibo et potione completi. Was sagen wir ferner dazu, daß nicht einmal der Geist richtig arbeiten kann, wenn wir mit Speise und Trank vollgestopft sind? O. Gigon. Seneca, Epistulae morales 15,3: Copia ciborum subtilitas animi impeditur. Durch eine Überfülle an Speisen wird die Schärfe des Denkens behindert. MA H. Walther 21 595; 21 593 a: Plenus si venter, renuit studere libenter.

Ein voller Bauch studiert nicht gern.
Was den Körper belastet, hindert die Seele an der Erkenntnis. Grundgedanke der Askese. Vgl. Der kleine Pauly 4,1265,52 ff. – Auch: mittelalterliche Mönchsweisheit.

131 Molestus interpellator venter.

Nach Homer, Odyssee 7,216 MA H. Walther 15 003 a

Ein lästiger Mahner ist ein leerer Magen.

132 Venter auribus caret.

Nach Seneca, Epistulae morales 21,11. Seneca zitiert Plutarch, Apophthegmata Catonis 1.

Ein Bauch hat keine Ohren.

Ein leerer Bauch läßt sich nicht mit Worten abspeisen.

133 Venter praecepta non audit: poscit, appellat.

Seneca, Epistulae morales 21,11

Der Bauch hört nicht auf Vorschriften: er fordert und mahnt.

134 Quantum hominum unus venter exercet.

Seneca, Epistulae morales 95,24. Vgl. 114,26

Wieviel Menschen beschäftigt ein einziger Bauch!

Kritik an maßlosen Gelagen.

135 Plenus venter facile de ieiuniis disputat.

Hieronymus, Epistulae 58,2 MA H. Walther 21 594a

Ein voller Bauch lobt das Fasten.

136 Ieiunus venter non vult cantare libenter.

MA H. Walther 13 086

Niemand singt gern, wenn er Hunger hat.

137 Dum satur est venter monachorum sufficienter,
tunc surgunt lente, miserere canunt sine mente.

MA Werner / Flury d 186 H. Walther 6 706 Wander 3,707,225

Wenn der Mönche Bauch genügend gesättigt ist, dann erheben sie sich nur langsam und singen das ‚Miserere' (‚Erbarme dich') ohne Leidenschaft.

138 Partus sequitur ventrem.

Römischer Rechtsgrundsatz Vgl. Liebs p 13.

Das neugeborene Kind folgt dem Bauch (der Mutter).

Das Kind einer Sklavin gehört der Mutter, nicht dem Vater, bzw. dem Herrn der Sklavin.

Bauer

139 Rusticus exspectat, dum defluat amnis; at ille
labitur et labetur in omne volubilis aevum.

Horaz, Epistulae 1,2,42 f.

Der Bauer wartet, bis der Fluß abfließt; aber der fließt und wird in alle Ewigkeit weiterfließen.

Der Bauer will nicht eher über den Fluß gehen, als bis dieser abgelaufen ist. – Bild des vergeblichen Wartens.

Rustica gens semper sequitur sua iura libenter.   **140**

MA Werner / Flury r 79

Das Landvolk folgt stets gern den eigenen Gesetzen.

Baum

Serit arbores (agricola), quae alteri saeclo prosint.   **141**

Caecilius Statius, zitiert von Cicero, Tusculanae disputationes 1,31

Der Bauer pflanzt Bäume, die einer anderen Generation nützen werden.

Si nunc se nobis ille aureus arbore ramus   **142**
ostendat nemore in tanto!

Vergil, Aeneis 6,187 f.

Zeige sich mir am Baum doch auch der goldene Zweig nun hier im endlos wuchernden Wald! A.Vezin

Non annosa uno quercus deciditur ictu.   **143**

Marcello Palingenio Stellato (i.e. P. A. Manzoli), Zodiakus vitae (1530) 12,459

Von einem Streiche fällt keine Eiche.

Annosa arbor non transplantatur.   **144**

MA H. Walther 1 091 a Wander 2,819,18

Einen alten Baum kann man nicht verpflanzen.

Ex fructu cognoscitur arbor.   **145**

Nach MA H. Walther 8 257

An seiner Frucht erkennt man den Baum.

arbor affinitatis / arbor sanguinitatis   **146**

der Stammbaum

Produxitque Dominus Deus de humo omne lignum pulchrum **147**
visu, et ad vescendum suave: lignum etiam vitae in medio pa-
radisi, lignumque scientiae boni et mali.

AT Genesis 2,9

*Und Gott der Herr ließ aus dem Boden allerlei Bäume empor-
wachsen, die lieblich anzuschauen und wohlschmeckend waren;*

*auch den Baum des Lebens in der Mitte des Paradieses und den
Baum der Erkenntnis des Guten und Bösen.*

148 Arbor bona

Nach AT Isaias 11,1

der gute Baum

Bild-Wort für Maria, die Mutter Jesu

Bedingung

149 condicio humana

Cicero, Tusculanae disputationes 3,60: necessitas ferendae condicionis
humanae quasi cum deo pugnare prohibet admonetque esse hominem ...
die Notwendigkeit, die Lage des Menschen auszuhalten, verbietet uns,
gewissermaßen mit der Gottheit zu kämpfen und mahnt uns, Mensch zu
bleiben. O. Gigon. Vgl. Seneca, Epistulae morales 91,8: sortis humanae
condicio die Bedingung (Situation) des menschlichen Schicksals De vita
beata 15,6: ignoratio condicionis suae die Unkenntnis der eigenen Lage
De ira 10,6 Cassiodor, Variae z. B. 2,19,2; 8,7,1

die menschliche Bedingung

150 Nihil est, quod tam obtundat elevetque aegritudinem quam ...
meditatio condicionis humanae.

Cicero, Tusculanae disputationes 3,34

*Nichts betäubt und erleichtert den Kummer so, wie ... das
Nachdenken über die Lage des Menschen.*

151 providentia, maximum bonum condicionis humanae

Seneca, Epistulae morales 5,8

die Vorausschau, das größte Gut menschlicher Lebensbedingung

152 Hanc rerum condicionem mutare non possumus.

Seneca, Epistulae morales 107,7

Diese Daseinsbedingung können wir nicht ändern.

153 Si sapis, omnia humana condicione metire!

Seneca, Epistulae morales 110,4

Wenn du weise bist, miß alles an der menschlichen Bedingung!

154 condicio, sine qua non *agitur*

Z. B.: CIC, vor 1983, can.104

eine unerläßliche Bedingung

eine Bedingung, ohne deren Erfüllung nicht verhandelt wird; eine unab-
dingbare Voraussetzung

condicio Iacobea   **155**
Nach NT Jakobus 4,15: ut dicatis: Si Dominus voluerit. Et: Si vixerimus,
faciemus hoc et illud. Ihr sollt lieber sagen: Wenn der Herr will. Und:
Wenn wir noch leben, werden wir dies und jenes tun.
die Bedingung des Jakob
Warnung vor zu großer Selbstsicherheit.

Begabung

Saepe summa ingenia in occulto latent.   **156**
Plautus, Captivi 165
Die größten Geister leben oft im Dunkeln verborgen.

Quamquam hoc animi, illud etiam ingenii magni est, praecipere **157**
cogitatione futura.
Cicero, De officiis 1,81
Großen Verstand (Begabung) verrät es, in Gedanken die Zu-
kunft vorwegzunehmen

Ingenium mala saepe movent.   **158**
Ovid, Ars amatoria 2,43
Widrige Umstände wecken oft das Talent.

Ingenii dotes corporis adde bonis!   **159**
Ovid, Ars amatoria 2,112
Füge der Schönheit des Körpers Gaben des Geistes hinzu!

Begierde

Sua cuique deus fit dira cupido.   **160**
Vergil, Aeneis 9,185. Vgl. Seneca, De beneficiis 2,27,3
Jedem wird die eigene heiße Begierde zum Gott.

Quod latet, ignotum est, ignoti nulla cupido.   **161**
Ovid, Ars amatoria 3,397
Was einer nicht kennt, das begehrt er nicht.
Was ich nicht weiß, macht mich nicht heiß.

→ *Vergnügen* Trahit sua quemque voluptas. Nr. **3136**

Beispiel

Exemplo aliis esse debetis.   **162**
Livius, Ab urbe condita 3,21,6

Ihr müßt anderen ein Vorbild sein.
Worte des Konsuls L. Quinctius Cincinnatus, 458 v. Chr. zum Diktator ernannt, an die römischen Senatoren.

163 Longum iter est per praecepta, breve et efficax per exempla.
Seneca, Epistulae morales 6,5
Lang ist der Weg über Belehrungen, kurz und wirksam über Beispiele.

164 Verba docent, exempla trahunt.
Nach Seneca, Epistulae morales 6,5
Worte belehren, Beispiele ziehen (d. h. reißen mit).
Eine alte pädagogische Erkenntnis.

165 Melius homines exemplis docentur.
Panegyricus Traiani 45,6
Besser werden die Menschen durch Beispiele belehrt.

166 Exemplis discimus.
Phaedrus, Fabulae 2,2,2
Aus Beispielen lernen wir.

167 Nihil recte sine exemplo docetur aut discitur.
Columella, De re rustica 11,1,4
Nichts lehrt oder lernt man richtig ohne Beispiel.

168 Exemplo melius quam verbo quisque docetur.
MA Werner / Flury e 139
Durch ein Beispiel wird jeder besser als durch Worte belehrt.

→ *ertragen*   Suae quisque exempla debet aequo animo pati.
Nr. **3203**

belieben / Belieben

169 Licet, quod cuique libet, loquatur, credere non est necesse.
Cicero, Philippicae orationes 1,13,33
Mag jeder reden, was ihm beliebt, man muß ihm ja nicht glauben.

170 Cui quod libet, hoc licet.
Aquila Roman. 27 Otto 949.
Erlaubt ist, was gefällt.

171 Si libet, licet.
Aelius Spartianus, Vita Antonini Caracallae 10,2

Wenn es beliebt, ist es auch erlaubt.
Erlaubt ist, was gefällt.

Ne fiat quod non licet, etiamsi libet.   **172**
Augustinus, De civitate Dei 22,23

Damit nicht geschieht, was nicht erlaubt ist, wenn es auch gefällt.

Quanto plus liceat, tanto libeat minus.   **173**
MA H. Walther 23 603

Je mehr erlaubt ist, desto weniger soll das Belieben den Aus-
schlag geben.

ad libitum   **174**
Cassiodor, Variae 3,17,4

nach Belieben

quod libet   **175**

was beliebt
das Quodlibet: das Was-man-will, das Allerlei, der Mischmasch; etwas
ohne Ordnung oder mit scheinbarer Willkür Zusammengestelltes, z. B. ein
Gemälde oder eine gesellige Zusammenkunft.

Beredsamkeit / beredt

Ut hominis decus ingenium, sic ingenii ipsius lumen est elo- **176**
quentia.
Cicero, Brutus 59

Wie des Menschen Zier der Geist ist, so ist das Licht des Gei-
stes die Beredsamkeit. B. Kytzler

Comes facundus in via pro vehiculo est.   **177**
Publilius Syrus, Sententiae C 17

Ein muntrer Plaudrer ist ein Reisewagen. H. Beckby

Apud posteros vero id cousecutus, ut Cicero iam non hominis **178**
nomen, sed eloquentiae habeatur.
Quintilian, De institutione oratoria 10,1,112

Bei der Nachwelt aber hat er dies erlangt, daß Cicero nicht
mehr als der Name eines Menschen, sondern als das Symbol
der Redekunst gilt. F. Loretto

Berg

maria montesque polliceri   **179**
Sallust, De coniuratione Catilinae 23,3. Vgl. Terenz, Phormio 68

(Meere und Berge) goldene Berge versprechen

180 Parturient montes, nascetur ridiculus mus.

Horaz, Ars poetica 139. Vgl. Phaedrus, Fabulae 4,24,1 ff.: Mons parturibat gemitus immane ciens. Eratque in terris maxima exspectatio. At ille murem peperit. Ein Berg gebar, gewaltiges Stöhnen von sich gebend, und groß war die Erwartung auf der Erde. Doch er gebar – nur eine Maus.

Berge kreißen, aber geboren wird nur ein lächerliches Mäuslein.

Der berühmte Hexameter zielt auf Dichter, deren Werk großartigen Ankündigungen nicht entspricht.

181 Amen quippe dico vobis, si habueritis fidem, sicut granum sinapis, dicetis monti huic, transi hinc illuc, et transibit, et nihil impossibile erit vobis.

📖 NT Matthaeus 17,20

Denn wahrlich ich sage euch, so ihr Glauben habt wie ein Senfkorn, so sagt zu diesem Berge: Hebe dich von hier dorthin, so wird er hinübergehen, und nichts wird euch unmöglich sein.

Der Glaube kann Berge versetzen.

182 mons Sinai / mons sanctus

AT 2 Moses 19,11 Psalm 42,3 Vgl. Exodus 24,13: mons Dei der Berg Gottes Psalm 23,3: mons Domini der Berg des Herrn

der Berg Sinai / der heilige Berg

183 mons olivarum

NT Lukas 22,39

der Ölberg (bei Jerusalem)

An seinem Fuß befindet sich der Garten Gethsemane, in dem Jesus betete und gefangengenommen wurde.

berichten

184 Relata refero.

Vgl. Herodot, Geschichte 7,152

Ich berichte, was berichtet worden ist.

Ich habe es nicht selbst erlebt. Ich erzähle es, wie man es mir erzählte.

Bescheidenheit

185 Verecundari neminem apud mensam decet.

Plautus, Trinummus 478

Bei Tische soll keiner bescheiden sein.

Vgl.: Bei Tisch und im Bett soll man nicht blöde sein.

Qui semel verecundiae finis transierit, eum bene et naviter **186**
oportet esse impudentem.
Cicero, Epistulae ad familiares 5,13 (12),3
Wer einmal die Grenzen der Bescheidenheit überschritten hat,
der muß auch tüchtig unbescheiden sein.

... modestia vel temperantia, quae est moderatio cupiditatum **187**
rationi oboediens.
Cicero, De finibus 2,60
... Bescheidenheit oder Besonnenheit, die in der vernunftgemä-
ßen Beherrschung der Begierden besteht.

Quo quis est doctior, eo est modestior. **188**
Nach Cato, Monosticha 20 MA H. Walther 25 699b
Je gebildeter einer ist, desto bescheidener ist er.

Besiegte

Vae victis! **189**
Livius, Ab urbe condita 5,48,9 Plautus, Pseudolus 1317 Florus, Epitome
bellorum omnium annorum DCC 1,7,17
Wehe den Besiegten!
Angeblicher Ausruf des Gallierfürsten Brennus, als er nach dem Sieg über
die Römer 387 v.Chr. auch noch sein Schwert in die Waagschale warf,
mit der das geforderte Lösegeld abgewogen wurde. Der Ausspruch wird
sprichwörtlich gebraucht in dem Sinne: Gegenüber dem ohnmächtigen
Besiegten setzt der Sieger fest, was Recht ist.

Una salus victis nullam sperare salutem. **190**
Vergil, Aeneis 2,354
Winkt den Besiegten doch nur ein Heil: kein Heil zu erwarten.
A. Vezin

Besitz

Beati posssidentes. **191**
Nach Horaz, Carmina 4,9,45. Vgl. Euripides, Danae fr. 328,8 Nauck
Glücklich die Besitzenden.
Juristischer Hintergrund: Wer sich im Besitz einer strittigen Sache befin-
det, ist in der besseren Rechtslage.

Non possidentem multa recte vocaveris beatum. **192**
Horaz, Carmina 4,9,45 f.
Den, der viel besitzt, nennt man zu Unrecht glücklich.

193 Omnia mea mecum porto.

Ausspruch des Philosophen Bias, ca. 570 v.Chr., zitiert von Cicero, Paradoxa Stoicorum 1,1,8. Vgl. die Worte des Philosophen Stilpon bei Seneca, Epistulae morales 9,18f. De constantia sapientis 5,6: Omnia mea mecum sunt. Ich habe alles Meine bei mir. Plutarch, De tranquillitate animi 475c

Ich trage all das Meinige bei mir.
Der Weise allein ist reich.

194 Male parta male dilabuntur.

Cicero, Orationes Philippicae 2,65, der den Dichter Naevius, fr. 54, zitiert. Vgl. Plautus, Poenulus 844: Male partum male disperit. Übel gewonnen, übel zerronnen. Ovid, Heroides 6,157 Livius, Ab urbe condita 9,9,11 Tacitus, Historiae 3,6,1

Unrecht Gut gedeiht nicht.
Wie gewonnen, so zerronnen.

195 Nec minor est virtus, quam quaerere, parta tueri.

Ovid, Ars amatoria 2,13. Vgl. Cicero, Epistulae ad Caesarem 3,4 Seneca, Epistulae morales 101,2

Keine geringere Leistung ist es, Besitz zu bewahren als zu erwerben.

196 Habes, habeberis.

Petron, Satyricon 77,6

Hast du was, dann giltst du was.
Soviel du besitzst, soviel wirst du wert sein.

197 Quietissimam vitam agerent homines, si haec duo verba e natura omnium rerum tollerent: meum et tuum.

Pseudo-Seneca, Liber de moribus. Vgl. Publilius Syrus, Sententiae. ed. E. Wölfflin, Leipzig 1869, S. 144, Nr. 98 u. Publilii Syri Sententiae. ed. Carolus Zell, Stuttgart 1829, S. 25, Nr. 735: Quieta vita his, qui Meum tollunt et Tuum. Ein ruhiges Leben ist denen beschieden, welche die Worte „mein" und „dein" aufheben.

In friedlichster Ruhe würden die Menschen leben, wenn sie aus der Natur der Dinge die beiden Worte „mein" und „dein" beseitigen würden.
Die Rezeption des angeblichen Seneca-Spruches seit dem 12./13. Jahrhundert ist unverkennbar verknüpft mit intensiveren Erwägungen über die Ursachen von Kriegen und Streitigkeiten sowie über die Möglichkeiten der Wahrung des Friedens innerhalb der damaligen Gesellschaft. B. Töpfer 23

besser / das Bessere

Ut plerumque fit, maior pars meliorem vicit.   **198**
Livius, Ab urbe condita 21,4,1
*Wie es meistens geschieht, siegte die größere Partei über die
bessere.*

→ *Masse*   Maximum in eo vitium est, qui non vult melioribus
            placere, sed pluribus. Nr. **1763**
→ *schlecht / Schlechtigkeit*   Video meliora proboque, deteriora
                                sequor. Nr. **2470**
→ *schlecht / Schlechtigkeit*   Serviant deteriora melioribus.
                                Nr. **2472**

beten

Oremus!   **199**
Meßtext
Laßt uns beten!

Orate, fratres!   **200**
Meßtext
Betet, Brüder!

Ora pro nobis!   **201**
Anruf an die Gottesmutter oder an Heilige in Litaneien
Bitte für uns!

Ora et labora!   **202**
Vgl. Regula Sancti Benedicti Cap. 48. Quelle: Plutarch
Bete und arbeite!
Wahlspruch des Benediktiner-Ordens. Kurzformel des benediktinischen
Lebensstils.

Ora et labora, Deus adest sine mora.   **203**
Bete und arbeite, Gott steht dir unverzüglich bei!
Lateinischer Reimspruch

Oportet semper orare et non deficere.   **204**
NT Lukas 18,1
Man muß allezeit beten und darin nicht nachlassen.

Betrug / betrügen

205 Eadem utilitatis quae honestatis est regula. Qui hoc non pervi-
derit, ab hoc nulla fraus aberit, nullum facinus.
Cicero, De officiis 3,75

*Die Richtschnur des Nutzens ist dieselbe wie die der Ehrenhaftig-
keit. Wer das nicht einsieht, dem ist kein Betrug, keine Untat fern.*

→ *fromm*　　pia fraus Nr. **643**
→ *täuschen*　Mundus vult decipi, ergo decipiatur. Nr. **2882**

Bett

206 A ducenda autem uxore sic abhorret, ut libero lectulo neget
esse quicquam iucundius.
Cicero, Epistulae ad Atticum 14,13,5

*Er schreckt so davor zurück, wieder zu heiraten, daß er behaup-
tet, es gebe nichts Angenehmeres als ein freies Bett[1].*
[1] d. h. ein Junggesellenlager

207 Dives erit magno quae dormit tertia in lecto.
Juvenal, Saturae 2,60

*Reich wird die werden, die als dritte im Bett des reichen Man-
nes schläft.*
Die dritte Ehefrau wird ihren Mann überleben.

Beweis / beweisen

208 Res loquitur ipsa.
Cicero, Pro Milone oratio 53 u. 66

Die Sache spricht für sich.

209 Qui nimium probat, nihil probat.
Vgl. MA H. Walther 24 369: Qui nimium fatur, stultissimus probatur. Wer
allzu viel redet, beweist seine große Torheit.

Nichts beweist, wer allzu viel beweist.

210 Confessio est regina probationum.
Rechtssprichwort Liebs c 57.

Ein Geständnis ist die Königin der Beweise.

211 Confessio non est probatio.
Abraham Sauer, Peinlicher Prozeß. Frankfurt a. M. 1580. Liebs c 58.

Ein Geständnis ist kein Beweis.

Quod erat demonstrandum. Abk.: q.e.d. / Q.E.D. **212**

Euklid, ca. 300 v.Chr., Elementa 3,4,13 in der lateinischen Übersetzung von Bart. Zamberti, Venedig 1505

Was zu beweisen war.

Lateinische Übersetzung der griech. Worte, mit denen Euklid seine mathematischen Beweise abschloß. – Euklids geometrische Methode versuchte der holländische Philosoph Benedictus de Spinoza in seinem in lateinischer Sprache geschriebenen Hauptwerk Ethica Ordine Geometrico demonstrata, 1677, Die Ethik mit geometrischer Methode begründet, auf seine Beweisführung anzuwenden. Die dort gegebenen Beweise beschloß er jeweils mit der Abkürzung Q.E.D.

→ *Körper* corpus delicti Nr. **1388**

bewundern

Nihil admirari. Variante: Nil admirari! **213**

Cicero, Tusculanae disputationes 3,30: … nihil admirari, cum acciderit, nihil ante quam evenerit, non evenire posse arbitrari … sich über nichts zu wundern, wenn es geschieht, und nichts für unmöglich zu halten, ehe es geschehen ist. O. Gigon – Horaz, Epistulae 1,6,1: Nil admirari prope est res una, Numici, / solaque, quae possit facere et servare beatum. Nichts bewundern: das ist es beinahe ganz allein, Numicius, / was den Menschen glücklich machen und erhalten kann. – Seneca, Epistulae morales 8,5 – Zu dem altgriechischen Gedanken vgl. Diogenes Laertios 7,123.

Sich über nichts wundern!

Die stoische Athaumasie kann die Quelle der Glückseligkeit sein.

Non omnes eadem mirantur amantque. **214**

Horaz, Epistulae 2,2,58

Nicht alle bewundern und lieben das Gleiche.

Bezahlung

solvendo non esse **215**

Cicero, Epistulae ad Atticum 13,22 (10),3 Seneca, Epistulae morales 118,1

zahlungsunfähig sein („zum Zahlen nicht da sein")

Reddit mercatum mox prompta pecunia gratum. **216**

MA H. Walther 26 441

Barzahlung macht den Handel angenehm.

Biene

Quidam esse apibus partem divinae mentis et haustus **217**
aetherios dixere; deum namque ire per omnis
terrasque tractusque maris caelumque profundum.

Vergil, Georgica 4,220 ff.

Manche sagen, die Bienen beseele ein Teil des göttlichen Gei-
stes und des Äthers Hauch; denn Gott durchdringe alles Land,
die flutenden Meere und die Tiefe des Himmels.

Die geheimnisvolle Natur der Bienen, ihr Orientierungssinn, die Fähigkeit, Honig und Wachs zu erzeugen, Kasten und Staaten zu bilden usw.
führten schon in der Antike zu ihrer Verwendung als Symbol und Wap-
pentier.

218 Apes, ut aiunt, debemus imitari.
Seneca, Epistulae morales 84,3;5

Wir müssen uns, wie man sagt, die Bienen zum Vorbild nehmen.
Der Bienenfleiß bei der Lektüre galt Seneca als vorbildlich.

219 Si sapis, sis apis!

Sei klug und machs wie die Biene!

Bild

220 Manum de tabula!
Plinius Maior, Naturalis historia 35,36,10 Cicero, Epistulae ad familiares
7,26(25),1 Petron, Satyricon 76,9

Hand vom Bild!

Allzu große Sorgfalt schadet. Man muß zum richtigen Zeitpunkt aufhören
können. – Plinius der Ältere berichtet, der griechische Maler Apelles, ein
Zeitgenosse Alexanders des Großen, habe in diesem einen Punkt seine
Malkunst über die des Malers Protagenes gestellt.

221 in effigie
Tertullian, Adversus Praxean 7

im Bild; an der dem Original entsprechenden Gestalt (z. B.
Puppe)

… eine Person hängen oder verbrennen. Verfahren bei geflüchteten Ver-
brechern im Mittelalter.

222 Mutum est pictura poema.
Helfer 108

Das Gemälde ist ein stummes Gedicht.

233 Faciamus hominem ad imaginem et similitudinem nostram.
AT Genesis 1,26

Lasset uns den Menschen machen nach unserem Bild und
Gleichnis.

→ *Gedicht*   Ut pictura poesis. Nr. **691**

Bildung

Litterarum studia adulescentiam alunt, senectutem oblectant.   **224**
Cicero, Pro Archia poeta 16

*Das wissenschaftliche Studium regt die Jugend an und erfreut
das Alter.*

Litterarum radices amarae, fructus dulces.   **225**
Cicero, fr. 1,18. Vgl. Diogenes Laertios 5,18 Aristoteles. Catonis Mono-
sticha 40: Doctrina est fructus dulcis radicis amarae. Bildung ist die süße
Frucht aus einer bitteren Wurzel.

Die Wurzeln der Bildung sind bitter, die Früchte süß.

bitten / Bitten

Ne tempora perde precando!   **226**
Ovid, Metamorphoses 2,286

Verlier keine Zeit mit Bitten!

Magnatum preces sunt imperia.   **227**
Nach Macrobius, Saturnalia 2,7 (aus dem Griechischen): potestas non solum si invitet, sed etiam si supplicet, cogit. Macht zwingt nicht nur, wenn
sie einlädt, sondern auch, wenn sie bittet.

Großer Herren Bitten sind Befehle.

Friget, quem petere piget.   **228**

Der friert, der nicht bitten mag.

Petite, et dabitur vobis; quaerite, et invenietis; pulsate, et aperie- **229**
tur vobis.
NT Matthaeus 7,7 Lukas 11,9. Vgl. Johannes 16,24

*Bittet, und es wird euch gegeben werden; sucht, und ihr werdet
finden; klopft an, und es wird euch geöffnet werden.*

→ *kaufen*   Malo emere quam rogare. Nr. **1312**

Bitteres

Carius est carum, si praegustatur amarum.   **230**
MA H. Walther 2 366

Auf Bitteres schmeckt Süßes noch angenehmer.

→ *süß / Süßes*   Dulcia non meruit, qui non gustavit amara.
Nr. **2825**

blind / Blinder

231 Apparet id quidem … etiam caeco.

Livius, Ab urbe condita 32,34,3. Vgl. Quintilian, De institutione oratoria 12,7,9 Tertullian, De pallio 2 Boethius, De consolatione philosophiae 3,9

Das sieht doch selbst ein Blinder.

232 Inter caecos luscus rex.

Vgl. MA H. Walther 12 589a: Inter caecos regnat strabo. Unter Blinden ist der Schieler König.

Unter Blinden ist der Einäugige König.

233 Sinite eos; caeci sunt, et duces caecorum. Caecus autem si caeco ducatum praestet, ambo in foveam cadunt.

NT Matthaeus 15,14

Laßt sie, es sind blinde Blindenführer. Und wenn ein Blinder einen Blinden führt, werden sie beide in eine Grube fallen.

Jesus Christus über die Pharisäer

234 Numquid potest caecus caecum ducere? Nonne ambo in foveam cadunt?

NT Lukas 6,39

Kann ein Blinder einen Blinden führen? Werden nicht beide in eine Grube fallen?

→ *Auge*   Beati monoculi in terra caecorum. Nr. **116**
→ *Glück*   Fortuna caeca est, … eosque plerumque efficit
         caecos, quos complexa est. Nr. **883**

Blitz

235   O qui res hominumque deumque
aeternis regis imperiis et fulmine terres.

Vergil, Aeneis 1,229f.

O du, der der Menschen und Götter
Dinge du lenkst nach ewigem Rat und sie schreckst mit dem
Blitzstrahl. A. Vezin

Anrede der Göttin Venus an den Göttervater Jupiter, der die Geschicke der Menschen und Götter lenkt; Blitz und Donner sind seine Waffen.

236 Si quotiens peccant homines, sua fulmina mittat
    Iuppiter, exiguo tempore inermis erit.

Ovid, Tristia 2,33f.

Wollte, sooft sich Menschen versündigen, Jupiter Blitze
schleudern, in kurzer Zeit wär' er von Waffen entblößt. W. Willige

Eripuit caelo fulmen sceptrumque tyrannis.   **237**
Nach Manilius, Astronomica 1,104

Dem Himmel entriß er den Blitz, und das Szepter den Tyrannen.
Inschrift an einer Büste Benjamin Franklins, 1706–90, des Erfinders des
Blitzableiters und Vorkämpfers der amerikanischen Unabhängigkeit; sie
wurde von Friedrich von der Trenck, 1726–94, nach anderen von dem
französischen Minister A. R. Turgot, 1727–81, verfaßt. Helfer 51

Bogen

Arcus nimis tensus rumpitur. Variante: … tentus …   **238**
Nach Phaedrus, Fabulae 3,14,10

Allzu straff gespannt, zerspringt der Bogen.
Vgl. Schiller, Wilhelm Tell 3,3 – Warnung vor Übertreibung.

→ *Apoll*   Neque semper arcum tendit Apollo. Nr. **55**

Böser / Böses

Contrahit celeriter similitudo eos, ut fere fit: malum malo ap- **239**
tissimum.
Livius, Ab urbe condita 1,46,7

*Bald brachte die gleiche Gesinnung sie näher zusammen, wie
in der Regel das Böse sich gern zu dem Bösen gesellt.*

Effodiuntur opes, irritamenta malorum.   **240**
Ovid, Metamorphoses 1,140

Man gräbt nach Schätzen, die immer zum Bösen reizen.

Nemo malus felix.   **241**
Juvenal, Saturae 4,8

Kein Böser kann glücklich werden.

Malo arboris nodo malus cuneus requirendus est.   **242**
Hieronymus, Epistulae 69,5

Auf einen groben Klotz gehört ein grober Keil.
Altes Sprichwort

Eritis sicut dei scientes bonum et malum.   **243**
📖 AT Genesis 3,5

Ihr werdet sein wie Gott und wissen, was gut und böse ist.

… sed libera nos a malo.   **244**
NT Matthaeus 6,13 Vgl. Johannes 17,15

… sondern erlöse uns von dem Bösen.
Die letzte der sieben Vaterunser-Bitten.

Braut

245 Cui fortuna favet, sponsa petita manet.

MA H. Walther 38 559 Wander 1,1768, 899

Wer das Glück hat, der führt die Braut heim.

Brief

246 Epistula non erubescit …

Cicero, Epistulae ad familiares 5,13,1

Ein Brief errötet nicht.

In ihm kann man ohne Scheu seine Gedanken aussprechen. – Vgl.: Papier ist geduldig.

247 Epistolae obscurorum virorum.

Briefe der Dunkelmänner.

1515 und 1516 verfaßte Sammlung von Briefen, in denen rückständige Mönchsgesinnung, Mönchslatein und Mißstände in der Kirche und an den Universitäten verspottet werden. Sie sind neben dem „Lob der Torheit" → *Lob* Laus stultitiae Nr. **1678**, die bekannteste Satire des Humanismus. Als einer ihrer Verfasser gilt Ulrich von Hutten, 1488–1523.

Brot

248 Altera manu fert lapidem, panem ostentat altera.

Plautus, Aulularia 195

In der einen Hand trägt er einen Stein, Brot zeigt er mit der anderen.

249 Panem et aquam natura desiderat.

Seneca, Epistulae morales 25,4

Brot und Wasser verlangt die Natur.

250 Panem et circenses.

Juvenal, Saturae 10,81

Brot und Zirkusspiele

Brotspenden und Zirkusspielen galt das Hauptinteresse des Volkes in Rom während der Kaiserzeit.

251 Ut panis ventrem, sic pascit lectio mentem.

MA Werner / Flury u 111

Wie Brot den Bauch, so nährt Lektüre den Geist.

→ *Wasser*   Aqua et panis est vita canis. Nr. **3262**

Non in solo pane vivit homo, sed in omni verbo, quod procedit **252**
de ore Dei.

📖 NT Matthaeus 4,4

Der Mensch lebt nicht vom Brot allein, sondern von jedem
Wort, das aus Gottes Mund kommt.
Mit dieser Antwort wies Jesus Christus nach dem 40tägigen Fasten die
erste Versuchung des Teufels ab.

→ *Liebe*   Sine Cerere et Libero friget Venus. Nr. **1618**

Bruder

par nobile fratrum   **253**
Horaz, Sermones 2,3,243

ein würdiges Brüderpaar, ein sauberes Brüderpaar
Der Ausdruck wird spöttisch von zweien gesagt, die in ihrer Schlechtigkeit zueinander passen.

Brust

→ *Herz*   Nunc animis opus, Aenea, nunc pectore firmo. Nr. **1148**

Buch

Libri magistri, libri amici.   **254**
Nach Cicero, Epistulae ad familiares 9,1,2: cum veteribus amicis, id est
cum libris nostris mit meinen alten Freunden, das heißt: mit meinen Büchern. Gellius, Noctes Atticae 14,2,1

Bücher sind unsere Lehrer, Bücher sind unsere Freunde.

Libri muti magistri sunt.   **255**
Gellius, Noctes Atticae 14,2,1: ut … rem iudiciariam … quoniam vocis, ut
dicitur vivae penuria erat, ex mutis, quod aiunt, magistris cognoscerem …
um … die Pflichten des Richteramts, weil ich des sog. lebendigen Wortes
der mündlichen Belehrung entbehrte, von den, wie es im Sprichwort heißt,
stummen Lehrmeistern (d.h. aus Büchern) zu lernen. Vgl. Cicero, De legibus 3,2: … legem *esse* mutum magistratum … das Gesetz ist ein stummer Magistrat. Publilius Syrus, Sententiae F4

Bücher sind stumme Lehrer.

Nullus est liber tam malus, ut non aliqua parte prosit.   **256**
Nach Plinius, Epistulae 3,5,10

Kein Buch ist so schlecht, daß es nicht mit irgendeiner Passage
Nutzen brächte. W. Krenkel

257 Non refert quam multos *libros*, sed quam bonos habeas.
Seneca, Epistulae morales 45,1

Es kommt nicht darauf an wie viele, sondern welch gute Bücher du besitzt.

258 Cum libellis mihi plurimus sermo est.
Seneca, Epistulae morales 67,2

Die meisten Gespräche führe ich mit meinen Büchern.
Seneca in seinem Alter.

259 Sunt bona, sunt quaedam mediocria, sunt mala plura
  quae legis hic: aliter non fit, Avite, liber.
Martial, Epigrammata 1,16

Manches ist gut, manches nur mäßig, mehr noch mag schlecht sein, was du hier liest; doch sonst wird es, Avitus, kein Buch.

260 *Pro captu lectoris* habent sua fata libelli.
Terentianus Maurus, De litteris, syllabis et metris 1286 (Carmen heroicum 258)

Bücher haben ihre Schicksale (je nach der geistigen Fassungskraft der Leser).
Vgl. die parodistische Variante in W. Raabe, Abu Telfan, 30. Kapitel: habent sua fata puellae.

261 Ad (In) usum Serenissimi Delphini. Kurzform: Ad (In) usum Delphini.
Für den Gebrauch des Durchlauchtigsten Dauphins.
Dauphin, lat. Delphinus, Titel der französischen Thronfolger. – Mit der Formel wurden lateinische und griechische Textausgaben bezeichnet, in denen auf Anweisung Ludwigs XIV., 1643–1715, anstößige Stellen gestrichen waren, da sie für des Gebrauch des Dauphins bestimmt waren.

262 Ex libris
Aus den Büchern / Aus der Bibliothek von …
Exlibris ist die Bezeichnung des auf der ersten Seite eines Buches eingeklebten Bücherzeichens mit dem Namen des Besitzers, ggf. Wappen oder künstlerisch gestaltetem Bild. Exlibris wird von Bibliophilen große Bedeutung beigemessen.

263 Index librorum prohibitorum   Kurz: Index
Vgl. CIC, vor 1983, 3,4,2 De prohibitione librorum Can. 1395 ff. Überholt. – In der ab 27. 11. 1983 gültigen Neufassung des CIC gilt 3,4 De instrumentis communicationis socialis et in specie de libris Soziale Kommunikationsmittel, insbesondere Bücher. Can. 822 ff.

Verzeichnis der von der Katholischen Kirche verbotenen Bücher
Erstmals 1599, zuletzt 1948 erschienen, ab 1966 eingestellt.

liber vitae **264**

NT Johannes, Apocalypsis 20,15

das Buch des Lebens

→ *arm / Armut* Biblia pauperum Nr. **89**
→ *lesen* Timeo lectorem unius libri. Nr. **1600**

C

Caesar

265 Caesar ad Rubiconem.

C. Iulius Caesar selbst nennt in seinen Werken den Fluß Rubico nicht namentlich. – Vgl. Sueton, Divus Iulius 31,2: Consecutusque cohortis ad Rubiconem flumen, qui provinciae eius finis erat, paulum constitit ac reputans quantum moliretur, conversus ad proximos: etiam nunc, inquit, regredi possumus; quodsi ponticulum transierimus, omnia armis agenda erunt. Er holte seine Kohorten am Flusse Rubico, der die Grenze seiner Provinz war, ein und machte da einen kurzen Halt. Hier war es, wo er, die Größe seines Unternehmens bedenkend, zu seiner nächsten Umgebung gewendet, die Worte sprach: „Noch jetzt können wir zurückgehen. Haben wir aber diese kleine Brücke überschritten, dann müssen die Waffen alles entscheiden." A. Stahr / W. Krenkel

Caesar am Rubico (am Scheidewege)

49 v. Chr. überschritt Caesar mit seinem Heer den Fluß Rubico, der die nördliche Grenze des römischen Staatsgebiets zur Provinz Gallia Cisalpina bildete. Damit begann er den Bürgerkrieg. – Vgl. Plutarch, Pompeius 60 Appian, Römische Geschichte 2,25

→ *Würfel* Alea iacta est. Nr. **3413**

266 Caesarem vehis Caesarisque fortunam.

Lateinische Übersetzung der Stelle Plutarch, Caesar 38,5 Florus 2,13,37

Du fährst Caesar und sein Glück.

Mit diesen Worten versuchte Caesar während eines Sturmes, dem Steuermann des Schiffes Mut zu machen, auf dem er 48 v. Chr. von Griechenland nach Brundisium, Brindisi, übersetzen wollte.

267 Teneo te, Africa!

Sueton, Divus Iulius 59

So halte ich dich, Afrika!

Ausruf Caesars, als er am 29. 12. 47 v. Chr. bei Hadrumetum, heute in Tunesien, an Land ging und zu Boden stürzte.

268 Et tu, Brute?

Sueton, Divus Iulius 82,2 Caesar soll diese Worte griechisch gesprochen haben. Vgl. Cassius Dio, Römische Geschichte 44,19,5: Kai sy, teknon? Auch du, mein Sohn?

Auch du, mein Sohn Brutus?

Angeblich Sterbewort Caesars am 15. März, Iden des März, 44 v. Chr.
Caesar hatte den 15 Jahre jüngeren Marcus Brutus sehr gefördert, mußte
ihn aber schließlich unter seinen Mördern sehen.

Aut Caesar aut nihil!   **269**
Inschrift auf einer Büste des Gaius Iulius Caesar. – Wahlspruch Cesare
Borgias, 1474–1507

Entweder Caesar oder nichts. / Alles oder nichts!
Entweder etwas Großes oder nichts! – Caesar galt in der Antike und an
den Fürstenhöfen der Renaissance als ideale Verkörperung des Ehrgeizes.

Caesar non supra grammaticos.   **270**
Nach Sueton, De grammaticis et rhetoribus 22

Der Kaiser steht nicht über den Sprachwissenschaftlern.
D. h., der Kaiser kann Sprachregeln nicht umstoßen. – Als König Sigismund auf dem Konzil zu Konstanz 1414 auf einen von ihm begangenen
Grammatikfehler hingewiesen wurde, soll er entgegnet haben: Ego sum
rex Romanus et supra grammaticam. Ich bin römischer König und stehe
über der Grammatik. Hierauf widersprach ihm der Kardinal von Piacenza
in Anlehnung an die Sueton-Stelle. Vgl. Büchmann 677

→ *Ave*   Ave, Caesar, morituri te salutant! Nr. **125**
→ *der Erste*   Malo hic esse primus, quam Romae
                       secundus. Nr. **437**
→ *Prophezeiung*   Philippis iterum me videbis. Nr. **2171**
→ *Sieg / siegen*   Veni, vidi, vici. Nr. **2619**
→ *Würfel*   Alea iacta est. Nr. **3413**

Cato Maior

Marcus Porcius Cato, 234–149 v. Chr.   **271**

→ *Karthago*   Ceterum censeo Carthaginem esse delendam.
                       Nr. **1311**

Cato Minor

Victrix causa diis placuit, sed victa Catoni.   **272**
Lucan, De bello civili 1,128

*Die siegreiche Sache gefiel den Göttern, die besiegte aber dem
Cato.*
Einprägsame Antithese. – Gemeint ist der Sieg C. Iulius Caesars über
seine Gegner unter Führung des Pompeius im Bürgerkrieg 49–46 v. Chr.
Cato beging nach der Schlacht bei Thapsus, 46 v. Chr., in Utica, Nordafrika, Selbstmord: Cato Uticensis. Nach seinem Tod wurde er, der Ur-
enkel des Cato Maior, im Bewußtsein der Römer zum Vorbild des stoischen Republikaners.

273 Cato ille, virtutum viva imago.
Seneca, De tranquillitate animi 16,1

Jener Cato, der sittlichen Vollkommenheit lebendiges Ebenbild.
M. Rosenbach

274 Omne tempus Clodios, non omne Catones feret.
Seneca, Epistulae morales 97,10

Jede Zeit wird Männer hervorbringen wie Clodius[1], aber nicht jede Männer wie Cato.

[1] Publius Clodius (Claudius) Pulcher (der Schöne) war Aristokrat, der durch Adoption zur Plebs überging. Er war ein gewalttätiger politischer Abenteurer, der Todfeind Ciceros. Mit seiner Bande terrorisierte er Rom, bis er 52 v. Chr. von Milo im Straßenkampf erschlagen wurde.

  → *Freiheit*   Neque enim Cato post libertatem vixit, neque libertas post Catonem. Nr. **582**

  → *gut*   Cato esse quam videri bonus malebat. Nr. **1030**

Charakter

275 Suis fortuna cuique fingitur moribus.
Cicero, Paradoxa Stoicorum 5,1,34. Vgl. Heraklit fr.102 J. Mansfeld, B 119 DK Cornelius Nepos, Vita Attici 11,6: Sui cuique mores fingunt fortunam hominibus. 19,1: suos cuique mores plerumque conciliare fortunam.

Das Schicksal eines jeden Menschen wird durch seinen Charakter bestimmt.
Vgl. Jeder ist seines Glückes Schmied.

276 In mores fortuna ius non habet.
Seneca, Epistulae morales 36,5

Über den Charakter hat das Schicksal kein Recht.

277 Honores mutant mores.
MA H. Walther 11 125: …, sed raro in meliores. …, aber selten zum Besseren. Vgl. Curtius 10,1,40

Ehren verändern den Charakter.

Charybdis

278 Incidit in Scyllam, qui vult vitare Charybdim.

  → *Skylla*   Nr. **2649**

Christ / Christus

Fiunt, non nascuntur Christiani.   **279**
Tertullian, Apologeticum 18,4 Zitiert von Hieronymus, Epistulae 107,1
(Migne PL 22,868)

Man wird, ist nicht von Geburt an Christ. C. Becker
Man wird nicht als Christ geboren, sondern muß es werden.

Non est *anima*, quod sciam, Christiana. Fieri enim, non nasci **280**
solet Christiana.
Tertullian, De testimonio animae 1

*Die Seele ist, soviel ich weiß, keine Christin. Denn sie pflegt
erst christlich zu werden, nicht schon als solche auf die Welt zu
kommen.*

Plures efficimur, quotiens metimur a vobis: semen est sanguis **281**
Christianorum.
Tertullian, Apologeticum 50,13

*Zahlreicher werden wir, sooft wir von euch niedergemacht wer-
den: ein Same ist das Blut der Christen.* C. Becker

ante Christum natum Abk.: a. Chr. n.   **282**
vor Christi Geburt

post Christum natum Abk.: p. Chr. n.   **283**
nach Christi Geburt
Mit der Zeit nach Christi Geburt beginnt der Christliche Äon, die Zeit der
Wirkung der Offenbarung in Christus. J. Pieper

→ *Seele*   anima naturaliter christiana Nr. **2575**

Cicero

Romani maximus auctor Tullius eloquii …   **284**
Lucan, De bello civili 7,62 f.

Cicero, der größte Meister römischer Beredsamkeit …

Cicero … parens facundiae Latinarumque litterarum   **285**
Plinius Maior, Naturalis historia 7,30

*Cicero … der Schöpfer der Beredsamkeit und der römischen
Wissenschaft*
Mit Cicero erreichte die oratorische und philosophische Prosa der Römer
ihren Höhepunkt, durch ihn wurde die lateinische Sprache zur Vermittle-
rin der griechischen Philosophie und der klassischen Bildung in Europa.

286 *C. Graccho et Crasso* distinctior et uberior et altior Cicero.
Tacitus, Dialogus de oratoribus 18. Vgl. Velleius Paterculus, Historia Romana 1,17,3

Cicero ist als Redner klarer, gehaltvoller und großartiger als C. Gracchus und Crassus.

287 Ille se profecisse sciat, cui Cicero valde placebit.
Quintilian, De institutione oratoria 10,1,112

Der wisse, daß er Fortschritte gemacht hat, dem Cicero sehr gefällt.

D

Dach

Asinus in tegulis. **288**
Petron, Satyricon 63,2

Der Esel auf dem Dach.
Bild für eine unerhörte Begebenheit.

dasselbe

Duo cum faciunt idem, non est idem. **289**
Nach Terenz, Adelphoe 822

Wenn zwei dasselbe tun, ist es nicht immer dasselbe.
Der Unterschied liegt nicht im Tun, sondern im Täter.

Quousque eadem? **290**
Seneca, Epistulae morales 24,26

Wie lange noch dasselbe?

Bona fides non patitur, ut bis idem exigatur. **291**
Digesta 50,17,57

Der „gute Glaube" läßt nicht zu, daß zweimal dasselbe gefordert wird.

Megarici … id bonum solum esse dicebant, quod esset unum et **292**
simile et idem semper.
Cicero, Lucullus 129

Die Megariker[1] … behaupteten, nur das sei gut, was eines und stets gleich und immer dasselbe sei.
[1] Stifter dieser Philosophenschule war der Sokratesschüler Euklides aus Megara.

denken

Turpe est aliud loqui, aliud sentire. **293**
Seneca, Epistulae morales 24,19

Es ist schändlich, anders zu sprechen als man denkt.

Cogito, ergo sum. **294**
René Descartes (Renatus Cartesius), Principia philosophiae 4. Vgl. Parmenides, fr.7 J. Mansfeld; 28 B3 DK. Vgl. Cicero, Tusculanae disputatio-

nes 5,111: Vivere est cogitare. Leben ist denken. Augustinus, De civitate
Dei 11,26 A. Schopenhauer, Die Welt als Wille und Vorstellung II, Ergänzungen zum 1. Buch, Kapitel 4 Von der Erkenntnis a priori.

Ich denke, also bin (d.h. existiere) ich.

Mein Denken hat meine Existenz zur Voraussetzung. – Eines der berühmtesten lateinischen Zitate, Fundamentalsatz der Descartesschen Philosophie in der Form eines Enthymems (eines Wahrscheinlichkeitsschlusses.
Argumentum ex contrario). Obersatz: Quod cogitat, non potest non existe-
re. Was denkt, kann nicht nicht sein. Untersatz: Ego cogito. Ich denke.
Conclusio: Ergo sum. Also bin ich. – Hergestellt von P. Deussen II 3 S. 21

295 Optima cogitata pessima saepe cadunt.

MA H. Walther 20 297 a

Die besten Absichten schlagen oft zum schlechten aus.

Denkmal

296 Exegi monumentum aere perennius.

Horaz, Carmina 3,30,1

Ein Denkmal habe ich mir gesetzt, dauerhafter als Erz.

Die bekannte Anfangszeile des letzten Carmens der ersten Liedersamm-
lung des Horaz läßt das Selbstbewußtsein und den Leistungsstolz des
Dichters hervortreten.

derselbe

297 Semper idem.

Cicero, Tusculanae disputationes 3,31: Hic est enim ille voltus semper
idem, quem dicitur Xanthippe praedicare solita in viro suo fuisse Socrate:
eodem semper se vidisse exeuntem illum domo se revertentem. Dies ist ja
doch jene immer gleiche Miene, die nach dem Worte der Xanthippe ihr
Gatte Sokrates gehabt haben soll: sie habe ihn immer gleich aus dem Hause gehen und nach Haus zurückkehren sehen. O. Gigon

Immer derselbe!

Positive Worte der Xanthippe über ihren Ehemann Sokrates, den sie stets
mit gleicher Miene aus dem Haus weggehen und nach Hause zurückkehren sah. – Ein Mann von Charakter.

298 Non sum qualis eram.

Horaz, Carmina 4,1,3

Ich bin nicht mehr derselbe, der ich war.

Dichter

299 Omnes hi metuunt versus, odere poetas.

Horaz, Sermones 1,4,33

Sie alle fürchten die Verse und hassen die Dichter.
Die Habsüchtigen, die Ehrgeizigen, die Liebestollen und die Kunstbesessenen ebenso wie die Kaufleute fürchten insbesondere die Satiren und die Satiriker.

Genus irritabile vatum.   **300**
Horaz, Epistulae 2,2,102
Das reizbare Geschlecht der Dichter.

Maxima pars vatum ... / decipimur specie recti.   **301**
Horaz, De arte poetica 24 f.
Wir Dichter lassen uns größtenteils durch den Schein des Richtigen täuschen.

Aut prodesse volunt aut delectare poetae.   **302**
Horaz, De arte poetica 333
Dichter wollen entweder nützen oder erfreuen.

Auctor opus laudat.   **303**
Ovid, Epistulae ex Ponto 3,9,9
Dichter loben ihr Werk.

nam castum esse decet pium poetam   **304**
ipsum, versiculos nihil necesse est.
Catull, Carmina 16,5 f.
Sittlich muß nur des Dichters Wesen selbst sein, seine Dichtung hat's überhaupt nicht nötig. W. Tilgner

Poeta nascitur, non fit.   **305**
Zum Dichter wird man geboren, man wird nicht (durch Ausbildung) dazu gemacht.

licentia poetica   **306**
Seneca, Naturales quaestiones 2,44,1. Vgl. Cicero, De oratore 3,153: poetarum licentiae Phaedrus, Fabulae 4,26: poetae more et licentia nach freier Dichterart.
dichterische Freiheit

poeta doctus   **307**
der gelehrte Dichter
Der Dichter als intellektueller, planvoll arbeitender Macher, als Kenner des Stoffes, der poetischen Form und Technik, des Publikumsgeschmacks und der eigenen Wirkungsabsicht. – „Mit ihm (Kallimachos) beginnt die Tradition des poeta doctus, des gelehrten Dichters, der sein Publikum un-

terhält durch Anspielungen auf entlegenes Bildungsgut, beispielsweise durch den Gebrauch wenig bekannter Kultnamen für einen Gott, durch kaum vertraute Sagenversionen und unübliche Mythendetails." B. Kytzler II 74

308 poeta creator

der Dichter als Schöpfer / der schöpferische Dichter

309 Poeta laureatus

Der mit (dem) Lorbeer(kranz) gekrönte (ausgezeichnete / geehrte) Dichter

1341 wurde auf dem Kapitol in Rom Francesco Petrarca mit dem Dichterlorbeer geehrt. In Deutschland erhielten später Conrad Celtis und Ulrich von Hutten 1517 diese Auszeichnung. Der Barockdichter Martin Opitz wurde 1625 in Wien für seine deutschen Dichtungen mit dem Dichterlorbeer gekrönt.

→ *Berg*   Parturient montes, nascetur ridiculus mus. Nr. **180**
→ *Raserei* furor poeticus Nr. **2193**
→ *Vers*   Si natura negat, facit indignatio versum. Nr. **3166**

Dieb

310 Prende furem!

Petron, Satyricon 138. Vgl. 14: latrones tenere! Haltet die Diebe!

Haltet den Dieb!

311 Multos saepe loca faciunt committere furta.

MA Werner / Flury m 74

Gelegenheit macht Diebe.

Dienst

312 Aliis inserviendo consumor.

Wahlspruch des Herzogs Julius von Braunschweig, 1568–89. Löbe 49. Der Wortlaut begegnet auch in einem Brief Otto von Bismarcks vom 6. 11. 1852 an Leopold von Gerlach. – In der Fassung: Patriae inserviendo consumor. Im Dienste für mein Vaterland reibe ich mich auf, schrieb Bismarck den Spruch im Dezember 1881 unter sein Lichtbild. Büchmann 721

Im Dienst für andere verzehre ich mich.

313 Officium oblatum saepe ingratum.

Wander 1, 600, 4

Angebotener Dienst ist oft unwillkommen.

→ *Herr*   Nemo potest duobus dominis servire. Nr. **1130**

Ding

Non hominibus tantum, sed rebus persona demenda est et red- **314**
denda facies sua.
Seneca, Epistulae morales 24,13

Nicht nur den Menschen, sondern den Dingen muß man die
Maske abnehmen und ihr wahres Gesicht zurückgeben.

Res fallunt: illas discerne!   **315**
Seneca, Epistulae morales 45,6

Die Dinge täuschen: sie unterscheide!

Universalia sunt ante res.   **316**

Die Allgemeinbegriffe (Ideen, Gattungsbegriffe) existieren v o r
den Dingen.
Auf Plato zurückgehende Auffassung der Frühscholastik, z.B. Anselm
von Canterburys Begriffsrealismus.

Universalia sunt in rebus.   **317**

Die Allgemeinbegriffe (Ideen) existieren i n den Dingen.
Auf Aristoteles zurückgehende Ansicht der Hochscholastik, z.B. Thomas
von Aquins, die den Universalien wirkliches Dasein nur in den Einzeldin-
gen zubilligt: gemäßigter Realismus.

Universalia sunt post res.   **318**

Die Allgemeinbegriffe sind Bezeichnungen (auf Grund von Sin-
neswahrnehmungen) n a c h den Dingen.
Daß die allgemeinen Begriffe als solche keine Realität haben, ist Auffassung des Nominalismus, z.B. Wilhelm von Ockhams.

→ *Mitte / Mittelweg*   in medias res Nr. **1855**
→ *Name*   Universalia sunt nomina. Nr. **1956**

Dirne

Matronae, non meretricium est unum inservire amantem.   **319**
Plautus, Mostellaria 190

Einer Matrone, nicht aber den Freudenmädchen kommt es zu,
sich einem Mann nur hinzugeben.

Amator meretricis mores sibi emit auro et purpura.   **320**
Plautus, Mostellaria 285

Durch Purpur und Juwelen erkauft sich der Liebhaber eines
Freudenmädchens Herz.

321 Lupus et meretrix non facile domantur.

Wander 5,359,218

Ein Wolf und eine Dirne bessern sich nicht.

Drei(zahl)

322 Tertium non datur.

Vgl. Cicero, Epistulae ad familiares 9,25(22),1 Seneca, Epistulae morales 58,14: nihil tertium est. Ein Drittes gibt es nicht. – Vgl. J. M. Moscherosch, Gesichte Philanders von Sittewalt, Roman 1644, 1,6: Non datur tertium. Es ist nur Gott und Teufel: Himmel und Hölle.

Ein Drittes gibt es nicht.

Ein dritter Fall findet nicht statt. Die Wahl bleibt nur zwischen zweien.

323 Numero deus impare gaudet.

Vergil, Bucolica 8,75

Die Dreizahl lieben die Götter.

Die Zahlen 3, 7 und 9 galten bei den Pythagoreern wegen ihrer Bedeutung in der Musik, Malerei und Kunst für heilig. – Die Drei ist die Zahl der Vollendung.

324 Despue ter, virgo: numero deus impare gaudet.

Vergil, Ciris 373. Vgl. Theokrit, Idyllia 6,38

Spuck[1] dreimal aus, Mädchen, die Dreizahl lieben die Götter!

[1] um dadurch ein Übel abzuwenden

325 Tres faciunt collegium.

Digesta 50,16,85: Neracius Priscus tres facere existimat collegium. N. P. meint, daß drei Personen ein Kollegium bilden.

Drei bilden ein Kollegium.

Mindestens drei Mitglieder eines Richterkollegiums oder Vereins müssen anwesend sein, um rechtsgültige Beschlüsse fassen zu können, da mit weniger als drei Mitgliedern keine Mehrheit bei Abstimmungen zu erzielen ist. – Universitätsleben: Außer dem Dozenten mußten in früherer Zeit mindestens zwei Studenten anwesend sein, wenn die Vorlesung stattfinden sollte (teilweise heute noch üblich).

326 exclusi tertii principium

Satz vom ausgeschlossenen Dritten

Logisches Axiom; z.B. A ist entweder gleich B oder nicht gleich B. Eine dritte Möglichkeit ist ausgeschlossen.

327 das tertium comparationis

das Dritte eines Vergleichs, der Vergleichspunkt; das zum Vergleich herangezogene Dritte, die Ähnlichkeitspunkte zweier Gegenstände

tertius gaudens   **328**
der lachende Dritte
Wenn zwei sich streiten, freut sich der Dritte.

Omne trinum perfectum.   **329**
MA H. Walther 19 880 b
Aller guten Dinge sind drei.

→ *streiten*   Duobus litigantibus tertius gaudet. Nr. **2782**
→ *Wort*   de tripode dictum Nr. **3402**

Dreieinigkeit / Dreifaltigkeit

… quae unitatem in trinitatem disponit, tres dirigens patrem et **330**
filium et spiritum, – tres autem non statu, sed gradu, nec substantia, sed forma, nec potestate, sed specie, – unius autem
substantiae et unius status et unius potestatis …
Tertullian, Adversus Praxean 2. Vgl. 25 Erster nachgewiesener Gebrauch
des Begriffs trinitas, Dreifaltigkeit.

… welche die Einheit in die Dreiheit (Dreifaltigkeit) teilt, drei
festsetzend: den Vater und den Sohn und den hl. Geist – drei,
nicht aber in der Beschaffenheit, sondern dem Grade, nicht der
Substanz, sondern der Form, nicht der Macht, sondern der
Eigentümlichkeit nach, – denn es ist nur eine Substanz, eine
Beschaffenheit und eine Macht …

drucken / Druckerlaubnis

imprimatur Abk.: impr.   **331**
es werde gedruckt / die Druckerlaubnis
Druckerlaubnis des kath. Bischofs gemäß dem kath. Kirchenrecht nach
Überprüfung der Übereinstimmung mit der kirchlichen Lehre. – Druckerlaubnis, die ein Verfasser nach Abschluß der Korrekturen auf dem Korrek-
turbogen gibt.

Dummheit

Stultitiam patiuntur opes.   **332**
Horaz, Epistulae 1,18,29
Reichtum kann sich mit Dummheit vertragen.

333 Stulte, stude!
Seneca, Apocolocyntosis 8
Dummkopf, lerne was!

334 Fortuna favet fatuis.
Das Glück ist den Einfältigen gewogen.

E

Ehre

Honos alit artes. **335**

Cicero, Tusculanae disputationes 1,4 Ovid, Tristia 5,12,37 Epistulae ex Ponto 4,2,35 f. Properz, Elegiae 4,10,3 Seneca, Epistulae morales 102,16

Anerkennung fördert die Künste.

Honos est praemium virtutis. **336**

Cicero, Brutus 281

Ehre ist der Lohn der Tüchtigkeit.

Honos habet onus. **337**

MA H. Walther 11 126

Die Ehre ist eine Last.
Würde hat Bürde.

Omnis honos onus est. **338**

Joachim Camerarius II., 1534–98, Humanist. Nach Varro, De lingua Latina V 73 Ovid, Heroides 9,31: Non honor est, sed onus. Nicht Ehre ist's, sondern Last. Vgl. Livius, Ab urbe condita 22,30,4

Jegliche Würde ist Bürde. H. C. Schnur
Lateinisches Wortspiel – Paronomasie

Dat census honores. **339**

Ovid, Amores 3,8,55 Fasti 1,217

Vermögen bringt Ehren.

Sunt sua praemia laudi. **340**

Vergil, Aeneis 1,461

Dem Ruhm wird Belohnung zuteil.

Honor sequitur fugientem, fugit sequentem. **341**

MA H. Walther 11 123 b

Die Ehre folgt dem, der vor ihr flieht, und flieht vor dem, der ihr nachjagt.

Honestum non est semper, quod licet. **342**

Nicht immer ist ehrenhaft, was erlaubt ist.

343 Non omne, quod licet, honestum est.

Digesta 50,17,144

Nicht alles, was erlaubt ist, ist auch ehrenhaft.

344 Verba honestatis non obligant.

MA H. Walther 33 059 b Wander 1,747,1

Ehrenworte binden nicht.

345 honoris causa   Abk.: h.c.

Cicero, De inventione 1,56 Seneca, Epistulae morales 64,9

ehrenhalber

Z. B. Dr. h.c. Die Doktorwürde wurde wegen erworbener Verdienste um die Wissenschaft ehrenhalber, nicht aber auf Grund eines dazugehörigen Studiums bzw. einer Dissertation verliehen.

346 Reddite cui honorem honorem.

📖 NT Römer 13,7

Ehre, wem Ehre gebührt!

→ *Charakter*   Honores mutant mores. Nr. **277**
→ *Ruhm*   Immensum gloria calcar habet. Nr. **2347**
→ *Ruhm*   Gloria in excelsis Deo! Nr. **2355**

Ei

347 ab ovo

Horaz, De arte poetica 147

vom Ei (der Leda, der Mutter der Helena) an
vom Beginn einer Sache an

348 ab ovo usque ad mala

Horaz, Sermones 1,3,6 f.

vom Ei bis zu den Äpfeln
Vom Anfang der Mahlzeit an bis zum Ende; die vollständigen altrömischen Mahlzeiten begannen mit Eiern und endeten mit Obst. – Von A bis Z. Römisches Sprichwort

349 *hominem* tam similem *sibi* quam ovo ovum

Seneca, Apocolocyntosis 11,5

(ihm) so ähnlich wie ein Ei dem anderen

350 Non ovum tam simile ovo.

Quintilian, De institutione oratoria 5,11,30

Kein Ei ähnelt so einem anderen Ei.
Sprichwörtliche Redensart

Eile / eilen

Matura, dum libido manet. **351**

Terenz, Phormio 716

Beeile dich, solange die Lust anhält.

Man muß das Eisen schmieden, solange es heiß ist.

Omnia non properanti clara certaque erunt, festinatio improvida **352**
est et caeca.

Livius, Ab urbe condita 22,39

Wenn du nichts übereilst, wird dir alles deutlich vor Augen und
entschieden sein; Hast aber ist unvorsichtig und blind.

→ *Quintus Fabius Maximus Cunctator* Nr. **3454** zu L. Aemilius
Paullus

Festina lente! **353**

Sueton, Vita divi Augusti 25,4 Wörtliche lateinische Übersetzung des
griechischen speude bradeos; vgl. Gellius, Noctes Atticae 10,11,5 Sophokles, Antigone 231 Aristophanes, Die Ritter 495 Goethe, Hermann und
Dorothea 5,82

Eile mit Weile!

Wahlspruch des Kaisers Augustus. – Gut Ding will Weile haben. Erasmus
von Rotterdam, Adagia 2,1,1, nannte dieses von ihm hochgeschätzte Wort
regium proverbium, ein königliches Sprichwort.

einer

Unus pro multis **354**

Nach Vergil, Aeneis 5,814f.: unus erit tantum amissum quem gurgite
quaeret; / unum pro multis dabitur caput. Einen wirst du, der entrafft vom
Strudel, vermissen: ein Haupt gelte für all die anderen. A. Vezin – Neptun
verspricht Venus, Aeneas werde glücklich den Hafen erreichen, aber einer
seiner Gefährten werde den Tod finden. Der Tod des Steuermanns Palinu-
rus ist ein stellvertretendes Opfer für die anderen.

Einer für viele.

Unus mihi pro populo est, et populus pro uno. **355**

Ausspruch des griechischen Philosophen Demokrit, gest. 361 v.Chr., bei
Seneca, Epistulae morales 7,10

Ein einziger gilt mir für das ganze Volk, und das Volk für einen.

unus pro omnibus **356**

📖 NT 2 Korinther 5,14: si unus pro omnibus mortuus est, … wenn einer für
alle gestorben ist, …

einer für alle

→ *viel(e/es)* unus e multis Nr. **3186**

Einfalt

357 O sancta simplicitas!

Wortverbindung bei Hieronymus, Epistulae 57,10 und Rufinus, Historia ecclesiastica 10,3. Vgl. Goethe, Faust I V.3037 Erzählung bei J. W. Zincgref, Apophthegmata (1635) 3,383 .

O heilige Einfalt!

Diese Worte soll der auf dem Konzil von Konstanz 1415 als Ketzer verurteilte und verbrannte tschechische Kirchenreformator Jan Hus ausgerufen haben, als er sah, wie ein altes Weiblein Holz zu seinem Scheiterhaufen herbeitrug.

Einheit

358 unio mystica

Vereinigung der Seele mit Gott (als Vollendung der Mystik angesehen)

Gemeint ist „der Vorgang der realen Versittlichung" A. Dempf, Ethik 63, ein mystisches Ineinandersein von Schöpfer und Geschöpf, Gott und Seele, ein Berühren Gottes.

Eintracht

359 Concordia parvae res crescunt, discordia maxumae dilabuntur.

Sallust, Bellum Iugurthinum 10,6 Seneca, Epistulae morales 94,46: Wahlspruch des M. Vipsanius Agrippa, Feldherr und Schwiegersohn des Kaisers Augustus. Orosius, Historiae adversus paganos 2,17,17

Durch Eintracht wachsen kleine Dinge (Staaten), durch Zwietracht zerfallen sogar die größten.

Worte des Numiderkönigs Micipsa. – Eintracht vermehrt, Unfriede verzehrt.

360 concordia discors

Horaz, Epistulae 1,12,19 Ovid, Metamorphoses 1,433: discors concordia. Lucan, De bello civili 1,98 Manilius, Astronomica 1,142: discordia concors. Vgl. A. Schopenhauer, Die Welt als Wille und Vorstellung II, Ergänzungen zum 3. Buch, Kapitel 39

zwieträchtige Eintracht

Oxymoron

361 Ibi semper est victoria, ubi concordia est.

Publilius Syrus, Sententiae I 59

Der Sieg ist immer dort, wo Eintracht herrscht.

362 CONCORDIA • DOMI • FORIS • PAX

Inschrift am Holstentor zu Lübeck

Eintracht im Innern, Friede draußen.

Concordia ditat.   **363**
Eintrachtstaler 1617 Löbe 67
Eintracht macht reich.

Eintreten

Introite, nam et heic Dii sunt.   **364**
Bekannt als Motto von Gotthold Ephraim Lessings Dramatischem Gedicht
Nathan der Weise, 1779. – Nach Aristoteles, De partibus animalium fr.
126 DK 22 A9 ein Ausspruch des griechischen Philosophen Heraklit, der,
als er sich gerade am Backofen wärmte, mit diesen Worten Besucher ein-
lud, sich zu ihm zu setzen.
Tretet ein, denn auch hier sind Götter.

Eitelkeit

O curas hominum! o quantum est in rebus inane!   **365**
Persius, Satirae 1,1
O Sorgen der Menschen! O wieviel Eitelkeit ist auf der Welt!

Vanos pone metus, pueriles corrige curas!   **366**
MA Werner / Flury V 6
Lege ab die leeren Ängste, beseitige deine kindischen Sorgen!

Vanitas vanitatum et omnia vanitas.   **367**
AT Ecclesiastes 1.2; 12,8
O Eitelkeit der Eitelkeit, alles ist Eitelkeit.
Klage über die Vergänglichkeit alles Irdischen. Leitmotiv des Buches Ec-
clesiastes. Motiv in Literatur und Malerei. Z.B. Titel eines Sonetts von
Andreas Gryphius, 1616–1664, eines Gedichts von Goethe u.a.

Eltern

Quid est pietas nisi voluntas grata in parentes.   **368**
Cicero, Pro Plancio oratio 80
*Was ist kindliche Liebe anderes als Dankbarkeit gegen die
Eltern?*

Dos est magna parentium virtus.   **369**
Horaz, Carmina 3,24,21 f.
Der Eltern Tüchtigkeit ist eine große Mitgift.

Solemus dicere non fuisse in nostra potestate, quos sortiremur **370**
parentes, forte nobis datos.
Seneca, De brevitate vitae 15,3

Wir pflegen zu sagen, es sei nicht in unserer Gewalt gewesen, welche Eltern wir erlosen, sie seien uns durch Zufall gegeben.

371 Parentes suos non amare impietas est, non agnoscere insania.
Seneca, De beneficiis 3,1,5

Seine Eltern nicht zu lieben ist Mangel an Ehrfurcht, sich nicht zu ihnen zu bekennen ist Wahnsinn.

372 Honora patrem tuum et matrem tuam, ut sis longaevus super terram quam Dominus Deus tuus dabit tibi.
📖 AT 2 Moses 20,12

Ehre deinen Vater und deine Mutter, auf daß du lange lebest im Lande, welches dir der Herr, dein Gott, geben wird.

373 Qui timet Dominum, honorat parentes.
AT Ecclesiastes 3,8

Wer den Herrn fürchtet, ehrt die Eltern.

empor

374 Sursum corda!
Quelle: AT Jeremias 3,41: Levemus corda nostra cum manibus ad Dominum in caelos. Laßt uns unsere Herzen und unsere Hände erheben zum Herrn im Himmel. Vgl. Thomas von Kempen, De imitatione Christi 1,23,46: Serva cor liberum et ad Deum sursum erectum … Halte dein Herz frei und empor zu Gott gerichtet …

Empor die Herzen! (Erhebet …)
Präfation in der katholischen Meßfeier. Antwort der Gläubigen: Habemus ad Dominum. Wir haben sie beim Herrn. Die Formel ist Ausdruck des christlichen Wissens von der Gegenwärtigkeit und Erreichbarkeit Gottes, der die Menschen erschaffen hat.

375 Semper sursum.
Vgl. Platon, Der Staat 10,621C Auch: Inschrift auf Grabsteinen abgestürzter Bergsteiger im Friedhof von Zermatt (Schweiz).

Immer aufwärts!

Ende

376 Operis Victoria finis.
Ovid, Metamorphoses 6,82

Das Ende des Werks ist die Göttin des Sieges.

377 Finis coronat opus.
Nach Ovid, Heroides 2,85 MA H. Walther 9 536

Das Ende krönt das Werk.

Nascentes morimur finisque ab origine pendet.   **378**
Manilius, Astronomica 4,16

Schon wenn wir geboren werden, sterben wir, und das Ende hängt am Beginn

Quemadmodum coepit, sic desinet.   **379**
Seneca, Epistulae morales 9,8

Wie er begonnen hat, so wird er aufhören.

Necesse est initia inter se et exitus congruunt.   **380**
Seneca, Epistulae morales 9,9

Notwendigerweise stimmen Anfang und Ende überein.

Ibi vacabimus et videbimus, videbimus et amabimus, amabi- **381**
mus et laudabimus. Ecce quod erit in fine sine fine.
Augustinus, De civitate Dei 22,30,5

Dort werden wir feiern und sehen, sehen und lieben, lieben und loben. Das wird sein das Ende ohne Ende.

Quidquid agis, prudenter agas, et respice finem.   **382**
Gesta Romanorum 103. Vgl. Äsop, Fabulae 9 Halm 45. Vgl. MA H.
Walther 25 242 AT Ecclesiasticus 7,40

Was du auch tust, tu es klug und bedenke das Ende.

In omnibus rebus respice finem.   **383**
Thomas von Kempen, De imitatione Christi 1,24,1

In allen Dingen schau auf das Ende!

Memento semper finis; et quia perditum non redit tempus.   **384**
Thomas von Kempen, De imitatione Christi 1,25,43

Denk immer an das Ende, und daß die verlorene Zeit nicht wiederkehrt.

Finis Poloniae   **385**
Das Ende Polens.
Angeblich Ausruf Marschall Tadeusz Kosciuszkos, 1746–1817, nach der
Schlacht bei Maciejowice 1794, von diesem aber später bestritten.

In omnibus operibus tuis memorare novissima tua, et in aeter- **386**
num non peccabis.
📖 AT Jesus Sirach 7,40

Bei allem, was du tust, denke an dein Ende, so wirst du in Ewigkeit nicht sündigen.

387 Et ecce ego vobiscum sum omnibus diebus, usque ad consummationem saeculi.

NT Matthaeus 28,20

Und siehe, ich bin bei euch alle Tage bis an der Welt Ende.

388 Ego sum Alpha et Omega: initium et finis.

NT Johannes, Apocalypsis 21,6

Ich (Gott) bin das Alpha und das Omega: der Anfang und das Ende.

→ *Herrschaft / herrschen*　His imperium sine fine dedi. Nr. **1137**
→ *Zweck*　Finis sanctificat media. Nr. **3515**

Epikur

→ *gut / Gut*　Apud Epicurum duo bona sunt, ex quibus summum illud beatumque componitur, ut corpus sine dolore sit, animus sine perturbatione. Nr. **1036**
→ *Schwein*　Epicuri de grege porcus. Nr. **2544**
→ *Wort*　vulgata Epicuri dicta Nr. **3394**

der / das Erbe / erben

389　　exstructis in altum
divitiis potietur heres.

Horaz, Carmina 2,3,19

… des von dir aufgetürmten Reichtums
wird sich der lachende Erbe bemächtigen.

390 Vitam quae faciant beatiorem,
iucundissime Martialis, haec sunt:
Res non parta labore, sed relicta …

Martial, Epigrammata 10,47,1 ff.

Was das Leben glücklicher macht,
liebster Martial, ist dies:
Ein Vermögen, ererbt, nicht schwer erworben …

391 Heredis fletus sub persona risus est.

Publilius Syrus, Sententiae H 19

Das Weinen des Erben ist ein maskiertes Lachen.

→ *Arzt*　Male secum agit aeger, medicum qui heredem facit.
　　Nr. **99**

Erde

Reddenda terrae est terra.   **392**
Cicero, Tusculanae disputationes 3,25,59
Alles, was aus der Erde kommt, muß der Erde zurückgegeben werden.

Quae *terra*   **393**
et bibit umorem et, cum volt, ex se ipsa remittit.
Vergil, Georgia 2,217f.
Erde, die die Feuchte trinkt und sie von selber zurückgibt.

Et sit humus cineri non onerosa tuo.   **394**
Ovid, Amores 3,9,68
Und möge die Erde über deiner Asche nicht lasten.

Terra sit super ossa levis.   **395**
Tibull, Elegiae 2,4,50 Vgl. Juvenal, Saturae 7,207
Die Erde liege leicht über deinem Gebein!

Levis sit tibi terra.   **396**
Lateinische Übersetzung von Euripides, Alkestis 477 und 493 Martial,
Epigrammata 9,29,12f.: Sit tibi terra levis mollique tegaris harena, /
ne tua non possint eruere ossa canes. Sei die Erde dir leicht, mög
lockerer Sand dich bedecken, / daß sich die Hunde nicht mühn, scharren sie
draus dein Gebein. R. Helm – Boshafte Grabschrift auf eine Kupplerin.
Leicht sei dir die Erde!

In sudore vultus tui vesceris pane, donec revertaris in terram, **397**
de qua sumptus es: quia pulvis es, et in pulverem reverteris.
AT Genesis 3,19
*Im Schweiße deines Angesichts sollst du dein Brot essen, bis du
zur Erde wiederkehrst, von der du genommen bist; denn du bist
Staub und sollst zum Staube zurückkehren.*

Omnia, quae de terra sunt, in terram convertentur.   **398**
AT Ecclesiasticus 40,11
Alles, was von der Erde ist, muß wieder zur Erde zurückkehren.

→ *Welt*   Me mortuo terra ignibus misceatur. Nr. **3330**

erfahren

Experto credite!   **399**
Vergil, Aeneis 11,283 Ovid, Ars amatoria 3,511: Experto credite. Fasti
5,674 Seneca, Thyestes 81: credite experto mihi. Vgl. Cicero, Topica

19,74: Plerumque enim creditur eis, qui experti sunt. Denn meist glaubt man denen, die Erfahrung besitzen. MA H. Walther 8 531: Experto crede Roberto. – J. M. Moscherosch, Gesichte Philanders von Sittewalt, Roman 1640, 1,2: Expertus Robertus. 2,1; 2,3. Ein weiser Alter, der Philander die *vanitates* der Welt erklärt.

Glaubt mir als einem Erfahrenen!

Diomedes rät gegenüber der Gesandtschaft der Latiner zum Friedensschluß mit den unter dem besonderen Schutz der Götter stehenden überlebenden Trojanern unter Aeneas in Italien.

400 Expertus dico.

Properz, Elegiae 2,34A,3 Seneca, Thyestes 453: Expertus loquor.

Ich spreche aus Erfahrung.

401 Dulcis inexpertis cultura potentis amici: / expertus metuet.

Horaz, Epistulae 1,18,86f.

Wer's nicht kennt, für den ist verehrende Freundschaft mit einem Mächtigen reizvoll; doch wer damit Erfahrung hat, scheut davor zurück.

Erfolg

402 Eventus hoc docet.

Livius, Ab urbe condita 22,39,10

Der Erfolg lehrt das.

403 Eventus stultorum magister est.

Livius, Ab urbe condita 22,39,10 Homer, Ilias 17,32

Der Erfolg ist der Lehrer der Toren.

404 Exitus acta probat.

Ovid, Heroides 2,85

Handlungen rechtfertigt der Erfolg.

405 Careat successibus opto, quisquis ab eventu facta probanda putat.

Ovid, Heroides 2,85f.

Mag der den Erfolg entbehren, der nach dem Erfolg nur einschätzen will die Tat.

406 Successus improborum plures allicit.

Phaedrus, Fabulae 2,3,7

Der Erfolg der Bösen lockt noch mehr Böse an.

Successus ad perniciem multos devocat.   **407**
Phaedrus, Fabulae 3,5,1
Der Erfolg eines Vergehens lockt viele ins Verderben.

Non potest fieri, ut non aliquando succedat multa temptanti.   **408**
Seneca, Epistulae morales 29,2
Notwendigerweise hat einmal Erfolg, wer vieles versucht.

Erinnerung

Suam quisque homo rem meminit.   **409**
Plautus, Mercator 1011
Jeder denkt zuerst an seine Sache.

Suavis laborum est praeteritorum memoria.   **410**
Cicero, De finibus 2,105 Euripides, Andromeda fr. 133 Nauck. Vgl. Seneca, Hercules furens 3,656 f.
Süß ist die Erinnerung an vergangene Mühen.

Iucunda memoria est praeteritorum malorum.   **411**
Cicero, De finibus 2,105
Angenehm ist die Erinnerung an vergangene Übel.

Forsan et haec olim meminisse iuvabit.   **412**
Vergil, Aeneis 1,203. Zitiert von Seneca, Epistulae morales 78,15
Vielleicht wird es einst sogar Freude bereiten, sich daran zu erinnern.

damnatio memoriae   **413**
Austilgung des Andenkens
Begriff des römischen Strafrechts. Beschimpfung des Andenkens eines römischen princeps (Kaisers) durch Senatsbeschluß: Beseitigung von Statuen, Tilgung des Namens aus Inschriften u.a.; gegen Nero, 54–68, und Domitian, 81–96, verhängt.

Indocti discant et ament meminisse periti.   **414**
Alexander Pope, 1688–1744, Essay on Criticism 744. Lateinisch von J. F. Henault, Nouvel Abrege chronologique de l'histoire de France, Paris 1744. Tosi 383
Die Laien mögen hier lernen, die Kenner aber sich der Erinnerung erfreuen.

erkennen

415 Unum cum noveris, omnes noveris.
Terenz, Phormio 265

Kennst du einen, kennst du sie alle.

416 Nosce te! Variante: Nosce te ipsum!
Cicero, Tusculanae disputationes 1,52; vgl. 5,70 Deutung des Satzes: De legibus 1,58 f. Der Ausspruch steht bei Plato, Protagoras 343b. Vgl. Seneca, Ad Marciam de consolatione 11,3 Epistulae morales 94,27 Juvenal, Saturae 11,27: E caelo descendit gnothi seauton Vom Himmel herab kam uns das Erkenne dich selbst! Vgl. Erasmus von Rotterdam, Adagia 1,6,95 Goethe, Maximen und Reflexionen Nr. 356; 1087

Erkenne dich selbst!
Der Satz ist als Inschrift über dem Eingang des Apollo-Tempels zu Delphi bekannt. Er gilt als Ausspruch eines der Sieben Weisen Griechenlands. – Nach G. W. F. Hegel, 1770–1831, war der Ausspruch Mensch, erkenne dich selbst! das Gesetz für den Geist der Griechen. (Philosophie der Geschichte 3,3,1 a). – Ein anderes Urteil: Der Satz hat stets als Inbegriff der Weisheit gegolten. J. Huizinga II 55

417 Quanto iuniores, tanto perspicatiores.
Priscian, Institutiones grammaticae, Prol. 1

Je später geboren, desto erkenntnisreicher.
Die spätere Generation macht sich die Erkenntnisse der früheren zunutze.

418 Cura, quidquid agis, te bene nosse magis.
MA H. Walther 4 737a

Achte darauf, bei allem, was du tust, dich selbst besser zu erkennen.

419 Noscitur ex simili, qui non cognoscitur ex se.
MA Werner / Flury n 278

An einem Ähnlichen erkennt man den, den man nicht aus sich erkennt.

420 Nosce tempus!
Erkenne die Zeit!
Nütze die Zeit aus!

→ *tun*   Sedulo curavi humanas actiones non ridere, non lugere neque detestari, sed intelligere. Nr. **3009**

erlaubt

Cui plus licet, quam par est, plus vult, quam licet.   **421**
Publilius Syrus, Sententiae C 46
Wem mehr erlaubt ist, als recht ist, der will mehr, als erlaubt ist.

Quod licet, ingratum est; quod non licet, acrius urit.   **422**
Ovid, Amores 2,19,3
*Unlieb ist, was erlaubt ist, was nicht erlaubt ist, das entflammt
uns heftiger.*

Memento omnia mihi et in omnes licere!   **423**
Sueton, Vita Caligulae 29,1
Bedenke, daß mir alles und gegen alle erlaubt ist.
Antwort des Kaisers Caligula, reg. 37–41 n.Chr., als seine Großmutter
Antonia ihm Vorhaltungen machte.

Caesari quoque ipsi, cui omnia licent, propter hoc ipsum multa **424**
non licent.
Seneca, Ad Polybium de consolatione 7,3
*Auch dem Kaiser selbst, dem alles erlaubt ist, ist eben deswe-
gen vieles nicht erlaubt.*

Minimum decet libere, cui multum licet.   **425**
Seneca, Troades 336. Vgl. De clementia 3,16,2. 1,18,2
Wem viel erlaubt ist, der soll sich am wenigsten herausnehmen.
Lateinisches Wortspiel, Paronomasie

Non ut lubet, sed ut licet vivimus.   **426**
Nach Plato, Hippias Maior 301
*Wir können nicht nach unseren Neigungen leben, sondern wir
müssen uns nach unseren Verhältnissen richten.*

→ *Jupiter*   Quod licet Iovi, non licet bovi. Nr. **1303**

ernst

ioca atque seria agere   **427**
Sallust, De bello Iugurthino 96,2
Scherz und Ernst treiben

Res serias omnis ex hoc die in alium diem.   **428**
Plautus, Poenulus 499
Ernste Dinge verschieb' ich alle von heute auf morgen.
… denn guter Rat kommt über Nacht.

429 voltum verba decent …
ludentem lasciva, severum seria dictu.
Horaz, De arte poetica 106 f.

Zur scherzenden Miene paßt das mutwillige, zur strengen das ernste Wort.

Ernte

430 Tibi aras, tibi occas, tibi seris, tibi item metis.
Plautus, Mercator 71

Für dich pflügst und eggst und säst und erntest du.
… sprach der Vater zum Sohn.

431 Ut sementem feceris, ita metes.
Cicero, De oratore 2,261

Wie die Saat, so die Ernte.
Wie du säst, so wirst du ernten.

432 Adhuc tua messis in herba est.
Ovid, Heroides 17,263 Cicero, Pro Caelio oratio 30,76

Deine Ernte steht noch auf dem Halm.
Dein Wunsch ist noch weit vom Ziel.

433 Fertilior seges est alienis semper in agris.
Ovid, Ars amatoria 1,349

Fruchtbarer sind doch immer auf fremden Äckern die Saaten.

434 Quia ventum seminabunt, et turbinem metent.
📖 AT Hosea 8,7

Denn Wind säen sie, und Sturm werden sie ernten.

435 Metis, quod non seminasti.
NT Lukas 19,21

Du erntest, was du nicht gesät hast.

erquicken

436 Venite ad me omnes, qui laboratis, et onerati estis, et ego reficiam vos.
📖 NT Matthaeus 11,28

Kommt alle zu mir, die ihr euch plagt und schwere Lasten zu tragen habt, ich will euch erquicken.

der erste

Malo hic esse primus, quam Romae secundus.   **437**

Lateinische Überlieferung eines Satzes des griechischen Schriftstellers
Plutarch, Caesar 11

Ich möchte lieber hier der Erste als in Rom der Zweite sein.

Dies soll Caesar 61 v.Chr. gesagt haben, als er auf der Reise nach Spanien
an einem Alpenstädtchen vorbeikam.

Principibus placuisse viris non ultima laus est.   **438**

Horaz, Epistulae 1,17,35 Vgl. Seneca, Epistulae morales 102,16

Den ersten Männern im Staate gefallen zu haben, ist nicht das
schlechteste Lob.

Principis est virtus maxima nosse suos.   **439**

Martial, Epigrammata 8,15,8

Des Fürsten größte Tugend ist es, die Seinen zu kennen.

Primus non sum nec imus.   **440**

Ich bin nicht der Erste und nicht der Letzte.

Primus inter pares.   **441**

Der Erste unter den Standesgleichen (d. h. von gleichem Range).

Cur indecores in limine primo / deficimus.   **442**

Vergil, Aeneis 11,423 f. Vgl. Ovid, Remedia amoris 80

Warum versagen wir ruhmlos gleich auf der Schwelle?

Multi autem erunt primi novissimi, et novissimi primi.   **443**

📖 NT Matthaeus 19,30

Aber viele, die die Ersten sind, werden die Letzten, und die
Letzten werden die Ersten sein.

→ *Gesicht*   prima facie Nr. **816**
→ *Recht*   Prior tempore, potior iure. Nr. **2225**

ertragen

Quod di dant, fero.   **444**

Plautus, Aulularia 88

Was[1] die Götter geben, ertrage ich.

[1] hier: Armut

445 Quod fors feret, feremus aequo animo.
Terenz, Phormio 138

Was das Schicksal bringen wird, werde ich mit Gleichmut tragen.
Lateinisches Wortspiel – Paronomasie

446 Libenter feras, quod necesse est.
Pseudo-Seneca, De moribus 6

Trage willig, was notwendig ist.

447 Perfer et obdura!
Ovid, Amores 3,11,7 → *Schmerz* Nr. **2485**

Ertrage und halte aus!

448 Superanda omnis fortuna ferendo est.
Vergil, Aeneis 5,710

Ein jedes Geschick wird besiegt durch Ertragen. J. u. M. Götte

449 Stulti timent fortunam, sapientes ferunt.
Publilius Syrus, Sententiae S 6

Vorm Schicksal bangt der Tor, der Weise trägt es. H. Beckby

450 necessitas ferendae condicionis humanae
Cicero, Tusculanae disputationes 3,60

die Notwendigkeit, die Lage des Menschen auszuhalten

451 Fer firme, facilis fiet fortuna ferendo!

Trag's mit Stärke, leicht wird durch tapferes Ertragen das Schicksal!

→ *aushalten* Perfer et obdura, multa graviora tulisti. Nr. **121**
→ *Knabe*   Qui studet optatam cursu contingere metam,
              multa tulit fecitque puer, sudavit et alsit. Nr. **1351**
→ *Kraft*   Dum vires annique sinunt, tolerate labores.
              Nr. **1395**
→ *Last*   Leve fit, quod bene fertur, onus. Nr. **1481**

erzählen

452 Navita de ventis, de tauris narrat arator,
enumerat miles vulnera, pastor ovis.
Properz, Elegiae 2,1,43 f.

Der Seemann erzählt von den Stürmen, von den Stieren der Land-
mann, der Soldat zählt die Wunden auf, der Hirte seine Schafe.
Ein jeder redet von seinem Handwerk.

Erziehung

Nemo adeo ferus est, ut non mitescere possit.   **453**
Horaz, Epistulae 1,1,39
Niemand ist so roh, daß er nicht sanft werden könnte.

Unicis *pueris* quo plus indulgetur, pupillisque quo plus licet, **454**
corruptior animus est.
Seneaca, De ira 2,21,6
Je mehr man einzigen Kindern nachsieht, und je mehr man un-
mündigen Knaben erlaubt, desto verdorbener ist ihre Seele.
M. Rosenbach

Qui stultis videri eruditi volunt, stulti eruditis videntur.   **455**
Quintilian, De institutione oratoria 10,7,21
Alle, die den Einfältigen gebildet erscheinen wollen, scheinen
den Gebildeten ungebildet zu sein.

Esel

asinus ad lyram   **456**
Gellius, Noctes Atticae 3,16,13. Nach Varro fr. 349 griechisch: onos lyram
der Esel beim Lautenschlagen
Er stellt sich an wie der Esel zum Lautenschlagen.

Quid nunc te, asine, litteras doceam?   **457**
Cicero, In Pisonem oratio 73
Was soll ich dich jetzt, du Esel, lesen lehren?

Scio … me asinum germanum fuisse.   **458**
Cicero, Epistulae ad Atticum 4,6 (5),3
Ich weiß, daß ich ein rechter Esel war.

Auriculas asini quis non habet?   **459**
Persius, Satirae 1,121
Wer hätte nicht schon einmal eine Torheit begangen?
Wer hat nicht Eselsohren?

Qui asinum non potest, stratum caedit.   **460**
Petronius, Satyricon 45,8
Wer an den Esel nicht herankann, schlägt den Sack[1]. K. Müller /
W. Ehlers
[1] bzw. auf die Reitdecke, die oft den Esel bedeckt. – Den Sack schlägt
man, den Esel meint man.

461 Asinus asino pulcherrimus.
Lateinische Übersetzung einer Stelle bei Diogenes Laertius, Aristoteles
5,20. Vgl. MA H. Walther 1 541: Asinus asino, et sus sui pulcher ..., und
ein Schwein findet das andere schön.

Ein Esel gefällt dem anderen.

462 Asinus asinum fricat.

Ein Esel reibt sich am anderen.

463 Ex auribus cognoscitur asinus.

An den Ohren erkennt man den Esel.

464 pons asini

Eselsbrücke
Lern-, Verständnishilfe, heute vor allem: Gedächtnisstütze

465 pons asinorum

Eselsbrücke
Scherzhafte Bezeichnung für das logische ‚Compendium supra summulas‘
des scholastischen Philosophen Johannes Buridan, 1300–58. – Der ‚Esel
des Buridan‘, der zwischen zwei völlig gleichen Heuhaufen verhungert,
weil er sich nicht entscheiden kann, welchem er sich zuwendet, ist eine
auf Aristoteles, De caelo II 13; 295 b 32 zurückzuführende, fälschlich Buridan zugeschriebene bildliche Darstellung der, wie Buridan gelehrt haben
soll, nur theologisch, nicht aber philosophisch gegebenen Willensfreiheit
des Menschen. Vgl. hierzu z. B. die Kritik Schopenhauers in Die beiden
Grundprobleme der Ethik, III. Kapitel, 1860.

→ *Esel*   Asinus in tegulis. Nr. **288**
→ *Gold*   Philippus omnia castella expugnari posse dicebat, in
                quae modo asellus onustus auro posset adscendere.
                Nr. **930**

essen / Essen

466 Tribus rebus animantium vita tenetur: cibo, potione, spiritu.
Cicero, De natura deorum 2,134

Durch drei Dinge können die Lebewesen am Leben bleiben:
Durch Speise, Trank und Atem.

467 Oportet esse, ut vivas, non vivere, ut edas.
Cicero, Rhetorica ad Herennium 4,39 Quintilian, De institutione oratoria
9,3,85. Vgl. Seneca, Ad Helviam matrem de consolatione 10,3: vomunt ut
edant, edunt ut vomant. Sie erbrechen sich, um dann wieder zu essen, sie
essen, um sich zu erbrechen.

Man muß essen, um zu leben, nicht leben, um zu essen.

Ante circumspiciendum est, cum quibus edas et bibas, quam quid **468**
edas et bibas: nam sine amico visceratio leonis ac lupi vita est.
Seneca, Epistulae morales 19,10. Nach Epikur, fr. 542
Bevor du ißt und trinkst, mußt du dich umsehen, mit wem du ißt
und trinkst: denn ohne Freund ist das Leben eine Abfütterung
von Löwe und Wolf.

Post cenam stabis vel passus mille meabis.   **469**
Balthasar Schuppius, Regentenspiegel, 1657. Regimen sanitatis Salernita-
num von Lackner, 1673. Zoozmann 136 Wander 4,1663,408
Nach dem Essen sollst du stehn oder tausend Schritte gehn.
… sollst du ruhn oder tausend Schritte tun.

Ut sis nocte levis, sit tibi cena brevis!   **470**
MA H. Walther 32 566
Damit du in der Nacht unbeschwert schläfst, sei dein Abend-
essen kurz!

Ede, bibe, lude! Post mortem nulla voluptas.   **471**
MA H. Walther 6 952 Wander 1,892,79
Iß, trink und spiel! Nach dem Tode gibt es kein Vergnügen mehr.
Friß, sauf und spiel, denn nach dem Tod ist's aus!

Edamus, bibamus, gaudeamus!   **472**
Laßt uns essen, trinken, fröhlich sein!

Comedamus et bibamus: cras enim moriemur.   **473**
📖 AT Isaias 22,13 NT 1 Korinther 15,32
Laßt uns essen und trinken, denn morgen sind wir tot.

Nolite ergo sollicite esse dicentes: Quid manducabimus, aut **474**
quid bibemus, aut quo operiemur.? … Scit enim pater vester,
quia his omnibus indigetis.
NT Matthaeus 6,31–32
Darum sollt ihr euch nicht sorgen und sagen: Was werden wir
essen, oder was werden wir trinken, oder womit werden wir uns
bekleiden … Denn euer himmlischer Vater weiß, daß ihr des
alles bedürfet.

Eule

Noctuas Athenas portare (mittere).   **475**
Aus dem Altgriechischen ins Lateinische übertragen nach Aristophanes,
Die Vögel 301 und Cicero, Epistulae ad familiares 6,2(3),4; 9,2(3),2 Ad
Quintum fratrem 2,26(15),4 Erasmus von Rotterdam, Adagia 1, 2,11

Eulen nach Athen tragen (schicken).

Etwas Überflüssiges tun, da es in Athen viele Eulen gab. Die Eule war der heilige Vogel der Athene / Minerva und auf griechischen Gold- und Silbermünzen abgebildet.

ewig / Ewigkeit

476 Tempus est pars quaedam aeternitatis.

Cicero, De inventione 1,39

Die Zeit ist sozusagen ein Teil der Ewigkeit.

477 O pater o hominum rerumque aeterna potestas!

Vergil, Aeneis 10,17

O Vater, o du ewige Macht über Menschen und Menschenge-schicke!

Venus im Götterrat an Jupiter

478 Propone temporis profundi vastitatem et universum complecte-re, deinde hoc quod aetatem vocamus humanam compara immenso: videbis, quam exiguum sit, quod optamus, quod extendimus.

Seneca, Epistulae morales 99,10

Halte dir die Unendlichkeit der unergründlichen Zeit vor Augen und umfasse das All; dann vergleiche das, was wir ein Menschenalter nennen mit dem Unendlichen: du wirst sehen, wie winzig das ist, was wir wünschen, was wir verlängern wollen.

479 Aeternitas igitur est interminabilis vitae tota simul et perfecta possessio, quod ex collatione temporalium clarius liquet.

Boethius, De consolatione philosophiae 5,6

Ewigkeit ist also der zugleich ganze und vollkommene Besitz des unbegrenzbaren Lebens, was durch einen Vergleich mit den zeitlichen Dingen noch deutlicher hervorgeht.

480 … quod nostrum ‚nunc‘ quasi currens tempus facit et sempiternitatem, divinum vero ‚nunc‘ permanens neque movens sese atque consistens aeternitatem facit.

Boethius, De Trinitate 1,4,72 f. → *Zeit* Nr. **3443**

… weil unser Jetzt gleichsam laufend die Zeit und das Immersein bewirkt, das göttliche Jetzt aber beharrend, sich nicht bewegend und feststehend die Ewigkeit bewirkt. M. Elsässer

Nunc fluens facit tempus, nunc stans facit aeternitatem. **481**
Boethius, De Trinitate 4,70

Das fließende Jetzt macht die Zeit, das stehende Jetzt macht die Ewigkeit.

Ergo aeternitas est mensura omnis esse. Sed esse rerum corrup- **482**
tibilium mensuratur tempore.
Thomas von Aquin, Summa theologica 10,4

Also ist die Ewigkeit das Maß für alles Sein. Das Sein der vergänglichen Dinge aber wird durch die Zeit gemessen.

Quia aeternitas est mensura esse permanentis, tempus vero est **483**
mensura motus.
Thomas von Aquin, Summa Theologica 10,4

Denn die Ewigkeit ist das Maß des sich gleichbleibenden Seins, die Zeit dagegen Maß der Bewegung.

sub specie aeternitatis (aeterni) **484**
Baruch de Spinoza, Ethica 2,44 und 5,29

unter dem Gesichtspunkt (Blickwinkel / unter der Form / angesichts) der Ewigkeit (des Ewigen)

Initio cognovi de testimoniis tuis, quia in aeternum fundasti ea. **485**
AT Psalm 118,152

Aus deinen Vorschriften weiß ich seit langem, daß du sie für ewig bestimmt hast.
Widerspruch der Abtrünnigen kann mich nicht irre machen.

F

Fabel

486 Fabulae!

Terenz, Andria 224 Heautontimorumenos 336

Possen! Dummes Zeug!

487 Lupus in fabula!

Terenz, Adelphoe 537 Cicero, Epistulae ad Atticum 13,33,1 Erasmus von Rotterdam, Adagia 2 428 verweist auf Homer, Ilias 10,540

(Er ist) der Wolf in der Fabel!

Wenn man den Wolf nennt, so kommt er gerennt. Simrock 11806 – Sprichwörtliche Redensart, wenn jemand in eine Gesellschaft tritt, in der soeben von ihm die Rede war.

488 (Haec) fabula docet.

Romulus, Prosafassung von Gedichten des Phaedrus Nr. 36, Promythie. Thiele. Vgl. Phaedrus, Fabulae 2,8,27: Fabula significat.

Die Fabel lehrt ...

Die Moral von der Geschichte ist ...

489 ... haec quasi fabula rerum eventorumque nostrorum ...

Cicero, Epistulae ad familiares 5,13(12),6

... dieses Drama, möchte ich beinahe sagen, meiner Erlebnisse und Schicksale ...

490 Rides? Mutato nomine de te fabula narratur.

Horaz, Sermones 1,1,69f. Zitiert von U. Eco, Der Name der Rose, Roman 1982, 413

Du lachst? Unter geändertem Namen wird die Geschichte über d i c h erzählt.

Mit geändertem Namen handelt die Fabel von dir.

→ *Tat* Factum, non fabula. Nr. **2873**

Faden

491 Omnia sunt hominum tenui pendentia filo,
   et subito casu quae valuere ruunt.

Ovid, Epistulae ex Ponto 4,3,35f.

Alles Menschliche hängt nur an einem dünnen Faden,
   und in plötzlichem Fall stürzt, was eben noch stark war.

Fehler

Est proprium stultitiae aliorum vitia cernere, oblivisci suorum.   **492**
Cicero, Tusculanae disputationes 3,73

Es zeugt von Torheit, die Fehler der anderen zu erkennen, die
eigenen dagegen nicht zu beachten.

Omnia vitia paria.   **493**
Cicero, Academica 2,43

Alle Fehler sind gleich.
Grundsatz der Stoiker

Suus cuique attributus est error.   **494**
Catull, Carmina 22,20

Fehler sind das Merkmal unseres Menschentums. M. Schuster

Nam vitiis nemo sine nascitur; optimus ille est,   **495**
qui minimis urgetur.
Horaz, Sermones 1,3,68 f. Zitiert von Hieronymus, Epistulae 79,9; 133,1.
Vgl. Properz, Elegiae 2,22A,17

Denn niemand wird ganz ohne Fehler geboren; der Beste ist
der, den die geringste Schuld drückt.

Plus in illis (Scythis) proficit vitiorum ignoratio quam in his **496**
cognitio virtutis.
Justin, Historiarum Philippicarum Epitoma 2,2

Mehr richtet bei den Skythen die Unkenntnis der Laster aus als
bei den Griechen die Kenntnis der Tugend.

Videre nostra mala non possumus;   **497**
alii simul delinquunt, censores sumus.
Phaedrus, Fabulae 4,10,4 f.

Eigene Fehler sehen wir nicht, aber sobald andere sich verfeh-
len, treten wir als Kritiker auf.

Cum vitia prosunt, peccat, qui recte facit.   **498**
Publilius Syrus, Sententiae C 14

Wenn Fehler nützen, tut Unrecht, wer recht handelt.

Uni cuique dedit vitium natura creato.   **499**
Properz, Elegiae 2,22A, 17

Jedem Geschöpf gab die Natur seine eigene Schwäche.

500 Vitiosum est ubique, quod nimium est.
Seneca, De tranquillitate animi 9,6

Fehlerhaft ist überall, was zuviel ist.

501 Pacem habebis cum hominibus, cum vitiis bellum.
Pseudo-Seneca, De moribas 34

Mit den Menschen sollst du Frieden halten, mit den Fehlern Krieg führen.

502 Nullum vitium est sine patrocinio.
Seneca, Epistulae morales 116,2

Jeder Fehler hat seinen Verteidiger.

503 Qui vitia odit, homines odit.
Thrasea bei Plinius, Epistulae 8,22,3

Wer ihre Fehler haßt, der haßt auch die Menschen. W. Krenkel

504 Adsentatio, vitiorum adiutrix, procul amoveatur!
Cicero, De amicitia 89

Schmeichelei, der Laster Helferin, werde weit weggetrieben!

505 Omne, quod est nimium, vertitur in vitium.
MA Werner / Flury o 36

Alles Übermäßige wandelt sich zum Fehler.

506 lapsus calami
ein Schreibfehler
ein Ausgleiten der Schreibfeder

507 lapsus memoriae
ein Gedächtnisfehler

→ *Weib*   Multa sunt mulierum vitia. Nr. **3275**
→ *Zunge*   lapsus linguae Nr. **3507**

Feind

508 Sed tamen nihil inimicius *homini* quam sibi ipse.
Cicero, Epistulae ad Atticum 10,14,3 (10,12 a,3)

Aber dennoch ist der Mensch sich selbst der größe Feind.
Hier ist C. Iulius Caesar gemeint. – Der Satz wurde verallgemeinert.

509 Amicitiae immortales, inimicitiae mortales esse debent.
Livius, Ab urbe condita 40,46,12

Freundschaften müssen unsterblich sein, Feindschaften sterblich.

Fas est et ab hoste doceri.   **510**
Ovid, Metamorphoses 4,428. Vgl. Aristophanes, Die Vögel 376
Auch vom Feinde zu lernen ist erlaubt.

Inimicum ulcisci vitam accipere est alteram.   **511**
Publilius Syrus, Sententiae I 2
Sich am Feind zu rächen ist neues Leben zu empfangen

Iracundiam qui vincit, hostem superat maximum.   **512**
Publilius Syrus, Sententiae I 22
Wer seinen Jähzorn bezwingt, der besiegt seinen größten Feind.

Inimicum quamvis humilem docti est metuere.   **513**
Publilius Syrus, Sententiae I 26
Auch einen schwachen Feind wird der Kluge fürchten.

Inimicitiae potentium graves sunt.   **514**
Seneca, De providentia 3,14
Die Feindschaft der Mächtigen ist eine schwere Last.

Quot servi, tot hostes.   **515**
Nach Seneca, Epistulae morales 47,5
Wieviele Sklaven (du hast), soviele Feinde (hast du).

Qua fugiunt hostes, via munienda est.   **516**
Nach Vegetius, Epitoma rei militaris 3: Hosti non solum danda via fu-
giendi, sed etiam munienda. Dem Feind muß man einen Weg zur Flucht
nicht nur gewähren, sondern sogar bahnen.
Einem fliehenden Feind soll man eine goldene Brücke bauen.

Inimici occulti pessimi.   **517**
MA H. Walther 12 412a Wander 1,969,99
Heimliche Feinde sind die schlimmsten.

Quamvis sit modicus, timet hunc sapiens, inimicus.   **518**
MA H. Walther 23 440 Wander 1,970,125 Fallersleben 651
Auch einen kleinen Feind fürchtet der Kluge.

A conciliato cavendum inimico.   **519**
Wander 1,971,151
Versöhntem Feinde traue nicht.

Quo plures hostes, tanto maior honor.   **520**
MA H. Walther 25 681b Wander 1,971,152
Viel Feind', viel Ehr'.

521 Diligite inimicos vestros, benefacite his, qui oderunt vos.

📖 NT Matthaeus 5,44 Lukas 6,27

Liebet eure Feinde; tut Gutes denen, die euch hassen.

Feld

522 campus Martius

Horaz, Carmina 4,1,39 f. Cicero, De lege agraria 2,85 Pro C. Rabirio oratio 11 Epistulae ad Quintum fratrem 2,2,1 Oft nur campus genannt, z. B. Horaz, Carmina 1,8,4. 1,9,18

das Marsfeld

Eine mit Gras bewachsene Ebene am Tiber, die dem Kriegsgott Mars geweiht war. Versammlungsort des römischen Volkes zu den Komitien (Volksversammlungen), vielbesuchter Spiel-, Übungs- und Erholungsplatz, auch Exerzierplatz. Hier errichtete Augustus die Ara pacis (Friedensaltar), in der Nähe wurde sein Mausoleum erbaut. Auf dem Marsfeld wurden schon in der Kaiserzeit Bauten errichtet.

523 campus patens

Seneca, De vita beata 22,1 Cicero, De divinatione 1,93

ein weites Feld

Der Ausdruck wurde bereits von Seneca im übertragenen Sinne gebraucht. – Vgl. Theodor Fontane, Effi Briest, Roman 1895, letzter Satz. – Günter Grass, Ein weites Feld, Roman 1995

Fels

524 Et ego dico tibi, quia tu es Petrus, et super hanc petram aedificabo ecclesiam meam, et portae inferi non praevalebunt adversus eam.

📖 NT Matthaeus 16,18

Ich aber sage dir: Du bist Petrus, und auf diesem Felsen werde ich meine Kirche bauen, und die Mächte der Unterwelt werden sie nicht überwältigen.

Jesus Christus

Fest

525 Post festum venisti.

Vgl. Varro, De re rustica 1,2,11 Griechische Redensart. Vgl. Plato, Gorgias 477a, wo geschildert wird, wie Sokrates zu einem Fest, bei dem der berühmte Redner Gorgias Vorträge hielt, zu spät kam. Suda K 1087

Du bist nach dem Fest (d.h. zur Hauptsache zu spät) gekommen.

→ *Knochen*   Sero venientibus ossa. Nr. **1357**

→ *Saturnalien* Non semper Saturnalia erunt. Nr. **2379**

Feuer

pati ab igne ignem capere   **526**
Cicero, De officiis 1,52

vom Feuer Feuer nehmen lassen
Recht der römischen Bürger

Parva saepe scintilla contempta magnum excitavit incendium.   **527**
Curtius Rufus, Historiae Alexandri Magni Macedonis 6,3,11
Schon oft hat ein kleiner Funke, den man übersehen hatte,
einen großen Brand verursacht.

Neglecta solent incendia sumere vires.   **528**
Horaz, Epistulae 1,18,85
Feuer, die man nicht beachtet, pflegen sich auszubreiten.

Ignis, qui alentem materiam occupavit, aqua et interdum ruina **529**
exstinguendus est.
Seneca, De clementia 3,23,5 (1,25,5) Epistulae morales 30,14. Vgl. Sal-
lust, De coniuratione Catilinae 31,9: Tum ille *Catilina* furibundus
‚Quoniam quidem circumventus‘ inquit ‚ab inimicis praeceps agor, in-
cendium meum ruina exstinguam‘. Darauf sagte jener *Catilina* wütend:
‚Da ich nun, umstellt von Feinden, von euch ins Verderben getrieben wer-
de, werde ich meinen Brand unter Trümmern ersticken‘.
Ein Feuer, das brennbares Material ergriffen hat, muß man mit
Wasser und manchmal durch Einreißen löschen.

Exstincta parum fideliter incendia maiore flamma reviviscunt.   **530**
Florus, Epitome bellorum omnium annorum DCC 1,40,14
Ein unachtsam gelöschtes Feuer bricht bald mit stärkeren Flam-
men wieder aus.

→ *Nachbar*   Nam tua res agitur, paries cum proximus ardet.
               Nr. **1927**
→ *Wasser*   aqua et igni interdicere Nr. **3255**
→ *Welt*   Me mortuo terra ignibus misceatur. Nr. **3330**

Finger

Monstror digito praetereuntium …   **531**
Horaz, Carmina 4,3,22
Mit dem Finger weist auf mich, wer vorbeigeht …

532 At pulchrum est digito monstrari et dicier:
Hic est.

Persius, Saturae 1,28 Vgl. Martial, Epigrammata 5,13,3: Sed toto orbe legor et dicitur: Hic est! Doch in der ganzen Welt werde ich gelesen; man sagt auch: Der ist es! R. Helm

Aber es ist doch schön, wenn sie mit dem Finger auf dich weisen und alles sagt: Das ist er.

533 Pollices, cum faveamus, premere etiam proverbio iubemur.

Plinius Maior, Naturalis historia 28,2. (5.) Vgl. Horaz, Epistulae 1,18,66

Den Daumen drücken, wenn wir jemand gewogen sind, heißt uns auch ein Sprichwort.

Einschlagen des Daumens zwischen die übrigen vier Finger.

534 Digitus Dei hic est.

📖 AT 2 Moses 8,19

Das ist der Finger Gottes.

Das sagen die Zauberer zu Pharao, als Aaron mit seinem Stab Stechmücken aus dem Staub der Erde geschlagen hat. Finger bedeutet die Macht eines Gottes, der mächtiger ist als der, auf den sie vertrauten.

Fisch

535 Pisces natare oportet.

Petron, Satyricon 39,2

Fisch will schwimmen.

Zum Fischessen wird Wein getrunken.

536 In parvo grandes capiuntur flumine pisces.

MA Werner / Flury i 53

Auch in einem kleinen Fluß kann man große Fische fangen.

537 Post tres saepe dies vilescit piscis et hospes,
ni sale conditus vel sit specialis amicus.

MA Werner / Flury p 87

Fische und Besuche stinken oft nach drei Tagen, es sei denn, sie sind in Salz eingelegt oder es sind vertraute Freunde.

538 Rete parat nummis, qui piscem captat in undis.

MA Werner / Flury r 67

Sein Netz wirft nach Geld aus, wer den Fisch in den Wogen fängt.

539 Si quis amat pisces, debet sua crura madere.

MA Werner / Flury s 108

Wenn jemand Fisch liebt, muß er sich die Schenkel naß werden lassen.

Flamme

Flamma fumo est proxima.   **540**
Plautus, Curculio 53
Wo Rauch ist, ist auch Feuer.

Dicere aiunt Ennium flammam a sapiente facilius ore in ardente **541**
opprimi, quam bona dicta teneri.
Ennius bei Cicero, De oratore 2,54,222
Es heißt, Ennius sage, ein Weiser könne leichter eine Flamme
in seinem brennenden Mund ersticken, als geistreiche Gedan-
ken für sich behalten.

In flammam flammas, in mare fundis aquas.   **542**
Ovid, Amores 3,2,34
Flammen fügst du zu Flammen, Wasser gießt du ins Meer.
F. W. Lenz

Flamma recens parva sparsa resedit aqua.   **543**
Ovid, Heroides 17,192 Helena an Paris
Anfangs bringt man ein Feuer mit wenigem Wasser zum Steh'n.

→ *Feuer*   Exstincta parum fideliter incendia maiore flamma
reviviscunt. Nr. **530**

Fleisch

Non est summa felicitatis nostrae in carne ponenda, bona illa **544**
sunt vera, quae ratio dat.
Seneca, Epistulae morales 74,16
Der Inbegriff des Glücks darf nicht in das Fleisch[1] versetzt
werden, wahre Güter gibt nur die Vernunft.
[1] den menschlichen Körper

Neque caro, neque piscis.   **545**
Wander 1,1058,183
Nicht Fleisch, nicht Fisch.

Propter hoc dimittet homo patrem, et matrem et adhaerebit ux- **546**
ori suae et erunt duo in carne una. Itaque iam non sunt duo, sed
una caro.
📖 NT Matthaeus 19,5

Darum wird der Mann Vater und Mutter verlassen und sich an seine Frau binden, und die zwei werden ein Fleisch sein. Sie sind also nicht mehr zwei, sondern eins.

Jesus Christus auf die Frage der Pharisäer, ob die Ehescheidung erlaubt sei.

547 Spiritus quidem promptus est, caro autem infirma.

NT Matthaeus 26,41

Der Geist ist willig, aber das Fleisch ist schwach.

548 Et verbum caro factum est et habitavit in nobis.

NT Johannes 1,14

Und das Wort ist Fleisch geworden und hat unter uns gewohnt.

549 Qui manducat meam carnem, et bibit meum sanguinem, habet vitam aeternam.

NT Johannes 6,54

Wer mein Fleisch ißt und mein Blut trinkt, der hat das ewige Leben.

Jesus Christus zu den Juden

Fleiß

550 Suo enim quisque studio maxime ducitur.

Cicero, De finibus 5,5

Jeder läßt sich ja am meisten von seiner Neigung und seinem Fleiß leiten.

→ *Arbeit*   Labor omnia vincit improbus. Nr. **59**

fließen / Fluß

551 Altissima quaeque flumina minimo sono labuntur.

Curtius Rufus, Historiae Alexandri Magni Macedonis 7,4,16

Gerade die tiefsten Flüsse gleiten mit dem geringsten Geräusch dahin.

552 Magnorum fluminum capita veneramur.

Seneca, Epistulae morales 41,3

Die Ursprünge bedeutender Flüsse pflegen wir zu verehren.

553 Cuncta fluunt.

Ovid, Metamorphoses 15,178 Lehre des Philosophen Pythagoras Lateinische Übersetzung von Heraklits Satz panta rhei. Vgl. Heraklit bei Aristoteles, De caelo 3,1,298 b 29 f.: ta men alla panta ginesthai phasi kai rhein. Alle anderen Dinge, sagen sie, seien im Werden und Fließen.

Alles fließt.
Die Dinge werden und vergehen.

Hoc est, quod ait Heraclitus: In idem flumen bis descendimus **554**
et non descendimus.
Seneca, Epistulae morales 58,23 Heraklit fr. 22B 49 a 91 DK 49.a Capelle;
95.96 Mansfeld

Das ist es, was Heraklit sagt: In denselben Fluß steigen wir
zweimal und doch nicht (zweimal) hinab.
Alles ist in unablässiger Veränderung begriffen. – Vgl. Goethe, Dauer im
Wechsel, Gedicht 1803: Ach, und in demselben Flusse
                        schwimmst du nicht zum zweitenmal.

Fortschritt

Qui non proficit, deficit.   **555**

Wer nicht vorwärts schreitet, fällt zurück.

→ *Tag*   Nulla dies sine linea. Nr. **2840**

Frage(n)

Quid quaeris?   **556**
Horaz, Epistulae 1,10,8

Was fragst du noch?
Frag erst nicht!

Protinus ad censum, de moribus ultima fit quaestio.   **557**
Juvenal, Saturae 3,140

Zuerst wird man die Frage nach seinem Vermögen stellen, zu-
letzt erst nach seiner Moral.

Qui timide rogat, docet negare.   **558**
Seneca, Phaedra 593

Wer ängstlich fragt, lehrt (den Gefragten) eine abschlägige
Antwort zu erteilen.

Prudens interrogatio quasi dimidium sapientiae.   **559**
Francis Bacon

Eine kluge Frage ist gleichsam eine halbe Weisheit.

Frau

Mulier es, audacter iuras.   **560**
Plautus, Amphitruo 836

Du bist eine Frau und schwörst recht kühn.
Amphitryo zu Alkmene

561 Mulier recte olet, ubi nihil olet.
Plautus, Mostellaria 273

Eine Frau riecht dann gut, wenn sie nach nichts riecht.

562 Novi ingenium mulierum:
nolunt, ubi velis; ubi nolis, cupiunt ultro.
Terenz, Eunuchus 812 f.

*Ich kenne der Frauen Sinn: Sie wollen nicht, wenn du Lust hast,
und hast du keine, dann wollen sie selber.* D. Ebener

563 Et nosti mores mulierum:
dum moliuntur, dum conantur, annus est.
Terenz, Heautontimorumenos 238 f.

*Außerdem, du kennst die Art der Frauen: bis sie sich putzen, bis
sie alles probieren, vergeht ein Jahr.*

564 Hostis est uxor invita, quae ad virum nuptum datur.
Plautus, Stichus 140

*Ein Feind im Hause ist eine Frau, die gegen ihren Willen dem
Mann zur Ehe gegeben wird.*

565 Varium et mutabile semper / femina.
Vergil, Aeneis 4,569

Unstet und veränderlich immer / bleibt das Weib.
Der Gott Mercurius zu Aeneas im Traum. Gemeint ist die Karthagerkönigin Dido.

566 Quodsi pudica mulier in partem iuvet
domum atque dulces liberos …
Horaz, Epod. 2,39 f.

*Und wenn dann noch ein keusches Weib nach Kräften ihm für
Haus und holde Kinder sorgt …* Kayser, Nordenflycht, Burger

567 O crudele genus nec fidum femina nomen.
Corpus Tibullianum 3,4,61

O welch grausam Geschlecht, o Weib, dein Name ist Falschheit.
R. Helm

568 Didicere flere feminae in mendacium.
Publilius Syrus, Sententiae D 8

Die Frauen haben gelernt zu weinen, um besser lügen zu können.

Nil non permittit mulier sibi, turpe putat nil.   **569**
Juvenal, Saturae 6,457

Alles erlaubt sich die Frau, nichts hält sie für unziemlich.
Hier sind zunächst Schminke und Schmuck gemeint.

Naufragium rerum est mulier male fida marito.   **570**
Catonis Monosticha 6 MA Werner / Flury n 3

Eine Zerrüttung der Verhältnisse bedeutet eine Frau, die ihrem
Ehemann nicht treu ist.

Aut amat aut odit mulier, nihil est tertium.   **571**
Wander 5,11,259

Die Frauen lieben (inbrünstig) oder hassen (tödlich), da ist kein
Drittes.
Frauenliebe und Frauenhaß kennt kein Maß.

Dum femina plorat, decipere laborat.   **572**
MA H. Walther 6 516

Wenn ein Weib weint, will es täuschen.

Qui invenit mulierem bonam, invenit bonum,   **573**
et hauriet iucunditatem a Domino.
📖 AT Proverbia 18,22

Wer eine gute Frau gefunden, hat Glück gefunden und wird das
Gefallen des Herrn erlangen.

A muliere initium factum est peccati, et per illam omnes mori-   **574**
mur.
AT Ecclesiasticus 25,33 (24)

Von einer Frau nahm die Sünde ihren Anfang; ihretwegen müs-
sen wir alle sterben.

Mulieres in ecclesiis taceant. Auch zitiert: Mulier taceat in ec- **575**
clesia.
NT 1 Korinther 14,34 Vgl. Sophocles, Aias 293

Die Frauen sollen in der Versammlung schweigen.

→ *Weib*   Nr. **3275** – Nr. **3278**

frei / Freiheit

Omnes homines natura libertati studere et condicionem servi-   **576**
tutis odisse.
Caesar, De bello Gallico 3,10,3

Alle Menschen lieben von Natur die Freiheit und hassen den Zustand der Knechtschaft.

577 Legum idcirco omnes servi sumus, ut liberi esse possimus.
Cicero, Pro Cluentio oratio 146

Wir fügen uns alle den Gesetzen, um frei sein zu können.

578 Quid tam populare quam libertas?
Cicero, De lege agraria oratio 2,9

Was ist so beliebt wie die Freiheit?

579 Mihi liber esse non videtur, qui non aliquando nihil agit.
Cicero, De oratore 2,24

Mir scheint der nicht frei zu sein, der nicht zuweilen nichts tut.

580 Quid est libertas? Potestas vivendi, ut velis.
Cicero, Paradoxa Stoicorum 5,1,34

Was ist Freiheit? Die Möglichkeit zu leben, wie man will.

581 Deo parere libertas est.
Seneca, De vita beata 15,7

(Dem) Gott gehorchen ist Freiheit.

582 Neque enim Cato post libertatem vixit, nec libertas post Catonem.
Seneca, De constantia sapientis 2,3

Weder lebte Cato[1] nach dem Untergang der Freiheit weiter, noch die Freiheit nach dem Tode Catos.
[1] → *Cato Minor* Nr. **272**

583 Quae sit libertas, quaeris? Nulli rei servire, nulli necessitati, nullis casibus, fortunam in aequum deducere.
Seneca, Epistulae morales 51,9

Was Freiheit sei, fragst du? Keiner Sache, keinem Zwang, keinem Zufall als Sklave zu dienen, das Schicksal auf die gleiche Ebene herabzuziehen, auf der man selbst steht.

584 Elementum meum est libertas.

Mein Element ist die Freiheit.

585 In necessariis unitas, in dubiis libertas, in omnibus caritas.
Nach Rupertus Meldenius, Anagramm von Petrus Meuderlinus, Paraenesis votiva pro pace ecclesiae ad Theologos Augustanae Confessionis. Rottenburg 1626. Bartels 93 f.

Im Notwendigen Einheit, in zweifelhaften Dingen Freiheit, in allem aber Liebe.

Patria cara, carior libertas.   **586**
Mein Vaterland ist mir lieb, lieber aber noch ist mir die Freiheit.

Ubi autem spiritus Domini, ibi libertas.   **587**
NT 2 Korinther 3,17
Wo aber der Geist des Herrn weht, da ist Freiheit.

→ *Dichter*   licentia poetica Nr. **306**

Freude / sich freuen

Gaudia principium nostri sunt ... doloris.   **588**
Ovid, Metamorphoses 7,796
Unsere Freuden sind der Anfang ... unserer Schmerzen.

Ne gaudeas vanis!   **589**
Seneca, Epistulae morales 23,1
Freue dich nicht über wertlose Dinge!

Disce gaudere!   **590**
Seneca, Epistulae morales 23,3
Lerne dich freuen!

Verum gaudium res severa est.   **591**
Seneca, Epistulae morales 23,4
Wahre Freude ist eine ernste Sache.

Sola virtus praestat gaudium perpetuum, securum.   **592**
Seneca, Epistulae morales 27,3
Allein die Tugend gewährt andauernde, unbesorgte Freude.

Gaudium hoc non nascitur nisi ex virtutum conscientia: non **593**
potest gaudere nisi fortis, nisi iustus, nisi temperans.
Seneca, Epistulae morales 59,16
Diese Freude entsteht nur aus dem Bewußtsein der Tugenden. Nur der Tapfere, der Gerechte, nur wer maßvoll ist, kann sich freuen.

Qui sapit in tacito gaudeat ille sinu.   **594**
Tibull, Elegiae 4,13,8
Wer besonnen ist, freut sich still im Herzen für sich. R. Helm

595 Est cum laetitia pulchrior omnis homo.
MA Werner / Flury e 40

Schöner ist jeder, der sich freut.

596 Gaudeamus igitur
iuvenes dum sumus …
Anfang des berühmten Studentenliedes De brevitate vitae Von der Kürze
des Lebens, 1781, von Chr. Wilhelm Kindleben; die Melodie ist teilweise
dem Lied von I. G. Günther „Brüder, laßt uns lustig sein" nachgebildet.

Freuen wir uns also, solange wir noch jung sind …

597 Gaude et aude!

Sei fröhlich und wage!

598 In dulci jubilo   *In süßer Freude*
nun singet und seid froh.
Uns'res Herzens Wonne
liegt in praesepio   *in der Krippe …*
M.Vehe 1537. Anfang der 1. Strophe eines lateinisch-deutschen Mischlie-
des, das als Weihnachts- und Krippenlied bekannt wurde.

→ *Vergnügen* Sperne voluptates, nocet empta dolore voluptas.
Nr. **3137**

Freund / Freundschaft

599 Amicus amico.
Plautus, Miles gloriosus 660 Petron, Satyricon 43. Vgl. Theokrit, Idyllia
9,31 f.

Freund dem Freund.

600 Quam veterrumus homini optumus est amicus.
Plautus, Truculentus 173

Die ältesten Freunde sind dem Menschen die besten.

601 Ubi amici, ibidem opes.
Plautus, Truculentus 885 Quintilian, De institutione oratoria 5,11,41

Wo du Freunde hast, hast du Schätze.

602 Plerumque in calamitate ex amicis inimici exsistunt.
Caesar, De bello civili 3,104

Meist werden im Unglück aus Freunden Feinde.

603 Idem velle atque idem nolle, ea demum firma amicitia est.
Sallust, De coniuratione Catilinae 20,4. Zitiert von Donat zu Terenz, Hecyra 170. Seneca, Epistulae morales 20,5; 109,16: Praeterea illud dulcis-

simum et honestissimum ‚idem velle atque idem nolle'... Außerdem jenes
überaus anziehende und sittliche ‚dasselbe wollen und dasselbe nicht
wollen'...

Dasselbe wollen und dasselbe nicht wollen, das erst ist feste
Freundschaft.

Amicus certus in re incerta cernitur.   **604**
Ennius, zitiert von Cicero, De amicitia 64

Einen zuverlässigen Freund erkennt man am besten in der Not.
Lateinisches Wortspiel – Paronomasie

Non aqua non igni locis pluribus utimur quam amicitia.   **605**
Cicero, De amicitia 22

Des Wassers und des Feuers bedienen wir uns bei ebenso vielen
Gelegenheiten wie der Freundschaft.

Verae amicitiae sempiternae sunt.   **606**
Cicero, De amicitia 32

Wahre Freundschaften währen ewig.

Amicitia nisi inter bonos esse non potest.   **607**
Cicero, De amicitia 65

Freundschaft kann nur unter Guten bestehen.

Amicus est tamquam alter ego.   **608**
Cicero, De amicitia 80 : ... alter idem. Epistulae ad familiares 7,5,1. Vgl.
Diogenes Laertios, Aristoteles 5,20
Aristoteles, Ethica Nicomachea 9,4 1166a 31 f.

Ein Freund ist gleichsam unser zweites Ich.

Amicorum omnia communia.   **609**
Cicero, De officiis 1,51 Terenz, Adelphoe 803 Nach Pythagoras fr. 16
Diogenes Laertios 8,10. Vgl. Seneca, De beneficiis 7,12,1: cum omnia ...
amicis dicamus esse communia obwohl wir sagen, Freunde besäßen alles
gemeinsam.

Freunden ist alles gemeinsam.
Wo Freundschaft ist, ist Gütergemeinschaft.

Firmissima est inter pares amicitia.   **610**
Curtius Rufus, Historiae Alexandri Magni Macedonis 7,8,35

Die festeste Freundschaft besteht zwischen gleichen Partnern.

Quos viceris, amicos tibi esse cave credas.   **611**
Curtius Rufus, Historiae Alexandri Magni Macedonis 7,8,35

Hüte dich zu glauben, daß die deine Freunde sind, die du besiegt hast.

Worte der Gesandtschaft der Skythen zu Alexander dem Großen.

612 Amici mores noveris, non oderis.

Porphyrius zu Horaz, Sermones 1,3,32 Publilius Syrus, Sententiae A 56

Des Freundes Art soll man kennen, aber nicht hassen.

613   Dat census honores,
       census amicitias, pauper ubique iacet.

Ovid, Fasti 1,217 f.

Vermögen verschafft Ehren, Vermögen auch Freundschaften, der Arme liegt überall am Boden.

614 Amicitias tibi iunge pares.

Ovid, Tristia 3,4,44

Freundschaften schließe mit Gleichgestellten!

615 Vulgus amicitias utilitate probat.

Ovid, Epistulae ex Ponto 2,3,8

Allgemein schätzt man die Freundschaft nach dem Nutzen ein.

616 Vulgare amici nomen, sed rara est fides.

Phaedrus Fabulae 3,9,1

Das Wort Freund wird häufig gebraucht, doch Treue ist selten.

617 Hoc inter sapientes solum consortium est, inter quos amicitia est.

Seneca, De beneficiis 7,12,2

Diese Gemeinschaft besteht allein zwischen Weisen, zwischen denen Freundschaft besteht.

618 Amicitia olim petebatur, nunc praeda.

Seneca, Epistulae morales 19,4

Freundschaft suchte man früher, heute Beute. M. Rosenbach

619 Solus sapiens scit amare; solus sapiens amicus est.

Seneca, Epistulae morales 81,12

Allein der Weise weiß zu lieben; allein der Weise ist ein Freund.

620 In angustiis amici apparent.

Petron, Satyricon 61

In der Not zeigt sich, wer ein wahrer Freund ist.

621 Habes amicos, quia amicus ipse es.

Plinius Minor, Panegyricus Traiani 85,2

Du hast Freunde, weil du selbst ihr Freund bist.

Amicus diu quaeritur, vix invenitur, difficile servatur.   **622**
Hieronymus, Epistulae 3,6
Einen Freund muß man lange suchen, er ist kaum zu finden,
und es ist schwierig, sich ihn zu erhalten.

Amici fures temporum.   **623**
Zitiert von Francis Bacon, The Advancement of Learning, 1605
Mit Freunden verliert man viel Zeit.

Amicitia inter pocula contracta vitrea.   **624**
Vgl. MA H. Walther 7 166b
Freundschaft, die der Wein gemacht, ist zerbrechlich wie Glas.

Ab amico reconciliato cave!   **625**
MA H. Walther 34 336 Vgl. AT Ecclesiasticus 12,10 ff.
Nimm dich in acht vor einem wiedergewonnenen Freund!

→ *essen / Essen*   Ante circumspiciendum est, cum quibus edas
                    et bibas, quam quid edas et bibas: nam sine
                    amico visceratio leonis ac lupi vita est.
                    Nr. **468**
→ *glücklich*   Donec eris felix, multos numerabis amicos:
                    tempora si fuerint nubila, solus eris. Nr. **900**
→ *Sklave*   Inter dominum et servum nulla amicitia est.
                    Nr. **2642**

Frieden

Nulla salus bello, pacem te poscimus omnes.   **626**
Vergil, Aeneis 11,362 Vgl. Ovid, Amores 1,2,21: Nil opus est bello, ve-
niam pacemque rogamus. Es bedarf nicht des Krieges, ich bitte um Gnade
und Frieden.
Kein Heil ist im Kriege, Frieden verlangen wir alle von dir.
Drances, ein Rutuler, zu Turnus, dem König der Rutuler.

Pax optima rerum.   **627**
Silius Italicus, Punica 11,595
Es gibt nichts Besseres als den Frieden.

Pax una triumphis innumeris potior.   **628**
Silius Italicus, Punica 11,596 f.
Ein Friede geht über unzählige Triumphe.

At nobis, Pax alma, veni!   **629**
Tibull, Elegiae 1,10,67
Uns aber, segensreicher Friede, komm!

630 Si vis pacem, para bellum.

Nach Vegetius, Epitome institutorum rei militaris 3 Cicero, Orationes Philippicae 7,6,19: Qua re si pace frui volumus, bellum gerendum est. Deshalb müssen wir, wenn wir Frieden haben wollen, Krieg führen. Cornelius Nepos, Epaminondas 5 Publilius Syrus, Sententiae P 16: Prospicere in pace oportet, quod bellum iuvet. Rüstet im Frieden, was der Krieg erfordert. Livius, Ab urbe condita 6,18,7: Ostendite modo bellum, pacem habebitis. Zeigt nur den Krieg, und ihr werdet Frieden haben. Vgl. Aristoteles, Nikomachische Ethik 10,7

Wenn du den Frieden willst, bereite den Krieg vor.
Ein Schwert hält das andere in der Scheide.

631 pax Romana

Seneca, De clementia 1,4,2 Epistulae morales 4,14 Lukan, De bello civili 7,94 Plinius Maior, Naturalis historia 27,1,1 Tacitus, Annales 27,13 Martial, Epigrammata 7,80,1

der römische Frieden
Der Ausdruck bezeichnet den Zustand nach der Unterwerfung eines Gebiets durch römische Truppen und der Geltung des römischen Rechts.

632 Numquam imperator ita paci credit, ut non se praeparet bello.

Seneca, De vita beata 26,2

Niemals traut ein Feldherr dem Frieden so, daß er sich nicht auf den Krieg vorbereitet.

633 Ubi solitudinem faciunt, pacem appellant.

Tacitus, Agricola 30

Wo sie[1] eine verwüstete Zone schaffen, da nennen sie das „Frieden bringen".
[1] die Römer – Der Caledonier Calgacus, Anführer des Aufstands gegen die Römer 79 n. Chr., in einer Rede.

634 Amat pacem Phidias.

Suda, PH 246: Pheidias prosekoi eirene. Ein Künstler wie Phidias hat Anspruch auf Frieden. – Entstanden nach einem Mißverständnis von Aristophanes, Der Friede V. 615

Phidias[1] (d.h. die Kunst) liebt den Frieden.
[1] berühmter griechischer Bildhauer, der im 5. Jh. v. Chr. im Auftrag des Perikles bei der künstlerischen Ausgestaltung der Akropolis in Athen leitend mitwirkte. – Kunst und Wissenschaft können nur im Frieden gedeihen.

635 Pax intrantibus, salus exeuntibus.

Hausinschrift

Friede den Eintretenden, Segen den Hinausgehenden.

Pax Christi   **636**

der Friede Christi

Name der 1944 in Frankreich gegründeten Friedensbewegung, die auf der
Grundlage der katholischen Friedenslehre den Frieden in der Welt zu för-
dern versucht.

Requiescat in pace. Abk.: R.I.P.   **637**

📖 AT Nach Psalm 4,9 Die Totenmessen der Katholischen Kirche schließen
mit der Formel Requiescant in pace! Sie mögen ruhen in Frieden!

Er (Sie) ruhe in Frieden!

Christliche Inschrift auf Grabsteinen

Pax vobiscum!   **638**

NT Lukas 24,36 (Hebräisch: schalom)

Friede sei mit euch!

Friedensgruß des auferstandenen Jesus an seine Jünger.

Et pax Dei, quae exsuperat omnem sensum, custodiat corda **639**
vestra et intelligentias vestras in Christo Iesu.

NT Philipper 4,7

*Und der Friede Gottes, der alles Verstehen übersteigt, wird eu-
re Herzen und Gedanken in der Gemeinschaft mit Jesus Christus bewahren.*

→ *Krieg*   Cedant arma togae, concedat laurea laudi! Nr. **1424**

fromm / Frömmigkeit

Pietas fundamentum est omnium virtutum.   **640**

Cicero, Pro Plancio oratio 29

*Pflichtgefühl (gegenüber den Eltern) ist die Grundlage aller
Tugenden.*

pius Aeneas   **641**

Vergil, Aeneis 1,220 Horaz, Carmina 4,7,15

der fromme Aeneas

Aeneas, der auf der Flucht mit seinem Sohn Askanius (Iulus) aus dem
brennenden Troja seinen gelähmten Vater Anchises auf den Schultern
trug, wurde in Latium der Ahnherr des römischen Geschlechts. In dem
frommen, d.h. seinen Vater liebenden sowie das Vaterland und die Götter
durch Ehrfurcht und Kult ehrenden Aeneas sahen der Historiker Livius
und die Dichter Vergil und Horaz die Verkörperung der römischen Tugend der pietas. Die Begriffe pius und pietas sind familiär-soziale und religiöse Sinnträger und werden von Vergil leitmotivisch verwendet.

642 pia anima
Horaz, Carmina 1,10,17

fromme Seele

643 pia fraus
Ovid, Metamorphoses 9,711

ein frommer Betrug
ein Betrug in guter Absicht – Oxymoron

644 Nomen pietatis importat reverentiam, quam habemus ad patrem et ad patriam.
Thomas von Aquin, Summa theologica 68.4 ad 2

Der Begriff Frömmigkeit bedeutet Ehrfurcht, die wir gegenüber dem Vater und dem Vaterland empfinden.

645 Pietas, secundum quam cultum et officium exhibemus Deo ut patri …
Thomas von Aquin, Summa theologica 121.1 c

Die Frömmigkeit, gemäß der wir Verehrung und Pflichterfüllung Gott wie unserem Vater erweisen …

646 Devotio moderna

neue Frömmigkeit
Name der Frömmigkeitsbewegung, die, im letzten Drittel des 14. Jahrhunderts von den Niederlanden ausgehend, sich im 15. Jh. in Frankreich, Spanien und Deutschland ausbreitete. Sie zeichnet sich aus durch ethische Verantwortung für den Menschen in Verbindung mit Krankenpflege, Armenbetreuung und Schulunterricht.

→ *Wunsch*   Pia desideria Nr. **3412**

Frosch

647 Rana amat ranam et ranam putat Dianam.

Seine Fröschin liebt der Frosch, und sie scheint ihm Diana gleich an Schönheit zu sein.
Spott über die Verirrung des Schönheitsgefühls

→ *Neid*   Rumpitur invidia. Nr. **2016**
→ *schmähen*   Quamvis sint sub aqua, sub aqua maledicere temptant. Nr. **2479**

Frucht

A fructibus eorum cognoscetis eos.   **648**

NT Matthaeus 7,16

An ihren Früchten werdet ihr sie[1] erkennen.
[1] die falschen Propheten

Benedicta tu inter mulieres,   **649**
et benedictus fructus ventris tui.

NT Lukas 1,42

Gesegnet bist du mehr als alle anderen Frauen, und gesegnet ist
die Frucht deines Leibes (Jesus).
Worte Elisabeths an Maria, die Mutter Jesu.

Ego sum vitis, vos palmites: qui manet in me, et ego in eo, hic **650**
fert fructum multum …

NT Johannes 15,5

Ich bin der Weinstock und ihr die Reben. Wer in mir bleibt und
in wem ich bleibe, der bringt reiche Frucht …

Frühling

Una hirundo non efficit ver.   **651**

Nach Aristoteles, Nikomachische Ethik 1,6 1098a 18 Gregorius Cyprius
2,71 MA H. Walther 32 125h

Eine Schwalbe macht noch keinen Frühling.

Primus vere rosam atque autumno carpere poma.   **652**

Vergil, Georgica 4,134

Er[1] zuerst brach Rosen im Lenz und Obst sich im Herbste.
J. u. M. Götte
[1] Ein greiser Kilikier in seinem üppigen Garten in alter Zeit.

Ver erat aeternum …   **653**

Ovid, Metamorphoses 1,107

Ewiger Frühling herrschte …
Schilderung des Goldenen Zeitalters

Ver sacrum   **654**

Livius, Ab urbe condita 22,9,7–10; 33,44,1–3; 34,44,1–3

1. Frühlingsfeier   2. Frühlingsopfer
In Zeiten allgemeiner Bedrängnis, z. B. nach der verlorenen Schlacht gegen Hannibals Heer am Trasimenischen See 217 v. Chr., als Opfer gelobte

Erstlinge des nächsten Frühlings (Schweine, Schafe, Ziegen, Rinder). In alter Zeit wurden wohl auch Menschen geopfert, später wurden sie zur Auswanderung gezwungen.

Furcht / fürchten

655 Ut confidere decet, timere non decet, sic gaudere decet, laetari non decet.

Tusculanae disputationes 4,66

Wie man zuversichtlich sein soll, aber nicht furchtsam, so auch freudig, aber nicht ausgelassen. O. Gigon

656 Timidi mater non flet.

Cornelius Nepos, Vita Thrasybuli 2,3

Eines Vorsichtigen Mutter weint nicht.
… braucht im Krieg nicht zu weinen.

657 Si fractus inlabatur orbis,
impavidum ferient ruinae.

Horaz, Carmina 3,3,7 f. Vgl. Seneca, De vita beata 8,3

Wenn krachend auch zusammenbricht das Weltall,
werden die Trümmer doch einen Furchtlosen treffen.
Ausdruck des Selbstbewußtseins des stoischen Weisen, der sich im Bewußtsein seiner virtus, Tugend, unabhängig von Affekten, materiellen Gütern und vom Schicksal fühlt und unerschütterliche Gelassenheit zeigt.

658 Pedibus timor addidit alas.

Vergil, Aeneis 8,224 Vgl. Apuleius, Metamorphoses 6,26

Die Furcht gab den Füßen Flügel.

659 ubique pavor et plurima mortis imago

Vergil, Aeneis 2,369

überall Entsetzen und tausend Bilder des Todes
Aus der Schilderung der Eroberung Trojas durch die Griechen.

660 Multos timere debet, quem multi timent.

Publilius Syrus, Sententiae M 30. Vgl. Seneca, De ira 2,11,3 Macrobius, Saturnalia 2,7: Necesse est multos timeat, quem multi timent. Laberius 126 Com. Rom. Fragmenta Ribbeck

Wen viele fürchten, der muß viele fürchten.

661 Pericla timidus etiam, quae non sunt, videt.

Publilius Syrus, Sententiae P 3

Der Furchtsame sieht auch da Gefahren, wo keine drohen.

Ubi nil timetur, quod timeatur, nascitur. **662**
Publilius Syrus, Sententiae U 16
Wo nichts gefürchtet wird, entsteht etwas zum Fürchten.

Virtutis omnis impedimentum est timor. **663**
Publilius Syrus, Sententiae V 29
Für jede große Leistung ist die Furcht ein Hemmnis.

Primus in orbe deos fecit timor. **664**
Statius, Thebais 3,661 Petron fr. 27
Furcht war's zuerst, die sich Götter erschuf hier auf Erden.
Die Entstehung des Götterglaubens aus der menschlichen Furcht ist The-
ma der aufgeklärten Philosophen der Antike. – „Die Angst um die Exi-
stenz, die Todesangst, ist einer der Menschenwege zu Gott." A. Dempf

Interdum audaces efficit ipse timor. **665**
MA Werner / Flury i 113
Manchmal läßt die Furcht einen zum Helden werden.

Stultum est timere, quod vitari non potest. **666**
Unvermeidbares zu fürchten ist töricht.

Initium sapientiae timor Domini. **667**
AT Psalm 111,10 Jesus Sirach 1,16 Iob 28,28: Ecce timor Domini ipsa est
sapientia. Siehe, die Furcht des Herrn, das ist Weisheit.
Die Furcht des Herrn (Gottesfurcht) ist der Weisheit Anfang.

Qui timet hominem, cito corruet. Qui sperat in Domino, suble- **668**
vabitur.
AT Proverbia 29,25
*Wer Menschen fürchtet, wird schnell zu Fall kommen: Wer auf
den Herrn hofft, wird erhöht werden.*

Fuß

per pedes *apostolorum* **669**
zu Fuß (wie die Apostel), auf Schusters Rappen

stante pede **670**
stehenden Fußes, auf der Stelle, sogleich

Gebeine

671 Ingrata patria, ne ossa quidem mea habes.

Valerius Maximus, Facta et dicta memorabilia 5,3,2 b

Undankbares Vaterland, nicht einmal meine Gebeine um-
schließt du!

Grabinschrift des Publius Cornelius Scipio Africanus, des Zerstörers Karthagos, 146 v. Chr., und Begründers der römischen Weltherrschaft, der 183
v. Chr. in der freiwilligen Verbannung bei Liternum in Kampanien starb.

→ *Knochen* Ossa ac pellis totus est. Nr. **1356**
→ *Rache / Rächer* Exoriare aliquis nostris ex ossibus ultor.
Nr. **2184**

geben

672 Quod dedit, recepit.

Terenz, Phormio 22

Er hat nur den verdienten Lohn empfangen.

Wie du mir, so ich dir.

673 Bis dat, qui cito dat.

Nach Publilius Syrus, Sententiae I 6: Inopi beneficium bis dat, qui dat
celeriter. Vgl. Seneca, De beneficiis 3,8,4

Doppelt gibt, wer gleich gibt. Goethe

674 Errat si quis existimat facilem rem esse donare.

Seneca, De vita beata 24,1

Es irrt, wenn einer glaubt, es sei leicht, in der richtigen Weise
zu schenken.

675 Sic demus, quomodo vellemus accipere. Ante omnia libenter,
cito, sine ulla dubitatione.

Seneca, De beneficiis 2,1,1 f.

Wollen wir eine Wohltat so erweisen, wie wir sie empfangen
wollten. Vor allem gern, schnell und ohne jedes Zögern.

676 Hoc habeo, quodcumque dedi.

Seneca, De beneficiis 3,1

Das besitze ich, was immer ich gegeben habe.

Plus est enim statim aliquid dare, minus est post tempus dare.   **677**
Institutiones 3,20,5. Vgl. 3,20,26: De fideiussoribus. Über die Bürgen:
Plus est enim statim aliquid dare, minus est post tempus dare. Mehr, als er
schuldig ist, gibt, wer als Bürge auf der Stelle gibt, weniger gibt, wer erst
nach dem Termin zahlt.

*Mehr ist es nämlich, gleich zu geben, weniger ist es, nach der
Zeit zu geben.*

Do, ut des.   **678**
Digesta 19,5,5 pr.

Ich gebe (dir), damit du (mir) gibst.
Rechtsformel bei Verträgen. Dieser Rechtsbegriff gilt auch in der Religion
der Römer.

Date, et dabitur vobis.   **679**
NT Lukas 6,38

Gebt, dann wird auch euch gegeben werden.

Reddite ergo quae sunt Caesaris Caesari et quae sunt Dei Deo.   **680**
NT Matthaeus 22,21 Markus 12,17 Lukas 20,25

*So gebt dem Kaiser, was dem Kaiser gehört, und Gott, was Gott
gehört.*

Beatius est magis dare quam accipere.   **681**
NT Actus Apostolorum 20,35

Geben ist seliger als nehmen.
Jesuswort

Hilarem datorem diligit Deus.   **682**
NT 1 Korinther 9,7 Vgl. Seneca, De beneficiis 2,1,2

Einen fröhlichen Geber liebt Gott.

Gebet

Sola est oratio, quae Deum vincit.   **683**
Tertullian, De oratione 27

Das Gebet allein besiegt selbst Gott.

Et omnia quaecumque petieritis in oratione credentes, accipie-   **684**
tis.
NT Matthaeus 21,22

*Und alles, was ihr im Gebet erbittet, werdet ihr erhalten, wenn
ihr glaubt.*

Gedächtnis

685 Memoria minuitur, nisi eam exerceas.
Cicero, De senectute 21

Das Gedächtnis nimmt ab, wenn man es nicht übt.

686 Id tantum scimus, quod memoria tenemus.

Wir wissen nur das, was wir im Gedächtnis behalten.

687 Diu non retemptavi memoriam meam, itaque non facile me sequitur.
Seneca, Epistulae morales 72,1

Lange habe ich mein Gedächtnis nicht wieder in Anspruch genommen, und so gehorcht es mir nicht leicht.

→ *Erinnerung* Iucunda memoria est praeteritorum malorum. Nr. **411**

Gedanke

688 Liberae sunt nostrae cogitationes.
Cicero, De senectute 7,21 Pro Milone oratio 79

Unsere Gedanken sind frei.

689 Cogitationis poenam nemo patitur.
Digesta 48,19,18

Gedanken sind straffrei (zollfrei).

Gedicht

690 Scribimus indocti, doctique poemata passim.
Horaz, Epistulae 2,1,117

Gedichte schreiben wir ohne Unterschied, Berufene und Unberufene.

691 Ut pictura poesis.
Horaz, De arte poetica 361

Ein Gedicht gleicht einem Gemälde.

692 Carmina secessum scribentis et otia quaerunt.
Ovid, Tristia 1,1,41

Dichtungen fordern des Schreibenden einsame, stille Besinnung. W. Willige

Di quoque carminibus, si fas est dicere, fiunt.   **693**
Ovid, Epistulae ex Ponto 4,8,55
Wenn es zu sagen erlaubt ist: auch Götter entsteh'n durch Ge-
dichte. W. Willige

Geduld

Quousque tandem, Catilina, abutere patientia nostra?   **694**
Cicero, In Catilinam oratio 1,1,1
Wie lange noch, Catilina, willst du unsere Geduld mißbrau-
chen?
Mit diesen berühmt gewordenen Worten beginnt Cicero, Konsul 63
v. Chr., seine erste Rede gegen Catilina vor dem Senat. Catilina wurde
schließlich einer Verschwörung gegen den Staat überführt und fiel im
Kampf gegen ein römisches Heer.

Cuivis dolori remedium est patientia.   **695**
Publilius Syrus, Sententiae C 12
Arznei für jeden Schmerz ist die Geduld.

Patientiam omnes recommendant, quamvis pauci tamen pati **696**
velint.
Thomas von Kempen, De imitatione Christi 2,12,56
Die Geduld empfehlen alle, obwohl nur wenige dulden wollen.

Dura patientia frango.   **697**
Hartes breche ich durch Geduld

Levius fit patientia,   **698**
quidquid corrigere est nefas.
Horaz, Carmina 1,24,19 f.
Leichter wird durch Geduld, was zu ändern versagt ist.

→ *Bauer*   Rusticus exspectat, dum defluat amnis; at ille
           labitur et labetur in omne volubilis aevum. Nr. **139**

Gefahr

Periculum in mora.   **699**
Livius, Ab urbe condita 38,25,13 MA. Vgl. H. Walther 21 367 Codex iu-
ris Canonici (vor 1983) 4,2 can.1395 §3 A. v. Roon, 1803–1879, in einem
Telegramm an Bismarck 1862.
Gefahr liegt im Zögern.
Gefahr im Verzug. – Es ist Eile nötig.

700 Sero in periculis est consilium quaerere.
Publilius Syrus, Sententiae S 42

Zu spät ist es, erst mitten in den Gefahren guten Rat zu suchen.

701 Cautis pericla aliorum prodesse solent.
MA H. Walther 2 552

Den Vorsichtigen pflegen die Gefahren anderer zu nützen.

702 Qui amat periculum, in illo peribit.
📖 AT Jesus Sirach 3,27

Wer die Gefahr liebt, wird in ihr umkommen.

→ *Furcht*	Pericla timidus etiam, quae non sunt, videt. Nr. **661**
→ *Hannibal*	Hannibal ad portas! Nr. **1080**
→ *Mensch*	Ab homine homini cottidianum periculum. Nr. **1804**
→ *stark / Stärke*	Nihil tam firmum est, cui periculum non sit ab invalido. Nr. **2710**
→ *Vorsicht*	Felix, quem faciunt aliena pericula cautum. Nr. **3213**

gefallen

703 Suum cuique pulchrum est.
Cicero, Tusculanae disputationes 5,63

Das Eigene gefällt jedem besser (als das Fremde).

704 Aliena nobis, nostra plus aliis placent.
Publilius Syrus, Sententiae A 28

Fremdes gefällt uns, das Unsere gefällt anderen besser.
Lateinisches Wortspiel – Paronomasie

705 Suum cuique placet et, quocumque eatur, fabula eadem semper reperitur.
Plinius Maior, Naturalis historia 14,6,8,71

Jedem gefällt das Seine, und wohin man auch kommt, findet man immer dieselbe Geschichte.

706 Mihi placebo.
Seneca, De vita beata 25,3. Vgl. AT Psalm 114 (116),9: Placebo Domino in regione vivorum. Ich will dem Herrn im Land der Lebenden wohlgefallen. (Hebr.: So gehe ich meinen Weg vor dem Herrn ...)

Ich werde mir gefallen.
Ich werde mit mir zufrieden sein.

placebo 707

das Placebo: ein Präparat, z. B. eine Tablette, das einem Medikament nachgebildet ist, aber keine entsprechenden Wirkstoffe enthält. Durch suggestive (Selbst-) Täuschung können dennoch Wirkungen beim Kranken hervorgerufen werden. Ein Placebo erzeugt jedoch keine chemischen oder physiologischen Veränderungen im Körper des Patienten.

Ich werde gefällig sein.

→ *der erste* Principibus placuisse viris non ultima laus est.
Nr. **438**

→ *Masse* Maximum in eo vitium est, qui non vult melioribus placere, sed pluribus. Nr. **1763**

gegen

Qui non est mecum, contra me est. **708**

NT Matthaeus 12,30 Lukas 11,23

Wer nicht für mich ist, der ist gegen mich.
Jesus Christus

gehen

Ibam forte via sacra ... **709**

Horaz, Sermones 1,9,1

Ich ging zufällig auf der Heiligen Straße ...
Anfang der Schwätzersatire des Horaz

Mitte vadere, sicut vadit, quia vult vadere, uti vadit. **710**

Aus den Epistolae obscurorum virorum, zitiert von K. J. Weber, Demokritos 3,7, 1832/40

Laß gehen, wie's geht, weil es gehen will, wie's geht.
Empfehlung eines Klosterbruders

Vade mecum! **711**

Vgl. Epistolae obscurorum virorum 2, 23: Respondi, quod legi in Vade mecum. Ich antwortete, ich hätte es in meinem Handbuch gelesen. 2,46: ... portabant ... Vade mecum ... sie trugen ein Vademecum mit sich.

Geh mit mir!

Vgl. das Vademekum: ein Taschenbuch, ein kurzgefaßter Ratgeber, ein Handbuch, das als Begleiter dient.

Quo vadis? **712**

Titel eines Bestseller-Romans, 1896, von H. Sienkiewicz, der 1905 dafür den Nobelpreis erhielt.

Wohin gehst du?

713 Ite, missa est.

📖 *Geht, es ist Entlassung.*

Entlaßruf, Schlußformel des katholischen lateinischen Gottesdienstes.
Im deutschen Meßtext ersetzt durch: Gehet hin in Frieden!

714 Quo vadis, Domine?

Acta Apostolorum Apocrypha, Martyrium Beati Petri Apostoli. Formulierung nach NT Johannes 16,5: Et nunc vado ad eum, qui misit me; et nemo ex vobis interrogat me: Quo vadis? Jetzt aber gehe ich zu dem, der mich gesandt hat, und keiner von euch fragt mich: Wohin gehst du?

Wohin gehst du, Herr?

So fragt der Legende nach Petrus, der, um dem Martyrium zu entgehen, aus dem Kerker in Rom entflohen war, Christus, als er ihm bei der Flucht an der Via Appia begegnete. Christus soll geantwortet haben: „Nach Rom, um mich ein zweites Mal kreuzigen zu lassen." Heute steht an der Stelle der angeblichen Begegnung die Kapelle Domine quo vadis?

Geist

715 Dux atque imperator vitae mortalium animus est.

Sallust, Bellum Iugurthinum 1,3

Der Führer und Gebieter des Lebens der Menschen ist der Geist.

716 Mens agitat molem.

Vergil, Aeneis 6,727

Der Geist bewegt die Materie.

Beim Gang durch die Unterwelt erklärt Anchises seinem Sohn Aeneas: Beseelend nährt Himmel und Erde ein Lebenshauch (spiritus) und die Materie bewegt der Weltgeist, dem alle lebenden Wesen entspringen. Vergil folgt hier der stoischen Lehre.

717 Omnia deficiunt: animus tamen omnia vincit;
     ille etiam vires corpus habere facit.

Ovid, Epistulae ex Ponto 2,7,75 f.

Mag mir alles fehlen: doch der Geist besiegt alles;
er befiehlt sogar dem Körper, Kräfte zu haben.

718 Animus quidem ipse sacer et aeternus est et cui non possit inici manus.

Seneca, Ad Helviam matrem de consolatione 11,7

Der Geist selbst aber ist heilig und ewig, so, daß man an ihn nicht Hand anlegen kann.

Sacer intra nos spiritus sedet, malorum bonorumque nostrorum **719**
observator et custos.

Seneca, Epistulae morales 41,2. Vgl. NT 1 Korinther 3,16

Es wohnt in uns ein heiliger Geist, der Beobachter und Wächter
unserer guten und bösen Taten.

Orandum est, ut sit mens sana in corpore sano.   **720**

Juvenal, Saturae 10,356. Vgl. Seneca, Epistulae morales 15,1 ff.; 94,13

Bete um gesunden Geist in einem gesunden Körper.

Veni, Creator Spiritus, …   **721**

Anfangszeile eines Hymnus auf den Heiligen Geist von Hrabanus Maurus,
784-856, Abt in Fulda seit 822, Erzbischof von Mainz ab 847.

Komm, Schöpfer Geist, …

Veni, Sancte Spiritus, / et emitte caelitus / lucis tuae radium!   **722**

Anfangsstrophe einer berühmten Pfingstsequenz, 12. Jh., Verfasser unbekannt.

Komm, heiliger Geist, / und sende vom Himmel aus / den Strahl
deines Lichts.

Ingenio pollet, cui vim natura negavit.   **723**

MA H. Walther 12 358

Durch seinen Geist vermag viel, wem die Natur die Stärke ver-
sagte.

Nutrimentum spiritus.   **724**

Inschrift der Königlichen Bibliothek zu Berlin

Nahrung des Geistes

Mens invicta manet.   **725**

Der Geist bleibt unbesiegt.

spiritus rector   **726**

der leitende (treibende, lenkende) Geist (eines Unternehmens),
der geistige Urheber

Et Spiritus Dei ferebatur super aquas.   **727**

AT Genesis 1,2

Und der Geist Gottes schwebte über den Wassern.

Euntes vero docete omnes gentes: baptizantes eos in nomine **728**
Patris, et Filii et Spiritus sancti.

NT Matthaeus 28,19

Darum geht zu allen Völkern und tauft sie im Namen des Vaters und des Sohnes und des Heiligen Geistes.

Auftrag des auferstandenen Jesus an seine Jünger.

729 Nescitis, cuius spiritus estis.

NT Lukas 9,55

Ihr wißt nicht, was für ein Geist aus euch spricht.

Jesus zu den Jüngern Jakobus und Johannes, die in einem samaritischen Dorf keine Unterkunft für ihn gefunden hatten, auf ihre Frage: „Herr, sollen wir befehlen, daß Feuer vom Himmel fällt und sie vernichtet?" – Der Wortlaut ist nur bei einigen Textzeugen überliefert.

730 spiritus Paraclitus

NT Johannes 14,26: Paraclitus autem Spiritus sanctus, quem mittet Pater in nomine meo, ille vos docebit omnia, quaecumque dixero vobis. Der Beistand aber, der heilige Geist, den der Vater in meinem Namen senden wird, der wird euch alles lehren und euch an alles erinnern, was ich euch gesagt habe.

der Heilige Geist, der Helfer

Der Heilige Geist ist die dritte Person in Gott. – Die christliche Lehre verkündet die Dreifaltigkeit (Trinität) Gottes: Gott Vater, Gott Sohn, Gott Heiliger Geist.

731 Cum autem venerit Paraclitus, quem ego mittam vobis a Patre, spiritum veritatis, qui a Patre procedit, ille testimonium perhibebit de me.

NT Johannes 15,26

Wenn aber der Beistand kommt, den ich euch vom Vater aus senden werde, der Geist der Wahrheit, der vom Vater ausgeht, dann wird er Zeugnis für mich ablegen.

Jesus Christus beim Abschiedsmahl zu seinen Jüngern.

732 Littera enim occidit, Spiritus autem vivificat.

NT 2 Korinther 3,6

Denn der Buchstabe tötet, der Geist aber macht lebendig.

733 Qui autem seminat in spiritu, de spiritu metet vitam aeternam.

NT Galater 6,8

Wer aber im Vertrauen auf den Geist sät, wird vom Geist ewiges Leben ernten.

→ *Fleisch*   Spiritus quidem promptus est, caro autem infirma. Nr. **547**

→ *Schicksal* Valentior enim omni fortuna animus est. Nr. **2433**

Geiz / Geiziger

Quid avarus? / Stultus et insanus.   **734**
Horaz, Sermones 2,3,158 f.

Was ist der Geizige? Dumm und unvernünftig.

Tam deest avaro, quod habet, quam quod non habet.   **735**
Publilius Syrus, Sententiae T 3

*Dem Geizigen fehlt, was er hat, ebenso wie das, was er nicht
hat.*

Avaritia omnia vitia habet.   **736**
Gellius, Noctes Atticae 11,2,2 Ausspruch des Cato Maior Vgl. NT Timotheus 6,10

Der Geiz birgt alle anderen Laster in sich.

Avarus animus nullo satiatur lucro.   **737**
Seneca, Epistulae morales 94,43 Com. inc. 81 Ribbeck[2]

Ein Habsüchtiger läßt sich durch keinen Gewinn sättigen.

Geld

Crescentem sequitur cura pecuniam.   **738**
Horaz, Carmina 3,16,17

Wo sich das Geld mehrt, folgt die Sorge nach.

O cives, cives, quaerenda pecunia primum est;   **739**
virtus post nummos!
Horaz, Epistulae 1,1,53 f.

*O Bürger, Bürger, zuerst muß man Geld erwerben:
Erst kommt das Geld, dann die Tugend!*

Et genus et formam regina pecunia donat.   **740**
Horaz, Epistulae 1,6,37

Adel und Schönheit schenkt das weltbeherrschende Geld.

Imperat aut servit collecta pecunia cuique.   **741**
Horaz, Epistulae 1,10,47

Es gebietet oder dient das angesammelte Geld einem jeden.

Dicite, pontifices, in sacro quid facit nummus?   **742**
Persius, Saturae 2,69

Sagt, Priester, was tut Geld an geheiligter Stätte?

743 Quisquis habet nummos, secura navigat aura.
Petron, Satyricon 137

Wer Geld hat, fährt mit sicherem Wind.

744 Omnia Romae / cum pretio.
Juvenal, Saturae 3,183 f.

Für Geld ist in Rom alles feil.

745 Crescit amor nummi, quantum ipsa pecunia crescit.
Juvenal, Saturae 14,139

Es wächst die Liebe zum Geld im gleichen Maße wie das Geld selbst.

746 Prima peregrinos obscaena pecunia mores / intulit.
Juvenal, Saturae 6,298

Frivoler Reichtum war's, der zuerst ausländische Sitten zu uns[1] brachte.
[1] nach Rom

747 Jupiter in caelis, nummus regit omnia terris:
divisum imperium cum Jove nummus habet.
MA H. Walther 13 184

Jupiter regiert im Himmel, auf der Erde regiert das Geld:
das Geld teilt sich die Herrschaft mit Jupiter.

748 Eos *pecunias* esse belli civilis nervos dictitans Mucianus
Tacitus, Historiae 2,84,1

Das Geld ist, so sagte Mucianus[1] immer wieder, der Nerv des Bürgerkrieges.
[1] Statthalter in Syrien, einflußreicher Helfer Vespasians.

749 Gratissimus nummus.

Bargeld lacht.

→ *Nerv*   nervus rerum *agendarum / gerendarum* Nr. **2025**
→ *stinken*   Pecunia non olet. Nr. **2758**

Gelegenheit

750 Homo cuiusvis temporis.
Cato Maior, Apophthegmata fr. 2 Cicero, De oratore 2,271

Ein Mensch für jede Gelegenheit.

Deliberando saepe perit occasio.   **751**
Publilius Syrus, Sententiae D 18
Wer lange überlegt, verpaßt oft die Gelegenheit.

Occasio aegre offertur, facile amittitur.   **752**
Publilius Syrus, Sententiae O 14
Nur schwer kommt die Gelegenheit, leicht entgeht sie.

Fronte capillata, post est occasio calva.   **753**
Catonis Disticha 2,26,2 Phaedrus, Fabulae 5,8,2 ff. Vgl. Horaz, Epodi
13,3 f.: Rapiamus, amici, occasionem de die … Ergreifen wir, Freunde,
die Gelegenheit dieses Tages …
Die Gelegenheit hat vorne Haare, hinten eine Glatze.
Die Gelegenheit kann man nur ergreifen, wenn sie vor einem steht, hinterher läßt sie sich nicht mehr fassen.

gelehrt / Gelehrter

Homo doctus in se semper divitias habet.   **754**
Phaedrus, Fabulae 4,23,1
Ein Gelehrter trägt seinen Reichtum immer in sich.

doctus Catullus   **755**
Tibull, Carmina 3,6,41 Martial, Epigrammata 7,99,7; 8,73,8: docte Catulle; 14,100,1; 152,1
der gelehrte Catull

Gelübde

ex voto   **756**
Seneca, De providentia 3,3. Vgl. De vita beata 25,3
auf Grund eines Gelübdes, nach Wunsch
Heute als Inschrift auf Weihgaben gebraucht, die in Wallfahrtskirchen aus
Dankbarkeit dargebracht wurden.

Genie

Nullum magnum ingenium sine mixtura dementiae fuit.   **757**
Seneca, De tranquillitate animi 17,10 Zitat aus Aristoteles, Problemata
954 a 34
*Es hat noch keine große Begabung ohne eine Beimischung von
Wahnsinn gegeben.*
Genie und Wahnsinn wohnen dicht zusammen.

genug

758 Sat cito, si sat bene.

Von Hieronymus, Epistulae 66,9 p. 398 A. Vall. Cato Maior zugeschrieben. Vgl. Sueton, Divus Augustus 25,4: sat celeriter fieri quidquid fiat satis bene. Schnell genug geschieht, was ordentlich geschieht. – Eines der Lieblingsworte des Augustus.

Gut genug ist schnell genug.

759 Ohe, iam satis est.

Horaz, Sermones 1,5,12f. Iter Brundisinum. Die Reise nach Brundisium Vgl. Sermones 5,2,96 Martial, Epigrammata 7,51,14

Oho, jetzt ist's aber genug.

760 Claudite iam rivos, pueri: sat prata biberunt.

Vergil, Bucolica 3,111 MA H. Walther 2 807

Schließt die Kanäle jetzt, Knaben! Genug schon haben die Wiesen getrunken.

Den Knechten wird befohlen, die Bewässerungsschleusen zu schließen; zugleich ist gemeint: Jetzt ist genug gesungen. – Diese letzte Zeile der 3. Ekloge wurde sehr berühmt.

→ *Hand*   Ad manum est, quod sat est. Nr. **1075**
→ *weise*   Dictum sapienti sat est. Nr. **3304**
→ *wollen*   In magnis et voluisse sat est. Nr. **3380**
→ *wollen*   Quod vult habet, qui velle quod satis est potest. Nr. **3384**

gerecht / Gerechtigkeit

761 Iustita erga parentes pietas dicitur.

Cicero, Partitiones oratoriae 78

Gerechtigkeit gegenüber den Eltern heißt Ehrerbietung.

762 Iustitia nihil expetit praemii.

Cicero, De legibus 1,48

Gerechtigkeit fordert keine Belohnung.

763 Iustitia in suo cuique tribuendo cernitur.

Cicero, De finibus 5,23,67

Die Gerechtigkeit zeigt sich darin, daß sie jedem das Seine zuweist.

764 Meminerimus etiam adversus infimos iustitiam esse servandam.

Cicero, De officiis 1,41

Erinnern wir uns daran, daß auch den Niedriggestellten gegenüber Gerechtigkeit zu wahren ist.

Nihil honestum esse potest, quod iustitia vacat.   **765**
Cicero, De officiis 1,62

Nichts kann ehrenhaft sein, was der Gerechtigkeit entbehrt.

Nullum est tempus, quod iustitia vacare debeat.   **766**
Cicero, De officiis 1,64

Es gibt keine politische Situation, die von Gerechtigkeit frei sein darf.

Iustitia omnium est domina et regina virtutum.   **767**
Cicero, De officiis 3,28

Die Gerechtigkeit ist die Herrin und Königin aller Tugenden.

Discite iustitiam, moniti, nec temnere divos!   **768**
Vergil, Aeneis 6,620

Lernt, gewarnt durch mich, Gerechtigkeit und die Götter nicht zu verachten!

Mahnung des Phlegyas in der Unterwelt. Er hatte den Apollotempel in Delphi angezündet und wurde von Apollo zur Strafe in den Tartarus geschleudert.

Saepe iustus esse debebis cum infamia.   **769**
Seneca, Epistulae morales 113,32

Oft wirst du gerecht sein müssen, und doch Schande dafür ernten.

Vigilavit Iustitiae oculus sempiternus.   **770**
Ammianus Marcellinus, Res gestae 28,6,25

Das ewige Auge der Gerechtigkeit hat gewacht.

Iustitia est constans et perpetua voluntas ius suum cuique **771** tribuendi.
Digesta 1,1,10,1

Gerechtigkeit ist der stetige und beständige Wille, jedem sein Recht zuzugestehen.

O sancta justitia!   **772**

O heilige Gerechtigkeit!

Anfang der Arie des Bürgermeisters van Bett in Albert Lortzings Oper Zar und Zimmermann, 1837, 1. Aufzug, 6. Auftritt

773 Dilexi iustitiam et odivi iniquitatem, itaque morior in exilio.

Nach AT Psalm 45,8 Papst Gregor VII., 1073–85, vor seinem Tod in Salerno. Otto von Freising, Chronica sive historia de duabus civitatibus VI 36, 1146

Ich habe die Gerechtigkeit geliebt und das Unrecht gehaßt, deshalb sterbe ich in der Verbannung.

774 Fiat iustitia et pereat mundus.

Zitiert von Johannes Manilius, Locorum communium collectanea, Basel 1562, 419. Wahlspruch Ferdinands I.,von Hadrian VI. erzogen, Kaiser seit 1556. „Erstmals m.W. bei Marino Sanuto, I diarii 33 (Venedig 1892, niedergeschrieben im frühen 16. Jh.) 436 (Alovisio Lippomano zitiert Hadrian VI., der es mit dieser Maxime ablehnte, das Verfahren gegen einen hochgestellten Mörder niederzuschlagen.)" Liebs F 23

Gerechtigkeit muß geschehen, wenn auch die Welt darüber zugrunde geht.

Das strengste Recht kennt keine Gnade. Die Ausübung der Gerechtigkeit darf keine Rücksicht auf den Stand der Betroffenen nehmen.

775 Iustitia fundamentum regnorum.

Nach Plato, Leges 1,8. Vgl. Cicero, De officiis 2,71

Gerechtigkeit ist die Grundlage der Staaten.

Wahlspruch Franz' I., römisch-deutscher Kaiser 1745–1765. – Inschrift an der Wiener Hofburg.

776 Nam iustus Dominus et iustitias dilexit.

AT Psalm 10,7

Denn der Herr ist gerecht und liebt gerechtes Tun.

777 Multae tribulationes iustorum.

AT Psalm 33,2

Der Gerechte muß viel leiden.

778 … ut sitis filii patris vestri, qui in caelis est: qui solem suum oriri facit super bonos et malos: et pluit super iustos et iniustos.

NT Matthaeus 5,45

… damit ihr Söhne eures Vaters im Himmel werdet; denn er läßt seine Sonne aufgehen über Bösen und Guten, und er läßt regnen über Gerechte und Ungerechte.

→ *Mann*   Iustum et tenacem propositi virum … Nr. **1738**

→ *das Seine*   Suum cuique *tribuere*. Nr. **2603**

Gerücht

… cum ratio salusque omnium nostrum, qui ad rem publicam **779**
accedimus, non veritate solum, sed fama nitatur …
Cicero, Epistulae ad Quintum fratrem 1,2,2

… da die Politiker alle auf Gedeih und Verderb nicht allein von
der Wahrheit, sondern auch von Gerüchten abhängig sind, …
H. Kasten

Fama, malum qua non aliud velocius ullum: **780**
mobilitate viget viresque acquirit eundo.
Vergil, Aeneis 4,174f.

Fama, kein anderes Übel kommt ihr an Schnelligkeit gleich,
regt sich in ihrer Beweglichkeit und erwirbt Kräfte im Gehen.
Wesenszug der Fama, eines mythologischen Wesens von unbestimmter
Gestalt, das die Menschen verfolgt, ist: sie geht mit Riesenschritten.

Fama crescit eundo.   **781**
Nach Vergil, Aeneis 4,175

Das Gerücht wächst, indem es sich verbreitet.

Fama volat.   **782**
Vergil, Aeneis 7,392

Das Gerücht eilt dahin.

Fama nihil est celerius.   **783**
Livius, Ab urbe condita 24,12,5

Nichts ist schneller als ein Gerücht.

Fama, … quae veris addere falsa   **784**
gaudet et e minimo sua per mendacia crescit …
Ovid, Metamorphoses 9,139f.

Fama, … die es liebt, Falsches zu Wahrem zu fügen und
aus kleinsten Anfängen durch ihre Lügen emporwächst, …

(Fama) ipsa, quid in caelo rerum pelagoque geratur   **785**
et tellure, videt totumque inquirit in orbem.
Ovid, Metamorphoses 12,62f.

Fama selbst sieht, was im Himmel, was auf dem brausenden
Meer und was auf der Erde alles geschieht und durchforscht
den ganzen Erdkreis.
Ovids ‚Fama‘ existiert an unbestimmtem Ort zwischen Land, Meer und
Himmel in der Mitte des Erdkreises. In ihrem türlosen Schloß mit unzäh-

ligen Öffnungen wirkt sie, die alles sehen, hören und weiterverbreiten kann, als ungreifbare, dämonische Macht.

Geschenk

786 Quidquid id est, timeo Danaos et dona ferentes.
Vergil, Aeneis 2,49. Vgl. Seneca, Agamemnon 626 f.: Danaum fatale munus das verhängnisvolle Geschenk der Danaer

Was auch immer dies ist, ich fürchte die Danaer (Griechen), auch wenn sie Geschenke bringen.
Der Priester Laokoon warnt die Trojaner vor dem hölzernen Pferd, das die Griechen vor Troja zurückgelassen haben. – Der Ausdruck Danaergeschenk ist darauf zurückzuführen.

787 Munera, crede mihi, capiunt hominesque deosque.
Placatur donis Iuppiter ipse datis.
Ovid, Ars amatoria 3,653 f.

Geschenke, glaube mir, betören Menschen und Götter,
läßt sich doch Jupiter selbst durch Gaben versöhnen.

788 Quisquis magna dedit, voluit sibi magna remitti.
Martial, Epigrammata 5,59,3

Wer große Geschenke gibt, will, daß ihm große erwidert werden.

789 Munera qui mittit, sperat maiora remitti.
John Owen, Monosticha 88

Wer Geschenke schickt, hofft, daß sie ihm reichlich vergolten werden.

Geschichte

790 Nescire, quid ante quam natus sis, acciderit, id est semper esse puerum.
Cicero, Orator 120

Nicht zu wissen, was vor deiner Geburt geschehen ist, heißt immer ein Kind zu sein.

791 Historia vero testis temporum, lux veritatis, vita memoriae, magistra vitae, nuntia vetustatis …
Cicero, De oratore 2,36

Die Geschichte aber, die Zeugin der Zeiten, das Licht der Wahrheit, das Leben der Erinnerung, die Lehrmeisterin des Lebens, die Künderin alter Zeiten …

Quis nescit primam esse historiae legem, ne quid falsi dicere **792**
audeat? Deinde ne quid veri non audeat? Ne quae suspicio gra-
tiae sit in scribendo, ne quae simultatis.
Cicero, De oratore 2,62

Wer wüßte nicht, daß es das erste Gesetz der Geschichtsschrei-
bung ist, keine falsche Aussage zu wagen, das zweite, sich nicht
zu scheuen, die Wahrheit zu schreiben, damit beim Schreiben
kein Verdacht der Sympathie oder der Feindschaft aufkommt.

Nec debet historia egredi veritatem, et honeste factis veritas **793**
sufficit.
Plinius, Epistulae 7,33,10

Auch die Geschichtsschreibung darf nicht über die Wahrheit
hinausgehen, und ehrenhaften Taten genügt die Wahrheit.

→ *Objektivität*   Sine ira et studio Nr. **2085**

Geschmack

De gustibus non est disputandum.   **794**
MA H. Walther 36 103

Über den Geschmack läßt sich nicht streiten.

Gesetz

Legibus omnes ideo servimus, ut liberi esse possimus.   **795**
Cicero, Pro Cluentio Habito oratio 146

Den Gesetzen fügen wir uns alle deswegen, damit wir frei sein
können.

Inter arma silent leges.   **796**
Cicero, Pro Milone oratio 10 Quintilian, De institutione oratoria 5,14,17.
Vgl. Lucan, De bello civili 1,277: postquam leges bello siluere coactae
seit die Gesetze unter Kriegsgewalt zum Schweigen kamen. W. Ehlers

Im Krieg schweigen die Gesetze.

Omnes leges ad commodum rei publicae referre oportet et eas **797**
ex utilitate non ex scriptione, quae in litteris … est, interpretari.
Cicero, De inventione 1,68

Alle Gesetze müssen zum Besten des Staates gegeben sein und
müssen zum allgemeinen Nutzen, nicht nach dem geschriebenen
Buchstaben ausgelegt werden.

798 Lex est ratio summa, insita in natura, quae iubet ea, quae faciunda sunt, prohibetque contraria.

Cicero, De legibus 1,18

Das Gesetz ist die höchste Vernunft, die, der Natur innewohnend, gebietet, was zu tun ist, und das Gegenteil verbietet.

799 Salus populi suprema lex esto.

Cicero, De legibus 3,8

Das Wohl des Volkes soll das oberste Gesetz sein!

Für die Konsuln soll das Wohl des Volkes die oberste Richtschnur des Handelns sein. Das Gemeinwohl hat Vorrang.

800 Dic, hospes, Spartae nos te hic vidisse iacentis
dum sanctis patriae legibus obsequimur.

Cicero, Tusculanae disputationes 1,101 Übersetzung von Simonides, fr. 92 D.

Wanderer kommst du nach Sparta, verkündige dorten, du habest uns hier liegen gesehen, wie das Gesetz es befahl.

Friedrich von Schiller

Im August des Jahres 480 v. Chr. besiegten die Perser unter Führung ihres Königs Xerxes in der Schlacht am Küstenpaß bei den Thermopylen in Mittelgriechenland 300 Spartiaten und 700 Thespier unter dem Spartanerkönig Leonidas, die selbstlos den Abzug der Verbündeten gedeckt hatten. Den Persern stand durch diesen Sieg der Zugang nach Mittelgriechenland offen. Das Grabepigramm des Simonides von Keos auf die gefallenen Thermopylenkämpfer hatte große Nachwirkung von der Antike bis heute.

801 *Leges* quae in pace latae sunt, plerumque bellum abrogat, quae in bello pax.

Livius, Ab urbe condita 34,6,6

Gesetze, die der Friede gab, schafft gewöhnlich der Krieg ab, und die im Krieg erlassenen der Friede.

802 Quid leges sine moribus?

Horaz, Carmina 3,24,35

Was nützen Gesetze, wenn keine Moral herrscht.

803 Ius est in armis, opprimit leges timor.

Seneca, Hercules furens 253

Waffengewalt verschafft sich Recht, Furcht unterdrückt die Gesetze.

804 Quod non vetat lex, hoc vetat fieri pudor.

Sencca, Troades 334

Was das Gesetz nicht verbietet, das verbietet doch das Scham-
gefühl.

Legem brevem esse oportet, quo facilius ab imperitis teneatur. **805**
Poseidonios bei Seneca, Epistulae morales 94,38

Ein Gesetz soll kurz sein, damit es von Ungebildeten leichter
behalten werden kann.

Corruptissima res publica, plurimae leges. **806**
Tacitus, Annales 3,27,3

Wo es um den Staat am schlechtesten bestellt war, gab es die
meisten Gesetze.

Nulla potentia supra leges esse debet. **807**
Nach Cicero, De domo sua oratio 43

Es darf keine Macht über den Gesetzen stehen.

Lex dura, sed lex. **808**
Digesta 40, 9, 12, 1

Ein hartes Gesetz, aber doch ein Gesetz.

Lex posterior derogat priori. **809**
Liebs L 43.

Ein späteres Gesetz hebt ein früheres auf.

Lex prospicit, non respicit. **810**
MA H. Walther 13 711

Ein Gesetz blickt nach vorne, nicht zurück.
Gesetze gelten nicht rückwirkend.

Mundus amat semper, quod lex negat alma frequenter. **811**
MA Werner / Flury m 81

Die Welt liebt stets das, was ein segensreiches Gesetz häufig
versagt.

Nulla poena sine lege. **812**
Paul Johann Anselm von Feuerbach, Lehrbuch des gemeinen in Deutschland gültigen peinlichen Rechts, Gießen 1801, § 20. Liebs N 161. Vgl.
Digesta 50,16,131: poena non irrogatur, nisi quae quaque lege vel quo alio
iure specialiter huic delicto imposita est. Eine Strafe wird nicht auferlegt,
wenn sie nicht durch ein Gesetz oder irgendein anderes Recht ausdrücklich für dieses Vergehen bestimmt ist.

Keine Strafe ohne Gesetz.
Feuerbach, der das auch für andere Staaten richtungweisende Bayerische
Strafgesetzbuch von 1813 schuf, formulierte den o. g. Grundsatz, der die

Verbindlichkeit der Gesetze festlegen und das über den gesetzlich festgelegten Spielraum hinausgehende persönliche Ermessen der Richter ausschließen sollte.

813 Lex duodecim tabularum

Das Zwölftafelgesetz

Die ca. 450 v. Chr. durch eine Zehnmänner-Kommission erstellte erste schriftliche Zusammenfassung des römischen Rechts, in die griechische Einflüsse eingingen. Sie löste das altrömische Gewohnheitsrecht ab. Die zwölf ehernen Tafeln, die auf dem Forum aufgestellt waren, sind nicht erhalten. Zahlreiche Fragmente der Gesetze sind als Zitate bei römischen Schriftstellern überliefert. Ihr Sprachstil ist von eindrucksvoller Kürze und offenbart altrömisches Denken. Der Text der Zwölf Tafeln wurde auch zu Leseübungen in den Schulen verwendet.

→ *frei / Freiheit*	Legum idcirco omnes servi sumus, ut liberi esse possimus. Nr. **577**
→ *König*	Novus rex, nova lex. Nr. **1364**
→ *Kunst*	lege artis Nr. **1457**
→ *sterben*	Lex universa est, quae iubet nasci et mori. Nr. **2730**
→ *Volk*	Ibi pote valere populus, ubi leges valent. Nr. **3199**

Gesicht

814 Formosa facies muta commendatio est.

Publilius Syrus, Sententiae F 4

Ein schönes Gesicht ist eine stumme Empfehlung.

Zu schönen Menschen ist jedermann entgegenkommend.

815 Decipit frons prima multos.

Phaedrus, Fabulae 4,2,5 f.

Der erste Anblick täuscht viele.

816 prima facie

Gaius, Institutiones 4,126 f. Digesta 16,1,13,1; 34,1,10,2

dem ersten Anschein nach

im Gegensatz zu re vera tatsächlich

817 facies Hippocratica

Hippokrates, Prognostikon 2 Lateinisch in: Vittorio Trincavelli, Consilia medicinalia 112 b. Venedig 1586

Hippokratisches Gesicht

Gesichtsausdruck des Sterbenden. Der griechische Arzt Hippokrates beschrieb als erster den Gesichtsausdruck Sterbender.

Gesundheit

Valere mavis quam dives esse.   **818**
Nach Cicero, De officiis 2,88
Du willst lieber gesund als reich sein.

Roga bonam mentem, bonam valetudinem animi, deinde tunc **819**
corporis.
Seneca, Epistulae morales 10,4
*Bitte (Gott) um rechtschaffene Gesinnung, um Gesundheit der
Seele, erst dann auch des Körpers.*

Facit temperantia bonam valetudinem.   **820**
Seneca, Epistulae morales 14,15
Maßhalten schafft gute Gesundheit.

Non est vivere, sed valere vita.   **821**
Martial, Epigrammata 6,70,15
Nicht dasein, sondern gesund zu sein ist Leben.

Valetudo sustentatur notitia sui corporis et observatione ...   **822**
Cicero, De officiis 2,86
*Die Gesundheit läßt sich durch die Kenntnis des Körpers auf-
rechterhalten und durch die Beobachtung ...*

Si vales bene est, ego *quidem* valeo. Abk.: S.V.B.E.E.*Q*. V.   **823**
Z. B. Cicero, Epistulae ad familiares 5,9 Erläuterung dazu: Seneca, Epistu-
lae morales 15,1. Vgl. Plinius, Epistulae 1,11,1
Wenn du gesund bist, ist es gut, ich bin gesund.
Alte Eingangsformel der römischen Briefe. Der Gebrauch dieser Formel
kam bereits zu Ciceros Lebzeiten außer Mode. Cicero verwendet sie in
Briefen an seine Gattin Terentia, regelmäßig in amtlichen Schreiben und
Antworten an Briefpartner, die in ihren Briefen selbst diese Einleitung ge-
braucht hatten, nie aber in Briefen an seinen Freund Atticus oder seinen
Sekretär Tiro.

Gewalt

Vim vi repellere licet.   **824**
Vgl. Cicero, Pro Sestio oratio 39 Digesta 43,16,1,27. Vgl. 4,2,12,1: Vim
vi repellere omnia iura clamant. Gewalt mit Gewalt abzuwehren, dazu ru-
fen alle Gesetze auf.
Gewalt mit Gewalt abzuwehren ist erlaubt.
Notwehr ist erlaubt. Römischer Rechtsgrundsatz

825 Vi victa vis vel potius oppressa virtute audacia est.
Cicero, Pro Milone oratio 30

Gewalt wurde durch Gewalt besiegt oder vielmehr freche Ver-
wegenheit durch Tapferkeit vernichtet.

826 Ista quidem vis est.
Sueton, Vita divi Iulii 82,1

Das ist ja Gewalt!
Ausruf Caesars bei seiner Ermordung am 15. (Iden des) März 44 v. Chr.

827 Ratio contra vim parum valet.

Die Vernunft vermag zu wenig gegen die Gewalt.

828 Contra vim non valet ius.

Gegen Gewalt ist das Recht machtlos. Liebs C 88.
Macht geht vor Recht.

829 Vis legibus inimica.

Gewalt ist die Feindin der Gesetze. Liebs V 32.

830 Plus ratio quam vis caeca valere solet.
MA H. Walther 21 757

Vernünftiges Denken vermag mehr als blinde Gewalt.

831 Tunc ius calcatur, violentia cum dominatur.
MA H. Walther 31 800 Wander 1,1648,117

Wenn Gewalt herrscht, wird das Recht mit Füßen getreten.

Gewohnheit

832 Consuetudo quasi altera natura.
Cicero, De finibus 5,74. Vgl. Seneca, De providentia 4,15: Nihil miserum
est, quod in naturam consuetudo perduxit. Nichts ist erbärmlich, was die
Gewohnheit zur Natur gemacht hat.

Die Gewohnheit wird gleichsam zur zweiten Natur.

833 Usus tyrannus.
Nach Horaz, De arte poetica 71 f. Vgl. Herodot, Geschichte 3,38 und 7,104

Der Brauch (Die Gewohnheit) ist ein Tyrann.
Horaz meint den Gebrauch von Wörtern. Das Wort wurde verallgemeinert.

834 Gravissimum est imperium consuetudinis.
Publilius Syrus, Sententiae G 8

Eine schwere Last ist die Herrschaft der Gewohnheit.

Consuetudo sine veritate vetustas erroris est.   **835**
Cyprian, Epistulae 74,9

Eine Gewohnheit ohne Wahrheit ist ein veralteter Irrtum.
Wenn sich eine Gewohnheit im religiösen Leben als Irrtum erweist, muß
sie aufgegeben werden; die Wahrheit muß an ihre Stelle treten.

Plurimum potest consuetudo, quae si gravis est, alit vitium.   **836**
Seneca, De ira 2,20,2

*Sehr viel vermag die Gewohnheit; wenn sie stark ist, nährt sie
die Schwäche.*

Diuturna consuetudo pro iure et lege in his, quae non ex scripto **837**
descendunt, observari solet.
Institutiones 1,3,33. Vgl. 1,3,35

*Eine lange Gewohnheit pflegt an Stelle von Recht und Gesetz in
den Dingen beachtet zu werden, die nicht aus schriftlich nie-
dergelegtem Recht herrühren.*

Consuetudo est optima legum interpres.   **838**
Codex iuris canonici (vor 1983), Can. 29

Die Gewohnheit ist die beste Auslegerin der Gesetze.

Assueta relinquere durum est.   **839**
Vgl. Thomas von Kempen, De imitatione Christi 1,11,19: Grave est assueta
dimittere. Es ist schwer, Gewohntes aufzugeben. 1,14,10: Antiqua consuetudo difficulter relinquitur. Eine alte Gewohnheit legt man nur schwer ab.

Es ist hart, Gewohntes zu lassen.

Consuetudo consuetudine vincitur.   **840**
Thomas von Kempen, De imitatione Christi 1,22,9

Eine Gewohnheit läßt sich durch eine neue Gewohnheit besiegen.

→ *Recht*   Ergo omne ius aut consensus fecit aut necessitas
             constituit aut firmavit consuetudo. Nr. **2222**

Gladiator

Gladiator in arena consilium capit.   **841**
Seneca, Epistulae morales 22,1: Vetus proverbium est gladiatorem in harena capere consilium. Ein altes Sprichwort sagt, der Gladiator fasse erst
in der Arena seinen Kampfplan.

*Der Gladiator faßt seinen entscheidenden Kampfplan erst in
der Arena.*

842 Uri, vinciri ferroque necari.

Seneca, Epistulae morales 37,1. Vgl. 7,5 Horaz, Sermones 2,7,58 f. Petron, Satyricon 117: sacramentum iuravimus: Uri, vinciri verberari ferroque necari. Wir schwuren den feierlichen Eid: wir wollten uns brennen, fesseln, schlagen und mit dem Schwert töten lassen.

Sich brennen, fesseln und mit dem Schwert töten lassen.

Teil des Eides der Gladiatoren

→ *Ave*   Ave, Caesar, morituri te salutant. Nr. **125**

Glaube

843 bona fide

Cicero, Topica 66 Digesta 18,1,27

in gutem Glauben, gutgläubig, arglos, auf Treu und Glauben

Juristischer Terminus technicus. Gegensatz: per fraudem mit betrügerischem Vorsatz

844 Omnes igitur animae sine recta fide teterrimae sunt.

Cassiodor, De anima 12,1

Alle Seelen sind daher ohne den richtigen Glauben häßlich.

845 Fides tua te salvam fecit.

NT Matthaeus 9,22

Dein Glaube hat dir geholfen.

Jesus Christus zu einer Frau, die durch die Berührung des Saumes seines Gewandes von einer langen Krankheit geheilt wurde.

846 per fidem operationis Dei

NT Kolosser 2,12

durch den Glauben an die Kraft Gottes

847 Et si habuero omnem fidem ita ut montes transferam, charitatem autem non habuero, nihil sum.

NT 1 Korinther 13,2

Wenn ich alle Glaubenskraft besäße und Berge damit versetzen könnte, hätte aber die Liebe nicht, wäre ich nichts.

848 Nunc autem manent fides, spes, charitas: tria haec; maior autem horum est charitas.

NT 1 Korinther 13,13. Vgl. 1 Thessalonicher 1,3; 5,8

Für jetzt aber bleiben Glaube, Hoffnung, Liebe, diese drei: doch am größten unter ihnen ist die Liebe.

Adauge nobis fidem.   **849**
NT Lukas 17,5
Stärke unseren Glauben.
Bitte der Apostel an den Herrn.

→ *allein*   Sola scriptura, sola gratia, sola fide. Nr. **12**
→ *Wahrheit*   Duae res plurimum roboris animo dant, fides
                  veri et fiducia. Nr. **3237**

glauben

Fere libenter homines id, quod volunt, credunt.   **850**
Caesar, De bello Gallico 3,18,6
In der Regel glauben die Menschen gern das, was sie sich wün-
schen.
Kritik des Wunschdenkens

Quod nimis miseri volunt, hoc facile credunt.   **851**
Seneca, Hercules furens 313 f.
Was man im Unglück zu sehr wünscht, das glaubt man leicht.

Periculosum est credere et non credere.   **852**
Phaedrus, Fabulae 3,10,1
Es ist gefährlich zu glauben, ebenso gefährlich ist es, nicht zu
glauben.

Utrumque vitium est, et omnibus credere et nulli.   **853**
Seneca, Epistulae morales 3,4
Beides ist ein Fehler, allen zu glauben und keinem.

Primus est deorum cultus deos credere.   **854**
Seneca, Epistulae morales 95,50
Die wichtigste Verehrung der Götter besteht darin, an die Göt-
ter zu glauben.

Numquam recte faciet, qui cito credit.   **855**
Petron, Satyricon 43
Niemals wird einer richtig handeln, wenn er dem anderen zu
schnell glaubt.

Credo, quia absurdum.   **856**
Wohl nach Tertullian, De carne Christi 5 : mortuus est Dei Filius; prorsus
credibile est, quia ineptum est: et sepultus, resurrexit; certum est, quia impossibile. Gestorben ist Gottes Sohn; es ist erst recht glaubwürdig, weil es

widersinnig ist. Und nachdem er begraben worden, ist er auferstanden; das ist sicher, weil es unmöglich ist. – Den geistigen Hintergrund der Stelle bildet vielleicht Paulus, 1 Korinther 18–25. Vgl. Augustinus, Confessiones 6,5

Ich glaube es[1], gerade weil es widersinnig ist.

[1] Kreuzigung, Tod und Auferstehung Christi. – Nach Tertullian ist gerade die vermeintliche Unmöglichkeit der Menschwerdung Gottes der Beweis des göttlichen Wirkens. Tertullian drückt aus, daß der religiöse Glaube irrationale Wurzeln habe. – Der paradoxe Ausspruch ist ein vielzitiertes Schlagwort geworden. – Vgl. K. Jaspers, Von der Wahrheit (1948), 852 ff.: Daß Gott Mensch oder ein Mensch Gott sei, das ist absurd. Es widerspricht dem sich zur Transzendenz aufschwingenden Gedanken und auch dem ursprünglichen Bewußtsein, dem der Eine Gott als Schöpfer der Welt Wirklichkeit ist… Die Absurdität an sich ist noch aus einem anderen Grunde kein Einwand. Das Absurde ist eine Form der Erscheinung der Transzendenz für das Denken – auch in jedem tiefer dringenden Philosophieren. 859 f.: Die christliche Lehre in theologischer Entwicklung gestaltet Widersprüche zu Paradoxien. Die Grunddogmen sind unbegreiflich, ihre Absurdität ist Ausdruck ihres Mysteriums.

857 Intellige, ut credas, verbum meum; crede, ut intelligas, verbum Dei.

Augustinus, Sermo 43,7,9 Augustinus spricht im Hinblick auf NT Markus 9,22–23 und AT Isaias 7,9

Erkenne (Wisse), um zu glauben, das ist mein Wort; glaube, um erkennen (wissen) zu können, das ist Gottes Wort.

858 Non intelligo, ut credam, sed credo, ut intelligam.

Nach Anselm von Canterbury, 1033–1109, Proslogion 1 (Migne 158,227) Augustinus, Tractatus in Sanctum Ioannem: Credimus, ut cognoscamus, non cognoscimus, ut credamus. Wir glauben, damit wir erkennen; wir erkennen nicht, damit wir glauben.

Ich erkenne nicht um zu glauben, sondern glaube, um zu erkennen.

Diese Hierarchisierung der beiden Erkenntnisquellen Glauben und Vernunft drückt den Primat des christlichen Glaubens für die Erkenntnis von Glaubenswahrheiten aus.

859 Si non credideritis, non permanebitis.

AT Isaias 7,9

Wenn ihr nicht glaubt, so werdet ihr nicht bleiben.

860 Qui crediderit, et baptizatus fuerit, salvus erit: qui vero non crediderit, condemnabitur.

NT Marcus 16,16

Wer glaubt und sich taufen läßt, wird gerettet: wer aber nicht glaubt, wird verdammt werden.

Qui credit in me, habet vitam aeternam. **861**
NT Johannes 6,47
Wer an mich glaubt, hat das ewige Leben.
Jesus Christus

Qui credit in me, etiam si mortuus fuerit, vivet. **862**
NT Johannes 11,25
Wer an mich glaubt, wird leben, auch wenn er stirbt.
Jesus Christus

Sic et fides, si non habeat opera, mortua est in semetipsa. **863**
NT Jakobus 2,17
So ist der Glaube für sich allein tot, wenn er nicht Werke vorzuweisen hat.

Credo in Deum Patrem omnipotentem **864**
creatorem coeli et terrae …
Ich glaube an Gott, den allmächtigen Vater,
Schöpfer des Himmels und der Erde …
Das Apostolische Glaubensbekenntnis, Symbolum Apostolicum secundum Ordinem Romanum, ist in der Meßfeier nach dem Evangelium eingefügt. – Das ‚Credo‘ enthält in formelhaften Aussagen gemäß uralten Glaubensvorstellungen aus Wurzeln des Mythos eine Zusammenfassung des christlichen Glaubensinhalts. Neben dem Apostolischen wird das Nikänische Glaubensbekenntnis gebraucht, seltener die dritte Form, das sog. Athanasianische Glaubensbekenntnis.

→ *Sünde / sündigen* Esto peccator et pecca fortiter, sed fortius fide et gaude in Christo, qui victor est peccati, mortis et mundi. Peccandum est, quamdiu hic sumus; vita haec non est habitatio iustitiae, sed exspectamus, ait Petrus, coelos novos et terram novam, in quibus iustitia habitat. Nr. **2821**

gleich
Par pari respondere. **865**
Plautus, Mercator 629 Truculentus 939 Persa 223 Terenz, Phormio 213
Gleiches mit Gleichem vergelten.
Die Ausdrucksweise wird gebraucht, wenn Rede und Gegenrede sich entsprechen.

866 Par pari referre.

Terenz, Adelphoe 73 Vgl. Hieronymus, Epistulae 45,5: Par pari refertur, et invicem nobis videmur insanire. Gleiches wird mit Gleichem vergolten, und gegenseitig scheinen wir uns von Sinnen zu sein.

Gleiches mit Gleichem beantworten.

867 Pares cum paribus facillime congregantur.

Cicero, De senectute 7 Quintilian, De institutione oratoria 5,11,41 Ammianus Marcellinus, Res gestae 28,1,53 Augustinus, De spiritu et anima 14 Altes Sprichwort, griechisch schon bei Homer, Odyssee 17,218 Plato, Symposion 195 b u. a.

Gleich und gleich gesellt sich gern.

868 Ovo ovum simile.

Vgl. Cicero, Lucullus 54 Quintilian, De institutione oratoria 5,11,30 Seneca, Apocolocyntosis 11,5

Ein Ei gleicht dem anderen.

869 pari iugo niti

Plinius, Epistulae 3,8,8 Vgl. Horaz, Carmina 1,35,28 Seneca, Epistulae morales 109,16

am gleichen Strang ziehen

870 Similia similibus curentur.

MA H. Walther 29 639 f.: … curantur.

Behandle Ähnliches mit Ähnlichem.

Der Arzt Friedrich Samuel Hahnemann, 1755–1843, stellte in seinem Werk Organon der rationellen Heilkunde, Dresden [1]1810, diese Regel in den Mittelpunkt des von ihm begründeten Systems der Homöopathie. Der Gedanke war schon in der Medizin der Antike bekannt.

871 Nec pluribus impar.

Allen gewachsen.

872 ceteris paribus

alles übrige gleichgesetzt, unter sonst gleichen Umständen

Gleichmut

873 Animus aequus optumum est aerumnae condimentum.

Plautus, Rudens 401

Gleichmut ist das beste Linderungsmittel in Trübsal.

874 Aequo animo paratoque moriar.

Cicero, In Catilinam oratio 4,3

Ich werde mit Gleichmut und gefaßt sterben.

Cicero zieht vor dem römischen Senat mit theatralischen Worten in Betracht, daß ihm etwas zustoßen könne.

Aequam memento rebus in arduis servare mentem!   **875**
Horaz, Carmina 2,3,1 f.

Denke daran, in schwieriger Lage Gleichmut zu bewahren!

Glück / glücklich

Ut quisque fortuna utitur, ita praecellet.   **876**
Plautus, Pseudolus 679 f.

Wie jeder das Glück zu nützen weiß, so wird er die anderen
überragen.

Suae quisque fortunae faber est.   **877**
Appius Claudius Caecus, Konsul 307 und 296 v. Chr., bei Sallust, Epistulae ad Caesarem senem 1,1,2. Vgl. Plautus, Trinummus 363: Sapiens ipse
fingit fortunam sibi. Wer klug ist, ist seines eigenen Glückes Schmied. Terenz, Adelphoe 399

Jeder ist seines Glückes Schmied.

Fortuna meliores sequitur.   **878**
Sallust, Historiae 77,21

Das Glück folgt den Besseren.

Vides, quam sit vaga volubilisque fortuna.   **879**
Cicero, Pro Milone oratio 69

Du siehst, wie unbeständig und wandelbar das Glück ist.

Quod bonum faustum felix fortunatumque sit!   **880**
Cicero, De divinatione 1,102. Auch verkürzt zitiert: Quod felix faustum-
que sit! Livius, Ab urbe condita 1,17,10

Möge es gut, günstig, glücklich und gesegnet sein!
Alliterierende Tautologie. Derartige Verdoppelungen sind alten Gerichts-
und Augurenformeln entnommen. – Die Römer glaubten an die wirksame
Kraft dieser Formel bei Beginn von Unternehmungen.

Beate enim vivendi cupiditate incensi omnes sumus.   **881**
Cicero, De finibus 5,86

Wir alle brennen vor Begierde nach einem glücklichen Leben.

Varietas propria est fortunae.   **882**
Cicero, De divinatione 2,109

Die Unbeständigkeit ist typisch für das Glück.

Fortuna caeca est, … eos plerumque efficit caecos, quos com- **883**
plexa est.
Cicero, De amicitia 54 Orationes Philippicae 13,10

Das Glück ist blind und macht meistens auch die blind, die es in seine Arme geschlossen hat.

884 Bene eveniat!
Cicero, Epistulae ad familiares 12,19,1
Viel Glück!

885 Ergo fortuna, ut saepe alias, virtutem est secuta.
Livius, Ab urbe condita 4,37,7
So wurde das Glück, wie auch sonst oft, die Begleiterin der Tapferkeit.

886 Maximae cuique fortunae minime credendum est.
Livius, Ab urbe condita 30,30,18
Gerade dem größten Glück darf man am wenigsten trauen.

887 Fortuna, quae plus consiliis humanis pollet …
Livius, Ab urbe condita 44,40,3
Das Schicksal, das mehr als die Pläne der Menschen vermag …

888 Nec praesenti credere fortunae decet.
Livius, Ab urbe condita 45,8,6
Man darf nie dem gegenwärtigen Glück trauen.

889 Beatus ille, qui procul negotiis.
Horaz, Epoden 2,1
Glücklich, wer fern von den Geschäften.
Anfangszeile eines bekannten Gedichts

890 Nihil est ab omni parte / beatum.
Horaz, Carmina 2,16,27 f.
Vollkommen ist kein Glück auf Erden.

891 Bene ferre magnam disce fortunam!
Horaz, Carmina 3,27,74. Vgl. 3,29,49 ff.
Lerne, ein großes Glück (Schicksal) mit Würde zu ertragen.

892 Fortunae filius!
Horaz, Sermones 2,6,49 Petron, Satyricon 43,7
Ein Glückskind!

893 Divitiisne homines an sint virtute beati?
Horaz, Sermones 2,6,74
Macht Reichtum oder macht die Tugend die Menschen glücklich?

Felices ter et amplius / quos inrupta tenet copula …   **894**
Horaz, Carmina 1,13,17 f.

Dreifach glücklich und mehr, die ein untrennbares Band der Liebe eint …

Sua cuique exorsa laborem   **895**
fortunamque ferent.
Vergil, Aeneis 10,111 f.

Was ein jeder begann, wird ihm Leid oder Glück bringen.

Audentis fortuna iuvat.   **896**
Vergil, Aeneis 10,284, zitiert von Seneca, Epistulae morales 94,28. Vgl. Ovid, Ars amatoria 1,608 Metamorphoses 10,586 Fasti 2,782 Tacitus, Historiae 4,17

Den Kühnen hilft das Glück.

Luxuriant animi rebus plerumque secundis;   **897**
    nec facile est aequa commoda mente pati.
Ovid, Ars amatoria 2,437

Ausgelassen sind meist wir im Glück,
    und schwer ist's, das günstige Los mit Gleichmut zu tragen.

Bonarum rerum consuetudo pessima est.   **898**
Publilius Syrus, Sententiae B 2

An Glück gewohnt zu sein ist ein großes Übel. H. Beckby

Dici beatus ante obitum nemo debet. Meist verkürzt: Nemo **899**
ante mortem beatus.
Ovid, Metamorphoses 3,136 f. Laktanz, De ira Dei 20,2 Nach Herodot 1,32. Vgl. AT Sirach 11,30, zitiert von Augustinus, De civitate Dei 13,11: Ante mortem ne laudes quemquam. Lobe keinen Menschen vor dem Tod.

Niemand ist vor seinem Tod glücklich zu preisen.

Donec eris felix[1], multos numerabis amicos: **900**
    tempora si fuerint nubila, solus eris.
Ovid, Tristia 1,9,5 [1] Ovid: sospes

Solange das Glück dir lacht, zählst du Freunde in Menge,
    doch sind die Zeiten umwölkt, bist du allein.

Passibus ambiguis fortuna volubilis errat   **901**
    et manet in nullo certa tenaxque loco.
Ovid, Tristia 5,15 f.

Schwankenden Schrittes irrt das flüchtige Glück,
    an keinem Ort bleibt und verharrt es auf Dauer.

902 Diligitur nemo, nisi cui fortuna secunda est.
Ovid, Epistulae ex Ponto 2,3,23
Niemand wird geliebt, wenn das Glück ihm nicht geneigt ist.

903 Versatur celeri Fors levis orbe rotae.
Tibull, Elegiae 1,5,70. Vgl. Boethius, De consolatione philosophiae 2,2
Auf schnellem Rad dreht sich das unbeständige Glück.
Fast alle Aspekte des Glaubens der Römer an die Glücksgöttin Fortuna
erörtert Augustinus in De civitate Dei 4,18 ff.

904 Fortuna cum blanditur, captatum venit.
Publilius Syrus, Sententiae F 2
Wenn das Glück schmeichelt, kommt es, um zu betrügen.

905 Fortuna quum blanditur, fallit.
Wahlspruch König Konrads I., reg. 911–918
Das Glück täuscht, wenn es schmeichelt.

906 Fortunam citius reperias, quam retineas.
Publilius Syrus, Sententiae F 3
Das Glück läßt sich leichter finden als festhalten.

907 Fortuna, nimium quem fovet, stultum facit.
Publilius Syrus, Sententiae F 8
Wen das Glück im Übermaß begünstigt, den macht es zum Narren.

908 Fortuna vitrea est: tum, cum splendet, frangitur.
Publilius Syrus, Sententiae F 24
Das Glück ist wie Glas; wenn es glänzt, zerbricht es.
Glück und Glas, wie bald bricht das!

909 Minimum eripit fortuna, cui minimum dedit.
Publilius Syrus, Sententiae M 44
Das Glück nimmt wenig, wem es wenig schenkte.

910 Levis est fortuna, cito reposcit, quod dedit.
Publilius Syrus, Sententiae L 5
Flüchtig ist das Glück, schnell fordert es zurück, was es gab.

911 Stultum facit fortuna, quem vult perdere.
Publilius Syrus, Sententiae S 29
Wen das Glück verderben will, den macht es zum Narren.

Nulla certa felicitas est.   **912**
Seneca Maior, Controversiae 2,1,9

Es gibt kein beständiges Glück.

In virtute posita est vera felicitas.   **913**
Seneca, Epistulae morales 16,1

Das wahre Glück beruht in der sittlichen Vollkommenheit.

Ad securitatem non opus est fortuna.   **914**
Seneca, Epistulae morales 18,7

Zur Freiheit von Sorgen bedarf man des Glücks nicht.

Rarae fumant felicibus arae.   **915**
Silius Italicus, Punica 7,89

Nur selten rauchen die Altäre bei den Glücklichen.
Erst die Not lehrt beten.

Fortuna multis dat nimis, satis nulli.   **916**
Martial, Epigrammata 12,10,2

Das Glück gibt vielen zu viel, genug keinem.

Nolo irridere rotam fortunae.   **917**
Tacitus, Dialogus de oratoribus 23,1

Ich will nicht über das Rad des Glücks spotten.

Si fortuna volet, fies de rhetore consul,   **918**
si volet haec eadem, fiet de consule rhetor.
Juvenal, Saturae 7,194 f.

Wenn Fortuna es will, steigst du vom Rhetor zum Konsul auf,
wenn sie es will, kann aber auch ein Konsul zum Rhetor werden.

Nullum numen habes, si sit prudentia: nos te   **919**
nos facimus, Fortuna, deam caeloque locamus.
Juvenal, Saturae 10.365 f. Vgl. 14,315 f.

Keine Gottheit bist du, Fortuna, blicken voraus wir: wir sind's,
die dich zur Göttin und in den Himmel erheben. H. C. Schnur

Fortuna multis parcere in poenam solet.   **920**
MA H. Walther 9 856

Das Glück pflegt viele zu schonen, um sie dann zu bestrafen.

Adsidua eminentis fortunae comes invidia.   **921**
Velleius Paterculus, Historia Romana 1,9,6

Viel Glück, viel Neider.

922 Felicior Augusto, melior Traiano!
Eutropius, Breviarium ab urbe condita 8,5

Glücklicher als Augustus, besser als Trajan!
Nach dem Tod des Kaisers Trajan 117 n.Chr.: Zuruf der Senatoren an die
neuen Kaiser.

923 Quivis beatus versa rota fortunae ante vesperum potest esse
miserrimus.
Ammianus Marcellinus, Res gestae 26,8,13

*Jeder Glückliche kann, wenn sich das Glücksrad dreht, noch
vor dem Abend im tiefsten Elend sein.*

924 Omnes enim *homines* beati esse volunt.
Augustinus, Enarratio in Psalmum 32,15 (Migne PL 36,293). Vgl. Confessiones 10,20,29

Alle Menschen wollen glücklich sein.
Es ist nach Augustin eine unleugbare Lebenstatsache, daß wir alle glücklich sein wollen … ja aus unserer Natur heraus wollen müssen, weil wir
alle Unsterblichkeit suchen. A. Dempf

925 Haec nostra vis est, hunc continuum ludum ludimus: rotam
volubili orbe versamus, infima summis, summa infimis mutare
gaudemus.
Boethius, De consolatione philosophiae 2,2

*Dies ist unsere Macht, dies ununterbrochene Spiel spielen wir,
wir drehen das Rad in kreisendem Schwunge, wir freuen uns,
das Tiefste mit dem Höchsten und das Höchste mit dem Tiefsten
zu tauschen.* O. Gigon

926 Beatus ille homo …
Thomas von Kempen, De imitatione Christi 3,48,35. – Vgl. Joseph von
Eichendorff, Aus dem Leben eines Taugenichts, 9. Kapitel, Lied der Pra-
ger Studenten: Beatus ille homo, / Qui sedet in sua domo, / Et sedet post
fornacem / Et habet bonam pacem. Glücklich der, / der in seinem Hause
sitzt, / der hinter'm Ofen sitzt / und seinen Frieden genießt.

Glücklich (Selig) ist jener Mensch, …

927 Felicibus invidetur.
Glück hat Neider.

928 Fortuna bulla *est*.
Das Glück ist eine Seifenblase.

→ *Besitz*   Beati possidentes. Nr. **191**

→ *Fleisch*   Non est summa felicitatis nostrae in carne ponenda.
              Bona illa sunt vera, quae ratio dat. Nr. **544**
→ *Stunde*   Beati non numerant horas. Nr. **2803**
→ *Vorsicht*   Felix, quem faciunt aliena pericula cautum. Nr. **3213**
→ *zufrieden / Zufriedenheit*   Felix, qui didicit contentus vivere
                                 parvo. Nr. **3489**

Gold / golden

montes auri polliceri   **929**
Terenz, Phormio 68

goldene Berge versprechen

Philippus omnia castella expugnari posse dicebat, in quae modo **930**
asellus onustus auro posset adscendere.
Cicero, Epistulae ad Atticum 1,16,12

Philipp[1] sagte, jede Burg könne erobert werden, wenn nur ein
goldbeladener Esel hineingelangen könne.
[1] König von Makedonien 359–336 v. Chr.

aurum summi materies mali   **931**
Horaz, Carmina 3,24,47 f.

Gold, schlimmsten Übels Ursache

Vilius argentum est auro, virtutibus aurum.   **932**
Horaz, Epistulae 1,1,52

Silber ist weniger wert als Gold, Gold ist weniger wert als
Tugend.

Auri sacra fames!   **933**
Vergil, Aeneis 3,57

O fluchwürdiger Hunger nach Gold!

Aurea sunt vere nunc saecula: Plurimus auro   **934**
   venit honos, auro conciliatur amor.
Ovid, Ars amatoria 2,277 f.

Wahrhaft goldene Zeiten haben wir jetzt: für Gold kann man
höchste Ämter kaufen, für Gold wird Liebe gewährt.

Aurea prima sata est aetas, …   **935**
Ovid, Metamorphoses 1,89 Seneca, Epistulae morales 90,5: saeculum aureum das Goldene Zeitalter

Als erstes entstand das Goldene Zeitalter, ...

Auf das Goldene Zeitalter folgen das silberne, das eherne und das eiserne Zeitalter. Die Metallfolge der Weltzeitalter zeigt die Deszendenz bzw. Dekadenz der Entwicklung an.

936 Ferro nocentius aurum.

Ovid, Metamorphoses 1,141 Vgl. Sallust, De bello Iugurthino 35,10

Gold (ist) schädlicher als Eisen.

Goldgier als Ursache allen Übels.

937 Scilicet ut fulvum spectatur in ignibus aurum,
tempore sic duro est inspicienda fides.

Ovid, Tristia 1,5,25 f.

*Denn wie das glänzende Gold erst im Feuer erprobt wird,
so wird Treue in harter Zeit erst erkannt.*

938 Auro pulsa fides, auro venalia iura,
aurum lex sequitur, mox sine lege pudor.

Properz, Elegiae 3,13,49

*Mit Gold wurde die Treue vertrieben, durch Gold sind käuflich
die Rechte, dem Gold folgt das Gesetz, bald ohne Gesetz auch
die Scham.*

939 Aurum omnes victa iam pietate colunt.

Properz, Elegiae 3,14,48. Vgl. Ovid, Metamorphoses 1,149: victa iacet pietas

Besiegt ist die Götterverehrung, alle verehren das Gold.

940 Ignis aurum probat.

Seneca, De providentia 5,10 Vgl. Cicero, Ad fam. 9,16,2. NT 1 Petrus 1,7

Gold prüft man im Feuer.

Die Größe des Mannes erweist sich erst im Unglück.

941 In manu illius plumbum aurum fiebat.

Petron, Satyricon 43,7

In seiner Hand wurde Blei zu Gold.

942 Auroque solent adamantinae etiam perfringi fores.

Apuleius, Metamorphoses 9,18

*Mit Gold lassen sich gewöhnlich selbst stählerne Tore durch-
brechen.*

943 Non omne, quod nitet, aurum est. Variante: Non quidquid
splendet, aurum est.

Wander 1,1789,47

Es ist nicht alles Gold, was glänzt.

Auro loquente nihil pollet quaevis oratio.   **944**

MA H. Walther 1 807b Wander 1,1788,39; 1,1791,95; 1,1795,192

Wenn Gold spricht, vermag Reden nichts mehr.

bulla aurea   (lat. bulla *Kapsel*)   **945**

die Goldene Bulle

Eine mit goldenem Siegel versehene Urkunde der byzantinischen Kaiser,
der Päpste und der deutschen Kaiser, z. B. die Goldene Bulle Kaiser Karls
IV. von 1356, auf den Reichstagen von Nürnberg und Metz angenommen,
in der u. a. die Sonderrechte der Kurfürsten niedergelegt wurden.

sectio aurea   **946**

der Goldene Schnitt

Der Goldene Schnitt ist in der Natur, z. B. auch beim Körperbau des Menschen, von großer Bedeutung. Als ästhetische Gesetzmäßigkeit spielte er
bereits beim Tempelbau in der Antike eine Rolle, ebenso in der Architek-
tur aller Zeiten. Zwei Abschnitte einer Strecke sind so geteilt, daß sich die
ganze Strecke a zu ihrem größeren Abschnitt x wie dieser zu ihrem kleineren Abschnitt $(a - x)$ verhält. Formel: $a : x = x : (a - x)$. Vgl. zur Sache
Platon, Timaios VII Vitruv, De architectura libri decem 3,1. Luca Pacioli,
ca. 1445–1514, behandelt die stetige Teilung in seinem Werk De Divina
Proportione, 1509. Johannes Kepler, 1571–1630, gebraucht den Ausdruck
sectio divina. Die Bezeichnung sectio aurea stammt wahrscheinlich aus
der Verbindung des mittelalterlichen regula aurea (Regeldetrie) und der
Keplerschen Bezeichnung sectio divina. O. Hagenmaier 17 f.

vellus aureum   **947**

das Goldene Vlies (Schaffell)

Das von einem Drachen bewachte goldene Widderfell – Bild paradiesi-
schen Glücks bzw. der Unsterblichkeit, die der Mensch erringen muß –
hing auf einem Baum. Es wurde nach der griechischen Sage von den nach
ihrem Schiff Argo benannten 50 Argonauten unter der Führung des Jason
aus Kolchis am Schwarzen Meer nach Griechenland zurückgeholt.
→ *Schiff* Ratis omnia vincet. Nr. **2244**

vitulus aureus   **948**

AT 1 Buch der Könige 12,28 Exodus 32,1–6

das goldene Kalb

Das goldene Kalb wurde von Aaron auf Wunsch der Juden gegossen, da
sie Götter wünschten, die vor ihnen herzogen. Während dieser Zeit befand
sich Moses auf dem Berg Sinai. Das Volk aber tanzte um das Kalb und
betete es an. Der Vorgang bedeutete den Bruch des Bundes mit Gott.
Nach seiner Rückkehr zerstörte Moses das Götzenbild.

Gott

949 Nihil est, quod deus efficere non possit.
Cicero, De divinatione 2,86 De natura deorum 3,92

Es gibt nichts, was die Gottheit nicht bewirken könnte.
Bei Gott ist kein Ding unmöglich.

950 Ergo nihil agis, ingratissime mortalium, qui te negas deo debere, sed naturae, quia nec natura sine deo est nec deus sine natura, sed idem est utrumque, distat officio.
Seneca, De beneficiis 4,8,2

Also tust du nichts, Undankbarster der Menschen, der du behauptest, nicht dem Gotte schuldig zu sein, sondern der Natur, weil weder die Natur ohne den Gott noch der Gott ohne die Natur, sondern beides ein und dasselbe ist, sich unterscheidet durch seine Aufgabe. M. Rosenbach

951 Placeat homini, quicquid deo placuit.
Seneca, Epistulae morales 74,20

Es gefalle dem Menschen, was Gott gefallen hat.

952 Deum colit, qui novit.
Seneca, Epistulae morales 95,47

Gott verehrt, wer ihn kennt.

953 Deum igitur aeternum esse cunctorum ratione degentium commune iudicium est.
Boethius, De consolatione philosophiae 5,6

Daß Gott also ewig ist, ist das gemeinsame Urteil aller mit Vernunft lebenden Menschen.

954 iuvante deo
Cassiodor, Variae 10,1,1; 11,8,3 u. a.

mit Gottes Hilfe

955 Deus est mortuus, ideo totum regnum peccatoribus est repletum.
Gesta Romanorum (13. Jahrhundert), 144

Gott ist tot, deswegen ist das ganze Reich voller Sünder.

956 Deus est purus actus.
Thomas von Aquin, Summa theologica 3,2

Gott ist reine Seinswirklichkeit.
D. h., … ohne jede Potentialität (Möglichkeit), da er in keiner Weise begrenzt sein kann.

Deus autem est primum agens, cum sit prima causa efficiens.   **957**
Thomas von Aquin, Summa theologica 3,2

Gott aber ist das erste Wirkende, weil er die erste Wirkursache
ist.

Deus autem non habet causam, ... cum sit prima causa effi-   **958**
ciens.
Thomas von Aquin, Summa theologica 3,7

Gott aber hat keine Ursache, da er die erste Wirkursache ist.

Deus, cum sit incorporeus, nominibus rerum corporalium me-   **959**
taphorice nominatur.
Thomas von Aquin, Summa theologica 10,1

Gott wird, obwohl er unkörperlich ist, in der Heiligen Schrift
mit den Namen der körperlichen Dinge bildlich bezeichnet.

Homo proponit, sed deus disponit.   **960**
Thomas von Kempen, De imitatione Christi 1,19,9 nach AT Proverbia
16,9: Cor hominis disponit viam suam, sed Domini est dirigere gressus eius. Des Menschen Herz plant seinen Weg, doch der Herr lenkt seine
Schritte. Vgl. Seneca, Epistulae morales 16,5: ... sive arbiter deus universi
cuncta disposuit ... mag ein Gott als Gebieter des Weltalls alles geordnet
haben ...

Der Mensch denkt, aber Gott lenkt.

Deus sive substantia sive natura   **961**
Benedictus de Spinoza, Ethica 1, Propositio 11; 4 Praefatio: aeternum illud et infinitum Ens, quod Deum, seu Naturam appellamus ... jenes ewige
und unendliche Seiende, das wir Gott oder die Natur nennen ...

Gott bzw. die Substanz bzw. die Natur

Es gibt nur eine Substanz, die göttliche. – „Spinoza beginnt mit der meta-
physischen Einsicht, die diese Formel ausdrückt, und endet mit dem ethischen Abschluß der geistigen Liebe zu Gott." Hirschberger, Bd. II. 130

At omnia, quae sunt, in Deo sunt, et a Deo ita dependent, ut si-   **962**
ne ipso nec esse, nec concipi possint.
Benedictus de Spinoza, Ethica, Demonstratio XXVIII

Aber alles, was ist, ist in Gott und hängt von Gott so ab, daß es
ohne ihn weder sein noch begriffen werden kann.

Nemo contra deum nisi deus ipse.   **962.1**

Niemand gegen Gott außer Gott selbst.
Von Goethe und Eckermann (1792–1854) als Motto für den 4. Teil von
Dichtung und Wahrheit vorgesehen, der im Unterschied zu den übrigen

Teilen kein Motto hatte. Nach den Aufzeichnungen Riemers (1774–1845) hatte Goethe den Satz schon am 16. 5. 1807 in der Fassung Nihil contra deum nisi deus ipse! ausgewählt, als Übersetzung vorgeschlagen: *Ein Gott kann nur wieder durch einen Gott balanciert werden* u. angemerkt: *Ein herrliches Dictum ... Gott begegnet sich immer selbst: Gott im Menschen sich selbst ...* – Der Satz steht im 20. Buch, wo er zusammenfassend das Dämonische kennzeichnet. Die Quelle des Spruches ist nicht bekannt. Vgl. dazu die Literaturangaben bei Trunz zum 20. Buch von Dichtung und Wahrheit.

963 Deo annuente / favente.

Mit Gottes Zustimmung (Segen).

964 Omnia ad Dei gloriam! Abk.: O.A.D.G.

Alles zur Ehre Gottes!

965 Omnia cum Deo!

Alles mit Gott!

966 Ad maiorem Dei gloriam!

NT Nach 1 Korinther 10,31: Omnia in gloriam Dei facite. Tut alles zur Verherrlichung Gottes! – Omnia ad maiorem Dei gloriam! wiederholt der Gründer des Jesuitenordens Ignatius von Loyola, 1491–1566, gleich oder ähnlich lautend 376 mal in seinen Satzungen.

Zum größeren Ruhme Gottes!
Motto des Jesuitenordens

967 Qui negat esse Deum, spectet modo sidera caeli.
    Sidera qui spectat, non negat esse Deum.
Oertel 103

Wer Gott leugnet, blicke nur nach den Sternen.
    Wenn er die Gestirne sieht, wird er an Gott glauben.

968 Et dixit Deus ad Moysen: Ego sum, qui sum. Ait: Sic dices filiis Israel: Qui est, misit me ad vos.
📖 AT Exodus 3,14

Da antwortete Gott dem Mose: Ich bin der „Ich bin da". Und er fuhr fort: So sollst du zu den Israeliten sagen: Der „Ich bin da" hat mich zu euch gesandt.

969 Non poteris videre faciem meam: non enim videbit me homo, et vivet.
AT Exodus 33,20 Tertullian, Adversus Praxean 14, erklärt: ... id est morietur, qui viderit... d. h. der stirbt, der Gott sieht.

*Du kannst mein Angesicht nicht sehen; denn kein Mensch kann
mich sehen und am Leben bleiben.*

Audi, Israel, Dominus Deus noster, Dominus unus est.   **970**
AT 5 Moses 6,4

*Höre, Israel! Jahwe, unser Gott, Jahwe ist einzig. (... ist allein
der Herr.)*
Dieses Grundbekenntnis der Juden besagt, daß Jahwe für Israel der einzige Gott ist.

Dies mei sicut umbra declinaverunt: et ego sicut foenum arui. **971**
Tu autem, Domine, in aeternum permanes: et memoriale tuum
in generationem et generationem.
AT Psalm 101 (102),12f.

*Meine Tage schwinden dahin wie Schatten, ich verdorre wie
Gras. Du aber, Herr, du thronst für immer und ewig, dein Name
dauert von Geschlecht zu Geschlecht.*

Apud Deum autem omnia possibilia sunt.   **972**
NT Matthaeus 19,26. Vgl. Lukas, 1,37: Quia non erit impossibile apud
Deum omne verbum. Denn für Gott ist nichts unmöglich.

Für Gott aber ist alles möglich.
Worte des Engels zu Maria bei der Verheißung der Geburt Jesu.

Deum nemo vidit umquam.   **973**
NT Johannes 1,18
Niemand hat Gott je gesehen.

Deo gratias!   **974**
NT 1 Korinther 15,57 2 Korinther 2,14 Vgl. Augustinus, Epistulae 41
(a),1 (Migne PL 33, 158): Quid melius et animo geramus, et ore proma-
mus, et calamo exprimamus quam, Deo gratias? Was können wir Besseres
in unserem Geiste hervorbringen, mit dem Mund sprechen und mit dem
Schreibstift ausdrücken als: Gott sei gedankt?

Gott sei gedankt! / Gott sei Dank!

Soli Deo gloria!   **975**
NT 1 Timotheus 1,17
Gott allein die Ehre!

→ *Mensch*   Eritis sicut Deus scientes bonum et malum. Nr. **1827**
→ *Seefahrt* Afflavit Deus et dissipati sunt. Nr. **2561**
→ *Stimme*   Vox populi, vox Dei. Nr. **2752**

→ *Vater*   Habere iam non potest Deum patrem, qui
                     Ecclesiam non habet matrem. Nr. **3088**
→ *Verstand*   Quos deus perdere vult, dementat prius. Nr. **3169**
→ *züchtigen*   Quem enim diligit Dominus, castigat. Nr. **3475**

Götter

976 Iuno, Vesta, Minerva, Ceres, Diana, Venus, Mars,
Mercurius, Iovi(s), Neptunus, Vulcanus, Apollo.
Ennius, Annales 15,426 f. L. Mueller

Juno, Vesta, Minerva, Ceres, Diana, Venus, Mars,
Merkur, Jupiter, Neptun, Vulkan, Apoll.
Vorstellung der zwölf höchsten Götter der Römer in zwei Hexametern.

977 Quem di diligunt, adulescens moritur.
Plautus, Bacchides 816 f.

Wen die Götter lieben, der stirbt jung.

978 Di te bene ament!
Plautus, Captivi 138

Der Götter Gunst sei mit dir!

979 Et profecto deus, qui quae nos gerimus auditque et videt.
Plautus, Captivi 313

Sicher lebt ein Gott, der, was wir beginnen, hört und sieht.

980 Quod deus bene vertat (oder: vortat)! Abk.: Q.D.B.V.
Terenz, Phormio 552 Eunuchus 390

Gott wolle es zum Besten wenden!

981 Omnis enim per se divum natura necessest
immortali aevo summa cum pace fruatur
semota ab nostris rebus seiunctaque longe.
Lukrez, De rerum natura 2,646 ff.

Das ganze Sein der Götter muß nämlich für sich
seine unsterbliche Ewigkeit in tiefstem Frieden genießen,
entrückt von unserem Treiben und weit entfernt.
Lukrez gibt die Lehre des griechischen Philosophen Epikur wieder.

982 Necessitatem ne di quidem superant.
Livius, Ab urbe condita 9,4,16

Die Notwendigkeit besiegen selbst die Götter nicht.

Gegen die Notwendigkeit kämpfen selbst die Götter vergebens. – Die Necessitas, griechisch: Ananke, gilt als Weltenlenkerin mit diamantener Spindel; sie hält das Sein in den Grenzen und ist den Göttern überlegen.

Permitte divis cetera! 983
Horaz, Carmina 1,9,9
Das Übrige überlasse den Göttern!

Est deus in nobis, agitante calescimus illo. 984
Ovid, Fasti 6,5
Ein Gott lebt in uns, durch seine treibende Kraft erglühen wir.

Saepe premente deo fert deus alter opem. 985
Ovid, Tristia 1,2,4
Oft hilft, wenn ein Gott uns bedrängt, ein anderer.

Sunt Iovis omnia plena. 986
Vergil, Bucolica 3,60
Jupiters voll ist das Weltall.

Fortunatus et ille deos qui novit agrestis. 987
Vergil, Georgica 2,493
Glücklich auch der, der die ländlichen Götter versteht.

Ducente deo flammam inter et hostis / expedior. 988
Vergil, Aeneis 2,632 f.
Von der Gottheit geführt komme ich durch zwischen Flammen und Feinden.
Im brennenden Troja findet Aeneas den Weg zu seinem Vaterhaus mit Hilfe der Göttin Venus.

Bacchatur vates, magnum si pectore possit 989
excussisse deum.
Vergil, Aeneis 6,78 f. Zitiert von Seneca, Epistulae morales 28,3
Es rast die Seherin und versucht, von der Brust abzuschütteln den Gott.

Sunt di immortales lenti quidem, sed certi vindices generis 990
humani.
Seneca Maior, Controversiae X 6
Die unsterblichen Götter sind zwar langsame, aber verläßliche Richter des Menschengeschlechts.

In unoquoque virorum bonorum – quis deus incertum est, 991
habitat deus.

Seneca, Epistulae morales 41,2 Vgl. Vergil, Aeneis 8,351 f.: ‚Hoc nemus, hunc' inquit ‚frondoso vertice collem / – quis deus incertum est – habitat deus.' „Dort", so sprach er, „den Hain, den laubumdunkelten Hügel / droben bewohnt ein Gott, doch niemand weiß, wer es sein mag." A. Vezin

In jedem einzelnen guten Menschen wohnt ein Gott – welcher Gott, ist ungewiß.

992 Cito fit, quod di volunt.

Petron, Satyricon, 76,8

Schnell geschieht, was die Götter wollen.

993 deus ex machina

Vgl. Plato, Kratylos 425 d. Der in antiken Theaterstücken auftretende Gott, der die dramatische Verwicklung löste, wurde mit einer Maschine, einem Kran, gleichsam fliegend auf das Dach der Szene (griech. Skene) gehoben, von wo aus er sprach. – Der Ausdruck bedeutet heute das unerwartete Auftreten einer Person, die eine komplizierte Situation künstlich löst bzw. überraschende Hilfe bringt.

der Gott aus der Maschine

994 Sero molunt deorum molae, molunt autem tenuiter.

MA H. Walther 28 109 Wander 2,37,813

Gottes Mühlen mahlen langsam, mahlen aber trefflich fein.

→ *Cato minor*	Victrix causa diis placuit, sed victa Catoni. Nr. **272**	
→ *eintreten*	Introite, nam et heic Dii sunt. Nr. **364**	
→ *Furcht*	Primus in orbe deos fecit timor. Nr. **664**	
→ *glauben*	Primus est deorum cultus deos credere. Nr. **854**	
→ *Himmel*	Flectere si nequeo superos, Acheronta movebo. Nr. **1170**	

Greis

995 Nemo est tam senex, qui se annum non putet posse vivere.

Cicero, De senectute 24

Niemand ist so alt, daß er nicht glaubt, noch ein Jahr leben zu können.

996 Mature fias senex, si diu velis esse senex!

Cicero, De senectute 32

Werde frühzeitig ein Greis, wenn du lange Greis sein willst!

Magna fuit quondam capitis reverentia cani.   **997**
Ovid, Fasti 5,57
Groß war einst die Ehrfurcht vor einem ergrauten Haupt.

Profecto deliramus interdum senes.   **998**
Plautus, Epidicus 393
Wir Alten sind bisweilen gar nicht bei Verstand.

Vinum lac senum.   **999**
G. de Méry, Histoire gen. des Proverbes, adages, sentences, apophthegma-
tes ... Tome 1, Paris 1828. 1,189 MA H. Walther 33 476: Vinum lac Veneris. Wander 5,98,307
Wein ist die Milch der Greise.

Grenze

→ *Maß*   Est modus in rebus, sunt certi denique fines, quos
             ultra citraque nequit consistere rectum. Nr. **1752**
→ *Übermaß* Non plus ultra. Nr. **3027**

Griechen / griechisch

... religionis haec Romanae esse, non versutiarum Punicarum **1000**
neque calliditatis Graecae, apud quos fallere hostem quam vi
superare gloriosus fuit.
Livius, Ab urbe condita 42,47,7
... das entspreche römischer Handlungsweise, nicht der Ver-
schlagenheit der Punier und der Schlauheit der Griechen, bei
denen es rühmlicher sei, den Feind zu täuschen, als durch
Tapferkeit zu überwinden.

Graeca *sunt*, non leguntur.   **1001**
Quelle wohl: Cicero, Pro Archia poeta 10,23: Graeca leguntur in omnibus
fere gentibus. Das Griechische wird bei fast allen Völkern gelesen.
Griechisches (In griechischer Sprache Geschriebenes) wird nicht
gelesen.
Weil man des Altgriechischen nicht mächtig ist, wird es überschlagen. –
Notiz mittelalterlicher Glossare. Die griechischen Stellen des Corpus iuris
civilis werden, wegen ihrer vermeintlichen örtlichen Begrenztheit, nicht
beachtet, wenn sie nicht ins Lateinische übersetzt worden sind. Liebs G
Nr. 10

... Graecum hominem et levem ...   **1002**
Cicero, De provinciis consularibus 7,15
... ein unzuverlässiger Grieche ...

1003 Graecos homines non solum ingenio et doctrina, sed etiam otio studioque abundantes partitionem quandam artium fecisse video.
Cicero, De oratore 1,6,22

Ich sehe, daß die Griechen in ihrer Überfülle nicht nur an geistiger Begabung und wissenschaftlicher Bildung, sondern auch an Zurückgezogenheit vom öffentlichen Leben und wissenschaftlichem Eifer eine gewisse Einteilung in Fachgebiete vorgenommen haben.

1004 Vos exemplaria Graeca
nocturna versate manu, versate diurna!
Horaz, De arte poetica 268 f.

Die griechischen Vorbilder
nehmt zur Hand, sie lest bei Nacht und bei Tage!

1005 Grais ingenium, Grais dedit ore rotundo
Musa loqui, praeter laudem nullius avaris.
Horaz, De arte poetica 323 f.

Den Griechen gab die Muse schöpferische Begabung, den Griechen verlieh sie es, in gefälliger Form zu reden, ihnen, die nur nach Ehre, nach nichts sonst geizen.
Der Auseinandersetzung mit der griechischen Literatur, Kunst und Kultur verdanken die Römer die volle Entfaltung ihrer eigenen schöpferischen kulturellen Kräfte.

1006 Graecia, facundum, sed male forte genus.
Ovid, Fasti 3,102

Die Griechen, ein sprachgewandtes Volk, aber nicht gerade tapfer.

1007 Vertere Graeca in Latinum veteres nostri oratores optimum iudicabant.
Quintilian, De institutione oratoria 10,5,1. Vgl. Cicero, Brutus 310

Griechisches ins Lateinische zu übersetzen hielten unsere alten Redner für die beste Übung.

1008 ad Kalendas Graecas solvere
Sueton, Vita divi Augusti 87,1

an den griechischen Kalenden zahlen
D. h. am Nimmerleinstag bzw. nie zahlen, weil die Griechen keine Kalendae oder römischen Benennungen der ersten Monatstage hatten.

Non possum ferre, Quirites,   **1009**
Graecam urbem.
Juvenal, Saturae 3,60 f.
Ich kann, römische Bürger, ein griechisches Rom nicht ertragen.

… et quidquid Graecia mendax   **1010**
audet in historia …
Juvenal, Saturae 10,174
… und was lügnerische Griechen in der Geschichte zu berich-
ten wagen …

Graeco more bibere   **1011**
nach griechischer Sitte trinken
D. h.: Erst zu Ehren der Götter, dann zu Ehren der Freunde trinken.

→ *Geschenk*   Quidquid id est, timeo Danaos et dona ferentes.
               Nr. **786**
→ *Wort*   Graeci, gens lingua magis strenua quam factis.
               Nr. **3393**

Griechenland

Graecia, -ae f.   **1012**
Griechenland
griechisch: Hellas

Graecia Magna   **1013**
Cicero, De oratore 154 Tusculanae disputationes 1,38. Vgl. Seneca, Ad
Helviam matrem de consolatione 7,2: Totum Italiae latus, quod Infero
mari alluitur, Maior Graecia fuit. Die ganze Küste Italiens, soweit sie vom
unteren Meer bespült wird, war das größere Griechenland.
Großgriechenland
Name für die zahlreichen, seit dem 8. Jahrhundert v. Chr. gegründeten
griechischen Städte und ihre Gebiete in Unteritalien, auch in Sizilien.

Graecia capta ferum victorem cepit et artis   **1014**
intulit agresti Latio.
Horaz, Epistulae 2,1,156 f.
Das eroberte Griechenland nahm den rohen Sieger gefangen
und führte die Künste ins ländliche Latium ein.
Nach der Eroberung Griechenlands eigneten sich die Römer in Lyrik,
Epos, Philosophie, Bildhauerei u. a. griechische Formen an und entwickel-
ten sie weiter. Horaz' klassische Formulierung erfaßt die Bedeutung und
den Glanz des Griechentums im römischen Staat seit der Begegnung

hochgebildeter Römer, z.B. P. Cornelius Scipio Africanus Minor Numantinus, Lucilius, Terenz, C. Laelius, und Griechen, z.B. Panaitios und Polybios, im 2. Jahrhundert v.Chr.

groß / Größe

1015 Virtute ac dis volentibus magni estis et opulenti.
Sallust, De bello Iugurthino 14,19

Durch eure Tüchtigkeit und den Willen der Götter seid ihr groß und reich.
Adherbal vor dem Senat in Rom.

1016 Proprium est magnitudinis verae non sentire percussum.
Seneca, De ira 3,25,3

Ein Kennzeichen wahrer Größe ist es, einen Schicksalsschlag (eine Beleidigung) nicht zu empfinden.

1017 Magno animo de rebus magnis iudicandum est; alioquin videbitur illarum vitium esse quo nostrum est.
Seneca, Epistulae morales 71,22

Großes will groß beurteilt werden, sonst fällt die Schuld, die wir selbst haben, scheinbar auf die Dinge. E. Glaser-Gerhard

→ *Schicksal* Maior sum, quam cui possit fortuna nocere.
Nr. **2414**

Grube

1018 Qui fodit foveam, incidet in eam.
📖 AT Proverbia 26,27 Ecclesiastes 10,8. Vgl. Psalm 7,16: et incidit in foveam, quam fecit. Und er stürzt in die Grube, die er selber gemacht hat.
Wer (anderen) eine Grube gräbt, fällt selbst hinein.

Grund

1019 Nihil fieri sine causa potest, nec quicquam fit, quod fieri non potest.
Cicero, De divinatione 2,61

Nichts kann ohne Grund geschehen, und nichts geschieht, was nicht geschehen kann.

1020 Felix, qui potuit rerum cognoscere causas …
Vergil, Georgica 2,490

Glücklich, wer die Gründe der Dinge zu erkennen vermochte …

causa prima   **1021**

die erste Ursache (Gott)

causa sui   **1022**

der Grund (die Ursache) seiner selbst (d. h. Gott)

Deus non tantum est causa efficiens rerum existentiae, sed **1023**
etiam essentiae.
Benedictus de Spinoza, Ethica. Propositio XXV

Gott ist nicht nur die wirkende Ursache des Daseins der Dinge,
sondern auch ihrer Wesenheit.

Eo sensu, quo dicitur Deus causa sui, etiam omnium rerum **1024**
causa dicendus est.
Benedictus de Spinoza, Ethica. Propositio XXV

In dem Sinne, in dem Gott die Ursache seiner selbst genannt
wird, muß er auch die Ursache aller Dinge genannt werden.

Fundamentum enim aliud nemo potest ponere praeter id, quod **1025**
positum est, quod est Iesus Christus.
NT 1 Korinther 3,11

Denn einen anderen Grund kann niemand legen als den, der
gelegt ist: Jesus Christus.

gut / Gut

Multae insidiae sunt bonis.   **1026**
Cicero, Pro Sestio oratio 102 Zitat aus der Tragödie Atreus des Dichters
Accius, 170–86 v. Chr.

Viele Nachstellungen drohen den Guten.

Bonorum beata vita est.   **1027**
Cicero, Tusculanae disputationes 5,47

Das Leben der Guten ist glücklich.

Quaerimus, quid sit extremum et ultimum bonorum. **1028**
Cicero, De finibus bonorum et malorum 1,29

Wir fragen, was das äußerste und höchste Gut ist.

Bonum appello, quicquid secundum naturam est, quod contra, **1029**
malum.
Cicero, De finibus 5,89

*Als ein Gut bezeichne ich alles, was naturgemäß ist, was gegen
die Natur ist, als ein Übel.*

1030 Cato esse quam videri bonus malebat.
Sallust, De coniuratione Catilinae 54,6

Cato wollte lieber gut sein als scheinen.

1031 Bonum quod est, supprimitur, numquam exstinguitur.
Publilius Syrus, Sententiae B 20

Gutes kann unterdrückt, aber niemals ausgelöscht werden.

1032 „Summum bonum est animus fortuita despiciens virtute laetus"
aut „invicta vis animi, perita rerum, placida in actu cum
humanitate multa et conversantium cura."
Seneca, De vita beata 4,2

*„Das höchste Gut ist eine Seele, Zufälliges verachtend, ihrer
sittlichen Vollkommenheit froh" oder „die unbesiegbare Kraft
der Seele, kundig der Dinge, besonnen im Handeln, mit viel
Verständnis und Sorge um die Mitmenschen."*

1033 Summum bonum immortale est.
Seneca, De vita beata 7,4

Das höchste Gut ist unsterblich.

1034 Bonus vir sine deo nemo est.
Seneca, Epistulae morales 41,2

Ohne Gott ist niemand ein guter Mensch.

1035 ‚Quid est ergo ratio?' Naturae imitatio. ‚Quod est summum
hominis bonum?' Ex naturae voluntate se gerere.
Seneca, Epistulae morales 66,39

*‚Was ist also die Vernunft?' Die Nachahmung der Natur. ‚Was
ist das höchste Gut des Menschen?' Sich nach dem Willen der
Natur zu richten.*

1036 Apud Epicurum duo bona sunt, ex quibus summum illud beatumque componitur, ut corpus sine dolore sit, animus sine perturbatione.
Seneca, Epistulae morales 66,45 Epikur fr. 434

*Bei Epikur gibt es zwei Güter, aus denen jenes höchste und
beglückende Gut sich zusammensetzt, daß der Körper ohne
Schmerz sei, die Seele ohne verwirrende Erregung.* M. Rosenbach

Unum est bonum, quod honestum.   **1037**

Seneca, Epistulae morales 76,6. Vgl. 76,19.21 Cicero, De finibus
4,43.45.46

Einzig das ist ein Gut, was sittlich ist.

Unum ergo bonum ipsa virtus est, quae inter hanc fortunam et **1038**
illam superba incedit cum magno utriusque contemptu.

Seneca, Epistulae morales 76,21; 71,32

Das einzige Gut ist die Tugend (sittliche Vollkommenheit)
selbst, die zwischen Glück und Unglück stolz einherwandelt
und beide verachtet.

Quid sit summi boni locus quaeris? Animus: hic nisi purus ac **1039**
sanctus non est, deum non capit.

Seneca, Epistulae morales 87,21

Du fragst, was der Ort des höchsten Gutes sei? Die Seele:
Wenn sie nicht rein und tugendhaft ist, erfaßt sie (den) Gott
nicht.

Quidquid facere te potest bonum, tecum est.   **1040**

Seneca, Epistulae morales 80,3

Alles, was dich gut machen kann, ist in dir.

Proponamus oportet finem summi boni, ad quem nitamur, ad **1041**
quem omne factum nostrum dictumque respiciat.

Seneca, Epistulae morales 95,45

Als Ziel müssen wir uns das höchste Gut setzen; zu ihm müssen
wir streben, nach ihm muß sich jede unsere Tat und jedes Wort
richten. M. Rosenbach

Summi boni perfectionem, quod deus est, ipsa dei sapientia in- **1042**
carnata Christus dominus describendo tribus nominibus diligenter distinxit, cum unicam et singularem, individuam penitus ac
simplicem substantiam divinam patrem et filium et spiritum
sanctum tribus de causis appellavit.

Peter Abaelard, 1079–1142, Theologia summi boni. Tractatus de unitate et
trinitate divina 1,1

Den Inbegriff des höchsten Gutes, das Gott ist, unterschied die
fleischgewordene Weisheit Gottes selber, Christus der Herr, in-
dem er ihn bewußt mit drei Namen bezeichnete, als er die unike
und singuläre, zuinnerst unteilbare und einfache göttliche Sub-

stanz aus dreierlei Gründen ‚Vater‘, ‚Sohn‘ und ‚Hl. Geist‘ nannte. U. Niggli

1043 Tandem bona causa triumphat.
Endlich triumphiert die gute Sache.

1044 Tene, quod bene.
Halte fest, was gut ist.

1045 Vix bene est cito.
Wander 2,179,167
Gut und schnell verträgt sich nicht.

1046 Et vidit Deus, quod esset bonum.
📖 AT Genesis 1.10;12; 21; 25
Und Gott sah, daß es gut war.

1047 Vae qui dicitis malum bonum et bonum malum.
AT Jesaia 5,20
Wehe denen, die das Böse gut und das Gute böse nennen.

1048 Omnia autem probate; quod bonum est, tenete!
NT 1 Thessaloniker 5,21
Prüft alles, und behaltet das Gute!

→ *Fleisch*	Non est summa felicitatis nostrae in carne ponenda, bona illa sunt vera, quae ratio dat. Nr. **544**
→ *genug*	Sat cito, si sat bene. Nr. **758**
→ *glücklich*	Quod bonum faustum felix fortunatumque sit! Nr. **880**
→ *Körper*	Corporum autem bona corporibus quidem bona sunt, sed in totum non sunt bona. Nr. **1385**
→ *schonen*	Bonis nocet, qui malis parcit. Nr. **2492**
→ *Tod / tot*	De mortuis nihil nisi bene. Nr. **2895**
→ *Übel*	Malum nullum est sine aliquo bono. Nr. **3019**
→ *Vaterland*	Ubi bene, ibi patria. Nr. **3094**

H

haben

Miserum istuc verbum et pessumum est ‚habuisse‘ et nihil **1049**
habere.

Plautus, Rudens 1321

*Das ist ein jammervolles, ein verdammtes Wort: gehabt haben
und nicht haben.* W. Ludwig / W. Binder

Nihil habenti nihil deest. **1050**

Curtius Rufus, Historiae Alexandri Magni Macedonis 4,1,25: Nihil habenti nihil defuit. Ich besaß nichts, und doch fehlte mir nichts. MA H.
Walther 16 641 c

Wer nichts hat (und damit zufrieden ist), dem fehlt nichts.

Hephaistion, der Freund Alexanders des Großen, setzte Abdalonymus, einen Mann, der trotz königlicher Abstammung in völliger Armut lebte, als
König der Stadt Byblon in Syrien ein. Auf Alexanders des Großen Frage,
wie er die Armut ertragen habe, gab Abdalonymus die genannte Antwort.
– Sinn des zunächst paradox klingenden Satzes: Dem mit seinem Schicksal zufriedenen Armen fehlt nichts.

Unde habeas, quaerit nemo, sed oportet habere. **1051**

Juvenal, Saturae 14,207

Woher man hat[1], fragt niemand; aber haben muß man.
[1] Besitz, Geld

Nihil dat, quod non habet. **1052**

Brief Martin Luthers an Philipp Melanchthon vom 18. 11. 1540 Nr. 3553

Der gibt nichts, (der da gibt,) was er nicht hat.

Habeat sibi. **1053**

📖 AT Genesis 38,23 Vgl. Sueton, Divus Iulius 1,3

Sie soll es behalten.

Sinn: meinetwegen, er / sie soll seinen / ihren Willen haben

Omni habenti dabitur, et abundabit; ab eo autem, qui non habet, **1054**
et quod habet, aufertur ab eo.

NT Lukas 19,26 Otto von Freising, Chronica 5,6

*Wer da hat, dem wird reichlich gegeben werden; von dem aber,
der nicht hat, wird auch das genommen werden, was er hat.*

Gleichnis von den anvertrauten Pfunden. Wer das ihm anvertraute Gut nützt, um Gutes zu tun, dem wird mehr gegeben werden, damit er noch mehr Gutes tue.

→ *Besitz*   Habes, habeberis. Nr. **196**

→ *wollen*   Quod vult habet, qui velle, quod satis est potest. Nr. **3384**

Habgier / Habsucht

1055 Avaritiam omnia vitia habere putabant.
Cato Maior, Carmen de moribus fr. 1
Die Habgier schließe alle Laster ein, glaubte man.

1056 Semper avarus eget.
Horaz, Epistulae 1,2,56
Der Habsüchtige hat immer Mangel.

1057 amor sceleratus habendi
Ovid, Metamorphoses 1,131
die verbrecherische Besitzgier

1058 Inopiae desunt multa, avaritiae omnia.
Publilius Syrus, Sententiae I 7 Seneca, Epistulae morales 108,9
Der Armut mangelt vieles, der Habsucht alles.

1059 Omnium vitiorum fundamentum avaritia est.
Seneca Maior, Controversiae Exc. 2,7
Die Grundlage aller Laster ist die Habsucht.

1060 Nulla enim avaritia sine poena est, quamvis satis sit ipsa poenarum.
Seneca, Epistulae morales 115,16
Keine Habgier nämlich bleibt ohne Strafe, obwohl sie an sich schon Strafe genug ist.

1061 Homines quo plura habent, eo cupiunt ampliora.
Nach Justin, Epitoma historiarum Philippicarum Pompei Trogi 6,1,1
Je mehr die Menschen haben, um so mehr begehren sie.

1062 Prima scelerum mater … avaritia.
Claudian, De laudibus Stiliconis 2,111 f.
Die erste Mutter der Verbrechen … Habsucht.

Radix enim omnium malorum est cupiditas. **1063**

NT Timotheus 1,6,10

Denn die Wurzel aller Übel ist die Habsucht.

Hand

Fateor, manus do vobis. **1064**

Plautus, Persa 855. Vgl. Caesar, De bello Gallico 5,31,3 Cicero, De amicitia 99 Ovid, Ars amatoria 1,462

Gewiß. Ich gebe euch die Hand.

D.h., ich erkläre mich für besiegt. – Der Besiegte reicht dem Sieger die Hände hin, um sich fesseln zu lassen.

illotis manibus **1065**

Plautus, Poenulus 316 Digesta 1,2,1 Gaius, Ad legem duodecim tabularum 1. Vgl. NT Matthaeus 15,20: non lotis manibus

mit ungewaschenen (ungeweihten) Händen

ohne angemessene Vorbereitung

Quem ego credo manibus pedibusque obnixe omnia facturum. **1066**

Terenz, Andria 161

Ich glaube, daß er sich mit Händen und Füßen fest entschlossen dagegen sträuben wird.

de manu … in manum **1067**

Cicero, Epistulae ad familiares 7,5,3

von Hand zu Hand

ultimam manum imponere alicui rei **1068**

Cicero, Brutus 33,126 Vergil, Aeneis 7,572 Petron, Satyricon 118

letzte Hand an etwas legen

etwas vollenden

summa manus **1069**

Ovid, Tristia 1,7,28 Seneca, Epistulae morales 71,28 Petron, Satyricon 118: … nondum recepit ultimam manum … das Gedicht hat noch nicht die letzte Ausfeilung erhalten.

die letzte Hand

der letzte Schliff, die letzte Ausarbeitung, die Vollendung

Quae fugiunt, celeri carpite poma manu! **1070**

Ovid, Ars amatoria 3,576. Vgl. Digesta 23,3,43,1: brevi manu kurzerhand

Pflückt die Früchte[1], die entweichen, mit rascher Hand!

[1] der Liebe

1071 Qua vicit, victos protegit ille manu.
Ovid, Ars amatoria 1,2,52

Mit der Hand, mit der er[1] siegte, beschützt er die Besiegten.
[1] Kaiser Augustus

1072 An nescis longas regibus esse manus.
Ovid, Heroides 17,166 Helena an Paris

Oder weißt du nicht, daß die Arme der Könige weit reichen?

1073 Porrigimus victas ad tua iura manus.
Properz, Elegiae 1,2,20

Besiegt strecke ich meine Hände aus und füge mich deiner[1]
Macht.
[1] d. h. der Gewalt Amors

1074 Manus manum lavat.
Petron, Satyricon 45,13 Seneca, Apocolocyntosis 9,6

Eine Hand wäscht die andere.
Gibst du etwas, so bekommst du etwas. – Vgl. Goethes Gedicht Wie du
mir, so ich dir.

1075 Ad manum est, quod sat est.
Seneca, Epistulae morales 4,11

Zur Hand ist, was genug ist.

1076 Non habet, ut putamus, fortuna longas manus.
Seneca, Epistulae morales 82,5

Das Schicksal hat nicht, wie wir meinen, lange Arme.

1077 … celeritatem linguae manus sequitur.
Seneca, Epistulae morales 90,25

… der Schnelligkeit der Zunge folgt die Hand.
Lob der Kurzschrift

1078 manu propria Abk.: m.p.

mit eigener Hand
eigenhändig (ergänze: geleistete Unterschrift)

1079 Pater, in manus tuas commendo spiritum meum.
NT Lukas 23,46 AT Psalm 30 (31),6

Vater, in deine Hände lege ich meinen Geist.
Ausruf bzw. letzte Worte Jesu vor seinem Kreuzestod.

→ *Bild*   Manum de tabula! Nr. **220**
→ *waschen*   Lavabo inter innocentes manus meas. Nr. **3251**

Hannibal

Hannibal ad portas! **1080**

Cicero, De finibus 4,9,22 Orationes Philippicae 1,5,11 Livius, Ab urbe
condita 21,16,2; 23,16,2. Auch zitiert in der Form: Hannibal ante portas!

Hannibal vor den Toren!

Hannibal steht vor den Toren Roms! D.h., die Gefahr ist da. Sprichwörtlich gebrauchter Schreckensruf im antiken Rom. – Der karthagische
Feldherr Hannibal hatte die Römer 216 v.Chr. bei Cannae in Unteritalien
vernichtend besiegt und war 211 bis vor die Tore Roms gerückt.

Haß / hassen

Obsequium amicos, veritas odium parit. **1081**

Terenz, Andria 68 Cicero, De amicitia 89 Quintilian, De institutione oratoria 8,5,4

Kriecherei schafft Freunde, Aufrichtigkeit erwirbt uns Haß.

Qui amat, cui odio ipse est, bis facere stulte duco. **1082**

Terenz, Hecyra 343

Wer den liebt, von dem er selbst gehaßt wird, handelt, mein'
ich, doppelt töricht.

Oderunt hilarem tristes, tristemque iocosi. **1083**

Horaz, Epistulae 1,18,89

Einen Heiteren hassen die Trübsinnigen, einen Trübsinnigen
wiederum die Spaßvögel.

Odi et amo. Quare id faciam, fortasse requiris. **1084**
   Nescio, sed fieri sentio et excrucior.

Catull, Carmina 85

Ich hasse und liebe. Vielleicht fragst du, warum ich dies tue.
Ich weiß es nicht, aber ich fühle, daß es geschieht, und ich
martere mich ab.

Berühmtestes Distichon des Dichters. Das Gedicht entspringt der Haßliebe
nach dem Bruch der Liebesbeziehung zu Lesbia. – Zur Vorstellung von der
Dichtkunst als Heilmittel gegen die Liebe Theokrit, Idyllia 11,1 ff.; 11,72.

Odia qui nimium timet, regnare nescit. **1085**

Seneca, Oedipus 703 f.

Wer den Haß allzu sehr fürchtet, versteht nicht zu herrschen.

Oderint, dum probent. **1086**

Sueton, Vita Tiberii 59,2

Mögen sie das hassen, wenn sie es nur anerkennen.
Leitwort des römischen Kaisers Tiberius, reg. 14–36 n. Chr.

1087 Oderint, dum metuant.
Accius, Atreus fr. 203 Cicero, Pro Sestio oratio 102 De officiis 1,28,97 Orationes Philippicae 1,14,34 Seneca, De clementia 1,2,2; 3,10,4 De ira 1,20,4 Sueton, Vita Caligulae 30,1

Mögen sie[1] (mich) hassen, wenn sie (mich) nur fürchten.
[1] die römischen Bürger. – Lieblingswort des ausschweifenden, rücksichtslosen Kaisers Caligula, reg. 37–41 n. Chr.

1088 Ira odium generat, concordia nutrit amorem.
Catonis Disticha 1,36

Zorn erzeugt Haß, Eintracht nährt die Harmonie.

1089 Odium numquam potest esse bonum.
Baruch de Spinoza, Ethica, Propositio XLV

Haß kann nie gut sein.

Haus

1090 Domus propria, domus optima.
Griechisch bei Cicero, Epistulae ad Atticum 4,9(8),1. Vgl. Livius, Ab urbe condita 36,32,6. MA H. Walther 6 259. 7 392 Privata domus valet aurum. Eigner Herd ist Goldes wert.

Das eigene Haus ist das beste.

1091 pro domo
Cicero, De domo sua ad pontifices oratio. Titel einer Rede Ciceros, gehalten 57 v. Chr.

für das (eigene) Haus, in eigener Sache, zum eigenen Nutzen, für sich selbst
Cicero erreichte durch diese Rede die Rückgabe seines Grundstücks in Rom. Dort hatte Clodius während Ciceros Verbannung sein Haus abreißen und einen Tempel der Libertas errichten lassen.

1092 Quid est sanctius quam domus uniuscuiusque civium?
Cicero, De domo sua 109

Was ist unantastbarer als das Haus eines jeden einzelnen Bürgers?

1093 Quilibet in sua domo rex.
MA H. Walther 25 334a Wander 2,408,378 2,546,249

Ein jeder ist Herr in seinem eigenen Haus.

Parva domus, magna quies. **1094**

Nach Seneca, Thyestes 468 f.: tuta … est domus / rebusque parvis magna praestatur quies. Sicher ist … das Haus, und den kleinen Verhältnissen wird große Ruhe gewährt. Vgl. Bebel 460: Si res parva, quies magna. Wander 2,410,309

Kleines Haus, große Ruhe.

heilen

Quae medicamenta non sanant, ferrum sanat, **1095**
quae ferrum non sanat, ignis sanat;
quae vero ignis non sanat, insanabilia reputari oportet.
Hippokrates, Aphorismen 7,85

Was Medikamente nicht heilen, heilt das Messer, was das Messer (Schwert) nicht heilt, heilt das Feuer; was aber das Feuer nicht heilt, muß als unheilbar gelten.
Die ersten beiden Zeilen sind das Motto von Friedrich von Schillers Jugenddrama Die Räuber, 1781.

→ *Arzt*   Medicus curat, natura sanat. Nr. **100**
→ *gleich*   Similia similibus curentur. Nr. **870**
→ *Sorge*   Curarum vacuus hunc adeas locum, ut morborum vacuus abire queas; non curatur, qui curat. Nr. **2664**

Heimat

Quae est domestica sede iucundior? **1096**
Cicero, Epistulae ad familiares 4,7(8),2

Welcher Aufenthaltort wäre angenehmer als die Heimat?

Poenaque mors posita est patriam mutare volenti. **1097**
Ovid, Metamorphoses 15,29

Die Todesstrafe ist dem bestimmt, der die Heimat zu wechseln versuche. E. Rösch

Et pius est patriae facta referre labor. **1098**
Ovid, Tristia 2,322

Frommes Bemühen ist es, die Taten der Heimat zu erzählen.

Non est propheta sine honore nisi in patria sua et in domo sua. **1099**
NT Matthaeus 13,57

Nirgends hat ein Prophet so wenig Ansehen wie in seiner Heimat und in seiner Familie.

Jesus Christus – Aus den Worten kann auf die Ablehnung Jesu in seiner Heimat geschlossen werden.

→ *Vaterland*   Amor patriae ratione valentior omni. Nr. **3098**

Heirat / heiraten

1100 Ubi (Quando) tu Caius, ego Caia.

Plutarch, Quaestiones Romanae 271 d. Die Formel ist nur griechisch von Plutarch überliefert, sie wird von Quintilian, De institutione oratoria 1,7,28 erwähnt. Vgl. Cicero, Pro Murena oratio 27. Vgl. AT Ruth 1,16

Wo du Gaius bist, werde ich Gaia sein.
Römische Heiratsformel

1101 Si cui vis apte nubere, nube pari!

Ovid, Heroides 9,34

Wenn du einen passenden Partner heiraten willst, heirate einen gesellschaftlich Gleichgestellten!

1102 Aequalem tibi uxorem quaere!

Wander 2,480,64

Suche dir eine mit dir auf gleicher Stufe stehende Frau!

1103 Bella gerant alii, tu, felix Austria, nube!
        Nam quae Mars aliis, dat tibi regna Venus.

Matthias I. Corvinus Huniyadi, König von Ungarn 1458–1490, gilt als Verfasser des Distichons, das nach Ovid, Heroides 13,82 gebildet wurde: Bella gerant alii, Protesilaus amet. Kriege laß andere führen, Protesilaus liebe! Vgl. auch Heroides 17,254: Bella gerant alii, tu, Pari, semper ama! Kriege mögen andere führen, du, Paris, liebe für immer!

Kriege mögen andere führen, du, glückliches Österreich, heirate! Denn Reiche, die anderen der Krieg gibt, schenkt dir Venus.
Anspielung auf die Heiratspolitik Österreichs.

1104 Quod si non se continent, nubant. Melius est enim nubere, quam uri.

🕮 NT 1 Korinther 7,9

Wenn sie aber nicht enthaltsam leben können, sollen sie heiraten. Es ist nämlich besser zu heiraten, als sich in Begierde zu verzehren.

Igitur et qui matrimonio iungit virginem suam, bene facit: et **1105**
qui non iungit, melius facit.
NT 1 Korinther 7,38

Wer seine Jungfrau heiratet, handelt also richtig; doch wer
nicht heiratet, handelt besser.

→ *Braut*   Cui fortuna favet, sponsa petita manet. Nr. **245**

Hektor

Hectora quis nosset, si felix Troia fuisset.   **1106**
Ovid, Tristia 4,3,75

Wer würde Hektor kennen, wenn Troja glücklich gewesen wäre?
Hektor, der älteste Sohn des Königs Priamos, war der Führer der Trojaner
im Kampf gegen die Griechen. Er erstürmte das Lager der Griechen, tötete Patroklos und wurde schließlich selbst von Achill im Zweikampf getötet. Hektor wurde neben Achill als größter Held des Trojanischen Krieges
gefeiert.

Hemd

Tunica propior pallio est.   **1107**
Plautus, Trinummus 1154

Das Hemd ist mir näher als der Mantel.
Das Hemd ist mir näher als der Rock. – Ich bin mir selbst der Nächste. –
Die eigenen Interessen müssen zuerst berücksichtigt werden.

Herbst

Poma dat autumnus, formosa est messibus aestas,   **1108**
   ver praebet flores, igne levatur hiems.
Ovid, Remedia amoris 187 f.

Früchte schenkt der Herbst, schön durch Ernten ist der Som-
mer, der Frühling gewährt uns Blumen, durch wärmendes Feuer
wird der Winter erträglich.

Herd

pro aris ac focis certare   **1109**
Cicero, De natura deorum 3,94: Est enim mihi tecum pro aris ac focis
certamen. Ich streite nämlich mit dir für Altar und Herd. Plautus, Am-
phitruo 226 Cicero, In Catilinam 4,11,24 De domo sua oratio 106 Pro
Sestio oratio 90 In Pisonem 91 Pro rege Deiotaro 8 Orationes Philippicae
2,72;75; 8,8; 13,16 Sallust, De Catilinae coniuratione 52,3; 59,5 Livius,
Ab urbe condita 5,30,1; 28,42,11 Seneca, De beneficiis 5,15,5 Florus,
Epitome 2,1,2 Gellius, Noctes Atticae 19,9,8

für Altar und Herd (Haus und Hof) kämpfen
Römischer Wertbegriff, formelhafte Wendung.

Herde

1110 Qualis rex, talis grex.
Vgl. Petron, Satyricon 58,4 Plinius Minor, Panegyricus Traiani 45 Hieronymus, Epistulae 7,5 MA H. Walther 23 250

Wie der Hirt (König), so die Herde.

→ *Schwein* Epicuri de grege porcus. Nr. **2544**

Herkules

1111 Hoc Herculi, Iovis satu edito, potuit fortasse contingere, nobis non item.
Cicero, De officiis 1,118

Das konnte wohl Herkules, dem Sohn Jupiters, zuteil werden, aber nicht uns.
Herkules am Scheidewege sah zwei Wege vor sich, den des Genusses und den der Tugend. Er entschied sich für den der Tugend und errang dadurch die Unsterblichkeit seines Namens.

1112 … facilius esse Herculi clavam, quam Homero versum subripere.
Sueton, Vita Vergiliana (vulgo Vita Donatiana) 46

… es sei leichter, dem Herkules seine Keule, als Homer einen Vers zu entreißen.
Mit diesem Ausspruch hat, nach Sueton, der Dichter Vergil den Vorwurf des Homer-Plagiats zurückgewiesen.

→ *zwei* Ne Hercules quidem contra duos. Nr. **3516**

Herr

1113 Indigna digna habenda sunt, herus quae facit.
Plautus, Captivi 200

Unwürdiges muß als passend gelten, wenn es der Herr tut.
Was der Herr tut, ist immer richtig.

1114 Frons occipitio prior est.
Cato Maior, De agri cultura 4,3

Die Stirn (des Kommenden) nützt mehr als der Hinterkopf (des Weggehenden).
Die Anwesenheit des Herrn nützt mehr als die des Verwalters.

Hic est enim dominus populi, quem Graeci tyrannum vocant.   **1115**
Cicero, De re publica 2,47

Der ist nämlich der Herr über das Volk, den die Griechen Ty-
rannen nennen.

Haec significat fabula,   **1116**
dominum videre plurimum in rebus suis.
Phaedrus, Fabulae 2,8,28 Fabel vom Hirsch, der in einen Stall geflüchtet
ist, wo er von den Knechten übersehen, vom Herrn aber entdeckt wird.

Diese Fabel zeigt, daß der Herr in seinem Haus am meisten
sieht.

Vox domini furit instantis virgamque tenentis.   **1117**
Juvenal, Saturae 14,63

So schallt des Herrn Stimme: wie eine Furie ist er hinter seinem
Diener her und schwingt den Stock. H. C. Schnur

Dominum se (Augustus) appellari ne a liberis quidem aut **1118**
nepotibus suis ... passus est.
Sueton, Vita divi Augusti 53,1

Augustus duldete nicht einmal von seinen Kindern oder Enkeln
die Anrede ‚Herr‘.

Domino et dominae feliciter!   **1119**
Sueton, Vita Domitiani 13,1

Glück unserem Herrn und unserer Herrin!
Zuruf des Volkes im Amphitheater an Kaiser Domitian, reg. 81–96 n. Chr.

Dominus et deus noster hoc fieri iubet.   **1120**
Sueton, Vita Domitiani 13,2

Unser Herr und Gott befiehlt, daß das geschieht.
Schon in der Antike als Anmaßung empfundene Eingangsformel der von
Kaiser Domitian diktierten amtlichen Rundschreiben.

(C. Valerius Diocletianus) se primus omnium Caligulam post **1121**
Domitianumque dominum palam dici passus et adorari se ap-
pellarique uti deum.
Aurelius Victor, Liber de Caesaribus 39,4

C. Valerius Diokletian[1] *ließ sich als erster von allen nach*
Caligula und Domitian öffentlich ‚Herr‘ nennen und als Gott
verehren und titulieren.
[1] römischer Kaiser 284–305 n. Chr.

1122 Oculus domini saginat equum.

Nach Aristoteles, Oeconomica 1 p. 1345 a und Xenophon, Oeconomicus 12,20 Burkard Waldis, Esopus 2,4,98

Das Auge des Herrn füttert das Pferd.

1123 Oculus domini in agro fertilissimus.

Plinius Maior, Naturalis historia 18,8,43. Vgl. Columella, De re rustica 4,18,1: … oculos et vestigia domini res agro saluberrimas … die Augen und Füße des Herrn, die beide dem Grund und Boden höchst zuträglich sind. MA H. Walther 19 711 b

Das Auge des Herrn ist dem Acker höchst zuträglich.

1124 Alterius non sit, qui suus esse potest.

Aesop (Anonymus Neveleti) 21 b,22 Nach Cicero, De re publica 3,25,37: Est enim genus iniustae servitutis, cum ii sunt alterius, qui sui possunt esse. Es gibt nämlich eine Art ungerechter Sklaverei, wenn Menschen in der Gewalt eines anderen sind, die ihr eigener Herr sein könnten. MA Werner-Flury a70

Wer sein eigener Herr sein kann, soll keinem anderen dienen.

1125 Ego sum Dominus Deus tuus.

📖 AT 2 Moses 20,2

Ich bin der Herr, dein Gott.

1126 Non assumas nomen Domini Dei tui in vanum.

AT 2 Moses 20,7

Du sollst den Namen des Herrn, deines Gottes, nicht miß-brauchen!

1127 Diliges Dominum Deum tuum ex toto corde tuo, et ex tota anima tua, et ex tota fortitudine tua.

AT 5 Moses 6,5

Du sollst den Herrn, deinen Gott, lieben mit ganzem Herzen, mit ganzer Seele und mit ganzer Kraft.

1128 Dominus dedit, Dominus abstulit …. Sit nomen Domini benedictum.

AT Job 1,21

Der Herr hat gegeben, der Herr hat genommen; … gelobt sei der Name des Herrn.

1129 Dominus regit me, et nihil mihi deerit.

AT Psalm 23

Der Herr ist mein Hirte, nichts wird mir fehlen.

Nemo potest duobus dominis servire… Non potestis Deo servi- **1130**
re, et mammonae.
NT Matthaeus 6,24 f. Zitiert von Tertullian, De spectaculis 26,4

Niemand kann zwei Herren zugleich dienen … Ihr könnt nicht
Gott dienen und dem Mammon.

Domine, non sum dignus, ut intres sub tectum.   **1131**
NT Matthaeus 8,8

Herr, ich bin nicht würdig, daß du mein Haus betrittst.
Worte des Hauptmanns von Kafarnaum, als er Jesus bat, seinen Diener zu
heilen.

→ *Freundschaft*   Inter dominum et servum nulla amicitia est.
                    Nr. **611**
→ *gehen*   Quo vadis, Domine? Nr. **714**
→ *Sache*   Res clamat ad dominum. Nr. **2359**

Herrschaft / herrschen

Nulla sancta societas nec fides regni est.   **1132**
Ennius, Scenica fr. 404 Vahlen zitiert von Cicero, De officiis 1,8,26 De re
publica 1,32,49. Lucan, De bello civili 1,92 f: nulla fides regni sociis omnisque potestas / impatiens consortis erit. Es gibt keinen Verlaß auf Mitre-
genten, und keine Macht wird einen Teilhaber dulden.

Ein zuverlässiges Bündnis und Treue kennt die Königsherr-
schaft nicht.

Non bene cum sociis regna Venusque manent.   **1133**
Ovid, Ars amatoria 3,564 Wander 3,155,600

Nicht lange bleiben Herrschaft und Liebe, wenn man sie mit
einem teilen muß.

Est aliquid valida sceptra tenere manu.   **1134**
Ovid, Remedia amoris 480

Es bedeutet etwas, das Szepter mit starker Hand zu halten.

Non bene conveniunt nec in una sede morantur   **1135**
maiestas et amor!
Ovid, Metamorphoses 2,846 f.

Nicht gut vertragen sich und nicht an einem Ort verweilen
Herrschergewalt und Liebe.

Vos humani generis longissima regna tenetis.   **1136**
Ovid, Metamorphoses 10,35

Ihr haltet die längste Herrschaft über das Menschengeschlecht in euren Händen.

Gesang des sagenhaften Sängers Orpheus vor Pluto und Proserpina, den Gottheiten der Unterwelt, als er sie um die Rückgabe seiner früh verstorbenen Gemahlin Eurydike bittet.

1137 *His* imperium sine fine dedi.
Vergil, Aeneis 1,279 Vgl. 3,159

Herrschaft ohne Ende hab' ich ihnen verliehen.

1138 Tu regere imperio populos, Romane, memento, …
parcere subiectis et debellare superbos.
Vergil, Aeneis 6,851/53

Du, Römer, denke daran, die Völker zu beherrschen, … die Unterworfenen zu schonen und die Hochmütigen zu bezwingen.

Anchises an seinen Sohn Aeneas in der Unterwelt; Auftrag der Götter an die Römer.

1139 Cum dominatu unius omnia tenerentur …
Cicero, De officiis 2,2

Als aber alle Lebensbereiche durch den Gewaltanspruch eines einzelnen beherrscht wurden … H. Gunermann

Cicero führt einen Seitenhieb gegen Caesar.

1140 Iniqua numquam regna perpetuo manent.
Seneca, Medea 196

Ungerechte Herrschaftsverhältnisse währen nie ewig.

1141 Invisa numquam imperia retinentur diu.
Seneca, Phoenissae 660

Verhaßte Herrschaft hält sich nie lange.

1142 Violenta nemo imperia continuit diu.
Seneca, Troades 258 Ähnlich: Phoenissae 660 Thyestes 215 ff. Seneca Maior, Controversiae 7,8,1; 7,8,7 Zitiert von Baruch de Spinoza, Tractatus theologicus-politicus 5 mit der Ergänzung moderata durant … gemäßigte Herrschaft ist von Dauer.

Gewaltherrschaft hat noch niemand lange behauptet.

1143 Nec diu potest, quae multorum malo exercetur, potentia stare.
Seneca, De ira 3,16,2

Keine Macht kann sich lange halten, die zum Schaden vieler ausgeübt wird.

Imperare sibi maximum imperium est.   **1144**
Seneca, Epistulae morales 113,30
Sich selbst zu beherrschen ist die wichtigste Herrschaft.
D.h., … größer als die Alexanders des Großen.

Nemo umquam imperium flagitio quaesitum bonis artibus **1145**
exercuit.
Tacitus, Historiae 1,30
Noch niemand hat jemals eine durch niederträchtige Hand-
lungen erlangte Herrschaft nach guten Grundsätzen ausgeübt.

Qui nescit dissimulare, nescit gubernare.   **1146**
Wahlspruch Friedrichs I. Barbarossa, deutscher König 1152–90, seit 1155
Kaiser
Wer sich nicht zu verstellen weiß, versteht nicht zu regieren.
→ *Haß*   Odia qui nimium timet, regnare nescit. Nr. **1085**
→ *Recht* Si violandum est ius, regnandi gratia violandum est.
           Nr. **2214**
→ *teilen* Divide et impera! Nr. **2884**

Herz

Corpus sine pectore.   **1147**
Horaz, Epistulae 1,4,6. Vgl. Ovid, Heroides 16,308 Paris an Helena: Ho-
mo sine pectore. Ein herzloser Mensch.
Ein Körper ohne Gefühl.

imo a pectore   **1148**
Vergil, Aeneis 1,371; 485 Catull, Carmina 64,198; 125 Ovid, Metamorphoses 2,655: ab imis pectoribus
aus tiefster Brust

deus fera corda domans   **1149**
Vergil, Aeneis 6,80
der Gott bändigt ihr wildes Herz
Phoebus Apollo zwingt die Sibylle zum Orakelspruch.

Oppositoque genu curvavit flexile cornum   **1150**
inque cor hamata percussit harundine Ditem.
Ovid, Metamorphoses 5,383 f.
Und er[1] *krümmte, ans Knie es stemmend, das biegsame Horn*
und schoß den Pluto ins Herz mit dem widerhakigen Rohrpfeil.
E. Rösch
[1]Cupido schießt dem Herrscher der Unterwelt den Pfeil der Liebe zu
Proserpina ins Herz.

1151 Corcillum est, quod homines facit.

Petron, Satyricon 75,8

Das Herzchen (Die Gesinnung) ist's, was den Menschen macht.

1152 Pectus est, quod disertos facit et vis mentis.

Quintilian, De institutione oratoria 10,7,15

Das Herz ist's, das beredt macht, und die Kraft des Denkens.

1153 Inquietum est cor nostrum, donec requiescat in te.

Augustinus, Confessiones 1,1. Vgl. 13,38,53

Unruhig ist unser Herz, bis es ruhet in dir (o Herr).

1154 Mel in ore, verba lactis,
fel in corde, fraus in factis.

MA H. Walther 14 577

Honig im Munde, Worte von Milch, Galle (Gehässigkeit) im Herzen, Tücke in den Taten.

1155 Os habet in corde sapiens, cor stultus in ore.

MA H. Walther 20 411. Vgl. 3427 Werner-Flury o 86 Nach AT Ecclesiasticus 21,26: In ore fatuorum cor illorum, et in corde sapientium os illorum. Die Toren haben ihr Herz auf der Zunge, die Weisen haben ihre Zunge im Herzen.

Seinen Mund hat der Weise im Herzen, der Tor trägt sein Herz auf der Zunge.

1156 Cor cordium

Inschrift des Grabsteins von Percy Bysshe Shelley auf dem Cimiterio Protestante in Rom. Der englische Dichter, geb. 1792, ertrank 1822 im Ligurischen Meer bei Viareggio.

Herz der Herzen

1157 Beati mundo corde, quoniam ipsi Deum videbunt.

📖 NT Matthaeus 5,8 Bergpredigt

Selig, die ein reines Herz haben; denn sie werden Gott schauen.

1158 Ex abundantia enim cordis os loquitur.

NT Matthaeus 12,34

Wovon das Herz voll ist, davon spricht der Mund.

Wes das Herz voll ist, des geht der Mund über.

1159 Multitudinis autem credentium erat cor unum, et anima una.

NT Actus Apostolorum 4,32

Die Gemeinde der Gläubigen war ein Herz und eine Seele.

Die Urgemeinde in Jerusalem entschloß sich zur Gütergemeinschaft.

→ *empor* Sursum corda! Nr. **374**

heute

Quod hodie non est, cras erit.   **1160**
Petron, Satyricon 45,2

Was heute nicht ist, kommt morgen. K. Müller / W. Ehlers

Non est, crede mihi, sapientis dicere: vivam.   **1161**
  Sera nimis vita est crastina: vive hodie!
Martial, Epigrammata 1,15,11 f.

Glaub mir, kein Weiser sagt: ich werde leben.
Zu spät ist es, morgen leben zu wollen: heute mußt du leben!

Hodie mihi, cras tibi.   **1162**
Vgl. AT Ecclesiasticus 38,23: Mihi heri, et tibi hodie. Gestern mir, und
heute dir.

Heute mir, morgen dir.

hier

hic et nunc   **1163**

hier und jetzt (heute)

Dic, cur hic!   **1164**
MA H. Walther 5 556 J. M. Moscherosch, Gesichte Philanders von Sittewalt 2, Vorrede; 2,9, Roman 1642/43

Sag, wozu du hier bist!

→ *Rhodus*   Hic Rhodus, hic salta! Nr. **2295**

Hilfe

Alter alterius auxilio eget.   **1165**
Sallust, De coniuratione Catilinae 1,7

Einer bedarf der Hilfe des anderen.

Homo in adiutorium mutuum genitus est.   **1166**
Seneca, De ira 1,5,2

Der Mensch ist zu gegenseitiger Hilfe geboren.

→ *Freund / Freundschaft*   Ubi amici, ibidem opes. Nr. **601**

Himmel

Quid, si nunc caelum ruat?   **1167**
Terenz, Heautontimorumenos 719

Was, wenn jetzt der Himmel einstürzte?
Sprichwörtliche Redensart

1168 Caelum, non animum mutant, qui trans mare currunt.

Horaz, Epistulae 1,11,27. Vgl. Seneca, Epistulae morales 17,12; 28,1: Animum debes mutare, non caelum. Deine innere Einstellung mußt du ändern, nicht den Himmel.

Den Himmel, nicht ihr Gemüt wechseln die, die über das Meer reisen.

1169 Restat iter caeli, caelo tentabimus ire.

Ovid, Ars amatoria 2,37

Es bleibt nur noch der Weg durch den Himmel; über den Himmel werden wir zu fliehen versuchen.

Dädalus deutet mit diesen an seinen Sohn Ikarus gerichteten Worten an, daß sie im Flug mit selbstgebauten Flügeln Kreta verlassen werden.

1170 Flectere si nequeo superos, Acheronta movebo.

Vergil, Aeneis 7,312

Wenn ich den Himmel nicht erweichen kann, werde ich die Hölle in Bewegung setzen.

Juno, die Gemahlin des Jupiter, die den Trojanern zürnt, wünscht Aeneas und seine Gefährten von Italien abzuhalten.

1171 Nemo caelum caelum putat, nemo ieiunium servat. nemo Iovem pili facit, sed omnes opertis oculis bona sua computant.

Petron, Satyricon 44,17

Kein Mensch glaubt mehr, daß der Himmel der Himmel sei, niemand hält die Fastenzeit ein, keiner schert sich auch nur ein Haar um Jupiter, sondern mit geschlossenen Augen berechnen alle nur ihren Vorteil.

1172 Quis caelum possit nisi caeli munere nosse
et reperire deum, nisi qui pars ipse deorum est.

Manilius, Astronomica 2,115 f.

Wer könnte den Himmel außer durch die Gnade des Himmels erkennen und Gott finden, wenn er nicht selbst ein Teil der Götter ist.

1173 Caelum et terra transibunt, verba autem mea non praeteribunt.

NT Matthaeus 24,35

Himmel und Erde werden vergehen, aber meine Worte werden nicht vergehen.

Jesus Christus

Nostra autem conversatio in caelis est.   **1174**
NT Philipper 3,20
Unser Vaterland aber ist der Himmel.
→ *Furcht / fürchten / furchtlos*   Si fractus inlabatur orbis,
                                 impavidum ferient ruinae. Nr. **657**

Hirte

Molliter hic viridi patulae sub tegmine quercus   **1175**
   Moeris pastores et Meliboeus erant
dulcia iactantes alterno carmine versu …
Vergil, Catalepton 9,17 ff.
Sanft waren hier unter dem grünen Blätterdach einer weit-
ausladenden Eiche die Hirten Moeris und Meliboeus gelagert,
liebliche Lieder einander zusingend im Wechselgesang …
Bild der idyllischen Schäfersituation; bukolisches Motiv nach dem Vorbild des griechischen Lyrikers Kallimachos.

Boni pastoris est tondere pecus, non deglubere.   **1176**
Sueton, Vita divi Tiberii 32,2 Orosius, Historiae adversum paganos 7,4,4
Ein guter Hirte schert seine Schafe, aber er schindet sie nicht.
Leitwort des Kaisers Tiberius, reg. 14–37 n. Chr.

Ego sum pastor bonus.   **1177**
Jesus Christus NT Johannes 10,11: Bonus pastor animam suam dat pro
ovibus suis. Der gute Hirte gibt sein Leben für seine Schafe.
Ich bin der gute Hirte.
Das Wort prägte in der Spätantike, im Mittelalter und in der Neuzeit das
christliche Denken. In der Malerei und in der bildenden Kunst erfuhr es
zahlreiche tiefgehende Deutungen.

Ego sum pastor bonus: et cognosco meas *oves*, et cognoscunt **1178**
me meae.
NT Johannes 10,14
Ich bin der gute Hirte; ich kenne die Meinen (meine Schafe),
und die Meinen kennen mich.
Jesus Christus
→ *Herde*   Qualis rex, talis grex. Nr. **1110**

Hochmut / hochmütig

Quae natio superbos … non aspernatur, non odit?   **1179**
Cicero, De legibus 1,32
Welcher Volksstamm verachtet und haßt nicht die Überheblichen?

1180 Humanitati qui se non accomodat,
plerumque poenas oppetit superbiae.
Phaedrus, Fabulae 3,16,1 f.

Wer sich nicht zur Gefälligkeit entschließen will,
erleidet meist für seinen Hochmut Strafe.

1181 Sequitur superbos ultor a tergo deus.
Seneca, Hercules 385

Den Hochmütigen folgt hinter ihrem Rücken der Rachegott.

1182 Frangit deus omne superbum.
MA Werner / Flury a 25 b und e 108

Alles Hochmütige bricht Gott.

1183 Contritionem praecedit superbia,
et ante ruinam exaltatur spiritus.
📖 AT Proverbia 16,18

Hoffart kommt vor dem Sturz, und Hochmut kommt vor dem
Fall.

→ *Herrschaft / herrschen*   Tu regere imperio populos, Romane,
memento, … / parcere subiectis et
debellare superbos. Nr. **1138**

hoffen / Hoffnung

1184 Nam multa praeter spem scio multis bona evenisse.
Plautus, Rudens 400 MA H. Walther 15 412. Vgl. Plautus, Mostellaria
197 Terenz, Phormio 757 f. Heautontimorumenos 664

Ich weiß, daß vielen schon vieles unverhofft in Erfüllung ging.
Unverhofft kommt oft.

1185 At ego etiam scio, qui speraverint, spem decepisse multos.
Plautus, Rudens 401

Aber ich weiß, daß schon viele, die voller Hoffnung waren, sich
getäuscht sahen.
Die Hoffnung ist trügerisch.

1186 Ego spem pretio non emo.
Terenz, Adelphoe 219

Ich kaufe nicht Hoffnung für Geld.

1187 O fallacem hominum spem!
Cicero, De oratore 3,2,7

Wie trügerisch ist die Hoffnung der Menschen!

O falsam spem!   **1188**
Cicero, Pro Sulla oratio 91
O der falschen Hoffnung!

Dum spiro, spero.   **1189**
Wohl nach Cicero, Epistulae ad Atticum 9,11(10),3. Vgl. Terenz, Heautontimorumenos 981 Seneca, Epistulae morales 70,6 Catonis Disticha
2,25,2 Carmina Priapea 80,9: Dum vivis, sperare licet. Solange du lebst,
kannst du hoffen.
Solange ich atme, hoffe ich.

Pro incerta spe certa praemia.   **1190**
Sallust, De coniuratione Catilinae 41,2
Statt unsicherer Hoffnung sichere Belohnungen.

Vitae summa brevis spem nos vetat incohare longam.   **1191**
Horaz, Carmina 1,4,15 Vgl. Seneca, Epistulae morales 101,4
*Die kurze Lebenszeit verbietet uns, eine weitgespannte Hoffnung
zu entfalten.*

Quid non speremus amantes?   **1192**
Vergil, Bucolica 8,26
Was sollen wir Liebenden da nicht erwarten?

spemque metumque inter dubii   **1193**
Vergil, Aeneis 1,218
bangend zwischen Hoffnung und Furcht

Spes tenet in tempus, semel est si credita, longum;   **1194**
    illa quidem fallax, sed tamen apta dea est.
Ovid, Ars amatoria 1,445 f.
*Hoffnung hält lange Zeit vor, hat sie einmal Glauben gefunden;
ist diese Göttin auch trügerisch, dient sie doch einem guten
Zweck.* N. Holzberg

Fallitur augurio spes bona saepe suo.   **1195**
Ovid, Heroides 17,236 Helena an Paris
Hoffen und Harren macht manchen zum Narren.

Sollicitae mentes speque metuque pavent.   **1196**
Ovid, Fasti 3,362
*Erregt zwischen Hoffnung und Furcht beben die Herzen der
Menschen.*

1197 Haec dea (Spes), cum fugerent sceleratas numina terras,
in dis invisa sola remansit humo.
Ovid, Epistulae ex Ponto 1,6,29 ff.

Die Göttin Hoffnung blieb, als die Gottheiten aus der durch
Frevel entweihten Welt entflohen, allein auf der den Göttern
verhaßten Erde zurück.
Nach Ovid, Metamorphoses 1,113 ff. floh, als das Eiserne Zeitalter
herrschte, die Göttin der Gerechtigkeit als letzte der himmlischen Wesen
von der Erde in den Himmel zurück. – Der Göttin Spes waren in Rom
mehrere Tempel geweiht.

1198 Iam mala finivissem leto, sed credula vitam
spes fovet et fore cras semper ait melius.
Tibull, Elegiae 2,6,19 f.

Schon längst hätte ich durch den Tod mein Unglück beendet,
doch die leichtgläubige Hoffnung erhält mich am Leben und
sagt immer: „Morgen wird's besser."

1199 Quod non exspectas, ex transverso fit.
Petron, Satyricon 55

Was nicht erhofft, geschieht gar oft.

1200 Inveni portum, Spes et Fortuna valete!
Sat mihi lusistis, ludite nunc alios!
MA H. Walther 12 716

Ich habe den sicheren Hafen gefunden, Hoffnung und Glück,
lebt wohl! Lange genug habt ihr mich getäuscht, treibt euer
Spiel nun mit anderen!
Übersetzung eines griechischen Grabspruchs durch Janus Pannonius,
1434–1472. In dieser Form zitiert von Alain René Lesage, Gils Blas 8,9
Helfer 85

1201 Ubi maxima spes, ibi minima res.
MA H. Walther 32 055 Wander 2,720,36 2,724,69

Was man am ehesten hofft, geschieht am wenigsten.

1202 Spes in nobis est, in Deo exitus.
MA H. Walther 30 194 Wander 2,722,17

Die Hoffnung ist unser, der Ausgang Gottes.

1203 in spe

in der Hoffnung, hoffentlich, zukünftig

→ *Krankheit* Aegroto, dum anima est, spes est. Nr. **1404**

Hölle / Unterwelt

Undique ad inferos tantundem viae est.   **1204**

Cicero, Tusculanae disputationes 1,104

Von überall her ist der Weg in die Unterwelt gleich weit.

Antwort des griechischen Philosophen Anaxagoras auf die Frage, ob er nach seinem Tode von Lampsakos in seine Heimatstadt Klazomenae überführt werden solle.

Facilis descensus Averno,   **1205**
noctes atque dies patet atri ianua Ditis.

Vergil, Aeneis 6,126 f.

Leicht ist der Abstieg zur Hölle,
Tag und Nacht ist das Tor zum dunklen Pluto (dem Herrscher
der Unterwelt) geöffnet.

Circumdederunt me dolores mortis;   **1206**
et pericula inferni invenerunt me …
Et nomen Domini invocavi:
O Domine, libera animam meam!

Psalm 116,3 ff.

Mich umfingen die Fesseln des Todes, mich befielen die Ängste
der Unterwelt (der Hölle), … Da rief ich den Namen des Herrn
an: O Herr, rette mein Leben.

→ *Fels*   Et ego dico tibi, quia tu es Petrus, et super hanc
                petram aedificabo ecclesiam meam, et portae
                inferi non praevalebunt adversus eam. Nr. **524**

→ *Himmel*   Flectere si nequeo superos, Acheronta movebo.
                Nr. **1170**

Holz

→ *Merkur*   Non ex quovis ligno fit Mercurius. Nr. **1836**
→ *Wald*   ligna in silvam ferre Nr. **3248**

Homer

O fortunate adulescens, qui tuae virtutis Homerum praeconem **1207**
inveneris!

Cicero, Pro Archia poeta oratio 24

O du vom Glück begünstigter junger Held, der du einen Homer
als Künder deiner Tapferkeit gefunden hast!

Ausruf Alexanders des Großen in Sigeum beim Besuch des Grabhügels Achills, des tapfersten Helden der Griechen vor Troja. – Achill wurde von

Alexander dem Großen nach Curtius Rufus, Historiae Alexandri Magni Macedonis 4,6,29 bzw. 8,4 26, als Ahnherr betrachtet.

1208 Quis nosset Homerum, / Ilias aeternum si latuisset opus.
Ovid, Ars amatoria 3,413 f.

Wer würde Homer kennen, wenn die Ilias,
sein unsterbliches Werk, verborgen geblieben wäre?

1209 Quandoque bonus dormitat Homerus.
Horaz, De arte poetica 359. Zitiert z. B. von Francois Rabelais, 1494–1553, Gargantua et Pantagruel 2,42 A. Schopenhauer, Die Welt als Wille und Vorstellung III 34 zu diesem Zitat: „Daß aber dies sich so verhält, ist eine Folge der Beschränkung menschlicher Kräfte überhaupt."

Zuweilen schläft auch der gute Homer.
Bei der Länge der Epen Ilias und Odyssee sind kleinere, auf Unaufmerksamkeit zurückzuführende Versehen des Autors entschuldbar.

1210 Smyrna, Rhodos, Colophon, Salamis, Chios, Argos, Athenae hae septem certant de stirpe insignis Homeri.

Smyrna, Rhodos, Colophon, Salamis, Chios, Argos, und Athen,
diese sieben Städte streiten um die Ehre, der Geburtsort des be-
rühmten Homer zu sein.
Zwei lateinische Hexameter. – Der Geburtsort Homers, geb. im 8. Jahrhundert v. Chr., ist unbekannt. „Die Legende zeigt die … Hochschätzung Homers, die die ganze Ökumene erfüllte." B. Kytzler 66

Honig

1211 Protinus aerii mellis caelestia dona exsequar …
Vergil, Georgica 4,1

Anschließend will ich die himmlischen Gaben des Honigs, des
Lufttaus, beschreiben …
In der Antike war die Vorstellung verbreitet, der Honig werde nicht aus den Blüten bereitet, sondern falle im Tau vom Himmel und werde von den Bienen eingesammelt.

1212 Impia sub dulci melle venena latent.
Ovid, Amores 1,8,104 MA Werner / Flury i 29

Tückisches Gift ist unter süßem Honig versteckt. F. W. Lenz
Die Sprache verdeckt die wahre Gesinnung.

1213 Ubi mel, ibi fel.

Wo Honig ist, da ist auch Galle.
Wahlspruch Martin Luthers, 1483–1546 Helfer 177

... et educam populum meum in terram bonam, et spaciosam, **1214**
in terram, quae fluit lacte et melle ...
AT 2 Moses 3,8

... und ich werde mein Volk hinaufführen in ein schönes, weites
Land, in ein Land, in dem Milch und Honig fließen ...
Jahwes Worte an Moses

Comede, fili mi, mel, quia bonum est, et favum dulcissimum **1215**
gutturi tuo:
Sic et doctrina sapientiae animae tuae ...
AT Proverbia 24,13–14

Iß Honig, mein Sohn, denn er ist gut, Wabenhonig ist gut für
den Gaumen. Wisse: Genauso ist die Weisheit für dich ...
Vergleich der Weisheit mit dem Honig

→ *Nestor*   Ex eius lingua melle dulcior fluebat oratio. Nr. **2026**
→ *Vertrag* Multis annis iam peractis, / nulla fides est in pactis.
            Mel in ore, verba lactis, / fel in corde, fraus in
            factis. Nr. **3175**

hören / Hörer

Contumeliam si dices, audies.   **1216**
Plautus, Pseudolus 1173

Wenn du eine Beleidigung aussprichst, wirst du selbst eine hö-
ren.

Dixerit insanum qui me, totidem audiet.   **1217**
Horaz, Sermones 2,3,298

Wer mich einen Narren nennt, wird Gleiches von mir zu hören
bekommen.

Audit, quod non vult, qui pergit dicere, quod vult.   **1218**
Catonis monosticha 10. Vgl. Terenz, Andria 920

Wer nicht abläßt zu sagen, was er will, hört, was er nicht will.

Excitat auditor studium.   **1219**
Ovid, Epistulae ex Ponto 4,2,35

Der aufmerksame Zuhörer ermuntert den Eifer (des vortragen-
den Dichters).
Auch: Fleißige Hörer machen fleißige Lehrer.

1220 Semper ego auditor tantum?

Juvenal, Saturae 1,1. Vgl. Horaz, Epistulae 1,19,39: Non ego nobilium scriptorum auditor … Ich bin nicht geduldiger Zuhörer bei gefeierten Schriftstellern …

Soll ich immer nur Zuhörer sein?

Programmatische Frage zu Beginn der 1. Satire Juvenals.

1221 Audiatur et altera pars!

Seneca, Medea 199f.: Qui statuit aliquid parte inaudita altera, / aequum licet statuerit, haud aequus fuit. Wer beschließt, ohne die andere Partei anzuhören, / ist, beschlösse er auch Gerechtes, nicht gerecht. Th. Thomann Vgl. Augustinus, De duabus animabus 14,22 Digesta 48,17,1

Auch die Gegenpartei soll gehört werden.

Man höre auch die andere Seite! – Bekannter römischer Prozeßgrundsatz; der Beschuldigte hat Anspruch auf rechtliches Gehör.

1222 Audi, vide, tace, si tu vis vivere in pace!

MA Werner / Flury a 142

Höre, schau und schweige, wenn du in Frieden leben willst.

1223 Longum prooemium audiendi cupido.

Wander 2,779,71

Wer gern hören will, dem ist jede Einleitung zu lang.

1224 Qui habet aures audiendi, audiat!

📖 NT Matthaeus 11,15

Wer Ohren hat, der höre!

Hund

1225 Stultitia est venatum ducere invitas canes.

Plautus, Stichus 139

Torheit ist es, unwillige Hunde zur Jagd zu führen.

D.h., … jemanden zu einer Tätigkeit zu zwingen, gegen die er sich sträubt.

1226 Canis a non canendo.

Varro, De lingua Latina 7,32. Vgl. Quintilian, De institutione oratoria 1,6,34

Der Hund (heißt canis), weil er nicht singt.

Beispiel einer unzutreffenden, aber amüsanten antiken Etymologie, nach der der Ursprung eines Wortes von seinem Gegenteil (a contrario) hergeleitet wird. → *Licht* Lucus a non lucendo. Nr. **1605**

Cave canem!   **1227**
Varro, Saturae Menippeae 143 Titel einer Satire Varros: Saturae Menippeae 75 Petron, Satyricon 29,1

Hüte dich vor dem Hunde!
Diese Worte hatten römische Hundebesitzer an ihre Haustüren geschrie-
ben, um vor dem Haushund zu warnen. Vgl. Warnung vor dem Hunde ! –
Auch verstanden als Warnung vor einem gefährlichen Menschen.

Canis timidus vehementius latrat quam mordet.   **1228**
Curtius Rufus, Historiae Alexandri Magni Macedonis 7,4,16

Ein furchtsamer Hund bellt heftiger, als er beißt.
Vgl. Bellende Hunde beißen nicht. Wander 2,820,56

A cane non magno saepe tenetur aper.   **1229**
Ovid, Remedia amoris 422

Auch von einem kleinen Hund wird ein Eber oft festgehalten.
Ein Schwächerer schadet oft einem Stärkeren.

Canes plurimum latrantes raro mordent.   **1230**
MA H. Walther 2287a

Hunde, die viel bellen, beißen selten.

Irritare canem noli dormire volentem.   **1231**
MA H. Walther 12943 Wander 2,839,500

Einen schlafenden Hund soll man nicht wecken.

Dum fugans canis mingit, fugiens lepus evadit.   **1232**
Wander 2,846,663

*Während der Hund bei der Verfolgung pißt, entkommt der
Hase.*
Vgl. Hätte der Hund nicht gesch..., hätte er den Hasen gefangen.

Malo canem, quam anum irritare.   **1233**
MA H. Walther 14336a Wander 2,853,828 Auch: Plus est periculi anum
lacessere quam canem.

*Lieber einen bösen Hund gegen sich aufbringen als ein altes
Weib!*

Optima veterum canum venatio.   **1234**
Wander 2,857,906

Mit alten Hunden ist am besten jagen.

1235 Multitudo canum mors est leporis.
MA H. Walther 15 522 Wander 2,850,984
Viele Hunde sind des Hasen Tod.

1236 Cane vetulo latrante prospectandum est.
Wander 2,867,1138
Wenn ein alter Hund bellt, soll man hinaussehen.

Hunger

1237 Cibi condimentum fames est.
Cicero, De finibus 2,90
Hunger ist die Würze der Speise.
Hunger ist der beste Koch.

1238 argenti sitis importuna famesque
Horaz, Epistulae 1,18,23
Heißhunger und mieser Durst nach Geld

1239 Nova artificia docet fames.
Seneca, Epistulae morales 15,7. Vgl. Plautus, Stichus 178 Phaedrus, Fabu-
lae. Appendix Perottina 22,8: Ergo etiam stultis acuit ingenium fames.
So schärft der Hunger auch den Geist der Dummen. Persius, Saturae
Prol. 10f.: Magister artis ingeniique largitor venter ... Der Meister aller
Kunst, der Spender des Genies, der Bauch ...
Neue Mittel und Wege lehrt der Hunger.

1240 Nihil contemnit esuriens.
Seneca, Epistulae morales 119,4
Nichts verschmäht der Hungernde.

1241 Esuriens stomachus fertur coquus optimus esse.
MA H. Walther 8 065; 8 068 Wander 2,912,75
Ein hungriger Magen, sagt man, sei der beste Koch.

1242 Vero esurienti necesse est furari.
Wander 2,910,38
Der Hunger lehrt mausen.

→ *Speise* Unde fames homini vetitorum tanta ciborum est?
Nr. **2672**

ich

alter ego **1243**

Ovid, Amores 1,7,32. Vgl. Cicero, Epistulae ad familiares 7,5,1 De amicitia 80: alter idem. Übersetzung von Aristoteles, Nikomachische Ethik 94 1166a 31f. Diogenes Laertios VII 1,23. Ambrosius, De spiritu sancto 2,13,154: Bonus amicus alter ego.

mein zweites Ich

Idee

Idea est eorum, quae natura fiunt, exemplar aeternum. **1244**

Seneca, Epistulae morales 58,19

Die Idee ist das ewige Urbild dessen, was in der Natur entsteht.

Individuum

Individuum ineffabile est. **1245**

Goethe, Brief an Lavater vom 20. 9. 1780: Hab ich dir das Wort / Individuum est ineffabile / woraus ich eine Welt ableite / schon geschrieben? – Die Quelle des Satzes ist noch nicht bekannt.

Das Individuum ist unaussprechbar.

irren / Irrtum

Non omnis error stultitia dicenda est. **1246**

Cicero, De divinatione 2,90

Nicht jeden Irrtum darf man Torheit nennen.

Cuiusvis hominis est errare; nullius, nisi insipientis, perseverare **1247** in errore.

Cicero, Orationes Philippicae 12,5

Jeder Mensch kann irren; doch im Irrtum verharren kann nur ein Narr.

Musa scit quoque, cum perii, quis me deceperit error. **1248**

Ovid, Tristia 4,1,23. Vgl. 4,10,90

Die Muse auch weiß, welcher Irrtum mich täuschte, als ich zugrunde ging.

Ein Irrtum, kein Verbrechen, war nach Ovids Aussage der Grund für seine 8 n. Chr. durch Kaiser Augustus verhängte Verbannung nach Tomis am Schwarzen Meer. Die philologische Forschung weiß, daß der Inhalt von Ovids Werk Ars amatoria, Liebeskunst, der offizielle Anlaß für des Dichters Entfernung aus Rom war. Über den eigentlichen Grund, eben jenen error, ein Mißverständnis, sind bis heute nur Mutmaßungen möglich.

1249 Errare humanum est.

Vgl. Seneca Rhetor, Controversiae 7,1,5: quam facile erramus homines. Wie leicht irren wir Menschen. Hieronymus, Epistulae 57,12 (Migne PL 22,578): Et errasse humanum est et confiteri errorem prudentis. Es ist sowohl menschlich, geirrt zu haben, als auch klug, den Irrtum einzugestehen. Augustinus, Sermones 164 (Migne PL 38,901): Humanum fuit errare, diabolicum est per animositatem in errore manere. Menschlich war es zu irren, teuflisch aber ist es, aus Stolz im Irrtum zu verharren.

Irren ist menschlich.

1250 Nemo sibi tantummodo errat, sed alieni erroris et causa et auctor est.

Seneca, De vita beata 1,4

Niemand irrt sich nur für seine Person, sondern er ist auch Ursache und Urheber des Irrtums anderer.

1251 Cum singulorum error publicum fecerit, singulorum errorem facit publicus.

Seneca, Epistulae morales 81,29

Wenn der Irrtum einzelner allgemein geworden ist, schafft der allgemeine Irrtum den Irrtum einzelner.

1252 Nemo errat uni sibi, sed dementiam spargit in proximos accipitque invicem.

Seneca, Epistulae morales 94,54

Niemand irrt für sich allein, sondern er verbreitet seinen Unsinn in seiner Umgebung und übernimmt ihn auch seinerseits wieder.

1253 error humanus

Seneca Rhetor, Controversiae 4,3 Augustinus, De utilitate credendi 10,7

der (ein) menschliche(r) Irrtum

1254 Ei, qui erravit, ignoscendum est.

Nach Digesta 39,4, 16 § 9

Der, der sich geirrt hat, muß für schuldlos erklärt werden.
Römischer Rechtsgrundsatz

Non fatetur, qui errat.   **1255**
Digesta 42,2,2
Wer irrt, gesteht nicht zu.
Römischer Rechtsgrundsatz

Calculi error non nocet.   **1256**
Digesta 49,8,1 § 1
Ein Rechenfehler schadet nicht.
Römischer Rechtsgrundsatz. – Rechenfehler sind zu berichtigen, auch im
Urteil. Liebs E 28

Parvus error in principio magnus est in fine.   **1257**
Einleitungssatz von Thomas von Aquin, De ente et de essentia, Vom Sein
und vom Wesen. Übersetzung des aristotelischen Ausspruchs De caelo et
mundo 271 b, 8–13
*Ein kleiner Irrtum, am Anfang begangen, wird am Ende sehr
groß.*

Errare possum, haereticus esse non possum.   **1258**
Meister Eckhart, 1260–1329, Defensorium S. 2, Verteidigungs- / Recht-
fertigungsrede, die Eckhart am 26. 9. 1326 der Kölner Kommission vor-
legte. Eckhart zitiert im Satz davor Hieronymus an Eliodor, Epistulae 60,1
(Migne 22,589).
Irren kann ich, aber nicht ein Häretiker (Ketzer) sein.
Denn das erste betrifft den Verstand, das zweite den Willen. – Häretiker
ist ein Katholik, der einer oder mehreren Glaubenswahrheiten nicht nur
tatsächlich (materialiter), sondern ausdrücklich (formaliter) die Zustimmung verweigert. W. Beinert / W. Löser 235

Scio me hominem esse et errare potuisse; ne autem errarem, **1259**
sedulo curavi ...
Baruch de Spinoza, Tractatus theologico-politicus, Praefatio (Schlußsatz)
*Ich weiß, daß ich ein Mensch bin und daß ich habe irren könne;
ich habe mich aber redlich bemüht, nicht zu irren ...*
G. Gawlik / F. Niewöhner

Error non est imputabilis.   **1260**
Irrtum ist nicht zurechenbar.

→ *Plato*   Errare malo cum Platone, quam cum istis vera
                   sentire. Nr. **2151**
→ *Unschuld*   Sola innocentia vivere velle periculosum.
                   Nr. **3065**

J

Jahr

1261 Nunc frondent silvae, nunc formonsissimus annus.
Vergil, Bucolica 3,57

Jetzt grünen die Wälder, jetzt ist die schönste Jahreszeit.

1262 Eheu fugaces, Postume, Postume,
labuntur anni.
Horaz, Carmina 2,14,1 f.

Ach, Postumus, Postumus,
flüchtig entgleiten die Jahre.

1263 Singula de nobis anni praedantur euntes:
eripuere iocos, venerem, convivia, ludum.
Horaz, Epistulae 2,2,55 f.

Eins nach dem andern rauben uns die Jahre, indem sie dahin-
gehen: genommen haben sie Scherzen, Liebe, gesellige Gelage
und Spiel der Jugend.

1264 Multa ferunt anni venientes commoda secum,
multa recedentes adimunt.
Horaz, Epistulae 2,3,175 f.

Viel Angenehmes bringen die kommenden Jahre mit sich,
viel aber nehmen sie, wenn sie entschwinden, uns wieder weg.

1265 O mihi praeteritos referat si Iuppiter annos!
Vergil, Aeneis 8,560

O wenn doch Jupiter mir die vergangenen Jahre zurückbrächte!

1266 Eunt anni more fluentis aquae.
Ovid, Ars amatoria 3,62

Die Jahre eilen dahin wie fließendes Wasser.

1267 Nihil est annis velocius.
Ovid, Metamorphoses 10,520

Nichts vergeht schneller als die Jahre.

1268 Et hoc, quod senectus vocatur, paucissimorum est circuitus annorum.
Seneca, Ad Marciam de consolatione 11,5

*Und das, was hohes Alter genannt wird, ist nur der Umlauf
ganz weniger Jahre.*

ad multos annos   **1269**

auf (für) viele Jahre
Glückwunschformel

anno Domini Abk.: A. D.   **1270**

im Jahr des Herrn
D.h.: n. Chr.

Quoniam mille anni ante oculos tuos   **1271**
tamquam dies hesterna, quae praeteriit.
AT Psalm 90,4

*Denn tausend Jahre sind für dich wie ein Tag, der gestern ver-
gangen ist.*

Numerus dierum hominum, ut multum centum anni.   **1272**
AT Ecclesiasticus 18,8

Das Leben eines Menschen dauert höchstens hundert Jahre.

Unus dies apud Dominum sicut mille anni,   **1273**
et mille anni sicut unus dies.
NT 2 Petrus 3,8

*Beim Herrn sind ein Tag wie tausend Jahre und tausend Jahre
wie ein Tag.*

Jesuiten

societas Jesu Abk.: SJ   **1274**

Gesellschaft Jesu
Der von dem Spanier Ignatius von Loyola, 1491–1556, gegründete katholische Jesuitenorden wurde 1540 durch den Papst bestätigt.

Sint ut sunt, aut non sint.   **1275**

Sie sollen bleiben, wie sie sind, oder aufhören zu sein.
Antwort des Papstes Klemens XIII., als 1761 König Ludwig XV. von
Frankreich den Antrag stellen ließ, die französische Assistenz des Ordens
solle unter einen vom Ordensgeneral in Rom unabhängigen Oberen gestellt werden. Der Papst schlug Ludwig XV. die Bitte ab. – Der Satz besagt, daß an dem Orden nichts Entscheidendes reformbedürftig sei. Die
Äußerung wurde fälschlich dem Ordensgeneral Lorenzo Ricci zugeschrieben.

1276 Fortiter in re, suaviter in modo.

Vom 4. Jesuitengeneral Claudio Acquaviva, 1543–1615, in seinem Buch Industriae ad curandos animae morbos 2,1, Venedig 1606, erläuterter Grundsatz: ... et fortes in fine consequendo et suaves in modo ac ratione assequendi simus. – Daß wir (die Herrschenden) ebenso beharrlich seien in der Verfolgung des Ziels wie gewinnend in der Art und Weise, es zu erreichen. Helfer 62

Stark in der Sache, sanft in der Art.

Leitwort der Jesuiten

1277 Jesuita est omnis homo.

Et. Pasquier, Catechismus oder gründlicher bericht von der Lehr und Leben der Jesuiten, 701, Freistatt (Mompelgart) 1603, antijesuitisches Werk.

Ein Jesuit ist ein Jedermann.

Sinn: Die Jesuiten können sich in mancherlei Gestalt verstellen, wie das Chamaeleon.

1278 reservatio mentalis

Hermann Busenbaum SJ, 1600–68, Medulla theologiae moralis III 2,2,4, 1652 Helfer 153

Gedankenvorbehalt

Arglistiger, geheimer Vorbehalt in Gedanken, wobei man den Worten, z.B. bei einem Eid, eine andere als ihre natürliche, naheliegende Auslegung gibt. In der Moraltheologie wird zwischen der puren Mentalreservation, restrictio sive reservatio pure seu stricte sive proprie mentalis, und der wahrnehmbaren Restriktion, reservatio non pure sive late seu improprie mentalis aut sensibilis, unterschieden.

1279 Cum finis est licitus, etiam media sunt licita.

Hermann Busenbaum SJ, Medulla Theologiae moralis 4,3,7 Art 2 § 3, 1652 Helfer 40 Peltzer 832

Wenn der Zweck erlaubt ist, sind auch die Mittel erlaubt.

Der Zweck heiligt die Mittel. – Angeblich Jesuitengrundsatz. Der Zweck heiligt nie Mittel, durch welche die sittliche Ordnung verletzt wird.

1280 Punica fides, Jesuitica fides.

Et. Pasquier, Catechismus oder gründlicher bericht von der Lehr und Leben der Jesuiten, 701, Freystatt (Mompelgart) 1603

Punische Treue, jesuitische Treue.

D.h.: die Jesuiten fühlen sich – angeblich – an ihr gegebenes Wort ebensowenig gebunden wie die Punier / Karthager.

→ *Gott*   Ad maiorem Dei gloriam! Nr. **966**
→ *Treue*   Punica fides. Nr. **2959**
→ *Zweck*   Finis sanctificat media. Nr. **3515**

Juden

Veluti te / Iudaei cogemus in hanc concedere turbam.   **1281**
Horaz, Sermones 1,4,142 f.

Und wie die Juden werden wir dich zwingen, unserer Schar[1]
beizutreten.

[1] Horaz meint die recht große Schar der Versemacher in Rom. – Eine Anspielung auf den Eifer der Juden, andere für ihren Glauben zu gewinnen.
(Proselytenmacherei)

Credat Iudaeus Apella, non ego!   **1282**
Horaz, Sermones 1,5,100 Zitiert von A. Schopenhauer, Die Welt als Wille
und Vorstellung, Buch II, Kap. 24

Das[1] glaube der Jude Apella, ich glaub's nicht.

[1] Horaz glaubt nicht an das angebliche Wunder, daß sich in der Stadt Gna-
tia in einem heiligen Raum Weihrauch ohne Feuer verzehre. – Die Juden
galten bei den Römern als abergläubisch. – Das glaube wer will.

Quod autem nationum odium eos (Iudaeos) admodum conser- **1283**
vet, id iam experientia docuit.
Baruch de Spinoza, Tractatus theologico-politicus 42/43

Daß aber der Haß der Völker sie (die Juden) in erster Linie er-
hält, das hat schon die Erfahrung gelehrt.

→ *Haß*   Odium numquam potest esse bonum. Nr. **1089**

Jugend

Decet verecundum esse adulescentem.   **1284**
Plautus, Asinaria 833

Es schickt sich für einen jungen Mann, bescheiden zu sein.

Defendi rem publicam adulescens, non deseram senex.   **1285**
Cicero, Orationes Philippicae 2,118

Ich habe den Staat in meiner Jugend verteidigt und werde ihn
im Alter nicht im Stiche lassen.

Me quoque pectoris temptavit   **1286**
in dulci iuventa fervor.
Horaz, Carmina 1,16,22 f.

Auch mich hat in süßer Jugend die Glut des Herzens ergriffen.

Fugit retro / levis iuventas.   **1287**
Horaz, Carmina 2,11,5 f.
Zurück flieht die glatte Jugend.

1288 Iuvenis monitoribus asper.
Horaz, De arte poetica 161 f.

Junge Leute sträuben sich gegen gute Lehren.

1289 In teneris consuescere multum est.
Vergil, Georgica 2,272

Schon im zarten Jugendalter sich an etwas zu gewöhnen, be-
deutet viel.

1290 Labitur occulte fallitque volatilis aetas.
Ovid, Amores 1,8,49

Unbemerkt gleitet dahin und entgeht uns die vergängliche Ju-
gend.

1291 Quae peccavimus iuvenes, ea luimus senes.
MA H. Walther 23 042

Jugendsünden büßen wir oft im Alter.

1292 Defluit ut ventus hominis iucunda iuventus.
MA H. Walther 5 314 Werner / Flury d 68

Wie der Wind vergeht des Menschen angenehme Jugendzeit.

1293 Gaudia semper amat et verba iocosa iuventus.
MA H. Walther 10 236 Werner / Flury g 9

Freuden und Scherzworte liebt die Jugend immer.

1294 Quiescere iuventus nescit.
MA H. Walther 25 317d Wander 2,1043,44

Die Jugend kann nicht stillsitzen.

1295 Quae in iuventute tua non congregasti, quomodo in senectute
tua invenies?
📖 AT Ecclesiasticus 25,5

Hast du in der Jugend nicht gesammelt, wie wirst du im Alter
etwas haben?

→ *Alter*   Litterarum studia adulescentiam alunt, senectutem
oblectant. Nr. **27**
→ *Freude / sich freuen*   Gaudeamus igitur, iuvenes dum
sumus. Nr. **596**
→ *Götter*   Quem di diligunt, adulescens moritur. Nr. **977**
→ *Knabe*   Qui studet optatam cursu contingere metam,
multa tulit fecitque puer, sudavit et alsit. Nr. **1351**

→ *Knabe*   Sunt pueri pueri, pueri puerilia tractant. Nr. **1354**
→ *Vernunft* Ratione, non vi vincenda adulescentia est. Nr. **3150**

Juno

Cum Iuno aeternum servans sub pectore volnus   **1296**
haec secum …
Vergil Aeneis 1,36

Da sprach Juno, die ewige Wunde[1] tief im Herzen bewahrend,
zu sich …
[1] Als Paris den Apfel, den er der Schönsten überreichen sollte, Aphrodite /
Venus, nicht aber Hera / Juno gab, fühlte sich diese aufs schwerste
gekränkt. Der Haß der Göttin Juno durchzieht die ganze Aeneis als Motiv
für ihre unversöhnliche Feindschaft gegenüber Aeneas und den Trojanern.

ubi … saevae nutu Iunonis eunt res   **1297**
Vergil, Aeneis 7,592

sobald … die Dinge nach dem Willen der unerbittlichen Juno
gehen

Hinc Venus, hinc contra spectat Saturnia Iuno …   **1298**
Vergil, Aeneis 10,760

Dort sieht Venus heraus, von dort wiederum die saturnische Ju-
no …
Venus begünstigt Aeneas, ihren mit Anchises gezeugten Sohn. Juno versucht im Bund mit Athene mit aller Macht Aeneas und seine Gefährten
daran zu hindern, ihr Ziel Latium zu erreichen.

→ *Seele*   … manet alta mente repostum
            iudicium Paridis spretaeque iniuria formae. Nr. **2565**

Jupiter

Iove tonante fulgurante comitia populi habere nefas.   **1299**
Cicero, De divinatione 2,18,43

Wenn Jupiter donnert und blitzt, ist es nicht erlaubt, Wahlver-
sammlungen des Volkes abzuhalten.
Vorschrift der Auguralbücher

O pater Iuppiter!   **1300**
Horaz, Sermones 2,1,43 Livius, Ab urbe condita 1,18,9

O Vater Jupiter!
Römischer Ausruf

1301 Iovis omnia plena.
Vergil, Bucolica 3,60
Jupiter füllt das Weltall.

1302 Iuppiter omnipotens, audacibus adnue coeptis!
Vergil, Aeneis 9,625
Jupiter, mächtigster Gott, stimme zu dem kühnen Beginnen!
Gebet des Ascanius, Aeneas' Sohn, vor dem Pfeilschuß, der Remulus (Numanus), den Schwager des Rutulerkönigs Turnus, tötet.

1303 Quod licet Iovi, non licet bovi.
Nach Seneca, Hercules furens 489: Quod Iovi, hoc regi licet: Iovi dedisti coniugem, regi dabis. Was Jupiter erlaubt ist, das ist auch einem König erlaubt: Du hast Jupiter eine Gattin gegeben, du wirst auch deinem König eine geben. Amphitryon zu Lycus. Vgl. auch Terenz, Heautontimorumenos 797 Adelphoe 824 f.: Hoc licet impune facere huic, illi non licet, non quo dissimilis res sit, sed quo is qui facit. Straflos darf dies der eine tun, der andere aber nicht! Der Unterschied liegt nicht im Tun, vielmehr im Täter. D. Ebener

Was Jupiter erlaubt ist, das ist nicht jedem Ochsen erlaubt.
Das Sprichwort nimmt wohl Bezug auf die Sage von der Entführung der Europa, der Tochter des Königs Agenor von Phönikien, durch Jupiter in Gestalt eines Stiers. Der Reim bovi auf Iovi läßt auf eine Entstehung im Mittelalter schließen. – Bedeutung: Eines schickt sich nicht für alle. Der Unterschied bei der Bewertung von Handlungen liegt nicht so sehr in der Sache als vielmehr in der Person des Täters.

1304 Procul a Iove, procul a fulmine.
MA H. Walther 22 546b. Goethe, Dichtung und Wahrheit III 15 mit der Übersetzung *Mit großen Herren ist Kirschessen nicht gut.*

Fern von Jupiter, fern vom Blitz.
Blitz und Donner waren die Waffen Jupiters. – Den Zorn der Mächtigen braucht man nicht zu fürchten, wenn man weit genug davon entfernt ist.

1305 Ne Iuppiter quidem omnibus placet.
Theognis, Elegiae 1,24–26: Denn auch Zeus gefällt nicht allen, mag er es regnen lassen oder nicht. Solon fr. 5 D. MA H. Walther 16 026b Erasmus von Rotterdam, Adagia 2,7,55. Zitiert von K. J. Weber, Demokritos 1,16, 1832/40.

Nicht einmal Jupiter kann's allen recht machen.

→ *Anfang*   Ab Iove principium musae, Iovis omnia plena. Nr. **39**
→ *Jahr*   O mihi praeteritos referat si Iuppiter annos!
              Nr. **1265**
→ *Liebe*   Iuppiter ex alto periuria ridet amantum. Nr. **1631**

K

Kaiser

Ubi nihil est, Caesar ex iure suo excidit.   **1306**

MA H. Walther 32 057 i

Wo nichts ist, hat der Kaiser sein Recht verloren.

→ *Ave*	Ave, Caesar, morituri te salutant! Nr. **125**
→ *Caesar*	Aut Caesar aut nihil. Nr. **269**
→ *Caesar*	Caesar non supra grammaticos. Nr. **270**
→ *geben*	Reddite ergo quae sunt Caesaris Caesari et quae sunt Dei Deo. Nr. **680**
→ *sterben*	Imperatorem stantem mori decet. Nr. **2735**

kämpfen / Kampf

Omnia prius experiri quam armis sapientem decet.   **1307**

Terenz, Eunuchus 789

Alle Mittel muß der weise Mann versuchen, bevor er kämpft.

J. J. C. Donner

Contra quis ferat arma deos?   **1308**

Tibull, Elegiae 1,6,30

Wer wollte gegen die Götter[1] kämpfen?

[1] Hier ist zunächst der Liebesgott Amor gemeint.

Certa bonum certamen fidei, apprehende vitam aeternam, in **1309**
qua vocatus es, …

NT 1 Timotheus 6,12

Kämpfe den guten Kampf des Glaubens, ergreife das ewige Leben, zu dem du berufen worden bist, …

Bonum certamen certavi, cursum consummavi, fidem servavi.   **1310**

NT 2 Timotheus 4,7

Ich habe den guten Kampf gekämpft, den Lauf vollendet, den Glauben bewahrt.

→ *Herd*	pro aris ac focis certare Nr. **1109**
→ *leben*	Vivere, Lucili, est militare. Nr. **1520**
→ *verliebt / Verliebter*	Militat omnis amans, et habet sua castra cupido. Nr. **3145**

Karthago

1311 Ceterum censeo Carthaginem esse delendam.

Bekannter Ausspruch des Cato Maior, zitiert von Cicero, Cato Maior de senectute 6,18 Plinius Maior, Naturalis historia 15,18,74: Delenda est Carthago. Karthago muß zerstört werden. Valerius Maximus, Facta et dicta memorabilia 8,15,2 Gaius Velleius Paterculus, Historia Romana 1,13,1 Aurelius Victor, De viris illustribus 47,9 Lucius Annaeus Florus, Epitome bellorum omnium annorum DCC 1,15,4 f. Plutarch, Cato Maior 27

Übrigens bin ich der Meinung, daß Karthago zerstört werden muß.

Marcus Porcius Cato, Politiker, Schriftsteller, als Zensor berühmt, ein erbitterter Feind der Karthager, schloß mit diesem Satz seine Reden im römischen Senat. Die markanten Worte Ceterum censeo gelten heute als Ausdruck einer unverrückbaren Forderung.

kaufen

1312 Malo emere quam rogare.

Cicero, In Verrem actio secunda 4,12 Seneca, De beneficiis 2,1,4 Apuleius, Florida 16,26

Ich will lieber kaufen als erbitten.

Kaufen ist besser als betteln.

1313 Emas non quod opus est, sed quod necesse est; quod non opus est, asse carum est.

Cato Maior, Libri ad Marcum filium fr.10 Seneca, Epistulae morales 94,27 Plutarch, Cato Maior 4

Kaufe nicht, was du nur brauchst, sondern was nötig ist; was du nicht brauchst, ist auch mit einem Heller (As[1]) noch zu teuer bezahlt.

[1] der As: Münzeinheit, ca. 4 Pfennige wert

1314 Magis illa iuvant, quae pluris ementur.

Juvenal, Saturae 11,16

Mehr schätzt man, was man zum teureren Preis kauft.

Kind

1315 Disce, puer, virtutem ex me verumque laborem,
fortunam ex aliis.

Vergil, Aeneis 12,435 f.

Lerne den Mut, mein Sohn, von mir und wahres Bemühen, aber von andern das Glück.

Aeneas zu Askanius vor dem Kampf mit Turnus.

Liberos cuique ac propinquos suos natura carissimos esse **1316**
voluit.
Tacitus, Agricola 31,1

*Die Natur wollte es so, daß jeder seine Kinder und Blutsver-
wandten am meisten liebt.*

Cum legitimae nuptiae factae sint, patrem liberi sequuntur; vul- **1317**
go quaesitus matrem sequitur.
Corpus iuris civilis, Institutiones 1,5,19

*Wenn eine gesetzliche Ehe geschlossen wurde, fallen die Kinder
dem Vater zu; ein gemeinhin gezeugtes Kind fällt der Mutter zu.*

Lex naturae haec est, ut, qui nascitur sine legitimo matrimonio, **1318**
matrem sequatur.
Corpus iuris civilis, Institutiones 1,5,24

*Es ist ein Gesetz der Natur, daß ein Kind, das ohne gesetzliche
Ehe geboren wird, der Mutter zufällt.*

Quicumque enim spiritu Dei aguntur, ii sunt filii Dei.   **1319**
NT Römer 8,14

*Denn alle, die sich vom Geist Gottes leiten lassen, sind Kinder
Gottes.*

→ *Knabe*   Incipe, parve puer, risu cognoscere matrem. Nr. **1350**
→ *Knabe*   Maxima debetur puero reverentia. Nr. **1353**
→ *Knabe*   Sunt pueri pueri, pueri puerilia tractant. Nr. **1354**

Kirche

Extra ecclesiam nulla salus.   **1320**
Cyprianus, Epistulae 73,21 Augustinus, De baptismo 4,17,24: Salus extra
ecclesiam non est. Vgl. Denzinger, Enchiridion symbolorum Nr. 3866 ff.:
Extra ecclesiam nulla conceditur gratia.

Außerhalb der Kirche (ist) kein Heil.

Ecclesia non sitit sanguinem.   **1321**
3. Lateranskonzil 1179 c. 21

Die Kirche dürstet nicht nach Blut.
Die Kirche lehnt die Todesstrafe für kirchliche Delikte ab.

Ecclesia non moritur.   **1322**
Die Kirche stirbt nicht.

1323 Ecclesia vivit lege Romana.

Die Kirche lebt nach dem römischen Gesetz.

1324 Ecclesia semper reformanda *est.*

Die Kirche muß immerfort reformiert werden.
Die Kirche bedarf, unter Besinnung auf ihre Ursprünge, der steten Erneuerung ihrer Lebensformen.

1325 Sentire cum Ecclesia.

Mit der Kirche einer Gesinnung sein.
Von den Angehörigen der Katholischen Kirche wird kirchlicher Gehorsam erwartet, der aber kritisches Denken nicht ausschließt.

1326 ecclesia militans

die streitende Kirche
der Kampf der Kirche gegen die Sünde

1327 ecclesia patiens

die leidende Kirche

1328 ecclesia triumphans

die (im Himmel) triumphierende Kirche
die Heiligen im Himmel

→ *Vater*   Habere iam non potest Deum patrem, qui Ecclesiam non habet matrem. Nr. **3088**

klar

1329 Res non liquet. Abk.: N.L.
Cicero, Pro Cluentio oratio 76 Gellius, Noctes Atticae 14,2,25 Digesta 4,8,13,4; 42,1,36

Die Sache ist nicht klar (flüssig oder deutlich).
Der Sachverhalt ist nicht aufgeklärt bzw. die Sache läßt sich nicht entscheiden. Formel des römischen Rechtswesens, mit der ein Richter beim Prätor Fristverlängerung für die Urteilsverkündung beantragen bzw. ein Mitglied eines Richterkollegiums Stimmenthaltung üben konnte. – Richterliche Formel bei Abstimmungen neben A (Absolvo Freispruch) oder C (Condemno Schuldig).

Kleid / Kleidung

1330 Vestiri in foro honeste mos erat, domi quod satis erat.
Cato Maior, Carmen de moribus fr. 2

Sitte war es, in der Öffentlichkeit anständig gekleidet zu sein,
zu Hause aber so, daß es hinreichend war.

→ *Mann*   Vestis virum facit. Nr. **1744**
→ *Mönch*   Habitus non facit monachum. Nr. **1864**

klein

Ex parvis saepe magnarum momenta rerum pendent.   **1331**
Livius, Ab urbe condita 27,9,1

Von kleinen Dingen hängt oft die Entscheidung in großen ab.

Parvum parva decent.   **1332**
Horaz, Epistulae 1,7,44

Schlichtem Stande ziemt das Schlichte. Kayser / Nordenflycht /
Burger

Minima non curat praetor.   **1333**
Vgl. Cicero, De natura deorum 3,86: Ne in regnis quidem reges minima
curant. Auch in Königreichen kümmern sich die Könige nicht um Kleinigkeiten. Digesta 4,1,4

Um Kleinigkeiten kümmert sich der Prätor (das Gericht) nicht.

In minimis natura maxima.   **1334**
Vgl. MA H. Walther 11 855 a: In minimis etiam rebus sapientia summa /
lucet, vis modicis maxima rebus inest.

Gerade im Kleinsten ist die Natur am größten.

→ *Anfang*   Omnium rerum principia parva sunt. Nr. **37**
→ *Feuer*   Parva saepe scintilla contempta magnum excitavit
             incendium. Nr. **527**

Kleriker

Clericus absque libris est tamquam miles inermis.   **1335**
MA Werner / Flury c 53

Ein Geistlicher ohne Bücher ist wie ein Soldat ohne Waffen.

Clericus et laicus sibi semper sunt inimici.   **1336**
MA Werner / Flury c 55

Geistlicher und Laie sind stets Gegner.

Pro nummo cantat, pro nummo clericus orat.   **1337**
MA Werner / Flury p 117

Gegen Bezahlung singt, gegen Bezahlung betet der Geistliche.

1338 Clericus clericum non decimat.

Dekretalien 3,30,2, Paschal II., Liebs C 35. – Zitiert von Joseph von Eichendorff, Aus dem Leben eines Taugenichts, 9. Kapitel, 1826.

Ein Geistlicher erhebt von einem anderen Geistlichen keinen Zehnten.

D. h., er entzieht ihm nichts.

klug / Klugheit

1339 Cedendo victor abibis.

Ovid, Ars amatoria 2,197

Der Klügere gibt nach.

Kluges Nachgeben führt zum Sieg.

1340 Quisquis plus iusto non sapit, ille sapit.

Martial, Epigrammata 14,210,2

Der ist klug, der nicht allzu klug ist.

1341 Nullus potest esse virtuosus, nisi habeat prudentiam.

Thomas von Aquin, Summa theologica 47,14,3

Keiner kann tugendhaft sein, wenn er nicht die Klugheit besitzt.

1342 Prudentis est nonnumquam silere.

Klugheit ist es, manchmal zu schweigen.

1343 Prudentia ac consilio praestat robur.

Wahlspruch des Admirals Martin Harpertzoon Tromp, 1577–1653.

Durch Klugheit und Überlegung siegt die Kraft.

1344 Feliciter sapit, qui alieno periculo sapit.

MA H. Walther 8 927 Wander 2,1408,17

Der ist klug, der durch anderer Schaden klug geworden.

1345 Hoc prudens vitat, quod post sibi taedia praestat.

MA Werner / Flury h 35

Wovor ihm nachher graut, das meidet der Kluge.

1346 Exspectat tempus sapiens.

MA H. Walther 8 559 Wander 2,1413,29

Der Kluge wartet den richtigen Zeitpunkt ab.

1347 Est senibus rerum prudentia maior.

MA H.Walther 7 897a Wander 2,1415,14

Größere Lebensklugheit ist bei den Alten.

Qui moderatur labia sua, prudentissimus est.   **1348**

📖 AT Proverbia 1019

Wer seine Lippen zügelt, ist klug.

→ *Ende*   Quidquid agis, prudenter agas, et respice finem.
               Nr. **382**
→ *regieren*   An nescis, mi fili, quantilla prudentia regatur
               orbis? Nr. **2266**
→ *Schlange*   Estote ergo prudentes sicut serpentes … Nr. **2466**
→ *Unglück / unglücklich*   Crede mihi, miseros prudentia prima
               relinquit. Nr. **3044**

Knabe

Tu modo nascenti puero, quo ferrea primum   **1349**
desinet ac toto surget gens aurea mundo,
casta fave Lucina: tuus iam regnat Apollo.
Vergil, Bucolica 4,8 ff.

Sei du nur dem Kinde, das geboren wird, mit dem zuerst das ei-
serne Geschlecht aufhören / und in der ganzen Welt das golde-
ne sich erheben wird, / gnädig und hold, reine Lucina[1]; schon
herrscht ja dein (Bruder) Apollo. F. Klingner

[1] Lucina: die Lichtgöttin, Geburtsgöttin, Beschützerin der neugeborenen
Kinder, ist die Schwester des Sonnengottes Apollo. Die vierte Ekloge enthält die Prophezeiung einer Weltenwende durch die Geburt eines Knaben.
Mit dem Auftreten des Kindes werde das eiserne Zeitalter durch die goldene Zeit abgelöst. Gemeint ist in der Allgemeinheit der Aussage wohl die
erwartete Geburt eines Knaben durch Scribonia, die Octavian 40 v. Chr.
geheiratet hatte. Scribonia gebar 39 v. Chr. jedoch eine Tochter, nämlich
Julia. Das Gedicht mit der geheimnisvollen Andeutung der Geburt eines
göttlichen Knaben, der dem Dichter Sinnbild des Anbruchs eines erneuer-
ten Friedensreiches wird, erfuhr philologische Deutungen, die zu verschiedenen Ergebnissen führten. – Auf dem Konzil zu Nicaea 325 n. Chr.
hat Kaiser Konstantin das Gedicht Vergils als Prophezeiung des Heilands
interpretiert. – „Das Reich des Dichters der Ekloge … ist ein Reich der
Verheißung, das nicht von dieser Welt ist …" J. und M. Götte, Vergil –
Landleben 365

Incipe, parve puer, risu cognoscere matrem.   **1350**
Vergil, Bucolica 4,60

Beginn, kleiner Knabe, im Lächeln die Mutter zu erkennen.
Vergils schönster Vers. J. Eberle

1351 Qui studet optatam cursu contingere metam,
multa tulit fecitque puer, sudavit et alsit.
Horaz, De arte poetica 412f.

Wer im Wettlauf das ersehnte Ziel zu erreichen strebt, hat als
Knabe schon viel ertragen und getan, er hat geschwitzt und ge-
froren.
Große Leistungen erfordern schon in der Jugend Anstrengungen.

1352 Parce, puer, stimulis et fortius utere loris!
Ovid, Metamorphoses 2,127

Spare, Knabe, den Sporn und nutze stärker die Zügel!
Ermahnung des Sonnengottes Helios an seinen Sohn Phaethon, der sich
anmaßt, einen Tag lang den Sonnenwagen zu lenken.

1353 Maxima debetur puero reverentia.
Juvenal, Saturae 14,47

Höchste Ehrfurcht sind wir dem Kinde schuldig.
D. h. dem Innenleben der Kinder und Jugendlichen, die den Erwachsenen
zur Erziehung anvertraut sind. – Das Wort umschließt eine hohe erzieheri-
sche und seelsorgerliche Aufgabe.

1354 Sunt pueri pueri, pueri puerilia tractant.
MA H. Walther 30 797 b. Vgl. NT 1 Korinther 13,11: Cum essem parvulus, loquebar ut parvulus, sapiebam ut parvulus, cogitabam ut parvulus.
Als ich Kind war, redete ich wie ein Kind, dachte wie ein Kind und urteil-
te wie ein Kind. MA H. Walther 30 798: Sunt pueri pueri, vivunt pueriliter
illi.

Kinder sind Kinder, und Kinder tun kindische Dinge.

1355 Malus est puer robustus.
Thomas Hobbes, zitiert von Karl Julius Weber, Demokritos, 4,8, 1832/40

Der Lasterhafte ist ein starker Knabe.

→ *lernen*   Veni, puer, disce sapere! Nr. **1591**
→ *lesen*   Aliud legunt pueri, aliud viri, aliud senes. Nr. **1598**

Knochen

1356 Ossa ac pellis totus est.
Plautus, Aulularia 564. Vgl. Captivi 135 Theokrit, Idyllia 2.90
Miguel de Cervantes Saavedra, Don Quichote 1, 1605, 1615: Tantum ossa
et pellis fuit. Das Zitat ist hier auf ein Pferd bezogen.

Er ist nur noch Haut und Knochen (vor Kummer).

Sero venientibus ossa.   **1357**
MA H. Walther 28 122 a
Denen, die zu spät kommen, bleiben nur die Knochen.

→ *Gebeine*   Ingrata patria, ne ossa quidem mea habes.
                     Nr. **671**
→ *Rache / Rächer*   Exoriare aliquis nostris ex ossibus ultor.
                     Nr. **2184**

König

Quidquid delirant reges, plectuntur Achivi.   **1358**
Horaz, Epistulae 1,2,14. Vgl. Phaedrus, Fabulae 1,30,1: Humiles laborant,
ubi potentes dissident. Die Niederen leiden, wo die Mächtigen streiten.
Für die wahnwitzigen Fehler der Könige muß das Volk (der
Griechen) büßen.
Wenn sich die Könige raufen, müssen die Bauern die Haare lassen. Wan-
der 2,1489,161

Rex est, qui metuet nihil; rex est, qui cupiet nihil: hoc regnum **1359**
sibi quisque dat.
Seneca, Thyestes 388
König ist, wer nichts fürchtet; König ist, wer nichts begehrt;
diese Herrschaft gibt jeder sich selbst.

Aut regem aut fatuum nasci oportere.   **1360**
Seneca, Apocolocyntosis 1,1
Zum König oder zum Narr muß man bereits geboren sein.
Römisches Sprichwort nach einer altgriechischen Sentenz, von Seneca auf
Kaiser Claudius, reg. 41–54 n. Chr., bezogen.

Natura commenta est regem, quod et ex aliis animalibus licet **1361**
cognoscere et ex apibus.
Seneca, De clementia 3,17,2 1,19,2
Die Natur hat sich den König ausgedacht, was man sowohl bei
anderen Lebewesen als auch bei den Bienen erkennen kann.

Qui fuit rana, nunc est rex.   **1362**
Petron, Satyricon 77,6 MA H. Walther 24 120 a
Der ein Frosch war, ist jetzt König.

Rex viva est lex.   **1363**
MA H. Walther 26 866 c. Vgl. 26 470 b: Reges supra leges. Könige stehen
über den Gesetzen. Quelle: Novellae 105,4: (imperatori) et ipsas deus leges
subiecit, legem animatam eum mittens hominibus. (den Kaiser) stellte Gott

selbst über die Gesetze, indem er ihn als lebendiges Gesetz den Menschen gesandt hat. – Rechtliche Begründung des Absolutismus. Vgl. Digesten 1,4,1

Der König ist das lebendige Gesetz.

1364 Novus rex, nova lex.
MA H. Walther 18 860 c

Ein neuer König, ein neues Gesetz.

1365 Nummum mirantur reges et eum venerantur.
MA H. Walther 19 153 Werner / Flury n 304

Geld bewundern und verehren die Könige.

1366 Regia, crede mihi, res est succurrere lapsis.
Ovid, Epistulae ex Ponto 2,9,11 MA H. Walther 26 474 Werner / Flury r 38

Eine königliche Sache, glaube mir, ist es, Gestrauchelten zu helfen.

1367 Regis amicitia non est possessio pura.
MA H. Walther 26 482 Werner / Flury r 39

Die Freundschaft eines Königs ist kein problemloser Besitz.

1368 Rex est mendicus, cui non est ullus amicus.
MA H. Walther 26 847 Werner / Flury r 136

Der König ist einem Bettler gleich, der keinen Freund hat im Reich.

1369 Rex sedet in vertice, caveat ruinam.
Carmina Burana, 12./13. Jahrhundert, 16,3,5 f.

Thront der König auch hoch oben, hüte er sich vor dem Sturz!

1370 Rex non moritur.
Der König stirbt nicht.
Grundsatz der erblichen Monarchie.

1371 Rex datur propter regnum, non regnum propter regem.
Der König ist da für sein Reich, nicht das Reich für den König.

1372 Rex regnat, sed non gubernat.
Jan Zamojski, 1542–1605, und Louis-Adolphe Thiers, 1797–1877

Der König herrscht, aber er regiert nicht.
Jan Zamojski sagte am Schluß einer Rede vor Sigismund III., König von Polen 1587–1632: Regna, sed non impera! Herrsche, aber sei kein Despot! – Bekannter wurde die durch Louis-Adolphe Thiers in der Zeitung Le National vom 4. 2. 1830 geprägte heutige Fassung Rex regnat, sed non gubernat. Le roi règne et ne gouverne pas. – Der König überläßt die Regierung seinen Ministern. Vgl. Büchmann 653 Tosi 981

Dixit itaque ei Pilatus: Ergo rex es tu? Respondit Iesus: Tu di- **1373**
cis, quia rex sum ego.
📖 NT Johannes 18.37

Pilatus sagte zu ihm: Also bist du doch ein König? Jesus ant-
wortete: Du sagst es, ich bin ein König.

I. N. R. I. **1374**
Anfangsbuchstaben von Iesus Nazarenus Rex Iudaeorum, der lateinischen
Fassung der Inschrift, titulus, die Pilatus nach NT Johannes 19 ff. in hebräischer, griechischer und lateinischer Sprache am Kreuz anbringen ließ.
→ schreiben Quod scripsi, scripsi. Nr. **2508**

Jesus von Nazareth, König der Juden

→ *Geld*   Et genus et formam regina pecunia donat. Nr. **740**
→ *Herde*   Qualis rex, talis grex. Nr. **1110**

können

Non omnia possumus omnes. **1375**
Lucilius, Saturae 5,20 fr. 218 Marx Vergil, Bucolica 8,63 Macrobius, Saturnalia 6,1,35

Wir können nicht alle alles.
Nicht alle können alles.

Quae acciderunt, accidere possunt. **1376**
Livius, Ab urbe condita 28,41,13

Einmal Geschehenes kann wieder geschehen.

Possunt, quia posse videntur. **1377**
Vergil, Aeneis 5,231

Man kann, weil zu können man scheint.
Nach Erfolgen glauben sie stark zu sein.

Ultra posse nemo obligatur. **1378**
Nach Digesta 50,17,185: Impossibilium nulla obligatio est. Vgl. Herodot,
Geschichte 7,172,3 Dekretalien 5,13,6 De regulis iuris (Bonifaz VIII.):
Nemo potest ad impossibile obligari.

Über sein Können hinaus ist niemand verpflichtet.

Non possumus. **1379**
NT Actus Apostolorum 4,20: Non enim possumus, quae vidimus et audi-
vimus, non loqui. Wir können unmöglich schweigen über das, was wir gesehen und gehört haben. – Antwort des Petrus und Johannes auf das Verbot des Hohen Rats in Jerusalem, im Namen Jesu zu lehren.

Wir können nicht (nachgeben).

Die Worte Non posssumus sind heute die Weigerungsformel des Hl. Stuhls in Rom gegenüber Forderungen, die er aus kirchenrechtlichen Gründen nicht erfüllen kann. Bekannt wurden sie durch die ablehnende Antwort von Papst Clemens VII., 1523–34, auf die Forderung König Heinrichs VIII. von England, 1491–1547, reg. ab 1509, ihn von seiner spanischen Gattin Katharina von Aragón zu scheiden, da er die Hofdame Anna Boleyn heiraten wollte. Die Folge war die Abspaltung der englischen Kirche vom katholischen Glauben.

→ *Rhodos*   Hic Rhodus, hic salta. Nr. **2295**

→ *wollen*   Dei enim posse velle est, et non posse nolle.
Nr. **3386**

Kopf

1380 Quot capitum vivunt, totidem studiorum milia.
Horaz, Sermones 2,1,27f.

Wieviele Köpfe, soviele tausend Meinungen gibt es.

1381 Quot capita, tot sensus.
Nach Terenz, Phormio 454 MA H. Walther 26 211b Baruch de Spinoza, Ethica 1 Anhang

Wieviele Köpfe, soviele Meinungsunterschiede.

Korinth

1382 Non cuivis homini contingit adire Corinthum.
Horaz, Epistulae 1,17,36 Vgl. Gellius, Noctes Atticae 1,8 Strabon, Geographia 8

Nicht jedem (Menschen) glückt es, nach Korinth zu kommen.
Nicht jedem ist es vergönnt, etwas zu erreichen.

Körper

1383 corpusculum hoc, custodia et vinculum animi
Seneca, Ad Helviam matrem de consolatione 11,7

dieser kleine Körper, Gefängnis und Fessel des Geistes

1384 Fateor insitam esse nobis corporis nostri caritatem; fateor nos huius gerere tutelam. Non nego indulgendum illi, serviendum nego; multis enim serviet, qui corpori servit …
Seneca, Epistulae morales 14,1

Ich gebe zu: angeboren ist uns die Liebe zu unserem Körper; ich gebe zu: wir gewähren ihm Schutz. Ich bestreite nicht: man muß ihn pflegen, ich behaupte aber, daß man nicht sein Sklave sein darf; denn der Sklave vieler ist, wer ein Sklave seines Körpers ist ...

Corporum autem bona corporibus quidem bona sunt, sed in to- **1385**
tum non sunt bona.
Seneca, Epistulae morales 71,33

*Vorzüge des Körpers sind zwar gut für den Körper, aber aufs
Ganze gesehen sind sie keine Güter.*
Nach der Lehre der Stoiker zählten Gesundheit und Krankheit, Leben und
Tod ebenso wie Armut und Reichtum zu den Adiaphora, den sittlich wert-
freien, zwischen Gut und Böse liegenden Dingen.

Optimus odor in corpore est nullus.   **1386**
Seneca, Epistulae morales 108,16

Der beste Körpergeruch ist: gar keiner.

Tria sunt, quibus homo constat: spiritus, anima et corpus.   **1387**
Augustinus, De fide et symbolo 11,23

Der Mensch besteht aus Geist, Seele und Körper.

corpus delicti   **1388**
Von Prosper Farinacius, 1544–1613, Variae Quaestiones, Frankfurt 1670/
1676 Vol. 1 n. 6 und Vol. 2 n. 1–30 für Tatbestand gebraucht. Büchmann
597

*Beweisgegenstand, d. h. Beweis- bzw. Überführungsstück bei
einer Straftat*

Corpus Iuris Civilis Abk.: CIC   **1389**
Sammlung des bürgerlichen Rechts.
Bestandteile: 1. Iustiniani institutiones 2. Digesta Digesten, auch Pandek-
ten genannt. Sammlung von Auszügen aus Entscheidungen bedeutender
römischer Juristen. 3. Codex Iustinianus Sammlung des Kaiserrechts
4. Novellae Novellen, d. h. Nachträge und neue Einzelgesetze Justinians.
Das CIC, 533 bis 542 entstanden, war die endgültige Kodifikation des
römischen Rechts auf Veranlassung des oströmischen Kaisers Justinian,
527–565, die weiterwirkte, auch als das Römische Reich aufgehört hatte
zu existieren. Sie übte auch auf die Bestimmungen des Bürgerlichen Ge-
setzbuches (BGB) Einfluß aus.

Corpus iuris canonici Abk.: C.i.c.   **1390**
Sammlung des kanonischen Rechts
Die Sammlung der kirchlichen Rechtsquellen des Mittelalters wurde 1142
von Gratianus in Bologna begonnen. Das C.i.c. wurde 1918 durch den
Codex Iuris Canonici, CIC, Codex des Kanonischen Rechts, abgelöst. Die
ab 27. 11. 1983 geltende revidierte Fassung trägt neben dem im AT und

im NT tradierten Rechtserbe den neuen Geist des II. Vatikanischen Konzils, 1962–65, in sich und hat Gesetzeskraft für die gesamte Lateinische Kirche.

1391 Accipite et comedite: hoc est corpus meum.

📖 NT Matthaeus 26,26 Marcus 14,22

Nehmt und eßt; das ist mein Leib.

Worte Jesu Christi zu den Jüngern beim Paschamahl.

1392 Corpus Christi

der (eucharistische) Leib Christi

die geweihte Hostie

1393 corpus Christi mysticum

Vgl. NT Römer 12,5: … ita multi unum corpus sumus in Christo … so sind wir, die vielen, ein Leib in Christus … Ähnlich 1 Korinther 10,17; 12,12-13; 27 Epheser 1,23: … Ecclesiam, quae est corpus ipsius … die Kirche, die sein Leib ist. Kolosser 1,18,1: Et ipse est caput corporis Ecclesiae. Er selbst ist das Haupt des Leibes der Kirche. Vgl. 1,24; 3,15

der mystische Leib Christi

Die mystische, geheimnisvolle, organisch gegliederte Gemeinschaft der Gläubigen der christlichen Kirche(n) auf Erden.

→ *Gesundheit* Orandum est, ut sit mens sana in corpore sano. Nr. **822**

Kraft

1394 Vis consilii expers mole ruit sua.

Horaz, Carmina 3,4,65. Vgl. Lucan, De bello civili 1,81: in se magna ruunt. Großes stürzt in sich selbst zusammen.

Kraft ohne Klugheit stürzt durch die eigene Wucht.

1395 Dum vires annique sinunt, tolerate labores.

Ovid, Ars amatoria 2,669

Solange die Kräfte und die Jahre es zulassen, ertragt die Mühen.

1396 Quod si deficiant vires, audacia certe
  laus erit: in magnis et voluisse sat est.

Properz, Elegiae 2,10,5 f.

Sollten auch die Kräfte versagen, die Kühnheit wird sicher Lob finden: Bei großen Dingen gewollt zu haben ist schon genug.

Mojsisch / Schwarz / Tautz

Vires nostrae cum rebus, quas temptaturi sumus, comparandae **1397**
sunt.
Seneca, De tranquillitate animi 5. Vgl. Epistulae morales 108,2: Aptari
onus viribus debet nec plus occupari quam cui sufficere possumus. Man
muß die Last seinen Kräften anpassen und darf sich nicht mehr aufbürden
als man leisten kann. Juvenal, Saturae 11,35: Noscenda est mensura sui …
Jeder erkenne sein Maß …
Unsere Kräfte müssen wir an den Dingen, die wir unternehmen
wollen, messen.

vis maior   **1398**
MA H. Walther 33 778 g
höhere Gewalt

O magnam vim veritatis!   **1399**
Cicero, Pro Caelio oratio 63
Welch große Kraft der Wahrheit!

Crescunt anni, decrescunt vires.   **1400**
Die Jahre nehmen zu, die Kräfte schwinden.

viribus unitis   **1401**
Wahlspruch des österreichischen Kaisers Franz Joseph, 1848–1916, der
von Joseph Ritter von Bergmann, 1796–1876, dem Erzieher der Söhne
Erzherzogs Karls, geprägt wurde. Auch: Devise des 1849 gestifteten
Franz-Joseph-Ordens. Helfer 186
mit vereinten Kräften

Et omnis turba quaerebat eum tangere; quia virtus de illo exi- **1402**
bat, et sanabat omnes.
NT Lukas 6,19
Und alle versuchten, ihn zu berühren; denn es ging eine Kraft
von ihm aus, die alle heilte.

→ *Wille*   Ut desint vires, tamen est laudanda voluntas. Nr. **3341**

Krähe

Cornix cornici oculos non effodit.   **1403**
Vgl. Macrobius, Saturnalia 7,5,2: … tamquam cornix cornici oculos
effodiat. … als ob …
Eine Krähe hackt der andern kein Auge aus.

Krankheit

1404 Aegroto, dum anima est, spes est.

Cicero, Epistulae ad Atticum 9,11 (10),3

Solange der Kranke noch atmet, hofft er.

1405 Senectus ipsa est morbus.

Vgl. Terenz, Phormio 575 Seneca, Epistulae morales 108,28: Senectus insanabilis morbus est. Das Alter ist eine unheilbare Krankheit. Zwölftafelgesetz 1,3 Digesta 13,6,5 § 4

Hohes Alter selbst ist eine Krankheit.

1406 Non intellecti nulla est curatio morbi.

Cornelius Gallus, Elegiae 3,55

Verborgene Krankheiten lassen sich nicht heilen.

1407 Semel apoplecticus, semper apoplecticus.

Einmal vom Schlaganfall betroffen, immer vom Schlaganfall bedroht. Helfer 158

→ *Arzt* Medicus curat, natura sanat. Nr. **100**

Kreis

1408 Noli turbare circulos meos!

Livius, Ab urbe condita 25,31,10. Vgl. Valerius Maximus, Facta et dicta memorabilia 8,7,7

Störe meine Kreise nicht!

Letzte Worte des Archimedes, 287–212 v. Chr., der gerade mit mathematischen Figuren beschäftigt war, als bei der Eroberung der Stadt Syrakus ein römischer Soldat in seinen Arbeitsraum eindrang und ihn tötete.

1409 circulus vitiosus / circulus in probando

fehlerhafter Kreis

Kreis beim Beweisen. Beweisfehler, wobei die Schlußfolgerung bereits als Beweisgrund verwendet wird.

Kreuz

1410 Ad omnem progressum atque promotum, ad omnem aditum et exitum, ... quaecumque nos conversatio exercet, frontem crucis signaculo terimus.

Tertullian, De corona militis 3 Vgl. Augustinus, De symbolo ad cat. (Migne, PL 40,637): crucis signum

Bei jedem Schritt und Tritt, bei jedem Eintreten und Weggehen, ... und welche Tätigkeit wir nur immer verrichten, drücken wir auf unsere Stirn das Kreuzzeichen.

In hoc signo vinces.   **1411**
Eusebius, Vita Constantini 1,28 Vgl. Laktanz, De mortibus persecutorum
44

In diesem Zeichen wirst du siegen.
Der griechische Kirchenschriftsteller Eusebius, 260–339 n. Chr., berichtet,
dem Kaiser Konstantin sei vor der Entscheidungsschlacht gegen seinen
Schwager Maxentius am Himmel aus Licht gebildet ein Kreuz mit der
griechischen Inschrift tuto nika (lat.: Hoc signo vinces.) erschienen. Unter
der daraufhin mit dem Zeichen des Kreuzes und dem Christogramm
Ichthys (Anfangsbuchstaben der Worte Iesus Christos Theou hyios soter,
Jesus Christus, Sohn Gottes, der Retter) geschmückten Kriegsfahne siegte
Konstantin in der Schlacht an der Milvischen Brücke vor Rom am 28. 10.
312 n. Chr. und wurde Kaiser zusammen mit Licinius. Ab 323 bis 337
n. Chr. ist Konstantin Alleinherrscher. Unter ihm wird durch das Edikt von
Mailand 313 das Christentum als erlaubte Religion vom Staat anerkannt.
Die Schlacht gilt als Wende zum christlichen Reich.

Multi miracula eius venerantur: pauci ignominiam crucis sequ- **1412**
untur.
Thomas von Kempen, De imitatione Christi 2,11,6

Viele verehren seine Wunder: aber nur wenige folgen der
Schmach des Kreuzes.

In cruce salus, in cruce vita; in cruce protectio ab hostibus.   **1413**
Thomas von Kempen, De imitatione Christi 2,12,7

Im Kreuz ist Heil, im Kreuz Leben, im Kreuze Schutz vor
Feinden …

Ecce in cruce totum constat.   **1414**
Thomas von Kempen, De imitatione Christi 2,12,13
Siehe, auf das Kreuz gründet sich das Ganze.

Stat crux dum volvitur orbis.   **1415**
Devise der Kartäuser-Mönche

Es steht das Kreuz, solang' die Erde sich dreht.
Vgl. die Darstellung des Kreuzes über dem Pol des Erdballes, z. B. auf
vielen Kirchtürmen, auch auf der Spitze des Obelisken auf dem Peters-
platz in Rom.

Et qui non accipit crucem suam, et sequitur me, non est me **1416**
dignus.
📖 NT Matthaeus 10,38 Markus 8,34 Lukas 9,23

Wer sein Kreuz nicht auf sich nimmt und mir nicht nachfolgt,
der ist meiner nicht wert.

1417 Si quis vult me sequi, deneget semetipsum: et tollat crucem suam, et sequatur me.

NT Markus 8,34

Wer mein Jünger sein will, der verleugne sich selbst, nehme sein Kreuz auf sich und folge mir nach.

Krieg

1418 Bellum rerum omnium pater.

Heraklit, fr. 50 Mansfeld 22 B 53 (DK) Zitat bei Lukian, Hist. conscr. 5 Diogenes Laertios 9,8 Erasmus von Rotterdam, Adagia 3,5,36

Der Krieg ist der Vater aller Dinge.

1419 Dulce bellum inexpertis, expertus metuit.

MA H. Walther 6323 a Übersetzung eines Verses Pindars fr. 110,1

Unerfahrenen ist der Krieg etwas Schönes, wer ihn erlebt hat, fürchtet ihn.

1420 Omne bellum sumitur facile, ceterum aegerrime desinit.

MA H. Walther 19 798 b

Jeder Krieg ist leicht begonnen, aber nur sehr schwer zu beenden.

1421 Ingenium in bello plurimum valet.

Sallust, De coniuratione Catilinae 2,2

Der Geist ist im Krieg entscheidend.

1422 Paritur pax bello.

Cornelius Nepos, Epaminondas 5,4

Der Friede wird durch Krieg gewonnen.

1423 Bellum ita suscipiatur, ut aliud nihil nisi pax quaesita videatur.

Cicero, De officiis 1,23,80

Einen Krieg unternehme man so, daß nur der Friede gesucht zu sein scheine.

1424 Cedant arma togae, concedat laurea laudi!

Cicero, De officiis 1,77 Oratio in Pisonem 72 ff. Sallust, In Ciceronem 1,6 Quintilian, De institutione oratoria 11,1,24. Der Vers stammt aus dem nur in Fragmenten erhaltenen Epos Ciceros De consulatu suo Über sein Konsulat.

Die Waffen mögen der Bürgertoga nachstehen, der Kriegslorbeer trete hinter der friedlichen Arbeit zurück.

Friedliche Arbeit löse den Krieg ab. – Cicero preist seine Leistung als Politiker und stellt sie über den Lorbeerkranz des Feldherrn. Das bekannte Wort kennzeichnet die Spannungen zwischen dem Militär und den Politikern. In den modernen Demokratien ist eine strenge politische Kontrolle der obersten militärischen Führung etabliert. Grundsatz: Primat der Politik bzw. Vorrang der Zivilgewalt gegenüber dem Militär.

Nervi belli pecunia infinita.   **1425**

Cicero, Orationes Philippicae 5,5

Die Nerven des Krieges: unendlich viel Geld.

casus belli   **1426**

Cicero, Epistulae ad familiares 6,1,7

der Kriegsfall

Eintreten von Umständen bzw. Verhalten eines Staates, das einem anderen Staat als Kriegsgrund gilt.

Ostendite modo bellum: pacem habebitis.   **1427**

Livius, Ab urbe condita 6,18,7

Zeigt nur den Krieg, und ihr werdet den Frieden haben!

Bellum se ipsum alit.   **1428**

Livius, Ab urbe condita 34,9,12. Vgl. Schiller, Wallenstein. Die Piccolomini 1,2

Der Krieg ernährt sich selbst.

bellaque matribus / detestata.   **1429**

Horaz, Carmina 1,1,24 f.

und Kriege, die die Mütter verfluchen.

Nam fuit ante Helenam cunnus taeterrima belli / causa.   **1430**

Horaz, Carmina 1,3,107 f.

Denn schon vor Helena war oft ein Frauenzimmer abscheulicher Kriegsgrund.

Bellum omnium contra omnes.   **1431**

Thomas Hobbes, De cive 1,12 Leviathan 1,14

Krieg aller gegen alle.

Nach Hobbes' Auffassung ist der Krieg aller gegen alle der Naturzustand des Menschen. Dieser Behauptung widerspricht Jean-Jacques Rousseau in seinem Werk Der Gesellschaftsvertrag (1755) 1,4 : Es sind die Verhältnisse und nicht die Menschen, die den Krieg begründen, und da der Kriegszustand nicht aus einfachen persönlichen Verhältnissen hervorgehen kann, sondern nur aus Eigentumsverhältnissen … H. Brockard → *Wolf* Homo homini lupus. Nr. **1782**

1432 In Bellonae[1] hortis nascuntur semina mortis.

Im Garten der Kriegsgöttin wachsen die Todesblumen.

[1] Bellona ist die Begleiterin des Kriegsgottes Mars. Ihr wurden Opfer dargebracht. – Leoninischer Hexameter.

1433 Aequalitas non parit bellum.

Kräftegleichheit erzeugt keinen Krieg.

Modernes Schlagwort: Gleichgewicht der Macht.

→ *Frieden*	Nulla salus bello, pacem te poscimus omnes. Nr. **626**
→ *Frieden*	Si vis pacem, para bellum. Nr. **630**
→ *Gesetz*	Inter arma silent leges. Nr. **796**
→ *Heirat*	Bella gerant alii, tu, felix Austria, nube! Nr. **1103**
→ *Muse*	Inter arma silent Musae. Nr. **1894**

Krösus

1434 Croesus[1] Halyn[2] penetrans magnam pervertet opum vim.

Cicero, De divinatione 2,115

Wenn Krösus über den Halys geht, wird er ein großes Reich zerstören.

[1] König von Lydien [2] Halys: Fluß in Kleinasien. Bekannter doppelsinniger Orakelspruch.

1435 Croeso, Crasso ditior

Martial, Epigrammata 5,39,8 Wander 2,1640

reicher als Krösus oder Crassus

Der Reichtum des Lyderkönigs Krösus, reg. 560–547 v. Chr., war in der Antike ebenso sprichwörtlich wie der des Römers Marcus Licinius Crassus Dives, der Reiche, der im Jahre 60 v. Chr. mit Caesar und Pompeius das erste Triumvirat bildete und 53 v. Chr. bei Carrhae im Kampf gegen die Parther fiel.

Kunst

1436 Ars longa, vita brevis.

Vgl. Homer, Odyssee 19,328 Hippocrates, Aphorismen 1,1

Lateinische Fassung bei Seneca, De brevitate vitae 1,1: Vitam brevem esse, artem longam. Vgl. Cicero, Orationes Philippicae 14,32

Die Kunst ist lang, doch kurz ist unser Leben.

Ein Menschenleben reicht nicht aus, die Kunst bzw. Wissenschaft ganz zu erfassen.

Quam quisque norit artem, in hac se exerceat.   **1437**
Cicero, Tusculanae disputationes 1,41. Vgl. Aristophanes, Die Wespen
1431: Was man nicht versteht, das läßt man bleiben. – Horaz, Epistulae
1,14,44: quam scit uterque, libens, censebo, exerceat artem! Die Kunst,
die jeder versteht, übe er, so meine ich, mit Lust!
Jeder treibe die Kunst, die er versteht.

Zeno censet … artis maxume proprium esse creare et gignere.   **1438**
Cicero, De natura deorum 2,22,57
Zeno[1] meint, das Hauptcharakteristikum der Kunst sei das
Schaffen und Zeugen.
[1] Zeno aus Kition auf Zypern war der Gründer der Philosophenschule der
Stoa.

Mater artium necessitas.   **1439**
Curtius Rufus, Historia Alexandri Magni Macedonis 4,3,24: efficacior
omni arte necessitas. Die Not ist ein mächtigerer Hebel als alle Kunst.
7,7,10; 8,4,11: efficacior in adversis necessitas quam ratio die Not, die im
Unglück erfinderischer macht als die Überlegung. Vgl. Aischylos, Der gefesselte Prometheus 514
Not macht erfinderisch.
Not ist die Mutter der Künste. – Lateinisches Sprichwort nach griechi-
schem Vorbild.

Disce bonas artes, moneo, Romana iuventus.   **1440**
Ovid, Ars amatoria 1,459
Lerne die edlen Künste, das rate ich, römische Jugend!

Ars deluditur arte.   **1441**
Disticha Catonis 1,26,2 Wander 2,1717,189
Verstellung narrt Verstellung.
Kunst lacht über Künste.

Non est ars, quae ad effectum casu venit.   **1442**
Seneca, Epistulae morales 29,3
Kunst ist nicht, was durch Zufall zur Wirkung kommt.

Omnis ars naturae imitatio est.   **1443**
Seneca, Epistulae morales 65,3
Alle Kunst ist Nachahmung der Natur.

Artem qui sequitur, raro pauper reperitur.   **1444**
Vgl. Sueton, Nero 40
Wer ein Handwerk betreibt, bleibt selten arm.
Handwerk hat goldenen Boden.

1445 Res valet, ars praestat; si res perit, ars mihi restat.

MA H. Walther 26 790

Vermögen ist viel wert, Kunst (Handwerk) ist besser; wenn das Vermögen verloren geht, bleibt mir die Kunst (das handwerkliche Können).

1446 Ars se habet semper ad bonum.

Thomas von Aquin, Summa theologica I.II 57.3 ad 1

Die Kunst zielt immer auf etwas Gutes ab.

1447 Ars imitatur naturam.

Thomas von Aquin, De veritate 11.1 c … unde et ars dicitur imitari naturam. … und in diesem Sinne heißt es, die Kunst ahme die Natur nach. Vgl. cg. II.75 III 10; regim. 3,11 4 sent. 42.2.1 c. Vgl. Aristoteles, Physik II 2,194 a 21 und 199 a 15 f.: he techne mimeitai ten physin.

Die Kunst ahmt die Natur nach.

1448 Veritas artis suprema lex.

Wahrheit ist das oberste Gebot der Kunst.

1449 Artem non odit nisi ignarus.

Inschrift am Neuen Museum in Berlin

Die Kunst haßt nur der Unwissende.

1450 Ars gratia artis.

Wahlspruch der amerikanischen Filmgesellschaft Metro-Goldwyn-Mayer. Vgl. franz. L'art pour l'art.

Kunst um der Kunst willen.

1451 Ars poetica

Horaz, Epistulae 2,3 / Epistula ad Pisones, ca. 17–16 v. Chr. entstanden. Der Titel Ars poetica stammt nicht von Horaz. Er findet sich bei Quintilian, De institutione oratoria 8,3,60: Liber de arte poetica.

Das Buch von der Dichtkunst

Der Brief in 476 Hexametern enthält die Kunstlehre des Horaz. In geschlossenen Abschnitten werden humorvoll und ernst dichterisches Kunstwerk, Gattungen und Voraussetzungen des Dichters behandelt, zum Schluß Mittelmäßigkeit, Dilettantismus und Ekstatik schärfster Kritik unterworfen. Die Lehren der Ars poetica haben auf die Poetiken aller folgenden Epochen maßgebenden Einfluß ausgeübt.

1452 Ars amatoria

Titel einer Hexameterdichtung in drei Büchern von Publius Ovidius Naso. Der Titel wird gelegentlich zitiert als Ars amandi, Die Kunst des Liebens,

Epistulae ex Ponto 2,10,15 oder kurz Ars, Epistulae ex Ponto 2,9,73 und 2,10,12.

Die Kunst zu lieben

Eine Anleitung in Liebesangelegenheiten. Das meistgelesene Werk Ovids im Mittelalter und in der Neuzeit.

artes liberales   **1453**

Cicero, De inventione 1,35. Vgl. Seneca, Epistulae morales 88,21; 23: Solae autem *artes* liberales sunt, immo, ut dicam verius, liberae, quibus curae virtus est. Allein die freiheitlichen, oder richtiger gesagt die freien Künste sind es, deren Ziel die sittliche Vollkommenheit ist. Eutrop, Breviarium urbis Romae 10,7; 10

die sieben freien[1] Künste

[1] d.h. eines freien Mannes würdigen Künste, vgl. Seneca, Epistulae morales 82,2. Die sieben freien Künste umfaßten seit dem Auftreten der griechischen Sophisten und der hellenistischen Zeit, in der Spätantike und im Mittelalter Grammatik, Dialektik, Rhetorik, seit dem 9. Jh. Trivium, d.h. Dreiweg, und Arithmetik, Geometrie, Astronomie, Musik, Quadrivium, d.h. Vierweg. Sie wurden an den Kloster- und Lateinschulen, seit Ende des Mittelalters zunehmend von der Artistenfakultät an den Universitäten gelehrt.

Ars moriendi   **1454**

Titel eines Erbauungsbuches von Johannes Carlerius de Gerson, 1363–1429. Das Werk wurde in französischer Sprache verfaßt, 1408 aber von Gerson ins Lateinische übersetzt und fand weiteste Verbreitung.

Die Kunst des Sterbens

Der Begriff zielt auf die geistliche Begleitung in der Sterbestunde.

Ars antiqua   **1455**

die alte Kunst

In der Musikgeschichte die Mehrstimmigkeit vom Ende des 12. Jahrhunderts bis gegen 1300.

Ars nova   **1456**

Titel einer Musikschrift, ca.1320, von Philipp de Vitry

Die neue Kunst

Sammelbegriff für die Entwicklungen der französischen Musik im 14. Jahrhundert.

lege artis   **1457**

nach den Regeln der Kunst, kunstgerecht

→ *Ehre*   Honos alit artes. Nr. **335**
→ *Frieden*   Amat pacem Phidias. Nr. **634**
→ *Hunger*   Nova artificia docet fames. Nr. **1239**

küssen

1458 Da mihi basia mille, deinde centum,
dein mille altera, dein secunda centum,
deinde usque altera mille, deinde centum.
Catull, Carmina 5,7 ff.

Küsse mich tausendmal und hundert,
dann ein anderes tausendmal und hundert,
und so immer eintausendmal und hundert.

Theodor Heyse
Aus dem berühmten Kußlied an die Geliebte Lesbia.

1459 Oscula qui sumpsit, si non et cetera sumit,
  haec quoque, quae data sunt, perdere dignus erit.
Ovid, Ars amatoria 1,669 f.

Wer sich Küsse nahm und das übrige nicht nimmt,
verdient auch das, was ihm gegeben wurde, zu verlieren.
M. von Albrecht

1460 Aliter homines amicam, aliter liberos osculantur.
Seneca, Epistulae morales 75,3

Anders küssen Männer ihre Freundin, anders die Kinder.

1461 Basia fert meretrix iuveni non propter amorem.
MA H. Walther 1 939 Werner / Flury b 4

Küsse gibt die Dirne dem jungen Mann nicht aus Liebe.

L

lachen

Risu inepto res ineptior nulla est.   **1462**
Catull, Carmina 39,16
Nichts ist alberner als unangebrachtes Lachen.
Am Lachen erkennt man den Narren.

Ille terrarum mihi praeter omnes / angulus ridet.   **1463**
Horaz, Carmina 2,6,14 f.
Lacht mir doch kein Winkel[1] der Welt wie dieser. Kayser / Nordenflycht / Burger
[1] Gemeint ist die Gegend um Tarent.

Ridentem dicere verum / quid vetat?   **1464**
Horaz, Sermones 1,1,24 f.
Was hindert uns, mit Lachen die Wahrheit zu sagen?

                        Ridiculum acri   **1465**
fortius et melius magnas plerumque secat res.
Horaz, Sermones 1,10,14 f.
Das Lächerliche entscheidet meist bedeutende Dinge nachhaltiger und besser als bittere Schärfe.

Risum teneatis, amici?   **1466**
Horaz, De arte poetica 5
Wer müßte da nicht lachen, Freunde?

Quis credat? Discunt etiam ridere puellae.   **1467**
Ovid, Ars amatoria 3,281
Wer möchte es glauben? Die Mädchen lernen auch lachen.

Quid enim mihi aufert, qui ridet? Satius est rideri quam derideri.   **1468**
Petron, Satyricon 61,4
Was nimmt mir jemand, der lacht? Es ist besser, die Lacher auf seiner Seite zu haben, als daß sie einen auslachen.

Ride, si sapis, o puella, ride!   **1469**
Martial, Epigrammata 2,41,1
Lache, wenn du klug bist, Mädchen, lache!

1470 Per risum multum debes cognoscere stultum.

MA H. Walther 21 246

Am vielen Lachen erkennt man den Narren.

1471 Vae tibi ridenti (lascivo), quia mox post gaudia flebis.

Vgl. Horaz, Epistulae 1,2,55 NT Lukas 6,25: Vae vobis, qui ridetis nunc: quia lugebitis et flebitis. Weh euch, die ihr jetzt lacht; denn ihr werdet klagen und weinen. MA H. Walther 32 861

Weh dir, der du lachst (Lüstling), weil du bald nach den Freuden weinen wirst.

1472 risus Sardonius

Cicero, Epistulae ad familiares 7,26 (25),1: gelos Sardanios

sardonisches Lachen

Ein krampfhaftes oder höhnisches Lachen oder ein dem Lachen ähnliches krampfhaftes Verziehen der Gesichtsmuskeln (bei Starrkrampf), das angeblich durch den Genuß eines auf Sardinien wachsenden, giftigen Krauts, herba Sardonia, hervorgerufen wurde. Vgl. Der Kleine Pauly 4 Sp. 1554

→ *Knabe*   Incipe, parve puer, risu cognoscere matrem. Nr. **1350**

→ *Opferschauer*   Miror, quod non ridet haruspex, haruspicem cum videt. Nr. **2102**

Lamm

1473 Altera die vidit Ioannes Iesum venientem ad se, et ait: Ecce agnus Dei, ecce qui tollit peccata mundi.

📖 NT Johannes 1,29

Am Tag darauf sah Johannes Jesus auf sich zukommen und sagte: Seht das Lamm Gottes, das die Sünde der Welt hinwegnimmt.

1474 Pasce agnos meos! ... Pasce agnos meos! ... Pasce oves meas!

NT Johannes 21,15

Weide meine Lämmer! ... Weide meine Lämmer! ... Weide meine Schafe!

Jesus Christus nach der Auferstehung zu Simon Petrus.

Land

1475 Terram video.

Plautus, Menaechmi 229 Cicero, Pro Murena oratio 4 De senectute 71

Ich sehe (sicheres) Land.

Freudiger Ausruf der Seeleute, wenn sie sich nach langer Seefahrt dem Lande nähern. Metaphorisch gebraucht: Ich sehe das Ende einer lästigen oder schwierigen Sache vor mir.

terra incognita   **1476**
Nach Tacitus, Agricola 10,4

unbekanntes Land
Übertragen: eine Sache, von der man nichts versteht

terra firma   **1477**

festes Land
im Gegensatz zu den Inseln

Terrae, qua pergis, cape mores, quos ibi cernis.   **1478**
MA H. Walther 31 348 Werner / Flury t 26

Richte dich nach den Sitten des Landes, in dem du reist.

Terra Sancta / Terra Christi incolatu Sacra   **1479**
AT Exodus 3,5 NT Actus Apostolorum 7,33

*das Heilige Land / das durch den Aufenthalt Christi geheiligte
Land*
Palästina

Last

Virtutis et vitiorum sine ulla divina ratione grave ipsius con- **1480**
scientiae pondus.
Cicero, De natura deorum 3,85

*Schwer ist die Last des Bewußtseins an sich von Tugend und
Laster auch ohne alle Rücksicht auf die Götter.*

Leve fit, quod bene fertur, onus.   **1481**
Ovid, Amores 1,2,10

Leicht wird eine Last, die man willig trägt.

Non honor est, sed onus.   **1482**
Ovid, Heroides 9,31

Nicht Ehre ist's, sondern Last.

Alter alterius onera portate, et sic adimplebitis legem Christi. **1483**
NT Galater 6,2

*Einer trage des anderen Last! Und so werdet ihr das Gesetz
Christi erfüllen.*

Laster

Dum vitant stulti vitia, in contraria currunt.   **1484**
Horaz, Sermones 1,2,24 Vgl. Seneca Maior, Controversiae 7 praef. 4

Wenn Toren Fehler meiden, verfallen sie in die entgegengesetzten.

1485 Vitiis nemo sine nascitur.
Horaz, Sermones 1,3,68
Ohne Fehler wird kein Mensch geboren.

1486 Alitur vitium vivitque tegendo.
Vergil, Georgica 3,454
Es wächst ja und lebt vom Verbergen die Krankheit.
Hier ist zunächst die Schafräude gemeint.

1487 Nemo sine vitio est.
Seneca Maior, Controversiae 2,4,4
Niemand ist ohne Fehler.

1488 Muliebrium vitiorum fundamentum avaritia est.
Seneca Maior, Controversiae exc. 2,7
Aller weiblichen Laster Grundlage ist die Habsucht.

1489 Vitia nobis sub virtutum nomina obrepunt.
Seneca Maior, Controversiae exc. 2,7
Laster schleichen sich bei uns unter den Namen von Tugenden ein.

1490 Sunt … virtutibus vitia confinia.
Seneca, Epistulae morales 120,8
Den Tugenden sind die Laster benachbart.

1491 Nemo nostrum non peccat.
Petron, Satyricon 75
Niemand von uns ist fehlerlos.

1492 Nemo illic vitia ridet, nec corrumpere et corrumpi saeculum vocatur.
Tacitus, Germania 19
Niemand lacht dort[1] über Laster, und verführen und sich verführen lassen heißt dort nicht „modern sein".
[1] in Germanien

1493 Vitia erunt donec homines.
Tacitus, Historiae 4,74
Laster wird es geben, solange es Menschen gibt.

1494 Fallit enim vitium specie virtutis et umbra.
Juvenal, Saturae 14,109
Das Laster[1] täuscht durch den Anschein und Schatten der Tugend.
[1] Hier ist der Geiz, avaritia, gemeint.

leben / Leben

Ama nesciri.   **1495**

Übersetzung des Wahlspruchs des Philosophen Epikur, fr. 551: lathe bio-
sas. Lebe im Verborgenen! Vgl. Thomas von Kempen, De imitatione
Christi 1,2,15: Ama nesciri et pro nihilo reputari. Liebe es, unbekannt zu
sein und für nichts geachtet zu werden.

Ziehe es vor, unbekannt zu bleiben!

Sinn: Das private, zurückgezogene Leben ist der Idealzustand des Menschen. Vgl. Goethe, Maximen und Reflexionen Nr. 1168

Ita est vita hominum.   **1496**

Terenz, Adelphoe 739

So ist das Leben der Menschen.

modus vivendi   **1497**

Cicero, De re publica 1,51 Tusculanae disputationes 5,66

die Art zu leben, Lebensweise

Völkerrecht: Die vorläufige Regelung einer Streitfrage, d.h. ein für beide
Seiten erträgliches Arrangement.

Pythagoram autem respondisse similem sibi videri vitam homi- **1498**
num et mercatum …

Cicero, Tusculanae disputationes 5,9

Pythagoras[1] aber habe geantwortet, das Leben der Menschen
scheine ihm wie ein Markt zu sein …

[1] Pythagoras: griechischer Philosoph aus Samos, der in Kroton in Unteritalien lebte und lehrte. Ihm wird in der Mathematik der Pythagoreische
Lehrsatz $a^2 + b^2 = c^2$ zugeschrieben.

Quod cuique temporis ad vivendum datur, eo debet esse conten- **1499**
tus.

Cicero, De senectute 69

Was jedem an Zeit zum Leben gegeben wird, damit muß er sich
begnügen.

Brevis a natura vita nobis data est.   **1500**

Cicero, Orationes Philippicae 14,32. Vgl. Plautus, Mostellaria 726 Sallust,
De coniuratione Catilinae 1,3 Seneca, Epistulae morales 77,20

Nur ein kurzes Leben ist uns von der Natur gegeben.

Ex perpetuis autem plenisque gaudiis cum perspicuum sit vitam **1501**
beatam exsistere …

Cicero, Tusculanae disputationes 5,67

Da es klar ist, daß das glückselige Leben aus dauernder und voller Freude besteht … .

1502 Satis vixi, invictus enim morior.
Cornelius Nepos, Epaminondas 9,4

Ich habe genug gelebt, denn ich sterbe unbesiegt.

1503 Vivitur parvo bene.
Horaz, Carmina 2,16,13. Vgl. Lucan, De bello civili 4,377

Mit wenigem lebt sich's glücklich.

1504 Dum licet, in rebus secundis vive beatus;
vive memor, quam sis aevi brevis.
Horaz, Sermones 2,6,96 f.

Lebe, solange es dir erlaubt ist, glücklich in Freuden;
lebe und bedenke die Kürze des Daseins.

1505 vivere naturae si convenienter oportet …
Horaz, Epistulae 1,10,12

wenn man in Übereinstimmung mit der Natur leben soll …

1506 Vixi et quem dederat cursum Fortuna peregi.
Vergil, Aeneis 4,653 Zitiert von Seneca, De beneficiis 5,17,5 De vita beata 19,1 Epistulae morales 12,9

Ich habe gelebt und den Lauf, den das Geschick mir gewährt,
vollendet.
Worte der Verzweiflung der von Aeneas verlassenen Karthagerkönigin Dido, als sie glaubt, daß ihr vom Schicksal nicht länger zu leben bestimmt sei, und den Freitod wählt.

1507 Breve et irreparabile tempus / omnibus est vitae.
Vergil, Aeneis 10,467 f.

Kurz und unwiederbringlich ist für alle die Zeit des Lebens.
Jupiter zu Hercules vor des Pallas Tod im Kampf gegen Turnus.

1508 Bene qui latuit, bene vixit.
Ovid, Tristia 3,4,25. Vgl. Seneca, Thyestes 391 ff. → *leben / Leben* Ama nesciri! Nr. **1495**. Der Gedanke geht auf Epikur zurück. Die Epikureer lehnten eine politische Betätigung ab. Die philosophische Gegenposition der Stoa formuliert Seneca, Epistulae morales 55,4, kritisch im Blick auf den reichen ehemaligen Prätor Servilius Vatia, der sich vom öffentlichen Leben fernhielt: Ille latere sciebat, non vivere. Er verstand es nur, verborgen zu bleiben, nicht zu leben.

Wer verborgen gelebt hat, hat gut gelebt.

Nostrum est   **1509**
quod vivis: cinis et manes et fabulae / fies.
Persius, Saturae 5,151 ff.

Das ist unser, daß du lebst:
bald wirst du Asche und Schatten im Totenreich werden.

Vive memor leti!   **1510**
Persius, Saturae 5,153 Hieronymus, Epistulae 127(a), 7 (Migne 22,1091)
Leb im Gedanken an den Tod!

Ergo vivamus, dum licet esse bene.   **1511**
Petron, Satyricon 34,10
Daher laßt uns das Leben genießen, solange das Schicksal es
gut mit uns meint.

Vivere tota vita discendum est ... tota vita discendum est mori. **1512**
Seneca, De brevitate vitae 7,3
Zu leben muß man das ganze Leben lernen, ... und das ganze
Leben muß man sterben lernen.

Dum differtur vita, transcurrit.   **1513**
Seneca, Epistulae morales 1,1,2
Schiebt man das Leben auf, so enteilt es.

Sic vive cum hominibus, tamquam deus videat.   **1514**
Seneca, Epistulae morales 10,5
Lebe so mit den Menschen, als ob Gott es sähe.

Non enim vivunt, sed victuri sunt: omnia differunt. **1515**
Seneca, Epistulae morales 45,13
Sie leben nämlich nicht, sie wollen nur immer (in Zukunft) le-
ben: Alles schieben sie auf.

Nec secundi quicquam singulis est nec adversi: in commune **1516**
vivitur.
Seneca, Epistulae morales 48,2
Kein Glück, kein Unglück ist nur für einen da: Gemeinsam lebt
man.

Non vivere bonum est, sed bene vivere.   **1517**
Seneca, Epistulae morales 70,4 De beneficiis 3,31,4
Nicht zu leben ist ein Gut, sondern sittlich gut zu leben.

1518 Quomodo fabula, sic vita: non quam diu, sed quam bene acta sit, refert.

Seneca, Epistulae morales 77,20. Vgl. 101,15: Quam bene vivas referre, non quam diu. Wie sittlich gut du lebst ist wichtig, nicht wie lange.

Wie ein Theaterstück, so ist das Leben: nicht wie lange, sondern wie gut es gespielt wurde, darauf kommt es an.

1519 Nulla vita est non brevis.

Seneca, Epistulae morales 77,20

Jedes Leben ist kurz.

1520 Vivere, Lucili, est militare.

Seneca, Epistulae morales 96,5. Vgl. AT Hiob 7,1: Militia est vita hominis super terram. Kriegsdienst ist des Menschen Leben auf Erden.

Leben, Lucilius, heißt Kämpfer sein.

1521 Primum vivere, deinde philosophari.

Die Quelle dieses Zitats wurde bisher nicht nachgewiesen. – Vgl. Laktanz, Divinae institutiones 3,14,17 – Zitiert von A. Schopenhauer, Die Welt als Wille und Vorstellung, Buch 4 Kap. 46, 1819/44

Zuerst leben, dann philosophieren.

Der Ausspruch betont den Vorrang des tätigen Lebens vor der einseitigen philosophischen Spekulation.

1522 O vita, misero longa, felici brevis!

Publilius Syrus, Sententiae O 3

O Leben, dem Unglücklichen lang, dem Glücklichen kurz!

1523 Vita est nobis aliena magistra.

Disticha Catonis 3,13 b

Das Leben anderer kann uns lehren.

1524 Cras vives? Hodie iam vivere, Postume, serum est: ille sapit, quisquis, Postume vixit heri.

Martial, Epigrammata 5,58,7 f. Vgl. 1,15, 11 f. Seneca, Epistulae morales 101,10

Morgen willst du leben? Heute erst leben zu wollen, Postumus, ist schon zu spät. Der ist weise, Postumus, der gestern schon gelebt hat.

1525 Vivite fortes!

Horaz, Sermones 2,2,135

Lebt tapfer!

Rebus in angustis facile est contemnere vitam: **1526**
  fortiter ille facit, qui miser esse potest.
Martial, Epigrammata 11,56,15f.

In dürftigen Verhältnissen ist es leicht, das Leben geringzu-
schätzen: tapfer aber handelt der, der elend zu leben vermag.

Cum enim te, deum meum, quaero, vitam beatam quaero.   **1527**
Augustinus, Confessiones 10,20,29

Denn such ich Dich, meinen Gott, so suche ich das selige Le-
ben. J. Bernhart

Media in vita in morte sumus.   **1528**
Anfangszeile eines seit dem 11. Jh. belegten Kirchenliedes

Mitten im Leben sind wir vom Tod umfangen.

Qualis vita, finis ita.   **1529**
MA H. Walther 23 252

Wie das Leben, so das Ende.

O saeculum! O litterae! Iuvat vivere!   **1530**
Ulrich von Hutten, 1488–1523, Brief an Willibald Pirckheimer vom 25. 12.
1518 Vgl. Seneca, Epistulae morales 54,7: Illum tu lauda et imitare, quem
non piget mori, cum iuvet vivere. Den lobe du und den ahme nach, den es
nicht verdrießt zu sterben, obwohl es ihm Vergnügen macht zu leben.

O Jahrhundert! O Wissenschaften! Es ist eine Lust zu leben!
Oft zitiertes Bekenntnis des Humanisten, der die Bedeutung der Wissenschaften für die kommenden Jahrhunderte voraussah.

vita activa   **1531**
das aktive, der praktischen Arbeit gewidmete Leben

vita contemplativa   **1532**
das kontemplative, d. h. der inneren, liebenden religiösen Be-
trachtung gewidmete Leben, z. B. im Kloster eines kontemplati-
ven christlichen Ordens

Vivat, crescat, floreat!   **1533**
Er (sie / es) lebe, wachse und blühe!
Studentischer Trinkspruch

Vivat!   **1534**
Ovid, Tristia 5,5,23
Er / Sie möge leben! / Er / Sie lebe hoch!

1535 Vivant sequentes!

Die Nachfolgenden sollen leben!

1536 Vita militia.

Inschrift auf dem Rathaus zu Danzig

Das Leben (ist) ein Kriegsdienst.

1537 Vita somnium breve.

Vgl. Pedro Calderon de la Barca, 1600–81, La vida es sueno, Das Leben ein Traum. Titel eines philosophischen Dramas. – Franz Grillparzer, Der Traum ein Leben, dramatisches Märchen, 1817/31. – Titel einer Novelle, 1903, von Ricarda Huch, und eines Gemäldes, 1888, von Arnold Böcklin.

Das Leben ist nur ein kurzer Traum.

1538 Vivos voco. Mortuos plango. Fulgura frango.

Friedrich Schiller, Motto des Gedichts „Das Lied von der Glocke", 1799

Die Lebenden rufe ich, die Toten beklage ich, die Blitze breche ich.

Inschrift mehrerer Glocken, z.B. einer 1486 in Basel gegossenen Glocke. Vgl. Helfer 187

1539 Qui invenit animam suam, perdet illam: et qui perdiderit animam suam propter me, inveniet eam.

📖 NT Matthaeus 10,39

Wer sein Leben findet, wird es verlieren: wer aber das Leben um meinetwillen verliert, wird es gewinnen.

1540 Ego sum via, veritas et vita.

NT Johannes 14,6

Ich bin der Weg, die Wahrheit und das Leben.

Jesus Christus

1541 Haec est autem vita aeterna: ut cognoscant te, solum Deum verum, et quem misisti Iesum Christum.

NT Johannes 17,3

Das ist das ewige Leben: dich, den einzigen wahren Gott, zu erkennen und Jesus Christus, den du gesandt hast.

→ *Gesundheit* Non est vivere, sed valere vita.

→ *heute* Non est, crede mihi, sapientis dicere: vivam. Sera nimis vita est crastina: vive hodie! Nr. **1161**

→ *Hoffnung* Vitae summa brevis spem nos vetat incohare longam. Nr. **1191**

→ *Kunst*	Ars longa, vita brevis. Nr. **1436**
→ *lernen*	Non scholae, sed vitae discimus. Nr. **1586**
→ *lügen*	Ecce tota mihi vita mentitur. Nr. **1695**
→ *Meer*	Demetrius noster ... vitam securam et sine ullis fortunae incursionibus mare mortuum vocat. Nr. **1778**
→ *Muse*	Mors sine Musis vita. Nr. **1893**
→ *Musik*	Sine musica nulla vita. Nr. **1897**
→ *Nächster*	Alteri vivas oportet, si vis tibi vivere. Nr. **1937**
→ *Philosophie*	magistra vitae philosophia Nr. **2134**
→ *Philosophie*	O vitae philosophia dux, virtutis indagatrix expultrixque vitiorum. Nr. **2135**

leer / Leere

Nihil ab illo (a deo) vacat; opus suum ipse implet.   **1542**
Seneca, De beneficiis 4,8,2

Nichts ist frei von Gott; sein ganzes Werk füllt er selbst.
Die Aussage entspricht der Lehre der Stoiker.

At ego nihil dico de deo inane et vacuum prodire potuisse, ut **1543**
non de inani et vacuo prolatum ...
Tertullian, Adversus Praxean 7,20

*Aber ich sage, daß aus Gott nichts völlig Leeres hervorgehen
konnte, weil das, wovon es kommt, eben nichts Leeres ist ...*

Horror vacui.   **1544**
Francois Rabelais, Gargantua et Pantagruel, 1535, 1,5: Natura abhorret
vacuum. Die Natur verabscheut das Leere. Vgl. Spinoza, Ethica 1,15

Der Abscheu vor der Leere.
Die Scheu vor der Leere. – Ausdruck für die bis ins 17. Jahrhundert geltende Vorstellung, daß die Natur vor einem leeren Raum Abscheu besitzt
bzw. kein Vakuum duldet. Die Lehre vom Abscheu der Natur vor dem
Leeren geht auf Aristoteles zurück; vgl. Physik 188a; 208b; 213a – 217b;
265b. „Er hat die schlichte Nichtexistenz von leerem Raum auf der Erd-
oberfläche zu dem Naturgesetz des Horror vacui erhoben und damit das
abendländische Denken über das Nichts, den leeren Raum, das Vakuum
für mehr als zweitausend Jahre bestimmt." H. Genz 40
Es gibt kein absolutes Vakuum, in dem die Naturgesetze nicht wirksam sind.

Legion

Quintili Vare, legiones redde!   **1545**
Sueton, Divus Augustus 23,2

Quintilius Varus, gib mir meine Legionen wieder!

Als im Jahre 9 n. Chr. in der Schlacht im Teutoburger Wald drei römische Legionen von den Germanen unter Führung des Cheruskerfürsten Arminius vernichtet worden waren und der Feldherr Varus sich selbst den Tod gegeben hatte, betrauerte Kaiser Augustus monatelang die Niederlage und stieß bisweilen, diese Worte sprechend, mit dem Kopf gegen die Tür.

1546 Legio patria nostra.

Devise der französischen Fremdenlegion

Die Legion ist unser Vaterland.

1547 Legio mihi nomen est, quia multi sumus.

📖 NT Marcus 5,9

Mein Name ist Legion, denn wir sind viele.

Antwort des von Dämonen besessenen Mannes auf Jesus Frage, wie er heiße. – Seitdem bedeutet der Ausdruck Legion: eine unbestimmt große Zahl.

lehren

1548   Fungar vice cotis acutum
reddere quae ferrum valet, exsors ipsa secandi.

Horaz, De arte poetica 304 f.

Ich will die Stelle des Wetzsteins vertreten, der das Schwert zu schärfen vermag, ohne selbst schneiden zu können.

Es lehrt oft einer den anderen, was er selbst nicht kann.

1549 Quod parum novit, nemo docere potest.

Ovid, Tristia ex Ponto 2,348

Niemand kann lehren, was er zu wenig kennt.

1550 Dies diem docet.

Nach Publilius Syrus, Sententiae D 1

Ein Tag lehrt den anderen.

1551 Doctrina est fructus dulcis radicis amarae.

Dicta Catonis 3,40

Wissenschaftliche Bildung ist süße Frucht aus bitterer Wurzel.

1552 Docendo discimus.

Nach Seneca, Epistulae morales 7,8: Homines, dum docent, discunt. Während die Menschen lehren, lernen sie. Donat 4,486,11: Cum docemus, discimus. Vgl. Cicero, De officiis 1,50

Durch Lehren lernt man selber.

Plus docet, quam scit.   **1553**
Petron, Satyricon 46,6

Er lehrt mehr, als er selbst weiß.

laudando praecipere   **1554**
Nach Plinius, Epistulae 3,18, 2f.

unter der Hülle des Lobes Belehrungen erteilen

Experientia docet.   **1555**
MA H. Walther 8521b

Die Erfahrung lehrt (es).

Turpissimum tunc discere velle, quod iam necesse est docere.   **1556**
Wander 2,1449,2

*Eine Schande ist es, dann erst lernen zu wollen, was man schon
jetzt lehren muß.*
Es ist zum Kochen zu spät, wenn man auftragen soll.

→ *Fabel*   Fabula docet. Nr. **488**
→ *Tag*   Discipulus est prioris posterior dies. Nr. **2839**

Lehrer

Est rerum omnium magister usus.   **1557**
Caesar, De bello civili 2,8,3

Die Erfahrung ist die Lehrmeisterin in allen Dingen.

Usus magister est optimus.   **1558**
Cicero, Pro C. Rabirio Postumo oratio 9

Erfahrung ist die beste Lehrmeisterin.
Übung macht den Meister.

iurare in verba magistri   **1559**
Horaz, Epistulae 1,1,14

auf des Meisters (oder Lehrers) Worte schwören
D.h., dessen Lehrsätze unbedingt, ohne eigene Prüfung annehmen. Das
Bild bezieht sich auf das Nachsprechen der vom magister, Fechtmeister,
vorgesprochenen Eidesformel durch den Gladiator. → *Gladiator* Nr. **842**
Vgl. Petron, Satyricon 117

1560 ... tamquam quidquam aliud sit sapiens quam generis humani paedagogus.

Seneca, Epistulae morales 89,13

... als ob der Weise etwas anderes sei als der Erzieher des Menschengeschlechts.

1561 M. Tullius *stilum* optimum effectorem ac magistrum dicendi vocat.

Quintilian, De institutione oratoria 10,3,1

M. Tullius nennt die Schreibübung die beste Erzeugerin und Lehrmeisterin der Beredsamkeit.

1562 Occidit miseros crambe repetita magistros.

Juvenal, Saturae 7,154

Aufgewärmter Kohl ist tödlich für die armen Lehrer.

1563 doctor ecclesiae Plural: doctores ecclesiae

Kirchenlehrer

Gelehrte, von der Katholischen Kirche anerkannte Kirchenschriftsteller, die durch ihre Schriften gültige Zeugen der Lehre der Kirche sind. Einige der bedeutendsten Kirchenväter führen zugleich den Titel Kirchenlehrer, z. B. Ambrosius, ca. 340–397, Hieronymus, ca. 350–420, Augustinus, ca. 354–430, und Gregor der Große, ca. 540–604. Die christliche Theologie und Philosophie des Kirchenlehrers Thomas von Aquin, Doctor angelicus, 1224/25–1274, wurde von der Kirche als Lehrgrundlage empfohlen. Vgl. CIC 1366 § 2

1564 Praeceptor Germaniae

Vgl. Cicero, De inventione 1,35 De oratore 3,57 praeceptor: Lehrer als Erzieher oder Berater.

Lehrer Deutschlands

Ehrentitel bedeutender Gelehrter, z. B. des Hrabanus Maurus, 780–856, Benediktinerabt im Kloster zu Fulda; Philipp Melanchthons, 1497–1560, Gelehrter, Humanist, Theologe und Hauptmitarbeiter Martin Luthers; Justus Mösers, 1720–1794, aufgeklärter, von Goethe hochgeschätzter Publizist und Geschichtsschreiber.

1565 Dii oderunt, quem paedagogum fecerunt.

Wander 2,77,1886

Wen Gott haßt, den macht er zum Schulmeister.

Den hassen die Götter, den sie zum Schulmeister gemacht haben.

→ *Liebe* Amor magister est optimus. Nr. **1654**

Leid / leiden

Consuetudo laborum perpessionem dolorum efficit faciliorem. **1566**
Cicero, De inventione 2,35
Die Gewöhnung an Anstrengungen macht das Erleiden von Schmerzen leichter.

Suave ... e terra magnum alterius / spectare laborem. **1567**
Lukrez, De rerum natura 2,1 f.
Angenehm ist es, des anderen mächtige Not auf dem Meere vom Lande zu schauen.

Dolor patientia vincitur.. **1568**
Pseudo-Seneca, De moribus 6
Schmerz läßt sich durch tapferes Erleiden besiegen.

O passi graviora, dabit deus his quoque finem. **1569**
Vergil, Aeneis 1,199
O Freunde, ihr habt schon Schwereres erlitten, Gott wird auch diese Leiden einmal beenden.

Illic omne malum vino cantuque levato! **1570**
Horaz, Epod. 13,17
Alles Leid lindere dort dir mit Wein und mit Liedern!

Me quoque debilitat series immensa laborum, **1571**
    ante meum tempus cogit et esse senem.
Ovid, Epistulae ex Ponto 1,4,19
Auch mich schwächt die unendliche Reihe der Leiden,
    schon vor der Zeit hat sie mich zum Greise gemacht.

Tempore ducetur longe fortasse cicatrix. **1572**
Ovid, Tristia ex Ponto 1,3,15
Lang noch vielleicht wird es dauern, bis einst diese Wunde vernarbt ist. W. Willige

Quae fuit durum pati, **1573**
meminisse dulce est.
Seneca, Hercules furens 656 f.
Was zu erdulden hart war, ist in der Erinnerung angenehm.

Unum est levamentum malorum ingentium, pati et necessati- **1574**
bus suis obsequi.
Seneca, De ira 3,16,1

Einzige Linderung gewaltigen Unglücks ist es, zu dulden und sich den eigenen Notwendigkeiten zu fügen.

1575 Saepius opinione quam re laboramus.
Seneca, Epistulae morales 13,4
Unter einer Vorstellung leiden wir öfter als durch ein Ereignis.

1576 Plus dolet, quam necesse est, qui ante dolet, quam necesse est.
Seneca, Epistulae morales 98,8
Mehr als nötig leidet, wer schon leidet, bevor es nötig ist.

1577 Optimum est pati, quod emendare non possis.
Seneca, Epistulae morales 107,9
Am besten ist es zu ertragen, was man nicht bessern kann.

1578 Ille dolet vere, qui sine teste dolet.
Martial, Epigrammata 1,33,4
Der leidet wirklich, der ohne Zeugen leidet.

→ *gerecht / Gerechtigkeit*   Multae tribulationes iustorum. Nr **777**.

Leier

1579 Plectra dolore tacent, muta dolore lyrast.
Ovid, Heroides 15,198
Es schweigt das Plectrum[1] vor Schmerz, vor Schmerz ist die Leier verstummt.
[1] Mit dem Plectrum, einem Stäbchen aus Elfenbein oder Holz, wurden die Saiten der Laute angerissen.

→ *Szepter*   Aliud sceptrum, aliud plectrum. Nr. **2827**

Lektüre

1580 Lectio, quae placuit, decies repetita placebit.
Nach Giordano Bruno, 1548–1600, Candelaio 3,7 und Horaz, De arte poetica 365: Haec placuit semel, haec decies repetita placebit. Dieses gefiel einmal, doch dieses wird noch zehnmal betrachtet gefallen. E. Schäfer
Eine Lektüre, die einmal gefallen hat, wird selbst bei zehnfacher Wiederholung gefallen.

1581 Lectio certa prodest, varia delectat.
Seneca, Epistulae morales 45,1
Eine bestimmte Lektüre nützt, eine wechselnde unterhält nur.

Alit lectio ingenium. **1582**
Seneca, Epistulae morales 84,1
Die Lektüre nährt den Geist.

lernen

Nemo non didicisse mavult, quam discere. **1583**
Quintilian, De institutione oratoria 3,1,6
Jeder will lieber gelernt haben als lernen.

Non est, quod timeas, ne operam perdideris, si tibi didicisti. **1584**
Seneca, Epistulae morales 7,9
Es besteht kein Grund zu fürchten, daß du deine Mühe vergeu-
det hast, wenn du nur für dich gelernt hast.

Tam diu discendum est, quamdiu nescias: si proverbio credi- **1585**
mus, quamdiu vivas.
Seneca, Epistulae morales 76,3
Man muß solange lernen, wie man unwissend ist, wenn wir dem
Sprichwort glauben, solange man lebt.

Aestate pueri si valent, satis discunt. **1586**
Martial, Epigrammata 10,62,12
Sind die Kinder im Sommer gesund, lernen sie genug.

Quidquid discis, tibi discis. **1587**
Petron, Satyricon 46,8
Was du lernst, lernst du nur für dich.

Disce legendo! **1588**
Catonis disticha 2,10: Ergo ades et quae sit sapientia … Komm, und was
Weisheit ist …
Lerne durch Lesen!

Scire volunt omnes, studiis incumbere pauci. **1589**
MA H. Walther 27 641
Wissen wollen alle, aber sich aufs Lernen verlegen nur wenige.

Quod in iuventute non discitur, in matura aetate nescitur. **1590**
Cassiodor, Variae 1,24,3
Was in der Jugend nicht gelernt wird, weiß man in reifem Alter
nicht.
Was Hänschen nicht lernt, lernt Hans nimmermehr.

1591 Veni, puer, disce sapere!

Anfang des Lehrbuchs Orbis sensualium pictus, Die sichtbare Welt, erschienen 1658, von Johann Amos Comenius, 1592–1670. Zitiert von K. J. Weber, Demokritos 3,14, 1832/40

Komm, Knabe, lerne weise sein!

1592 Disce aut discede!

Inschrift am Eton-College bei Windsor

Lern oder geh weg von hier!

→ *Erinnerung*	Indocti discant et ament meminisse periti. Nr. **414**
→ *gerecht*	Discite iustitiam moniti, nec temnere divos! Nr. **768**
→ *lehren*	Docendo discimus. Nr. **1552**
→ *Muße / Müßiggang*	Nihil agendo homines male agere discunt. Nr. **1909**
→ *Ochse*	A bove maiore discat arare minor! Nr. **2088**
→ *Wiederholung*	Repetitio est mater studiorum. Nr. **3340**
→ *wollen*	Velle non discitur. Nr. **3385**

lesen

1593 Libros lege!

Catonis Disticha 1,26

Lies Bücher!

1594 Quis leget haec?

Persius, Satirae 1,2

Wer wird das lesen?

Wer soll dieses Zeug lesen?

1595 Laudant illa, sed ista legunt.

Martial, Epigrammata 4,49,10

Jenes andere[1] loben sie, aber das[2] hier lesen sie.

[1] die tragische oder die epische Dichtung [2] die Epigramme Martials

1596 Aiunt enim multum legendum esse, non multa.

Plinius, Epistulae 7,9,15

Denn man sagt ja: viel müsse man lesen, nicht vielerlei.

W. Krenkel

1597 Tolle, lege; tolle, lege!

Augustinus, Confessiones 8,12,29

Nimm und lies; nimm und lies!
Im Garten seines Hauses in Mailand hörte Augustinus die Stimme eines
Kindes, die diese Worte sprach. Er verstand sie als Aufforderung, die Bibel, NT Römer 13,13, aufzuschlagen und zu lesen. Diesem Erlebnis – einem mystischen Augenblick – schrieb Augustinus seine endgültige Bekehrung zu.

Aliud legunt pueri, aliud viri, aliud senes.   **1598**
Hugo Grotius, holländischer Gelehrter 1583–1645. Zitiert von K. J. Weber, Demokritos 1,20, 1832/40

*Anderes lesen Knaben, anderes Männer und wiederum anderes
die Alten.*

Aliter pueri Terentium legunt, aliter Hugo Grotius.   **1599**

Knaben lesen den Terenz[1] anders als Hugo Grotius.
[1] Publius Terentius Afer war neben Plautus der bedeutendste Komödiendichter Roms.

Timeo lectorem unius libri.   **1600**

Ich fürchte den, der nur ein einziges Buch gelesen hat.
D. h. einen Menschen begrenzten Wissens oder einen Menschen, der nur
eine Sache im Kopf hat.

venia legendi / venia docendi   **1601**

*die Erlaubnis, an Universitäten Vorlesungen zu halten und zu
lehren*

→ *Griechen*   Vos exemplaria Graeca / nocturna versate manu,
               versate diurna! Nr. **1004**
→ *viel/e/es* Multum legendum esse, non multa. Nr. **3188**

Licht

Ratio quasi quaedam lux lumenque vitae.   **1602**
Cicero, Lucullus 2,26

Die Vernunft, sozusagen das Licht und die Helle des Lebens.

lux alma   **1603**
Vergil, Aeneis 8,455; 11,183

das erquickende Licht

in clarissimum solem mortale lumen inferre   **1604**
Quintilian, De institutione oratoria 5,12,8 Wander 3,118,202

von Menschen erzeugtes Licht ins hellste Sonnenlicht bringen
Eine Sache, die klar ist, überflüssiger Weise mit vielen Gründen deutlich
machen.

1605 Lucus a non lucendo.

Nach Quintilian, De institutione oratoria 1,6,34: … lucus, quia umbra opacus parum luceat. … Wald, weil es darin durch den Schatten zu wenig hell ist.

Der Wald (Hain) heißt lucus, weil es darin nicht hell ist.

Beispiel für eine unzutreffende, aber amüsante Etymologie, die von der gegenteiligen Wortbedeutung (a contrariis) ausgeht. → *Hund* Canis a non canendo. Nr. **1226**

1606 Ex oriente lux.

Wohl nach NT Matthaeus 2,2: Magi ab oriente venerunt … dicentes: vidimus … stellam eius in oriente. Es kamen Sterndeuter aus dem Osten … und sagten: … Wir haben seinen Stern aufgehen sehen im Osten. Vgl. AT Ezechiel 43,2

Aus dem Osten kommt das Licht.

1607 Malus fugit lucem ut diabolus crucem.

MA H. Walther 14 373 Wander 3,117,181

Der Bösewicht scheut das Licht wie der Teufel das Kreuz.

1608 Lux aeterna luceat eis, Domine.

Communio der Totenmesse. Vgl. Bonaventura, Itinerarium mentis ad Deum II 7

Das ewige Licht leuchte ihnen, o Herr!

Licht als Metapher für Gott.

1609 Dixitque Deus: Fiat lux. Et facta est lux. Et vidit Deus lucem quod esset bona: et divisit lucem a tenebris.

📖 AT Genesis 1,3

Gott sprach: Es werde Licht. Und es wurde Licht. Gott sah, daß das Licht gut war. Gott schied das Licht von der Finsternis.

1610 Lux in tenebris lucet.

NT Johannes 1,5

Das Licht leuchtet in der Finsternis.

1611 Ego sum lux mundi: qui sequitur me, non ambulat in tenebris, sed habebit lumen vitae.

NT Johannes 8,12

Ich bin das Licht der Welt. Wer mir nachfogt, wird nicht in der Finsternis umhergehen, sondern wird das Licht des Lebens haben.

Selbstzeugnis Jesu Christi

Quae societas luci ad tenebras?   **1612**
NT 2 Korinther 6,14
Was haben Licht und Finsternis gemeinsam?

Deus …, qui lucem inhabitat inaccessibilem.   **1613**
NT 1 Timotheus 6,16
Gott…, der in unzugänglichem Licht wohnt.

Deus lux est, et tenebrae in eo non sunt ullae.   **1614**
NT 1 Johannes 1,5
Gott ist Licht, und keine Finsternis ist in ihm.

→ *Sonne*   Nihil utilius sale et sole. Nr. **2656**
→ *Wahrheit*   Nihil enim est ei veritatis luce dulcius. Nr. **3230**

Liebe / lieben

Sese omnes amant.   **1615**
Plautus, Captivi 477
Jeder liebt nur sich.

Arare malim quam sic amare!   **1616**
Plautus, Mercator 356
Ich möchte lieber pflügen als so lieben!

Amantium irae amoris integratio est.   **1617**
Terenz, Andria 555
Streit unter Liebenden ist Erneuerung der Liebe.
Der Liebenden Streit die Liebe erneut.

Sine Cerere et Libero friget Venus.   **1618**
Terenz, Eunuchus 732 Vgl. Cicero, Rhetorica ad Herennium 4,32,43: … si
quis pro Libero vinum, pro Cerere frugem appellet … wenn man statt Li-
ber Wein, statt Ceres Getreide sagt.
Ohne Ceres und Liber (Bacchus) friert Venus.
Zur Liebe gehören Brot und Wein.

extrema linea amare   **1619**
Terenz, Eunuchus 640f. Donat, Scholien zu dieser Stelle: Et hoc recte:
quia quinque lineae perfectae sunt ad amorem. Prima visus, secunda loqui,
tertia tactus, quarta osculari, quinta coitus. Dies ist richtig: Denn fünf
Schritte führen zur Liebe. Anblick, Gespräch, Berührung, Kuß, Beischlaf.
Vgl. Horaz, Epistulae 1,16,79 Wander 3,173,165
von fern lieben, (seine Geliebte) nur sehen dürfen

1620 Cum iudicaris, diligere oportet, non, cum dilexeris, iudicare.
Cicero, De amicitia 85

Man soll erst nach dem Urteil (Freunde) lieben, nicht, wenn man schon liebgewonnen hat, erst urteilen.

1621 Nihil difficile amanti *esse puto.*
Cicero, Orator 33 Wander 3,144,335

Dem Liebenden ist nichts zu schwer (glaube ich).
Liebe kann alles überwinden.

1622 Vivamus, mea Lesbia, atque amemus!
Catull, Carmina 5,1

Laß uns das Leben genießen, liebste Lesbia, und einander lieben!

1623 Difficile est longum subito deponere amorem.
Catull, Carmina 76,13

Es ist schwer, einer lange gehegten Liebe plötzlich zu entsagen.

1624 Qui amant, ipsi sibi somnia fingunt.
Vergil, Bucolica 8,108

Verliebte ersinnen sich Träume vom Glück.

1625 Omnia vincit Amor, et nos cedamus Amori!
Vergil, Bucolica 10,69 Ciris 437. Vgl. Ovid, Heroides 9,27

Alles besiegt Amor, so fügen auch wir uns Amor!

1626 Quis fallere possit amantem?
Vergil, Aeneis 4,296

Wer könnte eine liebende Frau täuschen?

1627 Amare et sapere vix deo conceditur.
Publilius Syrus, Sententiae A 22 Zitiert von Shakespeare, Troilus und Cressida 3,2, 1609, und Francis Bacon, Essays: Von der Liebe, 1625.

Lieben und zugleich vernünftig bleiben ist kaum einem Gott erlaubt.

1628 Non bene, si tollas proelia, durat amor.
Ovid, Amores 1,8,96

Wenn du Reibereien ausschließt, dauert zu deinem Schaden die Liebe nicht an. F. W. Lenz

1629 Qui nolet fieri desidiosus, amet!
Ovid, Amores 1,9,46

Wer nicht in Trägheit erschlaffen will, der liebe!

Felix, qui, quod amat, defendere fortiter audet.   **1630**
Ovid, Amores 2,5,9
Glücklich, wer, was er liebt, tapfer zu verteidigen wagt.

Iuppiter ex alto periuria ridet amantum.   **1631**
Ovid, Ars amatoria 1,633
Jupiter lacht aus der Höhe herab über die falschen Schwüre
Verliebter.

Ut ameris, amabilis esto!   **1632**
Ovid, Ars amatoria 2,107
Damit du geliebt wirst, sei liebenswürdig!

Militiae species amor est. Discedite segnes!   **1633**
Ovid, Ars amatoria 2,233
Liebe ist wie Kriegsdienst. Weicht darum, ihr Trägen!

Litore quot conchae, tot sunt in amore dolores.   **1634**
Ovid, Ars amatoria 2,519
Wieviele Muscheln am Strand, soviele Schmerzen gibt's in der
Liebe.

Mille ioci Veneris.   **1635**
Ovid, Ars amatoria 3,787
Tausendfältig sind die Liebesspiele der Venus.

Res est solliciti plena timoris amor.   **1636**
Ovid, Heroides 1,12 Penelope an Odysseus. Wander 3,141,276
Keine Liebe ohne Argwohn oder Furcht.

Quid deceat, non videt ullus amans.   **1637**
Ovid, Heroides 4,154 Phaedra an Hippolytos. Wander 3,135,134
Liebe fragt nicht, ob sich's schickt.

Me miseram, quod amor non est medicabilis herbis!   **1638**
Ovid, Heroides 5,149 Oenone an Paris
Ach ich Arme, daß nicht heilbar durch Kräuter die Liebe!

       Quis enim bene celat amorem?   **1639**
  Eminet indicio prodita flamma suo.
Ovid, Heroides 12,37. Medea an Jason
     Wer kann Liebe verbergen? Zeigt sich
  die Flamme ja selbst durch ihre Glut immer an! W. Gerlach

1640 Quid non amor improbus audet?
Ovid, Fasti 2,331 Wander 3,136,150
Was wagt nicht sträfliche Liebe!

1641 Nec modus aut requies, nisi mors, reperitur amoris.
Ovid, Metamorphoses 10,377
Nichts anderes als der Tod kann ihre[1] Liebe mäßigen oder stillen.
[1] Myrrha wurde zur Strafe für ihre grenzenlose Liebe zu ihrem Vater in einen Myrrhenbaum verwandelt, aus dem nach neun Monaten Adonis hervorging.

1642 Nescit amor priscis cedere imaginibus.
Properz, Elegiae 1,5,24
Liebe fragt nach keinem Stammbaum.

1643 Cynthia prima fuit, Cynthia finis erit.
Properz, Elegiae 1,12,20 Wander 3,138,210
Cynthia war meine erste Liebe, Cynthia wird meine letzte sein.
Erste Liebe, letzte Liebe.

1644 Omnia vertuntur: certe vertuntur amores:
   vinceris aut vincis, haec in amore rota est.
Properz, Elegiae 2,8,7 f.
Alles ändert sich: gewiß auch wandelt sich Liebe: du wirst besiegt oder du siegst, so dreht sich das Rad in der Liebe.

1645 Scilicet insano nemo in amore videt.
Properz, Elegiae 2,14,18
Ein rasend Verliebter freilich hat keine Augen im Kopf.

1646 Verus amor nullum novit habere modum.
Properz, Elegiae 2,15,30. Vgl. Seneca Maior, Controversiae 2,2,10,10: Facilius in amore finem impetres quam modum. In der Liebe erreicht man eher ein Ende als Mäßigung.
Wahre Liebe kennt kein Maß.

1647 Si vis amari, ama!
Seneca, Epistulae morales 9,6 Martial, Epigrammata 6,11,10: Ut ameris, ama!
Willst du geliebt werden, so liebe!
Ausspruch Hecatons. – Eine starke Liebe ruft Gegenliebe hervor.

1648 Amicitia semper prodest, amor etiam aliquando nocet.
Seneca, Epistulae morales 35,1
Freundschaft ist stets nützlich, Liebe schadet manchmal auch.

Non potest amor cum timore misceri.   **1649**
Seneca, Epistulae morales 47,18
Liebe kann sich nicht mit Furcht vereinen.

Ebrietas aut amor secreta producit.   **1650**
Seneca, Epistulae morales 105,6
Trunkenheit und Liebe verrraten Geheimnisse.

Antiquus amor cancer est.   **1651**
Petron, Satyricon 42
Alte Liebe ist wie ein Krebs.

Quid non cogit amor!   **1652**
Martial, Epigrammata 5,48,1. Vgl. Vergil, Aeneis 4,412 Improbe Amor,
quid non mortalia pectora cogis. Liebesdämon! Wozu treibst du nicht
menschliche Herzen! J. u. M. Götte
Was die Liebe nicht tut!
Was Liebe vermag!

Ut ameris, ama!   **1653**
Martial, Epigrammata 6,11,10
Soll ich dich lieben, lieb du mich!
Lieb' erwirbt Lieb'.

Amor magister est optimus.   **1654**
Plinius, Epistulae 4,19,4
Die Liebe ist die beste Lehrmeisterin.

Amor ac deliciae generis humani.   **1655**
Sueton, Divus Titus 1,1
Die Liebe und das Entzücken des Menschengeschlechts.
Lob des Titus, Kaiser 79–81 n. Chr.

Cras amet qui numquam amavit quique amavit cras amet.   **1656**
Florus, Pervigilium Veneris, Nachtfeier der Venus, 1
Wer nie liebte, liebe morgen; morgen liebe, wer geliebt.
Zehnmal wiederholte Refrainzeile des Gedichts

Dilige et quod vis fac; sive taceas, dilectione taceas; sive cla- **1657**
mes, dilectione clames; sive emendes, dilectione emendes; sive
parcas, dilectione parcas; radix sit intus dilectionis, non potest
de ista radice nisi bonum exire.
Augustinus, In Ioannis epistulam ad Parthos tractatus VII (Migne
35,2033)

Liebe und tue, was du willst; wenn du schweigst, schweige aus Liebe; wenn du schreist, schrei aus Liebe; wenn du verbesserst, verbessere aus Liebe; wenn du schonst, schone aus Liebe; in deinem Inneren sei die Wurzel der Liebe; aus dieser Wurzel kann nur was gut ist hervorgehen.

1658 Quis legem det amantibus?
Boethius, De consolatione philosophiae 1,5,24
Liebe kennt kein Gesetz.

1659 Quot in campo lepores, tot sunt in amore dolores.
MA Werner / Flury q 231
Wieviele Hasen im Feld, soviele Schmerzen in der Liebe.

1660 Principium dulce est, at finis amoris amarus:
   laeta venire Venus, tristis abire solet.
Wander 3,137,181 John Owen, Epigrammata 1,13, 1607/12
Süß ist der Anfang, doch bitter das Ende der Liebe:
heiter pflegt Venus zu kommen, doch traurig zu scheiden.

1661 Post amorem omne animal triste.
Motto der Erzählung Nekyia, 1964, von H. E. Nossack U. Eco, Der Name der Rose, Roman 1982, 413
Nach der Liebe ist jedes Lebewesen traurig.

1662 Amor enim Dei ab eius cognitione oritur.
Benedictus de Spinoza, Ethica 4,47,3
Denn die Liebe zu Gott geht aus seiner Erkenntnis hervor.

1663 Deus se ipsum Amore intellectuali infinito amat.
Benedictus de Spinoza, Ethica 5 Propositio 35
Gott liebt sich selbst mit unendlicher verstandesmäßiger Liebe.

1664 Hinc sequitur, quod Deus, quatenus se ipsum amat, homines amat, et consequenter quod amor Dei erga homines, et mentis erga Deum Amor intellectualis unum, et idem sit.
Benedictus de Spinoza, Ethica 5 Propositio (Lehrsatz) 36 Corollarium (Folgesatz)
Hieraus folgt, daß Gott, sofern er sich selbst liebt, die Menschen liebt, und daß folglich die Liebe Gottes gegen die Menschen und des Geistes verstandesmäßige Liebe zu Gott ein und dasselbe sind. Gawlik / Niewöhner

Charissimi, diligamus nos invicem: quia charitas ex Deo est.   **1665**

📖 NT 1 Johannes 4,7

Liebe Brüder, wir wollen einander lieben; denn die Liebe ist aus Gott.

→ *frei / Freiheit*	In necessariis unitas, in dubiis libertas, in omnibus caritas. Nr. **585**
→ *Glaube*	Nunc autem manent fides, spes charitas: tria haec; maior autem horum est charitas. Nr. **848**
→ *Götter*	Quem di diligunt, adulescens moritur. Nr. **977**
→ *Haß*	Odi et amo. Quare id faciam, fortasse requiris. Nescio, sed fieri sentio et excrucior. Nr. **1084**
→ *Herrschaft*	Non bene cum sociis regna venusque manent. Nr. **1133**
→ *Nächster*	Diliges proximum tuum, sicut te ipsum. Nr. **1942**
→ *Schicksal*	Amor fati Nr. **2441**
→ *Spiel*	Dum licet et veros etiam nunc editis annos, ludite! Eunt anni more fluentis aquae. Nr. **2677**
→ *verliebt / Verliebter*	Amantes amentes *sunt*. Nr. **3144**
→ *verliebt / Verliebter*	Militat omnis amans, et habet sua castra cupido. Nr. **3145**

Linie

→ *Liebe*	extrema linea amare Nr. **1619**
→ *Tag*	Nulla dies sine linea. Nr. **2840**
→ *Tod*	Mors ultima linea rerum est. Nr. **2909**

Lippe

Multa cadunt inter calicem supremaque labra.   **1666**

Lateinische Übersetzung eines griechischen Sprichworts, das von Gellius, Noctes Atticae 13,18 (17),3 zitiert wird. MA H. Walther 15 371 Wander 3, 775, 233

Zwischen Becher und Mund geht vieles zugrund'.

Bild für die Unbeständigkeit des Glücks.

→ *Mund*	Saepe audivi inter os atque offam multa intervenire posse. Nr. **1878**

Lob / loben

1667 Quod est bonum, omne laudabile est; quod autem laudabile est, omne est honestum.

Cicero, De finibus 3,27

Alles, was gut ist, ist lobenswert; alles was lobenswert ist, ist aber sittlich wertvoll.

1668 Cura esse, quod audis.

Nach Horaz, Epistulae 1,16,17

Wenn man dich lobt, halte dich danach.

1669 Vitavi denique culpam, non laudem merui.

Horaz, De arte poetica 267 f.

So habe ich Schuld vermieden, aber keine Ehre verdient.

1670 Laus nova nisi oritur, etiam vetus amittitur.

Publilius Syrus, Sententiae L 2

Wächst neuer Ruhm nicht nach, so geht auch der alte verloren.

1671 Nec te collaudes nec te culpaveris ipse;
hoc faciunt stulti, quos gloria vexat inanis.

Catonis disticha 2,16

Lob dich nicht selbst, und mach dir vor anderen keine Vorwürfe; Narren tun dies, die eitle Ruhmsucht plagt.

1672 Laus in proprio ore sordescit.

MA H. Walther 13 593: Laus mea sordet eo, quod venit ore meo. Vgl. John Owen, Monosticha 83, 1607/12: Propria laus sordet. Vel: Proprio sordescit in ore gloria. Wander 3,202,27

Eigenlob ist wertlos.
Eigenlob stinkt.

1673 In qua laudatur, rem quisque libens operatur.

MA H. Walther 11 967 Werner / Flury i 61

Wofür er Lob erntet, das macht jeder gern.

1674 Laudes mercatur, qui sermones moderatur.

MA H. Walther 13 561 Werner / Flury l 26

Lob handelt sich ein, wer seine Äußerungen mäßigt.

1675 Laus nostro more proprio sordescit in ore;
laus sordet propria; laus nobilis est aliena.

MA Werner / Flury l 30 H. Walther 13 595 (1. Zeile) und 13 601 (2. Zeile)

Eigenlob stinkt; fremdes Lob schafft Ruhm.

Te, Deum, laudamus.   **1676**
Anfangszeile des meist dem Kirchenvater Ambrosius, 340–397, zuge-
schriebenen sog. Ambrosianischen Lobgesangs, des Tedeums. Text 3.–6.
Jahrhundert, Verfasser unbekannt.
Großer Gott wir loben dich!

rite / cum laude / magna / maxima (summa) cum laude   **1677**
vorschriftsmäßig / mit Lob / mit großem Lob / mit höchstem Lob
Bewertungsstufen für die Doktorprüfung

Laus stultitiae   **1678**
Vollständiger Titel: Morias encomium sive laus stultitiae, 1509 erschienen.

Lob der Torheit
Werk des Humanisten Desiderius Erasmus, genannt Erasmus von Rotterdam, 1466-1536, Thomas Morus, 1478-1535, gewidmet. Darin werden die
Untugenden der Menschen witzig entlarvt. Das Buch ist neben den Dun-
kelmännerbriefen die bekannteste Satire des Humanismus. → *Brief* Epistolae obscurorum virorum Nr. **247**

→ *Dichter*   Auctor opus laudat. Nr. **303**
→ *der erste*   Principibus placuisse viris … Nr. **438**
→ *Muse*   Dignum laude virum Musa vetat mori.
                   Nr. **1889**
→ *Vergangenheit* Laudator temporis acti. Nr. **3127**

Los

Suae quemque fortunae maxime paenitet.   **1679**
Cicero, Epistulae ad familiares 6,1,1
Jedermann ist mit seinem persönlichen Los unzufrieden.

Omnium / versatur urna serius ocius   **1680**
sors exitura et nos in aeternum
exilium impositura cumbae.
Horaz, Carmina 2,3,25 ff.
Unser aller Los wird in der Urne[1] gedreht,
um früher oder später herauszuspringen und uns
in den Kahn[2] zu setzen zu ewiger Verbannung.
[1] Losurne [2] Nachen, in dem der Fährmann Charon die Seelen der Verstorbenen über den Fluß Acheron in die Unterwelt fährt.

Laetus sorte tua vives sapienter.   **1681**
Horaz, Epistulae 1,10,44
Wenn dich dein Los erfreut, lebst du weise.

1682 Quidquid sors praebet, sapiens homo sumere debet.

MA Werner / Flury q 174 a

Was das Schicksal gewährt, muß der Mensch, wenn er weise ist, annehmen.

→ *Zufriedenheit* Nemo sorte sua contentus est. Nr. **3488**

Löwe

1683 ex ungue leonem pingere

Nach Alkaios, fr. 113 Plutarch, Vom Niedergang der Orakel 3,410 C. Vgl. Lukian, Hermotimos 54: Der Bildhauer Phidias habe aus der bloßen Klaue eines Löwen erschlossen, wie groß der ganze Löwe sein müsse, wenn er nach Proportion dieser Pranke gebildet würde. – Bartels 75

nach der Klaue den Löwen malen / beurteilen

D.h. von einem gegebenen Teil das unbekannte Ganze erschließen. Vgl.: An der Pranke erkennt man den Löwen.

1684 barbam vellere mortuo leoni

Martial, Epigrammata 10,90,10, Vgl. Horaz, Sermones 1,3,133 f.: Vellunt tibi barbam / lascivi pueri. Die frechen Jungen zupfen dich am Bart. Erasmus von Rotterdam, Adagia 2,4,69

dem gestorbenen Löwen den Bart rupfen

Von Martial auf den Schoß der Greisin Ligea bezogen. – Metapher für Spott und Verachtung.

1685 In pace leones, in proelio cervi.

Tertullian, De corona militis 1

Löwen im Frieden, fliehende Hirsche im Krieg.

Vgl. Ein Löwenmaul und ein Hasenherz haben.

1686 Christianos ad leones!

Tertullian, De spectaculis 27,1 De carnis resurrectione 22

Die Christen vor die Löwen!

Hetzt die Löwen (in der Arena) auf die Christen! In der Zeit der Christenverfolgungen wurden viele Christen, die sich weigerten, ihrem Glauben abzuschwören, zum Kampf gegen Löwen in der Arena verurteilt. Sie erlitten den Märtyrertod.

1687 societas leonina

Digesta 17,2,29,2 Nach Phaedrus, Fabulae 1,5 Romulus (Aesopus Latinus) 8 Ignatios Diakonos, 9. Jahrhundert, 41

Löwengesellschaft, leoninischer Vertrag

Ein Vertrag, bei dem ein Beteiligter, gleich dem Löwen in der Fabel des Phaedrus, den gesamten Gewinn oder doch den größten Teil davon, den

Löwenanteil, für sich beansprucht, der andere / die anderen Teilnehmer aber den Schaden haben soll/en.

→ *Teufel*   Sobrii estote, et vigilate: quia adversarius vester diabolus tamquam leo rugiens circuit, quaerens, quem devoret: Cui resistite fortes in fide. Nr. **2893**

Lüge / lügen / Lügner

Improbi hominis est mendacio fallere.   **1688**
Cicero, Pro Murena oratio 62
Ein schlechter Mensch täuscht durch Lügen.

Mendaci homini ne verum quidem dicenti credere solemus.   **1689**
Cicero, De divinatione 2,146. Vgl. Äsop, Fabulae 226 Hausrath Phaedrus, Fabulae 3,10,1
Einem Lügner pflegen wir nicht einmal dann zu glauben, wenn er die Wahrheit sagt.
Wer einmal lügt, dem glaubt man nicht, und wenn er auch die Wahrheit spricht.

Mentiri nefas habebatur.   **1690**
Cicero, De legibus 2,63
Lügen galt als unerlaubt.
… bei Leichenreden im alten Athen.

Parthis mendacior   **1691**
Horaz, Epistulae 2,1,112
verlogener als die Parther

Conscia mens recti famae mendacia ridet.   **1692**
Ovid, Fasti 4,311
Wer sich des Rechten bewußt ist, lacht über Lügen und Gerüchte.

Quicumque turpi fraude semel innotuit,   **1693**
    etiam si verum dicit, amittit fidem.
Phaedrus, Fabulae 1,10,1 f.
Wer einmal durch schändlichen Betrug bekannt wurde, der verliert die Glaubwürdigkeit, auch wenn er die Wahrheit sagt.

Solent mendaces luere poenam malefici.   **1694**
Phaedrus, Fabulae 1,17,1
Lügner pflegen für ihre Freveltat zu büßen.

1695 Ecce tota mihi vita mentitur.

Seneca, Epistulae morales 45,10

Siehe, für mich lügt das ganze Leben.

1696 Mendacem memorem esse oportet.

Quintilian, De institutione oratoria 4,2,91: verumque est illud, mendacem … und wahr ist jenes alte Sprichwort, ein Lügner …

Ein Lügner muß ein gutes Gedächtnis haben.

1697 Quid Romae faciam? Mentiri nescio.

Juvenal, Saturae 3,41

Was soll ich in Rom tun? Lügen kann ich nicht.

1698 Cretenses semper mendaces.

Hieronymus, Epistulae 70,2. Nach NT Titus 1,12: Cretenses semper mendaces, malae bestiae, ventres pigri. Alle Kreter sind Lügner und faule Bäuche, gefährliche Tiere. – Der hier zitierte Ausspruch wird dem Dichterphilosophen Epimenides, 6. Jahrhundert v. Chr., zugeschrieben.

Alle Kreter sind Lügner.

Beispiel eines Trug- bzw. Fangschlusses. – Wenn alle Aussprüche von Kretern erlogen sind, so ist auch dieser Satz, wenn ihn ein Kreter spricht, falsch. Somit müßten alle Kreter die Wahrheit sagen … Problem der Logik.

1699 Mendacium nullum senescit.

MA H. Walther 14 642 a

Keine Lüge wird alt.

1700 Omnis homo mendax.

📖 AT Psalm 115,11 NT Römer 3,4

Die Menschen lügen alle.

Vgl. die absolute Verwerfung der Lüge in NT Matthaeus 5,37 und Epheser 4,25.

1701 Testis falsus non erit impunitus,
et qui mendacia loquitur non effugiet.

AT Proverbia 19,5

Der falsche Zeuge bleibt nicht ungestraft,
und wer Lügen erzählt, wird nicht entrinnen.

Lust

1702 Ita dis est placitum, voluptatem ut maeror comes sequatur.

Plautus, Amphitruo 635

So haben es die Götter beschlossen, daß Trauer der Lust Begleiter ist.

Omnibus in rebus voluptatibus maximis fastidium finitimum **1703**
est.
Cicero, De oratore 3,100
In allen Dingen beendet die höchsten Lustgefühle der Über-
druß.

Aristippus ... voluptatem summum bonum esse dicit.   **1704**
Cicero, De finibus 2,19
Aristipp[1] *... bezeichnet die Lust als höchstes Gut.*
[1] griechischer Philosoph, Hedoniker

Voluptas non habet ullum cum virtute commercium.   **1705**
Cicero, De senectute 42
Die Sinnenlust hat keinen Umgang mit der Tugend.

Voluptates commendat rarior usus.   **1706**
Juvenal, Saturae 11,208. Vgl. Martial, Epigrammata 4,29
Nur seltener Gebrauch empfiehlt das Vergnügen.
Alle Tage Vergnügen ist kein Vergnügen.

Voluptas nocet nimia.   **1707**
Seneca, De vita beata 14,1
Genuß im Übermaß schadet.

Quod in se iucundissimum omnis voluptas habet, in finem sui **1708**
differt.
Seneca, Epistulae morales 12,5
Den Höhepunkt verschiebt jede Lust an ihr Ende.

Voluptati soror est tristities.   **1709**
MA H. Walther 34 142 c
Der Lust Schwester ist die Traurigkeit.

M

Macht / der Mächtige

1710 ultima (extrema) ratio *regum*

Vgl. Cicero, Pro Quinctio oratio 17,54: ad hanc rationem extremam devenire Caesar, De bello civili 3,44,2: relinquebatur, ut extremam rationem belli sequens … als letzte kriegerische Gegenmaßnahme blieb nur übrig …

das letzte Machtmittel (die letzte Möglichkeit) der Könige

Die Redensart besagt, daß alle anderen versuchten (friedlichen) Mittel sich als fruchtlos erwiesen haben. – Die Worte sind auch als Kanoneninschrift bekannt.

1711 Durum est negare, superior cum supplicat.

Publilius Syrus, Sententiae D 25

Schwer ist es, nein zu sagen, wenn ein Mächtiger bittet.

1712 Numquam est fidelis cum potente societas.

Phaedrus, Fabulae 1,5,1

Ein Bündnis mit einem Mächtigen ist nie dauerhaft.

1713 Immensa est finemque potentia caeli / non habet.

Ovid, Metamorphoses 8,618f.

Unermeßlich groß ist die Macht des Himmels, und sie hat kein Ende.

1714 Potestas non solum si invitet, sed etiam si supplicet cogit.

Macrobius, Saturnalia 2,7,2

Macht zwingt nicht nur, wenn sie höflich auffordert, sondern auch, wenn sie bittet.

Großer Herren Bitten ist Befehlen.

1715 Saepe potens iustum premit ut rapidus lupus agnum.

MA Werner / Flury s 18

Oft unterdrückt der Mächtige den Gerechten wie der reißende Wolf das Lamm.

1716 Nam et ipsa scientia potestas est.

Francis Bacon, Meditationes sacrae 11

Denn das Wissen selbst ist eine Macht.

Wissen ist Macht.

potestas tenebrarum   **1717**

📖 NT Lukas 22,53 Kolosser 1,13

die Macht der Finsternis

Titel einer 1886 erschienenen Tragödie des russischen Dichters Leo Tolstoi, 1828–1910.

→ *Schicksal*   Adeo occaecat animos fortuna, ubi vim suam ingruentem refringi non vult. Nr. **2420**

Mädchen

Verba puellarum foliis leviora caducis.   **1718**

Ovid, Amores 2,16,45

Mädchenworte wiegen leichter als fallende Blätter.

Quot caelum stellas, tot habet tua Roma puellas.   **1719**

Ovid, Ars amatoria 1,59

Wieviele Sterne am Himmel sind, soviele Mädchen gibt es in Rom.

Saepe viri fallunt, tenerae non saepe puellae.   **1720**

Ovid, Ars amatoria 3,31

Oft betrügen die Männer, nicht oft die jungen Mädchen.

Fallere credentem non est operosa puellam / gloria.   **1721**

Ovid, Heroides 2,63 f. Phyllis an Demophoon

Ein argloses Mädchen zu täuschen ist keine ruhmvolle Kunst.

Ut corpus, teneris ita mens infirma puellis.   **1722**

Ovid, Heroides 19,7 Hero an Leander

Wie der Körper, so ist auch die Seele schwach bei zarten Mädchen.

Quamvis voce negat, vox est contraria menti.   **1723**

Sagt ein Mädchen auch nein, so verheißt der Ton der Stimme doch das Gegenteil.

Magen

Cum sale panis / latrantem stomachum bene leniet.   **1724**

Horaz, Sermones 2,2,17 f.

Brot mit Salz wird den knurrenden Magen ganz gut besänftigen.

1725 Ieiunus raro stomachus vulgaria temnit.
Horaz, Sermones 2,2,38

Ein Magen, der nur selten nüchtern ist, verachtet gewöhnliche Speisen.

1726   Quin corpus onustum hesternis
vitiis animum quoque praegravat.
Horaz, Sermones 2,2,77 f.

Ja, ein vom gestrigen ausschweifenden Gelage belasteter Körper drückt auch den Geist dir nieder.

1727 Infelices, ecquid intellegitis maiorem vos famem habere quam ventrem?
Seneca, Epistulae morales 89,22

Ihr Unglücklichen, erkennt ihr nicht, daß euer Hunger größer ist als euer Magen?

1728 vacui ventris furor
Juvenal, Saturae 15,100

des leeren Magens Rasen

1729 Ex magna coena stomacho fit maxima poena.
    Ut sis nocte levis, sit tibi coena brevis.
MA H. Walther 8 281

Ein großes Abendessen verursacht dem Magen größte Beschwer; damit du in der Nacht gut schläfst, sei dein Abendessen kurz!

1730 Venter optimum est horologium.
Wander 3,329,29

Der Magen ist die beste Uhr.

malen

1731 Cacatum non est pictum.

Angestrichen (Geschissen) ist nicht gemalt.

Von G. A. Bürger in einem gegen Chr. Fr. Nicolai gerichteten, zuerst 1777 veröffentlichten Spottgedicht gebraucht; etwa gleichzeitig auch bei Goethe (vgl. H. Rölleke in: Jahrbuch des Freien Deutschen Hochstifts 1989, 147–155). Helfer 32 Der Ausspruch wurde von K. J. Weber, Demokritos, 6,11,1832/40 zitiert.

Orbis sensualium pictus.   **1732**
Titel eines von Johann Amos Comenius, 1592–1670, verfaßten, 1658 in
Nürnberg erschienenen Werks.

Die gemalte Welt.
Das für die damaligen Zeiten genial konzipierte Unterrichtsbuch vereinte
Wort, Bild und Erklärung und fand weite Verbreitung. Zum Prinzip der
Gestaltung vgl. H. Koller, Orbis pictus Latinus, 1977.

pinxit Abk.: p. oder pinx.   **1733**
(er) hat es gemalt
Eintrag neben dem Namen des Künstlers auf Gemälden.

Mann

Qualis vir, talis oratio.   **1734**
Pseudo-Seneca, De moribus 73. Vgl. Cicero, Tusculanae disputationes
5,47: … qualis autem homo ipse esset, talem eius esse orationem … wie
aber der Mensch selbst sei, so sei seine Rede. MA H. Walther 23 251 b
Wie der Mann, so seine Rede.

Est hominis ingenui … velle bene audire a parentibus, a pro-   **1735**
pinquis, a bonis etiam viris.
Cicero, De finibus 3,57

Ein freigeborener Mann will bei seinen Eltern, seinen Verwand-
ten und auch bei tüchtigen Männern einen guten Namen haben.

Vir bonus et sapiens … utilitati omnium plus quam unius   **1736**
alicuius aut suae consulit.
Cicero, De finibus 3,64

Der gute und weise Mann ist mehr auf den allgemeinen Nutzen
als auf den eines einzelnen oder seinen eigenen bedacht.

Veni igitur, si vir es …   **1737**
Cicero, Epistulae ad familiares 9,17,3 Cicero an Paetus
Komm also, wenn du ein Mann bist …

Iustum et tenacem propositi virum …   **1738**
Horaz, Carmina 3,3,1
Den gerechten Mann, der an seinem Entschluß festhält …
Beginn des berühmten Gedichts über Roms Bestimmung.

Virum bonum natura, non ordo facit.   **1739**
Publilius Syrus, Sententiae V 14

Sein inneres Wesen, nicht sein Stand macht einen zum edlen Mann.

1740 Arma virumque cano, Troiae qui primus ab oris …
Vergil, Aeneis 1,1

Kampf sing' ich und den Mann, der einst vom Troergestade …
A. Vezin
Berühmte Anfangszeile der Aeneis, des bedeutendsten Epos der Römer.

1741 Forma viros neglecta decet.
Ovid, Ars amatoria 1,509

Ein nachlässiges Äußeres steht Männern.

1742 Mors ipsa refugit / saepe virum.
Lucan, De bello civili 2,75 f.

Der Tod selbst wich oft vor dem Mann[1] zurück.
[1] Der römische Feldherr Gaius Marius, 156–86 v. Chr., Sieger über die Teutonen 102 und über die Kimbern 101 v. Chr, war im Bügerkrieg Gegner des Sulla.

1743 Non est vir fortis ac strenuus, qui laborem fugit.
Seneca, Epistulae morales 22,7

Das ist kein tapferer und tüchtiger Mann, der vor einer Anstrengung flieht.

1744 Vestis virum facit (reddit).
Homer, Odyssee 6,29 MA H. Walther 33 265a

Die Kleidung macht den Mann.
Kleider machen Leute.

1745 homo Dei
AT 5 Moses 33,1

Mann Gottes
Bezeichnung des Moses

→ *der erste*	Principibus placuisse viris non ultima laus est. Nr. **438**
→ *Muse*	Dignum laude virum vetat Musa mori. Nr. **1889**
→ *Schweiß*	Non est viri timere sudorem. Nr. **2546**
→ *Staat*	Moribus antiquis res stat Romana virisque. Nr. **2693**

Maske

Nemo potest personam diu ferre: Ficta cito in naturam suam **1746**
recidunt.

Seneca, De clementia 1,6

Niemand kann eine Maske lange tragen. Verstellung fällt
schnell in ihr eigentliches Wesen zurück.

Maß

Modus omnibus rebus optimum est habitu.   **1747**

Plautus, Poenulus 238

Maßhalten ist das Beste in allen Dingen.

Temperantia est rationis in libidinem atque in alios non rectos **1748**
impetus animi firma et moderata dominatio. Eius partes conti-
nentia, clementia, modestia.

Cicero, De inventione 2,164

Mäßigung ist die gesicherte und geregelte Herrschaft der Ver-
nunft über die Leidenschaft und über andere, von der richtigen
Bahn abweichende Gemütsbewegungen; ihre Teile sind: Selbst-
beherrschung, Milde, Bescheidenheit. W. Binder

Adhibent modum quendam, quem ultra progredi non oporteat.   **1749**

Cicero, Tusculanae disputationes 4,38

Sie (die Peripatetiker) halten ein gewisses Maß ein, das nicht
überschritten werden darf.

Modus est optimus decus ipsum tenere nec progredi longius.   **1750**

Cicero, De officiis 1,141

Das beste Maß ist es, den Anstand zu wahren und nicht darüber
hinauszugehen.

aurea mediocritas   **1751**

Horaz, Carmina 2,10,5

das goldene Mittelmaß

Est modus in rebus, sunt certi denique fines,   **1752**
quos ultra citraque nequit consistere rectum.

Horaz, Sermones 1,1,106 f. Vgl. Plautus, Poenulus 239

Es ist ein Maß in den Dingen, es gibt schließlich bestimmte
Grenzen, und jenseits und diesseits von ihnen kann das Rechte
nicht bestehen.

Eines der bekanntesten Horaz-Zitate

1753 Metiri se quemque suo modulo ac pede verum est.
Horaz, Epistulae 1,7,98

Daß jeder sich nach seinem eigenen Maß und Fuß bemesse, das ist das Richtige.

1754 Modus adhibendus est.
Cornelius Nepos, De viris illustribus 15,4 Epaminondas

Es muß Maß gehalten werden.
Beschränkung tut Not.

1755 Numquam perniciosa servant modum.
Seneca, Epistulae morales 85,12

Niemals hält das Verderbliche Maß.

1756 Vitium est ubique, quod nimium est.
Quintilian, De institutione oratoria 8,3,42

Ein Fehler ist überall, was im Übermaß ist.

1757 Quod nimium est, fugito; parvo gaudere memento!
Catonis disticha 2,6

Vermeide jedes Zuviel; denke daran, dich an Wenigem zu er-freuen!

1758 Nimium non placet etiam quod bonum putatur.
Cassiodor, Variae 10,3,7

Das Übermaß gefällt auch dann nicht, wenn es für gut gehalten wird.

1759 In qua mensura mensi fueritis, remetietur vobis.
📖 NT Matthaeus 7,2

Nach dem Maß, mit dem ihr meßt, wird euch zugeteilt werden.

> → *Liebe*   Verus amor nullum novit habere modum. Nr. **1646**
> → *Tugend*   Omnis in modo est virtus. Modo certa mensura est. Nr. **2994**
> → *Übermaß* Vitiosum est ubique, quod nimium est. Nr. **3025**

Masse

1760 Quid tibi vitandum praecipue existimem, quaeris: turbam. Nondum illi tuto committeris. Ego certe confitebor imbecillitatem meam: numquam mores, quos extuli, refero.
Seneca, Epistulae morales 7,1 Frei zitiert von Thomas von Kempen, De imitatione Christi 1,20,5

Du fragst, was du am meisten meiden sollst: die breite Masse.
Du kannst dich ihr noch nicht gefahrlos überlassen. Ich will dir
jedenfalls meine eigene Schwäche eingestehen: Nie bringe ich
denselben Charakter nach Hause zurück, mit dem ich ausge-
gangen war.

Vitate quaecumque vulgo placent. **1761**
Seneca, Epistulae morales 8,3

Meidet, was immer der Masse gefällt!

Fuge multitudinem! **1762**
Seneca, Epistulae morales 10,1. Vgl. 7,1; 8,1: Vitare turbam iubes. Du
forderst mich auf, die Masse zu meiden.

Fliehe die große Masse!

Maximum in eo vitium est, qui non vult melioribus placere, sed **1763**
pluribus.
Pseudo-Seneca, De moribus 36

Das größte Verschulden trifft den, der nicht den Besseren, son-
dern der Masse gefallen will.

→ *Pöbel* Nr. **2153** – Nr. **2168**

Materie

materia prima **1764**
Aristoteles, Physik A 9; 192 a

der Urstoff, die einheitliche Grundsubstanz
Die Materie des Aristoteles ist sicher nicht ein bestimmter Stoff wie etwa
Wasser oder Luft, und sie ist auch nicht einfach der Raum; sie ist gewissermaßen ein unbestimmtes körperliches Substrat, das die Möglichkeit in
sich enthält, durch die Form in die Aktualität, in das Faktische überzuge-
hen. W. Heisenberg, Physik und Philosophie 120, 1959

Dicunt … Stoici nostri duo esse in rerum natura, ex quibus **1765**
omnia fiant, causam et materiam. Materia iacet iners, res ad
omnia parata, cessatura, si nemo moveat: causa autem, id est
ratio, materiam format et quocumque vult versat, ex illa varia
opera producit. Esse ergo debet, unde aliquid fiat, deinde a quo
fiat: hoc causa est, illud materia.
Seneca, Epistulae morales 65,2

Unsere Stoiker behaupten, in der Natur gebe es zwei Prinzipi-
en, die alles bewirken, Ursache und Materie. Die Materie liegt

untätig da, eine Masse, die zu allem bereit ist, die, wenn sie niemand in Bewegung setzt, in Ruhe verharrt. Die Ursache aber, das heißt die Vernunft, formt die Materie, wendet sie, wohin sie will und bringt aus ihr verschiedene Werke hervor. Es muß also etwas sein, woraus etwas entsteht, sodann etwas, wodurch etwas wird. Letzteres ist die Ursache, ersteres die Materie.

1766 Materia non habet esse nisi per formam.

Thomas von Aquin, De ente et de essentia 7

Der Stoff hat sein Sein nur durch seine Form.

→ *Geist* Mens agitat molem. Nr. **716**

Maus

1767 Fele comprehensa saltant mures in mensa.

MA H. Walther 8 910

Wenn die Katze aus dem Haus ist, tanzen die Mäuse auf dem Tisch.

1768 Insanire facit mures absentia catti.

MA H. Walther 12 472 Werner / Flury i 98

Die Abwesenheit der Katze läßt die Mäuse übermütig werden.

1769 Miser est mus, antro qui clauditur uno.

MA Werner / Flury m 93a

Unglücklich die Maus, die nur ein Loch weiß.

→ *Berg* Parturient montes, nascetur ridiculus mus. Nr. **180**

Mäzen

1770 Maecenas atavis edite regibus,
o et praesidium et dulce decus meum …

Horaz, Carmina 1,1,1 f.

*Maecenas, Sproß aus uraltem Fürstengeschlecht,
du mein Schutz, du meine süße Zier …*

Berühmte Anfangszeilen des ersten Gedichts des ersten Odenbuches. – Gaius Cilnius Maecenas, gest. 8 v. Chr., Freund des Augustus, Gönner und Förderer aufstrebender Talente, 39 v. Chr. durch Vergil und Varius auf Horaz aufmerksam gemacht, wurde sein großzügiger Förderer / Mäzen und schenkte ihm das Landgut Sabinum. Vgl. Sermones 1,6,55 und 2,6.

Sint Maecenates, non deerunt, Flacce, Marones.   **1771**
Martial, Epigrammata 8,56,5f. Vgl. 1,107

Wenn es Mäzene gibt, wird es, Flaccus, an Dichtern wie Vergil
nicht fehlen.

Publius Vergilius Maro gilt als der bedeutendste römische Dichter.
→ *Vergil* Nr. **3129** – Nr. **3135**

Medizin

Nihil aeque sanitatem impedit quam remediorum crebra muta-   **1772**
tio.
Seneca, Epistulae morales 2,3

Nichts behindert in gleicher Weise die Gesundheit wie häufiger
Wechsel der Heilmittel.

Plurimum remedia continuata proficiunt.   **1773**
Seneca, Epistulae morales 69,2

Am meisten wirken Heilmittel, die ohne Unterbrechung ange-
wandt werden.

Medicina vinci fata non possunt.   **1774**
Nach Pseudo-Quintilian, Declamationes 268 MA H. Walther 14 564 b

Durch Medizin läßt sich das Schicksal nicht besiegen.

Sed et medicinam inspexi, sororem, ut aiunt, philosophiae.   **1775**
Tertullian, De anima 2

Aber ich habe auch einen Blick in die Medizin geworfen, die
Schwester, wie man sagt, der Philosophie.

Medicina secunda philosophia dicitur.   **1776**
Isidor, Origines 4,13

Die Medizin wird die zweite Philosophie genannt.

Contra vim mortis non est medicamen in hortis.   **1777**
MA H. Walther 3 346 Werner / Flury c 103

Gegen die Gewalt des Todes ist in den Gärten kein Heilmittel
gewachsen.

→ *heilen*   Quae medicamenta non sanant, / ferrum sanat, quae
ferrum non sanat, ignis sanat; / quae vero ignis non sanat,
insanabilia reputari oportet. Nr. **1095**

Meer

1778 Demetrius noster … vitam securam et sine ullis fortunae incursionibus mare mortuum vocat.

Seneca, Epistulae morales 67,14

Unser Demetrius nennt ein sorgenfreies Leben ohne irgendwelche Angriffe des Schicksals ein totes Meer.

→ *Berg*   maria montesque polliceri Nr. **179**
→ *Himmel*   Caelum, non animum mutant, qui trans mare currunt. Nr. **1168**

mehr

→ *Übermaß*   non plus ultra Nr. **3027**

Meister

1779 Alius aliis in rebus praestantior.

Wander 3,580,45

Es ist einer nicht Meister in allen Dingen.

1780 Nemo nascitur artifex.

MA H. Walther 16 377 b Wander 3,581,53

Es ist noch kein Meister vom Himmel gefallen.

→ *Lehrer*   Est rerum omnium magister usus. Nr. **1557**
→ *Lehrer*   Usus magister est optimus. Nr. **1558**
→ *Lehrer*   iurare in verba magistri Nr. **1559**

Mensch

1781 Tam ego homo sum quam tu.

Plautus, Asinaria 490 Vgl. Trinummus 447: Homo ego sum, tu homo es.

Ich bin ein Mensch wie du.

Du bist mir in nichts voraus.

1782 Homo homini lupus.

Plautus, Asinaria 495: Lupus est homo homini … A. Schopenhauer, Die Welt als Wille und Vorstellung II 26

Der Mensch ist gegen seinen Mitmenschen ein Wolf (Teufel).

Den Gegensatz bildet der Mensch als animal sociale, der soziale Mensch, das Gemeinschaftswesen, der allein die Gesellschaft der Kulturstaaten bilden kann.

homo trium litterarum   **1783**
Plautus, Aulularia 325

ein Mensch mit drei Buchstaben
D. h. lat. fur ein Dieb

Di nos quasi pilas homines habent.   **1784**
Plautus, Captivi 22

Wir Menschen sind wie Spielbälle in der Hand der Götter.

Homo sum: humani nil a me alienum puto.   **1785**
Terenz, Heautontimorumenos 77. Zitiert von Cicero, De officiis 1,30 De
legibus 1,33 Seneca, Epistulae morales 95,53

Ich bin ein Mensch, und nichts Menschliches ist mir fremd.
Ich nehme teil am Schicksal anderer Menschen.

Quot homines, tot sententiae.   **1786**
Terenz, Phormio 454 Cicero, De finibus 1,15

Wieviele Menschen, soviele Meinungen.

Homo bulla.   **1787**
Varro, De re rustica 1,1,1. Vgl. Petron, Satyricon 42: Utres inflati am-
bulamus, ... nos non pluris sumus, quam bullae. Aufgeblasene Schläuche
auf Beinen sind wir, ... wir sind nicht mehr als Luftblasen. Erasmus von
Rotterdam, Adagia 2,3,48

Der Mensch ist eine Luftblase.
Der Mensch ist ein hinfälliges Wesen, es ist schnell um ihn geschehen.

homo novus   **1788**
Z. B. Cicero, Actio in Verrem II 5,101 De re publica 1,1 De officiis 1,138

ein neuer Mann, ein Emporkömmling, ein Aufsteiger
Der erste aus einer nichtadligen römischen Familie, der in den Adel auf-
steigt, indem er ein kurulisches Amt bekleidet. Gegensatz: homo nobilis
ein Adliger.

Videmus, quanta sit in invidia quantoque in odio apud quosdam **1789**
nobilis homines novorum hominum virtus et industria.
Cicero, Actio in Verrem 2,5,181

Wir sehen, wie sehr gewisse Adligen Männer ohne berühmte
Ahnen wegen ihrer Tüchtigkeit und Tätigkeit beneiden und
hassen.

Homines ad deos nulla re propius accedunt quam salutem **1790**
hominibus dando.
Cicero, Pro Ligario oratio 38

Durch nichts nähern sich die Menschen den Göttern mehr als
durch Beglücken von Menschen.

1791 hominem … quasi mortalem deum
Cicero, De finibus 2,40
der Mensch … gleichsam ein sterblicher Gott

1792 Hominem frugi omnia recte facere.
Cicero, Tusculanae disputationes 4,36
Ein redlicher Mensch macht alles richtig.

1793 … appellari ceteros homines, esse solos eos, qui essent politi
propriis humanitatis artibus.
Cicero, De re publica 1,28
… daß alle anderen zwar Menschen heißen, daß es aber nur die
wirklich seien, die in den der Menschheit eigentümlichen Kün-
sten gebildet seien.

1794 Proxime … et secundum deos homines hominibus maxime
utiles esse possunt.
Cicero, De officiis 2,11
Nächst den Göttern können die Menschen einander am meisten
nützen.

1795 genus humanum
Z. B. Cicero, De re publica 6,17 Ovid, Metamorphoses 1,263
das menschliche Geschlecht

1796 Conveniens homini est hominem servare voluptas.
Ovid, Epistulae ex Ponto 2,9,39
Menschen zu retten ist eine Lust, die dem Menschen gemäß ist.

1797 Homo semper aliud, fortuna aliud cogitat.
Publilius Syrus, Sententiae H 14
Der Mensch denkt immer anders als das Schicksal.

1798 Hominem etiam frugi flectit semper occasio.
Publilius Syrus, Sententiae H 26
Auch den braven Menschen verleitet oft die Gelegenheit.

1799 … stetit unus in arcem
erectus capitis victorque ad sidera mittit sidereos oculos.
Manilius, Astronomica 4,906 ff.

... als einziger von den Geschöpfen stand der Mensch aufrecht,
das Haupt zum Himmel erhoben, und schickt als Sieger hinauf
zu den Sternen Sternenaugen.
Der Mensch im Gegensatz zu den Tieren.

Homo est sociale animal et in commune genitus mundum et **1800**
unam omnium domum spectat.
Seneca, De beneficiis 7,1,7. Vgl. Cicero, De officiis 1,12

Der Mensch ist ein zur Gesellschaft bestimmtes und zur Ge-
meinschaft geborenes Lebewesen und betrachtet die Welt als
ein einziges Haus aller.

Cogitavit nos ante natura, quam fecit, nec tam leve opus sumus, **1801**
ut illi potuerimus excidere.
Seneca, De beneficiis 23,5

Die Natur hat uns erdacht, bevor sie uns geschaffen hat, und
wir sind nicht ein so leichtes Werk, daß wir aus ihr herausfallen
könnten.

Quid est homo?   **1802**
Seneca, Ad Marciam de consolatione 11,3 AT Psalm 8,5
Was ist der Mensch?

Hominem homini natura conciliat.   **1803**
Seneca, Epistulae morales 9,17
Die Natur verbindet den Menschen mit dem Menschen.

Ab homine homini cotidianum periculum.   **1804**
Seneca, Epistulae morales 103,1. Vgl. Plinius Maior, Naturalis historia 7
Prooemium: At homini plurima sunt ex homine mala. Aber das meiste
Leid entsteht dem Menschen durch den Mitmenschen.

Vom Menschen droht dem Menschen tägliche Gefahr.

... homo perniciosior feris omnibus.   **1805**
Seneca, Epistulae morales 107,7
... der Mensch, verderbenbringender als alle wilden Tiere.
Der Mensch ist das gefährlichste Raubtier.

... qui me hominem inter homines voluit esse.   **1806**
Petron, Satyricon 39
... der wollte, daß ich Mensch unter Menschen sei.
D. h., der mir ein menschenwürdiges Dasein verschafft hat.

1807 Homo inter homines sum.

Petron, Satyricon 57,5

Ich bin Mensch unter Menschen.

Ich bin gleichberechtigter römischer Bürger.

1808 Homines sumus, non dei.

Petron, Satyricon 75,1

Menschen sind wir, nicht Götter.

1809 Bonus vir semper tiro.

Goethe, Maximen und Reflexionen 1343. Aus Zincgrefs Apophthegmata, 1628. → *Anfänger* Nr. **47**

Ein guter Mann ist immer ein Rekrut (in der Lehre).

1810 Homo est animal bipes rationale.

Boethius, De consolatione philosophiae 5,4 Vgl. 1,6

Der Mensch ist ein zweifüßiges, vernunftbegabtes Lebewesen.

1811 Homo mundus minor.

Boethius, De definitione (Migne PL 64,907). Vgl. Plinius Maior, Naturalis historia 36,101 Macrobius, Commentarius in Somnium Scipionis 2,12,11: … physici mundum magnum hominem et hominem brevem mundum esse dixerunt… . die Naturphilosophen sagten, die Welt sei ein menschliches Wesen im Großen, der Mensch eine Welt im Kleinen. Bereits Demokrit vertritt fr. 34 den Gedanken, der Mensch sei ein mikros kosmos, ein Kosmos im Kleinen.

Der Mensch ist eine Welt im Kleinen.

D. h. ein Mikrokosmos. Im Menschen werden alle Stufen der Weltwirklichkeit verkörpert.

1812 homo-mensura-Satz Abk.: HMS

Protagoras, fr. 80 B1 DK. Vgl. Platon, Theaitet 151 E f.: anthropos metron panton.

Lateinisch: Omnium rerum homo mensura est.

Der Mensch ist das Maß (der Maßstab) aller Dinge, der seienden, daß sie sind, der nichtseienden, daß sie nicht sind.

Sinn der These: Es gibt keine allgemeingültigen ethischen Normen; von derselben Sache kann es einander widersprechende Aussagen geben, die Erscheinungswelt ist relativ. Wir erkennen die Welt nicht, wie sie ist, sondern wie sie von dem einzelnen Menschen wahrgenommen wird. – Die Frage, ob der HMS den einzelnen Menschen, das Individuum, zum höchsten Maßstab aller Dinge erhebe, oder ob damit die Gattung Mensch gemeint sei, ist ebenso Gegenstand der modernen wissenschaftlichen Diskussion wie die Frage nach der Bedeutung der weiteren Begriffe des Satzes.

novus homo   **1813**

Augustinus, De vera religione 132; 134: vetus homo et exterior et terrenus
der alte, auch äußerliche und irdische Mensch; novus homo et interior et
caelestis der neue, auch innere und himmlische Mensch. Petrus Lombardus, Sententiae in IV libris distinctae 4,4,1,9(25),1: Causa vero institutio-
nis baptismi est innovatio mentis, ut homo, qui per peccatum vetus fuerat,
per gratiam baptismi renovetur … Sic enim fit quisque novus homo …
Der Grund der Einrichtung der Taufe aber ist die Erneuerung des Geistes,
daß der Mensch, der durch die Sünde alt war, durch die Gnade der Taufe
erneuert werde … So nämlich wird jeder ein neuer Mensch …

ein neuer Mensch / der neue Mensch

Nam *homo* est corpus, anima et spiritus.   **1814**

Nikolaus von Kues, Compendium 13,42

Denn der Mensch ist Körper, Seele und Geist.

Homo proprie est id quod est secundum rationem.   **1815**

Thomas von Aquin, Summa Theologica 155,1

Der Mensch ist im eigentlichen Sinne das, was er ist, zufolge
seiner Vernunft.

Mirum est, quod homo potest umquam perfecte in hac vita   **1816**
laetari.

Thomas von Kempen, De imitatione Christi 1,21,4

Es sollte mich wundern, wenn ein Mensch sich in diesem Leben
jemals vollkommen freuen kann.

Oportet te novum induere hominem: et in alterum virum mutari.   **1817**

Thomas von Kempen, De imitatione Christi 3,49,17

Du mußt einen neuen Menschen anziehen und in einen anderen
Mann verwandelt werden.

Homo homini Deus.   **1818**

Symmachus, Epistulae 9,114,1 Baruch de Spinoza, Ethica 4,35: Quae modo ostendimus, ipsa etiam experientia quotidie tot tamque luculentis testimoniis testatur, ut omnibus fere in ore sit: hominem homini Deum esse.
Was wir eben gezeigt haben, bezeugt auch die Erfahrung selbst täglich
durch so viele und so treffende Beispiele, daß es fast in aller Munde ist:
ein Mensch ist dem anderen Menschen ein Gott.

Ein Mensch ist für den anderen ein Gott.

Homo habilis   **1819**

Die Bezeichnung H. habilis wurde zuerst von dem Paläontologen L. S. B.
Leakey 1936 gebraucht.

der geschickte Mensch

Er trat vor ca. 2 bis ca. 1,5 Millionen Jahren auf und gilt als Verbindungsglied zwischen Australopithecus africanus und Homo erectus.

1820 Homo erectus

der aufgerichtete / aufrecht gehende Mensch

Er lebte vor ca. 1,8 Millionen bis 200000 Jahren und gebrauchte Werkzeuge. Bereits Platon und Aristoteles verwendeten den Ausdruck orthos / erectus, der von Cicero in anthropologischem Sinne gebraucht wurde, vgl. De oratore 2,54 Brutus 200 Orator 59 sowie Manilius, Astronomica 4,906.

1821 Homo sapiens

Zu sapiens in Verbindung mit homo vgl. Cicero, De natura deorum 2,36; 1,118 Tusculanae disputationes 1,81; 5,64 De legibus 3,42 Pro Murena oratio 58

der vernunftbegabte (weise) Mensch

Er ist durch Evolution aus dem Homo erectus entstanden und lebte seit ca. 300000 Jahren. Die Bezeichnung wurde durch Karl von Linné, 1707–1778, auf den modernen Menschen angewandt und in die Anthropologie eingeführt.

1822 Homo sapiens sapiens

der vernunftbegabte, moderne Mensch

Er trat vor ca. 100000 Jahren auf, gebrauchte Stein- und Knochenwerkzeuge und schuf zu Kultzwecken Kunstwerke, z.B. Höhlenzeichnungen.

1823 Homo faber

der Mensch als Handwerker, z.B als Schmied

Der Ausdruck wurde von dem Anthropologen Pierre Boule, 1881–1942, Les hommes fossiles 1921, 464 für den Homo heidelbergensis eingeführt und von Henry Bergson, 1859–1941, zur Beschreibung des Homo sapiens gebraucht. Der Homo faber kannte Sprache, Feuer, handwerkliche Geräte und war ziel- und zweckgerichtet technisch tätig. Homo faber ist der Titel eines Romans, 1957, des Schweizer Schriftstellers Max Frisch, 1911–1991.

1824 Homo machina

Lateinische Übersetzung des Buchtitels L'homme machine, 1748, des französischen Aufklärungsphilosophen Julien de La Mettrie, gest. 1751. Das Buch ist das berühmteste und auch am meisten kritisierte Werk seines Verfassers. – Vgl. René Descartes, Meditationes de prima philosophia (1641) VI,107: … ita, si considerem hominis corpus, quatenus machinamentum quoddam est ex ossibus, nervis, musculis, venis, sanguine et pellibus ita aptum et compositum, ut, etiamsi nulla in eo mens existeret, eosdem tamen haberet omnes eos motus … so steht es auch mit dem menschlichen Körper, wenn ich ihn als eine Art von Maschine betrachte, die aus Knochen, Nerven, Muskeln, Adern, Blut und Haut so eingerichtet und zusammengesetzt ist, daß, auch wenn gar kein Geist in ihr existierte, sie doch genau dieselben Bewegungen ausführte … L. Gäbe / H. G. Zekl

Der Mensch – ein Maschinenwerk / Maschine Mensch

Homo ludens   **1825**

Titel und zentraler Begriff des Buches (1938), in dem der holländische Gelehrte Johann Huizinga die Bedeutung des Spiels in den verschiedenen Kulturen untersuchte.

der spielende Mensch

Deus … ait: Faciamus hominem ad imaginem et similitudinem **1826** nostram … Et creavit Deus hominem ad imaginem suam.
AT Genesis 1,26f.

Gott sprach: Laßt uns den Menschen machen als unser Abbild, uns ähnlich … Und Gott schuf den Menschen als sein Abbild.

Deus … vocavit nomen eorum Adam, in die quo creati sunt.   **1827**
AT Genesis 5,2

Gott … nannte sie Mensch[1] an dem Tag, da sie erschaffen wurden.

[1] Adam, hebräisch *Mensch*

Iesus … ait illis: Venite post me, et faciam vos fieri piscatores **1828** hominum.
NT Matthaeus 4,19

Jesus sagte zu ihnen: Folgt mir nach! Ich werde euch zu Menschenfischern machen.
Jesus Christus zu Simon Petrus und seinem Bruder Andreas.

Ecce homo!   **1829**
NT Johannes 19,5

Seht, welch ein Mensch! Martin Luther / *Seht, da ist der Mensch!*

Ausruf des Pontius Pilatus, des römischen Statthalters in Judäa, als er den gegeißelten Jesus Christus mit Dornenkrone und purpurrotem Mantel den Juden vorführen ließ. Bekannt sind Darstellungen Christi in dieser Situation als Schmerzensmann. Seit dem Spätmittelalter wurden Ecce-homo-Darstellungen künstlerisch gestaltet, z. B. von M. Schongauer, A. Dürer, L. van Leyden, Tizian, Rembrandt.

Ecce homo. Wie man wird, was man ist.   **1830**

Titel einer autobiographischen Schrift (1889) von Friedrich Nietzsche, 1844–1900. Der Ausspruch Ecce homo! wird auch zur Kennzeichnung der Situation des Menschen der Gegenwart gebraucht und als Buchtitel verwendet.

1831 Oboedire oportet Deo magis quam hominibus.

NT Actus Apostolorum 5,29

Man muß Gott mehr gehorchen als den Menschen.

Petrus und die Apostel vor dem Hohen Rat.

1832 … deponere vos … veterem hominem… . Renovamini autem spiritu mentis vestrae et induite novum hominem, qui secundum Deum creatus est in iustitia, et sanctitate veritatis.

NT Epheser 4,22–24. Vgl. 2,15 und Kolosser 3,9–10

Legt den alten Menschen ab … erneuert euren Geist und Sinn!
Zieht den neuen Menschen an, der nach dem Bild Gottes ge-
schaffen ist in wahrer Gerechtigkeit und Heiligkeit.

→ *Gelegenheit* Homo cuiusvis temporis. Nr. **750**
→ *Hilfe* Homo in adiutorium mutuum genitus est. Nr. **1166**

Menschlichkeit / Humanität

1833 Quid potest esse in otio aut iucundius aut magis proprium humanitatis, quam sermo facetus ac nulla in re rudis?

Cicero, De oratore 1,32

Was kann in der Muße angenehmer und für humane Gesinnung
charakteristischer sein als eine geistreiche und in keiner Weise
ungebildete Unterhaltung?

1834 Et certe non tulit ullos haec civitas aut gloria clariores aut auctoritate graviores aut humanitate politiores P. Africano, C. Laelio, L. Furio, qui secum eruditissimos homines ex Graecia palam semper habuerunt.

Cicero, De oratore 2, 154

Und sicherlich hat unser Staat keine Männer hervorgebracht,
die berühmter und bedeutender waren oder ein feineres Men-
schentum besaßen als P. Africanus[1], C. Laelius[2] und L. Furius[3],
die in der Öffentlichkeit stets die gebildetsten Männer aus
Griechenland um sich hatten.

[1] Publius Scipio Africanus der Jüngere zerstörte 146 v. Chr. Karthago. Er war in den griechischen Wissenschaften sehr gebildet, 147 und 134 v. Chr. Konsul. [2] Gaius Laelius, ein Freund des Scipio, zeichnete sich als Staatsmann, Redner und Feldherr aus und war mit der stoischen Philosophie vertraut. [3] Lucius Furius Philus, Konsul des Jahres 135 v. Chr., war Kenner der griechischen Literatur und ein bekannter Redner.

Humanitas vetat superbum esse adversus socios, vetat avarum: **1835**
verbis, rebus, affectibus comem se facilemque omnibus praestat:
nullum alienum malum putat ...
Seneca, Epistulae morales 88,30

Die Menschenliebe verbietet es, hochmütig gegen andere Men-
schen zu sein und verbietet es, geizig zu sein: mit Worten, Taten
und Gefühlsäußerungen zeigt sie sich leutselig und zugänglich
gegenüber allen: an fremdem Unglück nimmt sie Anteil ...

Merkur

Non ex quovis ligno fit Mercurius.   **1836**
Vgl. Apuleius, Apologia 43: Non enim ex omnio ligno, ut Pythagoras
dicebat, debet Mercurius exculpi. Denn nicht aus jedem Holzstück, wie
Pythagoras sagte, ...

Nicht aus jedem beliebigen Klotz läßt sich ein Merkur schnit-
zen.
Nicht jeder besitzt die Begabung und den Geist, um eine Kunst oder Wissenschaft erlernen zu können.

Miene

Vultus denique totus, qui sermo quidam tacitus mentis est ...   **1837**
Cicero, Oratio in Pisonem 1,1

Überhaupt die ganze Miene, die die stumme Sprache der Ge-
sinnung ist ...

Imago animi est vultus.   **1838**
Cicero, De oratore 3,221 Orator 18,60

Ein Abbild des Geistes ist die Miene.

Vultus ac frons est animi ianua.   **1839**
Cicero, Commentariolum petitionis 44

Miene und Stirn sind der Zugang zum Herzen.

Saepe tacens vocem verbaque vultus habet.   **1840**
Ovid, Ars amatoria 1,574

Oft hat eine stumme Miene Stimme und Wort. M. v. Albrecht

... super omnia vultus / accessere boni ...   **1841**
Ovid, Metamorphoses 8,677 f.

... über allem kam hinzu ein freundliches Gesicht ...
Ein freundliches Gesicht zeigen Philemon und Baukis bei der Bewirtung
ihrer Gäste Jupiter und Merkur.

1842 Frontis nulla fides.
Juvenal, Saturae 2,8

Der Miene kann man nicht trauen.

1843 Vultus noster … speculum quoddam est animae suae.
Cassiodor, De anima 11,75

Unsere Miene ist sozusagen ein Spiegel der eigenen Seele.

mild / Milde

1844 Nihil laudabilius, nihil magno et praeclaro viro dignius placabilitate atque clementia.
Cicero, De officiis 1,88

Nichts ist lobenswerter, nichts eines großen und hervorragenden Mannes würdiger als Versöhnlichkeit und Milde.

1845 Ipsum *Caesarem* non voluntate aut natura non esse crudelem, sed quod putaret popularem esse clementiam.
Cicero, Epistulae ad Atticum 10,5(4),8

Caesar selbst sei nicht aus Neigung oder Veranlagung nicht grausam, sondern nur weil er sich durch Milde beim Volk beliebt zu machen glaube.
Cicero gibt eine Aussage Curios wieder.

1846 Clementia est temperantia animi in potestate ulciscendi vel lenitas superioris adversus inferiorem in constituendis poenis.
Seneca, De clementia 2,1,1 (2,3,1)

Milde ist geistige Mäßigung in der Macht zu strafen oder Sanftheit des Höherrangigen gegenüber dem Untergeordneten bei der Festsetzung von Strafen.

1847 Misericordia non causam, sed fortunam spectat: clementia rationi accedit.
Seneca, De clementia 2,3,1 (2,5,1)

Mitleid schaut nicht auf die Ursache, sondern auf das Schicksal: Milde tritt an die Seite der Vernunft.

Minerva

1848 invita Minerva
Cicero, De officiis 1,110: nihil decet invita Minerva, ut aiunt, id est adversante et repugnante natura … Nichts schickt sich gegen den Willen der Minerva, wie man sagt, d.h. gegen den Widerstand und das Widerstreben der Natur …

wider den Willen der Minerva (etwas unternehmen), ohne inne-
re Berufung
Minerva war die Göttin der Künste und Wissenschaften.

crassa (oder: pingui) Minerva   **1849**
Horaz, Sermones 2,2,3
hausbackenen Verstandes, ohne feinere Bildung

Tu nihil invita dices faciesque Minerva.   **1850**
Horaz, De arte poetica 385
Du wirst nichts gegen den Willen der Minerva sagen oder tun.

Mitte / Mittelweg

In plerisque rebus mediocritas optima est.   **1851**
Cicero, De officiis 1,130
In den meisten Dingen ist die rechte Mitte das Beste.

Intacta invidia media sunt: ad summa ferme tendit.   **1852**
Livius, Ab urbe condita 45,35,5
Das Mittelmäßige bleibt vom Neid unberührt: in der Regel
streckt er seine Hand nach dem Höchsten aus.

Auream quisquis mediocritatem / diligit …   **1853**
Horaz, Carmina 2,10,5 f.
Wer die goldene Mitte zu schätzen weiß …
Der Ausdruck aurea mediocritas, der goldene Mittelweg, wurde zum
Sprich- und Schlagwort.

Virtus est medium vitiorum et utrimque reductum.   **1854**
Horaz, Epistulae 1,18,9 Vgl. Aristoteles, Nikomachische Ethik 2,5
Tugend ist die Mitte zwischen Fehlern, sie ist von beiden Ex-
tremen gleich weit entfernt.

in medias res   **1855**
Horaz, De arte poetica 148
mitten in die Dinge hinein, unmittelbar zur Sache
Horazens Wortprägung wurde zum geflügelten Wort.

Medio tutissimus ibis.   **1856**
Ovid, Metamorphoses 2,137
In der Mitte wirst du am sichersten fahren.
Worte des Sonnengottes Sol an seinen Sohn Phaethon. Dieser kann jedoch
bei der Fahrt zwischen Himmel und Erde die Rosse des Sonnenwagens

nicht halten und wird schließlich von Jupiters Blitz getötet. – Der Mittelweg ist der sicherste. – Sprichwörtliche Formulierung.

1857 Magni animi est magna contemnere ac mediocria malle quam nimia.
Seneca, Epistulae morales 39,4

Ein großer Geist verachtet das Große und zieht das Maßvolle dem Übermäßigen vor.

1858 In medio consistit virtus.
Nach MA H. Walther 11 835 a Bild der Mitte nach Aristoteles, Nikomachische Ethik 2,1106 b 23. Vgl. Horaz, Epistulae 1,18,9: Virtus est medium vitiorum et utrimque reductum. Tugend nimmt die Mitte ein zwischen Fehlern und ist von beiden gleichweit entfernt.

Tüchtigkeit wählt den Mittelweg.
Der goldene Mittelweg ist der beste.

1859 A te quaeratur medium, nimium fugiatur.
MA H. Walther 104 Werner / Flury a 9

Suche den Mittelweg, meide jedes Zuviel!

1860 Ut vivas tutus, medium sis, nate, secutus.
MA H. Walther 32 640 Werner / Flury u 128

Mein Sohn, schlage den Mittelweg ein, um sicher leben zu können.

1861 Medium tenuere beati.
MA H. Walther 14 571

Die Glücklichen halten die Mitte.

→ *Teufel* In medio consistit virtus, saget der Teuffel; saß zwischen zwey alten Huren. Nr. **2887**

Mohr

1862 Aethiopem lavare (oder: dealbare, abluere)
Nach Äsop, Fabulae 274 Hausrath, 13 Halm. Vgl. Lukian, Epigr. 19 Erasmus von Rotterdam, Adagia 3,10,88: Aethiops non albescit. Ein Äthiopier läßt sich nicht weißwaschen. Vgl. Mohrenwäsche: sinnloser Versuch, einen als schuldig Erkannten zu entlasten. H. Paul, Deutsches Wörterbuch 583, 1992, nach AT Jeremias 13,23: Si mutare potest Aethiops pellem suam … Ändert wohl ein Dunkelhäutiger seine Farbe …?

einen Äthiopier waschen
Naturanlagen lassen sich kaum ändern. – Einen vergeblichen Versuch unternehmen.

Mönch

Cucullus non facit monachum.   **1863**

Zitiert von William Shakespeare, Maß für Maß 5,1,262 Was ihr wollt
1,5,56

Eine Kapuze macht noch keinen Mönch.

Habitus non facit monachum.   **1864**

MA H. Walther 10 534a Vgl. Thomas von Kempen, De imitatione Christi
1,17,6: Habitus et tonsura modicum confert, sed mutatio morum ... faciunt
religiosum. Ordenstracht und Tonsur bedeuten nicht viel, sondern der
Wandel der Sitten ... machen den wahren Ordensmann.

Die Ordenstracht macht noch keinen Mönch.

Non faciunt monachum tunica vestique cuculla,   **1865**
sed bona mens, sincera fides cordisque medulla.

MA H. Walther 17 779

*Zum Mönch machen einen nicht die Tunika, die Kutte und Ka-
puze, sondern die gute Gesinnung, der reine Glaube und das
Innerste des Herzens.*

Monachi sunt mundo mortui.   **1866**

Extravagantes communes, De officio iudicis ordinarii 1,1 Glossa

Die Mönche sind tot für die Welt.

Sie dürfen Gerichten nicht angehören und staatliche oder öffentliche Tä-
tigkeiten nicht ausüben.

Bernardus valles, montes Benedictus amabat.   **1867**
Oppida Franciscus, celebres Ignatius urbes.

*Bernhard[1] liebte als Orte für Klostergründungen die Täler, Be-
nedikt[2] die Berge, Franziskus[3] die kleinen, Ignatius[4] die volkrei-
chen Städte.*

Klostergründer: [1] Bernhard von Clairvaux, 1090–1153, Zisterzienser
[2] Benedikt von Nursia, 480–547/555/560, Gründer des Benediktiner-
Ordens, Verfasser der Benediktus-Regel [3] Franziskus von Assisi, 1181/82-
1226, Gründer des Franziskaner-Ordens, Verfasser der Franziskus-Regel
[4] Ignatius von Loyola, 1491–1556, Gründer des Jesuiten-Ordens

stabilitas loci   **1868**

Regula Sancti Benedicti 58,17: Suscipiendus ... promittat de stabilitate
sua et conversatione morum suorum et oboedientia ... Bei der Aufnahme
lege der künftige Mönch das Versprechen ab über seine Beständigkeit
(über sein Verbleiben am Ort, d.h. im Kloster), über den Wandel seiner
Sitten und den Gehorsam ... Vgl. Corpus iuris civilis, Novellae 3,2; 5,7;
123,42

Bleiben an einem Ort

Beim Eintritt in einen Orden gelobt der Mönch, bis an sein Lebensende Angehöriger der Gemeinschaft des Eintrittsklosters zu bleiben. Eine Befreiung von dieser Verpflichtung ist nur mit Empfehlung des Abtes dieses Klosters möglich.- Die Regelung der stabilitas loci war ursprünglich gegen die Gyrovagen (umherziehende Mönche) gerichtet. Vgl. Benediktusregel 1,10 ff.

1869 Desperatio aut facit militem aut monachum.
Wander 5,290,27

Wer nicht weiß, wie es weitergehen soll, der zieht entweder in den Krieg oder er geht ins Kloster.

→ *Bauch* Dum satur est venter monachorum sufficienter, tunc surgunt lente, miserere canunt sine mente. Nr. **137**

Mond

1870 Infra autem iam nihil est nisi mortale et caducum praeter animos munere deorum hominum generi datos, supra lunam sunt aeterna omnia.
Cicero, De re publica 6,17 Somnium Scipionis Scipios Traum

Unterhalb des Mondes ist alles sterblich und hinfällig, außer den Seelen, die durch Göttergeschenk dem Menschengeschlecht gegeben sind, oberhalb des Mondes ist alles ewig.

morgen

1871 Seria in crastinum!
Zitiert von K. J. Weber, Demokritos 3,5, 1832/40 Nach Cornelius Nepos, Pelopidas 3,2: In crastinum, inquit, differo res serias. Wichtige Dinge, sagte er, verschiebe ich auf morgen. Ausspruch des thebanischen Oberpriesters Archias.

Ernste Dinge auf morgen verschieben!
Wichtige Dinge haben bis morgen Zeit.

→ *heute* Quod hodie non est, cras erit. Nr. **1160**
→ *Zukunft* Quid sit futurum cras, fuge quaerere! Nr. **3494**

Morgenstunde

1872 Aurora Musis amica *est.*
Nach Hesiod, Werke und Tage 576 ff. MA H. Walther 1 815 a

Morgenstund' hat Gold im Mund[1].
[1] altgermanisch, althochdeutsch munt: Hand. – Die Morgenstunde ist den Musen freundlich gesinnt.

Mühsal

Opera pro pecunia!   **1873**
Plautus, Asinaria 172
Dienste nur für Geld!

Tantae molis erat Romanam condere gentem.   **1874**
Vergil, Aeneis 1,33
So großer Mühsal bedurfte es, das Volk der Römer zu begründen.

Non est ad astra mollis e terris via.   **1875**
Seneca, Hercules furens 437
Nicht angenehm ist der Weg von der Erde zu den Sternen.

Per aspera ad ardua.   **1876**
MA H. Walther 21 182
Durch Mühsal zu den Sternen.

… et amplius eorum labor et dolor.   **1877**
AT Psalm 89(90),10
… und wenn's (unser Leben) köstlich gewesen ist, so ist es Mü-
he und Arbeit gewesen. M. Luther

→ *Arbeit* Nil sine magno vita labore dedit mortalibus. Nr. **62**
→ *Sieg*   Palma non sine pulvere. Nr. **2620**

Mund

Saepe audivi inter os atque offam multa intervenire posse.   **1878**
Cato Maior bei Gellius, Noctes Atticae 13,18 (17),1
Ich habe oft gehört, daß zwischen Mund und Bissen viel dazwi-
schenkommen kann.
Zwischen Mund und Kelchesrand / schwebt der finster'n Mächte Hand.

Claude os, aperi oculos!   **1879**
Halte den Mund und mach deine Augen auf!

Compescas os ipse tuum, ne prava loquatur.   **1880**
MA H. Walther 3 009 Werner / Flury c 74
Beherrsche deinen Mund, daß er nicht Verkehrtes rede!

Gratis donato non spectes ora caballo.   **1881**
MA H. Walther 10 449 Werner / Flury g 32
Einem geschenkten Gaul schaut man nicht ins Maul.

1882 Os, oculus, vultus produnt, quod cor gerit intus.

MA H. Walther 20 425 Werner / Flury o 90

Mund, Auge und Miene verraten, was das Herz bewegt.

1883 Saepe subit poenas, ori qui non dat habenas.

MA H. Walther 27 320 Werner / Flury s 25

Oft wird bestraft, wer seinen Mund nicht im Zaum hält.

1884 Salivam hoc movet.

MA H. Walther 27 438 Wander 3,775,244. Vgl. Seneca, Epistulae morales 79,7

Das macht mir den Mund wäßrig.

Das macht mir Appetit.

1885 uno ore

Seneca, Epistulae morales 81,31

mit (aus) einem Munde

→ *Herz*   Os habet in corde sapiens, cor stultus in ore. Nr. **1155**
→ *Herz*   Ex abundantia enim cordis os loquitur. Nr. **1158**
→ *Lippen* Multa cadunt inter calicem supremaque labra.
            Nr. **1666**

Muse

1886 A Iove Musarum primordia, sicut in Aratio carmine orsi sumus.

Cicero, De legibus 2,7

Mit Jupiter der Musen Beginn, wie wir in dem Arat-Gedicht begonnen haben.

Cicero hatte die Phainomena des griechischen Dichters Arat ins Lateinische übersetzt.

1887 Musa mihi causas memora, …

Vergil, Aeneis 1,8

Nenne mir Muse, die Gründe …

Die Anrufung der Muse, der Göttin der epischen Dichtkunst, durch den Dichter ist ein charakteristisches Element des griechischen und römischen Epos. Vgl. Homer, Odyssee 1,1, ins Lateinische übersetzt von Horaz, De arte poetica 141.

1888 Amant alterna camenae.

Vergil, Bucolica 3,59

Den Wechselgesang / Die Abwechslung lieben die Musen[1].

[1] camenae: urspr. Quellnymphen, die Musen

Dignum laude virum Musa vetat mori.   **1889**
Horaz, Carmina 4,8,28
Daß ein des Ruhmes Würdiger stirbt, duldet die Muse nicht.

Ab Iove, Musa parens, (cedunt Iovis omnia regno!)   **1890**
carmina nostra move!
Ovid, Metamorphoses 10,148 f.
Mit Jupiter, Mutter Muse, (Jupiters Macht weicht doch alles!)
laß mein Lied mich beginnen!

Non datur ad Musas currere lata via.   **1891**
Properz, Elegiae 3,1,14
Kein breiter Weg wird mir zuteil, zu den Musen zu eilen.
Mojsisch / Schwarz / Tautz

crassiore Musa   **1892**
Quintilian, De institutione oratoria 1,10,28
von (mit) derbem Hausverstand, von nicht gerade feiner Bildung

Mors sine musis vita.   **1893**
MA H. Walther 15 201 a
Ein Leben ohne Musen ist der Tod.

Inter arma silent Musae.   **1894**
Nach Cicero, Pro Milone oratio 10: Silent leges inter arma. Im Kampf mit
Waffen, d.h. im Krieg, schweigen die Gesetze. → *Gesetz* Nr. **796**
Im Krieg schweigen die Musen.
Im Krieg liegen Kunst und Wissenschaft danieder. Sie können nur im
Frieden gedeihen.

Clío, Eutérpe, Thalía, / Melpómene, Terpsíchore, Eráto, /   **1895**
Polyhýmnia, Uránia, Calliópe.
Nach Hesiod, Theogonie 77 ff.
Die Namen der neun Musen, der Töchter des Zeus.

→ *Anfang*   Ab Iove principium musae: Iovis omnia
                     plena. Nr. **39**
→ *Morgenstunde*   Aurora Musis amica *est*. Nr. **1872**

Musik / Musikant

Musica abscondita nulli est rei.   **1896**
Gellius, Noctes Atticae 13,31,3: Nosti, inquam, magister, verbum illud
scilicet e Graecia vetus, musicam, quae sit abscondita, eam nulli esse rei?

Du weiser Mann, sagte ich, kennst doch wohl ohne Zweifel jenes alte griechische Sprichwort, daß eine Musik, von der man nichts hört, auch nichts tauge? Vgl. Sueton, Nero 20,1: ... Graecum proverbium iactans occultae musicae nullum esse respectum. Wiederholt zitierte er, Nero, das griechische Sprichwort: Musik, die im Verborgenen bleibt, werde nicht beachtet.

Was soll die Musik im Stillen?

1897 Sine musica nulla vita.

Ohne Musik kein Leben.

1898 Cantores amant humores.

MA H. Walther 2 313 Wander 3,787,9

Musikanten lieben einen guten Tropfen.

Muße / Müßiggang

1899 Non fuit consilium socordia atque desidia bonum otium conterere.

Sallust, De coniuratione Catilinae 4,1

Es lag nicht in meiner Absicht, in Gedankenlosigkeit und Nichtstun meine schöne Zeit der Muße zu vergeuden.

Sallust über seinen Entschluß, sich aus der Politik zurückzuziehen und der Geschichtsschreibung zu widmen.

1900 cum dignitate otium (otium cum dignitate)

Cicero, Pro Sestio oratio 98 De oratore 1,1 Epistulae ad familiares 1,10(9),21

Muße mit Würde / ehrenvolle Zurückgezogenheit / ehrenvoller Ruhestand nach verdienstvoller Amtsführung

Berühmt gewordene, oft zitierte Formel.

1901 Numquam minus otiosus sum, quam otiosus, nec minus solus, quam solus.

Cicero, De officiis 3,1,1

Niemals bin ich weniger müßig, als wenn ich Muße habe, und niemals weniger allein, als wenn ich allein bin.

Cicero gibt ein Bonmot von P. Scipio Africanus wieder.

1902 Deus nobis haec otia fecit.

Vergil, Bucolica 1,6 Zitiert von Seneca, Epistulae morales 73,10

Ein Gott hat uns diese Muße gewährt.

1903 Quaeritis, Aegistheus quare sit factus adulter?
In promptu causa est: desidiosus erat.

Ovid, Remedia amoris 161 f.

Ihr fragt, warum Ägisth zum Ehebrecher wurde?
  Der Grund liegt auf der Hand: Müßiggang war's.
Ägisth hatte sich, während Agamemnon, der König von Mykene, im Trojanischen Krieg abwesend war, mit dessen Gemahlin Klytämnestra ver-
mählt.

Otia corpus alunt, animus quoque pascitur illis;   **1904**
  immodicus contra carpit utrumque labor.
Ovid, Epistulae ex Ponto 1,4,21 f.
Muße nährt den Leib, auch der Geist erquickt sich in ihr;
  maßlose Mühe dagegen entkräftet beide.
Die Aussage des Distichons richtet sich gegen das ausschließliche Leitbild
der Arbeit als Mühe.

Cernis ut ignavum corrumpant otia corpus   **1905**
  ut capiant vitium ni moveantur aquae.
Ovid, Epistulae ex Ponto 1,5,5 f.
Du siehst, wie träge Muße den untätigen Körper entkräftet,
  wie das Wasser schlecht wird, wenn es nicht bewegt wird.

… Non sum, qui segnia ducam   **1906**
  otia: mors nobis tempus habetur iners.
Ovid, Epistulae ex Ponto 1,5,43 f.
Ich mag nicht müßiger Trägheit frönen:
  der Müßiggang gilt mir soviel wie der Tod. W. Willige

Absconde te in otio; sed et ipsum otium absconde!   **1907**
Seneca, Epistulae morales 68,1
Verbirg dich in der Muße; aber verbirg auch deine Muße vor
anderen!

Otium sine litteris mors est et hominis vivi sepultura.   **1908**
Seneca, Epistulae morales 82,3
Muße ohne wissenschaftliche Beschäftigung ist der Tod und das
Begräbnis eines Lebendigen.

Nihil agendo homines male agere discunt.   **1909**
Columella, De re rustica 11,1,26 Zitat des Cato Maior. → *Karthago*
Nr. **1311**
Durch Nichtstun lernen die Menschen Übles tun.

Otia dant vitia.   **1910**
Nach Catonis disticha 1,2,2

Muße erzeugt Laster.
Müßiggang ist aller Laster Anfang.

1911 Praestat otiosum esse quam nihil agere.

Es ist besser, sich der Muße hinzugeben als dem Nichtstun.

1912 Quid hic statis otiosi?

Was steht ihr und legt die Hände in Schoß?
Friedrich Schiller, Wallenstein: Wallensteins Lager. Kapuzinerpredigt 493 f.

1913 Otium est pulvinar diaboli.
MA H. Walther 20 518d: Otium pulvínar Sathane. Wander 3,793,30

Müßiggang ist des Teufels Ruhebank.

1914 Vacate, et videte quoniam ego sum Deus.
   AT Psalm 45 (46), 11

Habet Muße und erkennet, daß ich Gott bin.

Mut / mutig

1915 Bonus animus in mala re dimidium est mali.
Plautus, Pseudolus 452

Guter Mut kann ein Unglück um die Hälfte leichter machen.

1916 Fortitudinem audacia imitatur.
Cicero, Partitiones oratoriae 81

Dreister Mut ahmt die Tapferkeit nach.

1917 Tu ne cede malis, sed contra audentior ito!
Vergil, Aeneis 6,95

Weiche der Drangsal nicht, trete ihr um so mutiger entgegen.
Worte der Sibylle von Cumae zu Aeneas vor dem Gang durch die Unterwelt.

1918 Nunc animis opus, Aenea, nunc pectore firmo.
Vergil, Aeneis 6,261. Zitiert von Seneca, Epistulae morales 82,7

Jetzt brauchst du Mut, Aeneas, jetzt ein starkes Herz.

1919 Audentem Forsque Venusque iuvat!
Ovid, Ars amatoria 1,608. Vgl. Fasti 2,782

Dem Mutigen helfen Venus und Glück.

→ *schwierig*   *Multa* non quia difficilia sunt non audemus, sed quia non audemus difficilia sunt. Nr. **2558**
→ *weise*   Sapere aude! Nr. **3308**

Mutter

Saepe patris mores imitatur filius infans,   **1920**
   qualis erat mater, filia talis erit.
John Owen, Epigrammata 103

Oft ahmt der Sohn die Art des Vaters nach,
   und wie die Mutter war, so wird die Tochter sein.
Der Apfel fällt nicht weit vom Stamm.

Filius ut patri, similis sic filia matri.   **1921**
MA H. Walther 9 511 Wander 3,814,199

Wie der Sohn dem Vater, so ähnelt die Tochter der Mutter.

Qualis mater, talis filia.   **1922**
Wander 3,813,199

Wie die Mutter, so die Tochter.
Die mütterliche Natur wird auf die Tochter vererbt.

Pessima filiolam genitrix deposcit honestam.   **1923**
MA H. Walther 21 431

Selbst die schlechteste Mutter wünscht sich eine ehrbare Tochter.

Alma mater   **1924**
Vgl. Epistolae obscurorum virorum 2,61: alma universitas die segenspen-
dende Universität Martial, Epigrammata 8,21,1: alma parens

die nährende Mutter
Bildliche Bezeichnung der Universität, die den Studierenden geistige Nahrung spendet.

mater dolorosa   **1925**

die Schmerzensmutter
Maria, die Mutter Jesu Christi

Stabat mater dolorosa   **1926**
iuxta crucem lacrimosa,
dum pendebat filius.
Jacopone da Todi, ca.1230–1306, nach NT Johannes 19,25: stabant autem
iuxta crucem Iesu mater eius et … Bei dem Kreuz Jesu aber standen seine
Mutter und …

Christi Mutter stand mit Schmerzen / bei dem Kreuz und weint'
von Herzen, / als ihr toter Sohn da hing.
Anfang der dem italienischen Franziskaner-Mystiker Jacopone da Todi
zugeschriebenen Osterhymne. Sequenz am Freitag nach dem ersten Passi-
onssonntag, Fest der sieben Schmerzen Mariens. Vertonungen als katholi-
sches Kirchenlied von Palestrina, Pergolesi, Rossini u.a.

N

Nachbar

1927 Nam tua res agitur, paries cum proximus ardet.
Horaz, Epistulae 1,18,84

Denn um deine Sache handelt es sich, wenn die Wand des Nachbarn brennt.
Man muß schon aktiv werden, bevor auch das eigene Haus in Flammen steht.

1928 Vicinus bonus ingens bonum.
MA H. Walther 33 292 a Wander 3,826,40

Ein guter Nachbar ist ein großes Gut.

1929 Parietes amicitiae custodes.
Wander 3,828,84

Wände sind die Hüter der Freundschaft.
Liebe deinen Nachbarn, reiß aber den Zaun nicht ein.

1930 Inimicus et invidus vicinorum oculus.
Erasmus von Rotterdam, Adagia 2,0,22 MA H. Walther 12 415 a Wander 3,830,108

Mißgünstig und neidisch blicken Nachbarsaugen.

nachgeben

1931 Cede repugnanti, cedendo victor abibis.
Ovid, Ars amatoria 2,197 Vgl. Catonis disticha 4,39

Wenn sie sich sträubt, gib nach, denn Nachgeben führt dich zum Siege. N. Holzberg

1932 Flectitur obsequio curvatus ab arbore ramus,
franges si vires experiere tuas.
Ovid, Ars amatoria 2,179 f.

Krumm wird am Baume der Zweig, wenn mit Nachgiebigkeit man ihn umbiegt;
prüfst deine Kraft du an ihm, brichst du ihn sicher entzwei.
N. Holzberg

Cedere maiori virtutis fama secunda est.   **1933**
Martial, Liber spectaculorum 32,1. Vgl. Catonis disticha, Prologus 10:
Maiori concede! Gib dem Stärkeren nach! Der Klügere gibt nach.
Dem Stärkeren nachzugeben, ist die zweite Stufe der Tapferkeit.

Cedere maiori non est pudor inferiori.   **1934**
MA H. Walther 2 585 Werner / Flury c 34
Dem Stärkeren zu weichen, ist für den Schwächeren keine
Schmach.

Nächster

Fructus enim ingenii et virtutis omnisque praestantiae tum ma- **1935**
xumus capitur, cum in proxumum quemque confertur.
Cicero, De amicitia 70
Von seiner Geisteskraft und seiner Tüchtigkeit und jedem Vor-
zug erntet man dann die reifsten Früchte, wenn man sie seinem
Nächsten zuträgt.

Proximus sum egomet mihi.   **1936**
Terenz, Andria 636
Ich bin mir selbst der Nächste.

Alteri vivas oportet, si vis tibi vivere.   **1937**
Seneca, Epistulae morales 48,2
Für den Mitmenschen muß man leben, wenn man für sich selbst
leben will.

Ab alio exspectes, quod feceris.   **1938**
Publilius Syrus, Sententiae A 2 Seneca, Epistulae morales 94,43
Von dem anderen erwarte dasselbe, was du ihm getan hast.

Sibi quisque proximus est.   **1939**
Nach Catonis disticha 1,40,2: ... dando tibi proximus esto! ... beim Geben
sei dir selbst der Nächste!
Jeder ist sich selbst der Nächste.

Sic utere tuo, ut alterum non laedas.   **1940**
Vgl. Liebs J 177
Gebrauche das Deine so, daß du den anderen nicht verletzst.

Quod tibi fieri non vis, alteri ne feceris!   **1941**
Vgl. AT Tobias 4,15 NT Matthaeus 7,12 Lukas 6,31 Augustinus, Confessiones 1,18,29
Was du nicht willst, daß man dir tu, das füg auch keinem an-
dern zu!

1942 Diliges proximum tuum, sicut te ipsum.

NT Matthaeus 22,39; 5,43 Marcus 12,31 Lukas 10,27 Römer 13,9 Galater 5,14

Liebe deinen Nächsten wie dich selbst.

1943 Quis meus est proximus?

NT Lukas 10,29

Wer ist mein Nächster?

Auf diese Frage eines Gesetzeslehrers antwortet Jesus Christus mit dem Beispiel vom barmherzigen Samariter.

→ *Natur* Violare alterum naturae lege prohibemur. Nr. **1974**

Nacht

1944 Nox est perpetua una dormienda.

Catull, Carmina 5,6

Die eine, ewige Nacht müssen wir schlafen.

… wenn einmal unser kurzes Leben erloschen ist.

1945 Omnes una manet nox
et calcanda semel via leti.

Horaz, Carmina 1,28,15 f.

Die eine Nacht erwartet alle,
und einmal müssen wir die Straße des Todes gehen.

Die erste Zeile begegnet als Inschrift auf Grabsteinen.

1946 Nocte latent mendae.

Ovid, Ars amatoria 1,249

Nachts bleiben Fehler verborgen.

Vgl. Bei Nacht sind alle Katzen grau. … alle Kühe schwarz.

1947 Nox et Amor vinumque nihil moderabile suadent.

Ovid, Amores 1,6,59

Nacht, Amor und Wein raten mir, alle Mäßigung zu vergessen.

M. v. Albrecht

1948 Noctes atque dies patet atri ianua Ditis.

MA H. Walther 17 073

Tag und Nacht steht die Pforte der dunklen Unterwelt offen.

1949 Nox consilium dabit.

MA H. Walther 18 860 d Wander 3,1474,171; 4,1007,351: De nocte consilium.

Über Nacht kommt Rat.
Wir wollen die Sache überschlafen.

Nox nemini amica.   **1950**
MA H. Walther 18 863a Wander 3,845,42
Die Nacht ist niemands Freund.

Venit nox, quando nemo potest operari.   **1951**
NT Johannes 9,4
Es kommt die Nacht, in der niemand mehr etwas tun kann.
Jesus Christus

→ *essen*   Ut sis nocte levis, sit tibi cena brevis! Nr. **470**

Name

Nomen et omen. Meist: Nomen est omen.   **1952**
Plautus, Persa 625. Vgl. Cicero, Actio in Verrem secunda 2,6,19 Ovid,
Amores 1,8,2 f. Heroides 8,115 f. Sciptores Historiae Augustae, Aeli
Spartiani Vita Severi 7,9
Name und Vorbedeutung.
Im Namen liegt oft eine Vorbedeutung. – Lateinisches Wortspiel

Nomina sunt odiosa.   **1953**
Nach Cicero, Pro Sexto Roscio Amerino oratio 47: Verum homines notos
sumere odiosum est. Bekannte Menschen namentlich zu nennen ist anstößig. Ovid, Heroides 13,54: … nomina sunt ipso paene timenda sono …
Namen, die schon fast durch ihren Klang erschrecken.
Namen sind anstößig (gehässig).
Der Satz wird in dem Sinn gebraucht: Kritische Ausführungen sollen nicht
durch Namensnennung persönlich verletzen. Man könnte sonst leicht
selbst Schaden nehmen.

Honestus rumor alterum est patrimonium.   **1954**
Publilius Syrus, Sententiae H 15
Ein guter Leumund ist ein zweites Erbteil. H. Beckby

Stat magni nominis umbra.   **1955**
Lukan, De bello civili 1,135 Vgl. Quintilian, De institutione oratoria
12,10,15
Nur noch als Schatten seines großen Namens steht er[1] da.
[1] Pompeius, der unterlegene Gegenspieler Caesars

Universalia sunt nomina.   **1956**
Die Allgemeinbegriffe sind Namen.

Die Allgemeinbegriffe / Ideen / Gattungsbegriffe sind bloße Namen, Bezeichnungen, Abstraktionen des Verstandes, keine Wirklichkeiten. – Das ist die philosophische Lehre des Nominalismus der Spätscholastik, z. B. Wilhelm von Ockhams, 1300–1347/50, die das Ende des Universalienstreits herbeiführte. → *Ding* Universalia sunt post res. Nr. **319**

1957 Domine, Dominus noster, quam admirabile est nomen tuum in universa terra!

📖 AT Psalm 8,1

Herr, unser Herrscher, wie wunderbar ist dein Name auf der ganzen Erde!

1958 Laudate, pueri, Dominum; / laudate nomen Domini! / Sit nomen Domini benedictum.

AT Psalm 113,1

Lobet, ihr Knechte, den Herrn; lobet den Namen des Herrn! Der Name des Herrn sei gepriesen.

1959 Noli timere, quia redemi te, et vocavi te nomine tuo, meus es tu.

AT Jesaias 43,1

Fürchte dich nicht, denn ich habe dich ausgelöst[1], ich habe dich beim Namen gerufen, du gehörst mir.

[1] Gemeint ist die Befreiung aus der babylonischen Knechtschaft.

1960 … sanctificetur nomen tuum.

NT Matthaeus 6,9

… dein Name werde geheiligt.

Die erste Vaterunser-Bitte.

1961 … baptizantes eos in nomine Patris, et Filii, et Spiritus Sancti.

NT Matthaeus 28,19 Vgl. Johannes 5,43

… tauft sie auf den Namen des Vaters und des Sohnes und des Heiligen Geistes.

Jesus Christus

Natur

1962 naturae ius

Cicero, De inventione 2,161. Vgl. Pro Sestio oratio 91: ius naturalis De legibus 1,6,18

das Naturrecht

Das Recht, das sich aus der menschlichen Natur ableitet, aus der reinen Vernunft erkennbar ist und für alle Menschen gilt. Davon ist das positive, von Menschen geschaffene Recht zu unterscheiden.

in natura   **1963**
Cicero, De inventione 2,161
in Natur, leibhaftig

rerum natura creatrix   **1964**
Lukrez, De rerum natura 1,629
die Natur, die Schöpferin der Dinge

Omnis enim longe nostris ab sensibus infra   **1965**
primorum natura iacet.
Lukrez, De rerum natura 2,312 f.
Die ganze Natur der Atome ist weit unterhalb (der Wahrneh-
mungsfähigkeit) unserer Sinne gelegen.

... natura inest in mentibus nostris insatiabilis quaedam cupi- **1966**
ditas veri videndi.
Cicero, Tusculanae disputationes 1,44
... von Natur aus ist in unserem Geiste eine geradezu unersätt-
liche Begierde, die Wahrheit zu erkennen.

Ea *natura* dedit usuram vitae tamquam pecuniae nulla praesti- **1967**
tuta die.
Cicero, Tusculanae disputationes 1,93
Die Natur hat uns die Nutzung des Lebens wie die von Geld
überlassen, ohne daß ein Termin für die Rückgabe vorher fest-
gesetzt worden wäre.

Sequitur natura mundum administrari.   **1968**
Cicero, De natura deorum 2,85
Es ergibt sich, daß das Weltall durch die Schöpferkraft der
Natur gelenkt wird.

In hoc sumus sapientes, quod naturam optumam ducem tam- **1969**
quam deum sequimur eique paremus.
Cicero, De senectute 5. Vgl. Seneca, De vita beata 8,1: Natura duce utendum est. Die Natur muß man zur Führerin nehmen.
Darin bin ich weise, daß ich der Natur als der besten Führerin
wie einer Gottheit folge und ihr gehorche.
Die Aussage gibt stoisches Gedankengut wieder.

1970 Omnia autem, quae secundum naturam fiunt, sunt habenda in bonis.
Cicero, De senectute 71

Alles aber, was gemäß der Natur geschieht, muß zu den Gütern gerechnet werden.

1971 Intellegamus natura gigni sensum diligendi et benevolentiae caritatem facta significatione caritatis.
Cicero, De amicitia 32

Wir müssen erkennen, daß die Empfindung der Liebe und das liebevolle Wohlwollen der Natur entspringt, wenn sich Rechtschaffenheit zu erkennen gibt.

1972 Naturam si sequemur ducem, nunquam aberrabimus.
Cicero, De officiis 1,100

Wenn wir der Führung der Natur folgen, werden wir nie in die Irre gehen.

1973 Summum bonum a Stoicis dicitur convenienter naturae vivere.
Cicero, De officiis 3,13 Horaz, Epistulae 1,10,12

Als höchstes Gut wird es von den Stoikern bezeichnet, in Übereinstimmung mit der Natur zu leben.

1974 Violare alterum naturae lege prohibemur.
Cicero, De officiis 3,27

Den Nächsten zu verletzen, daran werden wir durch das Gesetz der Natur gehindert.

1975 Naturalia non sunt turpia.
Nach Euripides, Tragödie Hypsipyle fr. 60; 96a Bond Stobaeus, Florilegium 29,56. Von einem Unbekannten ins Lateinische übersetzt. Vgl. Cicero, Epistulae ad familiares 9,25(22),1;2: … placet Stoicis suo quamque rem nomine appellare. Sic enim disserunt: Nihil esse obscenum, nihil turpe dictu … Si enim, quod verbo significatur, id turpe non est, verbum, quod significat, turpe esse non potest. … Die Stoiker sind dafür, jedes Ding mit dem ihm zukommenden Namen zu bezeichnen. Ihre Beweisführung ist folgende: Nichts ist an sich unanständig, nichts anstößig … Denn wenn, was das Wort bezeichnet, nicht anstößig ist, dann kann auch das Wort, das es bezeichnet, nicht anstößig sein. H. Kasten

Natürliche Dinge sind nicht schimpflich.
Was naturgewollt ist, dessen hat man sich nicht zu schämen. Der Satz richtet sich gegen die zu großen Schranken der Etikette.

Naturam expellas furca, tamen usque recurret.   **1976**
Horaz, Epistulae 1,10,24. Vgl. Juvenal, Saturae 13,239 f.: Ad mores natura
recurrit / damnatos fixa et mutari nescia. Zu verworfenen Sitten kehrt die
Natur stetig und unabänderlich zurück.

Magst du auch die Natur mit der Mistgabel austreiben, sie wird
immer wieder zurückkehren.

Naturam abscondit, cum improbus recte facit.   **1977**
Publilius Syrus, Sententiae N 11

Seine Natur verbirgt der Böse, wenn er Gutes tut.

Mi natura dedit leges a sanguine ductas …   **1978**
Properz, Elegiae 4,11,47

Mir gab die Natur die Gesetze des Blutes (der Ahnen) …
… sagt von sich Cornelia, die Tochter des Publius Cornelius Scipio, gest.
183 v.Chr., und der Scribonia, in dem Gedicht, das die Königin der Elegi-
en genannt wird.

Naturam mutare difficile est.   **1979**
Seneca, De ira 2,20,2

Es ist schwer, die (angeborene) Natur zu ändern.

Natura enim duce utendum est: hanc ratio observat, hanc con-   **1980**
sulit. Idem est ergo beate vivere et secundum naturam.
Seneca, De vita beata 8,1 f.

Die Natur nämlich muß man zur Führerin nehmen: sie beachtet
die Vernunft, sie fragt sie um Rat. Es ist daher dasselbe: glück-
lich zu leben und entsprechend der Natur zu leben.

Nec natura sine deo est nec deus sine natura, sed idem est   **1981**
utrumque, distat officio.
Seneca, De beneficiis 4,8,2

Weder ist die Natur ohne Gott noch ist Gott ohne die Natur,
sondern beide sind dasselbe, sie unterscheiden sich nur in ihrer
Aufgabe.

secundum naturam suam vivere   **1982**
Seneca, Epistulae morales 41,9

gemäß der eigenen Natur leben
D.h. als Vernunftwesen leben.

Omni autem in re consensio omnium gentium lex naturae   **1983**
putanda est.
Cicero, Tusculanae disputationes 1,30

Hier¹ wie in jedem Fall muß die Übereinstimmung aller Völker als ein Naturgesetz betrachtet werden.
¹ der Glaube an die Existenz von Göttern

1984 Nihil natura portionibus parit.
Plinius Maior, Naturalis historia 17,177
Nichts bringt die Natur stückweise hervor.

1985 natura benigna
Juvenal, Saturae 10,301
die gütige Natur

1986 natura … mutari nescia
Juvenal, Saturae 13,239 f.
die Natur, die unfähig ist, sich zu ändern …

1987 Numquam aliud natura, aliud sapientia dicit.
Juvenal, Saturae 14,321
Niemals sagt die Natur etwas anderes als die Weisheit.
Natur und Weisheit stimmen stets überein.

1988 naturae imperio gemimus …
Juvenal, Saturae 15,138
auf Befehl der Natur betrauern wir …

1989 Credimus enim, si quid est natura, rationale aliquod opus dei esse.
Tertullian, De anima 43 Vgl. Augustinus, Contra Iulianum Pelagianum 5,55 (Migne PL 45,1489): Est natura humana bonum opus Dei. Die menschliche Natur ist ein gutes Werk Gottes.
Wir glauben nämlich, wenn etwas von der Natur geschaffen ist, so ist es ein vernünftiges Werk Gottes.

1990 Omnis natura aut defraudatione aut enormitate rescinditur, proprietate mensurae conservatur.
Tertullian, De anima 43
Jede Natureinrichtung wird durch ein Zuwenig oder Zuviel verletzt und durch das ihr eigentümliche Maß gewahrt.

1991 Naturam non matrem esse humani generis, sed novercam.
Laktanz, De opificio Dei 3,2 Plinius Maior, Naturalis historia 7,1,1. Vgl. Quintilian, De institutione oratoria 12,2
Die Natur sei nicht die Mutter, sondern die Stiefmutter des Menschengeschlechts.
Laktanz zitiert die Meinung der Anhänger des Philosophen Epikur.

Quos (Deus) licet meritum naturae damnaret, futuri tamen **1992**
sacramenti et longe postmodum proferendi faciendo participes
perditam voluit reparare naturam.
Boethius, De fide Catholica 124 ff.

Obwohl er (Gott) die Menschen freilich zur Strafe der Natur
verdammte, wollte er die verdorbene Natur dennoch wieder-
herstellen, indem er sie des künftigen Geheimnisses, das lange
bekanntzugeben war, teilhaftig machte.
Vgl. die vier Definitionen des Begriffes Natur bei Boethius, Contra Euty-
chen et Nestorinus 8 f.; 25 f.; 39 f.; 57 f.

Natura est paucis contenta.   **1993**
MA H. Walther 15 924 Wander 3.969,21
Die Natur ist mit wenigem zufrieden.

Natura enim in sua operatione imitatur opus divinum, utpote a **1994**
Deo mota et regulata. Sed natura non facit per duo, quod per
unum potest facere.
Thomas von Aquin, Summa theologica 46,3
Die Natur ahmt in ihrem Wirken das göttliche Werk nach, da sie
ja von Gott bewegt und gelenkt ist. Aber die Natur macht nicht
durch zwei Mittel, was sie durch ein einziges schaffen kann.
Sparsamkeitsprinzip in der Natur

... necessitas naturalis ... est impressio quaedam Dei dirigentis **1995**
in finem.
Thomas von Aquin, Summa theologica 103 a 1 ad 3
... die Naturnotwendigkeit ist sozusagen eine Einprägung Got-
tes, die zu einem Ziel hinlenkt.

Principia autem rationis sunt ea, quae sunt secundum naturam. **1996**
Thomas von Aquin, Summa theologica 154,12
Grundlage der Vernunft ist das, was naturgemäß ist.

Ordo naturae est ab ipso Deo.   **1997**
Thomas von Aquin, Summa theologica 154,12
Die Ordnung der Natur stammt von Gott.
In der Zweckbestimmung der Natur offenbart sich göttlicher Wille.

Natura nihil agit frustra et nihil facit supervacaneum.   **1998**
Aristoteles, De caelo et mundo 1.1,c.4 De incessu animalium 2,704 b 15
Thomas von Aquin, Summa theologica 158,8 Zitiert von A.Schopenhauer,
Die Welt als Wille und Vorstellung, Buch II Kapitel 22, 24, 26

Die Natur macht nichts vergebens und schafft nichts Überflüssiges.

Die Natur schafft nichts umsonst. Es hat alles seinen Zweck.

1999 Naturae autem per se principia sunt forma et materia.

Thomas von Aquin, Summa theologica 164,1

Die absoluten Prinzipien der Natur sind Form und Materie.

2000 natura naturata

Baruch de Spinoza, Ethica 1,29 Scholium

die geschaffene Natur

Die gewirkte, erzeugte Natur. Gott als Inbegriff der Einzeldinge. – Die Begriffe natura naturans und natura naturata finden sich schon bei dem arabischen Philosophen und Aristoteles-Kommentator Mohammed Averroes, Ibn Ruschd, 1126–1198, und werden auch von Nikolaus von Kues und Giordano Bruno gebraucht.

2001 natura naturans

Baruch de Spinoza, Ethica 1,29 Scholium

die schaffende Natur

Die wirkende, erzeugende Natur; Gott als das allgemeine Weltwesen; als letzter Grund der Einzeldinge.

2002 Natura callida est et multos trahit, illaqueat et decipit; et se semper pro fine habet.

Thomas von Kempen, De imitatione Christi 3,44,3

Die Natur ist schlau und zieht viele an, verstrickt sie und betrügt sie; sie hat immer sich selbst zum Zweck.

2003 Natura invite vult mori nec premi nec superari; nec subesse nec sponte subiugari.

Thomas von Kempen, De imitatione Christi 3,44,4

Die Natur will ungern absterben und sich nicht unterdrücken und besiegen lassen; sie will nicht unterlegen sein und sich nicht unterwerfen.

2004 Natura otium amat et quietem corporalem; gratia vero vacua esse non potest: sed libenter amplectitur laborem.

Thomas von Kempen, De imitatione Christi 3,44,8

Die Natur liebt Müßiggang und körperliche Ruhe; die Gnade aber kann nicht untätig sein, sondern macht sich gern an die Arbeit.

Natura omnia ad se reflectit; pro se certat et arguit; gratia autem **2005**
ad Deum cuncta reducit, unde originaliter emanant.

Thomas von Kempen, De imitatione Christi 3,44,17

*Die Natur bezieht alles auf sich, streitet und argumentiert für
sich; die Gnade aber führt alles auf Gott zurück, von dem es
ursprünglich ausfließt.*

Im vierten Buch von De imitatione Christi stellt Thomas von Kempen the-
senartig die Polarität von (Strafe der) Natur und göttlicher Gnade dar.

Natura daemonia est, non divina.   **2006**

Lateinische Übersetzung von Aristoteles, De divinatione per somnia 2 b
14, zitiert von A. Schopenhauer, Die Welt als Wille und Vorstellung,
Buch II Kapitel 28

Die Natur ist dämonisch, aber nicht göttlich.

Natura non facit saltus.   **2007**

Aristoteles, De incessu animalium 8,1,588 b 4 ff. De partibus animalium
4,5,681 a 12 ff. Vgl. Leibniz, Nouveaux essais, 1704, Vorrede J. Tissot,
Discours. Lyon 1613, in: E. Fournier (Hg.), Varietés historiques et littérai-
res IX 248,613, Paris 1855–1863. Carl von Linné, 1707-1778, Philosophia
botanica 77, ersch. 1751. Vgl. A. Schopenhauer, Die Welt als Wille und
Vorstellung, Buch II Kapitel 26. – Der Satz wird auch zitiert in: Carlo
Goldoni, Der Diener zweier Herren 2,22, Komödie 1743

Die Natur macht keine Sprünge.

Lehre von der Stetigkeit in der Natur.

Natura plus trahit septem bobus.   **2008**

MA H. Walther 15 928 a Wander 3,971,55

Die Natur zieht stärker als sieben Ochsen.

Naturae vis maxima.   **2009**

Liebs N 2

Die Macht der Natur ist sehr groß.

Verwandtschaftliche Bindungen werden im Recht berücksichtigt.

... ut per haec efficiamini divinae consortes naturae.   **2010**

NT 2 Petrus 1,4

... daß ihr dadurch an der göttlichen Natur Anteil erhaltet.

→ *Arzt*   Medicus curat, natura sanat. Nr. **100**
→ *Brot*   Panem et aquam natura desiderat. Nr. **249**
→ *Fehler*   Uni cuique dedit vitium natura creato. Nr. **499**
→ *Gott*   Deus sive substantia sive natura. Nr. **961**
→ *klein*   In minimis natura maxima. Nr. **1334**

→ *Kunst*   Omnis ars naturae imitatio est. Nr. **1443**

→ *Mensch*   Cogitavit nos ante natura, quam fecit, nec tam leve opus sumus, ut illi potuerimus excidere. Nr. **1801**

Neid

2011 Invident autem homines maxime paribus aut inferioribus, cum se relictos sentiunt, illos autem dolent evolasse.
Cicero, De oratore 2,209

Die Menschen beneiden vor allem Gleichgestellte oder auch Niedrigergestellte, wenn sie sich überflügelt sehen.

2012 Probus invidet nemini.
Cicero, Timaeus 9

Der Rechtschaffene beneidet niemand.

2013 Post gloriam invidia sequitur.
Sallust, De bello Iugurthino 55,3

Auf den Ruhm folgt der Neid.

2014 Invidia gloriae comes.
Cornelius Nepos, Chabrias 3,3 Livius, Ab urbe condita 45,35,5 Velleius Paterculus, Historia Romana 1,9,6: Adsidua eminentis fortunae comes invidia. Der Neid ist der beständige Begleiter des herausragenden Glücks. Vgl. Ammianus Marcellinus, Res gestae 17,11

Der Neid ist der Begleiter des Ruhms.

2015 Invidia vipera.
Vgl. Ovid, Metamorphoses 2,760 ff. Wander 3,986,14

Der Neid ist eine Natter.

Von Ovid wird die Mißgunst, der Neid, als häßliche, Vipernfleisch verzehrende Göttin dargestellt. – Mit aller gestalthaften Phantasie regelrecht personifiziert ist ... Invidia in der römischen Literatur nur hier. F. Bömer

2016 Rumpitur invidia.
Martial, Epigrammata 9,97,1 f. Vgl. Vergil, Bucolica 7,26 Phaedrus, Fabulae 1,24

Er platzt vor Neid.

2017 Invidebit aliquis facilius quam imitabitur.
Plinius Maior, Naturalis historia 35,36 Varro, Saturarum Menippearum fragmenta 381

Leichter ist es, einen zu beneiden, als es ihm nachzumachen.

Figulus figulo, faber fabro invidet.   **2018**
Tertullian, Adversus nationes 1,19
Ein Töpfer beneidet den anderen, ein Schmied den anderen.
Zwei Handwerker in einem Dorf vertragen sich nicht. – Römisches
Sprichwort

Praestat invidiosum esse quam miserabilem.   **2019**
Erasmus von Rotterdam, Adagia 4,4,87 MA H. Walther 22 227 c
Besser man beneidet als man bemitleidet dich.

Invidia festos dies non agit.   **2020**
Zitiert von Francis Bacon, Essays IX Vom Neid
Neid hält keine Feiertage.

Qui invidet, minor est.   **2021**
MA H. Walther 24 149a Zitiert von K. J. Weber, Demokritos 5,11,
1832/40
Wer beneidet, ist geringer.

Mavelim mihi inimicos invidere quam me inimicis meis.   **2022**
Plautus, Truculentus 744
*Lieber will ich, daß die Feinde mich, als daß ich meine Feinde
beneide.*

Neptun

Quos ego …   **2023**
Vergil, Aeneis 1,135 MA H. Walther 26 172. Zur Antithese Quos ←—→
ego vgl. Cicero, Oratio in Catilinam 2,20 und 22 Ovid, Tristia ex Ponto
1,8,45
Die will ich … Euch werd' ich … (zur Ruhe bringen.)
Drohung,Neptuns gegen die mächtigen Winde, die Äolus, ihr Beherrscher,
auf Geheiß Junos gegen die Flotte der Trojaner losgelassen hat. – Viel-
zitierte Aposiopese, absichtliche Auslassung wesentlicher Satzteile. –
Quos ego! Neptun die Wogen beschwichtigend. Gemälde von Peter Paul
Rubens, 1577–1640. Zwinger, Dresden

Nero

Qualis artifex pereo!   **2024**
Sueton, Vita Neronis 49,1

Welch ein Künstler geht mit mir zugrunde!
Wiederholte Äußerung Neros vor seinem Selbstmord. – Kaiser Nero re-
gierte 54 bis 68 n.Chr. Unter dem Einfluß des Philosophen Seneca

herrschte er zunächst maßvoll, später unberechenbar: Mordanschläge gegen nahe Verwandte offenbarten seinen wahren Charakter. Der Brand Roms im Jahr 65 wurde ihm zur Last gelegt. Er trat auch als Sänger und Wagenlenker auf. Ein Aufstand der Heere in den Provinzen bedeutete das Ende seiner Herrschaft.

Nerv

2025 nervus rerum *agendarum / gerendarum*

Cicero, Philippicae orationes 5,2,5: primum nervos belli, pecuniam infinitam zuerst die Nervenstränge des Krieges, nämlich unbegrenzte Geldmenge. – Das Bild gebraucht bereits der Philosoph Bion, bei Diogenes Laertios 4,48. Vgl. auch Krantor, bei Sextus Empiricus, Adversus ethicos 557 Plutarch, Agis und Cleomenes 27

der Nerv der Dinge

D. h. das Geld als Haupttriebfeder vieler Handlungen und Unternehmungen

Nestor

2026 Ex eius (Nestoris) lingua melle dulcior fluebat oratio.

Cicero, De senectute 31 Der Satz ist die lateinische Übersetzung des berühmten Homer-Verses Ilias 1,249. Vgl. Cicero, Rhetorica ad Herennium 4,33,44

Süßer als Honig floß ihm das klingende Wort von der Zunge.
J. H. Voß

Der greise Nestor, mythischer König von Pylos, war der erfahrenste Heerführer der Griechen im Trojanischen Krieg. Im Streit zwischen Achill und dem Oberbefehlshaber Agamemnon versuchte er zu vermitteln. Das Alter und der weise Rat des beredten Nestor wurden in der Antike sprichwörtlich. Der ausgegrabene Palast des Nestor bei Pilos auf der Westpeloponnes ist eine eindrucksvolle Touristenattraktion. – Als Nestor wird heute der älteste und erfahrenste wissenschaftliche Ratgeber unter seinesgleichen bezeichnet.

neu

2027 Omnia sic transeunt, ut revertantur. Nihil novi facio, nihil novi video: fit aliquando et huius rei nausia.

Seneca, Epistulae morales 24,26

Alles geht so vorüber, daß es wiederkehrt. Ich tue nichts Neues und sehe nichts Neues. Irgendwann einmal empfindet man auch daran ekelerregende Langeweile.

2028 Quid novi ex Africa?

Nach Plinius Maior, Naturalis historia 8,17,42: Semper aliquid novi Africa affert. Afrika bringt stets etwas Neues.

Was gibt es Neues aus Afrika?

nova Hierusalem   **2029**

Tertullian, De spectaculis 30,1 Nach NT Johannes, Apocalypsis 21,2: Et
ego Ioannes vidi sanctam civitatem Ierusalem novam descendentem de
caelo a Deo … Ich, Johannes, sah die heilige Stadt, das neue Jerusalem,
von Gott her aus dem Himmel herabkommen …

das neue Jerusalem
Bezeichnung für das tausendjährige Reich

Nihil sub sole novum. Meist: Nihil novi sub sole.   **2030**

AT Ecclesiastes 1,10 Augustinus, De civitate Dei 12,14 Orosius, Liber
apologeticus 24

Es gibt nichts Neues unter der Sonne.
Alles schon dagewesen. Ben Akiba, jüdischer Schriftgelehrter, gest. 136
n. Chr., in Karl Gutzkows Uriel Acosta, 4,2, Drama 1846.

Et vidi caelum novum et terram novam.   **2031**

NT Johannes, Apocalypsis 21,1

Dann sah ich einen neuen Himmel und eine neue Erde.
Das Kommen eines neuen Himmels und einer neuen Erde sind Hinweis
auf die völlig andersartigen Daseinsbedingungen der Erlösten.

Et dixit, qui sedebat in throno: Ecce nova facio omnia.   **2032**

NT Johannes, Apocalypsis 21,5

Er, der auf dem Thron saß, sprach: Seht, ich mache alles neu.
Gott spricht hier selbst; seine Worte bestätigen die Aussage des Sehers.

→ *Mensch*   homo novus Nr. **1788**
→ *Mensch*   novus homo Nr. **1813**
→ *Mensch*   … deponere vos … veterem hominem … Reno-
             vamini autem spiritu mentis vestrae et induite no-
             vum hominem, qui secundum Deum creatus est in
             iustitia, et sanctitate veritatis. Nr. **1832**

nichts / das Nichts

De nihilo nihil.   **2033**

Nach Lukrez, De rerum natura 1,150: nullam rem e nilo gigni divinitus
umquam … daß aus nichts nichts wird auch nicht durch den Willen der
Götter. Vgl. Epikur, bei Diogenes Laertios 10,38

Aus nichts wird nichts. / Nichts entsteht aus nichts.

Haud igitur redit ad nihilum res ulla.   **2034**

Lukrez, De rerum natura 2,287

Kein Ding kehrt also ins Nichts zurück.

2035 … de nilo quoniam fieri nil posse videmus. Verkürzung: Ex nihilo nihil fit.

Lukrez, De rerum natura 2,287

… da wir sehen, daß nichts aus nichts entstehen kann. Verkürzung: *Aus nichts kommt nichts.*

Das bekannte Wort des Dichters, der die Lehre des Philosophen Epikur wiedergibt, dient im Textzusammenhang der Erklärung der Entstehung des freien Willens in der menschlichen Seele aus dem Zusammenhang mit der übrigen Natur.

2036 Nil proprium ducas, quidquid mutari potest.

Publilius Syrus, Sententiae N 3

Betrachte nicht als dein, was wechseln kann. H. Beckby

2037 Quod nihil est, metuit.

Ovid, Metamorphoses 7,830

Sie fürchtet ein Nichts.

2038 Nil homini certum est.

Ovid, Tristia 5,5,27

Nichts ist dem Menschen sicher.

2039 Eius est nihilum ipsum, cuius est totum.

Tertullian, Apologeticum 48,9

Dem gehört auch das Nichts, dem das All gehört. C. Becker

2040 Nihil ex nihilo exsistere vera sententia est.

Boethius, De consolatione philosophiae 5,1

Daß nichts aus nichts entstehen kann, ist ein wahrer Satz.

2041 Erat eorum (antiquorum philosophorum) communis opinio ex nihilo nihil fieri.

Thomas von Aquin, Summa theologica 1,45,2 ad 1 Anaxagoras bei Aristoteles, Physik 4

Es war die allgemeine Ansicht der alten Philosophen, daß aus nichts nichts werde.

2042 Omnis creatura vertibilis est in nihil.

Thomas von Aquin, Summa Theologica 3,13,2

Alle Kreatur kann ins Nichts verwandelt werden.

D. h. durch Gottes Allmacht.

Sicut solus Deus potest creare, ita solus Deus potest creaturas **2043**
in nihilum redigere.
Thomas von Aquin, Summa theologica 3,13,2
Wie allein Gott zu erschaffen vermag, so kann auch Gott allein
das Erschaffene ins Nichts zurückführen.

creatio ex nihilo   **2044**
die Schöpfung aus dem Nichts
Es gab die Welt nicht immer, sie existiert erst seit begrenzter Zeit und ist
nicht aus etwas anderem entstanden. – Die Erschaffung der Welt aus dem
Nichts durch einen transzendenten Schöpfer ist eine der Grundannahmen
der christlichen Religion. J. Mittelstraß – Gegenthese zu: → De nihilo
nihil. Nr. **2033**

Nihil obstat. – Nihil obstat, quominus imprimatur.   **2045**
Konkordat zwischen dem Heiligen Stuhl und dem Deutschen Reich vom
20. 7. 1933 Art.7
Es steht nichts entgegen. – Einem Druck stehen keine Hinder-
nisse entgegen.
Für die Annahme eines staatlichen Amtes bedürfen katholische Geistliche
der Bestätigung des Nihil obstat durch ihren Diözesanbischof. – Die erweiterte Formel dient auch zur Feststellung der Druckerlaubnis durch die
katholische Buchzensur.

→ *Beweis*   Qui nimium probat, nihil probat. Nr. **209**
→ *Grund*   Nihil fieri sine causa potest, nec quicquam fit, quod
             fieri non potest. Nr. **1019**
→ *Sinn*   Nihil est in intellectu, quod non prius fuerit in
             sensu. Nr. **2629**

Nichtstun

Mihi enim liber esse non videtur, qui non aliquando nihil agit.   **2046**
Cicero, De oratore 2,24
Mir scheint der nicht frei zu sein, der nicht manchmal gar
nichts tut.

Nihil agere delectat.   **2047**
Cicero, De oratore 2,24
Nichtstun erfreut.

illud iucundum nihil agere   **2048**
Plinius, Epistulae 8,9,1
jenes süße Nichtstun
Vgl. ital.: Il dolce far niente

→ *Muße / Müßiggang*   Nihil agendo homines male
                         agere discunt. Nr. **1909**
→ *verändern / Veränderung* Omnia mutantur, nihil interit.
                         Nr. **3106**

Nichtwissen

2049 Varro: Socrates ita disputat, ut nihil se scire dicat nisi id ipsum,
eoque praestare ceteris, quod illi quae nesciant scire se putent,
ipse se nihil scire id unum sciat.

Cicero, Academicorum reliquiae 16 Nach Plato, Apologie des Sokrates 6

Varro: Sokrates diskutiert so, daß er sagt, er wisse nichts außer
eben dies, und dadurch übertreffe er die anderen, daß jene
glaubten, das zu wissen, was sie nicht wüßten, er selbst aber
dies eine wisse, daß er nichts wisse.

2050 Mallem nescisse futura.

Ovid, Metamorphoses 2,600

Ich wollte, ich hätte die Zukunft nicht gewußt.

Ocyrrhoe, Tochter des Kentauren Chiron, macht von der Gabe der Weissagung Gebrauch und wird währenddessen in eine Stute verwandelt.

2051 Recte Socrates, … ut ceterorum argueret inscitiam, qui se
aliquid tenere arbitrabantur, ait se nihil scire nisi unum, quod
nihil sciret.

Laktanz, De ira Dei 1,6

Mit Recht sagte Sokrates, er wisse nur eines: daß er nichts wis-
se. Damit wollte er jedoch die Unwissenheit der übrigen bloß-
stellen, die meinten, sie besäßen ein sicheres Wissen. H. Kraft /
A. Wlosok

2052 docta ignorantia

Bonaventura, Breviloquium 5,6,7; II. Sent. 23,2,3 ad 6 Augustinus, Epistulae 130,28: Est ergo in nobis quaedam, ut ita dicam, docta ignorantia,
sed docta spiritu Dei, qui adiuvat infirmitatem nostram. In uns ist also sozusagen ein gelehrtes Nichtwissen, aber gelehrt durch den Geist Gottes,
der uns in unserer Schwäche hilft. Vgl. Laktanz, Divinae institutiones
3,6,2: Scientia cum ignoratione coniuncta et temperata … Wissen, verbunden und vermischt mit Nichtwissen …

gelehrtes Nichtwissen / belehrte Unwissenheit

2053 De docta ignorantia

Titel eines philosophisch-theologischen Werks von Nicolaus von Cues,
1400/01–1464, verfaßt 1440, erschienen 1488. Kap. 1: … tanto quis

doctior erit, quanto se sciverit magis ignorantem. ... umso gelehrter wird einer sein, je mehr er weiß, daß er nichts weiß.

Das belehrte Nichtwissen / Belehrte Unwissenheit / Das wissende Nichtwissen

Gemeint ist das Wissen von der Unbegreiflichkeit Gottes. – Es ist aber ein Wissen von außerordentlicher Fruchtbarkeit, gerade für die empirische Erforschung der Welt. K. Flasch 192

Quantum est, quod nescimus!   **2054**

Wievieles wissen wir nicht!

→ *Stolz*   Inscitia est mater arrogantiae. Nr. **2761**

Niederlage

→ *Besiegte*   Vae victis! Nr. **189**
→ *Cato Minor*   Victrix causa deis placuit, sed victa Catoni.
                          Nr. **272**

Nieren

... et scient omnes Ecclesiae, quia ego sum scrutans renes, et **2055** corda: et dabo unicuique vestrum secundum opera sua.

📖 NT Johannes, Apocalypsis 2,23. Vgl. AT Jeremia 11,20: Tu autem, Domine Sabaoth, qui iudicas iuste, et probas renes et corda ... Aber der Herr der Heere richtet gerecht, er prüft Herz und Nieren.

... und alle Gemeinden werden erkennen, daß ich es bin, der Herz und Nieren prüft, und ich werde jedem von euch vergelten, wie es seine Taten verdienen.

Not / Notwendigkeit

Quidvis egestas imperat.   **2056**
Plautus, Asinaria 671
Not bricht Eisen.

Necessitudo ... etiam timidos fortis facit.   **2057**
Sallust, De coniuratione Catilinae 58,19. Vgl. 58,1;16
Die Notlage macht auch Ängstliche tapfer.

Necessitati sapiens nil umquam negat.   **2058**
Publilius Syrus, Sententiae N 52
Nichts wird der Weise der Notwendigkeit jemals verweigern.

2059 Necessitas ante rationem est.

Curtius Rufus, Historiae Alexandri Magni Macedonis 7,7,10: ... maxime in bello. Not geht über Berechnung, besonders im Krieg. Vgl. 8,4,11

Not kennt keine Berechnung.

Not kennt kein Gebot.

2060 Necessitati parendum est.

Cicero, De officiis 2,74. Vgl. Epistulae ad familiares 4,9,2: Tempori cedere, id est necessitati parere, semper sapientis est habitum. Sich in die Zeitumstände zu schicken, das heißt, der Notwendigkeit zu gehorchen, hat stets als ein Zeichen von Klugheit gegolten.

Der Notwendigkeit muß man sich fügen.

2061 dira Necessitas

Horaz, Carmina 3,24,6

die schreckliche Notwendigkeit

das unausweichliche Verhängnis

2062 Labor omnia vicit / improbus et duris urgens in rebus egestas.

Vergil, Georgica 1,145f. Wander 3,1055,244

Arbeit, die vor nichts zurückscheut, besiegte alles
und die drängende Not in mißlicher Lage.

2063 Necessitas ultimum ac maximum telum est.

Livius, Ab urbe condita 4,28,5

Die Notwendigkeit ist die letzte und furchtbarste Waffe.

2064 Pareatur necessitati, quam ne di quidem superant.

Livius, Ab urbe condita 9,4,16

Unterwerfen wir uns einer Notwendigkeit, die auch die Götter nicht besiegen können.

2065 Necessitas dat legem, non ipsa accipit.

Publilius Syrus, Sententiae N 23. Vgl. Seneca Maior, Controversiae 4,4: Necessitas est lex temporis. Die Not selbst ist das Gesetz des Augenblicks.

Die Not diktiert das Gesetz, sie empfängt es nicht.

2066 Necessitatem ferre, non flere decet.

Publilius Syrus, Sententiae N 58

Ein notvolles Schicksal soll man ertragen, nicht beweinen.

2067 Necessitas plus posse quam pietas solet.

Seneca, Troades 581

Die Notwendigkeit pflegt stärker zu sein als die Liebe.

Effugere non potes necessitates, potes vincere.   **2068**
Seneca, Epistulae morales 37,3

*Den Notwendigkeiten kannst du nicht entfliehen, du kannst sie
aber überwinden.*

Nihil invitus facit sapiens. Necessitatem effugit, quia vult, quod **2069**
coactura est.
Seneca, Epistulae morales 54,7

*Der Weise tut nichts gegen seinen Willen. Er entzieht sich der Not-
wendigkeit, weil er das freiwillig will, wozu sie ihn zwingen wird.*

Aequo animo excipe necessaria.   **2070**
Seneca, Epistulae morales 99,22

Was notwendig ist, trage mit Fassung.

Faciamus de necessitate solatium!   **2071**
Pseudo-Quintilian, Declamationes 4,10

Trösten wir uns mit der Unausweichlichkeit der Notwendigkeit!

Facis de necessitate virtutem.   **2072**
Hieronymus, Epistula adversus Rufinum 3,2: Habeo gratiam, quod facis
… Ich danke dir, daß du … Epistulae 54,6: Fac de necessitate virtutem.
Mach aus der Not eine Tugend.

Du machst aus der Not eine Tugend.

Necessitas feriis caret.   **2073**
Nach Palladius, De agri cultura 1,6,7 MA H. Walther 16 295b

Die Not(wendigkeit) kennt keinen Feiertag.
Notwendige Arbeiten müssen getan werden.

In necessitate cuncta sunt licita.   **2074**
Wander 3,146,376

In der Not ist alles erlaubt.

Necessitas caret lege. Variante: Necessitas non habet legem.   **2075**
MA H. Walther 16 995c. Vgl. Seneca, De beneficiis 2,18,7: … si necessi-
tas tollet arbitrium … wenn eine Zwangslage deine Entscheidung außer
Kraft setzt … M. Rosenbach

Not kennt kein Gebot.
In Notfällen haben Gesetze keine Kraft. Liebs N 10

Optimus orandi magister necessitas.   **2076**
Wander 3,1055, 228

Not lehrt beten.

Notwehr

2077 Iudice me fraus est concessa repellere fraudem,
armaque in armatos sumere iura sinunt.

Ovid, Ars amatoria 3,492 f.

Nach meinem Urteil ist es erlaubt, Betrug mit Betrug abzuweh-
ren; Waffen gegen Bewaffnete zu erheben, lassen die Gesetze zu.

2078 Atqui, si tempus est iure hominis necandi, quae multa sunt,
certe illud est non modo iustum verum etiam necessarium, cum
vis vi inlata defenditur.

Cicero, Pro Milone oratio 9

Gibt es nun irgendeinen Fall erlaubter Tötung – und es gibt
viele – so ist mit Sicherheit die Notwehr ein solcher nicht nur
gesetzlich erlaubter, sondern notwendiger Fall. M. Giebel

nützen / Nutzen

2079 Cui bono *fuit*?

Cicero, Pro Sexto Roscio Amerino oratio 84; 86 Pro Milone oratio 32
Orationes Philippicae 2,35 Tacitus, Dialogus de oratoribus 9,2

Wem zum Nutzen?

Wem nützte es? Wer zog einen Vorteil aus der Tat? – Frage des Untersu-
chungsrichters bei der Verbrechensaufklärung. Als Urheber wird von
Cicero an den genannten Stellen der als vorbildlicher Richter bekannte
Lucius Cassius Longinus, Konsul des Jahres 127 v.Chr., angegeben. Die
Formel wurde und wird sprichwörtlich gebraucht.

2080 Boni nullo emolumento impelluntur in fraudem, improbi saepe
parvo.

Cicero, Pro Milone oratio 32

Die Guten lassen sich durch keinen persönlichen Nutzen zu
einem Betrug verleiten, die Unredlichen oft schon durch einen
kleinen.

2081 Utile est enim uti motu animi, qui uti ratione non potest.

Cicero, Tusculanae disputationes 4,55

Denn mit Nutzen wird jener sich einer Gemütsbewegung bedie-
nen, der sich der Vernunft nicht zu bedienen weiß.

2082 Certe in eadem re utilitas et turpitudo esse non potest.

Cicero, De officiis 3,35

Sicherlich kann in derselben Sache nicht Nutzen und Schande
zugleich liegen.

Omne tulit punctum, qui miscuit utile dulci.   **2083**
Horaz, De arte poetica 343
Der hat[1] alle Stimmen für sich gewonnen, der es verstand, das
Nützliche mit dem Angenehmen zu mischen.
[1] als Dichter

Nocere facile est, prodesse difficile.   **2084**
Quintilian, De institutione oratoria 8,5,6 Zitat aus Ovid, Medea fr. 1
Zu schaden ist leicht, nützen schwer.

→ *Dichter*   Aut prodesse volunt aut delectare poetae. Nr. **302**
→ *Sonne*   Nihil utilius sale et sole. Nr. **2656**

O

Objektivität

2085 sine ira et studio

Tacitus, Annales 1,1,3 Wörtliche Übersetzung von Polybios, Historiae 6,9,11. Vgl. Tacitus, Historiae 1,1: neque amore quisquam et sine odio dicendus est. Einerseits darf niemand mit Vorliebe, andererseits muß jeder ohne gehässige Abneigung dargestellt werden. Vgl. Curtius Rufus, Historiae Alexandri Magni Macedonis 6,9,6 Livius, Ab urbe condita 24,28,8 Cicero, Tusculanae disputationes 5,83 Pro Marcello oratio 29 Sallust, De coniuratione Catilinae 51,13 MA H. Walther 29 673c

ohne Zorn und Eifer / ohne alle Parteilichkeit

Unparteiisch, objektiv will Tacitus die Geschichte des Prinzipats des Tiberius, Kaiser 14-37 n. Chr., des Nachfolgers des Augustus, darstellen. – Tacitus' klassische Formulierung gilt als Grundsatz objektiver Geschichtsschreibung.

2086 Nolite iudicare secundum faciem, sed iustum iudicium iudicate!

📖 NT Johannes 7,24

Richtet nicht nach dem Schein, sondern urteilt gerecht!

Ochse

2087 Placide bos incedit. Variante: Bos lente incedit.

Wander 3,1095,58; 3,1100,175

Langsame Ochsen kommen auch ans Ziel.

Von denen gesagt, die ruhig und durch Ausdauer etwas ausrichten.

2088 A bove maiore discat arare minor!

Aesopus (Anonymus Neveleti) 50,10 MA Werner / Flury a 1

Vom älteren Ochsen lerne der jüngere pflügen!

2089 Imparibus bobus numquam trahitur bene currus.

Wander 3,1103,233

Ungleiche Ochsen geben ein übles Gespann.

Von ungleichen Ochsen wird ein Wagen niemals gut gezogen.

2090 Non ligabis os bovis terentis in area fruges tuas.

📖 AT 5 Moses 25,4 NT 1 Korinther 9,9 1 Timotheus 5,18: Non alligabis os bovi trituranti.

Du sollst dem Ochsen, der auf der Tenne dein Getreide drischt,
nicht das Maul verbinden.

→ *Jupiter*   Quod licet Iovi, non licet bovi. Nr. **1303**

Ödipus

Davus sum, non Oedipus.   **2091**
Terenz, Andria 194
Ich bin nur Davus, nicht Ödipus.
Ich bin kein Hexenmeister. – Ödipus hatte das ihm von der Sphinx vorge-
legte Rätsel gelöst.

Ohr

Arrige auris!   **2092**
Terenz, Andria 933 Vgl. Vergil, Aeneis 1,153
Spitz die Ohren!
Hör aufmerksam zu!

Demitto auriculas ut iniquae mentis asellus.   **2093**
Horaz, Sermones 1,9,20 f... cum gravius dorso subiit onus. ..., wenn ihm
eine allzu schwere Last aufgebürdet wurde.
Ich lasse die Ohren hängen wie ein unwilliges Eselchen.
Horaz in der berühmten Schwätzersatire. Metapher der Mutlosigkeit.

Oppono auriculam.   **2094**
Horaz, Sermones 1,9,77. Vgl. Seneca, Epistulae morales 94,55 Apocolocyntosis 9,4: ... auriculam illi tetigit. ... und er berührte sein Ohrläpp-
chen.
Ich halte ihm mein Ohr hin.
... damit er mich als Zeugen nehmen kann. – Da es bei Zeugen auf das
Hören ankam, pflegte man sie am Ohr zu zupfen. Der Brauch galt im römischen wie auch im germanischen Recht. – Bekannte Stelle der Schwätzersatire.

Vereor, ne surdis auribus cecinerim.   **2095**
Livius, Ab urbe condita 40,8,10
Ich fürchte, daß ich tauben Ohren gepredigt habe.
D.h. ... , daß meine Vorstellungen und Ermahnungen kein Gehör finden.

... ut, si laedere quemquam instituisset, nec exorari posset nec **2096**
ad ignoscendum erroribus inclinari, ideoque aures eius non
cera, sed plumbis videbantur obstructae.
Ammianus Marcellinus, Res gestae 27,11,6

... daß er[1], wenn er beschlossen hatte, jemanden zu schädigen, sich weder durch Bitten erweichen noch geneigt machen ließ, Fehler zu verzeihen, und deswegen schienen seine Ohren nicht mit Wachs, sondern mit Blei verstopft zu sein.

[1] Petronius Probus, 330/40 – ca. 389 n.Chr., römischer Adliger, Präfekt von Illyrien, Italien und Afrika. – Hier wird, wie öfter in der Literatur der Antike, darauf angespielt, daß Odysseus seinen Gefährten die Ohren mit Wachs verstopfte, damit sie den Gesang der Sirenen nicht hörten. Vgl. Homer, Odyssee 12,173 ff.

2097 in aurem dicere
Wander 3,1130,150

jemandem etwas ins Ohr sagen
Einem über einen Dritten Nachteiliges mitteilen.

→ *Ohr* Qui habet aures audiendi, audiat! Nr. **1224**

Öl

2098 Oleum et operam perdidi.
Plautus, Poenulus 332 Cicero, Epistulae ad familiares 7,1,3

Ich habe Öl und Mühe verloren.
Meine ganze Arbeit war umsonst.

2099 oleum addere camino
Horaz, Sermones 2,3,321

Öl ins Feuer gießen
Ein Übel noch ärger machen.

Opfer

2100 Quia misericordiam volui, et non sacrificium; et scientiam Dei plus quam holocausta.
AT Hosea 6,6

Liebe will ich, nicht Schlachtopfer; und Gotteserkenntnis statt Brandopfer.

2101 sacrificium intellectus
Nach NT 2 Korinther 10,5

Opferung des Verstandes
‚Abdanken der eigenen Vernunft'. – In Glaubensfragen haben sich die katholischen Christen der Lehrmeinung der Kirche unterzuordnen und ggf. eigene, abweichende Überzeugungen aufzuopfern. Gemeint ist aber kein blinder, sondern ein zu rechtfertigender, verantwortbarer Glaube.

Opferschauer

Miror, quod non ridet haruspex, haruspicem cum videt.   **2102**

Cicero, De divinatione 2,51 De natura deorum 1,71

Ich wundere mich, daß ein Opferschauer nicht lacht, wenn er einen anderen sieht.

Ausspruch des Marcus Porcius Cato Censorius, 234–149 v.Chr., der von Cicero zitiert wird. – Die haruspices, römische Priester, deuteten Wundererscheinungen aus Mißbildungen der edleren Eingeweide der Opfertiere, insbesondere aus der Leber. Diese Eingeweideschau wurde von Gebildeten schon im 1. Jahrhundert v.Chr. als fragwürdig erkannt, ihre Praxis gab es aber noch bis ins 4. Jahrhundert n.Chr.

Orakel

→ *Sieg*   Aio te, Aeacida, Romanos vincere posse. Nr. **2613**

Ordnung

Ordo est anima rerum.   **2103**

Wander 3,1149,24/26

Ordnung ist die Seele der Dinge.

Ordnung ist das halbe Leben.

Ubi ordo est lex, ibi omnia bene se habent.   **2104**

Wander 3,1150,56

Wo verständige Ordnung herrscht, da geht's ordentlich zu.

Serva ordinem, et ordo te servabit.   **2105**

Zitiert von F. X. Eggersdorfer, Jugenderziehung 364, 1962

Halte Ordnung, und Ordnung wird dich halten.

Non est enim potestas, nisi a Deo: quae autem sunt, a Deo **2106** ordinatae sunt. Itaque qui resistit potestati, Dei ordinationi resistit. Qui autem resistunt, ipsi sibi damnationem acquirunt.

NT Römer 13,1–2

Denn es gibt keine staatliche Gewalt, die nicht von Gott stammt; jede ist von Gott eingesetzt. Wer sich daher der staatlichen Gewalt widersetzt, stellt sich gegen die Ordnung Gottes, und wer sich ihm entgegenstellt, wird dem Gericht verfallen.

Ort

genius loci   **2107**

Vergil, Aeneis 5,95

der Geist[1] des Ortes

[1] der Schutzgott

2108 Loca, quae nimium grata fuere, cave!
Ovid, Remedia amoris 738

Meide die Orte, die dir allzu lieb waren.

2109 Nusquam est, qui ubique est.
Seneca, Epistulae morales 1,2,2 Martial, Epigrammata 7,73,6: Quisquis
ubique habitat, nusquam habitat. Wer überall, der ist, Maximus, nirgends
zu Haus. R. Helm

Nirgendwo ist, wer überall ist.

2109.1 Nullum putaveris locum sine teste.
Pseudo-Seneca, De moribus liber 79. Vgl. Wander 3,1153,20: Nullus
locus sine teste. Kein Ort ohne Zeuge. ‚Es ist kein Ort, er verrät einen
Mord.‘ – Grundsatz bei der Verbrechensaufklärung.

Glaube nicht, daß es einen Ort ohne Zeugen gibt.

→ *Mönch*   stabilitas loci Nr. **1868**
→ *Rhodos*   Hic Rhodus, hic salta! Nr. **2295**

Osten

→ *Licht*   Ex oriente lux. Nr. **1606**

Österreich / Austria

2110 Austriae est imperare orbi universo. Abk: A.E.I.O.U.
Die Buchstabenfolge ließ Kaiser Friedrich III., reg. 1440-1493, an seinen
Bauten anbringen. Sie gelten als Ausdruck des Glaubens an die habsburgi-
sche Bestimmung zur Weltherrschaft.

Es ist Österreichs Bestimmung, über die ganze Welt zu herr-
schen.

Andere Deutung der Buchstaben: Austria erit in orbe ultima. Österreich
wird bis ans Ende der Welt bestehen. – Die Buchstabenfolge ist die des
Vokaldreiecks.

→ *Heirat / heiraten*   Bella gerant alii, tu, felix Austria, nube! /
Nam quae Mars aliis, dat tibi regna
Venus. Nr. **1103**

Papst

Habemus papam. **2111**

Augustinus Patricius, Rituum ecclesiasticorum sive sacrarum ceremoniarum SS Romanae ecclesiae libri III. 1,73 Ordo Romanus 14,253: Nuntio vobis gaudium magnum: habemus papam. Ich verkünde euch eine große Freude: Wir haben einen neuen Papst.

Wir haben einen (neuen) Papst.

Mit dieser Formel verkündet der Kurienkardinal das Ergebnis der Papstwahl unter Angabe des Namens des gewählten Kardinals sowie des neuen Namens, den dieser sich zugelegt hat.

Paradies

Plantaverat autem Dominus Deus paradisum voluptatis a prin- **2112** cipio, in quo posuit hominem, quem formaverat.

AT Genesis 2,8

Gott, der Herr, aber hatte von Anbeginn ein Paradies[1] der Wonne gepflanzt; in dieses setzte er den Menschen, den er geformt hatte.

[1] Paradies: urzeitlicher Glückszustand

Et dixit illi Iesus: Amen dico tibi: Hodie mecum eris in paradi- **2113** so.

NT Lukas 23,43

Jesus antwortete ihm: Amen, ich sage dir: Heute noch wirst du mit mir im Paradies[1] sein.

[1] Paradies: endzeitlicher Glückszustand. – Verheißung Jesu an einen der beiden Verbrecher, zwischen denen er gekreuzigt wurde, auf dessen Bitte: Jesus, denk an mich, wenn du in dein Reich kommst.

Qui habet aurem, audiat quid Spiritus dicat ecclesiis: **2114** Vincenti dabo edere de ligno vitae, quod est in paradiso Dei mei.

Johannes, Apocalypsis 2,7

Wer Ohren hat, der höre, was der Geist den Gemeinden sagt: Wer siegt, dem werde ich zu essen geben vom Baum des Lebens, der im Paradies Gottes steht.

Person

2115 Eripitur persona, manet res.

Lukrez, De rerum natura 3,58

Die Maske wird heruntergerissen, die Wirklichkeit bleibt.

In Unglück und Gefahren zeigt sich, wer ein Mensch ist.

2116 Persona non grata / Persona ingrata

unerwünschte Person

Bezeichnung des Gesandtschaftsrechts für den diplomatischen Vertreter eines anderen Staates, dessen Abberufung gewünscht wird.

2117 in persona

in Person, persönlich, selbst

2118 … non est enim apud Dominum nostrum iniquitas, nec personarum acceptio …

📖 AT 2 Chronik 19,7

… beim Herrn, unserem Gott, gibt es keine Ungerechtigkeit, kein Ansehen der Person …

2119 *Petrus*: In veritate comperi, quia non est personarum acceptor Deus.

NT Actus Apostolorum 10,34

Petrus: Wahrhaftig, jetzt begreife ich, daß Gott nicht auf die Person sieht.

Pferd

2120 Intus, intus, inquam, est equus Troianus.

Cicero, Pro Murena oratio 78. Vgl. In Verrem 4,52 Pro Caelio oratio 67 Philippicae orationes 2,32

Hier drinnen[1], drinnen, sage ich, ist das Trojanische Pferd.

[1] in der Stadt Rom. – Aus dem hölzernen Pferd, das die Trojaner in ihre Stadt gezogen hatten, sprangen nachts die darin versteckten griechischen Krieger. Sie öffneten die Stadttore von innen und ließen die Griechen herein, die Troja vernichteten. Cicero bezieht das Bild vom Trojanischen Pferd hier auf die versteckten Anhänger des Verschwörers Catilina. Sinn: Eine geheime Verschwörung bringt tödliche Gefahr.

2121 Cantherio comeso mulo provehi.

Cicero, Epistulae ad familiares 9,18,6. Vgl. Wander 3,1320,933: Ab equis ad asinos. Vom Pferd auf den Esel kommen.

Nachdem das Pferd verpraßt ist, auf dem Maulesel weiterreiten.

Von einem besseren Zustand in einen schlechteren geraten.

Nobilis equus umbra quoque virgae regitur, ignavus ne calcari **2122**
quidem concitari potest.
Curtius Rufus, Historiae Alexandri Magni Macedonis 7,4,18

Ein edles Pferd läßt sich schon durch den Schatten der Reitger-
te lenken, ein träges nicht einmal durch den Sporn antreiben.

Equus ut me portet, alat rex.   **2123**
Horaz, Epistulae 1,17,20. Vgl. Dogenian 5,31: Hippos me pherei, basileus
me trephei.

Das Pferd trägt mich, der König pflegt mich.
Griechisches Sprichwort. – Antwort eines Soldaten König Philipps II. von
Makedonien, reg. 359–336 v. Chr., an seine Mutter, die ihn vom Kriegs-
dienst abhalten wollte.

Nunc opus est celeri subdere calcar equo.   **2124**
Ovid, Remedia amoris 788. Vgl. Ars amatoria 2,732

Jetzt ist es nötig, dem schnellen Pferd die Sporen zu geben.

Acer et ad palmae per se cursurus honores   **2125**
  si tamen horteris, fortius ibit equus.
Ovid, Epistulae ex Ponto 2,11,21

Ein feuriges Pferd, von sich aus gewillt, zu den Ehren der Sie-
gespalme zu laufen, wird doch schneller eilen, sobald man es
antreibt.

Non nocet admisso subdere calcar equo.   **2126**
Ovid, Epistulae ex Ponto 2,6,38

Dem galoppierenden Pferd die Sporen zu geben schadet nicht.

Equo currenti non opus est calcaribus.   **2127**
Publilius Syrus, Sententiae 210. Vgl. Plinius, Epistulae 1,8,1

Ein laufendes Pferd braucht keine Sporen.

Habet equum Seianum.   **2128**
Gellius, Noctes Atticae 3,9,6

Er hat das Pferd des Sejus.
Gnaeus Seius, auf Befehl des M. Antonius 44 v. Chr. getötet, besaß ein
Pferd, das von den Pferden des göttlichen Diomedes abstammen sollte. Da
aber alle folgenden Besitzer dieses Pferdes ebenfalls einen elenden Tod
fanden, entstand dieses auf schwer Heimgesuchte angewandte Sprichwort.
Bedeutung: Er hat unrechtmäßig erworbenes Gut.

2129 Noli equi dentes inspicere donati.

Hieronymus, Commentariorum in epistolam ad Ephesios libri tres, Prologus: ... ut vulgare proverbium est: Equi dentes inspicere donati ... wie ein verbreitetes Sprichwort sagt: ...

Einem geschenkten Gaul schaut man nicht ins Maul.

2130 Exiguo caballo curta strigilis.

Wander 3,1290,234

Ein kleines Pferd ist bald gestriegelt.

2131 Laeditur in clune vir raro solens equitare.

MA H. Walther 13 378 Wander 3,1310,709

Wer auf ein Pferd sich selten setzt, der ist gar bald am A ... verletzt.

→ *Herr*   Oculus domini saginat equum. Nr. **1122**

Philosoph

2132 Nihil tam absurde dici potest, quod non dicatur ab aliquo philosophorum.

Cicero, De divinatione 2,119

Nichts kann so widersinnig behauptet werden, daß es nicht von irgendeinem Philosophen behauptet würde.

2133 Philosophus non minus tacendo pro tempore quam loquendo philosophatur.

Macrobius, Saturnalia 7,1,11

Der Philosoph philosophiert nicht weniger, wenn er je nach den Umständen schweigt, als wenn er redet.

→ *Bart*   Barba non facit philosophum. Nr. **129**
→ *schweigen*   Si tacuisses, philosophus mansisses. Nr. **2534**

Philosophie / philosophieren

2134 magistra vitae philosophia

Cicero, Tusculanae disputationes 2,16

die Philosophie, die Lehrmeisterin des Lebens

2135 O vitae philosophia dux, virtutis indagatrix expultrixque vitiorum!

Cicero, Tusculanae disputationes 5,5

*O Philosophie, Führerin des Lebens, Entdeckerin der Tugend,
Vertreiberin der Laster!*
Berühmte Anrufung der Philosophie, die ihre überragende Bedeutung für
die Kulturentwicklung hervorhebt.

Philosophia vir bonus efficitur et fortis.   **2136**
Cicero, De divinatione 2,3
*Durch die Philosophie werden rechtschaffene und tapfere Män-
ner gebildet.*

Nec quicquam aliud est philosophia, si interpretari velis, prae- **2137**
ter studium sapientiae.
Cicero, De officiis 2,5
*Die Philosophie ist nichts anderes, wenn du das Wort überset-
zen willst, als Streben nach Weisheit.*

Philosophia me non modo ab sollicitudine abducit, sed etiam **2138**
contra omnes fortunae impetus armat.
Cicero, Epistulae ad familiares 12,21(23),4 Cicero an Cornificius am
10. Oktober 44 v. Chr.
*Die Philosophie bringt mich nicht nur von Sorgen ab, sondern
sie wappnet mich auch gegen alle Schicksalsschläge.*

Philosophiae quidem praecepta noscenda, vivendum autem esse **2139**
civiliter.
Cicero, Epistulae ad Marcum filium fr. 8,4
*Die Lehren der Philosophie muß man zwar kennen, leben aber
muß man nach Bürgerart.*

Philosophandum est … philosophia nos tueri debet.   **2140**
Seneca, Epistulae morales 16,5
Man muß philosophieren … die Philosophie muß uns schützen.

Facere docet philosophia, non dicere et hoc exigit, ut ad legem **2141**
suam quisque vivat, ne orationi vita dissentiat vel ipsa inter se
vita.
Seneca, Epistulae morales 20,2. Vgl. 16,3: Non est philosophia populare
artificium nec ostentationi paratum: non in verbis, sed in rebus est. Die
Philosophie ist kein volkstümliches Handwerk, sie ist nicht zur Prahlerei
geschaffen: nicht in Worten, sondern in Taten besteht sie.
*Die Philosophie lehrt handeln, nicht reden; sie fordert, daß je-
der nach seiner Bestimmung lebt, damit nicht das Leben der
Rede widerspreche oder das Leben in sich widersprüchlich sei.*

2142 Incredibilis philosophiae vis est ad omnem fortuitam vim re-
tundendam.

Seneca, Epistulae morales 53,12. Vgl. 16,5

*Unglaublich ist die Kraft der Philosophie, alle Gewalt des Zu-
falls abzuschwächen.*

2143 Non cum vacaveris, philosophandum est, sed ut philosopheris,
vacandum est.

Seneca, Epistulae morales 72,3

*Nicht wenn du freie Zeit hast, sollst du philosophieren, sondern
damit du philosophieren kannst, mußt du dir Zeit nehmen.*

2144 Necesse mihi quidem esse arbitror philosophari; … sed non
paucis.

Cicero, Tusculanae disputationes 2,1 Gellius, Noctes Atticae 5,15,9

*Ich finde, es sei auch für mich nötig zu philosophieren; … aber
nicht mit wenigen Worten.*

2145 Mirari valde philosophicus affectus.

Lateinische Übersetzung von Plato, Theaitet 155 D

Die Verwunderung ist ein sehr philosophischer Affekt.

2146 philosophia prima

Griechisch: prote philosophia. Aristoteles, Metaphysik VI 1,1026 a 2430;
XI 4, 1061 b 19

erste Philosophie

So nennt Aristoteles in seinem uns unter dem Namen Metaphysik überlieferten Werk die Metaphysik. Der Name Metaphysik wurde vom Heraus-
geber der aristotelischen Schriften geprägt und kennzeichnet, daß die
philosophia prima nach der Naturlehre, meta ta physika, zu lesen war. Der
lateinische Begriff metaphysica wurde wahrscheinlich zuerst von Boethius
gebraucht. – Vgl. Thomas von Aquin, Vorwort zu seinem Metaphysik-
kommentar, Prooemium 9.

2147 philosophia, ancilla theologiae

Nach Petrus Damiani, 1007–1072, De divina omnipotentia 5,621 Albertus
Magnus, Summa theologiae 1,6: Ad theologiam omnes aliae scientiae
ancillantur. Der Theologie dienen alle anderen Wissenschaften.

die Philosophie, die Magd der Theologie

2148 philosophia perennis

Der Begriff entstammt dem Werktitel De philosophia perenni libri X, Leiden 1540, von A. Steuchus. Man versteht darunter die seit der Philosophie
der alten Griechen unabhängig von allen Philosophenschulen und Syste-

men immer wieder tradierten, bleibenden Grundgedanken europäischen Philosophierens, die immergültige, richtige Philosophie. A. Dempf, Christliche Philosophie 10, 1938. Die eine Philosophie ist die philosophia perennis, um die alle Philosophen kreisen, und die niemand besitzt, an der jeder eigentlich Philosophierende teilhat, und die doch nie die Gestalt eines für alle gültigen, allein wahren Denkgebäudes gewinnen kann. K. Jaspers, Über Bedingungen und Möglichkeiten eines neuen Humanismus 17, 1951

die immerwährende Philosophie
die durchdauernde Philosophie

Videte, ne quis vos decipiat per philosophiam et inanem fal- **2149**
laciam!

📖 NT Kolosser 2,8

Gebt acht, daß euch niemand mit seiner Philosophie und falschen Lehre verführt!

Pilatus

Intrat quo modo Pilatus nescio credo.   **2150**
Fallersleben 393 Wander 3,1346,11

Wie kam der Pilatus ins Credo?
Verwunderung ausdrückende Frage, wenn einer auf unerklärliche oder seltsame Weise berühmt geworden ist. – Im Katholischen Glaubensbekenntnis, Credo, formuliert auf dem Konzil von Nizäa 325, bekräftigt durch das Konzil von Konstantinopel 381, wird Pontius Pilatus erwähnt, ohne daß dies nach heutiger Auffassung notwendig wäre.

Plato

Errare malo cum Platone, quam cum istis vera sentire.   **2151**
Cicero, Tusculanae disputationes 1,39; 1,49. Vgl. Orator 13,4 Pro Balbo oratio 28,64 Goethe, Sprichwörtlich 10: … folg eines Meisters Sinn; / mit ihm zu irren ist Gewinn.

Ich will lieber mit Plato irren, als mit jenen[1] die Wahrheit glauben.
[1] gemeint sind die Pythagoreer. – Der Autorität Platos oder eines anderen wird pointenhaft der Vorrang vor der Wahrheit aus dem Munde minder Berufener eingeräumt. → *Lehrer* iurare in verba magistri Nr. **1559**

Amicus Plato, sed magis amica veritas.   **2152**
Nach Aristoteles, Nikomachische Ethik 1096 a 16–17. Vgl. Plato, Phaidon 91 c

Lieb ist mir Plato, doch lieber ist mir die Wahrheit.
Die Wahrheit soll uns höher stehen als die Freundschaft.

Pöbel

2153 plebs urbana

Sallust, De coniuratione Catilinae 37,4

die einfache Stadtbevölkerung

In der Kaiserzeit: der unruhige Pöbel der Hauptstadt Rom.

2154 Vulgi opinio mutari vix potest.

Cicero, Topica 73

Die Meinung des Pöbels läßt sich kaum ändern.

2155 Nihil est incertius vulgo.

Cicero, Pro Murena oratio 36

Nichts ist unzuverlässiger als der große Haufe.

2156 aura popularis

Cicero, De haruspicum responsis oratio 43 Vergil, Aeneis 6,816 Horaz, Carmina 3,2,20 Livius, Ab urbe condita 3,33,7 Quintilian, De institutione oratoria 11,1,45

die Volksgunst

2157 Non est consilium in vulgo, non ratio.

Cicero, Pro Plancio oratio 9

Im gemeinen Volk ist keine Einsicht, keine Vernunft.

2158 mobilium turba Quiritium[1]

Horaz, Carmina 1,1,7

die Menge der wankelmütigen Bürger Roms

[1] Quirites: die Römer als Staatsbürger. Quirinus war der Name des nach seinem Tode zum Gott erhobenen Romulus, des Gründers der Stadt Rom.

2159 Odi profanum vulgus et arceo.

Horaz, Carmina 3,1,1 Zitiert von Petron, Satyricon 118,5. Vgl. Gellius, Noctes Atticae, Praefatio 20: profestum et profanum volgus jener Menschenschlag, dem nichts heilig und geweiht erscheint.

Ich hasse den gemeinen Pöbel und halte ihn mir vom Leib.

Berühmtes Horaz-Wort

2160 plebs eris

Horaz, Epistulae 1,1,59

du bleibst ein gewöhnlicher Mensch

Wenn du weniger als 400000 Sesterzen, ca. 70000 Mark, versteuerst, wirst du zur Plebs zählen. Du wirst nicht zur Gesellschaft zählen.

Vilia miretur vulgus, mihi flavus Apollo   **2161**
  pocula Castalia plena ministret aqua.
Ovid, Amores 1,15,35 f.

Wertloses bewundere der Pöbel; mir reiche der blonde Apoll
Pokale voll kastalischen[1] Wassers.
[1] Die Quelle Castalia am Parnaß bei Delphi war den Musen und dem
Dichtergott Apoll geweiht.

Mobile sic sequitur Fortunae lumina vulgus.   **2162**
Ovid, Tristia 1,9,13. Vgl. Horaz, Carmina 1,35,25 Epistulae 2,1,108 Seneca, Hercules furens 170

So folgt die leicht umstimmbare Menge des Volks dem Glitzern
des Glücks.

Non tam bene cum rebus humanis agitur, ut meliora pluribus **2163**
placeant: argumentum pessimi turba est.
Seneca, De vita beata 2,2

Mit den menschlichen Dingen steht es nicht so gut, daß das
Bessere der Mehrheit gefällt: Beweis für das Schlechteste ist
das Urteil der Masse.

Circumspiciendum nobis est, quomodo a vulgo tuti esse possi- **2164**
mus.
Seneca, Epistulae morales 14,9

Wir müssen genau erwägen, wie wir vor dem Pöbel (der Mas-
se) sicher sein können.

Tunc praecipue in te ipse secede, cum esse cogeris in turba. **2165**
Seneca, Epistulae morales 25,6 u.7 Nach Epikur, fr. 209

Besonders dann ziehe dich in dich selbst zurück, wenn du ge-
zwungen bist, dich in der Masse aufzuhalten.

Mobile mutatur semper cum principe vulgus.   **2166**
Claudianus, De IV. consulatu Honorii 302

Das wankelmütige Volk verändert sich stets mit dem Herrscher.

Terret vulgus, nisi metuat.   **2167**
Baruch de Spinoza, Ethica 4,54

Der Pöbel ist furchtbar, wenn er nicht fürchtet.

Fallitur aut fallit, qui vulgi pendet ab ore.   **2168**
Wander 4,1681,5

Es täuscht sich – oder täuscht andere –, wer am Mund des Pöbels hängt.
Volksgunst und Glück haben ihre Tück'.

→ *Vernunft*   Plus apud me vera ratio valebit quam vulgi opinio. Nr. **3148**

Prophet

2169 Nemo propheta in patria.
Nach NT Matthaeus 13,57: Non est propheta sine honore, nisi in patria sua. Marcus 6,4 Lukas 4,24 Johannes 4,44 Zum Bezug auf die Propheten-verfolgungen vgl. AT Jeremia 11,21. MA H. Walther 16 422
Der Prophet gilt nichts in seinem Vaterland.
Er gilt in der Fremde mehr als daheim.

2170 In patria natus est nemo propheta vocatus.
MA Werner / Flury i 56 Vgl.H. Walther 11 918; 11 917
Im eigenen Land wurde noch keiner Prophet genannt.

→ *Götter*   Bacchatur vates, magnum si pectore possit / excussisse deum. Nr. **989**

Prophezeiung

2171 Philippis iterum me videbis.
Lateinische Übersetzung einer Stelle bei Plutarch, Caesar 69 Brutus 36; 48 Appian, Bürgerkrieg 4,134. Die Prophezeiung wurde berühmt durch Shakespeares 1599 aufgeführtes Drama Julius Caesar 4,3 v.281: ... thou shalt see me at Philippi.
Bei Philippi[1] wirst du mich wiedersehen.
[1]Diese Worte soll eine nächtliche Erscheinung, Caesars Geist, dem M. Brutus in seinem Zelt als Drohung zugerufen haben. – Bei Philippi in Makedonien besiegten Antonius und Oktavian, ab 27 v.Chr. Augustus genannt, 42 v.Chr. die Caesarmörder Brutus und Cassius.

2172 vaticinatio (vaticinium) ex eventu
Weissagung (von etwas) aus dessen Ausgang
Erfundene Vorhersage über ein bereits eingetretenes Ereignis.

Punkt

2173 Punctum est quod vivimus et adhuc puncto minus.
Seneca, Epistulae morales 49,3
Ein Punkt ist, was wir leben, und noch weniger als ein Punkt.

punctum saliens   **2174**
Lateinische Übersetzung einer Formulierung von Aristoteles, Historia
animalium 6,3,561 a 9 ff.

der springende Punkt
Aristoteles nannte so den weißen Fleck, das winzige Herz des werdenden
Vogels, das als erstes im Ei springt und sich bewegt. Sinn: der entschei-
dende Punkt, der Hauptpunkt, auf den alles ankommt; der Kernpunkt, das
Wesentliche einer Sache.

Accidit in puncto, quod non contingit in anno.   **2175**
Zitiert in Carlo Goldoni, Der Diener zweier Herren 1,6, Komödie 1743
In einem Augenblick geschieht, was das ganze Jahr über nicht
glückt.

in puncto / puncto   **2176**
in Betreff, hinsichtlich

in puncto puncti   **2177**
hinsichtlich des sechsten Gebots, gegen das … , hinsichtlich der
Keuschheit

Q

Qualität / Quantität

2178 Omnia praeclara rara nec quicquam difficilius quam reperire, quod sit omni ex parte in suo genere perfectum.
Cicero, De amicitia 79
Alles Wertvolle ist selten, und nichts ist schwieriger, als etwas zu finden, was in jeder Hinsicht in seiner Art vollendet wäre.

2179 Nihil est praeclarius mundi administratione.
Cicero, De natura deorum 2,76
Es gibt nichts Großartigeres als die Leitung des Weltalls.

2180 Nihil est enim simul et inventum et perfectum.
Cicero, Brutus 71
Nichts ist nämlich gleich bei seiner Erfindung schon vollkommen.

→ *Merkur*   Non ex quovis ligno fit Mercurius. Nr. **1836**

Quelle

2181 O fons Bandusiae splendidior vitro …
Horaz, Carmina 3,13,1
O Quelle der Bandusia, glänzender als Glas …
Berühmter Eingangsvers des Gedichts auf die Quelle der Nymphe Bandúsia auf dem Landgut des Horaz in den Sabinerbergen.

2182 Gratius ex ipso fonte bibuntur aquae.
Ovid, Epistulae ex Ponto 3,5,18
Angenehmer trinkt sich Wasser aus der Quelle selbst.

2183 Ad fontes!
Erasmus von Rotterdam, In novum testamentum praefatio, 1516. 3. Auflage 1524: Habemus fontes servatoris: unde quid haurire possumus, nisi salutem. … tutissimum est ipsos adire fontes. Wir haben die Quellen des Retters: was können wir daraus anderes schöpfen als das Heil. … das Sicherste ist es, die Quellen selbst aufzusuchen. Vgl. Horaz, Sermones 2,4,93 ff.: at mihi cura / non mediocris inest, fontis ut adire remotos / atque haurire queam vitae praeccpta beatae. Mir ist gar viel / daran gelegen,

selbst, wie weit der Weg auch sei, / die ersten Quellen aufzusuchen und / die wahre Lebenskunst daraus zu schöpfen. W. Krenkel

Auf zu den Quellen!

Leitwort der Humanisten. – Die philologische Methode verlangte, daß man aus den besten Quellen der Überlieferung schöpfte. Diesen Grundsatz des Humanismus wandte Erasmus bei seiner Neuausgabe, 1516, des griechischen Neuen Testaments mit lateinischer Übersetzung an. Des Erasmus Edition legte Martin Luther seiner Übersetzung der Bibel ins Deutsche zugrunde.

R

Rache / Rächer

2184 Exoriare aliquis nostris ex ossibus ultor.

Vergil, Aeneis 4,625

Ein Rächer möge erstehen aus meinen Gebeinen.

Ausruf der von Aeneas verlassenen Karthagerkönigin Dido vor ihrem Selbstmord auf dem Scheiterhaufen; mit ‚aliquis' ist auf Hannibal, den unversöhnlichen Feind der Römer, hingedeutet. Die Zeile wurde einer der bekanntesten Verse der Aeneis. → *Prophezeiung* vaticinatio (vaticinium) ex eventu Nr. **2172**

2185 Stultum est ulcisci velle alium poena sua.

Publilius Syrus, Sententiae S 20

Töricht ist's, sich an anderen rächen zu wollen zum eigenen Schaden. H. Beckby

2186 Semper infirmi est animi exiguique voluptas / ultio.

Juvenal, Saturae 13,191 f.

Rache ist stets nur die Freude eines schwachen und kleinlichen Geistes.

2187 Wer alles will rächen
Manu bellatoria[1],
Die Kraft wird ihm gebrechen,
Nec erit victoria[2].

[1] mit kriegerischer Hand [2] und der Sieg wird ihm nicht zufallen
Simrock 8065 Lipperheide 702

2188 Cessat vindicta, donec pertranseat ira.

Wander 3,1452,3

Man soll sich nicht rächen, ehe der Zorn vorüber.

2189 Mea est ultio, et ego retribuam in tempore.

📖 AT 5 Moses 32,35 Vgl. Psalm 93,1 Ecclesiasticus 28,1 NT Hebräer 10,30

Mein ist die Rache, und ich will vergelten zu seiner Zeit.

2190 Mihi est vindicta: ego retribuam, dicit Dominus.

NT Römer 12,19

Mein ist die Rache: Ich will vergelten, spricht der Herr.

Rad

rota Romana   **2191**

Codex Iuris Canonici Can. 1405 § 3

die Römische Rota

Der päpstliche Gerichtshof; sein Name ist auf die kreisrunde Richterbank
zurückzuführen, seine Zuständigkeiten sind in Can. 1405 § 3 bestimmt,
seine Entscheidungen werden in lateinischer Sprache veröffentlicht.

→ *Glück*   Quivis beatus versa rota fortunae ante vesperum
             potest esse miserrimus. Nr. **923**

→ *Glück*   Versatur celeri Fors levis orbe rotae. Nr. **903**

→ *Glück*   Nolo irridere rotam fortunae. Nr. **917**

Raserei

furor Teutonicus   **2192**

Lukan, De bello civili 1,255f. Claudian, Bellum Geticum 26,292 MA
H. Walther 10 125. Vgl. 3 825,1. Der lateinische Gegenbegriff zu furor ist
ratio Vernunft; vgl. Ovid, Metamorphoses 7,10.

teutonische Raserei, teutonisches Toben, germanische Angriffs-
lust, deutsche Wut

Der Ausdruck wurde durch Otto von Bismarcks Rede im Reichstag am
10. 3. 1877 bekannt.

furor poeticus   **2193**

dichterische Begeisterung

Rat

Malum consilium consultori pessimum.   **2194**

Varro, De re rustica 3,2,1

Böser Rat ist des Ratgebers Schad'.

Wer anderen eine Grube gräbt, fällt selbst hinein.

Ineunte adulescentia, cum est maxima imbecillitas consilii ...   **2195**

Cicero, De officiis 1,117

Im frühen Jugendalter, wenn die Einsicht noch recht schwach
ist ...

Hic consilium haeret.   **2196**

Hier ist guter Rat teuer.

Sibi non cavere et aliis consilium dare / stultum est.   **2197**

Phaedrus, Fabulae 1,9,1f.

Sich selbst nicht vorzusehen und doch anderen zu raten ist tö-
richt.

2198 Quod senior loquitur, omnes consilium putant.
Publilius Syrus, Sententiae Q 54

Was ein Alter sagt, halten alle für weisen Rat.

2199 Si breve consilium, dicitur esse bonum.
Wander 3,1475,209

Kurzer Rat, guter Rat.

2200 Optimi consiliarii mortui.
Diogenes Laertios, VII 1,3,99. Lateinisch zitiert von Francis Bacon, Essays XX Von der Ratgebung

Die besten Ratgeber sind die Toten.
Der Stoiker Zeno befragte das Orakel, wie er sein Leben am ersprießlich-
sten gestalten könne. Es antwortete: Wenn du die Lehren der Toten
(Anmerkung: die in ihren Büchern ohne Rücksicht reden) befolgst.

2201 Mater boni consilii.
Lauretanische Litanei, Litaniae Lauretanae Beatae Mariae Virginis, 1531
erstmals bezeugt.

Du Mutter des guten Rates!
Feierliche Anrufung und Lobpreisung Marias, der Mutter Jesu.

2202 In Deo consilium.

Bei Gott ist Rat.

→ *Gladiator*   Gladiator in arena consilium capit. Nr. **841**
→ *Nacht*   Nox consilium dabit. Nr. **1949**

Räuber

2203 Cantabit vacuus coram latrone viator.
Juvenal, Saturae 10,23

Ein Wanderer, der nichts hat, wird angesichts eines Räubers ein
Lied singen.
Mit leeren Taschen braucht man keinen Räuber zu fürchten.

Recht

2204 Ius summum saepe summa est malitia.
Terenz, Heautontimorumenos 796 Hieronymus, Epistulae 1,14 (Migne PL
22,530)

Überspitztes Recht ist oft die größte Arglist.
Römisches Sprichwort

ex aequo bonoque   **2205**
Sallust, De bello Iugurthino 35,7
nach Recht und Billigkeit

ius divinum   **2206**
Cicero, Pro Sexto Roscio Amerino oratio 37: iura divina atque humana
göttliches und menschliches Recht Digesta 23,2,1 CIC, can. 24
göttliches, d. h. auf göttlichem Willen beruhendes Recht
Das ius divinum wird im katholischen Kirchenrecht dem ius humanum
übergeordnet.

ius privatum   **2207**
Cicero, De haruspicum responsis oratio 14 Digesta 1,1,1,2
das Privatrecht

Neque hoc solum natura, id est iure gentium, sed etiam legibus **2208**
populorum constitutum est.
Cicero, De officiis 3,23
Und das ist nicht nur durch die Natur, d. h. durch das Völker-
recht, sondern auch durch die Gesetze der Völker festgesetzt.

Ius in natura positum est.   **2209**
Cicero, De legibus 1,34. Vgl. De officiis 3,72
Die Natur ist die Quelle des Rechts.

Summum ius, summa iniuria.   **2210**
Cicero, De officiis 1,33 Columella, De re rustica 1,7,2: Summum ius anti-
qui summam putabant crucem. Das auf die Spitze getriebene Recht hielten
die Alten für die größte Plage.
Das strengste Recht ist oft das größte Unrecht.
Römisches Rechtssprichwort, das von einer böswilligen Rechtsinterpreta-
tion ausgeht.

ius gentium   **2211**
Cicero, De haruspicum responsis oratio 32 De officiis 3,23 Sallust, De
bello Iugurthino 35,7 Seneca, De beneficiis 3,14,3 Institutiones 1,8,1 Digesta 1,1,9
das Völkerrecht

ius publicum   **2212**
Cicero, De officiis 1,64 Digesta 1,1,1,2
das öffentliche Rech / das Staatsrecht

ius civile   **2213**
Cicero, De officiis 3,69 Digesta 1,1,6; 11
das Bürgerrecht, das römische Recht

2214 Si violandum est ius, regnandi gratia violandum est.
Euripides, Phoenissae 524 Cicero, De officiis 3,82 Sueton, Divus Iulius 30,5

Wenn je das Recht verletzt werden muß, dann darf das nur der Herrschaft wegen geschehen.

2215 Omnia sunt incerta, cum a iure discessum est.
Cicero, Epistulae ad familiares 9,16,3

Alles ist unsicher, sobald man den Boden des Rechts verlassen hat.

2216 Ius civile est aequitas constituta eis, qui eiusdem civitatis sunt.
Cicero, Topica 9

Die Rechtsordnung für Bürger ist ein System gleichen Rechts, das zum Schutz der Interessen der Mitglieder der gleichen Bürgerschaft eingerichtet ist. K. Bayer

2217 sui iuris
Seneca, Epistulae morales 11,7

von eigenem Recht, unter …

2218 Aequum inter omnes cives ius sit.
Seneca, Epistulae morales 86,2

Unter allen Bürgern herrsche gleiches Recht.

2219 Idem ius omnibus.

Gleiches Recht für alle.

2220 per omne fas et nefas
Lukan, De bello civili 5,312 f. Livius, Ab urbe condita 6,14,10

mit jedem Recht und Unrecht
auf Biegen und Brechen, d. h., auch wenn Unrecht geschieht

2221 Idem Accio quod Tito ius esto.
Gellius, Noctes Atticae 3,16,13 Wander 3,1541,72

Was dem einen recht ist, ist dem anderen billig.

2222 Ergo omne ius aut consensus fecit aut necessitas constituit aut firmavit consuetudo.
Institutiones 1,3,40

Also hat alles Recht die Übereinstimmung geschaffen oder die Notwendigkeit festgesetzt oder die Gewohnheit bestätigt.

Iuris praecepta sunt haec: honeste vivere, alterum non laedere, **2223**
suum cuique tribuere.
Digesta 1,1,10,1
Dies sind die Rechtsvorschriften: ehrenhaft leben, den anderen
nicht zu verletzen, jedem das Seine zu gewähren.

de iure   **2224**
Digesta 8,5,2,3
von Rechts wegen

Prior tempore, potior iure.   **2225**
Codex Iustinianus 8,17 (18),3(4) Dekretalien 5,13,54 Bonifaz VIII. De regulis iuris: Qui prior est tempore, potior est iure. Carlo Goldoni, Der Diener zweier Herren, Komödie 1743, 1,6: Prior in tempore, potior in iure.
Wer der Zeit nach früher dran ist, ist in der besseren Rechtsstel-
lung.
Wer zuerst kommt, mahlt zuerst.

Ignorantia excusatur non iuris, sed facti.   **2226**
Vgl. Digesta 17,1,29 §1; 22,6,1,1 u. 9 am Anfang
Unkenntnis des Rechts (Gesetzes) wird nicht entschuldigt, wohl
aber Unkenntnis einer Tatsache.

Ignorantia legis neminem excusat.   **2227**
Unkenntnis des Gesetzes entschuldigt niemanden.

Qui suo iure utitur, iniuriam nulli facit.   **2228**
Vgl. Digesta 50,17,155,1 Wander 3,1535,331
Wer sein Recht gebraucht, tut niemand Unrecht.

ius primae noctis   **2229**
Vgl. Properz, Elegiae 4,20,1 und Martial, Epigrammata 11,23,5: prima nox
das Recht der Ersten Nacht
Privileg der Feudalherren des Mittelalters, mit der Braut eines Abhängi-
gen die Brautnacht zu verbringen. Vermutlich eine Erfindung der Rechts-
gelehrten des Absolutismus. Vgl. A. Boureau, Das Recht der ersten Nacht,
1996

Da mihi factum, dabo tibi ius.   **2230**
Dekretalien 2,1,6 Alexander III., Kirchenrechtslehrer, Papst ab 1159
Gib mir den Tatbestand an, und ich werde dir das Recht geben.
Vor Gericht sind die Tatsachen darzulegen, juristische Ausführungen er-
übrigen sich, sie sind Aufgabe des Gerichts.

2231 Iura novit curia.

Das Gericht kennt das Recht.

Die streitenden Parteien brauchen dem Gericht nur die Tatsachen anzugeben; die Kenntnis und Anwendung des Rechts und der Gesetze sind Aufgabe des Gerichts.

2232 ius canonicum

Codex Iuris Canonici, can. 22; 1059 u. a. Der Codex Iuris Canonici ist in der neuesten Fassung das vom 1. Adventssonntag 1983 an verbindliche Gesetzbuch der lateinischen Kirche.

das kanonische (kirchlich vorgeschriebene) Recht

2233 ius ecclesiasticum

selten gebraucht

das Kirchenrecht

2234 Lex est constitutio scripta; mos est vetustate probata consuetudo sive lex non scripta. Nam lex a legendo vocata, quia scripta est; … consuetudo autem est ius moribus institutum, quod pro lege suscipitur.

Lex Baiuvariorum, Prologus

Ein Gesetz ist eine schriftlich niedergelegte Rechtsbestimmung; der Brauch ist die durch ihr Alter gebilligte Gewohnheit oder ein nicht schriftlich aufgezeichnetes Gesetz. Denn das Wort lex (Gesetz) ist nach dem Wort legere (lesen) gebildet, weil es aufgeschrieben wurde … Eine Gewohnheit aber ist ein durch den Brauch eingerichtetes Recht, das anstatt eines Gesetzes übernommen wird.

2235 Vigilantibus iura, non dormientibus scripta sunt.

Vgl. Codex Iustinianus 7,40,2 Digesta 42,8,24 Wander 3,1520,46; vgl. 4,1471,83: Vigilantibus iura subveniunt. Das Recht hilft nur den Wachenden.

Das Recht ist für die Wachen, nicht für die Schlafenden geschrieben.

Wer sein Recht wahren will, muß wachsam sein.

2236 Ius superat vires.

MA H.Walther 13 264,1 Wander 3,1528,202

Recht geht vor Gewalt.

2237 Ius patronis eget.

Wander 3,1525,143

Das Recht bedarf des Anwalts.

→ *Gerechtigkeit*	Iustitia est constans et perpetua voluntas ius suum cuique tribuendi. Nr. **771**
→ *Gerechtigkeit*	Fiat iustitia et pereat mundus. Nr. **774**
→ *Gerechtigkeit*	Iustitia fundamentum regnorum. Nr. **775**
→ *Gesetz*	Ius est in armis, opprimit leges timor. Nr. **803**
→ *Gewalt*	Vim vi repellere omnia iura clamant. Nr. **824**
→ *Gewalt*	Contra vim non valet ius. Nr. **828**
→ *Kaiser*	Ubi nihil est, Caesar ex iure suo excidit. Nr. **1306**

rechtschaffen / Rechtschaffenheit

Probitas laudatur et alget.   **2238**
Juvenal, Saturae 1,74

Die Rechtschaffenheit wird gelobt, aber sie friert dabei.

Quilibet praesumitur bonus, donec probetur contrarium.   **2239**
MA H. Walther 25 339a

Von jedem ist so lange anzunehmen, daß er rechtschaffen sei, bis das Gegenteil bewiesen wird.

Rede / reden

Rem tene, verba sequentur.   **2240**
Cato Maior, Libri ad Marcum filium fr. 15. Vgl. Horaz, De arte poetica 311: Verbaque provisam rem non invita sequentur. Und es werden die Worte der vorgesehenen Sache nicht unwillig folgen. Seneca, De tranquillitate animi 1,14: verba rebus permittere die Worte den Problemen zu überlassen

Erfasse den Stoff, die Worte werden folgen.

Tu quid, tu apud quos, tu de quo dicas, intellegis?   **2241**
Cicero, In Pisonem oratio 75

Weißt du überhaupt was du, bei wem du und von wem du redest?

Brevis esse laboro, / obscurus fio.   **2242**
Horaz, De arte poetica 25 f.

Ich strebe nach Kürze des Ausdrucks, werde dadurch aber nur dunkel.

Exigua est virtus praestare silentia rebus,   **2243**
    at contra gravis est culpa tacenda loqui.
Ovid, Ars amatoria 2,603

Es ist nur ein geringes Verdienst, etwas zu verschweigen;
dagegen ist es ein schweres Vergehen, Geheimzuhaltendes
auszuplaudern. M. v. Albrecht

2244 Concordet sermo cum vita.
Seneca, Epistulae morales 75,4

Die Rede soll mit dem Leben übereinstimmen.

2245 Talis hominibus oratio qualis vita.
Seneca, Epistulae morales 114,1

Der Mensch redet, wie er lebt.

2246 Imago animi sermo est; qualis vir, talis oratio.
Pseudo-Seneca, De moribus 72,73 MA H. Walther 23 231b

Ein Abbild der Seele ist die Sprache; wie der Mann, so die Rede.

2247 Prospicito tecum tacitus quid quisque loquatur;
sermo hominum mores et celat et indicat idem.
Catonis Disticha 4,20

Achte in Ruhe auf das, was jeder sagt; die Rede der Menschen
verbirgt und offenbart zugleich ihren Charakter.

2248 Speculum cordis hominum verba sunt.
Cassiodor, Variae 6,9,4

Ein Spiegel des Herzens sind die Worte der Menschen.

2249 Verbum ex cogitatu cordis hominis.
📖 AT Ecclesiasticus 27,8

Das Wort des Menschen kommt aus der Gesinnung des Herzens.

2250 Sit autem sermo vester, est, est; non, non; quod autem his
abundantius est, a malo est.
NT Matthaeus 5,37

Eure Rede aber sei: ja, ja; nein, nein; was darüber hinausgeht,
ist von Übel.

→ *Sprache*   Veritatis simplex est oratio. Nr. **2685**
→ *Sprache*   Oratio cultus animi est. Nr. **2688**

Redekunst

2251 Quinque faciunt quasi membra eloquentiae, invenire, quid dicas, inventa disponere, deinde ornare verbis, post memoriae
mandare, tum ad extremum agere ac pronuntiare.

Cicero, De oratore 2,79. Vgl. Rhetorica ad Herennium 1,2,3 De inventione
1,7,9 Quintilian, De institutione oratoria 3,3,1

Gleichsam fünf Glieder bilden die Redekunst: das Finden des-
sen, was man sagt, die Gliederung des Gefundenen, dann der
Ausdruck in Worten[1]*, darauf das Einprägen ins Gedächtnis,*
schließlich als letztes der lebendige Vortrag.

[1] Cicero legt auf den sprachlichen Ausdruck, die elocutio, den größten
Wert.

Qui eloquentiae verae dat operam, dat prudentiae.   **2252**

Cicero, Brutus 23

Wer sich um die wahre Redekunst bemüht, bemüht sich um
Einsicht.

Stoici soli ex omnibus eloquentiam virtutem ac sapientiam esse **2253**
dixerunt.

Cicero, De oratore 3,65

Die Stoiker haben als einzige von allen die Redekunst als eine
Form der Tugend und Weisheit bezeichnet.

Est eloquentiae sicut reliquarum rerum fundamentum sapientia. **2254**

Cicero, Orator 70

Die Weisheit ist die Grundlage der Beredsamkeit wie der übri-
gen Dinge.

satis eloquentiae, sapientiae parum   **2255**

Sallust, De coniuratione Catilinae 5,4

Die Redekunst beherrschte er genügend, er besaß aber zu we-
nig tiefere Einsicht.

Der Geschichtsschreiber Sallust charakterisiert den Verschwörer Catilina.

Redner

Oratorem, nisi qui sapiens esset, esse neminem.   **2256**

Cicero, De oratore 1,83

Ein Redner sei niemand, der nicht ein Weiser sei.

Cicero betont wiederholt, der wahre Redner wurzle in der Philosophie.

Oratorem irasci minime decet.   **2257**

Cicero, Tusculanae disputationes 4,55

Ein Redner darf keinesfalls in Zorn geraten.

Regel

2258 habere regulam, qua vera et falsa iudicarentur
Cicero, Brutus 152. Vgl. Vitruv, De architectura 205,20

eine Regel zu haben, nach der Wahrheit und Irrtum entschieden werden

2259 Nisi ad regulam prava non corriges.
Seneca, Epistulae morales 11,10

Ohne eine Regel wirst du Verkehrtes nicht richtigstellen.

2260 Nulla regula[1] sine exceptione[2].
Vgl. Gaius, Institutiones 4,117

Keine Regel ohne Ausnahme.

[1] Rechtsgrundsatz [2] juristischer Begriff: Einschränkung, Einwendung wider den Kläger

2261 Regula Benedicti
Regula 3,11 sancta Regula 23,1; 65,18

die Regel Benedikts

Die vom hl. Benedikt, ca. 480–547, als Abt des Klosters Monte Cassino in Anlehnung an die Magisterregel, Regula magistri, 6. Jahrhundert, verfaßte Regel gibt Anweisungen für den Dienst der Benediktinermönche im Kloster. Sie verbindet römische Strenge mit christlichem Denken. Benedikts Regula prägte das benediktinische Kulturwirken weit über das Abendland hinaus und wurde durch ihre nüchterne Weisheit zum Wegweiser für viele Christen.

→ *beten*   Ora et labora! Nr. **202**

Regen

2262 Nubila serena succedunt.
Seneca, Epistulae morales 107,8

Auf trübes folgt heiteres Wetter.
Nach dem Regen scheint die Sonne.

2263 Post nubila Phoebus[1].
Alanus de Insulis, Doctrinale altum sive liber parabolarum 422 (Migne PL 210,581): clarior est solito post nubila plurima Phoebus / post inimicitias clarior est et amor. Heller ist gewöhnlich nach trübem Wetter der Sonnenschein, strahlender leuchtet nach Feindschaft die Liebe. MA H. Walther 22 031: Post nubila Phoebus. (Post gaudia luctus.) Sebastian Franck, Sprichwörter (1541) 2,104a. Vgl. W. Raabe, Abu Telfan, Roman 1867, 13. Kapitel: post nubila Phoebus! – nach dem Gewitter die Sonne.

Auf Regen folgt Sonnenschein.
[1] griechisch phoibos der Leuchtende. Beiname des Sonnengottes Apollo.

regieren

... deos esse eorumque mente mundum regi ...   **2264**
Cicero, De legibus 2,32

... daß Götter existieren und durch ihren Verstand das Weltall
regiert wird ...

Melius bene imperare quam imperium ampliare.   **2265**
Wahlspruch Kaiser Rudolphs I., reg. 1273–1291
Es ist besser, gut zu regieren, als das Reich zu mehren.

An nescis, mi fili, quantilla prudentia regatur orbis?   **2266**
Papst Julius III., gest. 1555, soll mit diesem Bonmot einem portugiesi-
schen Mönch geantwortet haben, als dieser ihn wegen der Bürde, die er
als Papst der ganzen Welt trage, bemitleidete. – Nach anderer Überliefe-
rung wird dieser Ausspruch dem schwedischen Kanzler Axel Gustavson
Oxenstierna, 1583–1654, zugeschrieben. Vgl. Brief an seinen Sohn 1648.
Büchmann 629
Weißt du denn nicht, mein Sohn, mit wie wenig Klugheit die
Welt regiert wird?

→ *Herrschaft / herrschen*   Tu regere imperio populos, Romane,
                             memento, ... / parcere subiectis et
                             debellare superbos. Nr. **1138**
→ *Herrschaft / herrschen*   Qui nescit dissimulare, nescit
                             gubernare. Nr. **1146**

reich

Vetus est: de scurra multo facilius divitem quam patrem fami- **2267**
lias fieri posse.
Cicero, Pro Quinctio oratio 55
Ein altes Wort sagt, daß aus einem Possenreißer viel leichter
ein reicher Mann werden kann als ein Familienvater.

Dives est, cui tanta possessio est, ut nihil optet amplius.   **2268**
Cicero, Paradoxa Stoicorum 6,1
Reich ist, wer so viel besitzt, daß er nichts mehr wünscht.

Dummodo sit dives, barbarus ipse placet.   **2269**
Ovid, Ars amatoria 2,276
Wenn er nur reich ist, gefällt selbst ein Barbar.
Wer reich ist, genießt Ansehen.

2270 … nempe dat id cuicumque libet Fortuna rapitque
Irus et est subito, qui modo Croesus erat.
Ovid, Tristia 3,7,41 f.

… denn Fortuna gibt und entreißt wem ihr beliebt,
und ein Irus[1] ist plötzlich, wer eben ein Krösus[2] noch war.
[1] Irus: Bettler auf Ithaka, der Heimat des Odysseus [2] → *Krösus* Nr. **1435**

2271 Dantur opes nulli nunc nisi divitibus.
Martial, Epigrammata 5,81,2

Schätze werden heute nur den Reichen zuteil.

2272 Dives qui fieri vult, / et cito vult fieri.
Juvenal, Saturae 14,176 f.

Wer reich werden will, will es auch schnell werden.

2273 Dives autem iniquus aut iniqui heres est.
Hieronymus, Epistulae 120,1 Wander 3,1613,51

Der Reiche aber ist ein Schelm[1] oder eines Schelms Erbe.
[1] Betrüger

→ *Bett*   Dives erit magno quae dormit tertia lecto. Nr. **207**

Reichtum

2274 Nihil est tam angusti animi tamque parvi quam amare divitias.
Cicero, De officiis 1,68

Nichts verrät so Engstirnigkeit und Kleingeist, wie Reichtum zu
lieben.

2275 Crescentem sequitur cura pecuniam
maiorumque fames.
Horaz, Carmina 3,16,17 f.

Dem wachsenden Reichtum folgt die Sorge
und der Hunger nach mehr.

2276 Quo plura habent, eo ampliora cupiunt.
Justinus, Trogi historiarum Philippicarum epitoma 6,1

Je mehr sie haben, desto Größeres begehren sie.

2277 Divitiae apud sapientem virum in servitute sunt, apud stultum
in imperio.
Seneca, De vita beata 26,1

Reichtum dient bei einem weisen Mann, einen Toren beherrscht
er.

Quis sit divitiarum modus, quaeris? Primus habere quod **2278**
necesse est, proximus quod sat est.
Seneca, Epistulae morales 1,2,6

Was das Maß des Reichtums sei, fragst du? Zuerst: zu haben,
was nötig ist, danach, was genug ist.

Nemo alius est deo dignus, quam qui opes contempsit. **2279**
Seneca, Epistulae morales 18,13. Nach Vergil, Aeneis 8,364 f.

Kein anderer ist (des) Gottes würdig als einer, der Schätze ver-
achtet.

Magnus ille, qui in divitiis pauper est. **2280**
Seneca, Epistulae morales 20,10

Groß ist der, der im Reichtum arm ist.

→ *Dummheit*   Stultitiam patiuntur opes. Nr. **332**
→ *Ehre*   Dat census honores. Nr. **339**
→ *Erbe*   exstructis in altum divitiis potietur heres.
   Nr. **389**

rein

anima candida **2281**
Horaz, Sermones 1,5,41

eine reine Seele
Ein aufrichtiger Charakter. – Von Horaz über seinen Dichterfreund Vergil
gesagt.

puro pectore **2282**
Horaz, Epistulae 1,2,67 f.

mit reinem Herzen

Omnia munda mundis. **2283**
NT Titus 1,15

Dem Reinen ist alles rein.

Sanguis Iesu Christi … emundat nos ab omni peccato. **2284**
NT 1 Johannes 1,7

Das Blut Jesu Christi … macht uns rein von aller Sünde.

reisen

→ *Himmel*   Caelum, non animum mutant, qui trans mare
   currunt. Nr. **1168**

Religion

2285 Iustitia erga deos religio dicitur.

Cicero, Partitiones oratoriae 78

Gerechtigkeitsgefühl gegenüber den Göttern wird Religion genannt.

2286 Religionem superstitio imitatur.

Cicero, Partitiones oratoriae 81

Der Aberglaube äfft die Religiosität nach.

2287 Est enim pietas iustitia adversum deos.

Cicero, De natura deorum 1,116

Denn Frömmigkeit ist Gerechtigkeitsgefühl gegenüber den Göttern.

2288 Tantum religio potuit suadere malorum.

Lukrez, De rerum natura 1,101

Zu soviel Verbrechen konnte die Religion den Menschen raten.

Der berühmteste Vers des Lehrgedichts wurde wiederholt mißdeutet und auch zu Propagandazwecken verwendet. – religio bedeutet hier: abergläubische Furcht.

2289 Adversae res admonent religionum.

Nach Livius, Ab urbe condita 5,51,9

Unglück erinnert an die Gottesverehrung.

Not lehrt beten.

2290 Cuius regio, eius religio.

Wessen das Land, dessen die Religion.

Der Landesherr bestimmt auch die Konfession. – Die bekannte Kurzformel bringt die in dem am 25. 9. 1555 zwischen König Ferdinand I. und den Reichsständen im Augsburger Religionsfrieden getroffene Regelung zum Ausdruck, daß die Untertanen die Religion ihres Landesherrn annehmen oder auswandern müßten.

Retter

2291 Iesus Christus Dei filius salvator.

Griechisch: Iesus Chreistos Theu Yios Soter. Ausführlich dazu Augustinus, De civitate Dei 18,23. Die Anfangsbuchstaben der Formel ergeben das griechische Wort ichthys Fisch. Das heilige Zeichen der alten Christen, der Fisch, wurde nach dem Ende der Antike aufgegeben.

Jesus Christus, Gottes Sohn, Heiland (Retter).

... Iesus; qui latine dicitur salutaris, sive salvator; quia cunctis **2292**
gentibus salutifer venit.
Laktanz, Divinae institutiones 4,12,6. Vgl. NT Matthaeus 1,21

... Jesus; lateinisch heißt das Wort heilbringend oder Retter;
weil er für alle Völker als Heilbringer gekommen ist.
Jesus ‚Jehoschua‘, ‚Joschua‘, ‚Josue‘ Jahwe ist Heil.

Rettung

Serva me, servabo te.   **2293**
Petron, Satyricon 44,3

Rette mich, so rette ich dich.
Hilf du mir, so helfe ich dir. – In Zeiten einer Getreideknappheit steckten
die Ädilen, Gewerbeaufsehenden, mit den Bäckern unter einer Decke und
begünstigten sich gegenseitig.

→ *Götter*   Saepe premente deo fert deus alter opem.
                          Nr. **985**
→ *hoffen / Hoffnung*   Una salus victis nullam sperare salutem.
                          Nr. **190**

Reue

Quem paenitet peccasse paene est innocens.   **2294**
Seneca, Agamemnon 243

Wer bereut gesündigt zu haben, ist fast unschuldig.

Rhodos

Hic Rhodus, hic salta!   **2295**
Lateinische Übersetzung nach Äsop, Fabulae 203 b Halm

Hier ist Rhodos, hier spring!
Einem jungen Mann, der damit prahlte, auf Rhodos einen Weitsprung wie
kein Olympionike je zuvor getan zu haben, gab jemand diese Antwort.
Sinn: Hier ist die Gelegenheit! Zeige hier und jetzt, was du kannst.

richten

Nolite iudicare, ut non iudicemini.   **2296**
NT Matthaeus 7,1

Richtet nicht, damit ihr nicht gerichtet werdet!

Et iudicatum est de singulis secundum opera eorum.   **2297**
NT Johannes, Apocalypsis 20,13

Sie wurden gerichtet, jeder nach seinen Werken.

Richter

2298 Male verum examinat omnis / corruptus iudex.
Horaz, Sermones 2,2,8f.

Schlecht prüft die Wahrheit jeder Richter, der bestochen wurde.

2299 Iudex damnatur, ubi nocens absolvitur.
Publilius Syrus, Sententiae I 28 MA H. Walther 13 103

Der Richter wird verurteilt, wo ein Schuldiger freigesprochen wird.

2300 Tam de se iudex iudicat, quam de reo.
Publilius Syrus, Sententiae T 7

Der Richter spricht wie über den Angeklagten so auch über sich selbst das Urteil.

2301 Ubi innocens formidat, damnat iudicem.
Publilius Syrus, Sententiae U/V 10

Sobald der Unschuldige sich fürchtet, spricht er den Richter schuldig.

2302 Iudex non calculat.
Nach Digesta 49,8,1,1

Der Richter rechnet nicht.
Rechenfehler des Gerichts werden stillschweigend korrigiert. Eine Berufung dagegen erübrigt sich.

2303 Nemo iudex in sua causa.
Codex Iustinianus 3,5. Vgl. Wander 3,1675,80: Iudex nemo potest esse in propria causa. Seneca, De beneficiis 2,26,2: Nemo non benignus est sui iudex. Jeder ist ein nachsichtiger Richter seiner selbst.

Niemand darf Richter in eigener Sache sein.

2304 Semper iniquus est iudex, qui aut invidet aut favet.
Wander 3,1671,27

Der Richter urteilt niemals wohl, der von Haß und Gunst ist voll.

→ *Streit* Adhuc sub iudice lis est. Nr. **2775**
→ *Zeuge* Apud me, ut apud bonum iudicem, argumenta plus quam testes valent. Nr. **3450**

Rom

Roma quadrata   **2305**
Ennius, Annales 2,120 L. Mueller

das alte, nach etruskischer Art im Geviert erbaute Rom

Roma, lux orbis terrarum atque arx omnium gentium ...   **2306**
Cicero, In Catilinam oratio 4,6,11

Rom, die Leuchte des Erdkreises und die Zuflucht aller Völker ...

Roma una in omnibus terris domus est virtutis, imperii, digni- **2307**
tatis.
Cicero, De oratore 1,196

Einzig Rom ist unter allen Ländern der Wohnsitz der Tugend,
der Herrschaft und der Würde.

‚Roma est', civitas ex nationum conventu constituta, in qua **2308**
multae insidiae, multa fallacia, multa in omni genere vitia ver-
santur, ...
Cicero, Commentariolum petitionis 54

Es ist Rom, eine Stadt, die sich aus dem Zusammenströmen
vieler Nationalitäten bildete, in der viele Ränke, viele Intrigen,
viele Laster aller Art vorkommen ...

domina Roma   **2309**
Horaz, Carmina 4,14,44 Martial, Epigrammata 10,47,12

die Herrin Rom

Suis et ipsa Roma viribus ruit.   **2310**
Horaz, Epoden 16,2. Vgl. Livius, Ab urbe condita, Praefatio 4

Rom stürzt selber durch die eigene Kraft.

magna Roma   **2311**
Horaz, Sermones 1,5,1 Martial, Epigrammata 12,68,6

die Großstadt Rom

Roma aeterna   **2312**
Nach Tibull, Elegiae 2,5,23: Romulus aeternae nondum formaverat urbis
moenia ... Romulus hatte noch nicht die Mauern der ewigen Stadt geschaffen ... Vgl. Ausonius, Epigrammata 1,1

das ewige Rom
Das Attribut ewig wurde zum Beinamen Roms, der ewigen Stadt. Unvergängliche Dauer und Weltherrschaft haben die Römer ihrer Stadt zugeeig-
net. → *Herrschaft / herrschen* His imperium sine fine dedi. Nr. **1137**

2313 Roma, tuum nomen terris fatale regendis …
Tibull, Elegiae 2,5,57

Rom, dein Name wurde den beherrschten Völkern zum Schicksal …

2314 Haec di condiderunt, haec di quoque moenia servant:
Vix timeat salvo Caesare Roma Iovem.
Properz, Elegiae 3,11,65 f.

Diese Stadt haben Götter gegründet, Götter werden sie schützen:
Solange Caesar[1] nur lebt, fürchtet sich Rom vor Jupiter kaum.
[1] Caesar Augustus, Herrscher 31 v. Chr. – 14 n. Chr.

2315 Omnia Romanae cedent miracula terrae:
Natura hic posuit, quicquid ubique fuit.
Properz, Elegiae 3,22,17

Alle Wunder verblassen, werden sie mit dem römischen Lande
verglichen: Hier hat die Natur vereint, was immer die Welt hervorbrachte.

2316 maxima Roma
Properz, Elegiae 4,1,1 Martial, Epigrammata 7,96,2

das gewaltige Rom

2317 Roma, nisi immensum vires promosset in orbem,
stramineis esset nunc quoque tecta suis.
Ovid, Amores 2,9,17 f.

Rom würde, hätte es nicht seine Kräfte in die unermeßliche Welt
ausgedehnt, heute noch aus strohgedeckten Hütten bestehen.

2318 Nuntia … Romanis, caelestes ita velle, ut mea Roma caput
orbis terrarum sit.
Livius, Ab urbe condita 1,16,7. Vgl. Vergil, Aeneis 6,851

Verkünde den Römern, es sei der Himmlischen Wille, daß das
von mir gegründete Rom das Oberhaupt der Welt werde.
Proculus Iulius versichert, Romulus sei ihm erschienen und habe ihn be-
auftragt, den Römern diese Botschaft zu überbringen. Eine Rückspiege-
lung späterer Verhältnisse. → *Prophezeiung* vaticinatio (vaticinium) ex
eventu Nr. **2172**

2319 Roma deliberante Saguntum perit. Variante: Dum Roma delibe-
rat …
Nach Livius, Ab urbe condita 21,7,1

Während Rom noch überlegt[1], geht Sagunt zugrunde.

[1] ... ob der Stadt Sagunt in Spanien militärische Hilfe gegen Hannibal gewährt werden soll.

Terrarum dea gentiumque Roma,   **2320**
  cui par est nihil et nihil secundum ...
Martial, Epigrammata 12,8,1 f.

Rom, du Göttin der Welt und aller Völker, der nichts gleich ist auf Erden und nichts nachkommt ...

... per urbem *Romam* ... quo cuncta undique atrocia aut **2321**
pudenda confluunt celebranturque.
Tacitus, Annales 15,44,3

... in Rom fließt von allen Seiten alles Scheußliche und alles, was die Scham verletzt, zusammen und hier wird es verherrlicht.

urbs Roma virtutum omnium mater   **2322**
Valentinianus II., Theodosius mit Arcadius an Orientius, den Vikar der Stadt Rom. Collatio 5,3

die Stadt Rom, die Mutter aller Tugenden Fuhrmann/Liebs 186, 187

Roma locuta, causa finita *est.*   **2323**
Nach Augustinus, Sermones 131,10: Inde rescripta venerunt, causa finita est: utinam aliquando finiatur error. Aus Rom kam die Antwort, der Streitfall ist erledigt: Daß doch einmal der Irrtum beendet werde.

Rom hat gesprochen, der Streitfall ist abgeschlossen.
Der Satz bezieht sich zunächst auf die Streitigkeiten mit Pelagius und betont die autoritative Lehrentscheidung des apostolischen Stuhls in Rom. Er wurde später verallgemeinert. → *Stuhl* ex cathedra Nr. **2785**

Roma vetus   **2324**
Codex Iustinianus, 6. Jahrhundert, 1,2,6

das alte Rom
... im Gegensatz zu Konstantinopel, das vielfach Roma (nova) das neue Rom genannt wurde. Konstantinu polis Konstantinsstadt ist der spätere Name von Byzantion. Konstantinopel wurde ab 11. Mai 330 Residenzstadt des römischen Kaisers Konstantin I., 323–337. Vgl. Eutrop, Breviarium urbis Romae 6,6 Aurelius Victor, Epitome de Caesaribus 35,8 Ammianus Marcellinus, Res gestae 22,8,8: Constantinopolis, vetus Byzantium, Atticorum colonia Konstantinopel, das alte Byzanz, eine attische Kolonie

utraque Roma   **2325**
Codex Iustinianus 8,14,7

beide Rom
Rom und Konstantinopel

2326 Roma caput mundi regit orbis frena rotundi.
Zitiert von Georg Christoph Lichtenberg, 1742–1799, 1,422 Helfer 154

Rom, das Haupt der Welt, lenkt die Zügel des Erdkreises.

2327 Non uno die Roma aedificata est.
Vgl. Bebel 463: Roma non fuit una die aedificata. Vgl. MA H. Walther 26 925; 26 940

Rom ist nicht an einem einzigen Tage erbaut worden.

→ *Geld*   Omnia Romae / cum pretio. Nr. **744**
→ *Lüge*   Quid Romae faciam? Mentiri nescio. Nr. **1697**
→ *Mädchen*   Quot caelum stellas, tot habet tua Roma puellas.
                    Nr. **1719**
→ *Sitte*   Si fueris Romae, Romano vivito more!
                       Cum fueris alibi, vivito sicut ibi! Nr. **2640**
→ *Weg*   Mille viae ducunt hominem per saecula Romam.
                    Nr. **3271**

Römer

2328 Romanos rerum dominos, gentemque togatam …
Vergil, Aeneis 1,282. Zitiert von Martial, Epigrammata 14,124,1

Römer, die Herren der Welt und das Volk in der Toga …
Die Toga ist das römische Nationalgewand, das im Frieden getragen wur-
de. – Die beiden Bestimmungen bezeichnen die Römer als Herren des
Krieges und Hüter des Friedens.

2329 Romanus sedendo vincit.
Varro, De re rustica 1,2,2. Nach Livius, Ab urbe condita 22,39,15 Quintus
Fabius Maximus zu Lucius Aemilius Paullus Dubitas ergo, quin sedendo
superaturi simus eum Hannibalem, qui … Zweifelst du noch daran, daß
wir ihn, Hannibal, durch Stillsitzen bezwungen werden, der …

Der Römer siegt auch durch Aussitzen.
Altes römisches Sprichwort

römisch

2330 Civis Romanus sum.
Cicero, In Verrem 5,147; 162; 168 NT Actus Apostolorum 22,25 ff;
25,25 ff; 27,1 ff.

Ich bin römischer Bürger.
Im Gegensatz zum peregrinus Ausländer / Nichtbürger. – Mit dieser Berufung auf das römische Bürgerrecht konnte ein Römer in den Provinzen die Behandlung seines Falles nach römischen Gesetzen verlangen. Diese vox et imploratio, Verres 5,147, konnte für römische Bürger Schutz und Rettung bedeuten. So wurde der Apostel Paulus nach seiner Berufung auf das römische Bürgerrecht vor Festus, dem römischen Statthalter von Caesarea, zur Verhandlung seines Falles ca. 58–60 n.Chr von Jerusalem nach Rom gebracht.

imperium Romanum   **2331**
Z.B. Seneca, De beneficiis 3,33,3; 3,37,1 Scriptores Historiae Augustae, Vita Clodii Albini Iulii Capitolini 13,6 Vita Marci Antoni philosophi Iuli Capitolini 7,6

das römische Reich

Caligula optabat, ut populus Romanus unam cervicem haberet.   **2332**
Seneca, De ira 19,2 Sueton, C. Caligula 30,2

Caligula[1] wünschte, daß das römische Volk nur einen einzigen
Nacken habe.
[1] römischer Kaiser 37–41 n.Chr. – … damit er es mit einem einzigen Hieb vernichten könne. – Der Wunsch ist Ausdruck von Verfolgungswahn und Caesarenwahnsinn.

Rose

in rosa iacere   **2333**
Seneca, Epistulae morales 36,9. Vgl. Cicero, Tusculanae disputationes 5,73

auf Rosen gebettet liegen

Terra salutares herbas eademque nocentes   **2334**
    nutrit et urticae proxima saepe rosa est.
Ovid, Remedia amoris 45f.

Die Erde nährt heilsame und schädliche Kräuter,
und dicht neben der Brennessel ist oft die Rose.

Inter vepres rosae nascuntur.   **2335**
Ammianus Marcellinus, Res gestae 16,7,4

An Dornensträuchern wachsen Rosen.

sub rosa   **2336**

im Vertrauen, unter dem Siegel der Verschwiegenheit
Die Rose war das Zeichen der Vertraulichkeit.

2337 rosa mystica

Lauretanische Litanei, 1531 in Loreto erstmalig bezeugt, 1587 durch
Papst Sixtus V. approbiert.

du mystische (geheimnisvolle) Rose

Eine der Anrufungen Mariens, der Mutter Jesu.

Ruhe

2338 Sapientia omnes monstrat vias, quae ad quietem et tranquillita-
tem ferant.

Cicero, De finibus 1,46

Die Weisheit weist uns alle Wege, die zu Ruhe und Seelenfrie-
den führen.

2339 Quieta non movere.

Plato, Leges 684D 913B Sallust, De coniuratione Catilinae 21,1: quieta
movere

Was im Ruhezustand ist, nicht in Bewegung bringen.

Lateinisch zitiert von Otto von Bismarck in einer Rede am 14. 4. 1891
u. ö.

2340 Venus otia amat.

Ovid, Remedia amoris 143

Venus liebt das Nichtstun.

2341 Vires instigat alitque
tempestiva quies: maior post otia virtus.

Statius, Silvae 4,4,33 f.

Eine rechtzeitige Erholung treibt die Kräfte wieder an und
nährt sie: größer ist die Tatkraft nach der Ruhe. H. Wissmüller

→ *Frieden*   Requiescat in pace. Nr. **637**
→ *Herz*   Inquietum est cor nostrum … Nr. **1153**
→ *Neptun*   Quos ego … Nr. **2023**

Ruhm

2342 Trahimur omnes laudis studio et optimus quisque maxime gloria ducitur.

Cicero, Pro Archia poeta oratio 26

Wir lassen uns alle von dem Verlangen nach Anerkennung mit-
reißen, und gerade die Besten leitet am meisten der Ruhm.

Gloria virtutem tamquam umbra sequitur.   **2343**
Cicero, Tusculanae disputationes 1,109. Vgl. Brutus 281
Der Ruhm folgt der Tugend wie ihr Schatten.

Sed fulgente trahit constrictos Gloria curru   **2344**
non minus ignotos generosis.
Horaz, Sermones 1,6,23 f.
Gefesselt zieht, auf glänzendem Wagen thronend, die Ruhmes-
göttin hinter sich her die Unbekannten nicht weniger als die
von edler Herkunft.

Ardua per praeceps gloria vadit iter.   **2345**
Ovid, Tristia 4,3,74
Steil durch abschüssiges Gelände zieht der Ruhm seinen Weg.

Ingeniis stimulos subdere fama solet.   **2346**
Ovid, Tristia 5,1,76
Den Geist pflegt der Ruhm anzustacheln.

Immensum gloria calcar habet.   **2347**
Ovid, Epistulae ex Ponto 4,2,36
Der Ruhm ist ein gewaltiger Ansporn.

Vanam gloriam qui spreverit, veram habebit.   **2348**
Livius, Ab urbe condita 22,39,19. Vgl. Seneca, De beneficiis 5,1,4
Wer leeren Ruhm verachtet, wird wahren Ruhm ernten.

Cito ignominia fit superbi gloria.   **2349**
Publilius Syrus, Sententiae C 10
Rasch wird der Ruhm des Hochmütigen zur Schande.

Gloria umbra virtutis est.   **2350**
Seneca, Epistulae morales 79,13
Der Ruhm ist der Schatten der ehrenhaften Tüchtigkeit.

Sequi gloria, non appeti debet: nec si casu aliquo non sequatur, **2351**
idcirco quod gloriam meruit, minus pulchrum est.
Plinius, Epistulae 1,8,14
Der Ruhm muß uns folgen, man darf ihn nicht suchen: und
wenn er uns durch irgendeinen Zufall nicht folgt, so ist deswe-
gen etwas, was Ruhm verdiente, nicht weniger edel.

2352 Africano virtutem industria, virtus gloriam, gloria aemulos comparavit.

Quintilian, De institutione oratoria 9,3,56

Dem Afrikanus[1] verschaffte seine Beharrlichkeit Tüchtigkeit, seine Tüchtigkeit Ruhm, sein Ruhm neidische Rivalen.

[1] → *Menschlichkeit / Humanität* Et certe non tulit ullos haec civitas aut gloria clariores aut auctoritate politiores P. Africano … Nr. **1834** → *Gebeine* Ingrata patria, ne ossa quidem mea habes. Nr. **671**

2353 Sic transit gloria mundi.

Thomas von Kempen, De imitatione Christi 1,3,29: O quam cito transit gloria mundi! Vgl. NT 1 Johannes 2,17: Et mundus transit et concupiscentia eius. Die Welt und ihre Begierde vergeht. – Nach Augustinus Patricius, Rituum ecclesiasticorum sive sacrarum ceremoniarum SS. Romanae Ecclesiae libri III., Ausgabe von Jos. Catalanus, Rom 1750, I, III, ruft bei den Krönungsfeierlichkeiten für einen neugewählten Papst in der Peterskirche in Rom der Zeremonienmeister dem Hl. Vater dreimal zu: Pater Sancte, sic transit gloria mundi. Dabei wird ein Wergbüschel auf einer Stange entzündet, das verbrennt. Der Brauch ist seit dem 15. Jahrhundert belegt.

So vergeht der Ruhm der Welt.

2354 Caeli enarrant gloriam Dei.

📖 AT Psalm 19,1

Die Himmel rühmen die Herrlichkeit Gottes.

2355 Gloria in excelsis Deo!

NT Lukas 2,14: Gloria in altissimis Deo et in terra pax hominibus bonae voluntatis. Ehre sei Gott in der Höhe und auf Erden ist Friede bei den Menschen seiner Gnade.

Ehre sei Gott in der Höhe!

Worte der himmlischen Heerschar, als der Engel den Hirten die Geburt Jesu verkündet.

→ *Gott* Ad maiorem Dei gloriam! Nr. **966**
→ *Neid* Invidia gloriae comes. Nr. **2014**

S

Sache

rem actam agere 2356

Vgl. Plautus, Cistellaria 703 Pseudolus 260 Terenz, Phormio 419: Actum, aiunt, ne agas! Laß, was du nicht ändern kannst!

sich eine bereits abgemachte Sache noch einmal vornehmen
Vgl.: leeres Stroh dreschen

Rem acu tetigisti. 2357

Plautus, Rudens 1306. Vgl. Cicero, Tusculanae disputationes 5,63: Nihil ad rem. Das tut nichts zur Sache.

Du hast den Nagel auf den Kopf getroffen.
Du hast die Sache mit der Nadel berührt.

Res clamat ad dominum. 2358

Vgl. Phaedrus, Fabulae. Appendix Perottina 24 Hirt und Ziege: Sed res clamabit ipsa, quid deliqueris. Doch die Sache wird selbst herausschreien, was du angestellt hast.

Die entfremdete Sache will immer wieder zu ihrem Herrn zurück.

Rem facias. rem 2359
si possis, recte, si non quocumque modo, rem.
Horaz, Epistulae 1,1,65 f.

Geld (deine Sache) mußt du machen, Geld; wenn es geht, auf anständige Weise, wenn nicht, unter allen Umständen, Geld.

Res ad triarios rediit / venit. 2360
Livius, Ab urbe condita 8,8,11

Die Sache ist bis zu den Triariern[1] gekommen.
[1] Die Triarier waren die erprobtesten und ältesten Soldaten der römischen Legionen; sie wurden im dritten Glied aufgestellt. Waren die beiden ersten Kampfreihen besiegt, mußten die Triarier kämpfen. Sinn der sprichwörtlichen Redensart: Jetzt herrscht höchste Gefahr.

Rebus sic stantibus (omnis promissio intellegitur). 2361
Nach Seneca, De beneficiis 4,34,3 f. Vgl. Thomas von Aquin, Summa theologica 2,2,110,3 rat. 5 Liebs R 9

Wenn die Sachen so bestehen bleiben ... / Bei dieser Sachlage ... / Jedes Versprechen gilt unter der Bedingung, daß die näheren Umstände so bleiben.

2362 Multi ... docere se profitebantur ..., quem ad modum causa inferior, ita enim loquebantur, dicendo fieri superior posset.
Cicero, Brutus 30
Viele[1] behaupteten ... die Kunst zu lehren, wie durch Beredsamkeit die schwächere Sache, so drückten sie sich nämlich aus, zur stärkeren werden könne.
[1] griechische Rhetoren und Sophisten des 5. Jahrhunderts v. Chr.

→ *Beweis / beweisen*	Res loquitur ipsa. Nr. **208**
→ *Cato Minor*	Victrix causa deis placuit, sed victa Catoni. Nr. **272**
→ *Freude*	Verum gaudium res severa est. Nr. **591**
→ *Jesuiten*	Fortiter in re, suaviter in modo. Nr. **1276**
→ *Mitte*	in medias res Nr. **1855**
→ *Nachbar*	Nam tua res agitur, paries cum proximus ardet. Nr. **1927**
→ *Rede / reden*	Rem tene, verba sequentur. Nr. **2240**

säen

2363 Mihi istic nec seritur nec metitur.
Plautus, Epidicus 265
Für mich wird dort weder gesät noch geerntet.
Das ist mir gleichgültig.

2364 Serere ne dubites!
Columella, De re rustica 1,29
Zögere nicht zu pflanzen!
Der richtige Zeitpunkt muß eingehalten werden, sonst geht Wachszeit verloren.

2365 Et post malam segetem serendum est.
Seneca, Epistulae morales 81,1
Auch nach einer schlechten Ernte muß man säen.
Man darf sich nicht entmutigen lassen.

2366 Qui seminant in lacrimis,
in exsultatione metent.
AT Psalm 126,5
Die mit Tränen säen, werden mit Jubel ernten.

Qui ventum seminabunt, et turbinem metent.   **2367**
AT Hosea 8,7
Denn sie säen Wind, und sie ernten Sturm.

Respicite volatilia caeli, quoniam non serunt, neque metunt **2368**
neque congregant in horrea: et pater vester caelestis pascit illa.
NT Matthaeus 6,26. Vgl. Lukas 12,24
Seht die Vögel des Himmels an: Sie säen nicht, sie ernten nicht
und sammeln keine Vorräte in Scheunen: Euer himmlischer
Vater ernährt sie.

Quae seminaverit homo, haec et metet.   **2369**
NT Galater 6,8
Was der Mensch sät, das wird er ernten.

→ *Christ / Christus*   Plures efficimur, quotiens metimur a vobis:
                         semen est sanguis Christianorum. Nr. **281**

sagen

Ait, aio; negat, nego.   **2370**
Terenz, Eunuchus 252
Sagt er ja, sage ich ja; sagt er nein, sage ich nein.
Verhalten des Schmeichlers.

incredibile dictu   **2371**
Cicero, Orationes Philippicae 2,106. Vgl. Vergil, Aeneis 3,621
es klingt unglaublich, unglaublich zu sagen

→ *Gesetz*   Dic, hospes, Spartae nos te hic vidisse iacentes,
                dum sanctis patriae legibus obsequimur. Nr. **800**
→ *Philosoph*   Nihil tam absurde dici potest, quod non dicatur
                ab aliquo philosophorum. Nr. **2132**
→ *tun*   Dictum factum. Nr. **3008**

Salz

sal Atticus   **2372**
Cicero, Epistulae ad familiares 9,21 (15),2 Ad Quintum fratrem 1,2,7
attisches Salz
D.h. attischer bzw. feiner Witz. Die Bewohner Attikas galten als besonders witzig.

2373 Numquam sunt grati, qui nocuere sales.
Seneca, Epigrammata 5,18

Niemals sind Witze angenehm, die geschadet haben.

2374 cum grano salis
Nach Plinius Maior, Naturalis historia 23,77,3: salis grano

mit einem Körnchen Salz
mit entsprechender Einschränkung; mit etwas Witz, nicht buchstäblich zu
verstehen

2375 Vos estis sal terrae. Quod si sal evanuerit, in quo salietur?
NT Matthaeus 5,13 Bergpredigt

Ihr seid das Salz der Erde. Wenn das Salz aber seinen Ge-
schmack verliert, womit kann man es wieder salzig machen?

→ *Sonne* Nihil utilius sale et sole. Nr. **2656**

Satan

2376 Tunc dicit ei Iesus: Vade, Satana! Scriptum est enim: Dominum
Deum tuum adorabis, et ei soli servies.Tunc reliquit eum diabo-
lus: et ecce angeli accesserunt, et ministrabant ei.
NT Matthaeus 4,10–11 Die Versuchung Jesu

Da sagte Jesus zu ihm: Weg mit dir, Satan! Denn in der Schrift
steht: Vor dem Herrn, deinem Gott, sollst du dich niederwerfen
und ihm allein dienen. Darauf ließ der Teufel von ihm ab, und
es kamen Engel und dienten ihm.

→ *Teufel* Nr. **2885** – Nr. **2893**

Satire

2377 Satira quidem tota nostra est, in qua primus insignem laudem
adeptus *est* Lucilius …
Quintilian, De institutione oratoria 10,1,93

Die Satire ist freilich ganz unsere Erfindung, in der Lucilius[1]
hervorragenden Ruhm errang …
[1] Gaius Lucilius gilt als Begründer der Literaturgattung der lateinischen /
römischen Satire.

2378 Difficile est saturam non scribere.
Juvenal, Saturae 1,30

Da fällt es schwer, keine Satire zu schreiben.
Über die Sache kann man nur spotten.

→ *lachen* Risum teneatis, amici? Nr. **1466**

Saturnalien

Non semper Saturnalia erunt.   **2379**

Seneca, Apocolocyntosis 12,2. Vgl. Epistulae morales 18,1 ff.

Nicht immer werden Saturnalien sein.

An dem vom 17. bis zum 23. Dezember abgehaltenen Saturnalienfest – Fest des Gottes Saturn – gab es keine Standesunterschiede, und die Herren bedienten die Sklaven. Gerichte und Schulen hatten frei. Schulden wurden beglichen, es wurde gezecht und gefeiert. – Die frühen Christen lehnten das Fest ab.

schaden / Schaden

Videant consules, ne quid res publica detrimenti capiat.   **2380**

Cicero, In Catilinam oratio 1,4 Pro Milone oratio 70 Orationes Philippicae 5,34 Epistulae ad familiares 16,11,2 Caesar, De bello civili 1,5,3; 1,7,5 Sallust, De Catilinae coniuratione 29,2 Livius, Ab urbe condita 3,4,9

Die Konsuln sollen darauf achten, daß der Staat keinen Schaden nehme.

Berühmte Formel des senatus consultum ultimum, äußerster Senatsbeschluß, mit der den Konsuln alle Vollmacht gegeben wurde, bei Gefährdung der öffentlichen Sicherheit Staatsfeinde zu bekämpfen.

Et mihi sunt vires, et mea tela nocent.   **2381**

Ovid, Heroides 16,354 Paris an Helena

Auch ich bin stark, auch meine Waffen fügen Schaden zu.

Nulli non ad nocendum satis virium est.   **2382**

Seneca, Epistulae morales 105,4

Jeder hat genug Kräfte, Schaden zuzufügen.

Nocumenta documenta. Auch: Quae nocent, docent.   **2383**

Nach Äsop, Fabulae 232 Halm. Vgl. Aeschylus, Agamemnon 177 Sophokles, Ödipus auf Kolonos 7 MA H. Walther 23 023

Durch Schaden wird man klug.

Numquam sapiunt stulti, nisi in angustiis.   **2384**

Wander 4,41,44

Der Narr wird erst durch Schaden klug.

Post mala prudentior.   **2385**

Wander 4,47,118

Nach dem Schaden ist man klüger.

De minimis crebro fiunt quam maxima damna.   **2386**

Wander 4,48,138

Aus kleinen Schäden entstehen häufig sehr große.

→ *nützen / Nutzen* Nocere facile est, prodesse difficile. Nr. **2084**
→ *schonen* Bonis nocet, qui malis parcit. Nr. **2492**
→ *Übermaß* Omne nimium nocet. Nr. **3028**

Schaf

2387 Ovem lupo commisisti.
Terenz, Eunuchus 832

Einem Wolf hast du das Schaf anvertraut.
Man muß den Bock nicht zum Gärtner machen.

2388 O praeclarum custodem ovium, ut aiunt, lupum!
Cicero, Orationes Philippicae 3,27 Kurzfassung: Custos ovium lupus. Der Wolf als Wächter der Schafe.

Ein großartiger Wächter der Schafe: ein Wolf!

2389 Triste lupus stabulis.
Vergil, Bucolica 3,80 Wander 4,59,131

Schlimm ist der Wolf für den Schafstall.

2390 Plenum montano credis ovile lupo.
Ovid, Ars amatoria 2,364

Dem Bergwolf vertraust du den vollen Schafstall an?
Das dichterische Bild ist hier auf die gastliche Aufnahme des Paris im Palast des Menelaos bezogen.

2391 Unius ovis scabies totum gregem contaminat.
Ambrosius, De fide 5,4: ne unius erraticae ovis scabies serpenti ulcere totum gregem contaminet. Damit nicht die Räude eines einzigen verirrten Schafes …

Die Räude eines einzigen Schafes steckt die ganze Herde an.
C. S. Köhler

2392 Cum autem venerit Filius hominis … separabit eos ab invicem, sicut pastor segregat oves ab haedis: et statuet oves quidem a dextris suis, haedos autem a sinistris.
NT Matthaeus 25,31 ff.

Wenn aber der Menschensohn kommt, … wird er sie (alle Völker) voneinander scheiden, wie der Hirt die Schafe von den Böcken scheidet. Er wird die Schafe zu seiner Rechten versammeln, die Böcke aber zur Linken.

Jesus Christus beschreibt in seiner Rede vom Jüngsten Gericht mit diesem bekannten Bild die Trennung und das verschiedene Schicksal der Guten und der Bösen.

→ *Hirte* Boni pastoris est tondere pecus, non deglubere.
Nr. 1176

Schatten

Me quasi umbra sequitur. 2393
Nach Plautus, Casina 92
Er folgt mir wie mein eigener Schatten.

umbram suam timere 2394
Quintus Cicero, Commentariolum petitionis 9 Cicero, Epistulae ad Atticum 15,21(20),4
sich vor seinem eigenen Schatten fürchten
unbegründete Furcht hegen

In umbra pugnabimus. 2395
Cicero, Tusculanae disputationes 1,101 Nach Herodot, Historien 7,226
Dann werden wir im Schatten kämpfen.
Als ein persischer Feind im Gespräch den Spartanern sagte, sie würden vor der Menge der Speere und Pfeile die Sonne nicht sehen, gab ein Spartaner diese Antwort, die ein Beispiel für lakonische Kürze und Schlagfertigkeit ist.

Maioresque cadunt altis de montibus umbrae. 2396
Vergil, Bucolica 1,83
Größer fallen von den hohen Bergen die Schatten.

Etiam capillus unus habet umbram suam. 2397
Publilius Syrus, Sententiae E 13
Auch ein einzelnes Haar wirft seinen Schatten.

Lumina non inter umbras, quemadmodum Cicero dicit, sed 2398
plane in tenebris clariora sunt.
Quintilian, De institutione oratoria 2,12,7. Vgl. Cicero, De oratore 3,26
Lichter erscheinen nicht im Schatten, wie Cicero sagt, sondern überhaupt in der Finsternis heller.
Wo viel Schatten, da ist auch viel Licht.

Vita hominum tamquam umbra subito pertransit. 2399
Thomas von Kempen, De imitatione Christi 1,23,39

Das Leben der Menschen schwindet oft wie ein Schatten un-
vermutet dahin.

→ *Name*   Stat magni nominis umbra. Nr. **1955**
→ *Pferd*   Nobilis equus umbra quoque virgae regitur,
            ignavus ne calcari quidem concitari potest. Nr. **2122**
→ *Staub*   Pulvis et umbra sumus. Nr. **2712**

Schein

2400 O formose puer, nimium ne crede colori!
Vergil, Bucolica 2,17

Ach, du schöner Knabe, trau nicht zu sehr deiner Farbe!
Fr. Klingner
… dem schönen Schein der Jugend!

2401 Fallaces sunt rerum species.
Seneca, De beneficiis 4,34,1

Der Schein der Dinge trügt.

2402 Sub pulchra specie latitat deceptio saepe.
MA Werner / Flury s 201

Unter dem schönen Schein hält sich oft die Täuschung verborgen.

2403 Plus esse quam videri.

Mehr sein als scheinen.

2404 sub colore iuris

unter dem Schein des Rechts

→ *Dichter* Maxima pars vatum … decipimur specie recti.
             Nr. **301**
→ *gut*   Cato esse quam videri bonus malebat. Nr. **1030**

Schicksal

2405 Multum cum in omnibus rebus, tum in re militari potest Fortuna.
Caesar, De bello Gallico 6,30

Viel vermag das Glück nicht nur sonst, sondern auch im Kriege.

2406 Fato dicis omnia fieri.
Cicero, Hortensius fr. 64 Straume-Zimmermann

Du sagst, alles geschehe durch das Schicksal.

Instat fatum mihi triste. **2407**
Horaz, Sermones 1,9,29
Mir droht ein grauenvolles Schicksal.

per varios casus, per tot discrimina rerum **2408**
Vergil, Aeneis 1,204
durch verschiedene Schicksalsschläge und so viele Gefahren

Fata viam invenient. **2409**
Vergil, Aeneis 3,395; 10,113
Das Schicksal wird seinen Weg finden.

Fata obstant. **2410**
Vergil, Aeneis 4,440 Ovid, Metamorphoses 4,249
Das Schicksal steht dem entgegen.
Macht des Schicksals

Quidquid erit, superanda omnis fortuna ferendo est. **2411**
Vergil, Aeneis 5,710
Was immer auch komme, jedes Schicksal läßt sich überwinden
durch Ertragen.

Desine fata deum flecti sperare precando. **2412**
Vergil, Aeneis 6,376
Gib die Hoffnung auf, Göttersprüche durch Bitten beugen zu
können.

Nescia mens hominum fati sortisque futurae. **2413**
Vergil, Aeneis 10,501
Menschengeist kann Schicksal und Zukunft niemals ergründen.

Maior sum, quam cui possit Fortuna nocere. **2414**
Ovid, Metamorphoses 6,195
Zu hoch steh' ich, als daß mir das Schicksal schaden könnte.
Die Worte der hochmütigen Niobe sind Ausdruck maßloser Hybris, die
von den Göttern bestraft wird.

Sola insuperabile fatum, / nata, movere paras? **2415**
Ovid, Metamorphoses 15,807 f.
Tochter, willst du allein das unüberwindliche Schicksal ändern?
Jupiter zu Venus

2416 Sic erat in fatis.
Ovid, Fasti 1,481 Metamorphoses 1,256

So stand es im Buch des Schicksals.

2417 Ratio fatum vincere nulla valet.
Nach Ovid, Tristia 3,6,18 MA H. Walther 26 363 a

Keine Berechnung vermag das Schicksal zu besiegen.

2418 Fortuna miserrima tuta est, / nam timor eventus deterioris abest.
Ovid, Epistulae ex Ponto 2,2,31 f.

*Das elendste Schicksal ist sicher, denn wir fürchten dann nicht,
daß noch Schlimmeres kommt.*
Auch in dem Sinne verstanden: Wo nichts ist, hat der Kaiser das Recht
verloren.

2419 Fatali lege tenemur.
Ovid, Metamorphoses 10,203

Durch des Schicksals Gesetz sind wir gebunden.
… Das Schicksal hat bestimmt und Apollo beklagt sich hier darüber, daß
Götter nicht sterben können. F. Bömer

2420 Adeo occaecat animos fortuna, ubi vim suam ingruentem refringi non vult.
Livius, Ab urbe condita 5,37,1

*So sehr blendet das Schicksal die Menschen, wenn es seine
hereinbrechende Macht nicht hemmen lassen will.*

2421 Fata regunt orbem, certa stant omnia lege.
Manilius, Astronomica 4,14

Die Geschicke lenken die Welt, alles steht unter festen Gesetzen.

2422 Sors est sua cuique ferenda.
Manilius, Astronomica 4,22

Sein Schicksal muß jeder ertragen.

2423 Quidquid in altum fortuna tulit, / ruitura levat.
Seneca, Agamemnon 102 f.

*Was immer das Schicksal erhebt, das hebt es empor, um es wie-
der zu stürzen.*

2424 Dum fata sinunt, vivite laeti!
Seneca, Hercules furens 178

Lebt froh, solange das Schicksal es zuläßt.

Non est tuum, fortuna quod fecit tuum. **2425**
Seneca, Epistulae morales 8,10
Nicht ewig ist dein, was das Schicksal dir gab.

Eunt via sua fata. **2426**
Seneca, Ad Marciam de consolatione 21,6
Das Schicksal geht seinen Weg.
Das Schicksal nimmt seinen Lauf.

Agunt opus suum fata. **2427**
Seneca, Ad Marciam de consolatione 21,7
Das Schicksal erfüllt sein Werk.

Nihil eripit fortuna, nisi quod dedit. **2428**
Seneca, De constantia sapientis 5,4 MA H. Walther 16 702 a
Nichts entreißt das Schicksal, außer was es vorher gegeben hat.

Fata nos ducunt et, quantum cuique temporis restat, prima na- **2429**
scentium hora disposuit. Causa pendet ex causa; privata ac
publica longus ordo rerum trahit.
Seneca, De providentia 5,7
Entscheidungen des Schicksals leiten uns, und wieviel einem
jeden Zeit bleibt – die erste Stunde, da man zur Welt kommt, hat
es festgelegt. Ursache hängt von Ursache ab; private und öf-
fentliche Verhältnisse reißt die dauernde Weltordnung mit sich.
M. Rosenbach

Ille ipse omnium conditor et rector scripsit quidem fata, sed se- **2430**
quitur; semper paret, semel iussit.
Seneca, De providentia 5,8
Jener Gründer und Lenker des Alls hat zwar selber die Ge-
schicke festgeschrieben, aber er befolgt sie auch; stets gehorcht
er, doch einmal hat er sie befohlen.

Fortuna mecum bellum gerit. **2431**
Seneca, Epistulae morales 51,1
Das Schicksal führt mit mir Krieg.

Sapiens quidem vincit virtute fortunam. **2432**
Seneca, Epistulae morales 71,30
Der Weise überwindet das Schicksal durch seine sittliche Hal-
tung.

2433 Valentior enim omni fortuna animus est.

Seneca, Epistulae morales 98,2

Stärker nämlich als jedes Schicksal ist der Geist des Menschen.

2434 Ducunt volentem fata, nolentem trahunt.

Seneca, Epistulae morales 107,11

Den Willigen führt das Schicksal, den Widerstrebenden reißt es mit.

Die Stoiker glaubten, alle Ereignisse seien durch ein unabwendbares Schicksal vorausbestimmt.

2435 Nihil mihi tecum, fortuna: non facio mei tibi copiam.

Seneca, Epistulae morales 118,4

Ich habe mit dir nichts zu schaffen, Schicksal: Ich gebe dir keine Gewalt über mich.

2436 Fatum est, inquit, sempiterna quaedam et indeclinabilis series rerum et catena volvens semetipsa sese et inplicans per aeternos consequentiae ordines, ex quibus apta nexaque est.

Gellius, Noctes Atticae 7,2,1

Das Schicksal, sagt Chrysipp[1], ist eine ewige und unveränderliche Reihenfolge eintretender Umstände und eine Ringkette, fortwährend begriffen im Umsichselbstrollen und in schmiegsamer Verschlingung durch ein ununterbrochenes, ineinandergreifendes Gliedergefüge, dessen Enden durch enge Verbindung und festen Anschluß in steter Wechselwirkung bleiben. F. Weiß

[1] Chrysipp, 280–205 v. Chr., war Leiter der von dem Philosophen Zenon, 342–270 v. Chr., in Athen gegründeten stoischen Philosophenschule, der sog. Älteren Stoa. Der Glaube der Stoiker an ein unentrinnbares Schicksal, griechisch heimarmene, wird u.a. von Cicero, De natura deorum 1,55 zurückgewiesen. Vgl. auch De divinatione 1,125.

2437 Fatum est inhaerens rebus mobilibus dispositio, per quam providentia suis quaeque nectit ordinibus.

Boethius, De consolatione philosophiae 4,6,20

Das Schicksal ist die den beweglichen Dingen anhaftende planmäßige Anlage, durch welche die Vorsehung ein jedes (Ding) in seine Ordnung knüpft.

2438 Nulla malis fortuna potest obsistere fatis.

MA Werner / Flury n 286

Kein Glück kann sich einem bösen Geschick widersetzen.

Sic illum stravit, quem fortuna levavit.   **2439**
MA Werner / Flury n 286
So wie das Schicksal ihn erhob, hat es ihn gestürzt.

Fato non repugnandum.   **2440**
Wander 4,159,11
Seinem Schicksal soll man nicht widerstehen.

Amor fati.   **2441**
Friedrich Nietzsche, Ecce homo (1), 1889
Liebe zum Schicksal
Nach Nietzsches Auffassung bleibt dem Menschen keine andere Wahl, als
sein Schicksal zu lieben. Dadurch erreiche er Schöpfertum und philoso-
phische Größe.

→ *Charakter*   Suis fortuna cuique fingitur moribus. Nr. **275**
→ *leben / Leben* Vixi et quem dederat cursum Fortuna peregi.
                   Nr. **1506**
→ *Los*   Suae quemque fortunae maxime paenitet.
                   Nr. **1679**
→ *Weisheit*   Victrix fortunae sapientia. Nr. **3323**

Schiff

… ut etiam navem perforet, in qua ipse naviget.   **2442**
Cicero, zitiert von Quintilian, De institutione oratoria 8,6,47
… daß er das Schiff anbohrt, in dem er selbst fährt.
Einem anderen schaden wollen und dabei den eigenen Untergang riskieren.

… in eadem es navi.   **2443**
Cicero, Epistulae ad familiares 2,5,1. Vgl. Livius, Ab urbe condita
44,22,12: … in eodem velut navigio participes sunt periculi …. die gleichsam im selben Schiff sitzen und an der Gefahr teilhaben.
… du sitzt im selben Boot.
Du bist in derselben Lage oder Not.

Ratis omnia vincet.   **2444**
Valerius Flaccus, Argonautica 1,236
Das Schiff[1] wird alle Widrigkeiten[2] überwinden.
[1] die Argo, das Schiff der Argonauten [2] der Expedition zum Goldenen
Vlies

Fluctuat nec mergitur.   **2445**
Motto zum Schiffswappen der Stadt Paris
Es schwankt, geht aber nicht unter.

2446 Mitto tibi navem prora puppique carentem.

Ich sende dir ein Schiff, dem Bug und Heck fehlen.

Hexameter als Rätsel-Briefschluß. Lösung: Ave! (< *nav*em) Lebwohl!

Schild

2447 relicta non bene parmula

Horaz, Carmina 2,7,10

nachdem ich unrühmlich meinen Schild verloren hatte

In der Entscheidungsschlacht zwischen den Caesarmördern Brutus und Cassius einerseits und Oktavian, Augustus, andererseits bei Philippi 42 v.Chr. hatte Horaz, der auf der Seite des Brutus kämpfte, seinen Schild weggeworfen und war geflohen.

Schlaf / schlafen

2448 Qui dormiunt libenter, sine lucro et cum malo quiescunt.

Plautus, Rudens 923

Wer seine Zeit verschläft, ruht ohne Gewinn und gewiß mit Schaden.

2449 Somnus imago mortis.

Cicero, Tusculanae disputationes 1,92

Der Schlaf, ein Abbild des Todes.

2450 Iam vero videtis nihil esse morti tam simile quam somnum.

Cicero, De senectute 81

Nun aber seht ihr, daß dem Tod nichts so ähnlich ist wie der Schlaf.

2451 Non omnibus dormio.

Cicero, Epistulae ad familiares 7,25 (24),1 Ad Atticum 13,54(49),2

Ich schlafe nicht für alle.

Ich lasse mir nicht alles gefallen.

2452 Stulte, quid est somnus gelidae nisi mortis imago?

Ovid, Amores 2,9,17. Vgl. Homer, Ilias 16,670 Hesiod, Theogonie 211f. 758ff.

Tor, was ist der Schlaf anderes als ein Abbild des kalten Todes?

2453 soporifera Somni aula

Ovid, Metamorphoses 11,586

der Hof des tiefen Schlaf spendenden Somnus[1]

[1] Gott des Schlafs

Somne, quies rerum, placidissime, Somne, deorum,   **2454**
pax animi, quem cura fugit, qui corpora duris
fessa ministeriis mulces reparasque labori … .
Ovid, Metamorphoses 11,623 ff. Apostrophe an den Schlaf. – Vgl. Seneca,
Hercules furens 1065 ff: tuque, o domitor, Somne, malorum, requies animi, pars humanae melior vitae. Statius, Silvae 5,4 Somnus
Schlaf, du Ruhe der Wesen, o Schlaf, du sanftester der Götter,
Friede der Seele, den die Sorge flieht, der du die Körper, die
von harten Mühen erschöpft, mild zur Ruhe bringst und wieder
kräftigst zu neuer Arbeit …

Somnus refectioni necessarius est.   **2455**
Seneca, De tranquillitate animi 15,6
Schlaf ist für die Erholung notwendig.

Vitam nobiscum dividit somnus.   **2456**
Seneca, Epistulae morales 117,32
Das Leben teilt mit uns der Schlaf.

Septem horas dormisse sat est iuvenique senique.   **2457**
MA H. Walther 28 049
Sieben Stunden geschlafen zu haben sind genug für einen jun-
gen Mann wie für einen Greis.

Aut brevis aut nullus sit somnus meridianus.   **2458**
MA H. Walther 1 841 Werner / Flury a 153
Nur kurz sei der Mittagsschlaf, oder er entfalle ganz!

Non ut homo vivit, quem numquam somnus inivit.   **2459**
MA H. Walther 18 663 Werner / Flury n 266
Nicht wie ein Mensch lebt, wen niemals der Schlaf befiel.

Quod homo sperat, somnus sibi saepe revelat.   **2460**
MA Werner / Flury s 170.2
Was der Mensch hofft, enthüllt ihm oft der Schlaf.

Qui dormit, non peccat.   **2461**
MA H. Walther 24 061a1 Wander 4,201,100
Wer schläft, sündigt nicht.

Quoniam largitur dilectis suis in somno.   **2462**
AT Psalm 126(127),2
Denn der Herr gibt es den Seinen im Schlaf.

2463 … et dormiant somnum sempiternum.
AT Jeremias 51,39; 57

… und mögen sie in ewigen Schlaf versinken.
Als Strafe für Schuld.

→ *Homer*   Quandoque bonus dormitat Homerus. Nr. **1209**
→ *leben / Leben* Vita somnium breve. Nr. **1537**

Schlange

2464 Latet anguis in herba.
Vergil, Bucolica 3,93

Im Gras verborgen lauert eine Schlange.
Sei auf der Hut!

2465 Serpentem in sinu fovere. Variante: Viperam in sinu alit.
Nach Phaedrus, Fabulae 4,20: … Gelu rigentem quidam colubram sustulit
/ sinuque fovit contra se ipse misericors. Ein Mann fand eine vom Frost
erstarrte Schlange und wärmte sie mitleidsvoll am Busen zu seinem eig-
nen Schaden. Vgl. Cicero, De haruspicum responsis 50 Petron, Satyricon
77: Viperam sub ala nutricas. Du nährst eine Schlange unter deiner Ach-
sel. Romulus, Aesopus Latinus, Fabulae 13

Eine Schlange am Busen nähren. Variante: *Er nährt eine
Schlange am Busen.*

2466 Estote prudentes sicut serpentes, et simplices sicut columbae.
📖 NT Matthaeus 10,16

Seid klug wie die Schlangen und arglos wie die Tauben!
Paradox klingende Weisung an die Jünger.

2467 Et proiectus est draco ille magnus, serpens antiquus, qui vocatur diabolus, et Satanas, qui seducit omnem orbem.
NT Johannes, Apocalypsis 12,9

*Er wurde gestürzt, der große Drache, die alte Schlange, die
Teufel oder Satan heißt und die ganze Welt verführt.*
Der Sturz des Drachens nach dem Kampf mit Michael und seinen Engeln
auf die Erde.

2468 Et apprehendit *angelus* draconem, serpentem antiquum, qui est
diabolus, et Satanas, et ligavit eum per annos mille.
NT Johannes, Apocalypsis 20,2

*Der Engel überwältigte den Drachen, die alte Schlange, das ist
der Teufel oder Satan –, und fesselte ihn für tausend Jahre.*

schlecht / das Schlechte

Non, si male nunc, et olim sic erit.   **2469**
Horaz, Carmina 2,10,17
Wenn's jetzt auch schlimm aussieht, einmal wird es schon wieder besser werden.

Video meliora proboque, / deteriora sequor.   **2470**
Ovid, Metamorphoses 7,20 Chiasmus
Ich sehe zwar das Bessere und billige es, folge aber dem Schlechteren.

Mala pro bonis legere dementia est.   **2471**
Seneca, De vita beata 6,1
Das Schlechte statt des Guten zu wählen ist Wahnsinn.

Serviant deteriora melioribus.   **2472**
Seneca, Epistulae morales 65,24
Das Schlechte diene dem Besseren.

Meliora praetervolant, deteriora succedunt.   **2473**
Seneca, Epistulae morales 108,25
Das Bessere eilt vorüber, und Schlechteres folgt nach.

Dociles imitandis / turpibus ac pravis omnes sumus.   **2474**
Juvenal, Saturae 14,40
Gelehrig sind wir alle bereit, Schlechtes und Verkehrtes nachzuahmen.

Schlim schlem quaerit sibi similem.   **2475**
Epistolae obscurorum virorum, II,3. Vgl. Sebastian Brant, Das Narrenschiff, Vorr. v. 60: Schlym, schlem, eyn yeder findt sin glich. Simrock 9088: Schlimm sucht Schlemm. Wander 4,240, 17
Schlimm sucht Schlemm, sucht seinesgleichen.

Qui bonus est hodie, melior fit luce sequenti;   **2476**
  qui malus est hodie, cras quoque peior erit.
MA Werner / Flury qu 66
Wer heute gut ist, wird am nächsten Tag besser sein;
  wer heute schlecht ist, wird morgen noch schlechter sein.

Res mala vir malus est; mala femina pessima res est.   **2477**
MA Werner / Flury r 57
Ein übles Mannsbild ist etwas Schlimmes; doch das Schlimmste ist ein böses Weib.

2478 Tam mala res nulla, quin sit, quod prosit, in illa.

MA H. Walther 31 012 Werner / Flury t 5

Nichts ist so schlecht, daß in ihm nicht auch etwas Nützliches enthalten wäre.

schmähen / Schmähung

2479 Quamvis sint sub aqua, sub aqua maledicere temptant.

Ovid, Metamorphoses 6,376

Obwohl sie im Wasser sind, versuchen sie noch im Wasser zu schmähen.

Einer der berühmtesten lautmalenden Verse der Weltliteratur. – Weil die lykischen Bauern der Göttin Latona den Trunk aus ihrem Teich unter Schmähungen verweigert hatten, wurden sie zur Strafe in Frösche verwandelt.

2480 Veritas convicii non excusat iniuriam.

Vgl. Codex Iustinianus 9,35,5

Der Wahrheitsgehalt einer Schmähung entschuldigt nicht die (damit ausgesprochene) Beleidigung.

→ *verleumden*   Audacter calumniare, semper aliquid haeret. Nr. **3143**

Schmerz / schmerzen

2481 Cui dolet, meminit.

Cicero, Pro Murena oratio 42

Wen es schmerzt, der erinnert sich daran.

2482 Dolor *est* aegritudo crucians.

Cicero, Tusculanae disputationes 4,18

Schmerz ist ein quälender Kummer.

2483 Nullus dolor est, quem non longinquitas temporis minuat ac molliat.

Cicero, Epistulae ad familiares 4,5,6. Vgl. Seneca, Epistulae morales 63,3; 12 Martial, Epigrammata 9,49,9

Es gibt keinen Schmerz, den die Länge der Zeit nicht verringerte und linderte.

2484 Infandum, regina, iubes renovare dolorem.

Vergil, Aeneis 2,3

Unsäglichen Schmerz, o Königin, heißt du mich erneuern.

Aeneas schildert der Karthagerkönigin Dido den Fall Trojas.

Perfer et obdura, dolor hic tibi proderit olim. **2485**
Ovid, Amores 3,11,7. Vgl. Ars amatoria 2,178 Homer, Odyssee 20,18

Ertrage und sei hart, dieser Schmerz wird dir einst nützen.

Etiam innocentes cogit mentiri dolor. **2486**
Publilius Syrus, Sententiae E 1

Sogar Unschuldige zwingt der Schmerz zur Lüge.

Dolorem dies longa consumit. **2487**
Seneca, Ad Marciam de consolatione 8,1. Vgl. MA Werner / Flury o 47

Eine lange Zeit zehrt jeden Schmerz auf.

Non dolore tantum, sed doloris opinione vexamur. **2488**
Seneca, De constantia sapientis 5,2

*Nicht nur durch den Schmerz selbst, sondern auch schon durch
die Vorstellung von Schmerz werden wir gequält.*

Paete, non dolet. **2489**
Plinius, Epistulae 3,16,6 Martial, Epigrammata 1,13,3 f. Vgl. Tacitus, Annales 16,34 Ovid, Heroides 15,120

Es schmerzt nicht, Paetus.

Mit diesen Worten reichte Arria ihrem 42 n. Chr. wegen Empörung gegen
den Kaiser zum Tode verurteilten Gatten Caecina Paetus den Dolch, den
sie sich selbst in die Brust gestoßen hatte. – Der Ausspruch war damals in
aller Munde.

Saepe exigua dolor ingens labitur hora. **2490**
MA Werner / Flury s 28

Oft vergeht gewaltiger Schmerz in einer kurzen Stunde.

→ *Liebe*   Litore quot conchae, tot sunt in amore dolores.
                Nr. **1634**
→ *Mutter*   mater dolorosa Nr. **1925**
→ *Vergnügen* Sperne voluptates, nocet empta dolore voluptas.
                Nr. **3137**
→ *weinen*   Est quaedam flere voluptas,
                expletur lacrimis egeriturque dolor. Nr. **3302**

schnell

Citius, altius, fortius. **2491**
Motto der Olympischen Spiele, das deren Wiederbegründer Pierre de
Coubertin, 1863–1937, um 1913 von dem Dominikanerpater Henri-Martin
Didon, 1840–1900, übernahm. Helfer 35

Schneller, höher, stärker.
In allen Disziplinen des Sports soll danach der Spitzenleistung, dem Rekord, der Vorrang zugestanden werden.

schonen

2492 Bonis nocet, qui malis parcit.
Pseudo-Seneca, De moribus 114
Den Guten schadet, wer die Bösen schont.

Schönheit

2493   sibi quaeque videtur amanda;
     pessima sit, nulli non sua forma placet.
Ovid, Ars amatoria 1,613f.
     Für liebenswert hält sich doch jede;
     ist sie auch häßlich – es mag jede die eigne Gestalt. N. Holzberg

2494 Forma bonum fragile est. Quantumque accedit ad annos
     fit minor, et spatio carpitur ipsa suo.
Ovid, Ars amatoria 2,113f.
*Schönheit ist ein vergängliches Gut. Mit den Jahren schwindet
sie dahin, durch ihre eigene Lebensdauer wird sie verzehrt.*

2495 Non formosus erat, sed erat facundus Ulixes …
Ovid, Ars amatoria 2,123
Schön war er gewiß nicht, aber redegewandt war Odysseus …

2496 Forma dei munus; forma quota quaeque superbit?
Ovid, Ars amatoria 3,103
*Schönheit ist Gottesgeschenk. Doch wie wenige Frauen können
auf ihre Schönheit wirklich stolz sein!*

2497 Inicietque manum formae damnosa senectus,
     quae strepitus passu non faciente venit.
Ovid, Tristia 3,7,35 f.
*An die Schönheit wird Hand anlegen das schädliche Alter,
     das kommt mit unhörbarem Schritt.*

2498 Falsa est ista tuae, mulier, fiducia formae,
     olim oculis nimium facta superba meis.
Properz, Elegiae 3,24,1 f.

Falsch ist dein stolzes Vertrauen auf deine Schönheit, Weib, die du einst durch meine verblendeten Augen allzu hochmütig wurdest.

Der Dichter, von seiner Verliebtheit geheilt, löst sich innerlich von Cynthia.

Res est forma fugax: quis sapiens bono / confidat fragili? **2499**
Seneca, Phaedra 773 f.

Schönheit des Körpers vergeht bald. Welcher Weise vertraut einem zerbrechlichen Gut?

→ *gefallen*   Suum cuique pulchrum est. Nr. **703**
→ *Geld*   Et genus et formam regina pecunia donat. Nr. **740**
→ *Wein*   Vino forma perit, vino corrumpitur aetas,
        vino saepe suum nescit amica virum. Nr. **3284**

schrecken / Schrecken

pavor Panicus Variante: terror, qui Panicos appellatur **2500**
Vgl. Erasmus von Rotterdam, Adagia 3,7,3 Erasmus geht von der heute als überholt geltenden Lesart Panicus casus ein panischer Fall bei Cicero, Epistulae ad familiares 7,26,3 aus. – Neuere Texteditoren lesen an dieser Stelle jedoch Parthicus casus ein parthischer Fall, ein Ergebnis wie bei den Parthern. Cicero gebraucht in Ad Atticum 14,3,1; 16,1,4 sowie Ad familiares 16,20(23)2 stets das griechische Wort panicos, nicht aber die noch Erasmus vorliegende Lesart. Vgl. Th. Knecht, [2]1985, 183 ff.

panische Angst, panischer Schrecken
Grundloser, durch den plötzlichen Lärm des griechischen Hirtengottes Pan verursachter Schrecken, der den Menschen für kurze Zeit einem Wahnsinnigen ähnlich erscheinen läßt.

Me vestigia terrent. **2501**
Horaz, Epistulae 1,1,74. Vgl. Aesop, Fabulae 246 Der Löwe und der Fuchs

Mich schrecken die Fußspuren.
Diese Antwort gab der schlaue Fuchs dem kranken Löwen, als dieser ihn aufforderte, ihn in seiner Höhle zu besuchen. – Der Fuchs hatte bemerkt, daß zwar alle Spuren hineinführten, aber keine heraus.

Obstipui steteruntque comae et vox faucibus haesit. **2502**
Vergil, Aeneis 2,774

Ich stand wie betäubt, es sträubten sich mir die Haare, und die Stimme blieb mir in der Kehle stecken.
Aeneas beschreibt seinen Schrecken angesichts der im brennenden Troja verlorenen, ihm als Geist erscheinenden Gattin Creusa.

2503 Qui terret, plus ipse timet.

Claudianus, De IV. consulatu Honorii 222

Wer andere in Schrecken setzt, hat selbst noch mehr Angst.

schreiben

2504 Gallina scripsit.

Plautus, Pseudolus 30

Das hat eine Henne geschrieben.

Kritik an unleserlicher Schrift.

2505 Scribendi recte sapere est principium et fons.

Horaz, De arte poetica 309

Anfang und Ursprung rechten Schreibens ist vernünftiges Denken.

2506 Scribendum *est* quam diligentissime et quam plurimum.

Quintilian, De institutione oratoria 10,3,2

Man muß so sorgfältig wie möglich und so viel wie möglich schreiben.

2507 Cito scribendo non fit, ut bene scribatur, bene scribendo fit, ut cito.

Quintilian, De institutione oratoria 10,3,10

Durch schnelles Schreiben kommt es nicht dazu, daß man gut schreibt, durch gutes Schreiben erreicht man, schnell schreiben zu können.

2508 Quod scripsi, scripsi.

NT Johannes 19,19 ff.: Scripsit autem et titulum Pilatus: et posuit super crucem. Erat autem scriptum: Iesus Nazarenus, Rex Iudaeorum … Et erat scriptum Hebraice, Graece et Latine. Dicebant ergo Pilato pontifices Iudaeorum: Noli scribere: Rex Iudaeorum: sed quia ipse dixit: Rex sum Iudaeorum. Respondit Pilatus: Quod scripsi, scripsi. Pilatus ließ auch ein Schild anfertigen und oben am Kreuz befestigen; die Inschrift lautete: Jesus von Nazareth, der König der Juden …. Die Inschrift war hebräisch, griechisch und lateinisch abgefaßt. Die Hohenpriester der Juden sagten zu Pilatus: Schreib nicht: Der König der Juden, sondern daß er gesagt hat: Ich bin der König der Juden. Pilatus antwortete: Was ich geschrieben habe, habe ich geschrieben. Vgl. Cicero, Epistulae ad Quintum fratrem 1,2,13: quae scripsi, scripsi propter diligentiam cautionis meae … was ich dir warnend oder tadelnd schrieb, schrieb ich mit der mir eigenen Vorsicht.

Was ich geschrieben habe, bleibt geschrieben.

D. h., es wird nicht mehr geändert.

→ *Vers*   … et quod temptabam, srcibere versus erat. Nr. **3165**
→ *Wasser* … in vento et rapida scribere oportet aqua. Nr. **3257**
→ *Wort*   Vox audita perit, littera scripta manet. Nr. **3401**

Schriftsteller

Sumite materiam vestris, qui scribitis, aequam   **2509**
viribus et versate diu, quid ferre recusent,
quid valeant umeri.
Horaz, De arte poetica 38 ff.

Ihr, die ihr schreibt, nehmt einen Stoff, der euren Kräften ange-
messen ist und wägt lange ab, was eure Schultern zu tragen
sich weigern und was sie tragen können.

Scribentem iuvat ipse labor, minuitque laborem.   **2510**
Ovid, Epistulae ex Ponto 3,9,21

Freut doch beim Schreiben die Arbeit selbst und verringert die
Drangsal. W. Willige

Schuld

Non est ista mea culpa, sed temporum.   **2511**
Cicero, In Catilinam oratio 2,3

Das ist nicht meine Schuld, sondern die der Zeitverhältnisse.

Ea molestissime ferre homines debent, quae ipsorum culpa **2512**
contracta sunt.
Cicero, Epistulae ad Quintum fratrem 1,1,2

Das müssen die Menschen als besonders peinlich empfinden,
was sie sich durch eigene Schuld zugezogen haben.

… nec esse ullum magnum malum praeter culpam.   **2513**
Cicero, Epistulae ad familiares 6,3(4),2

Es gibt kein großes Übel außer der Schuld.

Vacare culpa magnum est solacium.   **2514**
Cicero, Epistulae ad familiares 7,3,4 Vgl. 6,4

Frei zu sein von Schuld ist ein großer Trost.

Integer vitae scelerisque purus.…   **2515**
Horaz, Carmina 1,22,1

Wer reinen Sinn's und frei von Schuld lebt …
… steht unter dem besonderen Schutz der Vorsehung.

2516 Culpam poena premit comes.
Horaz, Carmina 4,5,24

Der Schuld folgt die Strafe auf dem Fuße.
Idealvorstellung des Dichters in der Hoffnung auf die baldige Rückkehr des Frieden und Ordnung stiftenden Augustus nach der langen Abwesenheit von Herbst 16 bis Anfang 13 v. Chr.

2517 Heu quam difficile est crimen non prodere vultu.
Ovid, Metamorphoses 2,447

Ach, wie schwer ist es doch, Schuld nicht durch die Miene zu verraten.

2518 Leve aes alienum debitorem facit, grave inimicum.
Seneca, Epistulae morales 19,11

Geringe Schulden machen einen zum Schuldner, große zum Feind.

2519 Nemo sine crimine vivit.
MA H. Walther 16 447 Wander 4,363,23

Niemand lebt frei von Schuld.

2520 Mea culpa, mea maxima culpa.
Confiteor, Schuldbekenntnis, in der katholischen Meßfeier

Durch meine Schuld, durch meine übergroße Schuld.

2521 Et dimitte nobis debita nostra!
📖 NT Matthaeus 6,12

Und vergib uns unsere Schuld!
Vaterunser-Bitte

Schule

2522 Non vitae, sed scholae discimus.
Seneca, Epistulae morales 106,12

Nicht für das Leben, sondern für die Schule lernen wir.
Mit dieser Sentenz kritisiert Seneca die überflüssigen Fragestellungen in den Philosophenschulen. Der Satz wurde bekannter in der sinnvollen Umstellung der Worte:

2523 Non scholae, sed vitae discimus.

Nicht für die Schule, sondern für das Leben lernen wir.

2524 Ideo ego adulescentulos existimo in scholis stultissimos fieri, quia nihil ex iis, quae in usu habemus, aut audiunt aut vident.
Petron, Satyricon 1,1

Deshalb bin ich der Meinung, daß unsere jungen Leute in den Schulen[1] völlig verdummt werden, weil sie da nichts von den Dingen zu hören oder zu sehen bekommen, die in der Praxis vorkommen.
[1] Gemeint sind die Deklamatoren- bzw. Rhetorenschulen.

Scholae sunt humanitatis officinae: efficiendo nimirum, ut homines vere homines fiant. **2525**
Johann Amos Comenius, Unterrichtslehre 10,3
Die Schulen sind Werkstätten der Menschlichkeit, indem sie ohne Zweifel bewirken, daß Menschen wahrhaft Menschen werden.
Der Mensch kann nur durch Erziehung Mensch werden.

→ *lernen*   Quidquid discis, tibi discis. Nr. **1587**

Schuster

Ne, sutor, super crepidam! **2526**
Plinius Maior, Naturalis historia 35,36,85: … ne supra crepidam sutor iudicaret … ein Schuster solle nicht über die Sandale hinaus urteilen …
Valerius Maximus, Facta et dicta memorabilia 8,12 ext.3
Schuster, bleib bei deinem Leisten!
Urteile nicht über Dinge, die du nicht verstehst!

Schwalbe

→ *Frühling*   Una hirundo non efficit ver. Nr. **651**

schwarz

Nil nimium studeo, Caesar, tibi velle placere **2527**
  nec scire, utrum sis albus an ater homo.
Catull, Carmina 93
Caesar, dir zu gefallen, war nie mein sonderlich Streben; auch ob du weiß oder schwarz, hab' ich zu wissen nicht Lust.
M. Schuster

Hic niger est, hunc tu, Romane, caveto! **2528**
Horaz, Sermones 1,4,85. Vgl. Cicero, Pro Caecina oratio 27
Das ist einer mit einer schwarzen Seele[1], den, Römer, mußt du meiden.
[1] ein böser Mensch. Gegenteil zu niger: → *Seele* anima candida. Nr. **2564**

schwatzen

2529 Quando convenient Ludmilla, Sibylla, Camilla,
miscent sermones[1] et ab hoc et ab hac et ab illa.

[1] Varianten: sermonem faciunt / garrire incipiunt MA H. Walther 23 470
Wander 5,13,294

*Wenn Ludmilla, Sibylla und Camilla sich treffen, tratschen sie
über den, über diese und jene.*

schweigen

2530 Tacent: satis laudant.

Terenz, Eunuchus 476

Sie schweigen: so loben sie ihn genug.

2531 Cum tacent, clamant.

Cicero, In Catilinam oratio 1,21: De te, Catilina, cum quiescunt, probant,
cum patiuntur, decernunt, cum tacent, clamant. Bei dir, Catilina, billigen
es die Senatoren, indem sie ruhig bleiben; sie beschließen es, indem sie es
geschehen lassen, sie schreien es hinaus, indem sie schweigen.

Indem sie schweigen, rufen sie laut.

Sie sprechen durch ihr Schweigen ihr Einverständnis laut aus. – Cicero hat
im Senat den Verschwörer Catilina aufgefordert, Rom zu verlassen. Aus
dem Schweigen der Senatoren schließt er auf ihre Zustimmung. Bekanntes
Oxymoron – Witzige Verbindung zweier sich widersprechender Begriffe.
Vgl.: beredtes Schweigen.

2532 dicenda tacenda loqui

Horaz, Epistulae 1,7,72 Persius, Saturae 4,5

*was man sagen kann und was man lieber verschweigt ausplau-
dern*

alles Mögliche, was sich ziemt und nicht ziemt, reden

2533 Eximia est virtus praestare silentia rebus.

Ovid, Ars amatoria 2,603

Verschwiegenheit ist eine außergewöhnliche Tugend.

2534 Si tacuisses, philosophus mansisses.

Vgl. Publilius Syrus, Sententiae T 2 Boethius, De consolatione philosophiae 4,7,42 AT Hiob 13,5: Utinam taceretis, ut putaremini sapientes!
Wenn ihr doch schweigen würdet, damit man euch für weise halten
könnte. Proverbia 17,28: Stultus quoque, si tacuerit, sapiens reputabitur, et
si compresserit labia sua, intellegens. Auch ein Tor kann als weise gelten,
wenn er schweigt, als einsichtig, wenn er seine Lippen verschließt. MA H.
Walther 18 189; 19 581; 29 212

Hättest du geschwiegen, wärest du ein Philosoph geblieben.
Hättest du den Mund gehalten, so hätte man deine Unwissenheit nicht
bemerkt.

Nam nulli tacuisse nocet, nocet esse locutum.   **2535**
Catonis Disticha 1,12,2
Niemand schadet es, wenn er den Mund hält, doch reden kann
schaden.

Qui tacet, non fatetur: sed tamen verum est eum non negare.   **2536**
Digesta 50,17,142. Vgl. 11,1,11,4; 19,213,11
Wer schweigt, gesteht nicht: Aber dennoch ist es wahr, daß er
nicht in Abrede stellt.

Qui tacet, consentire videtur. Is, qui tacet, non fatetur, sed nec **2537**
utique negare videtur.
Bonifatius VIII., Papst 1294–1303, Decretalia 6,5,12 De regulis iuris 43.
Vgl. Cicero, Pro Sestio oratio 18,40 Seneca Rhetor, Controversiae 10,2,6
(31,6): Silentium videtur confessio. Schweigen scheint ein Eingeständnis
zu sein. MA H. Walther 24 843 a; 17 401; 29 316

Wer schweigt, scheint zuzustimmen. Wer schweigt, gesteht nicht,
aber er scheint jedenfalls auch nicht zu leugnen.

Nemo secure loquitur: nisi qui libenter tacet.   **2538**
Thomas von Kempen, De imitatione Christi 1,20,11
Niemand redet sicher: nur der, der gerne schweigt.

Silendo nemo peccat, loquendo persaepe.   **2539**
Wander, 4,436,39
Durch Schweigen begeht niemand Fehler, durch Reden sehr oft.

→ *Frau*   Mulieres in ecclesiis taceant. Nr. **575**
→ *hören* Audi, vide, tace, si tu vis vivere in pace! Nr. **1222**
→ *Zunge* Favete linguis! Nr. **3502**

Schwein

Aliter catuli longe olent, aliter sues.   **2540**
Plautus, Epidicus 579
Ganz anders riechen junge Hunde als Schweine.

Non homines habitare mecum mi hic videntur, sed sues.   **2541**
Plautus, Stichus 64

Nicht Menschen scheinen hier bei mir zu wohnen, sondern Schweine.

Der Hausherr tadelt seine Sklaven.

2542 Sus Minervam docet.

Cicero, Epistulae ad familiares 9,18 Quaestiones Academicae 1,18. Vgl. Theokrit, Idyllia 5,23

Das Schwein will die Minerva belehren.

Ein Einfältiger will einen Klügeren belehren.

2543 Sus oratorem *docet.*

Cicero, De oratore 2,57 Witzige Abwandlung des Sprichworts: Sus Minervam docet.

Das Schwein will den Redner lehren.

2544 Epicuri de grege porcus

Horaz, Epistulae 1,4,16

ein Schweinchen aus der Herde Epikurs

Scherzhafte Bemerkung des Dichters über sich selbst. – Manche Anhänger des griechischen Philosophen Epikur leiteten aus seiner trivialisierten Lehre die Rechtfertigung ihres genußreichen Lebens ab.

2545 Sus magis in caeno gaudet quam fonte sereno.

Nach Heraklit fr. 106 J. Mansfeld DK22 B13 MA Werner / Flury s 231. Vgl. NT 2 Petrus 2,22: Sus lota in volutabro luti. Die gewaschene Sau wälzt sich wieder im Dreck.

Ein Schwein wälzt sich lieber im Dreck als in sauberem Wasser.

Schweiß

2546 Non est viri timere sudorem.

Seneca, Epistulae morales 31,7

Es steht einem Mann nicht an, den Schweiß zu fürchten.

2547 In sudore vultus tui vesceris pane.

📖 AT Genesis 3,19 → *Erde* Nr. 397

Im Schweiße deines Angesichts sollst du dein Brot essen.

Gott zu Adam nach dem Sündenfall.

→ *Knabe* Qui studet optatam cursu contingere metam,
multa tulit fecitque puer, sudavit et alsit. Nr. **1351**

Schwert

2548 Nec puero gladium!

Augustinus, Epistulae 104,2,7 Diogenian 6,46: Me paidi machairan Gregorius Cyprius 2,70. Vgl. Otto Nr. 757 Cicero, Pro Sestio oratio 24: si gladium parvo puero dederis ... wenn man einem kleinen Kind ein Schwert gibt

Gib kein Schwert in Kinderhände!

Ferens ensem fert pacem.   2549
Wander 4,466,18

Das Schwert schützt den Frieden.

Gladius gladium acuit.   2550
Wander 4,467,35

Ein Schwert schärft das andere.

Qui gladio ferit, gladio perit.   2551
MA H. Walther 24 131 Wander 4,470,88 Nach NT Matthaeus 26,52 Johannes, Apocalypsis 13,10

Wer das Schwert nimmt, wird durch das Schwert umkommen.

Omnes enim, qui acceperint gladium, gladio peribunt.   2552
NT Matthaeus 26,52

Denn alle, die zum Schwert greifen, werden durch das Schwert umkommen.

Domine, ecce duo gladii hic.   2553
NT Lukas 22,38 Römer 13,1 ff. Vgl. Otto von Freising, Chronica IV Prologus; VII Prologus. Sachsenspiegel, Landrecht I. Art.1:1 III. Art. 44 § 1

Herr, hier sind zwei Schwerter.
Auf den beiden Textstellen des NT beruht die Zwei-Schwerter-Theorie der Katholischen Kirche, die von Papst Gelasius I., 492–496, formulierte, in das Decretum Gratiani aufgenommene Lehre von den beiden Gewalten Staat und Kirche. Der Auffassung, der Papst verfüge über beide Schwerter, das weltliche, gladius temporalis / materialis, und das geistliche, gladius spiritualis, folgte die Verleihung des weltlichen Gerichtsschwerts durch den Papst an den Kaiser. Mit dem Einbruch der Neuzeit erwies sich die Zwei-Schwerter-Theorie als weitgehend überholt.

Assumite ... gladium spiritus, quod est verbum Dei.   2554
NT Epheser 6,17

Nehmt das Schwert des Geistes, das ist das Wort Gottes.

schwierig

Nulla est tam facilis res, quin difficilis sit, cum invitus facias.   2555
Terenz, Heautontimorumenos 805 f.

Nichts ist so leicht, daß es nicht schwierig würde, wenn man es unwillig tut.

2556 Hic haeret aqua.
Cicero, De officiis 3,33,117 Epistulae ad Quintum fratrem 2,7(6),2

Hier hat die Sache einen Haken.

Hier bleibt das Wasser hängen. Das Bild ist wohl von dem gelegentlichen Stehenbleiben des Wassers der Wasseruhr genommen. Sinn: Ich weiß mir keinen Rat.

2557 Nil mortalibus ardui est:
  caelum ipsum petimus stultitia …
Horaz, Carmina 1,3,37 f.

Es gibt nichts, was den Menschen zu schwierig scheint, selbst in den Himmel einzudringen plant unser Unverstand …

2558 *Multa* non quia difficilia sunt non audemus, sed quia non audemus difficilia sunt.
Seneca, Epistulae morales 104,26

Vieles wagen wir nicht, weil es schwer ist, sondern weil wir es nicht wagen, wird es schwer.

→ *Liebe / lieben*   Nihil difficile amanti *esse* puto. Nr. **1621**

Seefahrt

2559 Navigare necesse est, vivere non est necesse.
Nach Plutarch, Vita Pompei 50,2: plein anagke, zen uk anagke.

Für mich ist es notwendig zu segeln, aber nicht notwendig zu leben.

Mit diesen Worten befahl der römische Feldherr Pompeius den Matrosen, trotz stürmischen Wetters in See zu stechen.

2560 Si bene calculum ponas, ubique naufragium est.
Petron, Satyricon 115

Wenn man es recht bedenkt, ist überall Schiffbruch.

2561 Afflavit Deus et dissipati sunt.
Inschrift auf einer englischen Gedenkmünze für den Untergang der spanischen Armada, die Philipp II. gegen England schickte, durch einen Sturm im Jahr 1558. Vgl. AT 2 Moses 15,10: Flavit spiritus tuus et operuit eos mare. Du schnaubtest Sturm und das Meer deckte sie zu. – Das Zitat wurde durch Friedrich Schillers Gedicht Die unüberwindliche Flotte, 1786, bekannt, dessen Schluß lautet: Gott, der Allmächt'ge blies, / und die Armada flog nach allen Winden.

Gott blies, und sie wurden in alle Winde zerstreut.

Seele

Nunc animum atque animam dico coniuncta teneri   **2562**
inter se atque unam naturam conficere ex se ...
Lukrez, De rerum natura 3,136 f.

Nun behaupte ich, daß Geist und Seele untereinander fest ver-
bunden sind und ein einziges Wesen aus sich bilden.

Est animus caelestis ex altissimo domicilio depressus et quasi **2563**
demersus in terram, locum divinae naturae aeternitatique
contrarium.
Cicero, De senectute 77

Der himmlische Geist wurde aus seiner erhabenen Wohnstatt
herabgedrückt und gleichsam auf die Erde herabgesenkt an einen
seiner göttlichen Natur und Ewigkeit entgegengesetzten Ort.
Die stoischen Philosophen nennen die Seele meist Geist.

Tu pias laetis animas reponis / sedibus.   **2564**
Horaz Carmina 1,10,17

Du bringst die frommen Seelen zur Ruhe an seligen Stätten.
Merkur (Hermes) geleitete die Seelen der Gestorbenen in die Unterwelt.

   ... manet alta mente repostum   **2565**
iudicium Paridis spretaeque iniuria formae.
Vergil, Aeneis 1,26 f.

   ... bleibt tief in die Seele gesenkt ihr[1]
Paris' Urteil und das Unrecht verschmähter Schönheit.
[1] Juno, die Gemahlin Jupiters

Morte carent animae semperque priore relicta   **2566**
sede novis domibus vivunt habitantque receptae.
Ovid, Metamorphoses 15,158 f.

Die Seele kann nicht sterben, und stets ihren früheren Wohnsitz
verlassend/lebt sie und wohnt aufgenommen in neuen Häusern.
Lehre des Pythagoras

Nulla sine deo mens bona est.   **2567**
Seneca, Epistulae morales 73,16

Kein hoher Geist ohne Gott. E. Glaser-Gerhard

Iuvabat de aeternitate animarum quaerere, immo mehercules **2568**
credere.
Seneca, Epistulae morales 102,2. Vgl. Naturales quaestiones 7,25,2

*Es bereitete mir Freude, über die Unsterblichkeit der Seelen
nachzudenken, vielmehr – beim Herkules – daran zu glauben.*

2569 Animam constat animal esse.
Seneca, Epistulae morales 113,2

Es steht fest, daß die Seele ein Lebewesen ist.

2570 Non potest alius esse ingenio, alius animo color. … Ab illo
animo fingitur, illi paret, inde legem petit.
Seneca, Epistulae morales 114,3

*Geist und Seele des Menschen können nicht eine verschiedene
Färbung haben … Von der Seele wird er geformt, ihr gehorcht
er, von ihr erhält er sein Gesetz.*

2571 Non cum corpore exstinguuntur magnae animae.
Tacitus, Agricola 46

Große Seelen gehen nicht mit dem Körper zugrunde.
Tacitus anläßlich des Todes seines von ihm verehrten Schwiegervaters
Agricola.

2572 Animula vagula blandula,
hospes comesque corporis,
quae nunc abibis in loca,
pallidula, rigida, nudula,
nec ut soles dabis iocos!
Von Hadrian, Kaiser 117–138, auf dem Sterbebett gedichtet. Scriptores
Historiae Augustae, Aelii Spartiani De vita Hadriani 25,9. Zu Vers 3 vgl.
Seneca, Epistulae morales 65,20: … quo hinc iturus sim, quae sedes ex-
spectet animam solutam legibus servitutis humanae? … wohin ich aus
dieser Welt gehen werde, welche Stätte die Seele erwarte, wenn sie sich
losgelöst hat von den Gesetzen irdischer Knechtschaft?

Du mein Seelchen, unstet, schmeichlerisch,
Gast und Begleiter meines Körpers,
an welche Stätten wirst du nun heimgehen,
gar blaß und starr und nackend,
und wirst nicht mehr wie bisher heit're Scherze treiben!

2573 Certe enim domus animae caro est, et inquilinus carnis anima.
Tertullian, De anima 38

*Denn sicher ist der Leib das Haus der Seele und die Seele die
Bewohnerin des Hauses.*

Opus autem mortis in medio est, discretio corporis animaeque. **2574**
Tertullian, De anima 51

Die Wirkung des Todes liegt auf der Hand: Trennung der Seele
und des Leibes.

anima naturaliter christiana   **2575**
Tertullian, Apologeticum 17,6

die von Natur aus christliche Seele
Wohl das berühmteste Zitat Tertullians.

Vita igitur corporis susceptae animae praesentia est; mors au- **2576**
tem eius probatur abscessus.
Cassiodor, De anima 4

Das Leben des Körpers ist daher die Anwesenheit der aufge-
nommenen Seele; als Tod aber gilt ihr Weggang.

Anima immortalis est.   **2577**
Cassiodor, De anima 4

Die Seele ist unsterblich.

Mors est animae corporisque facta resolutio.   **2578**
Cassiodor, De anima 14

Der Tod ist die vollzogene Lösung der Seele vom Körper.

Forma autem hominis est anima rationalis, quae de se est im-   **2579**
mortalis.
Thomas von Aquin, Summa theologica 164,1

Die Wesensform des Menschen ist die vernunftbegabte Seele,
die als solche unsterblich ist. J. Groner

animarum dies   **2580**
dies commemorationis omnium fidelium defunctorum

Allerseelentag, der 2. November
Gedächtnistag aller Verstorbenen

Inspiravit *Dominus deus* in faciem eius spiraculum vitae, et   **2581**
factus est homo in animam viventem.
AT Genesis 2,7

Gott blies in die Nase den Lebensatem. So wurde der Mensch
zu einem lebendigen Wesen.

Vidi … et animas decollatorum propter testimonium Iesu et   **2582**
propter verbum Dei.
NT Johannes, Apocalypsis 20,4

Ich sah die Seelen aller, die enthauptet worden waren, weil sie an dem Zeugnis Jesu und am Wort Gottes festgehalten hatten.
Johannes erblickt, vom Geist Gottes überkommen, die Seelen der Märtyrer.

→ *rein*   anima candida Nr. **2281**

→ *Zahl*   Xenocrates animi figuram et quasi corpus negavit
             esse ullum, numerum dixit esse, cuius vis, ut iam
             ante Pythagorae visum erat, in natura maxima esset.
             Nr. **3419**

sehen

2583 Vides ut alta stet nive candidum / Soracte …
Horaz, Carmina 1,9,1 f.

Siehst du, wie in tiefem Schnee weiß der Soracte[1] steht …
[1] Berg nördlich von Rom, heute Monte S. Oreste. Anfang eines sehr bekannten Gedichts.

2584 Quid de quoque viro et cui dicas, saepe videto!
Horaz, Epistulae 1,18,68. Vgl. Cicero, In Pisonem oratio 75

Sieh immer wieder darauf, was du über jemand und wem du es sagst!

2585 Spectatum veniunt, veniunt, spectentur ut ipsae.
Ovid, Ars amatoria 1,99

Sie[1] kommen, um zu sehen, und sie kommen, um selber gesehen zu werden.
[1] die Frauen

2586 Nemo denique in spectaculo ineundo prius cogitat nisi videri et videre.
Tertullian, De spectaculis 25,3

Niemand denkt beim Besuch eines Schauspiels an etwas anderes, als gesehen zu werden und andere zu sehen.

2587 Omnia videre, multa praetermittere, pauca monere.
Papst Johannes XXIII., 1881–1963, Papst seit 1958. Bayer 1999, 380

Alles sehen, vieles unbeanstandet lassen, nur weniges anmahnen.

2588 Videntes non vident.
📖 NT Matthaeus 13,13

Sie sehen und sehen doch nicht.
Mit sehenden Augen sehen sie nicht.

Dixit ei Iesus: Quia vidisti me, Thoma, credidisti: beati, qui **2589**
non viderunt, et crediderunt.
NT Johannes 20,29

Jesus sagte zu ihm: Weil du mich gesehen hast, Thomas,
glaubst du. Selig sind, die nicht sehen und doch glauben.

→ *hören*	Audi, vide, tace, si tu vis vivere in pace. Nr. **1222**
→ *Lamm*	Ecce agnus Dei. Nr. **1473**
→ *leben / Leben*	Sic vive cum hominibus, tamquam deus videat. Nr. **1514**
→ *Mensch*	Ecce homo! Nr. **1829**
→ *Prophezeiung*	Philippis iterum me videbis. Nr. **2171**
→ *schaden / Schaden*	Videant consules, ne quid res publica detrimenti capiat. Nr. **2380**
→ *schlecht*	Video meliora proboque, deteriora sequor. Nr. **2470**
→ *Sieg / siegen*	Veni, vidi, vici. Nr. **2619**

sein / das Sein

… fuimus Troes, fuit Ilium et ingens / gloria Teucrorum … **2590**
Vergil, Aeneis 2,325 f. Verkürzt zitiert: Fuimus Troes. Dahin sind wir Troer.

Troer sind wir gewesen, gewesen ist Ilium und der Teukrer
strahlender Ruhm. J. u. M. Götte
Ausdruck des entschwundenen Glücks.

Non sum ego, qui fueram. **2591**
Ovid, Tristia 3,11,25

Ich bin nicht mehr, der ich einmal war.

… nec, quod fuimusve sumusve, / cras erimus. **2592**
Ovid, Metamorphosen 15,215 f.

Was wir gestern waren oder heute sind, werden wir morgen
nicht mehr sein.

Sed quod sum, non potes esse: **2593**
Tu quod es, e populo quilibet esse potest.
Martial, Epigrammata 5,13,9 f.

Was ich bin, kannst du nicht sein:
Was du bist, das kann jeder beliebige aus dem Volk auch sein.
Dichterstolz grenzt sich gegen den schwerreichen Freigelassenen Calli-
stratus ab.

2594 Nam et sumus et nos esse novimus et id esse ac nosse diligimus.
Augustinus, De civitate Dei 11,26

Wir sind und wissen um unser Sein, und dieses Sein und Wissen lieben wir. C. J. Perl

2595 Omne ens est bonum.
Augustinus, De diversis quaestionibus 24 (PL 40,17): Omne autem, quod est, in quantum est, bonum est. Alles aber, was ist, ist, insofern es existiert, gut.

Alles Seiende ist gut.
Die Welt ist, sofern sie Schöpfung ist, von Gott gewollt, das heißt, von ihm schöpferisch geliebt und also auf Grund der schlichten Tatsache des Existierens selber: gut. Josef Pieper

2596 Forma dat esse materiae.
Thomas von Aquin, De ente et de essentia 5

Die Form gibt dem Stoff das Sein.

2597 Intelligentia est forma et esse.
Thomas von Aquin, De ente et de essentia 5

Der (reine) Geist ist Form und Sein.

2598 Operari sequitur esse.
Pietro Pomponazzi, De immortalitate animae p. 76, 1516. Zitiert von A. Schopenhauer, Die Welt als Wille und Vorstellung II. (Ergänzungen zum IV. Buch), Kap. 47

Das Wirken hat das Dasein zur Voraussetzung.
Das Handeln folgt aus dem Sein.

2599 Esse est percipi.
George Berkeley in: The Works of G. B., hg. von A. A. Luce und T. E. Jessop, London 1948–1957, II,42

Sein ist Wahrgenommenwerden.
… dann besteht das Sein der Dinge in ihrem Wahrgenommenwerden, d.h. ihr esse ist ihr percipi. Vorsichtiger ausgedrückt: Das Sein der Dinge besteht in ihrer Wahrnehmbarkeit. Wolfgang Röd, Die Philosophie der Neuzeit 2, 1984, 123f. – Es gibt kein Sein außerhalb des Bewußtseins, sondern nur Bewußtseinsinhalte. Ein subjektiv-idealistischer Satz. – Formel der Immanenzphilosophie.

2600 Tu fui, ego eris.
Grabsteininschrift

Was du bist, bin ich gewesen. Was ich bin, wirst du sein.

Sum quod eris, quod es, ipse fui.   **2601**
Grabsteininschrift nach: MA H. Walther 30 636. Vgl. Helfer 171
Ich bin, was du sein wirst, ich war, was du bist.

→ *denken*   Cogito, ergo sum. Nr. **294**
→ *Gott*   Et dixit Deus ad Moysen: Ego sum, qui sum.
               Nr. **968**
→ *gut*   Cato esse quam videri bonus malebat. Nr. **1030**
→ *Vergnügen* Quod sis, esse velis, nihilque malis. Nr. **3141**

der / die / das Seine

Longe fugit, qui suos fugit.   **2602**
Varro, Saturae Menippeae 244 Petron, Satyricon 43
Weit flieht, wer die Seinen flieht.

Suum cuique *tribuere.*   **2603**
Gellius, Noctes Atticae 13,24,1: Suum cuique per me uti atque frui licet.
Meinetwegen kann jeder das Seine gebrauchen und genießen. Gellius zitiert Marcus Porcius Cato Maior. Die Formulierung findet sich schon bei
Plato, Politeia 1,331e und Aristoteles fr. 85 Rose. Cicero, De re publica
3,18 De legibus 1,6,19 De finibus 5,65;67 Tusculanae disputationes 5,63
De natura deorum 3,15;38 De officiis 1,15 Seneca, Epistulae morales
81,7: Hoc … inquis, iustitiae convenit, suum cuique reddere. Das … sagst
du, kommt der Gerechtigkeit zu, jedem das Seine zu geben. Vgl. auch
89,14 Iustinian, Institutiones 1,1,3 Digesta 1,1,10: Iuris praecepta sunt
haec: honeste vivere, alterum non laedere, suum cuique reddere. Die Vorschriften des Rechts sind folgende: ehrenhaft leben, den anderen nicht
verletzen, jedem das Seine gewähren. MA H. Walther 30 942c: Suum
cuique tribuere tota est aequitas. Jedem das Seine gewähren, das ist die
ganze Gerechtigkeit.
Jedem das Seine gewähren.
Der bedeutende römische Rechtsgrundsatz ist nach Cicero die Grundlage
jeder menschlichen Gemeinschaft. – Auch: Devise König Friedrichs I. in
Preußen, reg. 1701–1713; Inschrift auf dem von ihm gestifteten Schwar-
zer-Adler-Orden, durch dessen Verleihung Bürgerliche in den erblichen
Adelsstand erhoben wurden.

→ *geben*   Reddite ergo quae sunt Caesaris Caesari et
                  quae sunt Dei Deo. Nr. **680**
→ *Gerechtigkeit* Iustitia est constans et perpetua voluntas ius
                  suum cuique tribuendi. Nr. **771**

selbst

2604 Ipse dixit; ipse autem erat Pythagoras.

Diogenes Laertios 8,4,6: autos epha Cicero, De natura deorum 1,10
Quintilian, De institutione oratoria 11,1,27

Er selbst hat es gesagt; er selbst aber war Pythagoras.

Auf die Autorität ihres Meisters Pythagoras, der in Kroton in Unteritalien lebte, beriefen sich die Schüler des Philosophen, Mathematikers und Physikers, wenn man sie nach einer Begründung ihrer Lehrmeinung fragte.

2605 eo ipso

durch dieses selbst, eben dadurch

→ *erkennen*   Nosce te ipsum! Nr. **416**

→ *Kreuz*   Si quis vult me sequi, deneget semetipsum: et tollat crucem suam, et sequatur me. Nr. **1417**

→ *Nächster*   Sibi quisque proximus est. Nr. **1939**

Selbstmord

2606 Piis omnibus retinendus animus est in custodia corporis, nec iniussu eius, a quo ille est vobis datus, ex hominum vita migrandum est, ne munus humanum adsignatum a deo defugisse videamini.

Cicero, De re publica 6,15,15 Somnium Scipionis

Alle Frommen müssen die Seele in der schützenden Obhut des Körpers bewahren, und man darf nicht ohne Befehl dessen, von dem die Seele euch gegeben wurde, aus dem menschlichen Leben scheiden, damit ihr euch nicht der von Gott zugewiesenen Aufgabe entzogen zu haben scheint.

2607 Cum visum erit, distraham cum illo *corpusculo* societatem; et nunc tamen, dum haeremus, non erimus aequis partibus socii: animus ad se omne ius ducet. Contemptus corporis sui certa libertas est.

Seneca, Epistulae morales 65,22

Wenn es mir nötig erscheint, werde ich die Gemeinschaft mit diesem schwachen Körper zerreißen; doch sind wir auch jetzt, solange wir miteinander verbunden sind, keine Partner mit gleichen Rechten: die Seele wird alles Recht für sich in Anspruch nehmen. Geringschätzung gegenüber seinem Körper, das ist die sichere Freiheit.

Wenn es ihm richtig erscheint, wird der stoische Philosoph im Bewußtsein der Unsterblichkeit seiner Seele durch Freitod die Gemeinschaft mit dem Körper aufgeben.

Patet exitus. Si pugnare non vultis, licet fugere. **2608**

Seneca, De providentia 6,7. Vgl. Epistulae morales 61,2: Paratus exire sum. Ich bin bereit, das Leben zu verlassen. Siehe auch 26,10; 54,7; 65,24

Der Weg aus dem Leben steht offen. Wenn ihr nicht kämpfen wollt, könnt ihr fliehen.

Im Gegesatz dazu untersagt die christliche Lehre strikt den Selbstmord.

Seligkeit

Sacra doctrina ... de quibus agit secundum quod per eos ordi- **2609** natur homo ad perfectam Dei cognitionem, in qua beatitudo aeterna consistit.

Thomas von Aquin, Summa theologica, Quaestio 1,4

Die heilige Lehre ... handelt davon[1] nur insoweit, als durch sie der Mensch zur vollkommenen Erkenntnis Gottes hinstrebt, in der die ewige Seligkeit besteht.

[1] d. h. von den Handlungen der Menschen

sicher / Sicheres

Certa mittimus, dum incerta petimus. **2610**

Plautus, Pseudolus 685

Während wir nach Ungewissem streben, verlieren wir, was uns sicher ist.

Nihil homini certum est. **2611**

Ovid, Tristia 5,5,27

Nichts ist dem Menschen sicher.

Nihil ne in totum quidem diem certi est. **2612**

Seneca, Ad Polybium de consolatione 9,9

Es gibt nichts Sicheres, nicht einmal für einen ganzen Tag.

→ *Mitte* Medio tutissimus ibis. Nr. **1856**

Sieg / siegen

Aio te, Aeacida, Romanos vincere posse. **2613**

Ennius, Annales 5,8 (6,181) Cicero, De divinatione 2,116 Quintilian, De institutione oratoria 7,9,7

1. Ich sage, daß du, Enkel des Aiakos, die Römer besiegen kannst.

2. Ich sage, daß die Römer dich, Enkel des Aiakos, besiegen können.

Angeblich Orakelspruch des Apolls von Delphi. Seine Zweideutigkeit liegt darin, daß die Akkusative te und Romanos sowohl Subjekt als auch Objekt sein können. – Pyrrhus, Enkel des Aiakos, König von Epirus, ließ sich durch den Orakelspruch täuschen, unternahm einen Krieg gegen die Römer, wurde aber 279 v. Chr. bei Benevent besiegt. – Der Satz gilt als Musterbeispiel eines mehrdeutigen, auf die Täuschung der Menschen angelegten delphischen Orakelspruchs.

2614 Amat victoria curam.

Catull, Carmina 62,16

Der Sieg liebt heiße Bemühung.

Erfolg verlangt Anstrengung.

2615 Leges a victoribus dicuntur, accipiuntur a victis.

Curtius Rufus, Historiae Alexandri Magni Macedonis 4,5,21,7

Der Sieger ist es, der die Gesetze erläßt, anzunehmen hat sie der Besiegte.

2616 Contendere durum *est* cum victore.

Horaz, Sermones 1,9,42 f.: Ego, ut contendere durum / cum victore, sequor. Da es hart ist, mit einem Sieger zu streiten, folge ich.

Mit einem Sieger zu streiten ist vergebliche Arbeit.

2617 Vincere scis, Hannibal, victoria uti nescis.

Livius, Ab urbe condita 22,51,4

Zu siegen verstehst du, Hannibal, aber den Sieg zu nützen verstehst du nicht.

In Livius' Darstellung Worte des Befehlshabers der karthagischen Reiterei zu Hannibal nach der Schlacht bei Cannae 216 v. Chr.

2618 Melior tutiorque est certa pax quam sperata victoria.

Livius, Ab urbe condita 30,30,19

Besser und gefahrloser ist ein sicherer Friede als ein erhoffter Sieg.

2619 Veni, vidi, vici.

Sueton, Divus Iulius 37,2. Vgl. Plutarch, Caesar 50,3 Seneca Maior, Suasoriae 2,22 Seneca, Epistulae morales 71,37. Vgl. Democrates (Demokritos) Diels/Kranz 85 G. Ibscher XV 8: ho kosmos skene, ho bios parodos; elthes, eides, apelthes. Die Welt ist die Bühne; das Leben ist der Durchzug des Chors; du kommst, siehst und gehst. – Terenz, Phormio I.2.53 f.

Ich kam, sah und siegte.

Botschaft Caesars an Gaius Matius in Rom nach dem raschen Sieg über Pharnaces II., den König von Pontus, in der Schlacht bei der Stadt Zela in Kleinasien am 2.8.47 v. Chr. Dieser Sieg soll das Werk weniger Stunden gewesen sein. Caesar erkannte die taktische Schwäche in der Aufstellung der feindlichen Streitkräfte sofort und nutzte den Fehler des Pharnaces für sich aus. Im Triumphzug in Rom im Jahr 46 v. Chr. wurde für den Pontischen Sieg eine Tafel mit der Aufschrift (titulus) VENI.VIDI.VICI. vorangetragen. Die drei gleich an- und auslautenden Worte wurden wegen ihrer packenden Kürze und Steigerung, Klimax, zum wohl bekanntesten Zitat Caesars. – Zur Frage der Originalität des Ausspruchs vgl. H. Gesche 135.

Palma non sine pulvere.   **2620**

Nach Horaz, Epistulae 1,1,51

Ohne Anstrengung kein Sieg[1].

[1] Ein Palmzweig war das Zeichen für die Sieger in den olympischen Wettkämpfen und bei den römischen Spielen.

Qui vincitur, vincit.   **2621**

Petron, Satyricon 59

Wer sich besiegen läßt, siegt.

Der Klügere gibt nach.

Bis vincit, qui se vincit in victoria.   **2622**

Publilius Syrus, Sententiae B 21

Zweimal siegt, wer sich im Siege selbst besiegt.

… ut colitur Pax atque Fides, Victoria, Virtus …   **2623**

Juvenal, Saturae 1,115

… wie man die Gottheit des Friedens verehrt, der Treue, des Siegs und der Tugend …

Tandem vicisti, Galilaee!   **2624**

Philostorgios 7,15 Theodoretos von Kyrrhos, Hist. Eccl. 3,25,7 Otto von Freising, Chronica 4,10: Vicisti, Galilee.

Du hast doch gesiegt, Galiläer!

Flavius Claudius Julianus, römischer Kaiser 361–363, von den Christen Apostata, der Abtrünnige, genannt, war vom Christentum abgefallen und versuchte eine Restauration des Heidentums. Im Perserkrieg starb er an einer Verwundung in Ktesiphon. – Der Legende nach soll Julian diesen Ausruf blasphemisch in seiner Sterbestunde getan haben. Mit dem wenig ehrenvollen Namen Galiläer pflegte er die Christen zu bezeichnen, die stolz auf den Namen ihres Erlösers waren. Christliche Kreise deuteten die Äußerung als letzte Einsicht Julians in die Überlegenheit des Gottes, dessen Anhänger er als Kaiser verfolgt hatte.

Nobile genus vincendi est patientia; vincit,   **2625**
qui patitur; si vis vincere, disce pati!

MA H. Walther 16 974 Vgl. Werner / Flury n 82

Eine edle Art zu siegen ist Ausdauer; es siegt,
wer dulden kann; willst du siegen, so lerne ausdauernd zu sein.

→ *Cato Minor*	Victrix causa deis placuit, sed victa Catoni. Nr. **272**
→ *Geist*	Omnia deficiunt: animus tamen omnia vincit; / ille etiam vires corpus habere facit. Nr. **717**
→ *Griechenland*	Graecia capta ferum victorem cepit et artis / intulit agresti Latio. Nr. **1014**
→ *hoffen / Hoffnung*	Una salus victis nullam sperare salutem. Nr. **190**
→ *Kreuz*	In hoc signo vinces. Nr. **1411**
→ *Römer*	Romanus sedendo vincit. Nr. **2329**
→ *Schiff*	Ratis omnia vincet. Nr. **2444**

Sinn

2626 De bonis ac malis sensus non iudicat; quid utile sit, quid inutile, ignorat … Ratio arbitra est bonorum ac malorum.
Seneca, Epistulae morales 66,35
Über gut und schlecht vermögen die Sinne nicht zu urteilen;
was nützlich ist, was unnütz, wissen sie nicht … Die Vernunft ist
die Richterin über Gut und Böse.

2627 Quod sensus ostendit, id credit animus.
Nach Seneca, Epistulae morales 117,12
Was die Sinneswahrnehmung zeigt, glaubt der Geist.

2628 Sensus non aetas invenit sapientiam.
Publilius Syrus, Sententiae S 7
Verstand, nicht Alter läßt die Weisheit finden.

2629 Nihil est in intellectu, quod non prius fuerit in sensu.
Nach Aristoteles, De anima 3,47,8 Cicero, De finibus 1,19,64: Quicquid porro animo cernimus, id omne oritur a sensibus. Was wir mit dem Geist sehen, das entspringt alles aus den Sinnen. Thomas von Aquin, Quaestiones disputatae de veritate 11,1,13: quod enim est in sensu magis est obliquum eo quod est in intellectu. Was nämlich in den Sinnen ist, weicht eher vom Richtigen ab als das, was im Verstand ist. Jüssen / Krieger / Schneider. Vgl. A. Schopenhauer, Die Welt als Wille und Vorstellung II. I Kap. 7
Nichts ist im Verstand, was nicht vorher in der Sinneswahrneh-
mung war.

G. W. Leibniz schränkte den bekannten Satz ein durch den Zusatz nisi intellectus ipse ausgenommen der Verstand selbst. Nouveaux essais, 2,1,2,
1704. – Der Lehrsatz drückt den Grundgedanken des Sensualismus aus:
Vor der begrifflichen Erkenntnis steht die Erfahrung durch die Sinne. John
Locke u. a. lehrten, die Seele sei ursprünglich leer, eine tabula rasa, ein
unbeschriebenes Blatt. → *Tafel* tabula rasa Nr. **2829**

→ *Kopf*   Quot capita, tot sensus. Nr. **1381**

Sitte

Ut homines sunt, ita morem geras.   **2630**

Terenz, Adelphoe 431: Ut homo est, ita morem geras! Plautus, Mostellaria
725. Vgl. Otto, homo 826.

Wie die Menschen sind, so richte dein Benehmen ein!
Nimm die Menschen, wie sie sind.

Nunc hic dies aliam vitam defert, alios mores postulat.   **2631**

Terenz, Andria 189

*Jetzt bringt der heutige Tag ein anderes Leben und verlangt
auch andere Sitten.*

O tempora, o mores!   **2632**

Cicero, In Catilinam oratio 1,1,2 De domo sua oratio 137 In Verrem actio
secunda 4,25,56 Pro rege Deiotaro oratio 31 Martial, Epigrammata 9,70
vv.1;5;9;10 Seneca Maior, Suasoriae 6,3 Hieronymus, Adversus Helvidi-
um 16

O diese Zeiten, o diese Sitten!
Ein Klageruf über Zeitgeist und Sittenverfall in Rom 63 v. Chr., der zum
geflügelten Wort wurde. Heute wird das Zitat nur noch ironisch gebraucht.

more Romano   **2633**

Z. B. Sallust, De coniuratione Catilinae 29,3; 33,1 Cicero, Epistulae ad
familiares 7,5,3

nach römischer Sitte, aus aufrichtiger Gesinnung

mos maiorum   **2634**

Z. B. Cicero, De legibus 2,23 Pro Murena oratio 1,1

die Sitte der Vorfahren
Der Begriff bezeichnet die Orientierung der Römer an Sitte und Beispiel
der Vorfahren.

Sera numquam est ad bonos mores via.   **2635**

Seneca, Agamemnon 242

Der Weg zu guten Sitten wird niemals zu spät beschritten.

2636 Desinit esse remedio locus, ubi quae fuerant vitia, mores sunt.
Seneca, Epistulae morales 39,6

Jedes Heilmittel bleibt unwirksam, wo Sitte geworden ist, was einst Laster war.

2637 Plusque ibi boni mores valent quam alibi bonae leges.
Tacitus, Germania 19

Und mehr vermögen dort[1] gute Sitten als anderswo[2] gute Gesetze.
[1] bei den Germanen [2] in Rom

2638 Bonos corrumpunt mores congressus mali.
Tertullian, Ad uxorem 1,8. Vgl. NT 1 Korinther 15,33: Corrumpunt mores bonos colloquia mala. Hieronymus, Epistulae 70,2: Corrumpunt mores bonos confabulationes pessimae. Üble Gespräche verderben die guten Sitten. Nach Menander fr. 218

Schlechter Umgang verdirbt gute Sitten.
Ermahnung zur Vorsicht in der Wahl des Umgangs.

2639 Moribus egregiis facias tibi nomen honestum.
Cato (Columbanus), Monosticha 4,13

Durch ausgezeichnetes Benehmen mache dir einen ehrenvollen Namen.

2640 Si fueris Romae, Romano vivito more!
  Cum fueris alibi, vivito sicut ibi!
MA H. Walther 4 176 Werner / Flury s 88 Wohl nach Augustinus, Epistulae 54,2,3 (Migne 33,201): Auf die Frage des Ianuarius, wie er sich verhalten solle, gibt Augustin die folgende Antwort des Bischofs Ambrosius von Mailand wieder: Cum Romam venio, jejuno sabbato; cum hic (i.e. Mediolani) sum, non jejuno. Sic etiam tu, ad quam forte ecclesiam veneris, eius morem serva, si cuiquam non vis esse scandalo nec quemquam tibi. Wenn ich nach Rom komme, faste ich am Sabbat; wenn ich hier in Mailand bin, tue ich es nicht. So beobachte auch du, wenn du in irgendeine Gemeinde kommst, ihren Gebrauch, dann wirst du es vermeiden, daß jemand an dir oder du an jemandem Ärgernis nimmst.

Bist du in Rom, so lebe nach römischer Sitte!
  Wenn du anderswo bist, benimm dich, wie es dort üblich ist!
Man muß mit den Wölfen heulen.

2641 Turpia peiores reddunt proverbia mores.
MA Werner / Flury t 55

Unanständige Redensarten verderben die Sitten.

→ *Charakter* Honores mutant mores. Nr. **277**

→ *Natur*	Ad mores natura recurrit / damnatos fixa et mutari nescia. Nr. **1976**
→ *Staat*	Moribus antiquis res stat Romana virisque. Nr. **2693**
→ *Tugend*	Omne honestum in arduo est. Nr. **2990**
→ *Wissenschaft*	Qui proficit in litteris et deficit in moribus, plus deficit quam proficit. Nr. **3360**

Sklave

Inter dominum et servum nulla amicitia est.   **2642**
Curtius Rufus, Historiae Alexandri Magni Macedonis 7,8,35
Zwischen Herrn und Sklaven gibt es keine Freundschaft.

Errat, si quis existimat servitutem in totum hominem descende- **2643**
re. Pars melior eius excepta est.
Seneca, De benficiis 3,20,1
Es irrt, wenn einer glaubt, das Sklaventum dringe in den Men-
schen völlig ein. Sein besserer Teil ist davon ausgenommen.
M. Rosenbach

Totidem hostes, quot servi.   **2644**
Seneca, Epistulae morales 47,5 Macrobius, Saturnalia 1,11,13: arrogan-
tissimum ... illud proverbium: ... totidem hostes nobis esse, quot servos.
jenes überaus anmaßende Sprichwort, wir hätten ebensoviele Feinde, wie
wir Sklaven besäßen.
Wieviele Sklaven (du hast), soviele Feinde (hast du).

Qualis dominus, talis et servus *est.*   **2645**
Petron, Satyricon 58,3
Wie der Herr, so sein Sklave.
Wie der Herr, so's G'scherr.

Amici, et servi homines sunt.   **2646**
Petron, Satyricon 71,1. Vgl. Seneca, Epistulae morales 47,1
Freunde, auch Sklaven sind Menschen.

Lingua mali pars pessima servi.   **2647**
Juvenal, Saturae 9,121
Die Zunge ist der übelste Teil eines schlechten Sklaven.

Heri servus, hodie liber.   **2648**
Digesta 47,10,7,2
Gestern noch Sklave, heute ein freier Mann.

→ *Herr*   Nemo potest duobus dominis servire. Nr. **1130**

→ *Schwein*   Non homines habitare mecum hic videntur, sed
              sues. Nr. **2541**

Skylla

2649 Incidit in Scyllam, qui vult vitare Charybdim.

Walter von Châtillon, 1135–1179, Alexandreis 5,301: Incidis in Scyllam
cupiens vitare Charybdim. Vgl. Homer, Odyssee 12,85 f. Cicero, Actio in
Verrem II 5,146 Vergil, Aeneis 3,420 Seneca, Epistulae morales 79,1;
92,8

*Es fällt in die (Hände der) Skylla[1] (das eine Übel), wer die
Charybdis[2] (das andere Übel) vermeiden will.*

[1] sagenhaftes vielarmiges Ungeheuer auf einem Felsen in der Straße von
Messina [2] gefährlicher Strudel auf der gegenüberliegenden Seite. Odysseus verlor hier vier seiner Gefährten. – Vom Regen in die Traufe kommen.

Soldat

2650 Laeso et invicto militi.

Inschrift am Berliner Invalidendom

Dem verwundeten und unbesiegten Soldaten.

→ *Mönch*   Desperatio aut facit militem aut monachum.
             Nr. **1869**

Sommer

2651 Non semper erit aestas, componite nidos.

MA H. Walther 18 408a Wander 4,605,9

Es wird nicht immer Sommer sein, darum baut Nester!

→ *Frühling* Una hirundo non efficit ver. Nr. **651**

→ *Frühling* Poma dat autumnus; formosa est messibus aestas;
              ver praebet flores; igne levatur hiems. Nr. **1108**

Sonne

2652 Nunc quidem paulum a sole!

Cicero, Tusculanae disputationes 5,92 Plutarch, Alexander 14

Geh mir nur ein wenig aus der Sonne!

Antwort des Kynikers Diogenes, als Alexander der Große, reg. 336–323
v. Chr., ihm die Erfüllung eines Wunsches anbot.

Plures adorant solem orientem quam occidentem.   **2653**
Lateinische Übersetzung eines Satzes von Plutarch, Pompeius 14. Vgl.
Erasmus von Rotterdam, Adagia 2 215 Wander 4,612,22 u.ö.

Die aufgehende Sonne hat mehr Anbeter als die untergehende.
Sarkastisch-philosophische Äußerung des Pompeius zu Cinna über sein
eigenes wachsendes Ansehen im Vergleich mit der sinkenden Macht des
Sulla, Diktator 82–79 v.Chr.

Indicio Solis – quis Solem fallere possit?   **2654**
Ovid, Ars amatoria 2,573

Weil es ihm der Sonnengott zutrug – wer könnte die Sonne täu-
schen?
Vgl.: Die Sonne bringt es an den Tag.

Sol omnibus lucet.   **2655**
Petron, Satyricon 100

Die Sonne leuchtet für alle.
Die Natur verteilt ihre Gaben ohne Unterschied.

Nihil utilius sale et sole.   **2656**
Plinius Maior, Naturalis historia 31,102 Wander 3,113,68 u.ö.

Nichts ist nützlicher als das Salz und die Sonne.
Lobpreis des Salzes und des Sonnenlichts. – Lateinisches Wortspiel.

Quid curo stellas, si mihi, Phoebe, faves.   **2657**
Wander 4,618,186

Wem die Sonne scheint, der fragt nicht nach den Sternen.

Sol salutis / Sol iustitiae   **2658**

Sonne des Heils / Sonne der Gerechtigkeit
D.h. Jesus Christus

→ *Abend*   Nondum omnium dierum sol occidit. Nr. **2**
→ *neu*   Nihil sub sole novum. Nr. **2030**
→ *Regen*   Post nubila Phoebus. Nr. **2263**
→ *Zorn*   Sol non occidat super iracundiam vestram. Nr. **3474**

Sorge

Est difficilis cura rerum alienarum.   **2659**
Cicero, De officiis 1,30

Schwierig ist die Sorge für fremde Anliegen.

2660 Sub noctem cura recursat.
Vergil, Aeneis 1,662

Während der Nacht kommt die Sorge zurück.

2661 Post equitem sedet atra cura.
Horaz, Carmina 3,1,40

Hinter dem Reiter sitzt die schwarze Sorge.
… um mit ihm zu reiten.

2662 Curae leves loquuntur, ingentes stupent.
Seneca, Phaedra 607

Die kleinen Sorgen reden, die großen sind stumm.

2663 Valete, curae mortales!
Petron, Satyricon 79

Lebt wohl, ihr Sorgen dieser Welt!
Enkolpius auf dem Liebeslager.

2664 Curarum vacuus hunc adeas locum, ut morborum vacuus abire queas; non curatur, qui curat.
Inschrift auf Badeanstalten zur Zeit des Kaisers Antoninus Pius, reg. 138–161 n. Chr.

Frei von Sorgen betritt diesen Ort, damit du ihn von Krankheiten befreit verlassen kannst; wer Sorgen hat, wird nicht geheilt.

2665 Iacta super Dominum curam tuam.
📖 AT Psalm 55(54),23. Vgl. NT 1 Petrus 5,7: omnem sollicitudinem vestram proicientes in eum, quoniam ipsi cura est de vobis. Werft alle eure Sorge auf ihn, denn er kümmert sich um euch.

Wirf deine Sorge auf den Herrn!

→ *Geld* Crescentem sequitur cura pecuniam. Nr. **738**

Sparsamkeit

2666 Magnum vectigal est parsimonia.
Cicero, Paradoxa Stoicorum 49. Vgl. De re publica 4,7,7: Optimum autem et in privatis familiis et in re publica vectigal duco esse parsimoniam. Für die beste Einnahmequelle in privaten Familien wie im Staat halte ich die Sparsamkeit.

Eine große Einnahmequelle ist die Sparsamkeit.

2667 Non esse emacem vectigal est.
Cicero, Paradoxa Stoicorum 51

Nicht kaufsüchtig zu sein ist gewissermaßen eine Einnahmequelle.

Parsimonia est scientia vitandi sumptus supervacuos aut ars re **2668**
familiari moderate utendi.
Seneca, De beneficiis 2,34,4

Sparsamkeit ist das Geschick, überflüssigen Aufwand zu ver-
meiden oder die Fähigkeit, mit seinem Vermögen behutsam um-
zugehen.

Sera parsimonia in fundo est. Variante: … in imo est. **2669**
Seneca, Epistulae morales 1,5 nach Hesiod, Werke und Tage 369
MA H. Walther 28 057 a

Zu spät kommt Sparsamkeit, wenn man schon auf dem Grund
(des Vorratsgefäßes) angekommen ist.

→ *kaufen* Emas non quod opus est, sed quod necesse est;
quod non opus est, asse carum est. Nr. **1313**

spät

Sero sapiunt Phryges. **2670**
Vgl. Cicero, Epistulae ad familiares 7,11(16),1

Zu spät werden die Phrygier klug.
Zu spät kommt kluger Rat. – Im 10. Kriegsjahr erst begannen die Trojaner
(Phrygier) über eine Rückgabe der geraubten Helena an die Griechen
nachzudenken.

Potius sero quam numquam. **2671**
Livius, Ab urbe condita 4,2,11 Quintilian, De institutione oratoria 2,17,12

Lieber spät als nie.

→ *Fest* Post festum venisti. Nr. **525**

Speise

Unde fames homini vetitorum tanta ciborum est? **2672**
Ovid, Metamorphoses 15,138

Warum hungert den Menschen so sehr nach verbotener Speise?
Im engeren Zusammenhang: Verurteilung von Tieropfern und Verzehr des
Fleisches der Opfertiere unter dem Aspekt der von dem Philosophen Py-
thagoras gelehrten Seelenwanderung.

Copia ciborum subtilitas impeditur. **2673**
Seneca, Epistulae morales 15,3

Durch die Menge der Speisen wird der Scharfsinn gehemmt.

2674 A cibo bis cocto, a medico indocto,
a mala muliere, libera nos, Domine!
Wander 4,682,3

Vor aufgewärmter Speise, vor Ärzten, die nicht weise,
und den bösen Weibern bewahre uns, o Herr!

Spiel / spielen

2675 Sic ne perdiderit, non cessat perdere lusor.
Ovid, Ars amatoria 1,451

Um nicht zu verlieren, hört der Spieler nicht auf zu verlieren.

2676 Nuda per lusus pectora nostra patent.
Ovid, Ars amatoria 3,372

Durchs Spiel liegt unser Herz offen da. N. Holzberg
Im Spiel lernt man die Menschen kennen.

2677 Dum licet et veros etiam nunc editis annos,
    ludite! Eunt anni more fluentis aquae.
Ovid, Ars amatoria 3,61 f.

Solang' ihr noch könnt und eure wahren Jahre noch nennt,
    spielt das Spiel der Liebe! Wie fließendes Wasser eilen die
Jahre dahin.

2678 Lusus habet finem.
Ovid, Ars amatoria 3,809
Das Spiel ist zu Ende.
Beginn des kurzen Epilogs der Ars amatoria.

2679 Sunt etiam nonnulli acuendis puerorum ingeniis non inutiles
lusus.
Vgl. Quintilian, De institutione oratoria 1,3,11
Auch manche Spiele sind zur Schärfung des kindlichen Verstan-
des durchaus nützlich.

2680 Mores inter ludendum se simplicius detegunt.
Quintilian, De institutione oratoria 1,3,12
Der Charakter (von Kindern) offenbart sich leichter im Spiel.

2681 Lusus bonus non sit nimius.
Wander 4,696,57; 698,82 f.
Ein gutes Spiel soll bald aufhören.

Pro patria est, dum ludere videmur.   **2682**
Motto des englischen Jockeyklubs Fried 90 Lipperheide 919
Dem Vaterland gilt's, während wir zu spielen scheinen.

→ *Brot*   Panem et circenses. Nr. **250**
→ *hoffen / Hoffnung* Inveni portum, Spes et Fortuna valete!
                         Sat mihi lusistis, ludite nunc alios! Nr. **1200**
→ *Mensch*   homo ludens Nr. **1825**

Sprache

Qualis homo, talis eius oratio.   **2683**
Cicero, Tusculanae disputationes 5,47
Wie der Mensch ist, so ist seine Sprache.
Wie seine Sprache, so der Mensch.

Societatis humanae vinculum est ratio et oratio.   **2684**
Cicero, De officiis 1,50
Das Band der menschlichen Gesellschaft bilden Vernunft und
Sprache.

Veritatis simplex est oratio.   **2685**
Seneca, Epistulae morales 49,12. Vgl. Euripides, Die Phönikerinnen 469
Die Sprache der Wahrheit ist einfach.

Talis hominibus fuit oratio, qualis vita.   **2686**
Seneca, Epistulae morales 114,1
So sprechen die Menschen, wie sie leben. M. Rosenbach

Oratio certam regulam non habet: consuetudo illam civitatis, **2687**
quae numquam in eodem diu stetit, versat.
Seneca, Epistulae morales 114,13
Die Sprache kennt keine feste Regel: der Sprachgebrauch der
Bürger, der nie lange auf der Stelle tritt, ändert sie.

Oratio cultus animi est.   **2688**
Seneca, Epistulae morales 115,2
Die Sprache ist das Kleid der Seele. M. Rosenbach

Nec sine causa Graeci prodiderunt, ut vivat, quemque etiam **2689**
dicere.
Quintilian, De institutione oratoria 11,1,30
Nicht ohne Grund haben die Griechen überliefert: Wie jeder
lebe, so spreche er auch.

2690 Sermo datur cunctis, animi sapientia paucis.

Catonis disticha 1,10 b

Sprache ist allen gegeben, Weisheit des Herzens nur wenigen.

2691 Sermo hominum mores et celat et indicat idem.

Catonis disticha 4,20 b

Die Sprache der Menschen verbirgt und verrät zugleich ihren Charakter.

springen

→ *Rhodos*   Hic Rhodus, hic salta! Nr. **2295**

Spur

→ *schrecken / Schrecken*   Me vestigia terrent. Nr. **2501**

Staat

2692 Unus homo nobis cunctando restituit rem.

Ennius, Annales 12,2,370 Skutsch Vergil, Aeneis 6,846. Vgl. Livius 22,8 ff. Der berühmte Vers wurde vielfach zitiert, z.B. Cicero, De officiis 1,84 De senectute 10 Epistulae ad Atticum 2,19,2 Livius, Ab urbe condita 30,26,9 Ovid, Fasti 2,242 Seneca, De beneficiis 4,27,2 Plinius Maior, Naturalis historia 22,5,10 Silius Italicus, Punica 7,126; 151 16,673 Sueton, Tiberius 21 Hieronymus, Adversus Rufinum 3,29 Epistulae 77,2 Macrobius, Saturnalia 6,1,23 Servius zu Vergil, Aeneis 6,845 f. Valerius Maximus, Facta et dicta memorabilia 7,3,7

Ein Mann[1] hat uns durch sein Zaudern den römischen Staat wieder errichtet.

[1]Quintus Fabius Maximus, Beiname Cunctator, der Zauderer, bewahrte im 2. Punischen Krieg nach der Schlacht bei Cannae 216 v.Chr. durch seine hinhaltende Taktik gegenüber Hannibal den römischen Staat vor einer weiteren größeren Niederlage.

2693 Moribus antiquis res stat Romana virisque.

Ennius, Annales 156 Cicero, De re publica 5,1 Historia Augusta, Vita Avidii Cassii 5,7 Augustinus, De civitate Dei 2,21

Auf seinen alten Sitten und Männern der alten Art beruht der römische Staat.

2694 Res publica est res populi. Populus autem est … coetus multitudinis iuris consensu et utilitatis communione sociatus.

Cicero, De re publica 1,39 Augustinus, De civitate Dei 2,21

Der Staat ist die Sache des Volkes. Das Volk aber ist der Zu-
sammenschluß einer großen Zahl von Menschen, die sich in
Übereinstimmung hinsichtlich des Rechts zu gemeinsamem
Nutzen vereinigt hat.

Nulla alia in civitate, nisi in qua populi potestas summa est, **2695**
ullum domicilium libertas habet; qua quidem certe nihil potest
esse dulcius.

Cicero, De re publica 1,47

In keinem anderen Staat, als in dem, in welchem das Volk die
höchste Macht besitzt, hat die Freiheit irgendeine Wohnstatt,
und nichts kann doch anziehender sein als die Freiheit.

Quid est civitas nisi iuris societas civium?   **2696**

Cicero, De re publica 1,49

Denn was ist der Staat anderes als die Rechtsgemeinschaft sei-
ner Bürger?

Lege carens civitas estne ob id ipsum habenda nullo loco?   **2697**

Cicero, De legibus 2,12

Muß man aber nun nicht einen Staat, der keine Gesetze hat, ge-
rade deswegen für utopisch halten?

In optimorum consiliis posita est civitatum salus.   **2698**

Cicero, De re publica 1,51

Das Wohl der Staaten ist auf den Rat seiner besten Männer ge-
gründet.

Naturales sunt quaedam conversiones rerum publicarum.   **2699**

Cicero, De divinatione 2,6

Gewisse Umwälzungen in den Staaten sind natürlich.

Cicero gibt Gedanken aus Platos ‚Staat‘, Buch VIII, wieder.

Quae tam firma civitas est, quae non odiis et discidiis funditus **2700**
possit everti?

Cicero, De amicitia 23

Welcher Staat ist so stark, daß er nicht durch Haß und Zer-
würfnis von Grund auf zerstört werden könnte?

Nunc quidem novo quodam morbo civitas moritur.   **2701**

Cicero, Epistulae ad Atticum 2,20,3 Geschrieben in Rom, Mitte Juli 59
v. Chr.

Zur Zeit siecht die Bürgerschaft an einer ganz neuen Krankheit
dahin. H. Kasten

2702 De civitate Dei

Vollständiger Titel: Ad Marcellinum De Civitate Dei contra paganos libri viginti duo. An Marcellinus über den Gottesstaat gegen die Heiden 22 Bücher. Titel des Hauptwerks des Kirchenschriftstellers Aurelius Augustinus, begonnen 413, beendet 426. Es ist einem Freund Augustins, dem kaiserlichen Notar Marcellinus, der in Karthago residierte, gewidmet. Das geschichtsphilosophische Werk enthält die Lehre von der civitas Dei, dem Gottesstaat auf Erden, der christlichen Kirche, und der civitas terrena, dem irdischen Staat. An einigen Stellen sagt Augustinus statt civitas terrena: civitas diaboli, Staat des Teufels.

Der Gottesstaat

2703 Remota iustitia quid sunt regna nisi magna latrocinia?

Augustinus, De civitate Dei 4,4

Was sind Staaten (Reiche), wenn die Gerechtigkeit beseitigt wurde, anderes als große Räuberbanden?

→ *Eintracht*	Concordia parvae res crescunt, discordia maxumae dilabuntur. Nr. **359**
→ *Gerechtigkeit*	Iustitia fundamentum regnorum. Nr. **775**
→ *Gesetz*	Corruptissima res publica, plurimae leges. Nr. **806**
→ *Schaden*	Videant consules, ne quid res publica detrimenti capiat. Nr. **2380**

Stachel

2704 Quae inscitia est,
adversum stimulum calces iactare.

Terenz, Phormio 77f. Vgl. Ammianus Marcellinus, Res gestae 18,5,1 Actus Apostolorum 9,5; 26,14

Welche Torheit ist es, gegen den Stachel auszuschlagen (… zu löcken).

D.h., unklugen Widerstand zu leisten.

2705 Durum est tibi contra stimulum calcitrare.

📖 NT Actus Apostolorum 9,5; 26,14

Es wird dir schwerfallen, gegen den Stachel auszuschlagen.

Die Bekehrung des Saulus – Damaskuserlebnis

2706 Ubi est mors victoria tua? Ubi est mors stimulus tuus?
Stimulus autem mortis peccatum est: virtus vero peccati lex.

📖 NT 1 Korinther 15,55f. Vgl. AT Hosea 13,14

Tod wo ist dein Sieg? Tod wo ist dein Stachel?
Der Stachel des Todes aber ist die Sünde, die Kraft der Sünde
aber ist das Gesetz.

Stadt

ab urbe condita Abk.: a.u.c.   **2707**
Z. B. Cicero, In Catilinam oratio 3,15. Vgl. Livius, Ab urbe condita, Prae-
fatio 6; 1,7,3: condita urbs conditoris nomine appellata. Die gegründete
Stadt wurde nach dem Namen des Gründers *Romulus* genannt.

seit Gründung der Stadt (Rom) i. J. 753 v. Chr.
Das Jahr 753 ist der Beginn der römischen Zeitrechnung, die durch die
christliche Zeitrechnung abgelöst wurde.

Titi Livi(i) (rerum Romanarum) ab urbe condita libri   **2708**

Des Titus Livius Bücher (über die Römische Geschichte) seit
Gründung der Stadt
Von der Gründung der Stadt an ist der Titel der Römischen Geschichte
des Titus Livius, 59 v. Chr.–17 n. Chr., die 142 Bücher umfaßte, von denen die Bücher 1–10 und 21–45, ab 41 lückenhaft, erhalten sind. Das
Werk wurde ca. 27 v. Chr. begonnen. – Zu jedem einzelnen Buch sind Pe-
riochae, Auszüge, überliefert, die wohl aus dem 4. Jahrhundert stammen.

urbi et orbi   **2709**
Ovid, Fasti 2,684 Ars amatoria 1,174: Ingens orbis in Urbe fuit. Die ganze
Welt war in der Stadt vereint. Vgl. Cornelius Nepos, Atticus 20,5

der Stadt (Rom) und dem ganzen Erdkreis
d. h., der ganzen Welt spendet der Papst am Ostersonntag vom Balkon der
Peterskirche in Rom aus den Segen.

stark / Stärke

Nihil tam firmum est, cui periculum non sit ab invalido.   **2710**
Curtius Rufus, Historiae Alexandri Magni Macedonis 7,8,34

Nichts ist so stark, daß ihm nicht auch von einem Schwachen
Gefahr drohte.

→ *Geist*   Ingenio pollet, cui vim natura negavit. Nr. **723**

Statue

taciturnior statua   **2711**
Horaz, Epistulae 2,2,83

stummer als eine Statue
Vgl.: stumm wie ein Fisch

→ *Welt*   Mundus est Dei viva statua. Nr. **3332**

Staub

2712 Pulvis et umbra sumus.
Horaz, Carmina 4,7,16

Wir sind nur Staub und Schatten.

2713 … donec revertaris in terram, de qua sumptus es:
quia pulvis es et in pulverem reverteris.
📖 AT Genesis 3,19

… bis du zurückkehrst zur Erde, von der du genommen bist.
Denn Staub bist du, zum Staub mußt du zurück.
Gott zu Adam nach dem Sündenfall.

Stein

2714 Sisyphi saxum versare
Cicero, Tusculanae disputationes 1,10

den Stein des Sisyphus wälzen
Eine Arbeit tun, die nie zu Ende gebracht werden kann.

2715 Gutta cavat lapidem non vi, sed saepe cadendo.
Lateinische Übersetzung nach Choirilos von Samos, fr. 11. Vgl. Ovid,
Epistulae ex Ponto 4,10,5: Gutta cavat lapidem, consumitur anulus usu.
Steter Tropfen höhlt den Stein, durch ständiges Tragen wird ein Ring ab-
genutzt. Ars amatoria 1,473; 475 Lukrez, De rerum natura 1,313: stilicidi
casus lapidem cavat. Der Fall des Tropfens höhlt den Stein.

Der Tropfen höhlt den Stein, nicht durch seine Kraft, sondern
durch sein häufiges Fallen.

2716 Gutta cavat lapidem non vi, sed saepe cadendo.
Sic addiscit homo non vi, sed saepe legendo.
MA Werner / Flury g 36 H. Walther 10 508. Vgl. 10 508 a; 10 509; 32 286

Der Tropfen höhlt den Stein, nicht durch seine Kraft, sondern
durch oftmaliges Fallen. So lernt der Mensch dazu, nicht mit
Gewalt, sondern durch häufiges Lesen.

2717 Lapis niger

der schwarze Stein
Vor der Kurie, dem altrömischen Rathaus auf dem Forum Romanum in
Rom, befinden sich über einer Gruft sechs Reihen schwarzer Steine, unter
denen man das Grab des Stadtgründers Romulus vermutete.

2718 lapis philosophorum
Griechisch: lithos ton philosophon. Begriff der Alchemie. Vgl. C. Priesner
/ K. Figala, Alchemie, 1998, Stichwort Lapis philosophorum 215 ff.,

Stein der Weisen

Bei Paracelsus philosophischer Stein, urspr. der zum Goldmachen dienen soll, übertr. grundlegende Erkenntnis. H. Paul 846

Saxa loquentur. **2719**

Lukan, De bello civili 6,618

Die Steine werden zu uns reden.

lapis offensionis **2720**

AT Jesaias 8,14 NT 1 Petrus 2,8

der Stein des Anstoßes

Amen dico vobis, non relinquatur hic lapis super lapidem, qui **2721** non destruatur.

NT Matthaeus 24,1

Amen, das sage ich euch: Kein Stein wird hier auf dem anderen bleiben; alles wird niedergerissen werden.

Jesus Christus sagt die Zerstörung des Tempels von Jerusalem voraus.

Dico vobis, quia si hi tacuerint, lapides clamabunt. **2722**

NT Lukas 19,40

Ich sage euch: Wenn sie schweigen, werden die Steine schreien.

Jesus Christus zu den Pharisäern, die verlangten, daß er die Jünger zum Schweigen bringe.

Qui sine peccato est vestrum, primus in illam lapidem mittat. **2723**

NT Johannes 8,7

Wer von euch ohne Sünde ist, werfe als erster einen Stein auf sie.

Jesus' Antwort auf die Frage, was mit der ihm vorgeführten Ehebrecherin, die nach dem Gesetz des Moses hätte gesteinigt werden müssen, geschehen solle.

sterben

Qui per virtutem periit, at non interit. **2724**

Plautus, Captivi 690

Wer um der Tugend willen stirbt, geht nicht zugrund. W. Binder / W. Hofmann

Homini necesse est mori. **2725**

Cicero, De fato 9,17

Alle Menschen müssen sterben.

2726 Usque adeone mori miserum est?

Vergil, Aeneis 12,646 Zitiert von Seneca, Epistulae morales 101,13 Sueton, Nero 47 Macrobius, Saturnalia 5,16,7

Ist denn das Sterben so schlimm? Thassilo von Scheffer, August Vezin

Turnus im vergeblichen Kampf gegen Aeneas und die Trojaner zu seiner Schwester Juturna in Gestalt des Metiskus.

2727 Longius aut propius mors sua quemque manet.

Properz, Elegiae 2,28,58

Ob früher oder später, auf jeden wartet sein Tod.

2728 Non omnis moriar multaque pars mei
   vitabit Libitinam[1].

Horaz, Carmina 3,30,6f.

Ich werde nicht ganz sterben, ein großer Teil von mir wird dem Tod entgehen.

[1] Libitina: Leichengöttin, in deren Tempel man die Bestattung organisieren lassen konnte. Hier wurden auch die Totenlisten geführt.

2729 Homo totiens moritur, quotiens amittit suos.

Publilius Syrus, Sententiae H 13

Der Mensch stirbt so oft, wie er einen der Seinen verliert.

2730 Lex universa est, quae iubet nasci et mori.

Publilius Syrus, Sententiae L 5

Es ist allgemeines Gesetz, das befiehlt, geboren zu werden und zu sterben.

2731 Omnia mors poscit; lex est, non poena, perire.

Seneca, Epigrammata De qualitate temporis VII. v.7

Alles fordert der Tod ein; Gesetz ist es, nicht Strafe, daß man stirbt.

2732 Nemo nisi suo die moritur.

Seneca, Epistulae morales 69,6

Niemand stirbt vor seiner Zeit.

2733 Bene autem mori est libenter mori.

Seneca, Epistulae morales 61,2

Gut sterben aber heißt gern sterben.

2734 Aequat omnes cinis. Impares nascimur, pares morimur.

Seneca, Epistulae morales 91,16

Die Asche (Der Tod) macht alle gleich. Ungleich werden wir geboren, gleich sind wir, wenn wir sterben.

Imperatorem stantem mori oportet.   **2735**

Sueton, Divus Vespasianus 24

Für einen Kaiser schickt es sich, stehend[1] zu sterben.

[1] d. h. gewaltsam, nicht im Bett.

Auf dem Krankenlager murmelte Kaiser Vespasian, reg. 69–79 n. Chr.,
diese Worte und versuchte vergeblich, sich noch einmal aufzurichten. Er
starb in den Armen der Umstehenden. – Von den 87 röm. Kaisern starben
nur wenige eines natürlichen Todes.

Omnino nihil est aliud tempus vitae huius, quam cursus ad **2736**
mortem.

Augustinus, De civitate Dei 13,10

*Überhaupt ist unsere Lebenszeit nichts anderes als ein Lauf
zum Tode.*

Memento mori!   **2737**

Vgl. Persius, Satirae 5,153: Vive memor leti. Lebe eingedenk des Todes!
Seneca, Epistulae morales 26,10: Meditare mortem … Denke an den Tod
… MA H. Walther 1 463 a. – Gedicht, verfaßt um 1070 von Noker, ver-
mutlich Abt des Klosters Zwiefalten.

Erinnere dich daran, daß du sterben mußt!

Weltweit bekannter Sinnspruch. – Wahlspruch des Kartäuserordens. – Der
Satz wird gedeutet als: Vergegenwärtigung der Vergänglichkeit des Menschen; Relativierung irdischen Glücksverlangens; Steigerung der Erlebnis-
intensität: Nur das Bewußtsein des Todes ermögliche die beseligende Erfahrung des Lebendigseins.

Romae quoque homines moriuntur.   **2738**

MA H. Walther 26 950c Wander 4,834,117

Auch in Rom müssen die Menschen sterben.

Sterben muß man überall.

Et sicut in Adam omnes moriuntur, ita et in Christo omnes vi- **2739**
vificabuntur.

NT 1 Korinther 15,22

*Denn wie in Adam alle sterben, so werden in Christus alle le-
bendig gemacht werden.*

→ *Augustus*   Moriendum est. Nr. **117**
→ *Götter*   Quem di diligunt, adulescens moritur. Nr. **977**
→ *Muse*   Dignum laude virum Musa vetat mori. Nr. **1889**
→ *Vaterland*   Dulce et decorum est pro patria mori. Nr. **3096**

Stern

2740 Sic itur ad astra!

Vergil, Aeneis 9,641 Seneca, Epistulae morales 48,11; 73,15

So steigt man zu den Sternen auf.

So wird man unsterblich.

2741 Per aspera ad astra.

Nach Hesiod, Werke und Tage 289 f. Vgl. Plato, Staat 4,435 c; 6,497 d Kratylus 384 a Hippias Maior 304 e Protagoras 339 a Xenophon, Memorabilia 2,1,28 Diogenes Laertios 1,76 Silius Italicus, Punica 4, 605 f; 15,102 ff. Seneca, Hercules furens 437: Non est ad astra mollis e terris via. Der Weg von der Erde zu den Sternen steigt nicht sanft an. Benedikt von Nursia, Regula 58,8: Praedicentur ei omnia dura et aspera, per quae itur ad Deum. Offen rede man mit ihm über alles Harte und Schwere auf dem Wege zu Gott. Vgl. Baruch de Spinoza, Ethica 5,52 Scholium a. E.

Durch Mühsal zu den Sternen.

Durch Nacht zum Licht.

2742 Sunt aries, taurus, gemini, cancer, leo, virgo

libraque, scorpius, arcitenens[1], caper[2], amphora[3], pisces.

[1]sagittarius [2]capricornus [3]alter griechischer Name des Tierkreiszeichens Wassermann, heute Aquarius genannt. – Vgl. Arat, Phainomena 545 ff. Aufzählung der zwölf Tierkreiszeichen bei Manilius, Astronomica 1,263 ff. und Petron, Satyricon 36(35); 39 Ma. Merkverse, Hexameter, der zwölf Tierkreiszeichen, Zodiakus.

Es sind: Widder, Stier, Zwillinge, dann Krebs, Löwe und Jungfrau, / darauf Waage, Skorpion, Schütze, sodann Steinbock, Wassermann, Fische.

Zu Beginn der vier Jahreszeiten tritt die Sonne in das Tierkreiszeichen des Widders (Frühling), des Krebses (Sommer), der Waage (Herbst) und des Steinbocks (Winter).

2743 Astra regunt homines, sed regit astra Deus.

MA H. Walther 1 620 Wander 4,840,8

Die Sterne regieren die Menschen, aber Gott regiert die Sterne.

2744 Per angusta ad augusta.

MA H. Walther 21 181 Wahlspruch des Markgrafen Ernst von Brandenburg, gest. 1642.

Als Stammbuchspruch 1605 in Jena belegt. Wortspielerische Abwandlung des Wahlspruchs Per aspera ad astra. Büchmann 569 Helfer 133 Vgl. NT Matthaeus 7,13 f.: Intrate per angustam portam …

Durchs Gedränge zum Gepränge.

→ *Mädchen*   Quot caelum stellas, tot habet tua Roma puellas.
Nr. **1719**

Steuer

Vectigalia nervi sunt rei publicae.   **2745**
Cicero, De imperio Cn. Pompei oratio 17

Steuereinnahmen sind die Nerven des Staates.

misera contribuens plebs   **2746**
Corpus iuris Hungarici, Tyrnau 1751, 2,424 Decretum II: … miseram …
contribuentem plebem gravantes exactiones … das arme, … drückende
Steuern zahlende Volk Helfer 101. Vgl. Horaz, Sermones 1,8,10: miserae
plebi

das arme steuerzahlende Volk

→ *Nerv*   nervus rerum *agendarum / gerendarum* Nr. **2025**
→ *stinken* Pecunia non olet. Nr. **2758**

Stimme

una atque eadem voce   **2747**
Cicero, De officiis 2,42

mit ein und derselben Stimme

Sacra populi lingua est.   **2748**
Seneca rhetor, Controversiae 1,1,10

Des Volkes Stimme ist heilig.

viva vox   **2749**
Seneca, Epistulae morales 6,5; 33,9: Multum viva vox facit. Viel macht
die lebendige Stimme aus. Seneca Rhetor, Controversiae Praefatio 11

die lebendige Stimme

Viva vox adficit.   **2750**
Nach Plinius, Epistulae 2,3,9

Die lebendige Stimme macht Eindruck.

Viva vox docet.   **2751**

Die lebendige Stimme ist lehrreich.
Der mündliche Vortrag ist wirkungsvoll.

Vox populi, vox Dei.   **2752**
Vgl. Homer, Odyssee 3,214 Hesiod, Werke und Tage 763 f. Seneca rhetor,
Controversiae 1,1,10: Sacra populi lingua est. Des Volkes Stimme ist hei-
lig. AT Jesaias 66,6: Vox populi de civitate, vox de templo, vox domini.
Die Stimme des Volkes aus der Stadt, Stimmen aus dem Tempel, die
Stimme des Herrn. – 1. Samuel 8,7: Audi vocem populi. Höre die Stimme

des Volkes! Alcuin, 735–804, Brief an Karl den Großen Nr. 127 Petrus
von Blois (Blesensis) Briefe 15 (Migne PL 207,54 C) Scriptum est: Quia
vox populi, vox Dei. Geschrieben steht: Weil es die Stimme des Volkes
ist, ist es die Stimme Gottes. – Die Geistlichen sollen auf das Urteil der
Bevölkerung über sie achten.

Volkes Stimme ist Gottes Stimme.

2753 Maior pars concludit.
Wander 4,861,1

Die Stimmenmehrheit beschließt.

2754 Plurima vota valent.
MA H. Walther 21 656

Die Mehrzahl der Stimmen gibt den Ausschlag.

2755 Vox unius, vox nullius.
Zenobius 3,51 MA H. Walther 34 184 Wander 4,861,16

Eines Stimme, keines Stimme.

2756 Vox clamantis in deserto.
AT Jesaias 40,3 NT Matthaeus 3,3 Markus 1,3 Lukas 3,4

Die Stimme des Rufenden in der Wüste.
Ioannis Baptista – Johannes der Täufer

→ *Schrecken*   Obstipui steteruntque comae et vox faucibus
haesit. Nr. **2502**

stinken

2757 Non bene olet, qui semper bene olet.
Martial, Epigrammata 2,12,4 Vgl. 6,55,5 Malo, quam bene olere, nihil
olere. Ich will lieber als gut nach gar nichts riechen.

Nicht gut riecht, wer immer gut riecht.

2758 Pecunia non olet.
Sueton, Divus Vespasianus 23,3. Vgl. Cicero, Orator 45,154,17 f. MA H.
Walther 14 003: Lucri bonus est odor ex re qualibet.

Geld stinkt nicht.

Das Zitat wird zur Rechtfertigung einer Geldeinnahme aus fragwürdiger
Quelle gebraucht. – Es hat seinen Ursprung in der angegebenen Sueton-
Stelle. Als Titus seinen Vater, den Kaiser Vespasian, reg. 69–79 n. Chr.,
tadelte, weil er Urin aus öffentlichen Toiletten an die Gerber verkaufen
ließ, hielt ihm dieser eine Münze aus dieser Steuer unter die Nase und
fragte, ob der Geruch ihn störe. Als Titus dies verneinte, antwortete
Vespasian: Und doch kommt sie vom Urin.- „Die Tuchwalker stellten öffentlich Kübel auf, Macrobius, Saturnalia 3,16,15, oder mieteten Latrinen,

Juvenal, Saturae 3,38, und mußten dafür eine Steuer zahlen, Dio Cassius 66,14. Das Ammoniak des faulenden Urins entfettete die Wolle, und diese konnte gefärbt oder gereinigt werden." W. Krenkel

Lucri bonus est odor ex re / qualibet.   **2759**
Juvenal, Saturae 14,204 f.
Geldgewinn stinkt nicht, woher er auch kommt.
Anspielung auf Pecunia non olet.

→ *Körper* Optimus odor in corpore est nullus. Nr. **1386**
→ *Lob* Laus in proprio ore sordescit. Nr. **1672**

Stolz

Cum omnis arrogantia odiosa est, tum illa ingenii atque elo- **2760**
quentiae multo molestissima.
Cicero, In Caecilium divinatio 36
Wenn schon jede Anmaßung widerwärtig ist, so ist sie dann be-
sonders peinlich, wenn sie Anspruch auf Talent und Rednerga-
be erhebt. G. Krüger

Inscitia est mater arrogantiae.   **2761**
Wander 1,707,5
Unwissenheit ist die Mutter der Anmaßung.
Dummheit und Stolz wachsen auf einem Holz.

Strafe

Quis ignorat maximam illecebram esse peccandi impunitatis **2762**
spem.
Cicero, Pro Milone oratio 43
Wer weiß nicht, daß der größte Anreiz zum Verbrechen die
Hoffnung auf Straflosigkeit ist?

Cavendum est, ne maior poena quam culpa sit.   **2763**
Cicero, De officiis 1,89
Man muß sich in Acht nehmen, daß die Strafe nicht größer
ausfällt als die Schuld.

Raro antecedentem scelestum   **2764**
    deseruit pede Poena claudo.
Horaz, Carmina 3,2,31
Nur selten kam dem vor ihr gehenden Frevler
die Strafe mit lahmem Fuß nicht nach.

2765 Sera tamen tacitis Poena venit pedibus.
Tibull, Elegiae 1,9,4

Spät ereilt dich doch leisen Schritts die Strafe.
Venus straft die, die den geheiligten Liebesschwur brechen.

2766 Aequo animo poenam, qui meruere, ferunt.
Ovid, Amores 2,7,12

Wer die Strafe verdient hat, trägt sie mit Gleichmut.

2767 Nemo prudens punit, ut ait Plato, quia peccatum est, sed ne peccetur.
Seneca, De ira 1,19,7. Vgl. Plato, Leges 934 a 6

Kein Vernünftiger straft, wie Plato sagt, weil gefehlt wurde, sondern damit nicht gefehlt werde.

2768 Prima illa et maxima peccantium est poena peccasse.
Seneca, Epistulae morales 97,14

Die erste und größte Strafe der Verbrecher ist es, eine Verfehlung begangen zu haben.
Diese These entspricht christlicher Auffassung.

2769 Sceleris in scelere supplicium est.
Seneca, Epistulae morales 97,14

Die Strafe für ein Verbrechen liegt im Verbrechen selbst.

2770 Lento enim gradu ad vindictam sui divina procedit ira.
Valerius Maximus, Facta et dicta memorabilia 1,1 ext. 3

Langsamen Schrittes schreitet der göttliche Zorn zur Bestrafung.

2771 Omnis poena non tam ad delictum pertinet, quam ad exemplum.
Quintilian, Declamationes 275

Jede Strafe zielt nicht so sehr auf das Vergehen als vielmehr auf das abschreckende Beispiel.

2772 Rarissimi sunt autem qui nullas in hac vita, sed tantum post eam poenas luunt.
Augustinus, De civitate Dei 21,14

Es gibt nur sehr wenige Menschen, die Strafen nicht in diesem Leben, sondern erst nach diesem Leben erleiden.

Ad vindictam tardus, ad beneficientiam velox.   **2773**
Wahlspruch König Heinrichs I., reg. 919–936. Vgl. Tardus ad poenas, ad
praemia velox.

Langsam zur Strafe, schnell zum Wohltun.

→ *Esel*   Qui asinum non potest, stratum caedit. Nr. **459**
→ *Gesetz*   Nulla poena sine lege. Nr. **812**
→ *Habgier*   Nulla enim avaritia sine poena est, quamvis
                    satis sit ipsa poenarum. Nr. **1060**
→ *sündigen*   Oderunt peccare boni virtutis amore, / oderunt
                    peccare mali formidine poenae. Nr. **2814**
→ *Verzeihung*   Venia est poenae meritae remissio …
                    Ei ignoscitur, qui puniri debuit. Nr. **3181**
→ *Zorn*   Prohibenda maxime est ira in puniendo.
                    Nr. **3462**

Streit / streiten

Multi rixantur de lana saepe caprina.   **2774**
Nach Horaz, Epistulae 1,18,15: Alter rixatur de lana saepe caprina. Ein
anderer streitet oft um Ziegenwolle. D. h., um eine Bagatelle.

Viele streiten oft um des Kaisers Bart.

Adhuc sub iudice lis est.   **2775**
Horaz, De arte poetica 78

Bis jetzt ist der Streitfall noch vor dem Richter.
D. h., er ist noch nicht entschieden. – Darüber sind sich die Gelehrten noch
nicht einig.

Cum pare contendere anceps est, cum superiore furiosum, cum **2776**
inferiore sordidum.
Seneca, De ira 2,34,1

Mit einem Gleichgestellten zu streiten ist zweischneidig, mit
einem Höhergestellten wahnsinnig, mit einem Unterlegenen
schmutzig.

Nimium altercando veritas amittitur.   **2777**
Publilius Syrus, Sententiae N 40

Durch allzu heftiges Streiten geht die Wahrheit verloren.

Nulla fere causa est, in qua non femina litem moverit.   **2778**
Juvenal, Saturae 6,242 f.

Es gibt fast keinen Prozeß, in dem nicht eine Frau den Streit
(die Klage) angestiftet hätte.

2779 Lites interdum fert, qui vult dicere verum.

MA H. Walther 13 886 Werner / Flury l 46

Streit entfacht bisweilen, wer die Wahrheit sagen will.

2780 Qui saepe rixantur, a paucis amantur.

MA H. Walther 24 629 Werner / Flury qu 123

Streithähne werden nur von wenigen geliebt.

2781 Lis litem parit, noxa noxam.

MA H. Walther 13 871 a (die ersten drei Wörter) Wander 4,905,11

Ein Streitfall bringt den andern, eine Schuld die andere.

2782 Duobus litigantibus tertius gaudet.

Wenn zwei sich streiten, freut sich der Dritte.

> → *Liebe* Amantium irae amoris redintegratio est. Nr. **1617**
> → *Rom* Roma locuta, causa finita *est*. Nr. **2323**
> → *Wort* Contra verbosos noli contendere verbis:
> sermo datur cunctis, animi sapientia paucis. Nr. **3398**

Stuhl

2783 duabus sellis sedere

Cicero, Facete dicta fr. G b3 C. F. W. Mueller Seneca rhetor, Controversiae 7,3,9(18) Macrobius, Saturnalia 2,3,10; 7,3,8

auf zwei Stühlen sitzen

zwei Parteien dienen wollen

2784 cathedra Petri

Cyprianus, De unitate Ecclesiae 4; hier auch: una cathedra bzw. cathedra una ein einziger Lehrstuhl. Epistulae 59,14

der Stuhl (das Lehramt) des Petrus

D. h. die römische Kirche. In Rom stand die erste cathedra episcopalis, der Bischofsstuhl, des Apostels Petrus, gest. 64 od. 67. Der Papst ist jeweils Amtsnachfolger des hl. Petrus und Bischof der Kirche von Rom.

2785 ex cathedra

Z. B. Pius IX., Constitutio de Ecclesia Christi: Pontificem Romanum, cum ex cathedra loquitur … .

vom Lehrstuhl aus, auf Grund des kirchlichen Lehramts, verbindlich

als Hirte und Lehrer aller Katholiken erklären, lehren, verkünden

definitio ex cathedra   **2786**

*feierliche Lehrentscheidung des Papstes (Kathedralentschei-
dung)*

hinsichtlich einer katholischen Glaubenswahrheit

Sedes Apostolica   **2787**

Augustinus, De utilitate credendi 17,35 ... culmen auctoritatis ... die
höchste Entscheidung in Glaubenssachen. CIC, can. 1,3 f. 347,2; 359; 361

der Apostolische Stuhl

die höchste Autorität in Glaubenssachen

Sancta sedes / Sedes Apostolica   **2788**

Codex Iuris Canonici, can. 361; 403,3; 791,4

der Heilige Stuhl

D. h. der Papst oder das Staatssekretariat, der Rat für öffentliche Angele-
genheiten der Kirche bzw. andere Einrichtungen der römischen Kurie.

sedes Romana   **2789**

Codex Iuris Canonici, can. 335

der römische Bischofsstuhl

das Papstamt → *Stuhl* Nr. **2784**

Stunde

Horae cedunt.   **2790**

Cicero, De senectute 69 Danach gebildet: Horae volant. Die Stunden
enteilen wie im Flug.

Die Stunden verfliegen.

... hi, qui in horam vivunt   **2791**

Cicero, Orationes Philippicae 5,9,25

... sie, die in den Tag (die Stunde) hinein leben

Volkstümliche Redensart.

Nemo inritum   **2792**

quodcumque retro est efficiet neque
diffinget infectumque reddet,
quod fugiens semel hora vexit.

Horaz, Carmina 3,29, 46 ff.

*Niemand kann unwirksam machen, / was hinter uns liegt, er
kann es nicht / ändern und ungeschehen machen, / was die fliehende Stunde einmal entführt hat.*

2793 Grata superveniet, quae non sperabitur, hora.
Horaz, Epistulae 1,4,14

Angenehm kommt unvermutet eine Stunde, wenn man am wenigsten daran denkt.

2794 Dum loquor, hora fugit.
Ovid, Amores 1,11,15 Persius, Satirae 5,153

Während ich spreche, entflieht die Stunde.

2795 Nec quae praeteriit, iterum revocabitur unda,
   nec quae praeteriit, hora redire potest.
Ovid, Ars amatoria 3,63 f.

*Die Welle, die vorüberrollte, läßt sich nicht zurückrufen,
und die Stunde, die verging, kann niemals zurückkehren.*
Verlorene Zeit kehrt nie wieder.

2796 Omnis dies, omnis hora te mutat.
Seneca, Epistulae morales 104,12

Jeder Tag, jede Stunde ändert dich.

2797 vir omnium horarum
Quintilian, De institutione oratoria 6,3,110

ein Mann für alle Stunden
… mit dem man ernste und heitere Stunden gern verlebt.

2798 Mors certa, hora incerta.
MA H. Walther 15 117 (verkürzt). Inschrift der Leipziger Rathausuhr

Der Tod ist gewiß, die Stunde ungewiß.

2799 Mors cuivis certa, nihil est incertius hora;
ibimus absque mora, sed qua nescimus in hora.
MA H. Walther 15 123 Werner / Flury m 44 Wohl nach Properz, Elegiae
2,27,1 f.: At vos incertam, mortales, funeris horam quaeritis, et qua sit
mors aditura via. Ihr fragt nun nach der ungewissen Stunde des Todes, ihr
Sterblichen, und nach der Weise, auf welche sich der Tod dann nähert.
Mojsisch / Schwarz / Tautz

Jedem ist der Tod gewiß, doch nichts ist ungewisser als die Todesstunde; / wir werden gehen müssen ohne Aufschub, zu welcher Stunde aber wissen wir nicht.

2800 Non redit unda fluens; non redit hora ruens.
MA H. Walther 18 350 Werner / Flury n 239

*Die fließende Welle kehrt nicht zurück; die entfliehende Stunde
kommt nicht wieder.*

Quod donare mora nequit annua, dat brevis hora.   **2801**
MA Werner / Flury qu 201. Vgl. Horaz, Carmina 2,16,31 f.
Was ein ganzes Jahr nicht schenken kann, gibt oft eine kurze
Stunde.

Hora ruit.   **2802**
MA H. Walther 11 129 Wahlspruch des holländischen Gelehrten Hugo
Grotius, 1583–1645.
Die Stunde entflieht.

Beati non numerant horas.   **2803**
Die Glücklichen zählen die Stunden nicht.
Dem Glücklichen schlägt keine Stunde.

Inschriften auf Sonnenuhren:

Horas non numero nisi serenas.   **2804**
Ich zähle nur die heiteren Stunden.

Omnes vulnerant, ultima necat.   **2805**
Alle Stunden schlagen Wunden, die letzte tötet.

Una harum ultima.   **2806**
Eine Stunde ist die letzte.

Ultima latet.   **2807**
Vgl. dazu C. F. Meyer, Huttens letzte Tage, Versepos 1871
Die letzte Stunde (d. h. die Todesstunde) ist uns verborgen.

Nondum venit hora mea.   **2808**
📖 NT Johannes 2,4
Meine Stunde ist noch nicht gekommen.
Jesus zu seiner Mutter bei der Hochzeit zu Kana.

→ *schlafen*   Septem horas dormisse sat est iuvenique senique.
                Nr. **2457**
→ *Schmerz*   Saepe exigua dolor ingens labitur hora. Nr. **2490**

Summe

summa summarum   **2809**
Plautus, Truculentus 25 Seneca, Epistulae morales 40,14
die Summe der Summen, der Gesamtbetrag, das Endergebnis,
alles in allem

2810 in summa
Cicero, De finibus 4,46 Epistulae ad Quintum fratrem 2,16,3
im ganzen, zusammengenommen

Sünde / sündigen

2811 Est peccare tamquam transire lineas.
Cicero, Paradoxa Stoicorum 3,1,20
Sündigen heißt Grenzen überschreiten.

2812 Peccare certe licet nemini.
Cicero, Paradoxa Stoicorum 3,1,20
Zu sündigen ist sicherlich niemandem erlaubt.

2813 Iliacos intra muros peccatur et extra.
Horaz, Epistulae 1,2,16
Innerhalb und außerhalb der Mauern Trojas wird gleichviel gesündigt.

2814 Oderunt peccare boni virtutis amore,
oderunt peccare mali formidine poenae.
Horaz, Epistulae 1,16,52 Vers 1 Beide Verse von Otto von Guericke 1671 in Magdeburg in ein Stammbuch geschrieben. Keil 107
Die Guten hassen die Sünde aus Liebe zur Tugend, die Schlechten aus Furcht vor Strafe.

2815 Pudorem rei tollet multitudo peccantium.
Seneca, De beneficiis 3,16,1
Eine Menge von Sündern wird die Scham über eine Verfehlung beseitigen.

2816 Initium est salutis notitia peccati.
Seneca, Epistulae morales 28,9 Aussage Epikurs, fr. 522
Der Anfang der Rettung ist die Erkenntnis der Sünde.

2817 Sibi quisque peccat.
Petron, Satyricon 45,10
Jeder sündigt gegen sich selbst.

2818 Per peccatum corrumpitur natura et imminuitur bonum naturae, et est ipsa imminutio et corruptio boni passio et poena.
Petrus Lombardus, Sententiae 2 Dist. 36,2(238),3
Durch die Sünde wird die Natur (des Menschen) verdorben und das Gut seiner Natur vermindert, und die Verminderung und Verderbnis des Guten ist das Leiden und die Strafe.

Adam, qui peccato suo obligavit genus humanum, ...   **2819**
Petrus Lombardus, Sententiae 3 Dist. 12,2(35)2
Adam, der durch seine Sünde das Menschengeschlecht mit ei-
ner Hypothek belastet hat, ...

Primi hominis peccatum est, ex quo omnes peccatores consti- **2820**
tuti sunt originali peccato.
Thomas von Aquin, Summa theologica 163,1
Die Sünde des ersten Menschen (d. h. Adams), durch die alle zu
Sündern geworden sind, ist die Ursünde.
Die Ursünde zog den Verlust der Urzustandsgnade nach sich, d.h., die
Menschen müssen ein Leben in Natürlichkeit führen, sind der Sünde ver-
fallen und dem Tode unterworfen. Diese Sündenfolgen werden auf alle
Nachkommen vererbt.

Esto peccator et pecca fortiter, sed fortius fide et gaude in **2821**
Christo, qui victor est peccati, mortis et mundi. Peccandum est,
quamdiu hic sumus; vita haec non est habitatio iustitiae, sed ex-
spectamus, ait Petrus, coelos novos et terram novam, in quibus
iustitia habitat.
Martin Luther, 1483–1546, Brief an Philipp Melanchthon vom 1. 8. 1521.
Inhalt: Über das Keuschheitsgelübde der Priester und Mönche und das
Abendmahl unter Bezugnahme auf Thesen Karlstadts. D. Martin Luthers
Werke. Briefwechsel Band 2, Brief Nr. 424 S. 370 ff. Weimar 1931
Sei ein Sünder und sündige fest, aber noch stärker vertraue im
Glauben und freue dich in Christus, der Sieger ist über die
Sünde, den Tod und die Welt. Gesündigt muß werden, solange
wir hier sind; dieses Leben ist nicht eine Wohnstätte der Ge-
rechtigkeit, sondern wir erwarten, sagt Petrus, einen neuen
Himmel und eine neue Erde, in denen die Gerechtigkeit wohnt.
Die berühmt-berüchtigten Worte, bekannt in der Kurzform Pecca fortiter!,
bedürfen der zeithistorischen und der theologischen Interpretation.

Per quod quis peccat, per idem punitur et ipse.   **2822**
Hexameter als Rechtsgrundsatz der Bestrafung am sündigen Glied.
Schonheim 1728 Helfer 134. Vgl. AT Sapientia 11,16: Per quae peccat
quis, per haec et torquetur. Man wird mit dem gestraft, womit man sün-
digt. – Wander 4,971,28
Wodurch jemand sündigt, damit wird er selbst gestraft.

Pater, peccavi in caelum et coram te.   **2823**
📖 NT Lukas 15,18
Vater, ich habe mich gegen den Himmel und gegen dich ver-
sündigt.

2824 Omnes enim peccaverunt, et egent gloria Dei.
NT Römer 3,23

Alle haben gesündigt und die Herrlichkeit Gottes verloren.

→ *Blitz*   Si quotiens peccant homines, sua fulmina mittat
            Iuppiter, exiguo tempore inermis erit. Nr. **236**
→ *Strafe*   Prima illa et maxima peccantium est poena
            peccasse. Nr. **2768**

süß / Süßes

2825 Dulcia non meruit, qui non gustavit amara.
MA H. Walther 6 357 MA Werner / Flury d 148 … meminit …

Süßes hat nicht verdient, wer nicht Bitteres kosten mußte.

2826 Anima esuriens etiam amarum pro dulci sumet.
AT Proverbia 27,7

Dem Hungrigen schmeckt alles Bittere süß.

→ *Erinnerung*   Suavis laborum est praeteritorum memoria.
                Nr. **410**
→ *Freude*   In dulci jubilo. Nr. **598**
→ *Tor / Torheit* Dulce est desipere in loco. Nr. **2933**
→ *Vaterland*   Dulce et decorum est pro patria mori. Nr. **3096**

Szepter

2827 Aliud sceptrum, aliud plectrum[1].
Athenaios, Dipnosophistae H 350c II S. 268 Kaibel. [1] Mit dem Plectron,
einem Stäbchen aus Elfenbein oder Holz, wurden die Saiten der Laute angerissen.

Szepter und Laute sind zweierlei.

Szepter und Laute müssen verschieden gehandhabt werden. Herrscher und
Künstler denken verschieden. – Als der König Ptolemaios sich mit Stra-
tonikos, einem witzigen Kitharisten des 4. Jahrhunderts v. Chr., über die
Kunst des Kitharaspiels rechthaberisch unterhielt, gab dieser die bekannt-
gewordene Antwort. Sie gilt als frühes Zeugnis des Selbstbewußtseins
eines Künstlers gegenüber einem Herrscher und besagt, daß ein Macht-
haber in das Schaffen des Künstlers nicht eingreifen darf.

→ *Blitz*   Eripuit caelo fulmen sceptrumque
                             tyrannis. Nr. **237**
→ *Herrschaft / herrschen*   Est aliquid valida sceptra tenere
                             manu. Nr. **1134**

T

Tafel

duodecim tabulae / lex duodecim tabularum   **2828**

Cicero, De oratore 1,58; 193 ff. De legibus 2,59 Livius, Ab urbe condita 3,31 ff.

die Zwölftafelgesetze

Die erste Kodifikation des römischen Rechts wurde 451/450 v.Chr. auf zehn, bald darauf zwölf Tafeln auf dem Forum Romanum in Rom der Öffentlichkeit bekanntgemacht.

tabula rasa   **2829**

Übersetzung des entsprechenden Ausdrucks bei Plato, Theaitet 191 c f. Aristoteles, De anima 3,4,430 a 1 Boethius, De consolatione philosophiae 5,4,1–9 Albertus Magnus, De anima 3,2,17 Thomas von Aquin, Quaestiones de anima a 8 Summa theologica 1,79 a2; 1,89,1,3 De ente et de essentia 6,5,52 John Locke, An Essay Concerning Human Understanding 2,1,2; vgl. 2,1,15; 2,11,17 G. W. Leibniz, Nouveaux essais 3,4. – Vgl. Ovid, Ars amatoria 1,437: tabellae rasae: zur Wiederverwendung als Brieftafeln geglättete Wachstäfelchen, auf die man Mitteilungen einritzte.

die geglättete (Wachs-)Schreibtafel, die beschrieben werden kann; ein unbeschriebenes Blatt; der durch Bildungswissen noch nicht besetzte, noch leere Urzustand des menschlichen Verstands, der erst durch Erfahrungen Inhalte bekommt

tabula rasa machen   **2830**

reinen Tisch machen, rücksichtslos Ordnung schaffen

Tag

Hic dies aliam vitam defert, alios mores postulat.   **2831**

Terenz, Andria 189 Zitiert von Cicero, Epistulae ad familiares 12,24(25)5

Der heutige Tag bringt ein anderes Leben, verlangt andere Sitten.

Aliquid crastinus dies ad cogitandum nobis dabit.   **2832**

Cicero, Epistulae ad Atticum 15,11(8),2

Der morgige Tag wird uns etwas zum Nachdenken geben.

in diem vivere   **2833**

Cicero, Orationes Philippicae 2,34,87 Tusculanae disputationes 5,11,33

in den Tag hinein leben

von einem Tag zum anderen leben

2834 Stat sua cuique dies, breve et inreparabile tempus
omnibus est vitae.

Vergil, Aeneis 10,467 f.

*Jedem steht sein Tag fest, kurz und unwiederbringlich ist
des Lebens Zeit für alle.*

2835 Carpe diem!

Horaz, Carmina 1,11,8

Genieße den Tag!

Pflücke den Tag ! – Bekanntes epikureisches Schlagwort. – „Es kommt …
darauf an, das Heute nicht durch die Besorgnis um das Morgen zu verderben, sondern hier und jetzt zu leben, mit Horaz den Tag zu genießen, das
Kommende aber ruhigen Herzens zu erwarten." M. Hossenfelder 120

2836 Truditur dies die.

Horaz, Carmina 2,18,15

Ein Tag jagt den anderen.

2837 Omnem crede diem tibi diluxisse supremum.

Horaz, Epistulae 1,4,13

Nimm jeden Tag, als sei es der letzte, der dir aufging.

2838 dies ater

Livius, Ab urbe condita 22,10,6 Seneca, De vita beata 25,2 Gellius,
Noctes Atticae 5,17,1 f. Macrobius, Saturnalia 1,15; 1,16,22 Varro, De
lingua Latina 6,4,29

ein schwarzer Tag

Z. B. der Tag der Niederlage der Römer gegen die Gallier an der Allia am
18. Juli 390 v.Chr. Im römischen Staatsleben: ein Unglückstag. Der Ausdruck wurde auch für private Ereignisse gebraucht.

2839 Discipulus est prioris posterior dies. Verkürzt: Dies diem docet.

Publilius Syrus, Sententiae D 1

Der heutige Tag ist des gestrigen Schüler.

Am nächsten Tag ist man immer gescheiter.

2840 Nulla dies sine linea.

Nach Plinius, Naturalis historia 35,84 MA H. Walther 18 899 Publio Fau-
sto Andrelini (ca. 1460–1518), Epistolae proverbiales. – Hecatodistichon
(Paris 1513): Nulla dies sine linea: / Nulla dies abeat, quin linea ducta su-
persit … … / kein Tag vergehe, ohne daß eine neue Linie übrig bleibe …

Kein Tag ohne eine neue Linie.

… ohne einen neuen Pinselstrich. – Zum Sprichwort gewordene Devise
des Apelles, 356–308 v.Chr., des berühmtesten griechischen Malers des
Altertums.

Amici, diem perdidi.   **2841**

Titus, Kaiser 79–81, bei Sueton, Divus Titus 8 Eutropius, Breviarium ab
urbe condita 7,21,3. Vgl. dagegen Plinius, Epistulae 13,4: Nunc otiosissi-
mus quisque multo ante rogatus et identidem admonitus aut non venit aut,
si venit, queritur se diem (quia non perdiderit) perdidisse. Heutzutage
kommt zu einer Dichterlesung selbst einer, der absolut nichts zu tun hat
und schon lange vorher eingeladen und wiederholt daran erinnert worden
war, entweder überhaupt nicht, oder falls er doch kommt, beklagt er sich,
er habe einen Tag, weil er ihn nicht vertan habe, vertan. W. Krenkel

Freunde, ich habe einen Tag verloren.

Der Kaiser hatte an diesem Tag niemandem einen Wunsch erfüllt. – Der
Ausspruch (vox memorabilis, Sueton) gilt als besonders charakteristisch
für die humane Denkweise des Titus.

Hic dies meus est.   **2842**

Seneca rhetor, Suasoriae 2,13

Dieser Tag ist noch mein.

Ich will ihn genießen, da das Morgen ungewiß ist.

Diem nox premit, dies noctem.   **2843**

Seneca, Epistulae morales 24,26

Den Tag verdrängt die Nacht, der Tag die Nacht.

Singuli dies aliquid subtrahunt viribus.   **2844**

Seneca, Epistulae morales 26,4

Jeder einzelne Tag nimmt uns etwas von unseren Kräften.

Propera vivere et singulos dies singulas vitas puta.   **2845**

Seneca, Epistulae morales 101,10. Vgl. 61,1

Beeile dich zu leben und betrachte jeden Tag als ein einzelnes
Leben!

Dies iste, quem tamquam extremum reformidas, aeterni natalis **2846**
est.

Seneca, Epistulae morales 102,26

Jener Todestag, den du fürchtest, als sei er das absolute Ende,
ist dein Geburtstag zum ewigen Leben.

Nullus agenti dies longus est.   **2847**

Seneca, Epistulae morales 122,3

Für den Tätigen ist kein Tag zu lang.

Omnis habet sua dona dies.   **2847.1**

Martial, Epigrammata 8,78,7

Jeder Tag bringt seine Geschenke.

2848 Saepe dat una dies, quod totus denegat annus.
MA Werner / Flury s 8

Oft gibt ein einziger Tag, was das ganze Jahr verweigert.

2849 Dies irae, dies illa,
solvet saeclum in favilla,
teste David cum Sibylla.
Thomas von Celano, 1190–1260, Anfang der berühmten Sequenz über das
Jüngste Gericht. Vgl. NT Johannes, Apocalypsis 6,16–17 2 Petrus 3,10

Tag des Zornes, Tag der Zähren,
wird die Welt in Asche kehren,
wie Sibyll' und David lehren.
Requiem an Allerseelen, 2. November, bis zur Liturgiereform 1970.

2850 Sol omnia aperit.
MA H. Walther 29 914 a Wander 4,1002,248

Es kommt alles an den Tag.

2851 Quotidiana vilescunt.
MA H. Walther 26 228 a Wander 4,1011,447

Was man alle Tage hat, des wird man schließlich übersatt.

2852 Dies mei sicut umbra declinaverunt.
📖 AT Psalm 101(102),12

Meine Tage schwinden dahin wie Schatten.

2853 Christus … resurrexit tertia die secundum scripturas.
NT 1 Korinther 15,4

Christus … ist am dritten Tag auferweckt worden gemäß der
Schrift.

2854 Ipsi enim diligenter scitis, quia dies Domini, sicut fur in nocte,
ita veniet.
NT 1 Thessaloniker 5,2 2 Petrus 3,10

Ihr wißt genau, daß der Tag des Herrn kommt wie ein Dieb in
der Nacht.

→ *Fisch* Post tres saepe dies vilescit piscis et hospes, / ni sale
conditus vel sit specialis amicus. Nr. **537**

→ *Sonne* Nondum omnium dierum sol occidit. Nr. **2**

tapfer / Tapferkeit

2855 Fortes fortuna adiuvat.
Terenz, Phormio 203. Vgl. Varro, De re rustica 1,1,1: quoniam, ut aiunt,
dei facientes adiuvant. Cicero, De finibus 3,4,16 Tusculanae disputationes
2,4,11 Livius, Ab urbe condita 8,29,5; 34,37,4 Plinius, Epistulae 6,16,11

Den Tapferen hilft das Glück.
Altes römisches Sprichwort.

fortis animus   **2856**
Horaz, Sermones 5,20
das tapfere Herz

Et facere et pati fortia Romanum est.   **2857**
Livius, Ab urbe condita 2,12,9
Tapfer zu handeln und auch mit Tapferkeit zu leiden ist Rö-
merart.
Dies sagte, nach Livius, der Römer C. Mucius Scaevola in der Gefangen-
schaft zum Etruskerkönig Porsenna, 508 v. Chr.

Fraude perit virtus.   **2858**
Ovid, Fasti 2,227
Tapferkeit muß der Arglist unterliegen.

Audentes deus ipse iuvat.   **2859**
Ovid, Metamorphoses 10,586
Den Mutigen hilft (ein) Gott selbst.

Invia virtuti nulla est via.   **2860**
Ovid, Metamorphoses 14,113
Unwegsam ist kein Weg für den Tapferen.

Fortuna fortes metuit, ignavos premit.   **2861**
Seneca, Medea 159
Die Tapferen fürchtet das Schicksal, die Feigen bedrängt es.

Marcet sine adversario virtus.   **2862**
Seneca, De providentia 2,4
Ohne Gegner erschlafft die Tapferkeit.

Illa certissima est virtus, quae se diu multumque circumspexit **2863**
et rexit et ex lento ac destinato provexit.
Seneca, De ira 1,3,8
Am sichersten ist die Tapferkeit, die sich lange und viel um-
blickt und ausrichtet und langsam und mit reiflicher Überle-
gung vorrückt.

Crevit in adversis virtus.   **2864**
Lucan, De bello civili 3,614
Im Unglück wuchs sein Heldentum. W. Ehlers

→ *Glück*   Audentis fortuna iuvat. Nr. **896**

→ *Homer*   O fortunate adulescens, qui … Nr. **1207**

→ *Jesuiten* Fortiter in re, suaviter in modo. Nr. **1276**

→ *leben*   Vivite fortes! Nr. **1525**

Tat

2865 Factum est illud: fieri infectum non potest.
Plautus, Aulularia 741. Vgl. Amphitruo 884

Die Tat ist geschehen, sie kann nicht ungeschehen gemacht werden.

2866 Facta dictis exaequanda sunt.
Sallust, De coniuratione Catilinae 3,2

Die Taten müssen im Wort ihren angemessenen Ausdruck finden.
Sallust über die schwierige Aufgabe objektiver Geschichtsschreibung.

2867 Non fit sine periculo facinus magnum nec memorabile.
Terenz, Heautontimorumenos 314

Ohne Gefahr wird keine große und denkwürdige Tat vollbracht.

2868 Sunt facta verbis difficiliora.
Cicero, Epistulae ad Quintum fratrem 1,4,5

Taten sind schwieriger als Worte.

2869 Facta, transacta omnia.
Terenz, Andria 248

Alles schon geschehen, alles durchgeführt.

2870 ex factis, non ex dictis amicos pensare
Livius, Ab urbe condita 34,49,7

Freunde nach ihren Taten, nicht nach ihren Worten beurteilen

2871 Verba rebus proba!
Seneca, Epistulae morales 20,1. Vgl. 20,2: ut verbis opera concordent. … daß mit den Worten die Taten übereinstimmen. Horaz, Epistulae 1,17,16

Mach deine Worte durch Taten glaubhaft!

2872 Recte facti fecisse merces est.
Seneca, Epistulae morales 81,19

Der richtigen Tat Lohn ist, sie getan zu haben.

2873 Factum, non fabula!
Petron, Satyricon 76,4

Es ist Tatsache, kein Märchen!
Unglaublich und doch wahr.

de facto **2874**
Digesta 8,5,2,3
tatsächlich (bestehend)
Gegensatz zu de iure von Rechts wegen

in flagranti **2875**
Codex Iustinianus 9,13,1,1: in ipsa rapina et adhuc flagrante crimine comprehensi beim Raub selbst und auf frischer Tat ergriffen
auf frischer Tat
im Brennen, bei der Brandstiftung

→ *Philosophie / philosophieren*   Facere docet philosophia, non dicere. Nr. **2141**
→ *Recht*   Da mihi factum, dabo tibi ius. Nr. **2230**

täuschen

Numquam te fallent animi sub vulpe latentes. **2876**
Horaz, De arte poetica 437
Niemals wird dich die Gesinnung täuschen, die unterm Fuchsbalg steckt.

Blanditiae fallunt homines et dulcia verba. **2877**
MA H. Walther 2 076 Werner / Flury b 17
Durch Schmeicheleien und süße Worte lassen sich die Menschen täuschen.

Est scelus immensum, si dives fallit egenum. **2878**
MA H. Walther 7 894 Werner / Flury e 103
Es ist ein gewaltiges Verbrechen, wenn der Reiche einen Armen täuscht.

Ex improviso fallitur omnis homo. **2879**
MA H. Walther 8 271 Werner / Flury e 124
Unversehens läßt sich jedermann einmal täuschen.

Fallere qui didicit, fallere semper amat. **2880**
MA MA H. Walther 8 759 Werner / Flury f 7
Wer zu täuschen gelernt hat, liebt es immer zu täuschen.

Fallere qui temptat, saepissime fallitur ille. **2881**
MA H. Walther 8 763 Werner / Flury f 9
Wer zu täuschen versucht, der täuscht sich sehr oft selber.

2882 Mundus vult decipi, ergo decipiatur.

Deutsch Sebastian Brant, Das Narrenschiff S. 65 Sp.1, 1494. Lateinisch Paradoxa 236(247), 1533

Die Welt will getäuscht werden, darum soll sie getäuscht werden.

Die Welt will betrogen werden, darum werde sie betrogen. – Ein Kardinal soll Papst Benedikt XIV., 1740–1758, die ersten Worte ins Ohr gesagt haben, und der Papst habe lächelnd fortgefahren: decipiatur ergo. Vgl. Büchmann 136, 1972 und Helfer 108

2883 Non fallit te Deus:
fallitur, qui sibi ipse nimium credit.

Thomas von Kempen, De imitatione Christi 4,18,15

Gott täuscht dich nicht:

es täuscht sich, wer sich selbst zu viel zutraut.

→ *Dichter*   Maxima pars vatum … decipimur specie recti. Nr. **301**
→ *Jugend*   Labitur occulte fallitque volatilis aetas. Nr. **1289**
→ *Laster*   Fallit enim vitium specie virtutis et umbra. Nr. **1494**
→ *Liebe*   Quis fallere possit amantem? Nr. **1626**
→ *Sonne*   Quis solem fallere possit? Nr. **2654**

teilen

2884 Divide et impera!

Vgl. Justin, Historiae Philippicae 8,3 Motto Ludwigs XI., König von Frankreich 1461–1483

Teile (d. h. stifte Zwietracht) und herrsche!

Goethe, Sprichwörtlich: Entzwei' und gebiete!

Teufel

2885 Cum ergo vivit homo secundum hominem, non secundum Deum, similis est diabolo.

Augustinus, De civitate Dei 14,4

Sobald der Mensch nach dem Menschen und nicht nach Gott lebt, wird er dem Teufel ähnlich.

2886 Nuntius it satanae, quo non valet ipse venire.

MA H. Walther 19 370 Werner / Flury n 320

Der Bote des Teufels geht, wohin er selbst nicht kommen kann.

In medio consistit virtus, saget der Teuffel;   **2887**
saß zwischen zwey alten Huren.

MA H. Walther 11 835 a; vgl. 11 840 b

In der Mitte sitzt die Tugend, sagte der Teufel,
als er zwischen zwei alten Huren saß.

Tibi quae infra, Deo quae supra.   **2888**

Dem Teufel was unten und Gott was oben – sagte der Mönch
zum Satan, als dieser ihm verbieten wollte, auf dem Abtritt das
Brevier zu lesen.

Wander 4,1061,70 Nach der Sage habe der Teufel zu einem Mönch, der
sein Brevier auf dem Abtritt las, gesagt: Monachus super latrinam non debet legere primam. Ein Mönch darf auf dem Abtritt nicht das Brevier lesen. Der Mönch antwortete: Purgo meum ventrem, et colo omnipotentem.
Ich entleere meinen Bauch und verehre den Allmächtigen. Tibi quae infra,
Deo quae supra.

Nemo cum diabolo jocatur impune.   **2889**

MA H. Walther 16 324 a Wander 4,1098,918 Vgl. Epistolae obscurorum
virorum 2,8: Diabolus auferat me, si … Hol mich der Teufel, wenn …
2,55: Diabolus auferat eum … Hol ihn der Teufel …

Niemand scherzt ungestraft mit dem Teufel.

Daemon ipse crucem fugit, ut malus undique lucem.   **2890**

Wander 4,1104,1030

Der Teufel scheut das Kreuz wie der Bösewicht das Licht.

advocatus Dei / advocatus diaboli   **2891**

Anwalt Gottes / Anwalt des Teufels

So heißen bei Seligsprechungsprozessen der Katholischen Kirche die als
Anwälte eingesetzten Geistlichen, die für bzw. gegen die Kanonisation
Argumente vorbringen. Die Einführung erfolgte durch Papst Leo X.,
1513–1521.

Subditi ergo estote Deo, resistite autem diabolo, et fugiet a vobis. **2892**
📖 NT Jakobus 4,7

Ordnet euch also Gott unter, leistet dem Teufel Widerstand;
dann wird er vor euch fliehen.

Sobrii estote, et vigilate: quia adversarius vester diabolus tam- **2893**
quam leo rugiens circuit, quaerens, quem devoret: Cui resistite
fortes in fide.

NT 1 Petrus 5,8

Seid nüchtern und wachsam! Euer Widersacher, der Teufel, geht
wie ein brüllender Löwe umher und sucht, wen er verschlingen
kann. Ihm leistet Widerstand in der Kraft des Glaubens.

→ *Satan*　　Tunc dicit ei Iesus: Vade, Satana! Nr. **2376**
→ *Schlange*　Et proiectus est draco ille magnus, serpens
　　　　　　antiquus, qui vocatur diabolus, et Satanas, qui
　　　　　　seducit omnem orbem. Nr. **2467**

Thule

2894 ultima Thule

Vergil, Georgica 1,3 Pomponius Mela, De chorographia 3,6,9 Tacitus,
Agricola 10,4 Zur Annahme, der Seefahrer und Geograph Pytheas von
Massilia (Marseille) habe auf einer Nordlandreise ca. 323–317 v. Chr.
auch Thule besucht, vgl. Der Kleine Pauly 4 Sp. 1272 ff.

das äußerste Thule

In der Antike war das Wort ein Begriff für den äußersten Norden; eine sa-
genhafte Insel, vielleicht Mainland, die nördlichste und größte der Shet-
land-Inseln. Vgl. Goethe, Der König in Thule, Gedicht 1774

Tod / tot

2895 De mortuis nil nisi bene.

Bei Diogenes Laertius 1,3,70 Chilon, einem der Sieben Weisen Griechenlands, zugeschrieben. Vgl. Homer, Odyssee 22,412 Cicero, Epistulae ad
Atticum 4,7,2

Über die Toten soll man nur gut (in gutem Ton) sprechen.

2896 Mors laborum ac miseriarum quies est.

Cicero, In Catilinam oratio 4,7

Der Tod ist Ruhe von Mühsal und Elend.

2897 Mortem naturae finem esse, non poenam.

Cicero, Pro Milone oratio 101

Der Tod sei das natürliche Ende des Lebens, keine Strafe.

2898 Tota philosophorum vita commentatio mortis est.

Cicero, Tusculanae disputationes 1,74, nach Plato, Phaidon p. 67 d

Das ganze Leben der Weisen ist eine Vorbereitung auf den Tod.

2899 Omni aetati est mors communis.

Cicero, Epistulae ad familiares 6,20(21),1

Jedem Alter ist der Tod gemeinsam.

Vivendi est finis optimus, cum integra mente certisque sensibus **2900**
opus ipsa suum eadem, quae coagmentavit, natura dissolvit.
Cicero, De senectute 72
Es ist das beste Lebensende, wenn bei unverminderter Geistes-
kraft und verläßlicher Kraft der Sinne dieselbe Natur, die es
auch zusammengefügt hat, ihr eigenes Werk wieder auflöst.

Mortem effugere nemo potest.   **2901**
Cicero, Orationes Philippicae 8,10; 29. Vgl. Properz, Elegiae 2,28,58
Dem Tod kann sich niemand entziehen.

Turpis fuga mortis omni est morte peior.   **2902**
Cicero, Orationes Philippicae 8,29
Schimpfliche Flucht vor dem Tode ist schlimmer als jeder Tod.

Effugit mortem, quisquis contempserit; timidissimum quemque **2903**
consequitur.
Curtius Rufus, Historiae Alexandri Magni Macedonis 4,14,25
Dem Tod entrinnt, wer ihn verachtet; den, der ihn am meisten
fürchtet, holt er ein.

Nil igitur mors est ad nos neque pertinet hilum,   **2904**
quandoquidem natura animi mortalis habetur.
Lukrez, De rerum natura 3,830f.
Der Tod also geht uns nichts an und betrifft uns nicht im ge-
ringsten, da die Natur der Seele als sterblich zu gelten hat.
Lukrez gibt die fortentwickelten Grundanschauungen Epikurs wieder.

Scire licet nobis nil esse in morte timendum   **2905**
nec miserum fieri qui non est posse neque hilum
differre an nullo fuerit iam tempore natus
mortalem vitam mors cum immortalis ademit.
Lukrez, De rerum natura 3,866ff.
Wir können erkennen, daß im Tode für uns nichts weiter zu
fürchten ist und keiner elend werden kann, der nicht ist und daß
es keinen Unterschied mache, ob er niemals geboren wurde, wenn
der unsterbliche Tod ihm das sterbliche Leben genommen hat.

Certa quidem finis vitae mortalibus adstat   **2906**
nec devitari letum pote quin obeamus.
Lukrez, De rerum natura 3,1078f.
Das sichere Ende des Lebens steht den Menschen bevor, und es
ist nicht möglich, den Tod zu vermeiden, damit wir nicht sterben.

2907 Pallida mors aequo pulsat pede pauperum tabernas
regumque turres.
Horaz, Carmina 1,4,13 f.

Der bleiche Tod klopft mit gleichem Fuß an die Hütten der Armen / und die Burgen der Könige.

2908 Mors et fugacem persequitur virum.
Horaz, Carmina 3,2,14

Der Tod holt auch einen fliehenden Mann ein.

2909 Mors ultima linea rerum est.
Horaz, Epistulae 1,16,79

Der Tod ist das Ende aller Dinge.

2910 Serius aut citius sedem properamus in unam …
Ovid, Metamorphoses 10,33. Vgl. Properz, Elegiae 2,28c,58: Longius aut
propius mors sua quemque manet. Früher oder später erwartet jeden der
ihm bestimmte Tod. Mojsisch / Schwarz / Tautz

Früher oder später eilen wir alle zu dem einen Wohnsitz …

2911 Sunt aliquid Manes, letum non omnia finit.
Properz, Elegiae 4,7,1

Die Manen[1] existieren wirklich, der Tod beendet nicht alles.
[1] die Seelen der Verstorbenen

2912 Morti natus es.
Seneca, De tranquillitate animi 1,14

Für den Tod bist du geboren.

2913 „Meditare mortem" vel … „Egregia res est mortem condiscere"
… „Meditare mortem": qui hoc dicit, meditari libertatem iubet.
Epikur, fr. 205, zitiert von Seneca, Epistulae morales 26,8 ff.

*„Denke an deinen Tod" oder „Eine ausgezeichnete Sache ist
es, den Tod zu erlernen" … „Denke an den Tod": Wer das sagt,
befiehlt, an die Freiheit zu denken.*

2914 Mors … intermittit vitam, non eripit.
Seneca, Epistulae morales 36,10

Der Tod … unterbricht das Leben, er raubt es aber nicht.

2915 Medici hanc meditationem mortis vocant.
Seneca, Epistulae morales 54,2

Die Ärzte nennen das[1] *„Vorbereitung*[2] *auf den Tod".*
[1] d. h. einen Asthmaanfall [2] meditatio (mortis): denkende Verarbeitung des Wahrgenommenen zu einem einheitlichen Bild. – Das Wort meditatio hat in der Militärsprache, z. B. Vegetius, Epitome de re militari 1,1; 2,23; 58,1, die Bedeutung: geistige und praktische Vorbereitung.

Quem putamus perisse, praemissus est.   **2916**
Seneca, Epistulae morales 63,16; 99,7
Der, den wir für verloren halten, wurde uns nur vorausgesandt.

Mors quid est? Aut finis aut transitus.   **2917**
Seneca, Epistulae morales 65,24
Was ist der Tod? Entweder das Ende oder nur ein Übergang.

Nihil aeque tibi profuerit ad temperantiam omnium rerum,   **2918**
quam frequens cogitatio brevis aevi et huius incerti:
quidquid facies, respice ad mortem.
Seneca, Epistulae morales 114,27
Nichts wird dir in gleichem Maße zum Maßhalten in allen Din-
gen nützen, wie der häufige Gedanke an die Kürze des Lebens
und seine Unsicherheit: Was immer du tust, bedenke den Tod.

Nihil mihi videtur turpius quam optare mortem.   **2919**
Seneca, Epistulae morales 117,22
Nichts scheint mir schimpflicher zu sein, als sich den Tod zu
wünschen.

Honesta mors turpi vita potior.   **2920**
Tacitus, Agricola 33,6
Ein ehrenvoller Tod ist besser als ein Leben in Schande.

Mihi videtur acerba semper et immatura mors eorum, qui im- **2921**
mortale aliquid parant.
Plinius, Epistulae 5,5,4
Mir scheint der Tod derjenigen, die etwas Unsterbliches schaf-
fen, immer bitter und verfrüht zu sein.

Omnia mors aequat.   **2922**
Claudianus, De raptu Proserpinae 3,302
Der Tod macht alles gleich.

Mors fidelium salutis introitus.   **2923**
Cassiodor, De anima 17,60
Der Tod der Gläubigen ist der Eingang ins Heil.

2924 Mortui non mordent.
Plutarch, Pompeius 77 a. E. MA H. Walther 15 271a Erasmus von Rotterdam, Adagia 2 541

Tote beißen nicht.
Gemeint ist Pompeius.

2925 Dispar vivendi modus est, mors omnibus una.
MA Werner / Flury d 117

Ungleich ist die Art zu leben, doch allen steht der gleiche Tod bevor.

2926 Beata morte nihil beatius.
Friedrich der Schöne, deutscher Gegenkönig 1314-1330

Kein größeres Glück als ein seliger Tod.

2927 Mors stupebit et natura,
cum resurget creatura
iudicanti responsura.
Thomas von Celano, ca. 1190–1260, 3. Strophe der Sequenz → *Tag* Dies irae, dies illa Nr. **2849**

Schaudernd sehen Tod und Leben
sich die Kreatur erheben,
Rechenschaft dem Herrn zu geben.

2928 Propterea sicut per unum hominem peccatum in hunc mundum intravit, et per peccatum mors, et ita in omnes homines mors pertransiit, in quo omnes peccaverunt.
📖 NT Römer 5,12

Durch einen einzigen Menschen kam die Sünde in die Welt und durch die Sünde der Tod, und auf diese Weise gelangte der Tod zu allen Menschen, weil alle sündigten.

2929 Lex enim spiritus vitae in Christo Iesu liberavit me a lege peccati et mortis.
NT Römer 8,2

Denn das Gesetz des Geistes und des Lebens in Christus Iesus hat mich frei gemacht vom Gesetz der Sünde und des Todes.

2930 Esto fidelis usque ad mortem, et dabo tibi coronam vitae.
NT Johannes, Apocalypsis 2,10

Sei treu bis in den Tod; dann werde ich dir den Kranz des Lebens geben.

→ *Glück / glücklich*	Dici beatus ante obitum nemo debet. Nr. **899**
→ *Krieg*	In Bellonae hortis nascuntur semina mortis. Nr. **1432**
→ *leben / Leben*	Vive memor leti! Nr. **1510**
→ *leben / Leben*	Vivos voco. Mortuos plango. Fulgura frango. Nr. **1538**
→ *Muse*	Mors sine Musis vita. Nr. **1893**
→ *Nacht*	Omnes una manet nox et calcanda semel via leti. Nr. **1945**
→ *Schlaf*	Stulte, quid est somnus gelidae nisi mortis imago. Nr. **2452**
→ *Seele*	Mors est animae corporisque facta resolutio. Nr. **2578**
→ *sein / das Sein*	Tu fui, ego eris. Nr. **2600**
→ *Stachel*	Ubi est mors victoria tua? Ubi est mors stimulus tuus? Nr. **2706**
→ *sterben*	Non omnis moriar multaque pars mei vitabit Libitinam. Nr. **2728**
→ *sterben*	Aequat omnes cinis. Impares nascimur, pares morimur. Nr. **2734**
→ *Stunde*	Mors cuivis certa, nihil est incertius hora; ibimus absque mora, sed qua nescimus in hora. Nr. **2799**
→ *Stunde*	Una harum ultima. Nr. **2806**
→ *Unterwelt*	Omnes eodem cogimur. Nr. **3070**
→ *Welt*	Me mortuo terra ignibus misceatur. Nr. **3330**

Tor / Torheit

Stultitia excusationem non habet.   **2931**
Cicero, De oratore 1,125
Torheit (Dummheit) kann man nicht entschuldigen.

Stultorum plena sunt omnia.   **2932**
Cicero, Epistulae ad familiares 9,22,4
Die Welt ist voller Torheiten.

Dulce est desipere in loco.   **2933**
Horaz, Carmina 4,12, 28. Vgl. Seneca, De tranquillitate animi 17,10:
Nam, sive graeco poetae credimus, ‚aliquando et sanire iucundum est‘ …

Denn sei es, daß wir dem griechischen Dichter glauben: ‚Manchmal ist auch von Sinnen zu sein angenehm' …

Ein Narr zu sein im rechten Augenblick ist angenehm.

Aufbegehren gegen die Tyrannei des Verstandes, dessen Joch gelegentlich abgeworfen wird.

2934 Inter cetera mala hoc quoque habet stultitia: semper incipit vivere.

Seneca, Epistulae morales 13,16

Unter den übrigen Übeln hat die Torheit auch folgendes an sich: Sie beginnt immer aufs neue zu leben.

2935 Humilis res est stultitia, abiecta, sordida, servilis, multis affectibus et saevissimis subiecta.

Seneca, Epistulae morales 37,4

Die Torheit ist eine niedrige, verworfene, schmutzige, sklavische, vielen rasenden Leidenschaften unterworfene Sache.

2936 Nihil stultitia pacatum habet.

Seneca, Epistulae morales 59,8

Für die Torheit gibt es keinen Frieden.

Der Tor muß, im Gegensatz zum Weisen, Gefahren von allen Seiten befürchten.

2937 Insipiens esto, cum tempus postulat aut res;
stultitiam simulare loco summa prudentia est.

Catonis Disticha 2,18

Spiele den Narren, wenn es Zeit oder Umstände erfordern:
sich zur richtigen Zeit dumm zu stellen, beweist größte Klugheit.

2938 Quaerit delirus, quod non respondet Homerus.

MA H. Walther 23 178 Wander 4,1157,43

Ein Tor fragt, was nicht einmal Homer beantworten kann.

Ein Narr kann mehr fragen, als sieben Weise beantworten können.

2939 Qui stultus exit, stultus revertitur.

MA H. Walther 24 805 Wander 4,1159,92

Wer als Tor ausgeht, kehrt als Narr zurück.

2940 Insania non omnibus eadem.

Wander 4,1161,25

Es ist nicht eine Tollheit wie die andere.

Stultitiam dissimulare difficile est, in vino vere impossibile.   **2941**
MA H. Walther 30 418 a Wander 4,1162,52

*Dummheit läßt sich nur schwer verbergen, bei Weingenuß auf
keinen Fall.*

Stultorum infinitus est numerus.   **2942**
AT Ecclesiastes 1,15

Unzählbar ist die Zahl der Toren.

Stultus quoque, si tacuerit, sapiens reputabitur.   **2943**
AT Proverbia 17,28. Vgl. MA Werner / Flury s 195

Auch ein Tor kann als weise gelten, wenn er schweigt.

Verbum autem crucis pereuntibus quidem stultitia est.   **2944**
NT 1 Korinther 1,18

Denn das Wort vom Kreuz ist denen, die verlorengehen, Torheit.

Nos autem praedicamus Christum crucifixum; Iudaeis quidem **2945**
scandalum, gentibus autem stultitiam.
NT 1 Korinther 1,23

*Wir dagegen verkündigen Christus als den Gekreuzigten: den
Juden ein empörendes Ärgernis, den Heiden eine Torheit.*

→ *Ausgang*   Eventus stultorum magister. Nr. **119**
→ *Fehler*   Est proprium stultitiae aliorum vitia cernere, ob-
                livisci suorum. Nr. **492**
→ *Fehler*   Dum vitant stulti vitia, in contraria currunt. Nr. **494**
→ *Glück*   Stultum facit fortuna, quem vult perdere. Nr. **911**
→ *Hund*   Stultitia est venatum ducere invitas canes. Nr. **1225**
→ *Lob*   Laus stultitiae Nr. **1678**

Träne

Hinc illae lacrimae!   **2946**
Terenz, Andria 126 Cicero, Pro Caelio oratio 61 Horaz, Epistulae 1,19,41
Vgl. Juvenal, Saturae 1,168

Daher diese Tränen!

Das ist es! – Da liegt der Hund begraben! – Jetzt geht mir ein Licht auf! –
Sprichwörtlich gebrauchte Formulierung.

Nihil lacrima citius arescit.   **2947**
Cicero, Rhetorica ad Herennium 2,50 De inventione 1,109 Cicero zitiert
den griechischen Rhetor Apollonius. – Vgl. Curtius Rufus, Historiae

Alexandri Magni Macedonis 5,5,11 Quintilian, De institutione oratoria 6,1,27: … nihil facilius quam lacrimas arescere … nichts trockne leichter als Tränen.

Nichts trocknet schneller als Tränen.

2948 Sunt lacrimae rerum.
Vergil, Aeneis 1,462

Tränen dem Unglück hier.

Die Tränen der Dinge. – Aeneas bei Betrachtung der Bilder vom Untergang Trojas im Palast der Königin Dido in Karthago. „Dieser Halbvers ist der unübersetzbarste der Aeneis … Herzwort Vergils und der Aeneis … kein sentimentaler Satz, sondern: ein ontologischer." Th. Haecker 130 ff.

2949 Mollissima corda
humano generi dare se natura fatetur,
quae lacrimas dedit. Haec nostri pars optima sensus.
Juvenal, Saturae 15,131 ff.

Die Natur, die ja den Menschen die Tränen gab, bekennt, daß sie ihnen empfindsame Herzen verlieh. Tränen sind der edelste Teil unseres Gefühls.

2950 Lacrimae Christi

Tränen Christi

Name eines Weines aus Trauben, die an den Hängen des Vesuv wachsen.

2951 In valle lacrymarum …
📖 AT Psalm 83,7

Im Tal der Tränen …

2952 … et absterget Deus omnem lacrymam ab oculis eorum.
NT Johannes, Apocalypsis 7,17; 21,4

… und Gott wird alle Tränen von ihren Augen abwischen.

→ *säen* Qui seminant in lacrimis, … Nr. **2366**

Trauer / traurig

2953 Tristia maestum / voltum verba decent …
Horaz, De arte poetica 105 f.

Zur traurigen Miene passen traurige Worte …

2954 Gaudii maeror comes.
MA H. Walther 10 256 a

Trauer begleitet die Freude.

A tristitia enim festinat mors et cooperit virtutem … **2955**

📖 AT Ecclesiasticus 38,19

Denn aus der Traurigkeit kommt schnell der Tod, sie lähmt die
Kraft.

Beati, qui lugent: quoniam ipsi consolabuntur. **2956**

NT Matthaeus 5,5

Selig die Trauernden; denn sie werden getröstet werden.

Seligpreisung der Bergpredigt.

→ *hassen*   Oderunt hilarem tristes, tristemque iocosi. Nr. **1083**

Traum

Somnium Scipionis **2957**

Cicero, De re publica 6,9 ff. Macrobius, Commentarius in somnium Scipionis

Scipios Traum

Vision am Ende von Ciceros Werk Vom Staat. Scipio erzählt einen
Traum, in dem ihm Scipio Africanus der Ältere, sein Adoptivgroßvater,
sein Schicksal voraussagt und in Verbindung mit einer Kosmosschau die
Unsterblichkeit der Seelen verkündet.

Somnia formoso candidiora die. **2958**

Ovid, Heroides 15,124

Träume, heller noch als ein strahlender Tag.

→ *Leben*   Vita somnium breve. Nr. **1537**
→ *Liebe*   Qui amant, ipsi sibi somnia fingunt. Nr. **1624**

treu / Treue

Punica fides **2959**

Sallust, De bello Iugurthino 108,3. Vgl. Livius, Ab urbe condita 21,4,9:
perfidia plus quam Punica *Hannibal besaß* mehr als punische Treulosig-
keit. 42,47,7 Horaz, Carmina 4,4,49: perfidus Hannibal der tückische
Hannibal

punische Treue

Die Punier (Karthager) galten als verschlagen und listig.

Nusquam tuta fides. **2960**

Vergil, Aeneis 4,373

Nirgends gibt es noch Treue.

2961 … fugere pudor verumque fidesque.
Ovid, Metamorphoses 1,129

… es flohen die Scham, die Wahrheit und die Treue.
Ovid schildert den sittlichen Zerfall im Eisernen Zeitalter.

2962 Nemo est in amore fidelis.
Properz, Elegiae 2,34A,3

Niemand ist treu in der Liebe.

2963 Muliebri fecit fide.
Plautus, Miles gloriosus 456

Das machte sie nach Weiberwort und Weibertreue.

2964 Nix veluti veris est firma fides mulieris.
MA Werner / Flury n 80

So fest wie Schnee im Frühling ist die Treue einer Frau.

2965 Ubi lucrum est, ibi vix audet esse fides.
MA H. Walther 30 054 a

Wo Gewinn in Aussicht steht, dort wagt die Verläßlichkeit kaum zu sein.

→ *Freund*   Vulgare amici nomen, sed rara est fides. Nr. **616**

trinken

2966 Aut bibat, aut abeat.
Cicero, Tusculanae disputationes 5,118

Man zeche mit den anderen, oder man gehe weg!
Sauf oder lauf! – Grundsatz bei den griechischen Symposien.

2967 Nunc est bibendum, nunc pede libero
pulsanda tellus… .
Horaz, Carmina 1,37,1 f.

*Jetzt ist es Zeit zu trinken, jetzt mit dem freien Fuß
im Tanz auf die Erde zu stampfen …*
Jetzt laßt uns trinken, jetzt mit entbundnem Fuß den Boden stampfen!
Eduard Mörike – Anfang eines Jubelgedichts, entstanden 30 v. Chr., nach-
dem die von Ägyptens Königin Kleopatra drohende Gefahr durch die
Schlacht bei Aktium 31 v. Chr. beseitigt war.

2968 5. Bibit hera, bibit herus,   Weiber trinken, Laffen trinken,
   bibit miles, bibit clerus,   Söldner trinken, Pfaffen trinken,
   bibit ille, bibit illa,   diese trinken, jene trinken,
   bibit servus cum ancilla,   Knecht und seine Schöne trinken,

6. ... bibit ista, bibit ille,   Er und sie sich zausend trinken,
   bibunt centum, bibunt mille. hundert trinken, tausend
                                        trinken. Carl Fischer

Carmina Burana, 12./13. Jahrhundert, Nr. 196: In taberna quando sumus
In der Schenke. 5. und 6. Strophe gekürzt.

Ergo bibamus!   **2969**

Goethe, Gedicht (und lateinischer Kehrreim) im Ton der Studentenlieder,
1810. Vgl. Bemerkungen zur Farbenlehre. Polemischer Teil Nr. 391

Laßt uns also trinken!

→ *essen / Essen* Ante circumspiciendum est, cum quibus edas
                    et bibas, quam quid edas et bibas: nam sine
                    amico visceratio leonis ac lupi vita est. Nr. **468**

Tropfen

→ *Stein* Gutta cavat lapidem non vi, sed saepe cadendo.
            Nr. **2715**

Trost

Omnem consolationem vincit dolor.   **2970**

Cicero, Epistulae ad Atticum 12,14,3

Allen Trost überwiegt mein Schmerz.

Cicero war zunächst über den Tod seiner von ihm vergötterten Tochter
Tullia, die 45 v. Chr. starb, untröstlich. In dieser Situation verfaßte er eine
Consolatio, Trostschrift, an sich selbst. Von dem Buch sind nur Fragmente
überliefert.

Quid est boni viri? Praebere se fato. Grande solacium est, cum **2971**
universo rapi.

Seneca, De providentia 5,8

*Was kennzeichnet einen tapferen Mann? Sich dem Schicksal
darzubieten. Ein erhabener Trost ist es, mit dem All fortgeris-
sen zu werden.*

Consolationis philosophiae libri V   **2972**

Anicius Manlius Severinus Boethius, 480–524, der Kanzler Theoderichs
des Großen, 471–526, schrieb für sich selbst das Trostbuch der Philosophie gegen die Schicksalsschläge des Lebens. Es wurde eines der meistge-
lesenen Bücher des Mittelalters.

Trost der Philosophie, 5 Bücher

Solamen miseris socios habuisse malorum.   **2973**

Baruch de Spinoza, Ethica 4,57 Scholium   Nach Äsop, Fabulae 143
Hausrath. Vgl. Seneca, Ad Marciam de Consolatione 12,4

Es ist ein Trost für die Unglücklichen, Gefährten im Unglück zu haben.

Geteilter Schmerz ist halber Schmerz.

→ *Schuld*   Vacare culpa magnum est solacium. Nr. **2514**

Tugend

2974   Virtus est animi habitus naturae modo et rationi consentaneus.

Cicero, De inventione 2,159

Die Tugend ist diejenige Geisteshaltung, die mit der Regel der Natur und mit der Vernunft in Einklang steht.

2975   … virtutem nixam honesto nullam requirere voluptatem atque ad beate vivendum se ipsa esse contentam.

Cicero, De finibus 1,61. Vgl. Seneca, De vita beata 7,2: Voluptate virtus saepe caret, numquam indiget.

Die Stoiker behaupten … die auf das sittlich Gute sich stützende Tugend bedürfe keiner Lust und genüge sich selbst zur Glückseligkeit.

2976   Ipsa virtus efficit beatam vitam.

Cicero, De finibus 4,20

Die Tugend an sich macht das Leben glückselig.

2977   Alterum autem genus est magnarum verarumque virtutum, quas appellamus voluntarias, ut prudentiam, temperantiam, fortitudinem, iustitiam et reliquas generis eiusdem.

Cicero, De finibus 5,37

Zur anderen Gattung gehören die großen und wahren Tugenden, die wir die freiwilligen nennen, wie: Klugheit, Besonnenheit, Tapferkeit, Gerechtigkeit, und die übrigen, die zur selben Gattung gehören.

Diesen vier seit Plato, Staat 4,441 f., Menon 96 D ff. festgelegten Kardinaltugenden wurden von Thomas von Aquin, Summa theologica 22, quaestio 1–6, 17–18, 23–34, die drei theologischen Tugenden Glaube, Hoffnung und Liebe hinzugefügt. An diesen drei Tugenden wirke Gott mit.

2978   Virtus ad beate vivendum se ipsa contenta est.

Cicero, De finibus 5,79

Die Tugend genügt sich selbst zu einem glücklichen Leben.

2979   Vitia virtutibus sunt contraria.

Cicero, Tusculanae disputationes 4,32

Die Laster sind den Tugenden entgegengesetzt.

Virtus brevissume recta ratio dici potest.   **2980**
Cicero, Tusculanae disputationes 4,34
Die Tugend kann in aller Kürze als die rechte Einsicht bezeich-
net werden.

Nihil est virtute amabilius.   **2981**
Cicero, De amicitia 28
Nichts ist liebenswerter als die Tugend.

Virtus et conciliat amicitias et conservat.   **2982**
Cicero, De amicitia 100
Die Tugend schließt Freundschaften und erhält sie.

Nihil est, mihi crede, virtute formosius, nihil pulchrius, nihil **2983**
amabilius.
Cicero, Epistulae ad familiares 9,14,4
Glaube mir, nichts ist stattlicher, nichts schöner, nichts liebens-
werter als männliche Tüchtigkeit.

Virtutem incolumem odimus,   **2984**
sublatam ex oculis quaerimus invidi.
Horaz, Carmina 3,24,31 f.
Die Verkörperung der Tugend hassen wir, solange sie lebt.
Wenn sie aus den Augen entschwand, suchen wir sie neidvoll.

Mea / virtute me involvo.   **2985**
Horaz, Carmina 3,29,54 f.
Ich hülle mich in meine Tugend ein.

Et genus et virtus, nisi cum re, vilior alga est.   **2986**
Horaz, Sermones 2,5,8
Vornehme Abstammung und Tugend ist heute, wenn einer kein
Vermögen besitzt, wertloser als Seegras.

Virtus est vitium fugere et sapientia prima   **2987**
stultitia caruisse.
Horaz, Epistulae 1,1,41 f.
Tugend besteht darin, die Sünde zu meiden, und der Anfang der
Weisheit ist die Abkehr von der Torheit.

Nulla, nisi ardua, virtus.   **2988**
Ovid, Ars amatoria 2,537. Vgl. Horaz, Carmina 3,24,44 Silius Italicus,
Punica 15,102
Der Weg zu Tugend kann immer nur steil sein.

2989 Iudice te mercede caret per seque petenda est,
externis virtus incomitata bonis.
Ovid, Epistulae ex Ponto 2,3,35 f.

Dein Urteil ist: Tugend wird nicht belohnt, sie ist um ihrer selbst willen anzustreben, irdische Güter folgen ihr nicht.

2990 Omne honestum in arduo est.
Seneca, De beneficiis 2,18,2. Vgl. Horaz, Carmina 3,24,44: virtus ardua die auf steiler Höhe wohnende Tugend. Die Metapher stammt von Hesiod, Werke und Tage 289 f.
Alles Sittliche wohnt auf steiler Höhe.
D. h., es ist nur unter Mühe zu erreichen.

2991 Nullum virtutum pretium dignum illis extra ipsas est.
Seneca, De clementia 1,1

Für Tugenden gibt es keinen angemessenen Lohn, der außerhalb ihrer selbst liegt.

2992 Calamitas virtutis occasio est.
Seneca, De providentia 4,6

Das Unglück gibt Gelegenheit zur Tüchtigkeit.

2993 Virtus secundum naturam est, vitia inimica et infesta sunt.
Seneca, Epistulae morales 50,8

Die Tugend (sittliche Vollkommenheit) ist der Natur entsprechend, Laster sind ihr widerstrebend und feindlich.
Daß der Mensch bestimmt sei, die sittliche Vollkommenheit zu erstreben, lehrt seit Zenon, dem Begründer der stoischen Philosophenschule in Athen, die ganze Stoa.

2994 Omnis in modo est virtus. Modo certa mensura est.
Seneca, Epistulae morales 66,9

Alle sittliche Vollkommenheit besteht im Maß. Maß hat eine bestimmte Begrenzung. M. Rosenbach

2995 Virtutum omnium pretium in ipsis est.
Seneca, Epistulae morales 81,19. Vgl. De beneficiis 4,1
Jede Tugend trägt ihren Lohn in sich.

2996 Non enim dat natura virtutem: ars est bonum fieri.
Seneca, Epistulae morales 90,44
Nicht die Natur verleiht die Tugend: Eine Kunst ist es, ein guter Mensch zu werden.

Virtus non contingit animo nisi instituto et edocto et ad sum-   **2997**
mam adsidua exercitatione perducto.
Seneca, Epistulae morales 90,46

Die Tugend (sittliche Vollkommenheit) wird nur einem unter-
richteten, gebildeten, durch ständige Übung zur Höhe geführten
Menschen zuteil.

Nobilitas sola est atque unica virtus.   **2998**
Juvenal, Saturae 8,20

Adel ist einzig und allein Tugend.

Semita certe / tranquillae per virtutem patet unica vitae.   **2999**
Juvenal, Saturae 10,363 f.

Nur durch Tugend erschließt sich dir der einzige schmale Pfad
zu einem ruhigen Leben.

Ipsa quidem virtus sibimet pulcherrima merces.   **3000**
Silius Italicus, Punica 13,663. Vgl. Ovid, Epistulae ex Ponto 2,3,11 f.

Die Tugend ist sich selbst der schönste Lohn.

Virtus, quem postea doctrina inserit …   **3001**
Augustinus, De civitate Dei 19,1

Die Tugend, die erst später die Lehre (den Menschen) ein-
pflanzt …

Virtutes paganorum splendida vitia.   **3002**
Nach Augustinus, De civitate Dei 19,25

Die Tugenden der Heiden sind glänzende Laster.
Strengster Maßstab der Gesinnungsethik.

Praemium virtutis erit *Deus* ipse, qui virtutem dedit …   **3003**
Augustinus, De civitate Dei 22,30

Der Lohn der Tugend wird Gott selbst sein, der die Tugend ge-
geben hat …

Nulla virtus inest nobis a natura.   **3004**
Aristoteles, Nikomachische Ethik 2,1, zitiert von Thomas von Aquin,
Summa theologica, Quaestio 152, Art. 3

Keine Tugend besitzen wir von Natur aus.
Keine ethische Tugend ist uns angeboren.

Omnis virtus moralis debet esse prudens.   **3005**
Thomas von Aquin, Quaestio disputata de virtutibus in communi 12 ad 3.

Alle Tugend ist notwendig klug.
Klug und gut ist der Mensch nur zugleich. J. Pieper, Traktat über die Klugheit 16

3006 Crescit sub pondere virtus.
Unter dem Druck wächst die Tugend.

3007 Manet (Vivit) post funera virtus.
Wander 4,1363,153
Die Tugend lebt über das Grab hinaus.

→ *Ehre*	Honos est praemium virtutis. Nr. **336**
→ *Eltern*	Dos est magna parentium virtus. Nr. **369**
→ *Geld*	O cives, cives, quaerenda pecunia primum est; virtus post nummos! Nr. **739**
→ *Glück / glücklich*	Divitiisne homines an sint virtute beati? Nr. **893**
→ *Gold*	Vilius argentum est auro, virtutibus aurum. Nr. **932**
→ *Laster*	Fallit enim vitium specie virtutis et umbra. Nr. **1494**
→ *Ruhm*	Gloria virtutem tamquam umbra sequitur. Nr. **2343**
→ *sündigen*	Oderunt peccare boni virtutis amore, oderunt peccare mali formidine poenae. Nr. **2814**
→ *tapfer / Tapferkeit*	Invia virtuti nulla est via. Nr. **2859**
→ *Teufel*	In medio consistit virtus, saget der Teuffel; saß zwischen zwey alten Huren. Nr. **2887**

tun

3008 Actam rem ago.
Plautus, Cistellaria 703 Terenz, Phormio 419. Vgl. Cicero, De amicitia 85: Acta agimus, quod vetamur vetere proverbio. Wir tun Getanes, was uns ein altes Sprichwort verbietet. – Vgl. Terenz, Andria 381 Heautontimorumenos 760; 904: Dictum factum. Gesagt, getan./Wie gesagt, so geschehen. Vgl. Homer, Ilias 19,242
Ich tue, was schon getan ist.
Vgl. leeres Stroh dreschen

3009 Sedulo curavi humanas actiones non ridere, non lugere, neque detestari, sed intelligere.
Spinoza, Tractatus politicus 1,4

Ich habe mich eifrig bemüht, das Tun der Menschen nicht zu verlachen, nicht zu beweinen und auch nicht zu verwünschen, sondern es zu verstehen.

Omnia ergo quaecumque vultis ut faciant vobis homines, et vos **3010** facite illis. Haec est enim lex, et prophetae.

📖 NT Matthaeus 7,12. Vgl. Lukas 6,31

Alles, was ihr wollt, daß es euch die Menschen tun, das tut auch ihnen! Darin besteht das Gesetz und die Propheten.

→ *Ende*	Quidquid agis, prudenter agas, et respice finem. Nr. **382**
→ *Liebe / lieben*	Dilige et quod vis fac; sive taceas, dilectione taceas; sive clames, dilectione clames; sive emendes, dilectione emendes; sive parcas, dilectione parcas; radix sit intus dilectionis, non potest de ista radice nisi bonum exire. Nr. **1657**
→ *Muße / Müßiggang*	Nihil agendo homines male agere discunt. Nr. **1909**
→ *Philosophie*	Facere docet philosophia, non dicere … Nr. **2141**
→ *Tat*	Factum est illud: fieri infectum non potest. Nr. **2865**

Tyrann

Itaque ex hac maxima libertate tyrannus gignitur.   **3011**
Cicero, De re publica 1,68

Daher entsteht aus dieser übergroßen Freiheit der Tyrann.

… tyrannus, quo neque taetrius neque foedius nec dis homini- **3012** busque invisius animal ullum cogitari potest; qui quamquam figura est hominis, morum tamen immanitate vastissimas vincit beluas.
Cicero, De re publica 2,48

… der Tyrann, das scheußlichste, schmutzigste und Göttern und Menschen verhaßteste Lebewesen, das sich überhaupt denken läßt. Obwohl von Gestalt ein Mensch, übertrifft er doch durch die Ungeheuerlichkeit des Charakters die ungeschlachtesten Untiere. K. Büchner

3013 In tyrannos!

Motto von Friedrich Schillers Jugenddrama Die Räuber in der 2. Auflage 1782.

Gegen die Tyrannen!

→ *Blitz*	Eripuit caelo fulmen sceptrumque tyrannis. Nr. **237**
→ *Furcht / fürchten*	Multos timere debet, quem multi timent. Nr. **660**
→ *Gewohnheit*	Usus tyrannus. Nr. **833**

U/Ü

Übel

Ceteri … malum illud quidem, sed alia peiora.   **3014**
Cicero, De natura deorum 2,15
Die übrigen Philosophen haben gelehrt, der Schmerz sei ein
Übel, es gebe aber Schlimmeres.

Ex malis eligere minima oportet.   **3015**
Cicero, De officiis 3,1,3. Vgl. In Verrem 2,3,201: … ad minima malorum
eligenda … zur Wahl des kleineren Übels. Plautus, Stichus 120: ex malis
multis malum quod minimum est, id minime est malum.Von vielen Übeln
ist das kleinste das geringste.
Von mehreren Übeln muß man das kleinste wählen.

Omne malum nascens facile opprimitur, inveteratum fit **3016**
plerumque robustius.
Cicero, Orationes Philippicae 5,31
Jedes Übel läßt sich im Entstehen leicht unterdrücken; hat es
sich erst einmal eingenistet, dann wird es meist um so stärker.

Malefacere qui vult, numquam non causam invenit.   **3017**
Publilius Syrus, Sententiae M 28
Wer Übles tun will, findet dafür immer einen Vorwand.

Serum est cavendi tempus in mediis malis.   **3018**
Seneca, Thyestes 487. Vgl. Ovid, Tristia 1,3,35: Sero clipeum post vulne-
ra sumo. Zu spät greife ich, schon verwundet, zum Schild.
Zu spät ist es, sich mitten im Unglück vorzusehen.

Malum nullum est sine aliquo bono.   **3019**
Plinius, Naturalis historia 27,9
Jedes Übel hat auch sein Gutes.

De duobus malis minus est semper eligendum.   **3020**
Thomas von Kempen, De imitatione Christi 3,12,6
Von zwei Übeln muß man immer das geringere wählen.

3021 Malum ex malo.

📖 Sinngemäß nach AT Genesis 3

Das Übel kommt von dem Apfel.

… den Eva dem Adam im Paradies zu essen gab. – Alles Übel, so auf Erden geschicht, / ist durch einen Apfel zugericht. Alter Spruch

3022 Oramus autem Deum, ut nihil mali faciatis.

NT 2 Korinther 13,7

Wir flehen zu Gott, daß ihr nichts Böses tut.

→ *Erinnerung*	Iucunda memoria est praeteritorum malorum. Nr. **411**
→ *Mut / mutig*	Tu ne cede malis, sed contra audentior ito! Nr. **1917**
→ *Öl*	Oleum addere camino. Nr. **2099**
→ *Rede*	Sit autem sermo vester, est, est; non, non; quod autem his abundantius est, a malo est. Nr. **2250**
→ *Skylla*	Incidit in Scyllam, qui vult vitare Charybdim. Nr. **2649**
→ *Unrecht*	Male parta male dilabuntur. Nr. **3057**

Übermaß

3023 Ne quid nimis!

Terenz, Andria 61 Der Satz wurde dem griechischen Weisen Chilon zugeschrieben, vgl. Plato, Hipparch 228e: Meden agan! Terenz, Heautontimorumenos 519: Nil nimis! Catonis dicta 2,6a: Quod nimium est, fugito! … Vermeide das Extrem! … Cicero, De finibus 3,73: Nihil nimis! Seneca, Epistulae morales 94,43: Nil nimis! Nichts zu sehr! Plinius Maior, Naturalis historia 7,119 Ammianus Marcellinus 30,8,2 Hieronymus, Epistulae 60,7; 108,20; 130,11

Nichts im Übermaß!

Der Ausspruch wurde in der griechisch-römischen Antike viel zitiert.

3024 Omnia nimia … in contraria fere vertuntur.

Cicero, De re publica 1,68

Alles Übermäßige … schlägt in der Regel in sein Gegenteil um.

3025 Etsi suus cuique modus est, tamen magis offendit nimium quam parum.

Cicero, Orator 73

Wenn auch alles sein Maß hat, so erregt doch das Zuviel mehr Anstoß als ein Zuwenig.

Perniciosissimum in omni vita quod nimium, praecipue tamen **3026**
corpori.
Plinius Maior, Naturalis historia 11,119
Das Schädlichste ist im ganzen Leben, besonders aber für den
Körper, das Zuviel.

Non plus ultra.   **3027**
Lateinische Übersetzung von Pindar, Nemeen 3,21 f.
Nicht (mehr) darüber hinaus.
D. h. über die Säulen des Herakles (Gibraltar) hinaus zu segeln sei nicht
möglich. Vgl.: das Nonplusultra das Unübertreffbare, das Höchste

Omne nimium nocet.   **3028**
Vgl. Seneca, De vita beata 14,2: Voluptas nocet nimia. Übermäßiger Ge-
nuß schadet. MA H. Walther 19 838: Omne nocet nimum ...
Jedes Übermaß schadet.

→ *können*   Ultra posse nemo obligatur. Nr. **1378**
→ *Mitte / Mittelweg*   Magni animi est magna contemnere ac
                     mediocria malle quam nimia. Nr. **1857**

Übung

Exercitatio artem parat.   **3029**
Nach Tacitus, Germania 24,1
Übung führt zu Kunstfertigkeit.
Übung macht den Meister.

Difficilis est tenere, quae acceperis, nisi exerceas.   **3030**
Plinius, Epistulae 8,14,3
Es ist schwer, Gelerntes zu behalten, wenn man es nicht prak-
tisch übt.

Usus frequens omnium magistrorum praecepta superat.   **3031**
Wander 4,1403,17
Häufige Übung ist besser als die Regeln sämtlicher Lehrer.

Exercitatio mater studiorum.   **3032**
Übung ist die Mutter der Studien.

→ *Gedächtnis*   Memoria minuitur, nisi eam exerceas. Nr. **685**
→ *Gewohnheit*   Usus tyrannus. Nr. **833**
→ *Lehrer*   Usus magister est optimus. Nr. **1558**

Umgang

3033 Cum bonis ambula!
Catonis dicta, Prologus 6

Pflege Umgang nur mit guter Gesellschaft!

3034 Noscitur ex sociis, qui non cognoscitur ex se.
MA H. Walther 18 821 Wander 4,1660,335

Sag mir, mit wem du umgehst, und ich sage dir, wer du bist.
Goethe, Maximen und Reflexionen 1

Undank

3035 Omnes immemorem beneficii oderunt.
Cicero, De officiis 2,63 Wander 4,1424,15

Einen Undankbaren hält sich jeder vom Leibe.

3036 Nihil cognovi ingratius, in quo vitio nihil mali non inest.
Cicero, Epistulae ad Atticum 8,5(4),2

So etwas von Undankbarkeit habe ich noch nicht erlebt, übrigens ein Charakterfehler, der jedes andere Manko in sich trägt.
Nach H. Kasten

3037 Ingratus unus miseris omnibus nocet.
Publilius Syrus, Sententiae I 14

Ein einziger Undankbarer schadet allen Armen.

3038 Ingrato homine nihil peius terra creat.
MA H. Walther 12 401 Wander 4,1422,14

Ein undankbarer Mensch – das Schlimmste, was die Erde hervorbringt.

→ *Gebeine*   Ingrata patria, ne ossa quidem mea habes. Nr. **671**

Unglück / unglücklich

3039 In mala re animo si bono utare, adiuvat.
Plautus, Captivi 202 Wander 4,1445,159

Im Unglück muß man den Kopf oben behalten.

3040 Aliud ex alio malum.
Terenz, Eunuchus 988 Wander 4,1442,92

Ein Unglück bringt das andere auf dem Rücken.

Tanta malorum impendet Ilias.   **3041**

Cicero, Epistulae ad Atticum 8,11,3 Diogenian 5,26: Ilias kakon: epi ton megalon kakon.

Eine Ilias von Unglücken droht uns.

Unglück über Unglück.

Non ignara mali miseris succurrere disco.   **3042**

Vergil, Aeneis 1,630

Nicht unerfahren im Unglück, lernte ich Unglücklichen beizustehen.

Causa mali tanti coniunx iterum hospita Teucris.   **3043**

Vergil, Aeneis 6,93. Vgl. 11,480: Lavinia virgo, causa mali tanti die Tochter Lavinia, des großen Unglücks Anlaß

Grund des großen Unglücks ist wieder ein Weib[1], Gastfreundin der Teukrer.

[1] Anspielung auf Helena, gezielt auf Lavinia, die zweite Gattin des Aeneas in Italien. – Prophezeiung der Sibylle vor dem Gang in die Unterwelt.

Crede mihi, miseros prudentia prima relinquit.   **3044**

Ovid, Epistulae ex Ponto 4,12,47

Glaube mir, Unglückliche verläßt zuerst die Klugheit.

Fortuna obesse nulli contenta est semel.   **3045**

Publilius Syrus, Sententiae F 18

Das Unglück ist nicht damit zufrieden, einem nur einmal zu schaden.

Rapienda rebus in malis praeceps via.   **3046**

Seneca, Agamemnon 154

Dem Unglück muß man fest entgegentreten.

Quem saepe transit casus, aliquando invenit.   **3047**

Seneca, Hercules furens 328

Auch wenn das Unglück oft an einem vorübergeht, einmal findet es einen doch.

Utique secunda exspecto, malis paratus sum.   **3048**

Seneca, Epistulae morales 88,17

Ich erwarte Gutes, bin aber auch auf Schlimmes gefaßt. E. Glaser-Gerhard

Adversa magnos probant.   **3049**

Das Unglück zeigt den großen Mann.

3050 … ut sunt molles in calamitate mortalium animi.
Tacitus, Annales 4,68,3
… weich, wie die Herzen der Menschen im Unglück sind.

3051 Fortiter facit ille, qui miser esse potest.
Martial, Epigrammata 11,56,16
Tapfer handelt der, der unglücklich sein kann.

3052 Rebus in adversis animum submittere noli!
Catonis disticha 2,25 a
Laß im Unglück den Mut nicht sinken!

3053 Nulla calamitas sola.
Nach Euripides, Die Troerinnen 598 MA H. Walther 18 891 a
Ein Unglück kommt selten allein.

3054 Sola miseria caret invidia.
MA H. Walther 29 931
Einen Unglücklichen beneidet niemand.

3055 Rebus in adversis melius sperare memento!
MA H. Walther 26 384
Im Unglück hoff auf bessere Zeiten!

→ *Freund*	Plerumque in calamitate ex amicis inimici exsistunt. Nr. **602**
→ *Freund*	Amicus certus in re incerta cernitur. Nr. **604**
→ *Gleichmut*	Aequam memento rebus in arduis / servare mentem! Nr. **875**
→ *Mut / mutig*	Tu ne cede malis, sed contra audentior ito! Nr. **1917**
→ *Religion*	Adversae res admonent religionum. Nr. **2289**
→ *Skylla*	Incidit in Scyllam, qui vult vitare Charybdim. Nr. **2649**
→ *tapfer / Tapferkeit*	Calamitas virtutis occasio est. Nr. **2862**
→ *Trost*	Solamen miseris socios habuisse malorum. Nr. **2973**
→ *Tugend*	Calamitas virtutis occasio est. Nr. **2992**

Unrecht

Accipere quam facere praestat iniuriam.   **3056**

Cicero, Tusculanae disputationes 5,56 Nach Plato, Gorgias 469 c

Es ist besser, Unrecht zu erleiden als zu tun.

In misero facile fit potens iniuria.   **3057**

Publilius Syrus, Sententiae I 47

Unrecht trifft Hilflose leicht allgewaltig. H. Beckby

Intuta, quae indecora.   **3058**

Tacitus, Historiae 1,33,2

Was gegen die Ehre verstößt, ist unsicher.
Unrecht Gut gedeiht nicht.

Etiam qui faciunt, oderunt iniuriam.   **3059**

Publilius Syrus, Sententiae E 10

Auch die, die Unrecht tun, hassen das Unrecht.

Iniuriarum remedium est oblivio.   **3060**

Publilius Syrus, Sententiae I 21 Seneca, Epistulae morales 94,28

Der Balsam für ein Unrecht heißt Vergessen. H. Beckby

Volenti non fit iniuria.   **3061**

Kurzfassung von: Nulla iniuria est, quae in volentem fiat. Digesta 47,10,1,5; 50,17,145. Vgl. Codex Iustinianus 2,4,34 Bonifatius VIII., Papst 1294–1303, Liber sextus Decretalium 5,13,27: Scienti et consentienti non fit iniuria neque dolus. Wenn jemand etwas mit seinem Wissen und Einverständnis zugefügt wird, ist es weder Unrecht noch Arglist.

Was jemandem mit seiner Einwilligung geschieht, das ist kein Unrecht.

Executio iuris non habet iniuriam.   **3062**

Digesta 47,10,13,1

Die Vollstreckung eines Rechts ist kein Unrecht.

Iniustum etiam ius est.   **3063**

Wander 4,1469,51

Unrecht ist auch Recht.

uns

Non nobis, Domine, non nobis;   **3064**
sed nomini tuo da gloriam.

📖 AT Psalm 113 B 1 Zitiert von Thomas von Kempen, Rosarium, 8. Kapitel. William Shakespeare, König Heinrich V., 1600, 4,8,121: Let there be

sung Non nobis and Te Deum. Man singe da Non nobis und Te Deum.
Zitiert von T. E. Lawrence, Die sieben Säulen der Weisheit, 1926, Einleitung, 7. Kapitel a. E.

Nicht uns, o Herr, nicht uns,
sondern deinen Namen bring zu Ehren.

Unschuld

3065 Sola innocentia vivere velle periculosum.
Nach Livius, Ab urbe condita 2,3,5: periculosum esse in tot humanis erroribus sola innocentia vivere. Es sei gefährlich, bei so vielen menschlichen Irrtümern nur im Vertrauen auf seine Unschuld zu leben.

Es ist gefährlich, nur in Unschuld leben zu wollen.

3066 Est innocentia adfectio talis animi, quae noceat nemini.
📖 Cicero, Tusculanae disputationes 3,16

Unschuld ist eine Seelenhaltung, in der einer keinem schadet.

→ *Schmerz*   Etiam innocentes cogit mentiri dolor. Nr. **2486**
→ *Schuld*   Vacare culpa magnum est solacium. Nr. **2514**

Unterwelt

3067 Impiis apud inferos poenas esse praeparatas.
Cicero, De inventione 1,46

Für die Gottlosen sind in der Unterwelt Strafen vorbereitet.

3068 Inde ubi *columbae* venere ad fauces grave olentis Averni …
Vergil, Aeneis 6,201

Als die Tauben nun zum qualmumschwelten Schlund des Avernus[1] gekommen ……

[1] Ein Taubenpaar zeigt Aeneas den Weg zum goldenen Zweig. Beim in früher Zeit wohl von Schwefeldämpfen umzogenen Avernersee in der Nähe von Cumae in Campanien befand sich der Sage nach der Eingang zur Unterwelt.

3069 Di, quibus imperium est animarum, umbraeque silentes,
et Chaos et Phlegethon, loca nocte tacentia late,
sit mihi fas audita loqui, sit numine vestro
pandere res alta terra et caligine mersas.
Vergil, Aeneis 6,264ff.

Götter, Herrscher über die Seelen, ihr schweigenden Schatten,
Chaos und Phlegeton[1], weiter Raum im Schweigen der Nacht,
mir sei erlaubt, zu sagen, was ich gehört, mit eurem göttlichen

Willen die Dinge zu künden, die tief in der Erde Dunkel versenkt.

[1] Feuerstrom, Hauptfluß der Unterwelt. Aeneas mit der Sibylle in der Unterwelt. – Der Dichter ruft vor der Erzählung wichtiger Ereignisse die Götter an.

Omnes eodem cogimur.   **3070**
Horaz, Carmina 2,3,25
Wir müssen alle an denselben Ort.
... des Todes: den Hades / Orkus.

Abiit ad plures.   **3071**
Petron, Satyricon 42,5. Vgl. Plautus, Casina 19
Er ist zur großen Armee abgegangen. K. Müller / W. Ehlers

Tu es Petrus, et super hanc petram aedificabo ecclesiam meam **3072**
et portae inferi non praevalebunt adversus eam.
NT Matthaeus 16,18
Du bist Petrus, und auf diesem Felsen werde ich meine Kirche
bauen, und die Mächte der Unterwelt werden sie nicht über-
wältigen.

Et dedit mare mortuos, qui in eo erant; et mors et infernus de- **3073**
derunt mortuos suos, qui in ipsis erant; et iudicatum est de singulis secundum opera ipsorum.
NT Johannes, Apocalypsis 20,13
Und das Meer gab die Toten heraus, die in ihm waren; und der
Tod und die Unterwelt gaben ihre Toten heraus, die in ihnen
waren. Sie wurden gerichtet, jeder nach seinen Werken.

→ *Himmel*	Flectere si nequeo superos, Acheronta movebo. Nr. **1170**
→ *Hölle*	Undique ad inferos tantundem viae est. Nr. **1204**
→ *Nacht*	Omnes una manet nox. Nr. **1945**
→ *Seele*	Animula vagula blandula ... Nr. **2572**

Ursache

Ut causa, quid sit effectum, indicat, sic quod effectum est, quae **3074**
fuerit causa, demonstrat.
Cicero, Topica 67
Wie nämlich eine Ursache anzeigt, was die Wirkung ist, so zeigt
die Wirkung, was die Ursache war.

3075 Vis illum *Iovem* fatum vocare, non errabis; hic est ex quo suspensa sunt omnia, causa causarum.

Seneca, Naturales quaestiones 2,45,2. Vgl. Thomas von Aquin, Summa theologica 1 q.5 A2 ad 1.: Unde dicitur quod finis est causa causarum. Daher wird auch gesagt, daß das Ziel die Ursache aller Ursachen ist.

Willst du ihn (Jupiter) das Schicksal nennen? Du wirst nicht im Unrecht sein, denn von ihm ist alles abhängig, als Ursache aller Ursachen. M. F. A. Brok

3076 Stoicis placet unam causam esse, id quod facit. Aristoteles putat causam tribus modis dici: „Prima, inquit, causa est ipsa materia, sine qua nihil potest effici: secunda opifex: tertia est forma, quae unicuique operi imponitur tamquam statuae.“ Nam hanc Aristoteles idos vocat. „Quarta quoque, inquit, his accedit, propositum totius operis.“

Seneca, Epistulae morales 65,4

Die Stoiker vertreten die Auffassung, es gebe eine einzige Ursache, das, was bewirkt. Aristoteles meint, die Ursache werde auf dreierlei Weise bezeichnet: „Erste“, sagt er, „Ursache ist die Materie selbst, ohne die nichts hervorgebracht werden kann, zweite der Werkmeister; dritte ist die Gestalt, die einem jeden Werk gegeben wird wie einer Plastik“: denn diese nannte Aristoteles „eidos“(Gestalt). „Eine vierte auch“, sagt er, „kommt zu diesen hinzu, der Zweck des ganzen Werkes.“ M. Rosenbach

Vgl. Ep. mor. 58,17 ff. Hier sind die „Ideen“ Platos, des Lehrers des Aristoteles, erläutert.

3077 Quinque ergo causae sunt, ut Plato dicit: id ex quo, id a quo, id in quo, id ad quod, id propter quod: novissime id quod ex his est.

Seneca, Epistulae morales 65,8

Fünf Ursachen also gibt es, wie Platon sagt: das Aus-was, das Durch-was, das In-was, das Nach-was, das Weswegen; zuletzt das, was aus diesen entsteht. M. Rosenbach

3078 Cessante causa cessat effectus.

Thomas von Aquin, Summa theologica 1,96,3,3

Fällt die Ursache weg, so hört auch die Wirkung auf.

3079 Durante causa durat effectus.

Solange die Ursache dauert, dauert auch die Wirkung.

Nihil sine causa fit. **3080**

Nach Cicero, De divinatione 2,61

Nichts geschieht ohne Ursache.

→ *Grund*   Felix, qui potuit rerum cognoscere causas. Nr. **1020**

V

Vater

3081 pater familias

Cicero, De re publica 5,3 De legibus 2,48 Seneca, Epistulae morales 47,14

der Familienvater, Hausherr

Der Herr der römischen familia, zu der die Personen und Sachen insbesondere der bäuerlichen Großfamilie gehörten.

3082 De scurra multo facilius dives quam pater familias fieri potest.

Cicero, Pro Quinctio oratio 55

Viel leichter kann ein Possenreißer ein reicher Mann als ein Familienvater werden.

Altes Sprichwort

3083 patres conscripti

Z.B. Cicero, In Catilinam oratio 1,4 Sallust, De coniuratione Catilinae 51,1; 52,2

Versammelte Senatoren!

Offizielle Anrede an die Mitglieder des römischen Senats, die patres, Väter, genannt wurden. Ursprünglich: patres et conscripti, Senatoren und Beigeordnete. Die patres waren Senatoren aus dem alten Erbadel der Patrizier, conscripti die zusätzlich in die Liste der Senatoren eingetragenen Senatsmitglieder aus Plebejerfamilien.

3084 pater patriae

Cicero, Pro Sestio oratio 121 Seneca, De clementia 1,14,2 (3,12,2) Incerti auctoris Octavia 444; 490; 477: ille patriae primus Augustus parens Augustus, der erste Vater des Vaterlands Sueton, Divus Iulius 76 Divus Augustus 58,1

Vater des Vaterlands

Römischer Ehrentitel für besondere Verdienste um das Vaterland, z.B. Kaiser Augustus von Senat und Volk verliehen. Sein Nachfolger Tiberius lehnte den Titel ab. Tacitus, Annales 2,87 Sueton, Tiberius 26,2. Die folgenden Kaiser führten den Titel in der Kaisertitulatur.

3085 more patrum

Horaz, Carmina 4,15,29

nach Väterbrauch

Ausdruck der Pietät

Unus omnium parens mundus est.   **3086**
Seneca, De beneficiis 3,28,2

Der einzige Vater aller Menschen ist das All.
Der Mensch ist aus dem Universum hervorgegangen.

deus et parens noster   **3087**
Seneca, Epistulae morales 10,10

unser Gott und Vater

Habere iam non potest Deum patrem, qui Ecclesiam non habet **3088**
matrem.
Cyprian, De unitate Ecclesiae 6

*Wer die Kirche nicht als Mutter hat, kann Gott nicht mehr als
Vater haben.*

pater / patres ecclesiae   **3089**

Kirchenvater / Kirchenväter
Name der kirchlichen Lehrer der ersten Jahrhunderte der Kirche, die sich
durch Rechtgläubigkeit, Heiligkeit des Lebens und hervorragende theologische Leistungen auszeichneten und die Approbation der katholischen
Kirche erhielten, z. B. Hermas, 2. Jh., Polykarp, gest. 156, Justinus, 2. Jh.,
Origenes, 185–256, Tertullian, ca.150-230, Minucius Felix, 2./3. Jh., Cyprian, 3. Jh., u. a. m. Sie gelten als geistige Väter der gläubigen Christen.

der Paternoster   **3090**
1. Zum Abzählen der Vaterunserreihen gebrauchte man eine Gebets-
schnur, aus der sich der Rosenkranz entwickelt hat. Diese hieß Paternoster.
2. Seit Anfang des 20. Jahrhunderts Bezeichnung für einen Kettenaufzug,
der ohne anzuhalten umläuft.

Pater noster, qui es in caelis …   **3091**
📖 NT Matthaeus 6,9ff. Jesus Christus in der Bergpredigt. Vgl. Lukas 11,2ff.

Unser Vater im Himmel …
In der Liturgie ist folgende ökumenische Fassung gebräuchlich: Vater unser im Himmel, … Das Vaterunser wird von der ganzen Christenheit ge-
betet.

Ego et Pater unum sumus.   **3092**
NT Johannes 10,30

Ich und der Vater sind eins.
Jesus Christus im Streitgespräch zu den Juden beim Tempelweihfest.

→ *Lehrer*   doctor ecclesiae Nr. **1563**

| → *Name* | … baptizantes eos in nomine Patris, et Filii, et Spiritus Sancti. Nr. **1961** |
| → *Sünde / sündigen* | Pater peccavi in caelum et coram te. Nr. **2823** |

Vaterland

3093 Patriae solum omnibus carum est.

Cicero, In Catilinam oratio 4,16

Der Boden des Vaterlands ist allen teuer.

Jeder liebt sein Heimatland.

3094 Ubi bene, ibi patria.

Cicero, Tusculanae disputationes 5,108: Patria est, ubicumque est bene. Cicero zitiert Pacuvius fr. 92 Ribbeck. – Nach Aristophanes, Plutos 1152 (Hermes in den Mund gelegt). Zitiert von W. Raabe, Gutmanns Reisen, Roman 1890/91, 12. Kapitel

Wo es mir gut geht, da ist mein Vaterland.

3095 caelumque / aspicit et dulcis moriens reminiscitur Argos.

Vergil, Aeneis 10,781f.

Sterbend blickt er[1] zum Himmel und denkt an das liebliche Argos.

[1] Antenor aus Argos in der Peloponnes. – Bild der Heimat- und Vaterlandsliebe.

3096 Dulce et decorum est pro patria mori.

Horaz, Carmina 3,2,13. Vgl. Homer, Ilias 15,496f.

Beglückend und ehrenvoll ist es, fürs Vaterland zu sterben.

3097 pro patria

für das Vaterland, zu Ehren des Vaterlands

3098 Amor patriae ratione valentior omni.

Ovid, Epistulae ex Ponto 1,3,29

Stärker als alle Vernunft ist die Liebe zur Heimat.

3099 Nefas est nocere patriae.

Seneca, De ira 2,31,7

Todsünde ist es, dem Vaterland zu schaden.

3100 Non sum uni angulo natus, patria mea totus hic mundus est.

Seneca, Epistulae morales 28,4. Vgl. De vita beata 20,5

Ich bin nicht für einen einzigen entlegenen Winkel geboren, mein Vaterland ist die ganze Welt.
Die stoischen Philosophen fühlten sich als Weltbürger.

Nemo patriam quia magna est amat, sed quia sua.   **3101**
Seneca, Epistulae morales 66,26
Niemand liebt sein Vaterland, weil es groß ist, sondern weil es seines ist.

Servare cives maior *virtus* est patriae patri.   **3102**
Seneca, Octavia 444
Die größte Tugend für den Vater des Vaterlands ist es, die Bürger zu bewahren.

→ *Dienst*   Aliis inserviendo consumor. Nr. **312**
→ *Freiheit*   Patria cara, carior libertas. Nr. **586**
→ *Gebeine*   Ingrata patria, ne ossa quidem mea habes.
                     Nr. **671**
→ *Prophet*   Nemo propheta in patria. Nr. **2169**
→ *Spiel / spielen* Pro patria est, dum ludere videmur. Nr. **2682**

Venus

Si duo sub Venere contendunt pro muliere,   **3103**
tollere victorem scio partem deteriorem.
MA H. Walther 28 469 Werner / Flury s 84

Wenn zwei unter Venus' Herrschaft um eine Frau kämpfen, dann weiß ich, daß der Sieger den schlechteren Teil gewinnt.
Daß Paris Helena, die Gattin des Königs Menelaos, für sich gewann, brachte ihm und seiner Vaterstadt Troja den Untergang.

→ *Herrschaft*   Non bene cum sociis regna venusque manent.
                     Nr. **1133**
→ *Liebe*   Sine Cerere et Libero friget Venus. Nr. **1618**
→ *Liebe*   Mille ioci Veneris. Nr. **1635**

verändern / Veränderung

Modo palliatus, modo togatus.   **3104**
Cicero, Orationes Philippicae 5,14
Bald im Mantel, bald in der Toga.
Veränderlich wie das Aprilwetter.

3105 Feras, non culpes, quod mutari non potest.
Publilius Syrus, Sententiae F 11

Ertrage ohne Schuldzuweisung, was nicht zu ändern ist.

3106 Omnia mutantur, nihil interit.
Ovid, Metamorphoses 15,165. Vgl. Properz, Elegiae 2,8a,7 f.

Alles wandelt sich, nichts vergeht.
Dichterische Darlegung der Lehre des griechischen Philosophen Pythagoras.

3107 … omnia, quae videntur perire, mutari.
Seneca, Epistulae morales 36,11

… daß alles, was zugrundezugehen scheint, sich nur verändert.

3108 Mutabor.
Wilhelm Hauff, Kalif Storch, Märchen 1826/32, Zauberwort

Ich werde mich verwandeln.

→ *Zeit*   Tempora mutantur nos et mutamur in illis. Nr. **3444**

Verbot

3109 Gens humana ruit per vetitum nefas.
Horaz, Carmina 1,3,26

Die Menschheit stürzt sich auf verbotenes Tun. M. Simon

3110 Nitimur in vetitum semper cupimusque negata.
Ovid, Amores 3,4,17. Vgl. Valerius Maximus, Facta et dicta memorabilia 1,8 ext.1. MA Werner / Flury n 78

Wir streben immer nach dem Verbotenen und begehren, was uns versagt ist.
Was wir nicht sollen, pflegen wir zu wollen.

3111 Quod non!
Epistolae obscurorum virorum II,8: Dico, quod non.

Was nicht!
Damit ist's nichts! Nein!

3112 Cum quid una via prohibetur alicui, ad id alia non debet admitti.
Bonifaz VIII., Liber sextus decretalium 5,13 84

Wenn jemandem etwas auf dem einen Wege verboten wird, darf es auf einem anderen Weg nicht zugelassen werden. Liebs C 120
Ein Gesetz / Eine Verwaltungsvorschrift darf nicht unterlaufen werden.

das Veto   **3113**

das Ich-verbiete, das Verbot, das Einspruchsrecht

Einspruchsrecht, intercessio, insbesondere der römischen Volkstribunen
gegen noch unvollzogene Amtshandlungen der Magistrate, gegen Senats-
beschlüsse u. a. zur Wahrung der Interessen der Plebejer. – Das Recht
eines einzelnen oder einer Körperschaft, durch Einspruch, d. h. durch die
eigene Gegenstimme, einen Beschluß zu verhindern: das Vetorecht.

→ *Speise*   Unde fames homini vetitorum tanta ciborum est?
            Nr. **2672**

Verbrechen

Ex avaritia omnia scelera ac maleficia gignuntur.   **3114**

Cicero, Pro Sexto Roscio Amerino oratio 75

Die Habgier erzeugt alle Verbrechen und Übeltaten.

Sin magnitudo sceleris omnium ingenia exsuperat, eis utendum **3115**
censeo, quae legibus comparata sunt.

Sallust, De coniuratione Catilinae 51,8

Wenn aber die Größe des Verbrechens die Vorstellungskraft al-
ler übersteigt, so stimme ich dafür, daß man von dem Gebrauch
machen soll, was durch die Gesetze bestimmt wird.

C. Iulius Caesar, nach der Darstellung des Historikers Sallust, in einer Rede vor dem Senat am 5. Dezember 63 v. Chr., in der es um das Strafmaß
für die überführten Teilnehmer an der Catilinarischen Verschwörung ging.
Caesar plädiert für Rechtsstaatlichkeit und warnt vor den problematischen
Folgen einer Art von Sondergerichtsbarkeit mit sofortiger Aburteilung
und anschließendem Vollzug der Strafe. Bei der Abstimmung setzte sich
jedoch nicht Caesars Ansicht, sondern der Antrag des Marcus Porcius
Cato durch. Für die fünf prominenten Angeklagten wurde die Todesstrafe
beschlossen. – Caesars These hat über den konkreten Zusammenhang hinaus grundsätzliche Bedeutung.

Fatetur facinus, qui iudicium fugit.   **3116**

Publilius Syrus, Sententiae F 9

Es gesteht sein Verbrechen, wer das Gericht flieht.

Scelere velandum est scelus.   **3117**

Seneca, Phaedra 721

Durch ein zweites Verbrechen muß das erste verschleiert werden.

Saepe in magistrum scelera redierunt sua.   **3118**

Seneca, Thyestes 311

Oft sind schon Verbrechen auf ihren Lehrmeister zurückgefallen.

3119 Scelera sceleribus tuenda sunt.
Seneca, De clementia 11,1,2

Verbrechen müssen durch neue Verbrechen geschützt werden.

3120 Sacrilegia minuta puniuntur, magna in triumphis feruntur.
Seneca, Epistulae morales 87,23

Kleine Tempelräubereien bestraft man, große werden in Triumphzügen vorgeführt.

3121 Multi / committunt eadem diverso crimina fato:
ille crucem sceleris pretium tulit, hic diadema.
Juvenal, Saturae 13,105

Viele begehen dieselben Verbrechen, doch mit verschiedenem Schicksal: der eine wird dafür gekreuzigt, der andere erhält als Lohn eine Krone.

3122 Negata est magnis sceleribus semper fides.
MA H. Walther 16 307a Wander 4,1532,6

Je größer das Verbrechen, desto weniger glaubt man daran.

→ *Habgier* Prima scelerum mater … avaritia. Nr. **1062**

verflucht

3123 … anáthema sit! Abk.: A.S.
📖 NT 1 Korinther 16,22: Si quis non amat Dominum Iesum Christum, sit anathema, Maran Atha. Wer den Herrn Jesus Christus nicht liebt, sei verflucht! Marána tha – Unser Herr, komm! – Z. B. Denzinger I. ff. Z. B. Pius IX, Papst 1846–1878, Constitutio de ecclesia Christi, Denzinger I. 1840. Vgl. Bonifatius VIII., Liber Sextus Decretalium 5,3 De schismaticis (Glossa): Anathema mucro est episcopalis. Der Bannfluch ist die bischöfliche Schwertspitze.

… der sei mit dem Anathema belegt, er soll mit dem Bannfluch belegt sein.
Formel für den Bannfluch der Katholischen Kirche gegen jene, die durch Häresie oder Schisma gegen die Religion und die Einheit der Kirche verstoßen. Folge: Ausschluß aus der Religionsgemeinschaft.

Vergangenheit

3124 Praeterita mutare non possumus.
Cicero, In Pisonem oratio 59

Vergangenes können wir nicht ändern.

Quod praeteriit, levius est.   **3125**
Nach Cicero, Epistulae ad familiares 12,22,2: Sed illud et praeteriit et le-
vius est. Aber das ist gewesen und hat nicht viel zu bedeuten. H. Kasten
Was vergangen ist, trägt man leichter.

Nec praeteritum tempus umquam revertitur, nec, quid sequatur, **3126**
sciri potest.
Cicero, De senectute 69
Die vergangene Zeit kehrt nie zurück, und man kann nicht wis-
sen, was folgt.

laudator temporis acti   **3127**
Horaz, De arte poetica 173
ein Lobredner der Vergangenheit
Einer, der gern von der guten alten Zeit spricht.

Ex praeteritis aestimari solent praesentia.   **3128**
Quintilian, De institutione oratoria 5,10,28
Die Gegenwart pflegt nach der Vergangenheit beurteilt zu werden.

→ *Erinnerung*	Suavis laborum est praeteritorum memoria.
	Nr. **410**
→ *Jahr*	O mihi praeteritos referat si Iuppiter annos!
	Nr. **1265**
→ *Stunde*	Nec quae praeteriit, iterum revocabitur unda,
	nec quae praeteriit, hora redire potest. Nr. **2795**

Vergil

Plotius et Varius Sinuessae Vergiliusque   **3129**
occurrunt, animae, qualis neque candidiores
terra tulit neque quis me sit devinctior alter.
O qui complexus et gaudia quanta fuerunt.
Nil ego contulerim iucundo sanus amico.
Horaz, Sermones 1,5,40ff. Iter Brundisinum. Die Reise nach Brindisi

In Sinuessa[1] stießen Plotius[2], Varius[3] und Vergil[4] zu uns, reinere
Seelen als sie hat die Erde nicht hervorgebracht, und niemand
ist ihnen mehr verpflichtet als ich. Ach, war das ein Umarmen,
war das eine Begrüßungsfreude! Nichts könnte ich doch einem
liebenswerten Freund vergleichen, solange ich noch vernünfti-
gen Sinnes bin.

[1] Stadt in Latium an der Grenze zu Campanien [2] Plotius Tucca: Freund des Horaz, Mitglied des Maecenaskreises [3] Der Dichter Lucius Varius Rufus gehörte ebenfalls zum Maecenaskreis. Er und Vergil hatten Horaz im Frühjahr 38 v.Chr. dem → *Maecenas* empfohlen. [4] Publius Vergilius Maro, Dichter der Bucolica, der Georgica und des Epos Aeneis, wurde von dem um fünf Jahre jüngeren Horaz freundschaftlich verehrt. – Im Frühjahr 37 v.Chr. unternahm Horaz zusammen mit Maecenas und den anderen Freunden eine Reise nach Brundisium, heute Brindisi.

3130 Mantua me genuit, Calabri rapuere, tenet nunc
Parthenope; cecini pascua, rura, duces.

Vita Suetonii (Donatiana) 143 f. Vita Servii 49 f. Vita Probi 22 f. Vita Hieronymiana 10 f.

Mantua hat mich hervorgebracht, Calabrien[1] dahingerafft, jetzt birgt mich / Neapel; ich besang das Hirtenleben, das Landleben und große Feldherren.

[1] Vergil, geb. 15. 10. 70 v.Chr., starb am 21. 9. 19 v.Chr. in Brundisium, seine Gebeine wurden nach Neapel, dem Parthenope der Dichter, überführt. – Die Inschrift auf Vergils Grab, die er auf dem Sterbebett diktiert haben soll, nennt in klassischer Kürze Geburts-, Sterbe- und Begräbnisort sowie die Werke des Dichters.

3131 Vergilium vidi tantum, nec avara Tibullo
tempus amicitiae fata dedere meae.

Ovid, Tristia 4,10,51 f.

Vergil habe ich nur gesehen, auch gab das geizige Geschick dem Tibull keine Zeit, Freundschaft mit mir zu pflegen.

→ *Mäzen* Sint Maecenates, non deerunt, Flacce, Marones.
Nr. **1771**

Vergleich

3132 Parva enim magnis saepe rectissime conferuntur.

Cicero, Orator 14. Vgl. Brutus 213 Pro Rabirio Postumo oratio 1,2 Statius, Silvae 1,5,61

Kleines wird nämlich mit Großem sehr oft zutreffend verglichen.

3133 … si parva licet componere magnis.

Vergil, Georgica 4,176 Vgl. Bucolica 1,23: sic parvis componere magna solebam. So pflegte ich Großes mit Kleinem zu vergleichen. Ovid, Tristia 1,3,25; 1,6,28: … grandia si parvis adsimilare licet. … wenn man hoch und niedrig vergleichen darf. Metamorphoses 5,416: quodsi componere magnis / parva mihi fas est… . wenn ich Großes mit Kleinem vergleichen darf.

… wenn es erlaubt ist, am Großen das Kleine zu messen.

Omne simile claudicat.   **3134**
MA H. Walther 19 877 b
Jeder Vergleich hinkt.

confer! Abk.: cf.   **3135**
Vergleiche! Man vergleiche!
Fachwort in wissenschaftlichen Abhandlungen.

Vergnügen

Trahit sua quemque voluptas.   **3136**
Vergil, Bucolica 2,65
Jeden zieht sein Vergnügen mit sich fort.
Jeder reitet sein Steckenpferd.

Sperne voluptates, nocet empta dolore voluptas.   **3137**
Horaz, Epistulae 1,2,55
*Meide die Vergnügungen, es schadet ein Vergnügen, das mit
Schmerz erkauft ist.*
… das du später mit Schmerz bezahlen mußt.

Labor voluptasque, dissimillima natura, societate quadam inter **3138**
se naturali sunt iuncta.
Livius, Ab urbe condita 5,4,4
*Arbeit und Vergnügen, ihrer Natur nach grundverschieden, sind
sozusagen durch ein natürliches gemeinsames Auftreten wieder
miteinander verknüpft.*

In ipsis voluptatibus causae doloris sunt.   **3139**
Seneca, Epistulae morales 91,5. Vgl. 90,34
*In lustvollen Vergnügungen selbst entstehen die Ursachen von
Schmerz.*

Nulla est voluptas, quae non assiduitate fastidium pariat.   **3140**
Plinius Maior, Naturalis historia 12,17,40
*Es gibt kein Vergnügen, das nicht durch beständige Wiederho-
lung Widerwillen erregt.*

Quod sis, esse velis, nihilque malis.   **3141**
Martial, Epigrammata 10,47, 12
Was du auch seist, das wolle du sein, und erstrebe nichts weiter.
Ein jeder sei vergnügt nach seinem Stande.

3142 Omnium rerum cupido languescit, cum facilis occasio est.
Plinius, Epistulae 8,20,1

Das Verlangen nach allen Dingen nimmt ab, wenn die Gelegenheit dazu leicht ist.

→ *Freude* Verum gaudium res severa est. Nr. **591**

verleumden

3143 Audacter calumniare, semper aliquid haeret. Verkürzt: Semper aliquid haeret.
Lateinische Übersetzung von Plutarch, Quomodo adulator ab amico internoscatur 24 Wie ein Schmeichler von einem Freund zu unterscheiden ist. Nach Plutarch ein Spruch des Medios, eines Schmeichlers im Gefolge Alexanders des Großen. Francis Bacon, De dignitate et augmentis sententiarum 8,2,34

Verleumde nur frech, irgend etwas bleibt immer hängen.

verliebt / Verliebter

3144 Amantes amentes *sunt*.
Nach Terenz, Andria 218 Plautus, Mercator 82: amens amansque

Verliebt, verdreht.
Das klare Denken des Verliebten wird getrübt.

3145 Militat omnis amans, et habet sua castra Cupido.
Ovid, Amores 1,9,1

Kriegsdienst leistet jeder, der liebt, und sein Kriegslager unterhält Cupido[1].
[1] Sohn der Venus, Liebesgott Amor

verlieren / Verlust

3146 Perditur exiguo, quod partum est tempore longo.
Wander 4,1566,27. Vgl. MA H. Walther 21 320: quaesitum statt: quod partum est.

Man verliert oft in einem Augenblick, was man in langer Zeit erworben hat.

→ *alles* Qui totum vult, totum perdit. Nr. **18**
→ *Öl* Oleum et operam perdidi. Nr. **2098**
→ *Tag* Amici, diem perdidi. Nr. **2841**

Verneinung

Duplex negatio est affirmatio.   **3147**

Doppelte Verneinung ist eine Bejahung.

→ *zwei*   Duae negationes fortius affirmant. Nr. **3518**

Vernunft

Plus apud me vera ratio valebit quam vulgi opinio.   **3148**
Cicero, Paradoxa Stoicorum 1,1,8

Mehr wird bei mir die reine Vernunft gelten als die Meinung
des großen Haufens.

Domina omnium et regina ratio.   **3149**
Cicero, Tusculanae disputationes 2,47

Herrin und Königin über alles (in des Menschen Seele) ist die
Vernunft.

Ratione, non vi vincenda adulescentia est.   **3150**
Publilius Syrus, Sententiae R 1

Mit Vernunft, nicht mit Gewalt soll man gegenüber der Jugend
seinen Willen durchsetzen.

Ratio, cui nulla resistunt / claustra …   **3151**
Manilius, Astronomica 1,541 f.

Der Verstand, dem keine Riegel Widerstand leisten …

Si vis omnia tibi subicere, te subice rationi. Multos reges, si ra- **3152**
tio te rexerit.
Seneca, Epistulae morales 37,4

Wenn du dir alles unterwerfen willst, unterwirf dich der Ver-
nunft. Viele wirst du lenken, wenn die Vernunft dich regiert.

Ratio autem nihil aliud est quam in corpus humanum pars di- **3153**
vini spiritus mersa.
Seneca, Epistulae morales 66,12

Die Vernunft aber ist nichts anderes als ein in den menschli-
chen Körper gesenkter Teil des göttlichen Geistes. M. Rosenbach

Bona illa sunt vera, quae ratio dat, solida ac sempiterna, quae **3154**
cadere non possunt, nec decrescere quidem nec minui.
Seneca, Epistulae morales 74,16

Wahre Güter sind nur die, welche die Vernunft gibt, sie sind dauerhaft und ewig, sie können nicht fallen, nicht einmal abnehmen und geringer werden.

3155 Ama rationem!
Seneca, Epistulae morales 74,21
Liebe die Vernunft!

3156 In homine optimum quid est? Ratio: hac antecedit animalia, deos sequitur.
Seneca, Epistulae morales 76,9

Was ist das Beste im Menschen? Die Vernunft: Durch sie ist er den Tieren überlegen, durch sie folgt er den Göttern nach.

3157 Quid est in homine proprium? Ratio: haec recta et consummata felicitatem hominis implevit.
Seneca, Epistulae morales 76,10

Was ist das Wesentliche des Menschen? Die Vernunft: Sie erfüllt, wenn sie gesund und voll entwickelt ist, das Glück des Menschen.

3158 Nam illa quoque divina ratio omnibus proposita est, ipsa sub nullo est.
Seneca, Epistulae morales 92,1

Denn auch jene göttliche Vernunft ist allem übergeordnet, sie selbst untersteht niemandem.

3159 Ratio vero dis hominibusque communis est: haec in illis consummata est, in nobis consummabilis.
Seneca, Epistulae morales 92,27

Die Vernunft aber haben Götter und Menschen gemeinsam: sie ist in ihnen vollkommen, in uns der Vervollkommnung fähig.

3160 Res dei ratio.
Tertullian, De paenitentia 1,2. Vgl. Cicero, De legibus 1,7,22: Quid est … in homine ratione divinius? Was gibt es im Menschen Göttlicheres als die Vernunft?

Die Vernunft kommt von Gott.

3161 Homo … confert cum deo vultum et rationem ratio cognoscit.
Laktanz, De ira Dei 7,5

Der Mensch … tauscht mit Gott den Blick, und Vernunft erkennt Vernunft. H. Kraft / A. Wlosok

Regula et mensura actuum humanorum est ratio, quae est pri-   **3162**
mum principium actuum humanorum. Rationis enim est ordina-
re ad finem, qui est primum principium in agendis.
Nach Thomas von Aquin, Summa theologica 1,2 quaestio 19a3f.

Regel und Maß menschlicher Taten ist die Vernunft, die ober-
stes Prinzip menschlicher Taten ist. Aufgabe der Vernunft ist es
nämlich, zum Ende hin zu planen, das oberstes Prinzip des
Handelns ist.

→ *Gewalt*   Ratio contra vim parum valet. Nr. **827**
→ *Licht*   Ratio quasi quaedam lux lumenque vitae. Nr. **1602**
→ *Macht / der Mächtige*   ultima (extrema) ratio regum
                Nr. **1710**
→ *Sprache*   Societatis humanae vinculum est ratio et oratio.
                Nr. **2684**

Verräter

Nemo parricidae aut proditoris supplicio misericordia commo-   **3163**
vetur.
Cicero, Tusculanae disputationes 4,18

Niemand wird durch die Hinrichtung eines Vatermörders oder
eines Verräters von Mitleid gerührt.

Proditores etiam iis, quos anteponunt, invisi sunt.   **3164**
Tacitus, Annales 1,58

Verräter sind auch denen verhaßt, die sie vorziehen.

→ *Caesar*   Et tu, Brute? Nr. **268**

Vers

… et quod temptabam scribere versus erat.   **3165**
Ovid, Tristia 4,10,26

… und was ich zu schreiben versuchte, wurde von selber zum
Vers.
Der Dichter Ovid blickt auf seine literarischen Anfänge zurück.

Si natura negat, facit indignatio versum.   **3166**
Juvenal, Saturae 1,79

Wenn die Natur sich weigert, macht die Entrüstung den Vers.

Nos Poloni non curamus quantitatem syllabarum.   **3167**

Wir Polen kümmern uns nicht um die Längen der Silben.
Spottvers auf polnische Dichter, die die Quantität der Silben bei der Abfassung lateinischer Gedichte nicht beachten.

verschieben

3168 Tardum est differre, quod placet.
Petron, Satyricon 10

Lahm ist es, was man beschlossen hat, zu verschieben.

→ *aufschieben* Quod differtur, non aufertur. Nr. **113**
→ *leben / Leben* Dum differtur vita, transcurrit. Nr. **1513**

Verstand

3169 Quos Deus perdere vult, dementat prius.
Vielleicht nach Sophokles, Antigone 620 ff. Vgl. Velleius Paterculus, Historia Romana 2,118,4: Quippe ita res se habet, ut plerumque cuius fortunam mutaturus est deus, consilia corrumpat … Denn gewöhnlich gehen die Dinge so, daß die Gottheit, wenn sie das Glück eines Menschen vernichten will, meistens seinen Verstand verwirrt … Publilius Syrus, Sententiae S 29: → *Glück* Stultum facit fortuna, quem vult perdere. Nr. **911**

Wen Gott verderben will, dem nimmt er vorher den Verstand.

3170 Nemo omnibus horis sapit et omni loco.
MA H. Walther 16 385 a Wander 4,1598,22 Wohl nach Plinius Maior, Naturalis historia 7,40,41: Nemo mortalium omnibus horis sapit. Kein Sterblicher ist zu jeder Stunde weise.

Niemand ist zu jeder Stunde und an jedem Ort bei Verstand.
Der Verstand ist nicht allezeit daheim.

3171 Aetate reddimur prudentiores.
Wander 4,1600,92

Verstand kommt mit den Jahren.

3172 sensus communis

der realistische, gesunde Menschenverstand

3173 Recedere a malo *est* intelligentia.
📖 AT Job 28,28

Das Böse meiden, das ist Verstand.

→ *Opfer* sacrificium intellectus Nr. **2101**
→ *regieren* An nescis, mi fili, quantilla prudentia regatur orbis? Nr. **2266**
→ *Sinn* Nihil est in intellectu, quod non fuerit in sensu. Nr. **2629**
→ *spät* Sero sapiunt Phryges. Nr. **2670**
→ *weise* Sapere aude! Nr. **3308**

Vertrag

Pacta sunt servanda.   **3174**
Cicero, De officiis 3,92. Vgl. Digesta 2,14,1; 2,14,7,7
Verträge müssen eingehalten werden.

Multis annis iam peractis / nulla fides est in pactis.   **3175**
Mel in ore, verba lactis, / fel in corde, fraus in factis.
Stammbuchvers 1761. Keil 1893, 275
Schon seit vielen Jahren gibt es kein Vertrauen mehr in Verträge.
Honig im Munde, Worte wie Milch, Galle im Herzen, Trug in
der Tat. Helfer 106

Vertrauen

Fide, sed cui, vide!   **3176**
MA H. Walther 9 439
Trau, schau, wem!

Frangenti fidem fides frangatur eidem.   **3177**
MA Werner / Flury f 68
Wer das Vertrauen bricht, dem geschieht's recht, wenn es ihm
ebenso ergeht.

verzeihen / Verzeihung

Humanum ignoscere est.   **3178**
Plautus, Mercator 319
Zu verzeihen ist menschlich.

Hanc veniam petimusque damusque vicissim.   **3179**
Horaz, De arte poetica 11
Wir gewähren Nachsicht, beanspruchen sie aber auch für uns.
Der Dichter meint zunächst die dichterische Freiheit, etwas Kühnes zu
wagen, lehnt aber in den darauffolgenden Versen die Gestaltung des Un-
natürlichen und Unwahrscheinlichen ab.

Tam omnibus ignoscere crudelitas quam nulli. Modum tenere **3180**
debemus.
Seneca, De clementia, Prooemium 2,2
Allen zu verzeihen ist ebenso Grausamkeit wie keinem zu ver-
zeihen. Wir müssen Maß halten.

3181 Venia est poenae meritae remissio … Ei ignoscitur, qui puniri debuit.

Seneca, De clementia 2,5,1 (2,7,1)

Verzeihung ist der Erlaß der verdienten Strafe … Dem wird verziehen, den man hätte bestrafen müssen.

3182 Alteri semper ignoscito, tibi ipsi numquam.

Pseudo-Seneca, De moribus 111

Anderen verzeih immer, dir selbst nie!

3183 Ignoscas aliis multa, nihil tibi.

Vgl. Plinius, Epistulae 8,22,3

Anderen soll man viel, sich selbst nichts verzeihen.

3184 Nobile vindictae genus est ignoscere victo.

MA H. Walther 16 976 Wander 4,1624,8

Eine edle Art der Rache ist es, einem Besiegten zu verzeihen.
Verzeihen ist die beste Rache.

3185 Promptior ad veniam, sis tardus semper ad iram.

MA Werner / Flury p 132

Rascher geneigt zu verzeihen, laß stets langsam wachsen deinen Zorn.

viel/e/es

3186 *orator* unus e multis

Cicero, Brutus 274: … qui non fuit orator unus e multis, potius inter multos prope singularis fuit. *M. Calidius*, … der als Redner nicht einer von vielen, sondern vielmehr unter vielen nahezu einzigartig war. B. Kytzler De officiis 1,109: unus de multis Tusculanae disputationes 1,17 Horaz, Sermones 1,9,71: unus multorum einer von vielen Seneca, Epistulae morales 93,5 Plinius, Epistulae 1,3,2

einer aus der Menge
d. h. ein ganz gewöhnlicher Redner

3187 Multa petentibus desunt multa.

Horaz, Carmina 3,16,42. Vgl. Boethius, De consolatione philosophiae 2,4

Wer viel begehrt, dem fehlt viel.

3188 multum *legendum esse*, non multa

Plinius, Epistulae 7,9,15. Vgl. Quintilian, De institutione oratoria 10,1,59 Übersetzt von Lessing, Emilia Galotti 1,2, 1772

viel, nicht vielerlei soll man lesen.
Nicht Quantität, sondern Qualität. – Grundsatz beim Lesen von Büchern.

Multi nimium, nemo satis.   **3189**
MA H. Walther 15 460a Wander 4,1634,54

Viele haben zu viel, niemand genug.

Multi enim sunt vocati, pauci vero electi.   **3190**
NT Matthaeus 22,14

Denn viele sind gerufen, aber nur wenige auserwählt.

Ita multi unum corpus sumus in Christo.   **3191**
NT Römer 12,5

So sind wir, die vielen, ein Leib in Christus.

→ *Furcht / fürchten*	Multos timere debet, quem multi timent. Nr. **660**
→ *Knabe*	Multa tulit fecitque puer, sudavit et alsit. Nr. **1351**
→ *Lippe*	Multa cadunt inter calicem supremaque labra. Nr. **1666**
→ *Maß*	Ne quid nimis! Nr. **1748**
→ *Streit*	Multi rixantur de lana saepe caprina. Nr. **2774**

Vogel

rara avis   **3192**
Horaz, Sermones 2,2,26 Juvenal, Saturae 6,165: Rara avis in terris nigroque simillima cycno … Ein seltener Vogel auf Erden, einem schwarzen Schwan vergleichbar …. Persius, Saturae 1,46

ein seltener Vogel
eine große Seltenheit

Cantat avis quaevis, sicut rostrum sibi crevit.   **3193**
MA H. Walther 2 309 Werner / Flury c 8 Vgl. Wander 4,1650,100: Cantus avis talis, rostri formatio qualis.

Jeder Vogel singt, wie ihm der Schnabel gewachsen ist.

E plumis cognoscitur avis.   **3194**
Wander 4,1649,64; 4,1660,333

An den Federn erkennt man den Vogel.

Turpis avis, proprium qui foedat stercore nidum.   **3195**
MA H. Walther 31 979 Wander 4,1655,212

Es ist ein schändlicher Vogel, der sein eigenes Nest mit Mist beschmutzt.

3196 Parva avis, parvus nidus.

MA H. Walther 20 750a Wander 4,1660,317

Kleiner Vogel, kleines Nest.

Volk

3197 Si populus plurimum potest, dicitur illa libertas, est vero licentia.

Cicero, De re publica 3,23

Wenn das Volk über die höchste Gewalt verfügt, so heißt das zwar Freiheit, ist aber (in Wirklichkeit) Zügellosigkeit.

3198 Scinditur incertum studia in contraria volgus.

Vergil, Aeneis 2,39

Unsicher spaltet sich die Volksmenge in zwei entgegengesetzte Parteien.

Die Trojaner konnten sich zunächst nicht einig werden, ob das von den Griechen erbaute hölzerne Pferd in die Stadt gezogen oder im Meer versenkt werden sollte.

3199 Ibi pote valere populus, ubi leges valent.

Publilius Syrus, Sententiae I 61

Das Volk kann nur dort seinen Einfluß behaupten, wo die Gesetze geachtet werden.

3200 Senatus populusque Romanus Abk.: SPQR

Z.B. Cicero, Orationes Philippicae 5,52; 13,14

Der Senat und das römische Volk

Die Formel SPQR, zur Zeit der Herrschaft Roms auf offiziellen Briefen, Denkmälern und militärischen Zeichen eingraviert, sieht man heute noch in Rom auf städtischem Eigentum.

vollkommen

3201 Qui bonum omne in virtute ponit, is potest dicere perfici beatam vitam perfectione virtutis.

Cicero, De finibus 2.88

Wer jedes Gut nur auf der Vollendung der Tugend beruhen läßt, der kann behaupten, daß in der Vollendung der Tugend auch das glückliche Leben seine Vollendung findet.

3202 Est virtus nihil aliud nisi perfecta et ad summum perducta natura.

Cicero, De legibus 1,25

Die Tugend ist nichts anderes als die vollendete und zu ihrer höchsten Entfaltung geführte Natur.

Vorbild

Sua quisque exempla debet aequo animo pati.   **3203**
Phaedrus, Fabulae 1,26,12

Gleichmütig gilt's das Beispiel, das man gab, an sich zu erdul-
den. J. Irmscher

Exemplum ferte aliis, quicumque docetis.   **3204**
MA Werner / Flury e 140

Gebt den anderen ein Vorbild, ihr alle, die ihr lehrt.

Christus ... vobis relinquens exemplum, ut sequamini vestigia **3205**
eius.
📖 NT 1 Petrus 2,21

Christus ... hat euch ein Beispiel gegeben, damit ihr seinen
Spuren folgt.

→ *Beispiel*   Exemplo aliis esse debetis. Nr. **162**
→ *Griechen / griechisch*   Vos exemplaria Graeca / nocturna
                                versate manu, versate diurna! Nr. **1004**
→ *Herde*   Qualis rex, talis grex. Nr. **1110**

Vorrecht

Potior est, qui prior est.   **3206**
Nach Terenz, Phormio 533 → *Recht* Prior tempore, potior iure. Nr. **2225**
Wer zuerst kommt, mahlt zuerst.

Vorsatz

Omnis imitatio facta est et ad alienum propositum commodatur. **3207**
Quintilian, De institutione oratoria 2,11

Jede Nachahmung ist künstlich und einer fremden Absicht an-
gepaßt.

ad propositum   **3208**
Seneca, Epistulae morales 9,8 Quintilian, De institutione oratoria 8,3,15
nebenbei bemerkt, übrigens

Meum est propositum in taberna mori ...   **3209**
Anfangszeile der 12. Strophe der Vagantenbeichte des Archipoeta,
12. Jahrhundert.

Mein Vorsatz ist es, dereinst in einer Kneipe zu sterben ...

Vorsehung

3210 Necesse est ergo eum *mundum* deorum consilio et providentia administrari.

Cicero, De natura deorum 2,80

Das Weltall muß daher notwendigerweise nach dem Plan und der Vorsehung der Götter gelenkt werden.

3211 Providentia est ipsa illa divina ratio in summo omnium principe constituta, quae cuncta disponit.

Boethius, De consolatione philosophiae 4,6,20

Die Vorsehung ist jene im höchsten Herrscher aller Dinge selber begründete göttliche Vernunft, die alles ordnet. O. Gigon

3212 secundum praescientiam Dei patris

📖 NT 1 Petrus 1,2

gemäß der Vorsehung Gottes, des Vaters

→ *Götter*   Cito fit, quod di volunt. Nr. **992**
→ *Mensch*   Homo proponit, sed Deus disponit. Nr. **1816**

Vorsicht

3213 Felix, quem faciunt aliena pericula cautum.

Vgl. Publilius Syrus, Sententiae B 4; E 4 Catonis disticha 3,13,2 Columbanus, Carmen monostichon 19 MA Werner / Flury f 18

Glücklich, wen fremder Schaden vorsichtig macht.

3214 Si non caste, saltem caute!

MA H. Walther 16 940 a; 28 730 a

Wenn schon nicht keusch, so doch wenigstens vorsichtig!

„In einem Scholion des mittelalterlichen Geschichtsschreibers Adam von Bremen überlieferter Ausspruch des Bremer Erzbischofs Adalbert, 1069, an seine Kleriker, die in der Mehrheit keine Priester waren. Ursprünglich gedacht als Mahnung, sich nur in der eigenen Ehe sexuell zu betätigen. Die antiklerikale Tendenz wurde dem Ausspruch erst später unterlegt." Helfer 162

3215 Prodest cautela plus quam postrema querela.

MA H. Walther 22 554 Wander 4,1700,2

Vorsicht nützt mehr als Klage hinterher.

3216 Cautela abundans non nocet.

MA H. Walther 22 554 Wander 4,1701,24

Zuviel Vorsicht schadet nicht.

Peccat aliquando nimia circumspectio.   **3217**
Wander 4,1702,3

Allzu große Vorsicht ist manchmal ein Fehler.

→ *Eile*   Festina lente! Nr. **353**
→ *Vertrauen*   Fide, sed cui, vide! Nr. **3176**

vortrefflich

Sed omnia praeclara tam difficilia quam rara sunt.   **3218**
Baruch de Spinoza, Ethica 5,52 Schlußsatz des Werkes

Alles Hohe ist ebenso schwer wie selten.

→ *alles*   Omnia praeclara rara. Nr. **13**

Vorzeichen

Omina sunt aliquid.   **3219**
Ovid, Amores 1,12,3

Vorzeichen bedeuten etwas.

→ *Name*   Nomen et omen. Nr. **1952**

W

wachen

3220 Vigilans dormiat.

Plautus, Pseudolus 386 Amphitruo 697 Lukrez, De rerum natura 3,1048:
… vigilans stertis nec somnia cernere cessas … wachend schnarchst du
und hörst nicht auf, Traumbilder zu sehen. Apuleius, Metamorphoses 3,22
Publilius Syrus, Sententiae A 16

Wachend schläft er.

Mit offenen Augen …

3221 Vigilate ergo, quia nescitis, qua hora Dominus vester venturus
sit.

📖 NT Matthaeus 24,42

*Seid also wachsam, denn ihr wißt nicht, zu welcher Stunde euer
Herr kommt.*

3222 Vigilate et orate!

NT Matthaeus 26,41 Markus 13,33; 14,38

Wachet und betet!

→ *Gerechtigkeit*	Vigilavit iustitiae oculus sempiternus. Nr. **770**
→ *Gesetz*	Vigilantibus, non dormientibus iura subveniunt. Nr. **809**

wachsen

3223 Crescite et multiplicamini, et replete terram!

📖 AT Genesis 1,28

*Seid fruchtbar (Wachset) und vermehrt euch, und bevölkert die
Erde!*

→ *Geld*	Crescentem sequitur cura pecuniam. Nr. **738**
→ *Geld*	Crescit amor nummi, quantum ipsa pecunia crevit. Nr. **745**
→ *Gerücht*	Fama crescit eundo. Nr. **781**
→ *leben / Leben*	Vivat, crescat, floreat! Nr. **1533**

Wahnsinn

Tu homo, adigis me ad insaniam!   **3224**
Terenz, Adelphoe 111

Mann, du treibst mich noch zum Wahnsinn!

A Corydon, Corydon, quae te dementia cepit!   **3225**
Vergil, Bucolica 2,69. Vgl. Theokrit, Idyllia 11,72 Juvenal, Saturae 9,102

Ah Corydon[1], Corydon, welch ein Wahnsinn hat dich ergriffen!
[1] Name eines Hirten, nach Theokrit. – Der erste Teil des Verses wurde sprichwörtlich gebraucht.

Quae mentem insania mutat, infelix Dido?   **3226**
Vergil, Aeneis 4,595 f. Vgl. 12,37: Quae mentem insania mutat?

Wie verändert den Sinn dir der Wahnsinn, unglückliche Dido?
Die Königin Dido spricht diese Worte zu sich selbst, als sie wahrnimmt, daß die Schiffe des treulosen Aeneas den Hafen Karthagos verlassen haben.

An me ludit amabilis insania?   **3227**
Horaz, Carmina 3,4,5

Oder täuscht mich lieblicher Wahn?

Aliquando et insanire iucundum est.   **3228**
Seneca, De tranquillitate animi 17,10

Manchmal ist es auch angenehm, von Sinnen zu sein.

→ *Begabung*	Nullum magnum ingenium sine mixtura dementiae fuit. Nr. **159**
→ *Eltern*	Parentes suos non amare impietas est, non agnoscere insania. Nr. **371**
→ *Glück*	Stultum facit fortuna, quem vult perdere. Nr. **911**
→ *schlecht*	Mala pro bonis legere dementia est. Nr. **2471**
→ *Tor / Torheit*	Dulce est desipere in loco. Nr. **2933**
→ *verliebt / Verliebter*	Amantes amentes. Nr. **3144**
→ *Verstand*	Quos deus perdere vult, dementat prius. Nr. **3169**
→ *Zorn*	Immodica ira gignit insaniam. Nr. **3468**

Wahrheit

3229 nuda veritas
Horaz, Carmina 1,24,7
die nackte Wahrheit

3230 Nihil enim est ei veritatis luce dulcius.
Cicero, Lucullus 31
Nichts ist ihr (der menschlichen Vernunft) nämlich süßer als das Licht der Wahrheit.

3231 Veritatem laborare nimis saepe aiunt, exstingui numquam.
Livius, Ab urbe condita 22,39,19
Nur zu oft wird, wie es im Sprichwort heißt, die Wahrheit verdunkelt, aber sie erlischt nie.

3232 Quaedam falsa veri speciem ferunt.
Seneca, De ira 2,22,2
Manches Falsche trägt den Anschein des Wahren an sich.

3233 Veritatem dies aperit.
Seneca, De ira 2,22,3
Die Zeit offenbart die Wahrheit.

3234 Veritas numquam perit.
Seneca, Troades 614
Die Wahrheit stirbt nie.

3235 Patet omnibus veritas.
Seneca, Epistulae morales 33,11
Die Wahrheit steht allen offen.

3236 Animus noster ad vera perspicienda caligat.
Seneca, Epistulae morales 71,24
Beim Suchen nach der Wahrheit tappt unser Geist im Dunkeln.
E. Glaser-Gerhard

3237 Duae res plurimum roboris animo dant, fides veri et fiducia.
Seneca, Epistulae morales 94,46
Zwei Dinge geben der Seele ein Höchstmaß an Kraft: Vertrauen auf die Wahrheit und Selbstvertrauen.

3238 Apud nos veritatis argumentum est aliquid omnibus videri.
Seneca, Epistulae morales 117,6
Bei uns ist es ein Beweis der Wahrheit, wenn etwas allen richtig zu sein scheint.

Vitam impendere vero.   **3239**
Juvenal, Saturae 4,91
Sein Leben für die Wahrheit einsetzen.
Wahlspruch Rousseaus – Leitwort zu Schopenhauers Parerga und Parali-
pomena (1850) – Vgl. W. Raabes Gedicht Ich sah in den Gassen des Vol-
kes Geist, 6. Strophe: Wer klug sein Schifflein zu steuern weiß, / den muß
man höchlichst preisen. / Doch vitam impendere vero ist / das Wort der
Helden und Weisen. Die beiden letzten Zeilen sind aufgenommen in Der
Schüdderump, Roman 1870, 20. Kapitel.

Veritas temporis filia.   **3240**
Gellius, Noctes Atticae 12,11,7
Die Wahrheit ist eine Tochter der Zeit.

Antiquior omnibus veritas.   **3241**
Tertullian, Apologeticum 47,1. Vgl. Descartes, Meditationes de prima
philosophia, 1641, Epistola 6: … quia nihil est veritate antiquius … denn
nichts ist älter als die Wahrheit.
Älter als alles ist die Wahrheit.

Veritatis enim absoluta semper ratio est simplex.   **3242**
Ammianus Marcellinus, Res gestae 14,10,13
Denn die Wahrheit ist immer vollkommen und einfach. W. Seyfarth

Possumus igitur, nisi fallor, definire quia veritas est rectitudo **3243**
sola mente perceptibilis.
Anselm von Canterbury, De veritate 11
Wir können also, wenn ich mich nicht täusche, definieren: Die
Wahrheit ist die allein mit dem Geist wahrnehmbare Struktur-
ordnung.

Non dubitantes verissimum illud esse, cui omnis sana mens ne- **3244**
quit dissentire.
Nicolaus Cusanus, De docta ignorantia 1,1,2. Vgl. Compendium1,1 De
mente 15,159 De venatione sapientiae 15,42
Für die gesichertste Wahrheit aber dürfen wir ohne Zweifel
diejenige halten, der kein Mensch zu widersprechen vermag,
dessen Geist gesund ist. P. Wilpert

Patet enim illud omne, quod verum est, esse aliquid; et iam fuse **3245**
demonstravi illa omnia, quae clare cognosco, esse vera.
Descartes, Meditationes de prima philosophia, 1641, 5,6
Es ist nämlich offenbar alles, was wahr ist, auch etwas, und ich
habe bereits ausführlich bewiesen, daß alles das wahr ist, was
ich klar erkenne. L. Gäbe / H. G. Zekl

3246 Veritas se ipsa patefacit.

Baruch de Spinoza, Tractatus de intellectus emendatione, 1677, 44.46

Die Wahrheit offenbart sich selbst.

3247 Veritas vincit.

MA H. Walther 33 157ˢ Bei Johann Hus, 1371–1415, in der Form: Super omnia vincit veritas. Helfer 183

Die Wahrheit siegt.

→ *Haß*	Obsequium amicos, veritas odium parit. Nr. **1081**
→ *Kunst*	Veritas artis suprema lex. Nr. **1448**
→ *lachen*	Ridentem dicere verum / quid vetat. Nr. **1464**
→ *leben / Leben*	Ego sum via, veritas et vita. Nr. **1540**
→ *Lüge / lügen / Lügner*	Mendaci homini ne verum quidem dicenti credere solemus. Nr. **1689**
→ *Objektivität*	sine ira et studio Nr. **2085**
→ *Plato*	Amicus Plato, sed magis amica veritas. Nr. **2152**
→ *Streit*	Nimium altercando veritas amittitur. Nr. **2777**
→ *Wein*	In vino veritas. Nr. **3289**

Wald

3248 ligna in silvam ferre

Horaz, Sermones 1,10,34

Holz in den Wald tragen
etwas Überflüssiges tun

3249 frondem in silvis non cernere

Ovid, Tristia 5,4,9

den Wald vor lauter Bäumen nicht sehen
das Laub in den Wäldern nicht sehen

3250 Floret silva nobilis
floribus et foliis …

Anfangszeilen des bekannten Gedichts eines unbekannten Verfassers des Mittelalters.

Es blüht der Wald herrlich
in Blüten und Blättern …

waschen

Lavabo inter innocentes manus meas.   **3251**

AT Psalm 25(26), 6. Vgl. 73(72), 13

Ich wasche meine Hände in Unschuld.

das Lavabo   **3252**

ich werde waschen

Symbolische Handwaschung des Priesters vor dem Hochgebet in der
Eucharistiefeier

Lavamini, mundi estote!   **3253**

AT Isaias 1,16

Wascht euch, reinigt euch!

→ *Hand*   illotis manibus Nr. **1065**
→ *Hand*   Manus manum lavat. Nr. **1074**

Wasser

aquam a pumice postulare   **3254**

Plautus, Persa 41

Wasser aus einem Bimsstein zu pressen versuchen

von einem Habenichts oder einem Geizhals Geld verlangen

aqua et igni interdicere   **3255**

Cicero, De domo sua oratio 82; 78: tecti et aquae et ignis interdictio Un-
tersagung von Haus, Wasser und Feuer Digesta 48,19,2,1

einem Wasser und Feuer verbieten

D. h., ihn des Landes verweisen; Formel zur Bezeichnung des Exils.

Aqua haeret.   **3256**

Cicero, De officiis 3,117 Epistulae ad Quintum fratrem 2,7(6),2

Das Wasser hängt.

Das Wasser fließt nicht, z. B. in der Wasseruhr, oder in einem Bachbett.
Übertragene Bedeutung: Ich weiß mir keinen Rat.

… in vento et rapida scribere oportet aqua.   **3257**

Catull, Carmina 70,4. Vgl. Augustinus, De civitate dei 19,23,1

… das muß man in den Wind und in reißendes Wasser schreiben.

Bekanntes poetisches Bild.

Nulla placere diu nec vivere carmina possunt,   **3258**
quae scribuntur aquae potoribus …

Horaz, Epistulae 1,19,2 f.

Nicht lange können Gedichte gefallen und fortleben,
die von Wassertrinkern geschrieben werden.
Eine heiter-ironische Rechtfertigung der eigenen Liebe zum Wein.

3259 aquas in mare fundere
Ovid, Amores 3,2,34 Tristia 5,6,44

Wasser ins Meer gießen
etwas Überflüssiges tun

3260 Aqua dentes habet.
Petron, Satyricon 42

Das Wasser hat Zähne.
Das sagt ein Wasserscheuer.

3261 Panis et aqua est vita beata.
Wander 4,1818,421

Wasser und Brot ist das glückselige Leben.
Sixtus V., bevor er Papst wurde.

3262 Aqua et panis est vita canis.
Wander 4,1800,15 MA H. Walther 1 234a

Wasser und Brot – ein Hundeleben.
Sixtus V., 1585–1590, nachdem er Papst geworden war.

→ *Brot*   Panem et aquam natura desiderat. Nr. **249**
→ *Flamme*   In flammam flammas, in mare fundis aquas.
              Nr. **542**

Weg

3263 Rectam instas viam.
Plautus, Asinaria 54

Du bist auf dem rechten Wege.

3264 Tota erras via.
Terenz, Eunuchus 245

Du irrst auf dem ganzen Weg.
Du bist auf dem Holzweg.

3265 Qui sibi semitam non sapiunt, alteri monstrant viam.
Cicero, De divinatione 1,132 ; Ennius fr. 134b Jocelyn

Die für sich den Pfad nicht kennen, zeigen anderen den Weg.
Kritik an Schwärmern, die sich als Weissager ausgeben.

Fit via vi.   **3266**
Vergil, Aeneis 2,494 Zitiert von Seneca, Epistulae morales 37,3
Mit Waffengewalt wird ein Weg gebahnt.

Ferro via facienda est.   **3267**
Livius, Ab urbe condita 4,28
Mit dem Schwert müßt ihr euch den Weg bahnen.

Virtus recludens inmeritis mori   **3268**
caelum negata temptat iter via.
Horaz, Carmina 3,2,20 f.

Mannesmut erschließt jenen, denen nicht gebührt zu sterben,
den Himmel, sucht seinen Weg auch auf verschlossenem Pfad.
B. Kytzler

Via eunti aliquid extremum est.   **3269**
Seneca, Epistulae morales 16,9
Wer auf einer Straße geht, der kommt einmal an ein Ende.

Nulla sine exitu via est.   **3270**
Seneca, Epistulae morales 77,13
Jeder Weg hat ein Ende.

Mille viae ducunt hominem per saecula Romam.   **3271**
Alanus de Insulis, Liber Parabolarum 433 (Migne PL 210 Sp. 591), qui
Dominum toto quaerere corde volunt … die den Herrn mit ganzem Herzen
suchen wollen. Wander 4,1847,115

Tausend Wege führen die Menschen immerfort nach Rom.
Viele Wege führen nach Rom.

Aut viam inveniam aut faciam.   **3272**
Entweder finde ich den Weg, oder ich bahne ihn mir.

Via trita via tuta.   **3273**
Der ausgetretene Weg ist der sichere.
Im Recht sind bewährte Dinge vorzuziehen. Liebs V 21

Revela Domino viam tuam, / et spera in eo, et ipse faciet.   **3274**
AT Psalm 36(37),5
Befiehl dem Herrn deinen Weg und vertrau ihm; er wird es fügen.

→ *leben / Leben*   Ego sum via, veritas et vita. Nr. **1540**
→ *Schicksal*   Fata viam invenient. Nr. **2409**
→ *Sitten*   Sera numquam est ad bonos mores via.
                   Nr. **2635**

→ *Stern*	Non est ad astra mollis e terris via. Nr. **2741**
→ *tapfer / Tapferkeit*	Invia virtuti nulla est via. Nr. **2859**

Weib

3275 Multa sunt mulierum vitia.
Plautus, Poenulus 1203
Die Weiber haben viele Fehler.

3276 Mulierum genus avarum est.
Cicero, De inventione 1,94
Habsüchtig ist das weibliche Geschlecht.

3277 Muliebris lacrimas condimentum est malitiae.
Publilius Syrus, Sententiae M 35
Weibertränen sind oft das Salz der Bosheit.

3278 Ille lavat laterem, qui custodit mulierem.
MA H. Walther 11 445 Wander 5,11,256
Der wäscht einen Ziegelstein[1], der ein Weib behüten will.
[1] … verschwendet seine Mühe

→ *Frau* Nr. **560** bis Nr. **575**

Wein

3279 Nunc vino pellite curas!
Horaz, Carmina 1,7,31. Vgl. Ovid, Ars amatoria 1,238: Cura fugit multo diluiturque mero. Durch viel Wein flieht und verflüchtigt sich die Sorge.
Vertreibt die Sorgen nun mit Wein!

3280 Laudibus arguitur vini vinosus Homerus.
Horaz, Epistulae 1,19,6
Durch sein Lob des Weins erweist sich Homer als Weinfreund.

3281 Qui properent, nova musta bibant, mihi fundat avitum
consulibus priscis condita testa merum.
Ovid, Ars amatoria 2,695 f.
Wer es eilig hat, möge neuen Most trinken; mir spende die Amphora, / die unter altehrwürdigen Konsuln eingekellert wurde, Urväterwein. M. v. Albrecht

Data tempore prosunt   **3282**
et data non apto tempore vina nocent.
Ovid, Remedia amoris 131 f.

Wein, zur richtigen Zeit verabreicht, hilft; wird er
zur unrechten Zeit verabreicht, schadet er.

Dant animos vina.   **3283**
Nach Ovid, Metamorphosen 12,242. Vgl. Ars amatoria 1,237: Vina parant
animos. Wein macht die Herzen bereit. Seneca, De tranquillitate animi
17,8: Liber … audaciorem in omnes conatus facit. Bacchus macht den
Menschen zu allen Unternehmungen mutiger.

Wein macht Mut.

Vino forma perit, vino corrumpitur aetas,   **3284**
vino saepe suum nescit amica virum.
Properz, Elegiae 2,33B,33 f.

Durch Wein schwindet die Schönheit, Wein zerrüttet die Jugend,
weintrunken erkennt oft nicht die Freundin den Mann.

Ebrietas tristitiae medetur.   **3285**
Seneca, De tranquillitate animi 17,8

Trunkenheit heilt die Niedergeschlagenheit.

Ut libertatis, ita vini salubris moderatio est.   **3286**
Seneca, De tranquillitate animi 17,9

Wie bei der Freiheit, so ist auch beim Wein maßvoller Genuß
wohltuend.

Deditos vino potio extrema delectat.   **3287**
Seneca, Epistulae 12,4

Weintrinkern ist der letzte Schluck ein besonderer Genuß.

Ergo diutius vivit vinum quam homuncio. Quare tengomenas **3288**
faciamus. Vita vinum est.
Petron, Satyricon 34,7

Also lebt der Wein länger als ein Menschlein. Trinken wir des-
halb soviel wir können. Wein ist Leben.
Ausruf Trimalchios, als bei dem Gastmahl hundertjähriger Opimianischer
Falernerwein aufgetragen wurde.

In vino veritas.   **3289**
Nach Plinius Maior, Naturalis historia 14,28,141: vulgoque veritas iam
attributa vino est. Und schon wurde allgemein dem Wein Wahrheit zuge-

schrieben. Vgl. Horaz, Sermones 1,4,89 Epistulae 1,5,16. Nach Alkaios fr.
366 Theokrit, Idyllia 29: Oinos … legetai, kai aletheia … Das Sprichwort
Wein und Wahrheit …

Im Wein ist Wahrheit.
Der Wein löst die Zunge.

3290 Acuit ingenium vinum moderamine sumptum;
absque modo sumptum perdit cum robore sensum.
MA H. Walther 320 Werner / Flury a 26

Maßvoll genossener Wein schärft den Geist;
Weingenuß ohne Mäßigung zerstört Kraft und Denken.

3291 Vina probat bonus emptor odore, colore, sapore;
nare probatur odor, visu color et sapor ore.
MA H. Walther 33 405 Werner / Flury v 39

Ein tüchtiger Käufer beurteilt den Wein nach seiner Blume, sei-
ner Farbe und seinem Geschmack. Mit der Nase wird der Duft,
mit den Augen die Farbe und mit dem Mund der Geschmack
beurteilt.

3292 Vinum Rhenense decus est et gloria mensae.
MA H. Walther 33 490 Wander 5,96,256 Martial, Epigrammata 8,51,18:
decus mensae

Ein guter Wein vom Rhein steht bei der Mahlzeit fein.
Leoninischer Hexameter – Rheinwein, wie ein jeder weiß, ist der Tafel
Zier und Preis. K. J. Weber, Demokritos 5,16, 1832/40

3293 Vinum Moslanum fuit omne tempore sanum.
MA H. Walther 33 483 Wander 5,96,256

Ein guter Wein vom Moselgrund hält Leib und Seele stets ge-
sund.
Leoninischer Hexameter

3294 Nullum vinum nisi Hungaricum.
MA H. Walther 19 084 a Wander 5,97,279 Nur lateinisch in: W. Raabe,
Gutmanns Reisen, Roman 1890/91, 11. Kapitel

Es geht nichts über den Ungarwein.

3295 Bacchus et ad culpam causas dedit.
Vergil, Georgica 2,455

Bacchus[1] brachte auch Schuld auf die Welt. J. u. M. Götte
[1] griechisch Dionysos, Gott des Weins als Quell höchster Begeisterung bis
zur Ausschweifung.

Quando bibo vinum, loquitur mea lingua Latinum.   **3296**
MA H. Walther 23 458 Wander 5,107,529
Trink ich Wein, sprech ich Latein.

Quale vinum, tale Latinum.   **3297**
Wie der Wein, so mein Latein.

Odi memorem convivam.   **3298**
Martial, Epigrammata 1,27,7 MA H. Walther 19 720 Wander 5,114,678:
compotorem
Ich hasse einen Mitzecher, der ein gutes Gedächtnis hat.
Weinreden gelten nur beim Wein. – Was beim Wein gesagt wird, soll
nicht ausgeplaudert werden.

Comede in laetitia panem tuum, et bibe cum gaudio vinum **3299**
tuum: quia Deo placent opera tua.
📖 AT Ecclesiastes 9,7
Iß freudig dein Brot, und trink vergnügt deinen Wein; denn das,
was du tust, hat Gott längst so festgelegt, wie es ihm gefiel.

→ *Freundschaft*   Amicitia inter pocula contracta vitrea. Nr. **624**
→ *Greis*   Vinum lac senum Nr. **999**
→ *Liebe*   Sine Cerere et Libero friget Venus. Nr. **1618**
→ *trinken*   Nunc est bibendum, nunc pede libero pulsanda
                   tellus … Nr. **2967**

weinen / das Weinen

Quid est fletu muliebri viro turpius?   **3300**
Cicero, Tusculanae disputationes 2,57
Was ist für einen Mann schmählicher als weibisches Weinen?
O. Gigon

Multis ille bonis flebilis occidit.   **3301**
Horaz, Carmina 1,24,9
Er starb, von vielen Guten beweint.

Est quaedam flere voluptas,   **3302**
expletur lacrimis egeriturque dolor.
Ovid, Tristia 4,3,37 f. Vgl. Plinius, Epistulae 8,16,5: Est enim quaedam
dolendi voluptas … Denn es gibt auch eine Art Lust am Schmerz …
Seneca, Thyestes 952: Maeror lacrimas amat assuetas … Trauer liebt die
gewohnten Tränen …
Weinen ist auch eine Wohltat.
Tränen verlangt ja der Schmerz, und sie besänftigen ihn.

→ *der/das Erbe*   Heredis fletus sub persona risus est. Nr. **391**
→ *lachen*   Vae tibi ridenti (lascivo), quia mox post
                 gaudia flebis. Nr. **1471**

weise / der Weise

3303 Nemo solus satis sapit.
Plautus, Miles gloriosus 885 MA H. Walther 16 452a Wander 2,1408,22
Niemand ist allein weise genug.

3304 Dictum sapienti sat est. Variante: Sapienti sat.
Plautus, Persa 729. Vgl. Truculentus 644 Terenz, Phormio 541
Für den Verständigen genügt der Hinweis.
Kein weiterer Kommentar nötig!

3305 septem sapientes
Cicero, De oratore 3,137 Tusculanae disputationes 5,7 Ausonius, Septem
Sapientium Sententiae. Vgl. Plato, Protagoras 343a Texte bei W. Capelle
61 ff.
die Sieben Weisen
Die Namen der Sieben Weisen Griechenlands in einem Merkvers in der
Form eines Distichons: Cum Solone Thales, Cleobulus cum Periandro, /
Chilon Spartanus, Pittacus atque Bias. Kleobulos aus Lindos, Periandros
aus Korinth, Pittakos von Mytilene, Bias aus Priene, Thales aus Milet,
Chilon aus Sparta und Solon aus Athen waren bedeutende Herrscher und
Staatsmänner des 7. und 6. Jahrhunderts v. Chr. Ihnen werden kurze, prä-
gnant formulierte Lebensweisheiten zugeschrieben.

3306 Tempori cedere, id est necessitati parere, semper sapientis est
habitum.
Cicero, Epistulae ad familiares 4,9,2
Sich in die Zeitumstände zu schicken, das heißt der Notwendig-
keit zu gehorchen, hat immer als ein Zeichen von Klugheit ge-
golten.

3307 octavus sapientium
Horaz, Sermones 2,3,296. Vgl. Kallimachos fr. 587
der achte von den Sieben Weisen
Gemeint ist der stoische Tugendprediger Stertinius, der mit langem Bart
und schäbigem Mantel auf den Straßen seine Weisheit vortrug. – Ironische
Aussage über einen Besserwisser.

3308 Sapere aude!
Horaz, Epistulae 1,2,40. Vgl. Immanuel Kant, Was ist Aufklärung?, 1784:
Sapere Aude! Habe Mut, dich deines eigenen Verstandes zu bedienen! ist
also der Wahlspruch der Aufklärung. – Friedrich von Schiller, Über die

ästhetische Erziehung des Menschen, 1795, 8. Brief: Sapere aude! Erkühne dich, weise zu sein!

Wage es, weise zu sein!
Man muß den Mut haben, ein vernünftig denkender Mensch zu sein und dementsprechend Entscheidungen zu treffen. – Leitwort des Intellektuellen.

Nemo nascitur sapiens, sed fit.   **3309**
Sencca, De ira 2,10,6

Keiner wird weise geboren, sondern er wird es erst.

Non irascetur sapiens peccantibus.   **3310**
Seneca, De ira 2,10,6

Der Weise wird denen, die sich verfehlen, nicht zürnen.

Sapiens … malet in pace esse quam in pugna.   **3311**
Seneca, Epistulae morales 28,7

Der Weise … lebt lieber im Frieden als im Kampf.

Sapiens vincit virtute fortunam.   **3312**
Seneca, Epistulae morales 71,30

Der Weise überwindet das Schicksal durch seine sittliche Haltung.

Vincere quando nequit, sapiens in tempore cedit.   **3313**
MA Werner / Flury v 42

Wenn der Weise nicht siegen kann, gibt er rechtzeitig nach.

Homo longus raro sapiens.   **3314**
MA H. Walther 11 100 b

Ein langer Mensch ist selten weise.
Zur Erklärung des bekannten Satzes wird auf Goliath und Polyphem verwiesen.

Nemo sapiens, nisi patiens.   **3315**
MA H. Walther 16 431

Nur der Geduldige ist weise.

Sapienti pauca.   **3316**
Wander 5,134,15. Vgl. Stendhal (Henri Beyle), Die Kartause von Parma, Roman 1839, 2. Buch, 14. Kapitel (Schlußsatz): Intelligenti pauca. Dem Klugen genügen wenige Worte, um zu verstehen, worum es geht.

Dem Weisen sind wenige Worte genug.

3317 Sapientis non est dicere: non putaram.
MA H. Walther 27 528 a Wander 5,136,124

Einem Weisen steht es nicht an zu sagen: Das hätte ich nicht gedacht.

→ *spät* Sero sapiunt Phryges. Nr. **2670**

Weisheit

3318 Sapientia est rerum divinarum et humanarum scientia cognitioque, quae cuiusque rei causa sit.
Cicero, Tusculanae disputationes 4,77 De officiis 1,153; 2,5

Weisheit ist die Wissenschaft der göttlichen und menschlichen Dinge und das Wissen davon, was die Ursache jeder Erscheinung ist. O. Gigon

3319 Sapientia prima est stultitia caruisse.
Horaz, Epistulae 1,1,41

Abkehr von der Torheit ist der Weisheit Anfang. Kayser / Nordenflycht / Burger

3320 E commentario sapit.
Seneca, Epistulae morales 33,7

Er hat seine Weisheit aus Büchern.

3321 Quid est sapientia? Semper idem velle atque idem nolle.
Seneca, Epistulae morales 20,5 Nach Sallust, De coniuratione Catilinae 20
→ *Freundschaft* Nr. **603**

Was ist Weisheit? Immer dasselbe wollen und dasselbe nicht wollen.

3322 Si sapientia bonum virum facit, bonus vir est utique sapiens.
Quintilian, De institutione oratoria 5,10,82

Wenn Weisheit den guten Menschen ausmacht, dann ist ein guter Mensch jedenfalls weise.

3323 Victrix fortunae sapientia.
Juvenal, Saturae 13,20

Siegerin über das Schicksal ist philosophische Weisheit.

3324 Amnis et annus abit, semper sapientia stabit.
MA H. Walther 979 Werner / Flury a 80

Strom und Jahr vergeh'n, immer wird die Weisheit steh'n.

Vilibus in pannis sapientia nulla putatur. **3325**
MA H. Walther 33 349 Werner / Flury v 34

Eine Weisheit wird nicht geglaubt, wenn sie in ärmlichem Gewand daherkommt.

Quia Dominus dat sapientiam: et ex ore eius prudentia et **3326**
scientia.
AT Proverbia 2,6. Vgl. Ecclesiasticus 39,7

Denn der Herr gibt Weisheit, aus seinem Mund kommen Erkenntnis und Einsicht.

Si quis autem vestrum indiget sapientia, postulet a deo, qui dat **3327**
omnibus affluenter; et non improperat: et dabitur ei.
NT Jakobus 1,5

Fehlt es aber einem von euch an Weisheit, dann soll er sie von Gott erbitten, Gott wird sie ihm geben, denn er gibt allen gern und macht niemand einen Vorwurf.

→ *Furcht* Initium sapientiae timor Domini. Nr. **667**
→ *Gewalt* Vis consilii expers mole ruit sua. Nr. **825**
→ *Natur* Numquam aliud natura, aliud sapientia dicit.
Nr. **1987**

weiß

corvus albus **3328**
Juvenal, Saturae 7,202

ein weißer Rabe

→ *schwarz* Nil nimium studeo, Caesar, tibi velle placere
nec scire, utrum sis albus an ater homo. Nr. **2527**
→ *Seele* anima candida Nr. **2564**

Welt

In eum intravimus mundum, in quo his legibus vivitur. **3329**
Seneca, Epistulae morales 91,15

Wir sind in eine Welt gekommen, in der nach diesen Gesetzen gelebt wird.

Me mortuo terra ignibus misceatur. **3330**
Seneca, De clementia 2,2,2 Sueton, Nero 38 Übersetzung eines griechischen Verses, vielleicht aus dem verlorenen Stück „Bellerophon" des Euripides. Tragicorum fragmenta adespota 513 Nauck. Vgl. Dio Cassius 58,23,4.

Nach meinem Tod mag die Welt in Flammen aufgehen.
Vgl. den Ausspruch Après nous le déluge! Nach uns die Sintflut! der Madame de Pompadour nach der Schlacht bei Roßbach 1757.

3331 dispositio mundi
Thomas von Aquin, Summa Theologica 1,106,4 ad 3

die von weither entwerfende, ordnende, verfügende Führung des Weltgeschehens
J. Pieper, Über das Ende der Zeit, 25

3332 Mundus est Dei viva statua.
Thomas Campanella, 1568–1639. Fried 65
Die Welt ist Gottes lebendiges Abbild.

3333 Mundus titulis titillatur.
J. M. Moscherosch, Geschichte Philanders von Sittewalt 1,2, Roman 1640, Lipperheide 852
Die Welt wird von Titeln gekitzelt.

3334 Confidite, ego vici mundum.
NT Johannes 16,33
Habt Mut, ich habe die Welt besiegt.
Jesus Christus

3335 Et mundus transit et concupiscentia eius.
NT 1 Johannes 2,17 Zitiert von Otto von Freising, Chronica, 1143–1146, VII, Prologus
Die Welt und ihre Begierde vergeht.

→ *Akten*	Quod non est in actis, non est in mundo. Nr. **10**
→ *Furcht / fürchten*	Si fractus inlabatur orbis, impavidum ferient ruinae. Nr. **657**
→ *Gerechtigkeit*	Fiat iustitia et pereat mundus. Nr. **774**
→ *malen*	Orbis sensualium pictus Nr. **1732**
→ *Mensch*	Homo mundus minor. Nr. **1811**
→ *regieren*	An nescis, mi fili, quantilla prudentia regatur orbis? Nr. **2266**
→ *Ruhm*	Sic transit gloria mundi. Nr. **2353**
→ *Tag*	Dies irae, dies illa, solvet saeclum in favilla. Nr. **2849**
→ *täuschen*	Mundus vult decipi, ergo decipiatur. Nr. **2882**

→ *Tor / Torheit*	Stultorum plena sunt omnia. Nr. **2932**
→ *Vater*	Unus omnium parens mundus est. Nr. **3086**
→ *Vaterland*	Non sum uni angulo natus, patria mea totus hic mundus est. Nr. **3100**

Werk

Hoc opus, hic labor est.   **3336**

Vergil, Aeneis 6,129

Das ist Mühe, das ist Arbeit.

Wort der Sibylle zu Aeneas. Gemeint ist der Rückweg aus dem Totenreich ans Tageslicht. – Gegensatz zu Vers 126: facilis descensus Averno. Leicht ist der Abstieg in die Unterwelt. Beide Zitate sind auch übertragen zu verstehen.

Artificem commendat opus.   **3337**

Sepp 1

Das Werk empfiehlt den Meister.

opus Dei   **3338**

NT Johannes 6,28 f.: Dixerunt ergo ad eum: Quid faciemus, ut operemur opera Dei? Respondit Iesus et dixit eis: Hoc est opus Dei, ut credatis in eum, quem misit ille. Da fragten sie ihn: Was müssen wir tun, um die Werke Gottes zu vollbringen? Jesus antwortete ihnen: Das ist das Werk Gottes, daß ihr an den glaubt, den er gesandt hat. – Vgl. Benediktus-Regel 7,63; 22,6.8; 43,1.6.10

Werk Gottes

1. Das Werk, das Gott am Menschen tut.
2. Das Werk der Menschen für Gott, z.B. der gemeinsame Gottesdienst.

→ *Dichter*	Auctor opus laudat. Nr. **303**
→ *Ende*	Exitus acta probat. Nr. **376**
→ *Ende*	Finis coronat opus. Nr. **377**

Wiederholung

Ne bis in idem *crimen iudicetur.*   **3339**

Vgl. Gai institutiones 4,108 Quintilian, De institutione oratoria 7,6,4: Bis de eadem re ne sit actio. Nicht zweimal finde eine Gerichtsverhandlung über dieselbe Sache statt.

Nicht zweimal in derselben Sache.

Grundsatz im Strafprozeßrecht. Ist ein Strafurteil rechtskräftig geworden, so darf eine neue Strafverfolgung des Täters wegen derselben Tat nicht stattfinden.

3340 Repetitio est mater studiorum.

Nach Cassiodor, De institutione divinarum litterarum, Praefatio 7 (Migne PL 70,1108): Mater est intelligentiae frequens et intenta meditatio. Die Mutter des Verständnisses ist das häufige und angespannte Nachdenken.

Wiederholung ist die Mutter der Studien.

→ *Lehrer*   Occidit miseros crambe repetita magistros. Nr. **1562**

→ *Lektüre*   Lectio, quae placuit, decies repetita placebit.
Nr. **1580**

Wille

3341 Ut desint vires, tamen est laudanda voluntas.

Ovid, Epistulae ex Ponto 3,4,79

Wenn auch die Kräfte fehlen, so ist doch der Wille zu loben.

3342 Hoc volo, sic iubeo, sit pro ratione voluntas.

Juvenal, Saturae 6,223 MA H. Walther 11 083; 29 559

Dies will ich, so befehle ich es, mein Wille gelte dir als Grund.

Im inhaltlichen Zusammenhang der Satire drückt der Satz zunächst die uneingeschränkte Gewalt des Herrn über seinen Sklaven aus. Der Vers wurde ein berüchtigtes Zitat, in dem die Gegensätze Vernunftgrund und individueller Willensfanatismus ausgesprochen werden.

3343 Voluntas cogi non potest.

MA H. Walther 31 135 Wander 5,237,17

Den Willen kann man nicht zwingen.

3344 Fiat voluntas tua.

📖 NT Matthaeus 6,10

Dein Wille geschehe.

Dritte Vaterunser-Bitte

3345 … et in terra pax hominibus bonae voluntatis.

NT Lukas 2,14

… und Friede den Menschen auf Erden, die guten Willens sind.

→ *glauben*   Fere libenter homines id, quod volunt, credunt.
Nr. **850**

→ *groß*   In magnis et voluisse sat est. Nr. **1015**

→ *Hund*   Stultitia est venatum ducere invitas canes.
Nr. **1225**

→ *Minerva*   invita Minerva Nr. **1848**

Wirkung

→ *Ursache*   Cessante causa cessat effectus. Nr. **3078**
→ *Ursache*   Durante causa durat effectus. Nr. **3079**

wissen / Wissen

Plus scire satius est quam loqui.   **3346**
Plautus, Epidicus 60
Besser viel wissen als viel reden.

Tu nescis id quod scis, si sapies.   **3347**
Terenz, Heautontimorumenos 748
*Du weißt besser nichts von dem, was du weißt, wenn du schlau
bist.*

Experti scire debemus.   **3348**
Cicero, Pro Milone oratio 69
Wir müssen das aus Erfahrung wissen.

Nec scire fas est omnia.   **3349**
Horaz, Carmina 4,4,22
Es ist nicht möglich, alles zu wissen.

Plus scire velle quam sit satis, intemperantiae genus est.   **3350**
Seneca, Epistulae morales 88,36
*Mehr wissen zu wollen, als genug ist, ist eine Art von Maßlo-
sigkeit.*

Natura semina nobis scientiae dedit, scientiam non dedit.   **3351**
Seneca, Epistulae morales 120,4
*Die Natur hat uns die Samen zum Wissen gegeben, das Wissen
selbst gab sie uns nicht.*

Nosse volunt omnes, mercedem solvere nemo.   **3352**
Juvenal, Saturae 7,157. Vgl. MA Werner / Flury s 41a: Scire volunt om-
nes, mercedem solvere nemo.
Wissen wollen sie alle, doch dafür bezahlen will keiner.

Multi sunt, qui scire volunt, sed discere nolunt.   **3353**
MA Werner / Flury m 66. Vgl. s 221: Sunt quidam, qui scire …
*Es gibt viele, die zwar etwas wissen wollen, aber nicht gewillt
sind zu lernen.*

Ignoramus et ignorabimus.   **3354**
Emile du Bois-Reymond in dem Vortrag ‚Die Grenzen des Naturerken-
nens‘, 1872. Schlußsatz: Gegenüber den Rätseln der Körperwelt ist der

Naturforscher längst gewohnt, mit männlicher Entsagung sein „ignoramus" auszusprechen. Im Rückblick auf die durchlaufene siegreiche Bahn trägt ihn dabei das stille Bewußtsein, daß, wo er jetzt nicht weiß, er wenigstens unter Umständen wissen könnte, und dereinst vielleicht wissen wird. Gegenüber dem Rätsel aber, was Materie und Kraft seien, und wie sie zu denken vermögen, muß er ein für allemal zu dem viel schwerer abzugebenden Wahlspruch sich entschließen: „Ignorabimus".

Wir wissen es nicht, und wir werden es nie wissen.

Der Satz wurde zum Schlagwort des Agnostizismus. Als Gegenposition formulierte Ernst Haeckel, 1834–1919: Impavidi progrediamur! Unverzagt vorwärts! – Die Auffassung, die gegenwärtigen Grenzen des Wissens könnten auch in Zukunft nicht überschritten werden, gilt als überholt.

3355 Quod tribus notum, non est a plebe remotum.
Wander 5,296,189

Was drei wissen, das erfahren hundert.

3356 Scire non prodest bona, nisi facias.
MA H. Walther 27 623 a Wander 5,297,201

Es nützt nicht, das Gute zu wissen, wenn man es nicht tut.
Es gibt nichts Gutes, außer man tut es. E. Kästner

3357 In nihil sapiendo iucundissima vita.
Wander 5,295,169

Wer nichts weiß, lebt am angenehmsten.
Viel Wissen belastet.

→ *Gedächtnis*	Id tantum scimus, quod memoria tenemus. Nr. **686**
→ *Gelehrter*	Homo doctus in se semper divitias habet. Nr. **754**
→ *lehren*	Plus docet, quam scit. Nr. **1553**
→ *Macht*	Nam et ipsa scientia potestas est. Nr. **1715**
→ *Mensch*	Eritis sicut deus scientes bonum et malum. Nr. **1827**
→ *Nichtwissen*	Nr. **2049** – Nr. **2054**
→ *Schicksal*	Nescia mens hominum fati sortisque futurae. Nr. **2413**
→ *Unrecht*	Volenti non fit iniuria. Nr. **3061**

Wissenschaft

3358 Doctrina Graecia nos et omni litterarum genere superabat.
Cicero, Tusculanae disputationes 1,3

In der Bildung und in jeder Art von Literatur hat uns[1] *Grie-*
chenland übertroffen.
[1] die Römer

Sine doctrina vita est quasi mortis imago.   **3359**
Catonis disticha 3,1 B
Ohne Wissenschaft ist das Leben wie ein Abbild des Todes.

Qui proficit in litteris et deficit in moribus,   **3360**
plus deficit quam proficit.
Augustinus, De verbis Apostolorum 15 MA H. Walther 24 563 Wander
5,300,272; 5,304,393
Wer in den Wissenschaften Fortschritte macht, aber in der Sitt-
lichkeit Rückschritte, der verliert mehr als er gewinnt.

→ *Alter*   Litterarum studia adulescentiam alunt, senectutem
               oblectant. Nr. **27**
→ *Bildung*   Litterarum radices amarae, fructus dulces. Nr. **225**
→ *Caesar*   Caesar non supra grammaticos. Nr. **270**

Wohltat

Malo si quid beneficias, beneficium interit.   **3361**
Plautus, Poenulus 635
Wenn du einem schlechten Menschen Gutes tust, ist die Wohltat
vergeudet.

Bene facta male locata male facta arbitror.   **3362**
Cicero, De officiis 2,18,62 Zitat Ennius, Scenica Fab. inc. 409 Vahlen 198
Schlecht angebrachte Wohltaten halte ich für Übeltaten.

Quae natio non gratum animum et beneficii memorem diligit?   **3363**
Cicero, De legibus 1,32
Welches Volk schätzt nicht für erwiesene Wohltaten dankbare
Gesinnung?

Nemo beneficia in calendario scribit.   **3364**
Seneca, De beneficiis 1,2,3
Wohltaten schreibt man nicht in den Kalender[1].
[1] in das Schuldverzeichnis. – Man soll Wohltaten, die man selbst erwiesen
hat, bald vergessen. Denn Undank ist der Welt Lohn.

Beneficium accipere libertatem est vendere.   **3365**
Publilius Syrus, Sententiae B 5
Eine Wohltat annehmen heißt seine Freiheit verkaufen.

3366 Qui dedit beneficium, taceat. Narret, qui accepit.
Seneca, De beneficiis 2,11,2 Vgl. 7,23,2. Vgl. Catonis disticha 1,15
Wer eine Wohltat erwiesen hat, möge davon schweigen. Erzählen soll darüber, wer sie empfangen hat.

3367 Qui dat beneficia, deos imitatur, qui repetit feneratores.
Seneca, De beneficiis 3,15,4
Wer Wohltaten erweist, ahmt die Götter nach, wer dafür Gegenleistungen fordert, die Wucherer.

3368 Si sciam ingratum esse, non dabo beneficium.
Seneca, De beneficiis 4,34,2
Wenn ich wissen sollte, daß einer undankbar ist, werde ich ihm keine Wohltat erweisen.

3369 Ubicumque homo est, ibi beneficii locus est.
Seneca, De vita beata 24,3
Wo immer ein Mensch ist, da ist Gelegenheit zu einer Wohltat.

3370 Beneficium invito non datur.
Wander 5,344,81
Wohltaten darf man nicht aufzwingen.

→ *Undank* Omnes immemorem beneficii oderunt. Nr. **3035**

Wolf

3371 Auribus lupum tenere.
Terenz, Phormio 506 Varro, De lingua Latina 7,3 Sueton, Tiberius 25
den Wolf an den Ohren halten
… um sich vor seinen Bissen zu schützen.

3372 Lupus non curat numerum ovium.
Vergil, Bucolica 7,52
Der Wolf kümmert sich nicht um die Anzahl der Schafe.
Er frißt auch gezählte oder markierte Schafe.

3373 Superior stabat lupus.
Phaedrus, Fabulae 1,1,2
Der Wolf stand weiter oben (am Bachlauf).
Bekanntes Bild in der Fabel Der Wolf und das Lamm, in dem die Überlegenheit des Wolfes zum Ausdruck kommt.

Vulpes (*lupus*) pilum mutat, non mores.   **3374**
Sueton, Divus Vespasianus 16,3

Der Fuchs (Wolf) ändert sein Fell, aber nicht seinen Charakter.
… ändert wohl sein Haar, aber er bleibt doch, wie er war.

Lupus visum dirigit ad ovem.   **3375**
Wander 5,355,112

Der Wolf richtet seine Augen auf das Schaf.

Ulula cum lupis, cum quibus esse cupis.   **3376**
MA H. Walther 32 113 Wander 5,358,193. Vgl. Epistolae obscurorum
virorum II,3: Qui est inter lupos, oportet ululare cum lupis.

Du mußt mit den Wölfen heulen, bei denen du willst weilen.
Man muß mit den Wölfen heulen.

→ *Fabel*   Lupus in fabula! Nr. **487**
→ *Mensch*   Homo homini lupus. Nr. **1782**
→ *Schaf*   Ovem lupo commisisti. Nr. **2387**
→ *Schaf*   O praeclarum custodem ovium, ut aiunt, lupum!
              Nr. **2388**
→ *Schaf*   Triste lupus stabulis. Nr. **2389**
→ *Schaf*   Plenum montano credis ovile lupo. Nr. **2390**

wollen

Quoniam non potest id fieri, quod vis, id velis, quod possit. **3377**
Terenz, Andria 305 f.

*Weil ja nicht geschehen kann, was du willst, so wolle doch, was
geschehen kann.*

Quod volumus, et credimus libenter.   **3378**
Caesar, De bello civili 2,27

Was wir wollen, das glauben wir auch gerne.

Velim nolim.   **3379**
Cicero, De natura deorum 1,7,17

Mag ich wollen oder nicht.
gern oder ungern, in jedem Falle

In magnis et voluisse sat est.   **3380**
Properz, Elegiae 2,10,6

In großen Dingen genügt es, ehrlich gewollt zu haben.
Großes zu wollen ist schon groß. – Auf dieses Properz-Zitat gehen die
meisten ähnlich formulierten Sentenzen zurück.

3381 Tarde velle nolentis est.

Seneca, De beneficiis 2,5,4

Zögerlich wollen zeigt, daß einer eigentlich nicht will.

3382 Volo et tota mente volo.

Seneca, Epistulae morales 71,36

Ich will, und das will ich mit ganzem Herzen.

3383 nolens volens

Seneca, Epistulae morales 107,11. Vgl. De vita beata 4,4 De brevitate vitae 8,5: velis nolis Apocolocyntosis 1,2: velit nolit ob er will oder nicht Epistulae morales 53,3: vellet nollet Petron, Satyricon 71,11 Martial, Epigrammata 4,42,11

nicht wollend wollend, wohl oder übel, gutwillig oder nicht

3384 Quod vult habet, qui velle quod satis est potest.

Seneca, Epistulae morales 108,11

Es hat schon, was er will, wer wünschen kann, was genug ist.

3385 Velle non discitur.

Seneca, Epistulae morales 81,13

Zu wollen lernt man nicht.

3386 Dei enim posse velle est, et non posse nolle.

Tertullian, Adversus Praxean 10,10

Bei Gott ist können wollen und nicht können nicht wollen.

3387 Quod volumus, sanctum est.

Augustinus, Epistulae 93,4,14; 93,10,43

Unser Wille ist uns heilig.

3388 Nil difficile volenti.

Wander 5,392,101. Vgl. Cicero, Orator 33: Nihil difficile amanti.

Wer will, dem ist nichts zu schwer.

Wer will, der kann.

→ *Dichter*	Aut prodesse volunt aut delectare poetae. Nr. **302**
→ *Frau*	Novi ingenium mulierum: nolunt, ubi velis; ubi nolis, cupiunt ultro. Nr. **562**
→ *Freundschaft*	Idem velle atque idem nolle, ea demum firma amicitia est. Nr. **603**
→ *Frieden*	Si vis pacem, para bellum. Nr. **630**
→ *glauben*	Fere libenter homines id, quod volunt, credunt. Nr. **850**

→ *hören*	Audit, quod non vult, qui pergit dicere, quod vult. Nr. **1218**
→ *lieben*	Si vis amari, ama! Nr. **1647**
→ *Nächster*	Quod tibi fieri non vis, alteri ne feceris! Nr. **1941**
→ *Schicksal*	Ducunt volentem fata, nolentem trahunt. Nr. **2434**
→ *Skylla*	Incidit in Scyllam, qui vult vitare Charybdim. Nr. **2649**
→ *täuschen*	Mundus vult decipi, ergo decipiatur. Nr. **2882**
→ *Unrecht*	Volenti non fit iniuria. Nr. **3061**
→ *Vergnügen*	Quod sis, esse velis, nihilque malis. Nr. **3141**
→ *Wille*	Nr. **3341** – Nr. **3345**

Wort

Nullum sit iam dictum, quod non sit dictum prius.   **3389**
Terenz, Eunuchus, Prologus 41
Kein Wort kann man mehr sagen, das nicht schon früher einmal ausgesprochen wurde.

verbo tenus (auch verbótenus ausgesprochen)   **3390**
Cicero, De legibus 3,14 Digesta 2,2,1,2 Hier im Gegensatz zu: cum effectu mit Erfolg, wirksam.
wörtlich, bis aufs Wort

Et semel emissum volat irrevocabile verbum.   **3391**
Horaz, Epistulae 1,18,71
Das einmal ausgesprochene Wort holt keiner mehr zurück.

Nescit vox missa reverti.   **3392**
Horaz, De arte poetica 390
Das gesprochene Wort kann nicht zurückkehren.

Non opus est verbis, credite rebus!   **3393**
Ovid, Fasti 2,734. Vgl. Cicero, De amicitia 72: non modo verbis, sed opere nicht nur mit Worten, sondern auch durch die Tat. Livius, Ab urbe condita 8,22,8: Graeci, gens lingua magis strenua quam factis die Griechen, ein Volk, das mehr mit Worten als in Taten tüchtig ist. Seneca, Epistulae morales 20,1: Verba rebus proba! Worte bestätige durch Taten!
Worte sind nicht nötig, glaubt den Taten!

vulgata Epicuri dicta   **3394**
Seneca, Epistulae morales 13,17
die allgemein bekannten Aussprüche Epikurs

3395 voces nostrorum procerum
Seneca, Epistulae morales 33,1

die Worte (Zitate) unserer großen Meister

3396 Non delectent verba nostra, sed prosint.
Seneca, Epistulae morales 75,5

Unsere Worte sollen nicht freundlich unterhalten, sondern den Menschen sittlich nützen. E. Glaser-Gerhard

3397 Sit venia verbo!
Plinius, Epistulae 5,6,46: venia sit dicto mit Verlaub zu sagen, unberufen

Man verzeihe den Ausdruck!
Als Parenthese gebraucht.

3398 Contra verbosos noli contendere verbis:
sermo datur cunctis, animi sapientia paucis.
Catonis disticha 1,10

Im Streit mit Wortreichen enthalte dich der Worte:
Sprache ist allen gegeben, verständiges Urteil nur wenigen.

3399 Re, non verbis peculium augendum est.
Digesta 15,1,4,1

Durch Taten, nicht durch Worte muß das Vermögen gemehrt werden.

3400 Verborum obligatio verbis tollitur.
Digesta 50,17,35

Eine mündlich eingegangene Verpflichtung kann mündlich aufgehoben werden.

3401 Vox audita perit, littera scripta manet.
MA H. Walther 34 168

Das gesprochene Wort vergeht, das geschriebene bleibt.

3402 de tripode dictum
MA H. Walther 36 122

vom Dreifuß herab gesprochen, ein Orakel, d. h. ein zweideutiger Ausspruch
Durch den Mund der Seherin Pythia in Delphi, die, wenn sie Orakel gab, auf einem dreifüßigen Stuhl saß, gab der Gott Apoll Orakel.

A verbis ad verbera. Variante: Post verba verbera.   **3403**
Wander 5,423,593 5,438,988 5,426,664: Magis verba quam verbera pro-
sunt. Wer sich mit Worten nicht erziehen läßt, dem helfen auch keine
Schläge.

Von Worten kommt es oft zu Schlägen.
Lateinisches Wortspiel – Paronomasie

Potius amicum quam dictum perdere.   **3404**
Quintilian, De institutione oratoria 6,3,28 Zitiert von K. J. Weber, Demokritos 1,20, 1832/40

Eher einen Freund als einen Witz verlieren.

expressis verbis   **3405**

mit ausdrücklichen (oder) deutlichen Worten

Verbo Domini caeli formati sunt.   **3406**
AT Psalm 32(33)6

Durch das Wort des Herrn wurden die Himmel erschaffen.

Tantum dic verbo, et sanabitur puer meus.   **3407**
NT Matthaeus 8,8 Lukas 7,7

Sprich nur ein Wort, dann wird mein Diener gesund.
Der römische Hauptmann von Kafarnaum zu Jesus Christus. – Das Zitat
wird in der Messe bei der Kommunionfeier als Gebet gesprochen, wobei
die Worte puer meus durch anima mea meine Seele ersetzt sind.

verbum Dei   **3408**
NT Lukas 8,11: Semen est verbum Dei. Der Samen ist das Wort Gottes. –
Römer 9,6 Epheser 6,17 2 Timotheus 2,9 1 Johannes 2,14 u. a.

das Wort Gottes
Der ewige Schöpfungs- und Heilsplan Gottes.

In principio erat Verbum[1],   **3409**
et Verbum erat apud Deum,
et Deus erat Verbum.
[1] griechisch logos Wort, werdendes Sein NT Johannes 1,1

Im Anfang war das Wort,
und das Wort war bei Gott,
und das Wort war Gott.
Prolog des Johannes-Evangeliums. Anfang der Schöpfungsgeschichte.

3410 Hoc erat in principio apud Deum.
Omnia per ipsum facta sunt;
et sine ipso factum est nihil, quod factum est.
NT Johannes 1,3. Vgl. 1,9: Das Wort als Licht

Im Anfang war es[1] *bei Gott.*
Alles ist durch das Wort geworden,
und ohne das Wort wurde nichts, was geworden ist.
[1] das Wort

→ *Beispiel*	Verba docent, exempla trahunt. Nr. **164**
→ *Fleisch*	Et verbum caro factum est et habitavit in nobis. Nr. **548**
→ *Lehrer*	iurare in verba magistri Nr. **1559**
→ *Miene*	Saepe tacens vocem verbaque vultus habet. Nr. **1840**
→ *Rede / reden*	Rem tene, verba sequentur. Nr. **2240**
→ *weise / der Weise*	Dictum sapienti sat est. Nr. **3304**

Wunsch

3411 Hoc erat in votis: modus agri non ita magnus.
Horaz, Sermones 2,6,1

Das war einer meiner sehnlichsten Wünsche: ein nicht zu gro-
ßes Landgut.
Maecenas hatte seinem Freund Horaz ca. 33 v. Chr. ein Landgut in den
Sabiner Bergen (das Sabinum) geschenkt. Die berühmte erste Zeile der
Satire drückt das Glücksempfinden des Dichters aus.

3412 Pia desideria
1. Titel einer 1627 erschienenen Schrift des belgischen Jesuiten Hermann
Hugo
2. Pia desideria oder Hertzliches Verlangen nach Gottgefälliger Besserung
der wahren Evangelischen Kirchen. Titel des 1675 erschienenen
Hauptwerks des evangelischen Theologen Philipp Jakob Spener.

fromme, d. h. gutgemeinte Wünsche; frommes Verlangen
Wünsche, die keine Aussicht auf Erfüllung haben, aber die eigene lautere
Gesinnung enthalten.

→ *Gelübde*   Ex voto. Nr. **756**

Würfel / Würfelspiel

Alea iacta est.   **3413**
Sueton, Divus Iulius 32 Plutarch, Caesar 32,5 Pompeius 60,4: Anerriphtho
kybos. Hochgeworfen sei der Würfel. Griechisches Sprichwort. Menander
fr. 59,4 K. Th. – Vgl. Petron, Satyricon 122,174: Iudice fortuna cadat alea.
Nach Fortunas Entscheidung falle der Würfel.

Der Würfel ist geworfen. Oft ungenau übersetzt zitiert: *Der
Würfel ist gefallen.*
Caesar sprach den denkwürdigen Satz, ein Zitat des Dichters Menander, in
griechischer Sprache, als er in der Nacht vom 10. zum 11. Januar 49
v. Chr. mit seinem Heer den kleinen Fluß Rubikon überschritt, der die
Grenze des römischen Staatsgebiets zur gallischen Provinz bildete. Damit
begann er den Bürgerkrieg, der von 49 bis 46 v. Chr. dauerte. – Sinn des
Bildes: Das Wagnis ist eingegangen, der Vorsatz ist gefaßt, aber das Ergebnis ist noch offen. – Ich habe den ersten Schritt getan, kann nicht mehr
zurück, den Ausgang der Sache bestimmt das Schicksal. → *Caesar* Caesar
ad Rubiconem Nr. **265**

Aleam, quod mirere, sobrii inter seria exercent.   **3414**
Tacitus, Germania 24,2

*Das Würfelspiel, worüber man sich wundern muß, betreiben
die Germanen nüchtern, ganz wie eine ernsthafte Angelegen-
heit.*

Si damnosa senem iuvat alea, ludit et heres.   **3415**
Juvenal, Saturae 14,4

*Wenn das verderbliche Würfelspiel den Greis erfreut, spielt
auch der Erbe.*
Kritik an den negativen Vorbildern, die Ältere der Jugend geben.

Dives eram dudum, sed me faciunt tria nudum: **3416**
Alea, vina, venus: tribus his sum factus egenus.
MA H. Walther 6 064 Werner / Flury d 124

*Vorher war ich reich, doch drei Dinge haben mich arm ge-
macht: Würfelspiel, Wein und die Liebe: Diese drei ließen mich
nicht viel behalten.*

Ludere cum talis, non est res spiritualis.   **3417**
Wander 5,460,23

Das Würfelspiel paßt nicht zum geistlichen Stand.

Wurzel

3418 Noli gloriari adversus ramos. Quod si gloriaris: non tu radicem portas, sed radix te.

NT Römer 11,18

Erhebe dich nicht über die anderen Zweige. Wenn du es aber tust, so sollst du wissen: Nicht du trägst die Wurzel, sondern die Wurzel trägt dich.

Die geistigen Wurzeln des Christentums, insbesondere der frühchristlichen Jahrhunderte, ruhen im Judentum, in der jüdischen Kultur und in der jüdischen Bibel.

Z

Zahl

Xenocrates animi figuram et quasi corpus negavit esse ullum, **3419**
numerum dixit esse, cuius vis, ut iam ante Pythagorae visum
erat, in natura maxima esset.
Cicero, Tusculanae disputationes 1,20

*Xenokrates[1] bestritt, daß die Seele eine Gestalt oder irgendeine
Art von Körper hätte, und nannte sie eine Zahl, da in der Natur,
wie es schon früher Pythagoras[2] angenommen hatte, die Zahl
von entscheidender Bedeutung sei.* O. Gigon

[1] 396–314 v.Chr. [2] Pythagoras lebte in der 2. Hälfte des 6. Jahrhunderts
v.Chr. Die Zahlen 3, 7 und 9 galten bei den Pythagoreern wegen ihrer Bedeutung, z.B. in der Musik und Malerei, für heilig.

Haec exemplaria omnium rerum deus intra se habet numerosque **3420**
universorum, quae agenda sunt, et modos mente complexus est.
Seneca, Epistulae morales 65,7

*Diese Urbilder aller Dinge trägt der Gott in sich und die Zah-
len all dessen, was getan werden muß und Maße hat er in seinem Geiste umfaßt.* M. Rosenbach

Impar numerus mas, et par femina vocatur. **3421**
Macrobius, Commentarius in Somnium Scipionis 1,6

Die ungerade Zahl wird männlich, die gerade weiblich genannt.

Per unum ergo fit omnis numerus. **3422**
Nikolaus von Cues, Idiota de sapientia 1 pag. 6ff.

Jede Zahl läßt sich aus dem Einen[1] ableiten.
[1] der Eins

numerus clausus **3423**

geschlossene (beschränkte) Zahl
D.h., bei der Zulassung zu einem Studium bzw. Studienfach oder Beruf
ist die Zahl der Studierenden begrenzt.

Omnia in mensura, et numero, et pondere disposuisti. **3424**
📖 AT Sapientia 11,20 Zitiert von Augustinus, De civitate Dei 11,30 a.E.;
12,19 Vgl. Thomas von Aquin, Summa theologica 1,7,4,3 AT Isaias 40,26
Nikolaus von Cues, De docta ignorantia 3,13

Du hast alles nach Maß, Zahl und Gewicht geordnet.

→ *Drei(zahl)* Numero deus impare gaudet. Nr. **323**
→ *Wolf* Lupus non curat numerum ovium. Nr. **3372**

Zeit

3425 In temporibus praesentia, praeterita, futura cernuntur.
Cicero, Partitiones oratoriae 37

Bei den Zeitumständen werden Gegenwart, Vergangenheit und Zukunft unterschieden.

3426 Horae cedunt et dies et menses et anni, nec praeteritum tempus umquam revertitur.
Cicero, De senectute 69

Stunden entweichen, Tage, Monate und Jahre, und die vergangene Zeit kehrt nie zurück.

3427 Volat aetas.
Cicero, Tusculanae disputationes 1,76. Vgl. Ovid, Metamorphoses 10,519
Die Zeit fliegt dahin.

3428 Tempori pare! Varianten: Tempori (in)serviendum est. – Temporibus servire decet.
Cicero, Epistulae ad Atticum 10,8(7),1 Cornelius Nepos, Alcibiades 1,3
Man muß sich in die Zeit fügen.

3429 Fugit irreparabile tempus.
Vergil, Georgica 3,284 Zitiert von Seneca, Epistulae morales 108,24; 108,25: ‚Numquam Vergilius‘, inquit, ‚dies dicit ire, sed fugere‘, quod currendi genus concitatissimum est. Er sagt, ‚Vergil sagt niemals, daß die Tage vergehen, sondern daß sie fliehen‘, weil das die schnellste Art des Laufens ist.

Es flieht unwiederbringlich die Zeit.

3430 Tantum aevi longinqua valet mutare vetustas.
Vergil, Aeneis 3,415
So viel vermag der Zeit weitreichendes Alter zu ändern.
J. u. M. Götte

3431 Omnia fert aetas.
Nach Vergil, Bucolica 9,51: Omnia fers, aetas, animum quoque. Alles nimmst du uns, Zeit, sogar das Gedächtnis.
Alles nimmt uns die Zeit.

Quidquid sub terra est, in apricum proferet aetas.   **3432**
Horaz, Epistulae 1,6,24
Was auch immer unter Erde verborgen ist, die Zeit wird es an
den Tag bringen.
Die Sonne bringt es an den Tag.

Tempore difficiles veniunt ad aratra iuvenci,   **3433**
   tempore lenta pati frena docentur equi.
Ovid, Ars amatoria 1,471 f.
Zeit läßt zum Pflug die störrischen Jungstiere kommen; die
Pferde / lehrt die Zeit, daß sie sich doch fügen dem biegsamen
Zaum. N. Holzberg

Utendum est aetate, cito pede labitur aetas,   **3434**
   nec bona tam sequitur, quam bona prima fuit.
Ovid, Ars amatoria 3,65
Nutzen muß man die Zeit, denn sie gleitet mit eilendem Fuße
fort; nicht so gut wie sie war, wird in der Zukunft sie sein.
N. Holzberg

Tempus et illud erit, quo … .   **3435**
Ovid, Metamorphoses 10,207. Vgl. 14,147
Und die Zeit wird kommen, da … .

tempus edax rerum …   **3436**
Ovid, Metamorphoses 15,234
Zeit, die du gefräßig die Dinge zerstörst …
Die Zeit frißt alle Dinge …

Tabida consumit ferrum lapidumque vetustas,   **3437**
   nullaque res maius tempore robur habet.
Ovid, Epistulae ex Ponto 4,8,49 f.
Zehrendes Alter befällt das Eisen und nützt den Stein ab; / doch
hat kein Ding in der Welt größre Gewalt als die Zeit. N. Holzberg

Tempus est etiam maiora conari.   **3438**
Livius, Ab urbe condita 6,18,13
Es ist Zeit, auch Größeres zu versuchen.

Quod ratio non quit, saepe sanavit mora.   **3439**
Seneca, Agamemnon 130
Was der Verstand nicht konnte, hat oft die Zeit geheilt.

3440 Infinita est velocitas temporis, quae magis apparet respicientibus.
Seneca, Epistulae morales 49,2

Unermeßlich ist die Eile der Zeit, was denen mehr auffällt, die zurückblicken.

3441 Tempori parce!
Seneca, Epistulae morales 88,39; 94,27

Geh sparsam mit deiner Zeit um!

3442 Tempore lenitum est vulnus meum.
Augustinus, Confessiones 4,5

Die Zeit hat meine Wunde gelindert.

3443 … quod nostrum nunc quasi currens tempus facit et sempiternitatem, divinum vero nunc permanens neque movens sese atque consistens aeternitatem facit.
Boethius, De trinitate 1,4,72 f. Vgl. Augustinus, Confessiones 11,11,13 Thomas von Aquin, Summa theologica 1,10,2 ff.

… weil unser Jetzt gleichsam laufend die Zeit und das Immer-Sein bewirkt, das göttliche Jetzt aber beharrend, sich nicht bewegend und feststehend die Ewigkeit bewirkt. M. Elsässer

3444 Tempora mutantur nos et mutamur in illis.
Kaiser Lothar I., reg. 840–855, in: Jan Gruter, Gruterius, Deliroae poetarum Germanorum,1612, 685 John Owen. Epigrammata, 1611, 8,58. Vgl. Plautus, Amphitruo 846: ita nunc homines immutantur … so wandeln sich jetzt die Menschen. Ovid, Metamorphoses 15,165: Omnia mutantur … Alles wandelt sich…

Die Zeiten ändern sich, und wir ändern uns in ihnen.

3445 Tempus arguit amicum.
Wander 5,544,551

Die Zeit erweist den Freund.

3446 Annus producit, non ager.
Wander 5,552,667

Die Zeit bringt Getreide, und nicht der Acker.

3447 terminus, ante (post) quem
der Zeitpunkt, vor (nach) dem …

3448 1. Omnia tempus habent,
et suis spatiis transeunt universa sub caelo.
2. Tempus nascendi, et tempus moriendi;

...

8. Tempus dilectionis, et tempus odii;
   tempus belli, et tempus pacis.

📖 AT Ecclesiastes 3,1 ff.

1. Alles hat seine Stunde, für jedes Geschehen unter dem
   Himmel gibt es eine bestimmte Zeit.

2. Eine Zeit zum Gebären, und eine Zeit zum Sterben;

   ...

8. eine Zeit zum Lieben, und eine Zeit zum Hassen,
   eine Zeit für den Krieg, und eine Zeit für den Frieden.

Et angelus, quem vidi stantem super mare et super terram, le- **3449**
vavit manum suam ad caelum: et iuravit per viventem in
saecula saeculorum, qui creavit caelum, et ea quae in eo sunt: et
terram, et ea quae in ea sunt: et mare, et ea quae in eo sunt:
Quia tempus non erit amplius ...

NT Johannes, Apocalypsis 10,5 f.

Und der Engel, den ich auf dem Meer und auf dem Land stehen
sah, erhob seine rechte Hand zum Himmel. Er schwor bei dem,
der in alle Ewigkeit lebt, der den Himmel geschaffen hat und
was darin ist, die Erde und was darauf ist, und das Meer und
was darin ist: Es wird keine Zeit mehr bleiben ...

→ *Alter*	Tempora labuntur tacitisque senescimus annis. Nr. **30**
→ *ewig / Ewigkeit*	Nr. **476** – Nr. **485**
→ *Glück / glücklich*	Donec eris felix, multos numerabis amicos: / tempora si fuerint nubila, solus eris. Nr. **900**
→ *nützen / Nutzen*	Utendum est aetate, cito pede labitur aetas. Nr. **2083**
→ *Schmerz*	Nullus dolor est, quem non longinquitas temporis minuat ac molliat. Nr. **2482**
→ *Schuld*	Non est ista mea culpa, sed temporum. Nr. **2511**
→ *Sitte*	O tempora, o mores! Nr. **2632**
→ *Vergangenheit*	laudator temporis acti Nr. **3127**
→ *weise / der Weise*	Tempori cedere, id est necessitati parere, semper sapientis est habitum. Nr. **3306**

Zeuge / Zeugnis

3450 Apud me, ut apud bonum iudicem, argumenta plus quam testes valent.

Cicero, De re publica 1,59 Laelius zu Scipio

Bei mir gelten, wie bei einem gutem Richter, Beweise mehr als Zeugen.

3451 Unus testis, nullus testis.

Nach Codex Iustinianus 4,20,9. Vgl. AT 4 Moses 35,30: Homicida sub testibus punietur: ad unius testimonium nullus condemnabitur. Wenn irgend jemand einen Menschen erschlägt, darf man den Mörder nur aufgrund von Zeugenaussagen zum Tode verurteilen; doch aufgrund der Aussage nur eines einzigen Zeugen darf man einen Menschen nicht töten.

Ein Zeuge ist kein Zeuge.

Rechtssprichwort

→ *Ort*   Nullum putaveris locum sine teste. Nr. **2109**

Ziege

3452 Ite domum saturae, venit Hesperus, ite capellae.

Vergil, Bucolica 10,77. Vgl. 1,74; 7,44

Geht nun, satt seid ihr, heimwärts, der Abendstern steigt, geht heimwärts, Ziegen.

Bekannter Schlußvers der letzten Ekloge Vergils.

→ *Streit*   Multi rixantur de lana saepe caprina. Nr. **2774**

Ziel

3453 Nihil, quod ad ultimum sui perventurum est finem, non et mature et alacriter incipit.

Valerius Maximus, Facta et dicta memorabilia 8,7 ext. 2

Alles, was zu seinem letzten Ziel gelangen will, beginnt auch frühzeitig und lebhaft.

→ *Ende*   Quidquid agis, prudenter agas, et respice finem. Nr. **382**

→ *Knabe*   Qui studet optatam cursu contingere metam,
         multa tulit fecitque puer, sudavit et alsit. Nr. **1351**

zögern

Quintus Fabius Maximus Cunctator   **3454**
Vgl. Livius, Ab urbe condita 22,8 ff.; 30,26,9

Quintus Fabius Maximus, der Zauderer

Q. Fabius Maximus war Konsul in den Jahren 233, 228, 215, 214, 209,
Diktator 221 und 217 v. Chr. Nach den Niederlagen der Römer gegen die
Karthager am Trasimenischen See und bei Cannae im 2. Punischen Krieg,
218–201 v. Chr., verweigerte der bedächtige Feldherr Hannibal die Feld-
schlacht. 209 v. Chr. eroberte er Tarent zurück; seit diesem Jahr war er
Princeps senatus. In dem ihm gegebenen Beinamen Cunctator (Zögerer,
Zauderer) drückt sich die Wertschätzung der Römer für sein abwartendes,
vorsichtiges und hinhaltendes Taktieren gegenüber dem Feind aus. Vgl.
Cicero, De senectute 10 und Seneca, De ira 1,11,5.

→ *Staat*   Unus homo nobis cunctando restituit rem. Nr. **2692**

Zorn

Quanta animi perturbatio ex iracundia fit!   **3455**
Cicero, De inventione 2,19

Welch große Geistesverwirrung entsteht aus dem Jähzorn!

Numquam sapiens irascitur.   **3456**
Cicero, Pro Murena oratio 62

Niemals zürnt der Weise.

Est ira ulciscendi libido.   **3457**
Cicero, Tusculanae disputationes 4,44; 3,11. Vgl. Seneca, De ira 1,3,2

Zorn ist die Begierde, sich zu rächen.

An est quicquam similius insaniae quam ira? Quam bene Enni- **3458**
us initium dixit insaniae.
Cicero, Tusculanae disputationes 4,52. Vgl. Seneca, De ira 1,1

Ist wohl etwas der Raserei ähnlicher als der Zorn? Treffend hat
Ennius den Zorn als Beginn des Wahnsinns bezeichnet.

Academici ipsam iracundiam fortitudinis quasi cotem esse **3459**
dicebant.
Cicero, Lucullus 135 a. E.

Die Akademiker[1] behaupteten, selbst der Zorn sei gleichsam
ein Schleifstein der Tapferkeit.
[1] die Anhänger der Lehre Platos

3460 Iracundia ab ira differt.

Cicero, Tusculanae disputationes 4,27. Vgl. Seneca, De ira 1,4,1

Jähzorn unterscheidet sich vom Zorn.

3461 Iratos proprie dicimus exisse de potestate, id est de consilio, de ratione, de mente.

Cicero, Tusculanae disputationes 4,77

Zutreffend sagen wir, daß die Zürnenden ihrer selbst nicht mehr mächtig sind, das heißt nicht mehr ihrer Einsicht, ihrer Vernunft und ihres Geistes.

3462 Prohibenda maxime est ira in puniendo.

Cicero, De officiis 1,89. Vgl. Seneca, De ira 1,15,3: Nihil minus quam irasci punientem decet. Dem, der straft, steht nichts weniger an, als in Zorn zu geraten.

Bei jeder Bestrafung muß man sich von Zorn freihalten.

3463 Ira furor brevis est.

Horaz, Epistulae 1,2,62

Zorn ist zeitweiliger Wahnsinn.

3464 Ut fragilis glacies, interit ira mora.

Ovid, Ars amatoria 1,374

Wie zerbrechliches Eis schmilzt der Zorn im Laufe der Zeit.

3465 Vince animos iramque tuam, qui cetera vincis!

Ovid, Heroides 3,85 Briseis an Achill

Besiege deinen Stolz, deinen Zorn, der du doch alles besiegst!

3466 Aristoteles ait iram esse cupiditatem doloris reponendi.

Seneca, De ira 1,3,3. Vgl. Aristoteles, De anima 403 a 30

Aristoteles sagt, Zorn sei das leidenschaftliche Verlangen, eine erlittene Kränkung zu vergelten.

3467 Maximum remedium irae dilatio est.

Seneca, De ira 3,12,4. Vgl. 2,29,1: Maximum remedium irae mora est.

Das stärkste Mittel gegen den Zorn ist der Aufschub.

3468 Immodica ira gignit insaniam.

Seneca, Epistulae morales 18,14 nach Epikur fr. 484

Maßloser Zorn bringt Wahnsinn hervor.

Ingentis irae exitus furor est, et ideo ira vitanda est non mode-   **3469**
rationis causa, sed sanitatis.
Seneca, Epistulae morales 18,15
Das Ende gewaltigen Zornes ist der Wahnsinn, und deswegen
muß man den Zorn nicht um der Selbstbeherrschung willen
meiden, sondern der Vernunft wegen.

Inde ira et lacrimae!   **3470**
Juvenal, Saturae 1,168
Daher der Zorn und die Tränen!

Ira divina in aeternum manet adversus eos, qui peccant in ae-   **3471**
ternum.
Laktanz, De ira Dei 21,9
Es bleibt der göttliche Zorn ewig gegen die, die ohne Ende
sündigen. H. Kraft / A. Wlosok

Impedit ira animum, ne possis cernere verum.   **3472**
Catonis disticha 2,4B
Der Zorn hindert den Geist, was wahr ist zu erkennen.

Responsio mollis frangit iram; sermo durus suscitat furorem.   **3473**
AT Proverbia 15,1
Eine sanfte Antwort dämpft den Zorn; eine kränkende Rede
reizt zur Wut.

Sol non occidat super iracundiam vestram.   **3474**
NT Epheser 4,26
Die Sonne soll über eurem Zorn nicht untergehen.

→ *Liebe / lieben*   Amantium ira amoris integratio est. Nr. **1617**
→ *Objektivität*   Sine ira et studio. Nr. **2085**
→ *Tag*   Dies irae, dies illa,
                     solvet saeclum in favilla,
                     teste Davi cum Sibylla. Nr. **2849**

züchtigen

Quem enim diligit Dominus, castigat.   **3475**
NT Hebräer 12,6
Denn wen der Herr liebt, den züchtigt er.

zuerst

→ *Philosophie / philosophieren*　　Primum vivere, deinde philosophari. Nr. **2144**

→ *Recht*　　Prior tempore, potior iure. Nr. **2225**

Zufall

3476 ad omnes casus

Caesar, De bello Gallico 7,65 Quintilian, De institutione oratoria 10,1,2; 12,9,20

für alle Fälle

3477 Quid est aliud fors, quid fortuna, quid casus, quid eventus, nisi cum sic aliquid accidit, sic evenit, ut vel aliter cadere atque evenire potuerit.

Cicero, De divinatione 2,15

Was ist das Ungefähr, das Schicksal, der Zufall, ein Ereignis anderes, als daß etwas, wenn es sich so zugetragen, so ereignet hat, sich auch anders hätte zutragen und ereignen können.

3478 caecus casus

Cicero, De divinatione 2,15

der blinde Zufall

3479 Casus ubique valet.

Ovid, Ars amatoria 3,425

Der Zufall vermag überall viel.

3480 Necesse est multum in vita nostra casus possit, qui vivimus casu.

Seneca, Epistulae morales 71,3

Notwendigerweise vermag in unserem Leben der Zufall viel, weil wir ja durch Zufall leben.

3481 necessitate an casu

Quintilian, De institutione oratoria 3,6,26

aus Notwendigkeit oder durch Zufall

Der Begriff des Zufalls ergänzt den der Notwendigkeit. – Casus und consilium bzw. necessitas sind Gegenbegriffe.

3482 Casus magister alius et paene numerosior.

Plinius, Naturalis historia 17,101

Der Zufall ist auch ein Lehrmeister, und zwar fast der häufigere.

Fortuitos casus nullum humanum consilium providere potest.   **3483**
Digesta 50,8,2,7. Vgl. Cicero, Pro Plancio oratio 35 Quintilian, De insti-
tutione oratoria 7 Pr. 3
Zufälle kann keine menschliche Überlegung vorhersehen.

Nihil igitur casu fit in mundo.   **3484**
Augustinus, De Quaestionibus 24 (Migne PL 40,17)
Nichts also geschieht in der Welt durch Zufall.

Zufriedenheit

Quod satis est cui contingit, nil amplius optet!   **3485**
Horaz, Epistulae 1,2,46
Wem genug zuteil wurde, der sollte nichts weiter wünschen.

Laetus sorte tua vives sapienter, Aristi.   **3486**
Horaz, Epistulae 1,10,44 MA H. Walther 13 430
Wenn du mit deinem Los zufrieden bist, lebst du weise, Aristius.

Disce parvo esse contentus.   **3487**
Seneca, Epistulae morales 110,18
Lerne, mit wenigem zufrieden zu sein.

Nemo sorte sua contentus est.   **3488**
Nach Horaz, Sermones 1,1,1 ff. MA H. Walther 16 454 a. Vgl. Ulrich von
Hutten, Nemo loquitur (Gedicht) Z.15 f.: Nemo sorte sua vivit contentus et
intra / fortunam didicit Nemo manere suam. Mit seinem Lose zufrieden
lebt niemand. Niemand versteht auch / so zu leben, wie dies seinem Vermögen gemäß. H. C. Schnur
Keiner ist mit seinem Los zufrieden.

Felix, qui didicit, contentus vivere parvo.   **3489**
Marcellus Palingenius von Stellada (P. A. Manzoli), Zodiakus vitae. Am-
sterdam (1628) 2,464 Wander 5,619,18
Glücklich, wer gelernt hat, mit wenigem zufrieden zu sein.

→ *Natur*   Natura est paucis contenta. Nr. **1993**

Zukunft

Istuc est sapere: non quod ante pedes modo est videre, sed **3490**
etiam illa, quae futura sunt, prospicere.
Terenz, Adelphoe 386 ff.
*Klugheit zeigt sich darin, nicht nur was vor den Füßen liegt zu
sehen, sondern auch künftige Entwicklungen vorauszuschauen.*

3491 Semper, quid futurum sit, incertum est.
Cicero, Hortensius fr. 66 Nonius P. 498,36

Das Zukünftige ist immer ungewiß.

3492 Ignoratio futurorum malorum utilior est quam scientia.
Cicero, De divinatione 2,23. Vgl. De natura deorum 2,14

Die Unkenntnis zukünftigen Unglücks ist nützlicher als dessen Kenntnis.

3493 O mea frustra semper verissima auguria rerum futurarum!
Cicero, Orationes Philippicae 2,89

Ach, daß meine nur allzu treffenden Prophezeiungen für die Zukunft immer wieder nichts fruchteten!

3494 Quid sit futurum cras, fuge quaerere!
Horaz, Carmina 1,9,13. Vgl. 1,11,1 f.: Tu ne quaesieris, scire nefas, quem mihi, quem tibi / finem di dederint ... Forsche doch nicht – Sünde ja ist es – wann mir die Götter das Ziel setzten, wann dir ... Nach Kayser/Nordenflycht/Burger

Frage nicht danach, was der morgige Tag bringen wird!
Ethos aller Trinkbegeisterten.

3495 Prudens futuri temporis exitum
caliginosa nocte premit deus.
Horaz, Carmina 3,29,29 f.

Ein weiser Gott hält, was noch kommen wird,
in dichter dunkler Nacht bedeckt.

3496 Omnia, quae ventura sunt, in incerto iacent: protinus vive!
Seneca, De brevitate vitae 9,1

Alles, was kommen wird, liegt im Ungewissen: Darum lebe jetzt!

3497 Quid crastina volveret aetas / scire nefas homini.
Statius, Thebais 3,562

Was die Zukunft verhängt, darf der Mensch nicht wissen.

3498 Est certum praesens, sed sunt incerta futura.
MA Werner / Flury e 34

Sicher ist die Gegenwart, unsicher die Zukunft.

3499 Nullius est hominis scire futura dei.
MA H. Walther 19 018 Werner / Flury n 291

Kein Mensch weiß die Zukunft, die allein in Gottes Hand liegt.

Praeteriti ratio scire futura dedit.   **3500**
MA H. Walther 2 264 Werner / Flury p 99
Die Kenntnis der Vergangenheit bewirkt, daß wir Zukünftiges
vorherwissen können.

→ *Ende*   Quidquid agis, prudenter agas, et respice finem.
                Nr. **382**
→ *Schicksal*   Nescia mens hominum fati sortisque futurae.
                Nr. **2413**

Zunge

Lingua haeret metu.   **3501**
Terenz, Eunuchus 977
Angst lähmt mir die Zunge.

Favete linguis!   **3502**
Horaz, Carmina 3,1,2. Vgl. Cicero, De divinatione 1,102; 2,83 Ovid, Metamorphoses 15,677 Fasti 1,71 Seneca, De vita beata 26,7
Hütet die Zunge!
D.h., schweigt in Andacht, damit nicht unglückbedeutende Worte ertö-
nen! Übliche Formel beim öffentlichen Opfer. Das Schweigen bezeugt
Ehrfurcht. Hier: Feierliche Aufforderung des Dichters, der als Musen-
priester das Gedicht mit den Worten beginnt: Odi profanum vulgus et arceo. → *Pöbel* Nr. **2159**

Frenos imponit linguae conscientia.   **3503**
Publilius Syrus, Sententiae F 31
Schuldbewußtsein legt der Zunge Zügel an.

Virtutem primam esse puto compescere linguam: **3504**
proximus ille deo est, qui scit ratione tacere.
Catonis disticha 1,3
Seine Zunge zu beherrschen, halte ich für erstklassige Tüchtig-
keit: fast wie ein Gott ist, wer zur rechten Zeit schweigen kann.

Lingua ligata tibi multos acquirit amicos.   **3505**
Catonis disticha 4 (Columbanus), 51
Eine Zunge, die in Banden gehalten, erwirbt dir viele Freunde.

Custodis animam, si scis compescere linguam.   **3506**
MA Werner / Flury c 238
Du bewahrst deine Seele, wenn du deine Zunge zu zügeln weißt.

3507 lapsus linguae

📖 AT Ecclesiasticus 20,18

ein Sprechfehler

3508 Qui enim vult vitam diligere, et dies videre bonos, coerceat linguam suam a malo et labia eius ne loquantur dolum.

NT 1 Petrus 3,10. Vgl. Jakobus 1,26; 3,2f.

Wer das Leben liebt und gute Tage zu sehen wünscht, der bewahre seine Zunge vor Bösem und seine Lippen vor falscher Rede.

→ *Sklave*   Lingua mali pars pessima servi. Nr. **2647**

→ *Stimme*   Sacra populi lingua est. Nr. **2748**

zurück

3509 Numquam retrorsum!

Numquam retrorsus! Devise des hannoverschen Ritterordens vom hl. Georg. – Vgl. Löbe 73 Horaz, Epistulae 1,18,18: … ne mutata retrorsum te ferat aura … daß der Wind nicht umschlägt und dich in den Ausgangshafen zurücktreibt.

Nie zurück!

Nie rückwärts.

Zusammenfall

3510 coincidentia oppositorum

Nikolaus von Cues, De docta ignorantia, entst. 1440, hg. 1488, 5,12; 12,6.25; 13,15.31; 35,14; 70,8.12.17; 61,8.14 De coniecturis 2,1,2

der Zusammenfall (die Einheit) der Gegensätze

Die dem menschlichen Verstand unvereinbaren Gegensätze, z.B. das Größte und das Kleinste, fallen in Gott (im Unendlichen) in eins, d.h., sie bilden eine Einheit. Grundsatz der Philosophie des Nikolaus von Cues.

Zustand

3511 in statu nascendi

im Zustand des Entstehens

… des Geborenwerdens

3512 status quo

der gegenwärtige Zustand

3513 in statu quo ante

im früheren Zustand; im Zustand, der früher herrschte

Zweck

ad hoc **3514**

Seneca, Epistulae morales 90,46

zu diesem Ziel, zu diesem Zweck

Finis sanctificat media. Variante: Honestantur media ex causa **3515**
finali.

Vincenz Filliucius (Figliucci), 1566–1622, Jesuit, Morales quaestiones de
Christianis officiis. Vgl. AT 3.(1.) Regum 8.64: In illa die sanctificavit rex
medium atrii … An jenem Tage weihte der König auch die Mitte des
Hofes … 2. Paralipomenon 7,7

Der Zweck heiligt die Mittel.

Wenn der Zweck erlaubt ist, sind auch die unmoralischen Mittel zu seiner
Erreichung erlaubt. – Angeblich ein Grundsatz der Jesuiten, der von diesen aber heftig zurückgewiesen wurde. Moralisch schlechte Mittel können
durch einen guten Zweck nicht gerechtfertigt werden.

zwei

Ne Hercules quidem contra duos. **3516**

Plato, Phaidon 38 Euthydemus 297 c Leges 11,919 B. Vgl. Catull, Carmina 62,64 Otto 584. MA H. Walther 16 024 a Diogenian 3,44: Uden Erak-
les pros dyo. Zitiert von Francis Bacon, Apophthegmata, 1624: Dr. John-
son sagte, daß bei einer Krankheit drei Dinge wesentlich seien: der Arzt,
die Krankheit und der Patient. Verbänden sich je zwei miteinander, so sei
ihnen der Sieg gewiß, denn Ne Hercules … Vgl. dazu Hippokrates, Epi-
demieen 1,11 a.E.

Sogar Herkules vermochte nichts gegen zwei Gegner.

Altes griechisches Sprichwort, bezogen auf den gleichzeitigen Kampf des
Herkules gegen die lernäische Schlange und den Riesenkrebs, in dem
Herkules seinen Kampfgefährten Jolaos zu Hilfe rief.

Melius duo defendunt retinacula navim. **3517**

Properz, Elegiae 2,22,41. Vgl. Ovid, Remedia amoris 447

Besser halten zwei Taue ein Schiff.

Duae negationes fortius affirmant. **3518**

K. J. Weber, Demokritos 1,21, 1832/40

Zwei Verneinungen bejahen um so stärker.

→ *dasselbe*   Duo cum faciunt idem, non est idem. Nr. **289**
→ *Verneinung*   Duplex negatio est affirmatio. Nr. **3147**
→ *Wiederholung*   Ne bis in idem (crimen iudicetur). Nr. **3339**

Zweifel

3519 Exitus in dubio est.

Ovid, Metamorphoses 12,522

Der Ausgang des Geschehens ist zweifelhaft.

3520 Si habes scrupulum, sequere manipulum.

MA H. Walther 28 546 Wander 5,669,12

Wer zweifelt, der folge dem Haufen.

3521 In dubiis pars tutior est eligenda.

Im Zustand des Zweifelns hat man den verhältnismäßig siche-
ren Teil zu wählen.

Theologisches Axiom

→ *Angeklagter* In dubio pro reo *iudicandum est.* Nr. **48**

Zweig

3522 aureus ramus

Vergil, Aeneis 6,137; 187

der goldene Zweig

Der Besitzer des goldenen Zweigs, Märchenmotiv, wird Herr über den
Tod, der Zweig verschafft den Zutritt zur Unterwelt. Aeneas muß auf
Weisung der Sibylle den goldenen Zweig, der wie eine Mistel auf einer
Steineiche wächst, pflücken und Proserpina, der Gemahlin Plutos, als Ge-
schenk bringen. Ein Paar vorausfliegende Tauben geleitet den Helden zum
Baum, von dem er den Zweig bricht (Vers 210), den er dann in der Un-
terwelt am Eingang des Palastes der Proserpina feststeckt (Vers 636).

Zwietracht

3523 malum discordiae

Iustinus, Trogi Pompei historiarum Philippicarum Epitoma 12,15,11

der Apfel der Zwietracht, der Zankapfel

Eris, die Göttin des Streits, warf bei der Hochzeit des Peleus und der The-
tis einen goldenen Apfel mit der Aufschrift Der Schönsten unter die Gäste. Paris erkannte als Schiedsrichter den Apfel der Göttin Aphrodite /
Venus zu, die ihm dafür die schönste Frau der Welt, Helena, die Gattin
des Königs Menelaos, versprochen hatte. Dies wurde der Anlaß für den
Trojanischen Krieg. – Als unter die Freunde geworfenen Zankapfel bezeichnet der Geschichtsschreiber Justinus die Äußerung Alexanders des
Großen auf dem Sterbebett 323 v. Chr., daß er zum Erben der Herrschaft
über sein Reich den Würdigsten, dignissimum, bestimme.

Discordia fomes iniuriae. **3524**
Wahlspruch der Herzöge von Sachsen-Weimar
Zwietracht ist der Zündstoff des Unrechts.

→ *Eintracht*   Concordia parvae res crescunt, discordia
              maxumae dilabuntur. Nr. **359**

→ Eintracht   *concordia discors Nr.* **360**

Lateinische Autoren

Petrus Abaelardus, 1079–1142, scholastischer Philosoph, Theologe, wegen seines Liebesverhältnisses zu seiner Schülerin Héloise verfolgt und entmannt, später Abt und Lehrer in Paris, veröffentlichte zahlreiche theologische und philosophische Abhandlungen.

Lucius Accius, 170 – ca. 86 v. Chr., Dichter, von dessen Werken nur Fragmente erhalten sind.

Alanus ab insulis, ca. 1125/30–1203, gelehrter Zisterzienser, Theologe, Verfasser einer Sprichwörtersammlung Parabolae (Migne PL 210).

Albertus Magnus, Albert der Große, ca. 1193–1280, Dominikaner, bedeutender Gelehrter: Aristoteles-Interpret, Botaniker, Zoologe, Theologe.

Ambrosius, ca. 340–397, Theologe, Bischof von Mailand, Kirchenvater. Verfasser von Hymnen und christlichen theologischen Werken.

Ammianus Marcellinus, 2. Hälfte des 4. Jahrhunderts; Offizier u. a. unter Kaiser Julianus Apostata. Von seiner Römischen Geschichte sind nur die Bücher über die Jahre 353 bis 378 erhalten.

Anselm von Canterbury, 1033–1109, Philosoph der älteren Scholastik.

Apuleius, 2. Jh. n. Chr., aus Madaura in Nordafrika, Verfasser der Metamorphoses, Verwandlungen, eines Romans, der auch unter dem Titel Der Goldene Esel bekannt ist.

Arnobius, ca. 300 n. Chr., aus Nordafrika; rhetorisch gewandter Verfechter des Christentums.

Aurelius Augustinus, 354–430, Bischof von Karthago, der bedeutendste christliche Kirchenschriftsteller, hinterließ ein sehr umfangreiches Gesamtwerk und zahlreiche Briefe. Seine beiden Hauptwerke, De civitate Dei, Über den Gottesstaat, und Confessiones, Bekenntnisse, die erste abendländische Autobiographie, sind unvergängliche Bestandteile der Weltliteratur und Denkmäler des christlichen Kulturlateins.

Aurelius Victor, 4. Jh. n. Chr., römischer Beamter, Geschichtsschreiber.

Francis Bacon, 1561–1626, englischer Philosoph und Staatsmann, der mehrere Werke in lateinischer Sprache verfaßte. In seinen vielgelesenen Essays finden sich zahlreiche lateinische Zitate.

Benedictus von Nursia, ca. 480–550, Gründer des Benediktiner-Ordens auf dem Mons Cassinus (Montecassino) in Italien und Verfasser der Regula, Mönchsregel.

Boethius, ca. 480–524, Philosoph, Übersetzer aus dem Griechischen. Berühmtestes Werk: De consolatione philosophiae, Der Trost der Philosophie.

Johannes Fidanza Bonaventura, 1217/18–1274, Ordensgeneral der Franziskaner, Mystiker.

Giordano Bruno, 1548–1600, italienischer Philosoph.

Caius Iulius Caesar, 100–44 v. Chr., römischer Staatsmann, Feldherr, Diktator. Werke: Commentarii de bello Gallico, Der gallische Krieg, 7 Bücher,

8. Buch von Aulus Hirtius, und Commentarii de bello civili, Der Bürgerkrieg, 3 Bücher.

Joachim Camerarius, 1534–1598, Humanist.

Thomas Campanella, 1568–1639, italienischer Philosoph.

Carmina Priapea. Eine Sammlung von 81 lateinischen Gedichten auf den
Fruchtbarkeitsgott Priapos. Seine in Gärten aufgestellten Bilder mit rot an-
gemaltem Phallus wurden oft mit witzigen Aufschriften versehen.

Cassiodorus, ca. 490–ca. 583, römischer Staatsmann, Klostergründer, Gelehrter.

Marcus Porcius Cato, 234–149 v. Chr., römischer Politiker und Schriftsteller,
der den Einfluß der griechischen Sprache und Kultur in Rom bekämpfte. Die
unter Catos Namen überlieferte Spruchsammlung ‚Catonis Disticha‘ entstand
wohl im 3. Jahrhundert n. Chr.

Gaius Valerius Catullus, ca. 87–54 v. Chr., von Späteren docte Catulle genannt,
war als Lyriker Vertreter der Neoteriker, der Modernen, die die kleinere,
kunstvoll ausgearbeitete Gedichtform nach dem griechischen Vorbild der
hellenistischen Zeit bevorzugten. Catull, dessen leidenschaftlicher Liebe zur
Halbweltdame Lesbia zahlreiche Gedichte ihre Entstehung verdanken, gilt
als einer der begabtesten römischen Dichter. Von ihm sind 116 Gedichte
überliefert.

Marcus Tullius Cicero, 106–43 v. Chr., Rechtsanwalt, Redner, Politiker, Ver-
mittler griechischer Philosophie. Von ihm sind zahlreiche Reden, mehrere
rhetorische Schriften, bedeutende philosophische Werke und etwa 1000
Briefe erhalten.

Claudius Claudianus, ca. 370–404 n. Chr., nicht unbedeutender, aber wenig bekannter römischer Dichter.

Appius Claudius Caecus, Konsul 307 und 296 v. Chr.

Codex Iuris Canonici → *Körper* Corpus iuris canonici Nr. 1390

Codex Iustinianus → *Körper* Corpus Iuris Civilis Nr. 1389

Columella, 1. Jh. n. Chr., aus Gades / Cádiz in Spanien. Hauptwerk: De re rustica Vom Landbau.

Johann Amos Comenius, 1592-1670, Geistlicher und Erzieher mit großer
Nachwirkung. Hauptwerke: Didactica magna, Große Unterrichtslehre und
Orbis sensualium pictus, Die gemalte Welt.

Corpus Iuris Civilis → *Körper* Corpus Iuris Civilis Nr. 1389

Quintus Curtius Rufus, 1. Jh. n. Chr., Verfasser einer Geschichte der Taten
Alexanders des Großen mit zahlreichen romanhaften Zügen.

Cyprianus, 3. Jh. n.Chr., Bischof von Karthago, Märtyrer.

Petrus Damiani, ca. 1007–1072, Bischof von Ostia, Verfasser theologischer
Werke.

René Descartes (Renatus Cartesius), 1596-1650, bedeutender französischer
Aufklärungsphilosoph und Mathematiker.

Digesta → *Körper* Corpus Iuris Civilis Nr. 1389

Meister Eckhart, 1260–1328, Ritter von Hochheim, Thüringen, wurde Dominikaner, erhielt um 1302 die Würde eines Magisters (daher Meister) an der Pariser Universität. Bereits 1304 war er Ordensprovinzial für Sachsen. Später
kehrte er an die Pariser Universität zurück, darauf lehrte er in Köln; hier er-
gaben sich ernste Schwierigkeiten mit den Franziskanern. Nach einem 1326
gegen ihn eingeleiteten Glaubensprozeß wurden 28 Sätze aus seinen Schrif-

ten von Papst Johannes XXII. im Jahr 1329 verurteilt. Zwei Jahre vor Veröffentlichung des Urteils war Eckhart bereits in einem Kloster bei Köln gestorben. – Der umfangreichste Teil seiner Werke ist in lateinischer Sprache
verfaßt und behandelt philosophisch-theologische Fragen. Die in deutscher
Sprache vorgetragenen bildhaften, mystisch-allegorischen Predigten, die ihm
höchsten Ruhm einbrachten, sind als Mitschriften Dritter überliefert und
werfen große philologische Probleme auf, ebenso die Traktate. Als bedeutendster Vertreter der spekulativen Mystik, H. Seuse und J. Tauler waren
seine Schüler, übte er Einfluß auf → Nikolaus von Cues, Jakob Böhme und
Angelus Silesius aus.

Quintus Ennius, 239–169 v.Chr., Verfasser einer römischen Geschichte, Annales, eines Epos in Hexametern, das nur in Fragmenten erhalten ist.

Epistolae obscurorum virorum, entstanden 1515-1517. → *Brief* Epistolae obscurorum virorum Nr. 247

Erasmus von Rotterdam (Desiderius Erasmus, eigentlich Gerhard Gerhards),
1466 oder 1469-1536, bedeutendster Humanist, der ein umfangreiches Gesamtwerk in lateinischer Sprache schuf. In den Jahren 1500 bis 1515 gab er
eine kontinuierlich vermehrte Sammlung von mehreren tausend altgriechischen und lateinischen Adagia, Sprichwörtern, aus den antiken Klassikern
heraus, die er kommentierte.

Eusebios, ca. 260–339 n.Chr., griechischer Kirchenschriftsteller.

Eutropius, 4. Jh. n.Chr., Hauptwerk: Breviarium ab urbe condita Abriß der römischen Geschichte.

Lucius / Publius Annaeus Florus, Anfang des 2. Jhs. n.Chr., verfaßte eine Epitome bellorum omnium annorum DCC, Abriß aller Kriege der 700 Jahre
(der römischen Geschichte).

Gaius, 2. Jh. n.Chr., römischer Jurist.

Aulus Gellius schrieb um 170 n.Chr. eine umfangreiche Zusammenstellung
von Auszügen aus griechischen und römischen Autoren über verschiedene
Themen, die er Noctes Atticae, Attische Nächte, 20 Bücher, betitelte.

Gesta Romanorum, Die Taten der Römer, eine ma. Sammlung von Erzählungen
zur moralischen Belehrung. Der Inhalt ist der römischen Geschichte und der
christlichen Legende entnommen. Entstehung: Ende des 13. Jahrhunderts in
Deutschland oder England.

Hieronymus, ca. 350–420 n.Chr., belesener und hochgelehrter Kirchenlehrer,
der zuletzt in Betlehem lebte. Seine Hauptleistung: Die neue Übersetzung
der Bibel ins Lateinische im Rückgriff auf den hebräischen Text. Diese Neu-
übersetzung verdrängte die frühere, freiere lateinische Fassung, die Itala, und
wurde nun die allgemein verbreitete, die Vulgata. – Hieronymus verfaßte
auch dogmatische Schriften, Kommentare zu einzelnen Büchern der Bibel
u.a. und eine christliche Literaturgeschichte De viris illustribus. Umfang-
reich ist das Corpus der von ihm überlieferten Briefe.

Thomas Hobbes, 1588-1679, englischer Philosoph, der einen Teil seiner Werke
in lateinischer Sprache schrieb.

Quintus Horatius Flaccus, 65–8 v.Chr., neben Vergil der bedeutendste Dichter
der augusteischen Klassik. Literarische Vorbilder waren für ihn u.a. die griechische Dichterin Sappho und der Lyriker Alkaios. – Werke: Carmina (4 Bücher Lyrik, oft Oden genannt), Saturae / Sermones, Satiren, Epistulae, Brie-

fe, in Hexameterform, De arte poetica, Von der Dichtkunst. Seine Formkunst, die in seinen Dichtungen vermittelte Lebensphilosophie und der in vielen Gedichten hervortretende Ton der Freundschaft sicherten ihm die Anerkennung und Bewunderung der Leser zwei Jahrtausende hindurch bis heute. Zitate aus seinen Gedichten sind weltberühmt geworden.

Hrabanus Magnentius Maurus, 780–856, Abt in Fulda seit 822.

Ulrich von Hutten, 1488–1523, Humanist.

Institutiones → *Körper* Corpus Iuris Civilis Nr. 1389

Isidorus von Sevilla, ca. 570–636, Erzbischof von Sevilla, Verfasser historischer und theologischer Schriften, einer Weltchronik und eines enzyklopädischen Werks mit dem Titel Etymologiae.

Iustinus, 3. Jahrhundert, Verfasser eines Auszugs aus dem von Pompeius Trogus (Ende des 1. Jhs. v. Chr.) stammenden Geschichtswerk Historiae Philippicae.

Jacopone da Todi, ca. 1230-1306, Franziskaner. Ihm werden lateinische Kirchenlieder zugeschrieben. Ob das Stabat Mater auf ihn zurückzuführen ist, bleibt strittig.

Decimus Iunius Iuvenalis, ca. 60–140 n. Chr., bedeutendster römischer Satirendichter nach Lucilius, Horaz und Persius. In seinen erhaltenen 16 Satiren übt er scharfe Kritik an gesellschaftlichen Mißständen in Rom.

Lactantius, ca. 300 n. Chr., herausragender philosophischer christlicher Schriftsteller.

Titus Livius, 59 v. Chr.–17 n. Chr., Verfasser von Ab urbe condita libri, einer römischen Geschichte von der Gründung der Stadt Rom an bis zum Tod des Drusus 9 v. Chr. Livius schrieb das umfassende Werk, von dem nicht alle Teile erhalten sind, unter dem Eindruck der Bestrebungen des Augustus, das römische Weltreich zu reorganisieren.

John Locke, 1632-1704, englischer Aufklärungsphilosoph, Vertreter des Empirismus.

Marcus Annaeus Lucanus, 39–65 n. Chr., Dichter des Hexameter-Epos De bello civili, Der Bürgerkrieg (zwischen Caesar und Pompeius).

Gaius Lucilius, gest. 102 v. Chr., Satirendichter, von dessen Werk nur Fragmente erhalten sind.

Titus Lucretius Carus, ca. 94-55 v. Chr., Philosoph und Dichter unter dem Einfluß der Lehre des Philosophen Epikur; sein Werk De rerum natura, Vom Wesen der Welt, (6 Bücher) ist eines der bedeutendsten lateinischen Lehrgedichte.

Martin Luther, 1483–1546, der deutsche Reformator, schrieb viele seiner Briefe an befreundete Gelehrte in lateinischer Sprache.

Ambrosius Macrobius Theodosius, ca. 400 n. Chr., römischer Staatsbeamter und philologischer Schriftsteller. Hauptwerk: Saturnalia.

Marcus Manilius, 1. Hälfte des 1. Jhs. n. Chr., Verfasser des Hexameter-Lehrgedichts Astronomica, Astronomie/Astrologie.

Marcus Valerius Martialis, ca. 40–102 n. Chr., bekannter römischer Epigrammdichter (15 Bücher), der kritisch, spöttisch und witzig die Fehler und Laster der römischen Gesellschaft bloßstellte.

Philipp Melanchthon (griech. für Schwarzert), 1497-1560, reformatorischer Theologe, Humanist, Freund Martin Luthers.

Gnaeus Naevius, Ende des 3. Jhs. v. Chr., lateinischer Dichter, der griechische

Stücke für die römische Bühne bearbeitete und auch selbst Komödien und Tragödien dichtete. Sein Hauptwerk wurde das Epos Bellum Poenicum, die Geschichte des Ersten Punischen Krieges. Von seinen Dichtungen sind nur Fragmente erhalten.

Cornelius Nepos, ca. 100–25 v. Chr., war mit Catull, Cicero und Atticus befreundet; er schrieb Biographien berühmter Griechen und Römer, z. B. über Themistokles, Cato Maior, Hannibal, Atticus u. a. m., die unter dem Titel De viris illustribus, Berühmte Männer, zusammengefaßt sind.

Nikolaus von Cues (de Cusa / Cusanus), 1400/01–1464, Kardinal, Bischof von Brixen; theologischer Schriftsteller und Philosoph von großer Bedeutung. Sein bekanntestes Werk wurde De docta ignorantia. → *Nichtwissen* Nr. 2053

Orosius, 5. Jh., christlicher Schriftsteller aus Spanien. Seine Weltgeschichte Historiae adversus paganos, Geschichtliche Ereignisse wider die Heiden, 7 Bücher, im Auftrag des Augustinus verfaßt, fußt auf den Werken der Römer Livius, Tacitus und Sueton.

Otto von Freising, 1111/15–1158, Bischof von Freising, scholastischer Gelehrter, Theologe. Sein Hauptwerk Chronica sive Historia de duabus civitatibus, Chronik oder Geschichte der zwei Staaten, zeigt den Einfluß des Augustinus und vereint umfassende Kenntnis der antiken Geschichte, der Bibel und der Geschichte seiner Zeit.

Publius Ovidius Naso, 43 v. Chr.–17 n. Chr., nach Vergil und Horaz der gefeiertste römische Dichter der augusteischen Epoche. Er wurde von Kaiser Augustus nach Tomi am Schwarzen Meer verbannt. Seine Werke, z. B. Amores, Liebesgedichte, Ars amatoria, Liebeskunst, Metamorphoses, Verwandlungen, Tristia, Trauerbriefe, Epistulae ex Ponto, Briefe vom Schwarzen Meer hatten im Mittelalter und in der Barockzeit große literarische Wirkung in ganz Europa.

John Owen, ca. 1560–1622, neulateinischer Dichter, der „englische Martial" genannt.

Palladius, 4. Jh. n. Chr., Verfasser des Buches Opus agriculturae, Werk über den Ackerbau.

Aulus Persius Flaccus, 34–62 n. Chr., von Lucilius und Horaz beeinflußter Satirendichter, der in seinen Gedichten das Fehlverhalten einzelner und Mißstände in der Gesellschaft seiner Kritik unterwirft.

Titus / Gaius Petronius Arbiter endete durch Selbstmord 66 n. Chr. In seinem Sittenroman Satyricon (auch: Satyrica) mit vielen grotesken Szenen und geschicktem Einbau einprägsamer römischer Sprichwörter erlangte das ‚Gastmahl des Trimalchio' besondere Berühmtheit. – Die Person des Dichters, elegantiae arbiter, Schiedsrichter in Geschmachssachen am Kaiserhof Neros, erlangte durch H. Sienkiewiczs Roman Quo vadis? 1894/96, sein Werk durch Fellinis Verfilmung Satyricon Weltberühmtheit.

Petrus Lombardus, ca. 1095–1160, Theologe, Bischof in Paris, scholastischer Gelehrter, Verfasser der Sententiae in IV libris distinctae, einer umfassenden Darstellung der Theologie, die das Lehrbuch des dogmatischen Lehrvortrags bis ins 16. Jahrhundert war.

Phaedrus, 1. Hälfte des 1. Jahrhunderts n. Chr., bekannter römischer Fabeldichter, der nach dem Vorbild des Aisopos (Äsop) dichtete.

Titus Maccius Plautus, ca. 250–184 v.Chr., war der bekannteste römische Lustspieldichter. Zu den beliebtesten seiner 21 Komödien gehören: Aulularia, Der Goldtopf, Menaechmi, Die Zwillinge, Miles gloriosus, Der Bramarbas u.a.. Sein literarisches Vorbild sah er in der Neuen Komödie des griechischen Dichters Menander.

Gaius Plinius Secundus Maior / der Ältere, 23–79 n.Chr., gelehrter Naturforscher, der beim Vesuvausbruch des Jahres 79 den Tod fand. Sein Hauptwerk ist die Naturalis historia, Naturgeschichte, 37 Bücher. Die Enzyklopädie enthält eine Fülle naturkundlichen, kulturkundlichen und geographischen Wissens.

Gaius Plinius Caecilius Secundus Minor / der Jüngere ca. 62 – ca. 114 n.Chr., Rechtsanwalt in Rom, unter Kaiser Trajan Statthalter der Provinz Bithynien am Schwarzen Meer, Verfasser von Briefen über verschiedene Themen, z.B. über den Vesuvausbruch des Jahres 79 n.Chr. (VI 16; 20) oder über die Behandlung der Christen (X 96; 97). Seine Schreiben waren bereits bei der Abfassung für die Veröffentlichung bestimmt und sind von größtem kulturhistorischen Wert.

Pomponius Mela, Mitte des 1. Jhs. n.Chr., Verfasser des geographischen Werks De chorographia, Länderbeschreibung.

Theodorus Priscianus, ca. 500 n.Chr., Verfasser der Institutiones grammaticae, eines grammatischen Lehrbuchs.

Sextus Propertius, ca. 50–15 v.Chr.; die Liebesgedichte des bekannten Elegiendichters gelten meist der leidenschaftlich geliebten Cynthia. Seine Gedichte wirkten bei der Entstehung der Römischen Elegien auf Goethe.

Publilius Syrus, 1. Jh. v.Chr., Verfasser von moralisierenden, witzigen Sententiae, die große Beachtung fanden.

Marcus Flavius Quintilianus, ca. 35–ca. 100 n.Chr., Lehrer und nach Cicero der bedeutendste Theoretiker der Redekunst. Hauptwerk: De institutione oratoria, Die Erziehung zum Redner, 10 Bücher.

Romulus, auch Aesopus Latinus genannt, um 400 n.Chr. zusammengestellte Fabelsammlung in Prosa nach Phaedrus.

Tyrannius Rufinus, ca. 345–410, Theologe, christlicher Schriftsteller, der Werke griechischer Autoren ins Lateinische übersetzte.

Gaius Sallustius Crispus, 86–34 v.Chr., hoher Offizier Caesars, Geschichtsschreiber. Bekannteste Werke: De coniuratione Catilinae, Die Verschwörung Catilinas und De bello Iugurthino, Der Krieg gegen Jugurtha.

Lucius Annaeus Seneca Maior / der Ältere bzw. Rhetor, ca. 55 v.Chr.–ca.40 n.Chr., Vater des Philosophen Seneca, Verfasser der Controversiae, einer Sammlung von Streit-/Rechtsfällen und der Suasoriae, Reden, in denen ein Rat erteilt oder etwas empfohlen wird.

Lucius Annaeus Seneca, ca. 4–65 n.Chr., Staatsmann, Erzieher des jungen Nero, Naturforscher, stoischer Philosoph, Tragödiendichter, Verfasser einer Satire, philosophischer Dialoge und moralphilosophischer Briefe. Sein stoisches Ethos, das insbesondere in den Epistulae morales zum Ausdruck kommt, hat manche Berührungspunkte mit dem Christentum. Tertullian sagt in De anima 20: Sicut et Seneca saepe noster … So sagt auch Seneca, der häufig auf unserer Seite steht … (es folgt Zitat Seneca, De beneficiis 4,6,6). Seine Tragödien übten großen Einfluß auf das Drama in Frankreich und

England (Shakespeare) aus. Seine Schriften wurden im Mittelalter und in der Barockzeit viel gelesen, essenzielle Thesen seiner Werke fanden in der christlichen Ethiklehre ihren Niederschlag.

Silius Italicus, 21–101 n. Chr., Dichter des Hexameter-Epos Punica, Der zweite Punische Krieg, 17 Bücher.

Baruch (Benedictus) de Spinoza, geb. 1632 in Amsterdam, gest. 1677, wurde „wegen schrecklicher Irrlehren" aus seiner jüdischen Kultusgemeinde ausgestoßen. Der von René Descartes und der Scholastik beeinflußte bedeutende Philosoph schrieb seine Werke in lateinischer Sprache. Hauptwerk: Ethica Ordine Geometrico demonstrata, Die Ethik mit geometrischer Methode begründet (1677).

Publius Statinius Statius, ca. 45–96 n. Chr., römischer Dichter, der mit den Epen Thebais und Achilleis und der Gedichtsammlung Silvae ein umfangreiches Gesamtwerk hinterließ.

Gaius Suetonius Tranquillus, ca. 75–150 n. Chr., Verfasser von Kaiserbiographien von Caesar bis Domitian.

Cornelius Tacitus, ca. 55–116/20 n. Chr., hoher Beamter, der wohl bekannteste römische Geschichtsschreiber. Werke: De vita Iulii Agricolae (Biographie seines Schwiegervaters, des Eroberers von Britannien); Dialogus de oratoribus, Dialog über die Redner; Historiae, Geschichte der Jahre 69–96; Annales ab excessu divi Augusti, Geschichte der Jahre 14–68 (lückenhaft erhalten). Seine wohl im Jahre 98 veröffentlichte geographisch-ethnographische Monographie Germania ist ein einzigartiges Werk über die Lebensweise und die Sitten der Germanen.

Terentianus Maurus, Ende des 2. Jhs. n. Chr., Verfasser eines grammatischen Lehrbuchs in Versen.

Publius Terentius Afer, ca. 195/90–159 v. Chr., noch im Mittelalter sehr geschätzter römischer Komödiendichter. Erhalten sind die Stücke: Andria, Das Mädchen von Andros, Eunuchus, Der Eunuch, Heautontimorumenos, Der Mann, der sich selbst bestraft, Phormio, Hekyra, Die Schwiegermutter, Adelphi, Die Brüder.

Tertullianus, ca. 150–ca. 230 n. Chr., scharfsinniger, geistreicher christlicher Apologet. Aus seinem umfangreichen Gesamtwerk ragt durch Aussage und Stil das 197 erschienene Apologeticum hervor, eine an die Statthalter der römischen Provinzen gerichtete leidenschaftliche Verteidigung des Christentums.

Thomas von Aquin, 1224/25–1274, ehrend Doctor angelicus genannt, Dominikaner, Theologe und Philosoph, Scholastiker, Aristoteles-Erklärer, großer Systematiker, Heiliger und Kirchenlehrer, dessen Lehre die offizielle Grundlage der katholischen Kirche wurde. Das Studium seiner Schriften wurde noch im Codex iuris canonici (Fassung vor 1983), can. 589 und can. 1366 §2 den Theologiestudierenden zur Pflicht gemacht. – Hauptwerke: De ente et de essentia, Vom Sein und vom Wesen, Summa contra gentiles, Summe gegen die Heiden, Summa theologiae, Summe der Theologie.

Thomas von Celano, ca. 1190–1200, u. a. Verfasser der Sequenz Dies irae, dies illa. → *Tag* Nr. 2849

Thomas von Kempen / a Kempis (Th. Hemerken), 1379/80–1471, Mystiker und Asket. Sein bekanntestes Werk De imitatione Christi, Von der Nachfolge Christi, findet noch heute viele Leser.

Albius Tibullus, ca. 50–17/19 v.Chr., Freund der Dichter Vergil und Horaz und neben Properz ein vielbewunderter Elegiendichter.

Valerius Flaccus, 2. Hälfte des 1. Jhs. n.Chr., Dichter der Argonautica. Das Epos stellt die Fahrt der Argonauten mit dem Schiff Argo unter der Führung Jasons dar, die das goldene Vließ holen wollen.

Valerius Maximus, 1. Hälfte des 1. Jhs. n.Chr. Sein Hauptwerk Facta et dicta memorabilia, Bemerkenswerte Taten und Aussprüche, ist Kaiser Tiberius gewidmet und umfaßt 9 Bücher. Seine Quellen sind Cicero, Varro und Livius. Die Sammlung von Beispielen, Handlungen und Aussprüchen sollte Rhetoren und Deklamatoren nützlich sein.

Marcus Terentius Varro, 116–27 v.Chr., war der größte römische Gelehrte des letzten vorchristlichen Jahrhunderts. Von seinen zahlreichen Werken sind überliefert De re rustica, Von der Landwirtschaft, und De lingua Latina, Die lateinische Sprache, sowie zahlreiche Fragmente der Satiren, die er in der Nachfolge des Kynikers Menippos, 1. Hälfte des 3. Jhs. v.Chr., verfaßte.

Flavius Vegetius Renatus, ca. 400 n.Chr., ist der Verfasser einer Epitoma rei militaris, eines Werkes über das Kriegswesen.

Gaius Velleius Paterculus, Anfang des 1. Jh. n.Chr., schrieb unter dem Titel Historia Romana eine römische Geschichte bis zum Jahr 30 n.Chr.

Publius Vergilius Maro, 70-19 v.Chr., ist der größte Dichter Roms. Seine Werke Bucolica (Eclogae), Hirtengedichte, Georgica, Der Landbau, und Aeneis - das Hexameterepos von Aeneas in 12 Büchern, das Nationalepos der Römer – ließen ihn zum einflußreichsten Dichter der Literatur in lateinischer Sprache in Europa werden. Im dichterischen Erbe des Mittelalters, z.B. im Heldenepos, oder in Dantes Göttlicher Komödie, in der Vergil als Führer durch die Unterwelt erscheint, aber auch in der Dichtung der Neuzeit, z.B. in den Werken Klopstocks und Schillers, ist Vergils Fortwirken unübersehbar. Theodor Haecker nannte Vergil „Vater des Abendlandes".

Walther von Châtillon, ca. 1135–1179, dichtete das Epos Alexandreis, eine Schilderung der Taten Alexanders des Großen.

Griechische Originalstellen

μεταβολὴ πάντων γλυκύ. **6**
(Metabolé pántōn glyký.)
Euripides, Orestes 234
In allen Dingen ist Abwechslung süß.

ἐπὶ παντὸς ὁρμῇ καὶ σμικροῦ καὶ μεγάλου πράγματος θεὸν ἀεί **39**
που καλοῦσιν.
Platon, Timaios 27c
Wenn sie eine Sache anpacken, ob klein oder groß, rufen sie
immer einen Gott an.

τὸν δ' ἐξήρπαξεν Ἀπόλλων. **56**
Homer, Ilias 20,443
Den entrückte Apollon.

εὔφρων πόνος εὖ τελέσασιν. **57**
Aischylos, Agamemnon 806
Für die, die eine Mühe überstanden haben, ist sie angenehm.
(griechischer Text ist umstritten, man muß wohl πόνον lesen, dann entfällt
allerdings der sprichwörtliche Anklang des Verses).

ἄμφω τώγ' ἤστην πυρροτρίχω, ἄμφω ἀνάβω. **72**
Theokrit, Idyllia 8,3
Beide waren rothaarig, beide waren noch nicht erwachsen.

ἀνέχου et ἀπέχου. **122**
Gellius, Noctes Atticae 17,19,6
Halt aus und halt dich fern!

γαστὴρ παχεῖα λεπτὸν οὐ τίκτει νόον. **130**
Apostolius 5,22
Ein dicker Bauch bringt keinen scharfsinnigen Gedanken her-
vor.

οὐ γάρ τι στυγερῇ ἐπὶ γαστέρι κύντερον ἄλλο. **131**
Homer, Odyssee 7,216
Denn es gibt nichts Schlimmeres außer einem knurrenden
Magen.

132 ὡς χαλεπόν ἐστι λέγειν πρὸς γαστέρα ὦτα μὴ ἔχουσαν.

Plutarch, Apophthegmata Catonis 1

Wie schwer ist es, zu einem Bauch zu sprechen, der keine Ohren hat.

184 ἐγὼ δὲ ὀφείλω λέγειν τὰ λεγόμενα.

Herodot, Historien 7,152,3

Doch es ist meine Pflicht, all das Erzählte wieder zu erzählen.

191 οἱ δ' ἔχοντες ὄλβιοι.

Euripides, Danae Fr. 326,8 TrGF V 1

Die Besitzenden sind glücklich.

(ὄλβιοι ist allerdings wohl korrupt; damit entfällt der sprichwörtliche Charakter des Verses)

193 ὁ Δημήτριος τὴν Μεγαρέων πόλιν καταλαβὼν ἠρώτησε τὸν Στίλπωνα, μή τι τῶν ἐκείνου διήρπασται καὶ ὁ Στίλπων ἔφη μηδέν᾽ ἰδεῖν 'τἀμά' φέροντα.

Plutarch, De tranquillitate animi 475c

Demetrius fragte nach der Eroberung der Stadt Megara den Stilpon, ob etwas von seinem Besitz geraubt worden sei, und Stilpon antwortete: „Ich habe niemanden gesehen, der ,das Meine' weggetragen hat."

212 ὅπερ ἔδει δεῖξαι.

(hóper édei deíxai.)

Euklid, Elementa 3,4,13

Was zu zeigen war.

213 ἔτι τε τὸν σοφὸν οὐδὲν θαυμάζειν τῶν δοκούντων παραδόξων, οἷον Χαρώνεια καὶ ἀμπώτιδας καὶ πηγὰς θερμῶν ὑδάτων καὶ πυρὸς ἀναφυσήματα.

Diogenes Laertios 7,123 (Zenon)

Weiter staune der Weise über keines der Dinge, die unerwartet und wunderbar erscheinen, wie die Unterweltshöhlen, die Gezeiten, Geysire und Feuereruptionen.

225 Τῆς παιδείας ἔφη τὰς μὲν ῥίζας εἶναι πικράς, τὸν δὲ καρπὸν γλυκύν.

Diogenes Laertios 5,18 (Aristoteles)

Die Wurzeln der Bildung, sagte er, seien zwar bitter, die Frucht aber süß.

καὶ γὰρ ἐπὶ τὸν ῾Ρουβίκωνα ποταμὸν ἐλθών, ὃς ἀφώριζεν αὐτῷ **265**
τὴν δεδομένην ἐπαρχίαν, ἔστη σιωπῇ καὶ διεμέλλησεν, αὐτὸς
ἄρα πρὸς ἑαυτὸν συλλογιζόμενος τὸ μέγεθος τοῦ τολμήματος
Plutarch, Pompeius 60,2

Denn als er am Fluß Rubikon angekommen war, der die Grenze
der ihm anvertrauten Provinz war, machte er schweigend Halt
und zögerte, da er nämlich bei sich selbst die Größe des Wag-
nisses durchdachte.

Dieselbe Anekdote findet sich in Appians Römischer Geschichte (2,35). **265**

Καίσαρα φέρεις καὶ τὴν Καίσαρος Τύχην συμπλέουσαν. **266**
Plutarch, Caesar 38,5
Du fährst Caesar und Caesars Glück, das mitfährt.

καὶ σύ, τέκνον? **268**
(kai sy, téknon?)
Cassius Dio, Römische Geschichte 44,19,5
Auch du, mein Sohn?

ἦθος ἀνθρώπῳ δαίμων. **275**
Heraklit (22 B 119 DK)
Der Charakter ist dem Menschen sein Dämon (Schicksal).

τὸ γὰρ αὐτὸ νοεῖν ἐστίν τε καὶ εἶναι. **294**
Parmenides (28 B 3 DK)
Denn Denken und Sein ist dasselbe.

ὡς μὴ βασκανθῶ δέ, τρὶς εἰς ἐμὸν ἔπτυσα κόλπον. **324**
Theokrit, Idyllia 6,39
Um nicht mit dem bösen Blick verhext zu werden, habe ich
dreimal in meinen Gewandbausch gespuckt.

ἤνυτον σχολῇ βραδύς. **353**
Sophokles, Antigone 231
Ich nahm mir Zeit, und langsam legte ich den Weg zurück.

σπεῦδε ταχέως. **353**
(speúde tachéōs.)
Aristophanes, Ritter 495
Eile mit Weile!

364 εἶναι γὰρ καὶ ἐνταῦθα θεούς
Heraklit (22 A 9 DK)
Denn auch hier sind Götter.

375 τῆς ἄνω ὁδοῦ ἀεὶ ἑξόμεθα.
Platon, Staat 10,621C
An den Weg nach oben werden wir uns immer halten.

382 οὕτω καὶ τῶν ἀνθρώπων τοὺς φρονίμους δεῖ πρότερον τὰ τέλη
τῶν πραγμάτων σκοπεῖν, εἶθ' οὕτως αὐτοῖς ἐγχειρεῖν.
Äsop, Fabulae 9 Hausrath
So müssen auch unter den Menschen die Vernünftigen vorher
die Folgen ihrer Handlungen bedenken, und erst dann sie in
Angriff nehmen.

396 κούφα σοι / χθὼν ἐπάνωθε πέσοι, γύναι.
Euripides, Alkestis 462f.
Leicht möge auf dich die Erde von oben fallen, Herrin.

396 πρόφρων σε χθόνιός θ' Ἑρμῆς / Ἅιδης τε δέχοιτ᾽.
Euripides, Alkestis 743f.
Wohlwollend mögen dich der unterirdische Hermes und Hades
aufnehmen.

403 παθὼν δέ τε νήπιος ἔγνω
Hesiod, Werke und Tage 218
Erst nachdem ihm ein Leid widerfahren war, kam der Tor zur
Erkenntnis.
vgl auch Homer, Ilias 17,32; Platon, Symposion 222b8.

410 ἀλλ' ἡδύ τοι σωθέντα μεμνῆσθαι πόνων.
Euripides, Andromeda Fr. 133 TrG V 1
Aber süß ist die Erinnerung an die Mühen, wenn man sie über-
standen hat.

416 γνῶθι σαυτόν
(gnōthi sautón)
Platon, Protagoras 343b
Erkenne dich selbst!

426 οὐχ οἷα βούλεταί τις, […] ἀλλ᾽ οἷα δύναται
Platon, Hippias Maior 301c
Nicht was einer will, […] sondern was er kann.

ἐγὼ μὲν ἐβουλόμην παρὰ τούτοις εἶναι μᾶλλον πρῶτος ἢ παρὰ   437
Ῥωμαίοις δεύτερος.

Plutarch, Caesar 11

Ich wenigstens wollte lieber bei diesen der Erste als bei den
Römern der Zweite sein.

ὄνος λύρας   456

Sinngemäß: „Wie ein Esel, der sich beim Klang der Lyra davonmacht."
Häufig in verschiedenen Formen bezeugt, z. B. Kratinos Fr. 247 PCG, Menander Fr. 428 PCG. Es ist auch Titel einer Menippeischen Satire Varros.

καὶ γὰρ ἁ κύων κυνὶ κάλλιστον εἶμεν φαίνεται καὶ βοῦς βοΐ,   461
ὄνος δ᾽ ὄνῳ κάλλιστον, ὗς δέ θην ὑί.

Diogenes Laertius, 3,16 (Platon)

Denn der Hund scheint dem Hund das Schönste zu sein, das
Rind dem Rind, der Esel dem Esel und das Schwein dem
Schwein.

τίς γλαῦκ᾽ Ἀθήναζ᾽ ἤγαγεν;   475
(tis glaúk' Athénaz' égagen?)

Aristophanes, Vögel 301

Wer bringt denn eine Eule nach Athen?

οὔ πω πᾶν εἴρητο ἔπος ὅτ᾽ ἄρ᾽ ἤλυθον αὐτοί.   487

Homer, Ilias 10,540

Noch nicht war alles gesagt, als sie [Odysseus und seine Ge-
fährten] selbst kamen.

ἀλλ᾽ ἀπ᾽ ἐχθρῶν δῆτα πολλὰ μανθάνουσιν οἱ σοφοί.   510

Aristophanes, Vögel 375

Aber von Feinden lernen in der Tat viel die klugen Leute.

ἀλλ᾽ ἦ, τὸ λεγόμενον, κατόπιν ἑορτῆς ἥκομεν καὶ ὑστεροῦμεν;   525

Platon, Gorgias 447a

Kommen wir nach der sprichwörtlichen Redensart nach dem
Fest und sind verspätet?

ἀλλὰ κατόπιν ἧκε τοῦ καιροῦ.   525

Suda K 1087

Aber er kam erst nach der rechten Zeit.

553 πάντα ῥεῖ.
(pánta rhei.)
Heraklit (Fr. 40 Marcovich)
Alles fließt. Vgl. Tosi Nr. 642.

553 τὰ μὲν ἄλλα πάντα γίνεσθαί φασι καὶ ῥεῖν.
Aristoteles, De caelo 298b 29f.
Alles andere, sagen sie, entstehe und fließe.

554 ποταμοῖς τοῖς αὐτοῖς ἐμβαίνομέν τε καὶ οὐκ ἐμβαίνομεν, εἶμέν τε καὶ οὐκ εἶμεν.
Heraklit (22 B 49a DK)
In dieselben Flüsse steigen wir und steigen wir nicht, wir sind und wir sind nicht.

554 ποταμῷ γὰρ οὐκ ἔστιν ἐμβῆναι δὶς τῷ αὐτῷ καθ' Ἡράκλειτον.
Heraklit (22 B 91 DK)
Es ist unmöglich, zweimal in denselben Fluß hineinzusteigen, sagt Heraklit.

575 γύναι, γυναιξὶ κόσμον ἡ σιγὴ φέρει.
Sophokles, Aias 293
Frau, Frauen bringt Schweigen Schmuck.

599 τέττιξ μὲν τέττιγι φίλος, μύρμακι δὲ μύρμαξ, / ἴρηκες δ' ἴρηξιν, ἐμὶν δέ τε μοῖσα καὶ ᾠδά.
Theokrit, Idyllia 9,31f.
Die Zikade ist der Zikade lieb, der Ameise die Ameise, Falken den Falken, mir aber sind es Muse und Lied.

608 ἐρωτηθεὶς τί ἐστι φίλος, ἔφη, „μία ψυχὴ δύο σώμασιν ἐνοικοῦσα."
Diogenes Laertios 5,20 (Aristoteles)
Gefragt, was ein Freund sei, sagte er: „Eine Seele, die in zwei Körpern wohnt."

608 ἔστι γὰρ ὁ φίλος ἄλλος αὐτός.
Aristoteles, Nikomachische Ethik 1166a 31f.
Denn der Freund ist ein anderes Selbst.

εἰπέ τε πρῶτος, ὥς φησι Τίμαιος, κοινὰ τὰ φίλων εἶναι καὶ **609** φιλίαν ἰσότητα.

Diogenes Laertios 8,10 (Pythagoras)

Er sagte, wie Timaios überliefert, daß es unter Freunden nur gemeinsamen Besitz gebe und daß Freundschaft Gleichheit sei.

πολεμοῦμεν ἵν᾽ εἰρήνην ἄγωμεν. **630**

Aristoteles, Nikomachische Ethik 1177b 5f.

Wir führen Krieg, damit wir in Frieden leben können.

Φειδίας προσήκοι εἰρήνῃ. **634**

Suda Φ 246

Ein Künstler wie Pheidias soll Anspruch auf Frieden haben.

οὐδ᾽ ὅπως αὐτῇ προσήκοι Φειδίας ἡκηκόη. **634**

Aristophanes, Friede 616

Und ich hatte nicht gehört, daß mit der Göttin Pheidias verbunden sei.

μία γὰρ χελιδὼν ἔαρ οὐ ποιεῖ. **651**

(mía gár chelidón éar ou poieí.)

Aristoteles, Nikomachische Ethik 1098a18

Denn eine Schwalbe macht noch keinen Frühling.

πολλοὶ δὲ καὶ διὰ τὸ ἐγγὺς εἶναι τοῦ νοεροῦ τόπου τὴν **757** θερμότητα ταύτην νοσήμασιν ἁλίσκονται μανικοῖς ἢ ἐνθουσιαστικοῖς.

Aristoteles, Problemata 954a34–36

Viele aber werden auch, weil diese Wärme nahe bei dem Sitz des Verstandes ist, von einer krankhaften Raserei oder Gottbegeisterheit ergriffen.

Der Gedanke geht auf die Gesetze Platons zurück (630b–c), in denen als **775** Hauptaufgabe und größte Pflicht des Gesetzgebers angesehen wird, sein Augenmerk auf die größte der Tugenden, auf vollkommene Gerechtigkeit und Rechtschaffenheit, zu richten.

Ὦ ξεῖν᾽, ἀγγέλλειν Λακεδαιμονίοις ὅτι τῇδε κείμεθα τοῖς **800** κείνων ῥήμασι πειθόμενοι.

Simonides Fr. 22 Page (92 Diehl), bei Herodot, Historien 7,228

Wanderer, kommst du nach Sparta, verkündige dorten, du habest uns hier liegen gesehen, wie das Gesetz es befahl.

867 ὡς αἰεὶ τὸν ὁμοῖον ἄγει θεὸς ὡς τὸν ὁμοῖν.
Homer, Odyssee 17,218
Weil immer Gleich zu Gleich Gott zusammenführt.

867 ὁ γὰρ παλαιὸς λόγος εὖ ἔχει, ὡς ὅμοιον ὁμοίῳ ἀεὶ πελάζει.
Platon, Symposion 195b
Denn der alte Satz ist richtig, daß Gleiches zu Gleichem sich immer geselle.

899 πρὶν δ᾽ ἂν τελευτήσῃ, ἐπισχεῖν, μηδὲ καλέειν κω ὄλβιον.
Herodot, Historien 1,32,7
Bevor jemand gestorben ist, muß man sich zurückhalten und darf ihn noch nicht glücklich nennen.

946 Die Idee wird von Platon im Timaios (31c–32a) ausgeführt; vgl. Vitruv, De architectura 3,1.

993 Der in griechischen Theaterstücken meist im Finale an einem Kran hängend hereinschwebende Gott löst durch sein Machtwort die ausweglos scheinenden Konflikte und bringt wider Erwarten die Handlung auf den vom Mythos vorgegebenen Weg zurück. Schon im 5. und 4. Jahrhundert wird der ‚Maschinengott' sprichwörtlich verwendet; vgl. Platon, Kratylos 425d; Antiphanes Fr. 189,13-16 PCG.

1084 οὐδὲν πὸτ τὸν ἔρωτα πεφύκει φάρμακον ἄλλο, / Νικία, οὔτ᾽ ἔγχριστον, ἐμὶν δοκεῖ, οὔτ᾽ ἐπίπαστον, / ἢ ταὶ Πιερίδες·
Theokrit, Idyllia 11,1–3
Meiner Meinung nach gibt es kein anderes Heilmittel gegen die Liebe, Nikias – weder eines, das man einreibt, noch eines, das man darauf streut – als die Musen.

1084 ὦ Κύκλωψ Κύκλωψ, πᾷ τὰς φρένας ἐκπεπότασαι;
Theokrit, Idyllia 11,72
Kyklop, Kyklop, wohin bist du in deinen Gedanken weggeflogen?

1090 ἀεὶ ἄριστος φίλος οἶκος.
Cicero, Epistulae ad Atticum 4,8,2
Immer ist mein bester Freund mein Haus.

ὁκόσα φάρμακα οὐκ ἰῆται, σίδηρος ἰῆται· ὅσα σίδηρος οὐκ **1095**
ἰῆται, πῦρ ἰῆται· ὅσα δὲ πῦρ οὐκ ἰῆται, ταῦτα χρὴ νομίζειν
ἀνίατα.

Hippokrates, Aphorismen 7,87

Alles, was Medikamente nicht heilen, heilt das Messer; was das
Messer nicht heilt, heilt Feuer; was aber Feuer nicht heilt, das
muß man als unheilbar ansehen.

ὅπου σὺ Γάιος, ἐγὼ Γαῖα.   **1100**

Plutarch, Quaestiones Romanae 271d

Wo du Gaius bist, bin ich Gaia.

καὶ τὸ τοῦ Πέρσου καὶ τὸ τοῦ Λίβυος ἀπόφθεγμα εὖ ἂν ἔχοι. ὁ **1122**
μὲν γὰρ ἐρωτηθεὶς τί μάλιστα ἵππον πιαίνει, „ὁ τοῦ δεσπότου
ὀφθαλμός“ ἔφη.

Aristoteles, Oeconomica 1345a

Sowohl der Ausspruch des Persers als auch der des Libyers
sind wohl richtig. Denn als der eine gefragt wurde, was ein
Pferd am meisten fett mache, sagte er: „das Auge seines
Herrn“.

Dieselbe Geschichte findet sich auch in Xenophons Oeconomicus 12,20. **1122**

ἔστι γὰρ ὁ φίλος ἄλλος αὐτός.   **1243**

Aristoteles, Nikomachische Ethik 1166a31f.

Denn der Freund ist ein anderes Selbst.

ἐρωτηθεὶς τίς ἐστι φίλος, „ἄλλος,“ ἔφη, „ἐγώ.“   **1243**

Diogenes Laertios 7,23 (Zenon)

Gefragt, was ein Freund sei, sagte er: „Ein anderes Ich.“

καὶ τὸ μικρὸν παραβῆναι τῆς ἀληθείας ἀφισταμένοις γίνεται **1257**
πόρρω μυριοπλάσιον.

Aristoteles, De caelo et mundo 271b8f.

Auch wenn man nur ein wenig von der Wahrheit abweicht, wird
dies später zehntausendmal mehr sein.

οὐδὲ γὰρ ὁ Ζεύς οὔθ᾽ ὕων πάντεσσ᾽ ἀνδάνει οὔτ᾽ ἀνέχων.   **1305**

Theognis 25f. West

Denn auch Zeus gefällt nicht allen, weder wenn er es regnen
lässt, noch wenn er den Regen zurückhält.

1311 δοκεῖ δέ μοι καὶ Καρχηδόνα μὴ εἶναι.
(dokeí de moi kai Karchēdóna mē eínai.)
Plutarch, Cato Maior 27
Ich stimme außerdem dafür, daß es Karthago nicht mehr geben darf.

1313 ὅλως δὲ μηδὲν εὔωνον εἶναι τῶν περιττῶν, ἀλλ᾽ οὗ τις οὐ δεῖται, κἂν ἀσσαρίου πιπράσκηται, πολλοῦ νομίζειν.
Plutarch, Cato Maior 4
Überhaupt sei nichts von den überflüssigen Dingen billig, sondern was man nicht brauche, das müsse man für teuer halten, selbst wenn man nur einen As dafür bezahle.

1356 αὐτὰ δὲ λοιπὰ ὀστί᾽ ἔτ᾽ ἦς καὶ δέρμα.
Theokrit, Idyllia 2,89f.
Nur Knochen und Haut waren noch übrig.

1378 οὐδαμὰ γὰρ ἀδυνασίης ἀνάγκη κρέσσων ἔφυ.
Herodot, Historien 7,172,3
Denn es gibt in keiner Weise einen größeren Zwang als Unfähigkeit.

1382 οὐ παντὸς ἀνδρὸς ἐς Κόρινθόν ἐσθ᾽ ὁ πλοῦς.
Strabon, Geographia 8,6,20
Nicht jeden Mannes Fahrt geht nach Korinth.

1418 Πόλεμος πάντων μὲν πατήρ ἐστι.
Heraklit (22 B 53 DK)
Krieg ist Vater von allem.

1418 πόλεμος ἁπάντων πατήρ
(pólemos hapántōn patér.)
Lukian, Hist. conscr. 2,4
Krieg ist Vater von allem.

1418 τὸ μὲν ἐπὶ τὴν γένεσιν ἄγον καλεῖσθαι πόλεμον καὶ ἔριν.
Diogenes Laertios 9,8 (Heraklit)
Das, was zum Entstehen führe, werde Krieg und Streit genannt.

1419 γλυκὺ δὲ πόλεμος ἀπείροισιν, ἐμπείρων δέ τις / ταρβεῖ προσιόντα νιν καρδίᾳ περισσῶς.
Pindar Fr. 110,1 Snell/Mähler

Süß ist Krieg nur für die, die keine Erfahrung mit ihm haben;
wer ihn aber kennt, der erschaudert über alle Maßen im Her-
zen, wenn er naht.

ἄνθρωποι δὲ μινυνθάδιοι τελέθουσιν.   **1436**
Homer, Odyssee 19,328
Menschen leben nur eine kurze Zeit.

ὁ βίος βραχύς, ἡ δὲ τέχνη μακρή.   **1436**
(ho bíos brachýs, hē dé téchnē makré.)
Hippokrates, Aphorismen 1,1
Das Leben ist kurz, die Kunst aber lang.

ἔρδοι τις ἣν ἕκαστος εἰδείη τέχνην.   **1437**
Aristophanes, Wespen 1431
Jeder soll nur das tun, von dem er etwas versteht.

τέχνη δ᾽ ἀνάγκης ἀσθενεστέρα μακρῷ.   **1439**
Aischylos, Der gefesselte Prometheus 514
Kunstfertigkeit ist bedeutend schwächer als Notwendigkeit.

λάθε βιώσας.   **1495**
(láthe biṓsas.)
Epikur Fr. 551 Usener; vgl. Tosi Nr. 1317.
Lebe im Verborgenen!

καὶ Δημόκριτος τὸ πλῆρες καὶ κενόν, ὧν τὸ μὲν ὡς ὂν τὸ δὲ ὡς **1544**
οὐκ ὂν εἶναί φησιν.
Aristoteles, Physik 188a22f.

Demokritos sagt im Hinblick auf das Volle und Leere: das eine
davon (das Volle) sei seiend, das ander (Leere) sei nichtseiend.

Derselbe Gedanke findet sich mehrfach in der aristotelischen Physik **1544**
208b25–27, 213a–217b, 265b23–26

πολλὰ μεταξὺ πέλει κύλικος καὶ χείλεος ἄκρου.   **1666**
Gellius, Noctes Atticae 13,18 (17),3
Viel passiert zwischen dem Becher und dem Rand der Lippe.

ἐξ ὄνυχος τὸν λέοντα γράφοντας   **1683**
nach Alkaios, fr. 438 Voigt; Sophron Fr. 105 PCG; Plutarch, Vom Niedergang der Orakel 3,410C
nach der Klaue den Löwen malend

1683 φασί γέ τοι τῶν πλαστῶν τινα, Φειδίαν οἶμαι, ὄνυχα μόνον λέοντος ἰδόντα ἀπ᾽ ἐκείνου ἀναλελογίσθαι, ἡλίκος ἂν ὁ πᾶς λέων γένοιτο κατ᾽ ἀξίαν τοῦ ὄνυχος ἀναπλασθείς.

Lukian, Hermotimos 54

Man erzählt nun, daß ein Bildhauer, Pheidias war es, glaube ich, nur die Klaue eines Löwen sah und aus ihr berechnete, wie groß der ganze Löwe sein müßte, wenn er im Verhältnis zur Klaue geschaffen würde.

1689 Ὁ λόγος δηλοῖ ὅτι τοῦτο κερδαίνουσιν οἱ ψευδόμενοι, τὸ μηδ᾽ ὅταν ἀληθεύωσι πιστεύεσθαι.

Äsop, Fabulae 226 Hausrath

Die Geschichte zeigt, daß die, die lügen, nur diesen Gewinn haben: Daß man ihnen auch nicht glaubt, wenn sie die Wahrheit sagen.

1744 … ἵνα χρὴ καλὰ μὲν αὐτὴν ἕννυσθαι, τὰ δὲ τοῖσι παρασχεῖν, οἵ κέ σ᾽ ἄγωνται. / ἐκ γάρ τοι τούτων φάτις ἀνθρώπους ἀναβαίνει ἐσθλή

Homer, Odyssee 6,27–30

(die Hochzeit), wo du selbst schöne Kleider anhaben und sie für die herrichten mußt, die dich geleiten. Denn daher kommt der gute Ruf bei den Menschen.

1764 πρώτη ὕλη

Aristoteles, Physik 192a

erste Materie, Urmaterie

1811 ἐν τῷ ἀνθρώπῳ μικρῷ κόσμῳ ὄντι

Demokrit (68 B 34 DK)

in dem Menschen, der eine kleine Welt ist

1812 πάντων χρημάτων μέτρον ἐστὶν ἄνθρωπος.
(pántōn chrēmátōn métron estín ánthrōpos.)

Protagoras (74 B 1 DK)

Aller Dinge Maß ist der Mensch.

1812 φησὶ γάρ που ‚πάντων χρημάτων μέτρον‘ ἄνθρωπον εἶναι.

Platon, Theaitetos 152A

Er [Protagoras] sagt nämlich irgendwo, Maßstab aller Dinge sei der Mensch.

ἡ δ᾽ ἀρετὴ περὶ πάθη καὶ πράξεις ἐστίν, ἐν οἷς ἡ μὲν ὑπερβολὴ **1854**
ἁμαρτάνεται καὶ ἡ ἔλλειψις ψέγεται, τὸ δὲ μέσον ἐπαινεῖται καὶ
κατορθοῦται·

Aristoteles, Nikomachische Ethik 1106b24–26

Denn die Tugend betrifft die Leidenschaften und Handlungen,
bei denen das Übermaß ein Fehler ist und man den Mangel ta-
delt, die Mitte aber gelobt wird und das Richtige ist.

μέσον τε καὶ ἄριστον, ὅπερ ἐστὶ τῆς ἀρετῆς. **1858**

Aristoteles, Nikomachische Ethik 1106b 22f. (vgl. auch Nr. 1854)

Die Mitte und das Beste, was das Wesen der Tugend ist.

Αἰθίοπά τις ὠνήσατο τοιοῦτον αὐτῷ τὸ χρῶμα εἶναι δοκῶν **1862**
ἀμελείᾳ τοῦ πρότερον ἔχοντος· καὶ παραλαβὼν οἴκαδε πάντα
μὲν αὐτῷ προσῆγε τὰ ῥύμματα, πᾶσι δὲ λουτροῖς ἐπειρᾶτο
καθαίρειν. καὶ τὸ μὲν χρῶμα μεταβαλεῖν οὐκ εἶχε, νοσεῖν δὲ τῷ
πονεῖν παρεσκεύασεν. ὁ μῦθος δηλοῖ, ὅτι μένουσιν αἱ φύσεις
ὡς προῆλθον τὴν ἀρχήν.

Äsop, Fabulae 274 Hausrath

Es kaufte sich einer einen schwarzen Äthioper und glaubte,
dessen Farbe beruhe auf Vernachlässigung seines Vorbesitzers.
Er nahm ihn mit nach Hause, rieb ihn mit jeder Art von Seife
ein und versuchte, ihn mit allen möglichen Bädern zu reinigen.
Er konnte die Farbe aber nicht ändern, sondern die Mühe ver-
ursachte, daß er krank wurde. Die Geschichte zeigt, daß die
Natur genauso bleibt, wie sie anfangs entstand.

Εἰς τί μάτην νίπτεις δέμας Ἰνδικόν; ἴσχεο τέχνης, οὐ δύνασαι **1862**
δνοφερὴν νύκτα καθηλιάσαι.

Lukian, Epigr. 85,51 Macleod

Zu welchem Zweck wäschst du umsonst einen Inder? Hör auf
mit der Kunst, du kannst nicht dunkle Nacht von der Sonne be-
leuchten lassen.

τημοῦτος σπεύδειν καὶ οἴκαδε καρπὸν ἀγινεῖν / ὄρθρου **1872**
ἀνιστάμενος, ἵνα τοι βίος ἄρκιος εἴη. / ἠὼς γὰρ ἔργοιο τρίτην
ἀπομείρεται αἶσαν, / ἠώς τοι προφέρει μὲν ὁδοῦ, προφέρει δὲ
καὶ ἔργου, / ἠώς, ἥτε φανεῖσα πολέας ἐπέβησε κελεύθου /
ἀνθρώπους πολλοῖσί τ᾽ ἐπὶ ζυγὰ βουσὶ τίθησιν.

Hesiod, Werke und Tage 575–580

Jetzt mußt du dich sputen und nach Hause die Ernte bringen, früh am Morgen aufstehen, damit dir die Nahrung später ausreicht. Morgenröte gibt dir den dritten Teil deiner Arbeit, Morgenröte bringt dich voran auf dem Weg und deiner Arbeit, die Morgenröte ist es, die viele Menschen, sobald sie sich zeigt, auf die Straßen hinausgehen läßt und viele Ochsen unters Joch zwingt.

1895 Κλειώ τ᾿ Εὐτέρπη τε Θάλειά τε Μελπομέενη τε / Τερψιχόρη τ᾿ Ἐρατώ τε Πολύμνιά τ᾿ Οὐρανίη τε Καλλιόπη θ᾿.

Hesiod, Theogonie 77–79

Kleio und Euterpe und Thaleia und Melpomene und Terpsichore, Erato und Polymnia und Urania und Kalliope.

1975 τί ταῦτα δεῖ / στένειν, ἅπερ δεῖ κατὰ φύσιν διεκπερᾶν;

Euripides, Hypsipyle Fr. 757, 925f. TrGF V 2.

Warum soll man über etwas klagen, was man von Natur aus durchmachen muß?

1998 Ὁ δὲ θεὸς καὶ ἡ φύσις οὐδὲν μάτην ποιοῦσιν.

Aristoteles, De caelo et mundo 271a

Gott und die Natur schaffen nichts vergeblich.

1998 ἡ φύσις οὐθὲν ποιεῖ μάτην.

Aristoteles, De incessu animalium 704b15

Die Natur schafft nichts vergeblich.

2006 ἡ γὰρ φύσις δαιμονία, ἀλλ᾿ οὐ θεία.

Aristoteles, De divinatione per somnia 463b14f.

Denn die Natur ist gottgesandt, aber nicht göttlich.

2007 Οὕτω δ᾿ ἐκ τῶν ἀψύχων εἰς τὰ ζῷα μεταβαίνει κατὰ μικρὸν ἡ φύσις, ὥστε τῇ συνεχείᾳ λανθάνει τὸ μεθόριον αὐτῶν καὶ τὸ μέσον ποτέρων ἐστίν.

Aristoteles, Historia animalium 588b4ff.

Die Natur geht vom Unbeseelten zu den Lebewesen in kleinen Schritten über, so daß durch den Zusammenhang die Grenze zwischen ihnen verborgen ist und ebenso, zu welcher von beiden Seiten die Mitte gehört.

Vgl. auch Historia animalium 4,5,681a12ff.

τὸν πλοῦτον νεῦρα πραγμάτων.   **2025**
Diogenes Laertios 4,48 (Bion)
Reichtum sei der Nerv der Dinge.

πρῶτον μὲν γὰρ ὁ πλοῦτος παραπηδήσας ἐρεῖ· „[...] ἐν δὲ **2025**
πολέμοις νεῦρα τῶν πράξεων γίνομαι.“
Sextus Empiricus, Adversus ethicos 557
Denn zuerst wird der Reichtum, nachdem er herbeigesprungen
ist, sagen: „[...] in den Kriegen erweise ich mich als Nerv der
Handlungen [...].“

τὰ χρήματα νεῦρα τῶν πραγμάτων.   **2025**
(tá chrḗmata neúra tōn pragmátōn.)
Plutarch, Agis und Cleomenes 27
Das Geld ist der Nerv der Dinge.

τοῦ καὶ ἀπὸ γλώσσης μέλιτος γλυκίων ῥέεν αὐδή.   **2026**
Homer, Ilias 1,249
Süßer als Honig floß ihm die Stimme von der Zunge.

οὐδὲν γίνεται ἐκ τοῦ μὴ ὄντος.   **2033**
Diogenes Laertios 10,38 (Epikur)
Nichts entsteht aus dem Nichtseienden.

ἔοικε δὲ Ἀναξαγόρας ἄπειρα οὕτως οἰηθῆναι διὰ τὸ **2041**
ὑπολαμβάνειν τὴν κοινὴν δόξαν τῶν φυσικῶν εἶναι ἀληθῆ, ὡς
οὐ γιγνομένου οὐδενὸς ἐκ τοῦ μὴ ὄντος.
Aristoteles, Physik 187a26–29
Anaxagoras scheint zu seiner These des Unendlichen deswegen
gekommen zu sein, weil er die unter den Naturphilosophen
gängige Meinung für wahr hielt, daß aus dem Nichtseienden
nichts entstehen könne.

πρὸς ἐμαυτὸν δ' οὖν ἀπιὼν ἐλογιζόμην ὅτι τούτου μὲν τοῦ **2049**
ἀνθρώπου ἐγὼ σοφώτερός εἰμι· κινδυνεύει μὲν γὰρ ἡμῶν
οὐδέτερος οὐδὲν καλὸν κἀγαθὸν εἰδέναι, ἀλλ᾽ οὗτος μὲν οἴεταί
τι εἰδέναι οὐκ εἰδώς, ἐγὼ δέ, ὥσπερ οὖν οὐκ οἶδα, οὐδὲ οἴομαι·
ἔοικα γοῦν τούτου γε σμικρῷ τινι αὐτῷ τούτῳ σοφώτερος
εἶναι, ὅτι ἃ μὴ οἶδα οὐδὲ οἴομαι εἰδέναι.
Platon, Apologie des Sokrates 21d

Im Weggehen überlegte ich nun bei mir: „Ich bin weiser als dieser Mann. Denn keiner von uns beiden weiß, wie es scheint, etwas Schönes und Gutes, aber der glaubt, etwas zu wissen, obwohl er nichts weiß. Ich aber, da ich nichts weiß, glaube auch nicht, etwas zu wissen. Wie es scheint, bin ich um genau dieses kleine Stück weiser als dieser, daß ich nicht glaube zu wissen, was ich nicht weiß.*

2085 χωρὶς ὀργῆς ἢ φθόνου
Polybios, Historiae 6,9,11

ohne Zorn oder Neid

2096 αὐτὰρ ἐγὼ κηροῖο μέγαν τροχὸν ὀξέι χαλκῷ / τυτθὰ διατμήξας χερσὶ στιβαρῇσι πίεζον· / αἶψα δ᾽ ἰαίνετο κηρός, ἐπεὶ κέλετο μεγάλη ἲς / Ἠελίου τ᾽ αὐγὴ Ὑπεριονίδαο ἄνακτος· / ἑξείης δ᾽ ἑτάροισιν ἐπ᾽ οὔατα πᾶσιν ἄλειψα.
Homer, Odyssee 12,173–177

Ich aber zerschnitt mit dem scharfen Schwert eine große Scheibe Wachs in kleine Stücke und knetete es mit starken Händen. Das Wachs wurde schnell warm, weil die große Kraft des Herrschers Helios Hýperíon (der Sonne) wirkte. Der Reihe nach verstopfte ich den Gefährten die Ohren damit.

2123 Ἵππος με φέρει, βασιλεύς με τρέφει.
Diogenian 5,31

Das Pferd trägt mich, der König nährt mich.

2145 μάλα γὰρ φιλοσόφου τοῦτο τὸ πάθος, τὸ θαυμάζειν.
Platon, Theaitetos 155d

Denn das ist ein für einen Philosophen typischer Zustand: zu staunen und sich zu wundern.

2146 φιλοσοφία πρώτη
Aristoteles, Metaphysik 1026a24 und 30; 1061b19

erste Philosophie

2152 Τὸ καθόλου ἴσως ἐπισκέψασθαι καὶ διαπορῆσαι πῶς λέγεται, καίπερ προσάντους τῆς τοιαύτης ζητήσεως γινομένης διὰ τὸ φίλους ἄνδρας εἰσαγαγεῖν τὰ εἴδη. δόξειε δ᾽ ἂν ἴσως βέλτιον εἶναι καὶ δεῖν ἐπὶ σωτηρίᾳ γε τῆς ἀληθείας καὶ τὰ οἰκεῖα ἀναιρεῖν, ἄλλως τε καὶ φιλοσόφους ὄντας· ἀμφοῖν γὰρ ὄντοιν φίλοιν ὅσιον προτιμᾶν τὴν ἀλήθειαν.

Aristoteles, Nikomachische Ethik 1096a11–17

Überhaupt muß man vielleicht sehr genau untersuchen, wie es gesagt wird, auch wenn einem eine derartige Untersuchung widerstrebt, da befreundete Männer diese Ideen in die Diskussion einbrachten. Es dürfte aber, wie es scheint, wohl besser sein und der Rettung der Wahrheit dienen, die eigenen Belange hintanzustellen, zumal wir Philosophen sind. Denn da beide uns lieb sind, ist es unsere heilige Pflicht, der Wahrheit den Vorzug zu geben.

ὑμεῖς μέντοι, ἂν ἐμοὶ πείθησθε, σμικρὸν φροντίσαντες **2152** Σωκράτους, τῆς δὲ ἀληθείας πολὺ μᾶλλον.

Platon, Phaidon 91c

Ihr solltet jedoch, wenn ihr auf mich hört, euch wenig um Sokrates kümmern, sondern viel mehr um die Wahrheit.

ὄψει δέ με περὶ Φιλίππους.   **2171**
(ópsei de me perí Philíppus.)
Plutarch, Caesar 69; Brutus 36
Bei Philippi wirst du mich wiedersehen.
Vgl. auch Plutarch, Brutus 48.

τοῦτο δὲ τὸ σημεῖον πηδᾷ καὶ κινεῖται.   **2174**
Aristoteles, Historia animalium 561a9ff.
Dieser Punkt aber hüpft und bewegt sich.

Ἑκάτων δέ φησι καὶ Ἀπολλώνιος ὁ Τύριος ἐν πρώτῳ περὶ **2200** Ζήνωνος, χρηστηριασαμένου αὐτοῦ τί πράττων ἄριστα βιώσεται, ἀποκρίνασθαι τὸν θεόν, εἰ συγχρωτίζοιτο τοῖς νεκροῖς· ὅθεν ξυνέντα τὰ τῶν ἀρχαίων ἀναγινώσκειν.

Diogenes Laertios 7,2 (Zenon)

Hekaton und Apollonios von Tyros (im 1. Buch über Zenon) erzählen, daß er das Orakel befragt habe, welche Tätigkeit er ausüben müsse, um am besten leben zu können; der Gott habe ihm geantwortet, er könne am besten leben, wenn er mit den Toten in Beziehung trete. Der habe das verstanden und die Werke der Alten gelesen.

εἴπερ γὰρ ἀδικεῖν χρή, τυραννίδος πέρι / κάλλιστον ἀδικεῖν.   **2214**
Euripides, Phönikerinnen 524f.

Wenn es schon nötig ist, Unrecht zu begehen, dann lohnt es sich am meisten, der Macht wegen Unrecht zu tun.

2291 Ἰησοῦς Χριστὸς Θεοῦ Υἱὸς Σωτήρ.
(*Iēsús Christós Theú Hyiòs Sōtḗr.*)
Jesus Christus, Gottes Sohn, Heiland (Retter).

2295 αὐτοῦ γὰρ Ῥόδος καὶ πήδημα.
(*autú gar Rhódos kai pédēma.*)
Äsop, Fabulae 33 Hausrath
Denn hier ist Rhodos, und hier springe!

2339 μὴ κινεῖν τὰ ἀκίνητα
Platon, Gesetze 684d; 913b
Man soll das, was nicht bewegt werden darf, nicht von der Stelle rücken.

2383 ὁ μῦθος δηλοῖ, ὅτι πολλάκις τὰ παθήματα τοῖς ἀνθρώποις μαθήματα γίνονται.
Äsop, Fabulae 134 Hausrath
Die Fabel lehrt, daß oft Leiden den Menschen Erkenntnisse bringen.

2383 πάθει μάθος
(*páthei máthos*)
Aischylos, Agamemnon 177
durch Leid Erkenntnis

2383 στέργειν γὰρ αἱ πάθαι με καὶ ὁ χρόνος ξυνὼν / μακρὸς διδάσκει.
Sophokles, Ödipus auf Kolonos 7f.
Zufrieden zu sein lehren die Leiden und mein langes Leben mich.

2395 … εἰ ἀποκρυπτόντων τῶν Μήδων τὸν ἥλιον ὑπὸ σκιῇ ἔσοιτο πρὸς αὐτοὺς ἡ μάχη καὶ οὐκ ἐν ἡλίῳ.
Herodot, Historien 7,226,2
… wenn die Meder die Sonne verdunkelten und dann die Schlacht gegen sie im Schatten und nicht in der Sonne sein würde.

πέμπε δέ μιν πομποῖσιν ἅμα κραιπνοῖσι φέρεσθαι / ὕπνῳ καὶ **2452**
θανάτῳ διδυμάοσιν.
Homer, Ilias 16,671f.

Und übergib ihn, damit sie ihn geleiten, den schnellen Zwil-
lingsbrüdern, dem Schlaf und dem Tod.

νὺξ δ᾽ ἔτεκεν στυγερόν τε Μόρον καὶ Κῆρα μέλαιναν / καὶ **2452**
Θάνατον, τέκε δ᾽ Ὕπνον, ἔτικτε δὲ φῦλον Ὀνείρων.
Hesiod, Theogonie 211f.

Aber die Nacht gebar den verhaßten Moros, die schwarze Ker
und Thanatos, den Tod, sie gebar auch den Schlaf und die
Scharen der Träume.

ἔνθα δὲ Νυκτὸς παῖδες ἐρεμνῆς οἰκί᾽ ἔχουσιν, / Ὕπνος καὶ **2452**
Θάνατος, δεινοὶ θεοί.
Hesiod, Theogonie 758f.

Auch die Kinder der finsteren Nacht haben hier ihr Zuhause,
Schlaf und Tod, die furchtbaren und gewaltigen Götter.

τέτλαθι δή, κραδίη· καὶ κύντερον ἄλλο ποτ᾽ ἔτλης.   **2485**
Homer, Odyssee 20,18

Herz, halt aus! Schon anderes Hündischeres (Schlimmeres)
hast du einst ertragen.

ἀλλ᾽ ἔγωγε εἰσῆλθον ἄν, εἰ μὴ ἑώρων πολλῶν εἰσιόντων ἴχνη, **2501**
ἐξιόντος δὲ οὐδενός.
Äsop, Fabulae 147 Hausrath

Ich wäre schon hineingegangen, wenn ich nicht die Spuren
vieler anderer sehen würde, die hineingingen, jedoch die keines
einzigen, der wieder herauskam.

ὗς ποτ᾽ Ἀθαναίαν ἔριν ἤρισεν.   **2542**
Theokrit, Idyllia 5,23

Ein Schwein hat einst Athene zum Wettstreit herausgefordert.

ὕες βορβόρῳ ἥδονται μᾶλλον ἢ καθαρῷ ὕδατι.   **2545**
Heraklit (22 B13 DK)

Schweine fühlen sich wohler im Dreck als in sauberem Wasser.

μὴ παιδὶ μάχαιραν   **2548**
Diogenian 6,46

Gib einem Kind ja kein Messer!

2559 πλεῖν ἀνάγκη, ζῆν οὐκ ἀνάγκη.
Plutarch, Pompeius 50,2
Zu segeln ist notwendig, zu leben aber ist nicht notwendig.

2603 ... ὅτι, ἦ δ᾽ ὅς, τὸ τὰ ὀφειλόμενα ἑκάστῳ ἀποδιδόναι δίκαιόν ἐστι.
Platon, Staat 331e
... „daß", erwiderte er, „jedem seine Schuld zu bezahlen gerecht ist."

2604 αὐτὸς ἔφα.
Diogenes Laertios 8,46
Er selbst hat es gesagt.

2619 ἦλθον, εἶδον, ἐνίκησα.
(élthon, eídon, eníkēsa.)
Plutarch, Caesar 50,3
Ich kam, sah, siegte.

2624 νενίκηκας Γαλιλαῖε.
Philostorgios 7,15; Theodoretos von Kyrrhos, Hist. Eccl. 3,25,7
Du hast gesiegt, Galiläer.

2629 Die Vorstellung geht zurück auf Überlegungen des Aristoteles in De anima 431b20–432a14.

2638 φθείρουσιν ἤθη χρήσθ᾽ ὁμιλίαι κακαί.
Menander Fr. 165 PCG
Schlechter Umgang verdirbt einen guten Charakter.

2649 ἔνθα δ᾽ ἐνὶ Σκύλλη ναίει δεινὸν λελακυῖα. / τῆς ἦ τοι φωνὴ μὲν ὅση σκύλακος νεογιλῆς γίγνεται.
Homer, Odyssee 12,85f.
Dort haust Skylla, die furchtbar bellt. Nun aber klingt ihre Stimme wie die eines saugenden Hündchens.

2652 ἀπὸ τοῦ ἡλίου μετάστηθι.
(apó tu hēlíu metástēthi.)
Plutarch, Alexander 14
Geh mir aus der Sonne!

2653 τὸν ἥλιον ἀνατέλλοντα πλείονες ἢ δυόμενον προσκυνοῦσιν.
Plutarch, Pompeius 14

*Vor der aufgehenden Sonne werfen sich mehr Leute ehrfüchtig
zu Boden als vor der untergehenden.*

μεσσόθι φείδεσθαι· δειλὴ δ᾽ ἐνὶ πυθμένι φειδώ.   **2669**

Hesiod, Werke und Tage 369

*In der Mitte soll man sparen; denn jämmerlich ist Sparsamkeit
an der Neige (wenn man alles ausgetrunken hat).*

ἁπλοῦς ὁ μῦθος τῆς ἀληθείας ἔφυ.   **2685**

Euripides, Phönikerinnen 469

Einfach ist das Wort der Wahrheit.

πέτρην κοιλαίνει ῥανὶς ὕδατος ἐνδελεχείῃ.   **2715**

Choirilos von Samos Fr. 11 Bernabé

Den Stein höhlt der Wassertropfen durch Stetigkeit aus.

λίθος τῶν φιλοσόφων   **2718**
(líthos tōn philosóphōn)

Stein der Weisen

μακρὸς δὲ καὶ ὄρθιος οἶμος ἐς αὐτὴν / καὶ τρηχὺς τὸ πρῶτον.   **2741**
ἐπὴν δ᾽ εἰς ἄκρον ἴκηται, / ῥηιδίη δὴ ἔπειτα πέλει, χαλεπή περ
ἐοῦσα.

Hesiod, Werke und Tage 289–291

*Lang ist und steil der Pfad, der zu ihr (der Tugend) hinaufführt,
und auch rauh zu Beginn, doch wenn er die Höhe erreicht hat,
dann wird er leicht, mag er auch schwer sein.*

ἴσως γάρ, ὦ Σώκρατες, τὸ λεγόμενον ἀληθές, ὅτι χαλεπὰ τὰ   **2741**
καλά.

Platon, Staat 435c

*Denn vermutlich ist das Sprichwort wahr, Sokrates, daß das
Schöne schwer ist.*

τὰ καλὰ τῷ ὄντι χαλεπά.   **2741**

Platon, Staat 497d

Das Schöne ist wirklich schwer.

παλαιὰ παροιμία ὅτι χαλεπὰ τὰ καλά ἐστιν ὅπη ἔχει μαθεῖν.   **2741**

Platon, Kratylos 384a

*Es ist ein altes Sprichwort, daß es schwierig ist zu lernen, wie
es sich mit dem Schönen verhält.*

2741 τὴν γὰρ παροιμίαν ὅτι ποτὲ λέγει, τὸ 'χαλεπὰ τὰ καλά,' δοκῶ
μοι εἰδέναι.

Platon, Hippias Maior 304e

Was denn das Sprichwort „das Schöne ist schwer" meint, das
glaube ich nun zu verstehen.

2741 ἄνδρ᾽ ἀγαθὸν μὲν ἀλαθέως γενέσθαι χαλεπόν.

Platon, Protagoras 339b

Ein guter Mensch zu werden ist wirklich schwierig.

2741 τῶν γὰρ ὄντων ἀγαθῶν καὶ καλῶν οὐδὲν ἄνευ πόνου καὶ
ἐπιμελείας θεοὶ διδόασιν ἀνθρώποις.

Xenophon, Memorabilia 2,1,28

Denn von dem wirklich Guten und Schönen geben die Götter
den Menschen nichts ohne Mühe und Sorge.

2741 ἄνδρ᾽ ἀγαθὸν ἀλαθέως γενέσθαι χαλεπόν.

Diogenes Laertios 1,76 (Pittakos)

Ein guter Mensch zu werden ist wirklich schwierig.

2742 τῷ ἔνι Καρκίνος ἐστί, Λέων δ᾽ ἐπὶ τῷ, καὶ ὑπ᾽ αὐτὸν /
παρθένος᾽ αἱ δ᾽ ἐπί οἱ Χηλαὶ καὶ Σκορπίος αὐτός, / Τοξευτής τε
καὶ Αἰγόκερως, ἐπὶ δ᾽ Αἰγοκερῆϊ / Ὑδροχόος᾽ δύο δ᾽ αὐτὸν ὕπ᾽
Ἰχθύες ἀστερόωνται / τοὺς δὲ μέτα Κριός, Ταυρός δ᾽ ἐπὶ τῷ
Δίδυμοί τε.

Aratos, Phainomena 545–549

Darin ist der Krebs, darauf der Löwe und unter dem die Jung-
frau; es folgen darauf die Scheren und der Skorpion selbst,
dann der Schütze und der Steinbock, auf den Steinbock der
Wassermann, auf den die zwei Fische, die zu Sternen geworden,
nach denen der Widder, darauf der Stier und die Zwillinge.

2752 ἦ σέ γε λαοὶ / ἐχθαίρουσ᾽ ἀνὰ δῆμον, ἐπισπόμενοι θεοῦ ὀμφῇ.

Homer, Odyssee 3,214f.

Oder hassen dich die Menschen im Volk, da einer Stimme
Gottes sie folgen?

2752 φήμη δ᾽ οὔτις πάμπαν ἀπόλλυται, ἥν τινα πολλοὶ / λαοὶ
φημίξωσι᾽ θεός νύ τίς ἐστι καὶ αὐτή.

Hesiod, Werke und Tage 763f.

Das Gerede verschwindet nie ganz und gar, wenn es viele Leute
äußern; es ist auch selbst eine Gottheit.

... τοῦ δ᾽ εἰς τὸν αὖθις ἕνεκα χρόνον ἢ τὸ παράπαν μισῆσαι τὴν **2767**
ἀδικίαν αὐτόν τε καὶ τοὺς ἰδόντας αὐτὸν δικαιούμενον, ἢ
λωφῆσαι μέρη πολλὰ τῆς τοιαύτης συμφορᾶς.
Platon, Gesetze 934a–b

... damit künftig entweder er selbst und die, die sehen, daß er
zur Rechenschaft gezogen wird, ganz und gar die Ungerechtig-
keit hassen oder doch zum großen Teil dieses Übel sein lassen.

ἕτερόν ἐστιν εἶπεν, ὦ βασιλεῦ, σκῆπτρον, ἕτερον δὲ πλῆκτρον. **2827**
Athenaios, Deipnosophistai 350c

„Das eine", sagte er, „mein König, ist das Szepter, das andere
aber das Plektron (zum Schlagen der Leier)."

θὲς δή μοι λόγου ἕνεκα ἐν ταῖς ψυχαῖς ἡμῶν ἐνὸν κήρινον **2829**
ἐκμαγεῖον, [...] καὶ εἰς τοῦτο ὅτι ἂν βουληθῶμεν μνημονεῦσαι
ὧν ἂν ἴδωμεν ἢ ἀκούσωμεν ἢ αὐτοὶ ἐννοήσωμεν ...
ἀποτυποῦσθαι ...
Platon, Theaitetos 191c–f

Nimm nun für unsere Diskussion an, in unseren Seelen befinde
sich ein Wachsblock, [...] und in diesen drücken wir, was wir
im Gedächtnis behalten wollen von dem, was wir sehen, hören
oder selbst denken, hinein.

ὥσπερ ἐν γραμματείῳ ᾧ μηθὲν ἐνυπάρχει ἐντελεχείᾳ **2829**
γεγραμμένον.
Aristoteles, De anima 430a1

Wie auf einer Tafel, auf der nichts tatsächlich Geschriebenes
steht.

τὸν τεθνηκότα μὴ κακολογεῖν.   **2895**
(tón tethnēkóta mē kakologeín.)
Diogenes Laertios 1,70 (Chilon)

Über einen Toten nichts Böses sagen.

οὐχ ὁσίη κταμένοισιν ἐπ᾽ ἀνδράσιν εὐχετάασθαι.   **2895**
Homer, Odyssee 22,412

Nicht ist es fromm und angemessen, vor Gefallenen zu prahlen.

2898 λύειν δέ γε αὐτήν, ὥς φαμεν, προθυμοῦνται ἀεὶ μάλιστα καὶ μόνοι οἱ φιλοσοφοῦντες ὀρθῶς, καὶ τὸ μελέτημα αὐτὸ τοῦτό ἐστιν τῶν φιλοσόφων, λύσις καὶ χωρισμὸς ψυχῆς ἀπὸ σώματος.

Platon, Phaidon 67d

Sie [die Seele] loszulösen, wie wir sagen, bemühen sich immer am meisten und allein die, die richtig philosophieren, und gerade das ist die Aufgabe der Philosophen, die Loslösung und Absonderung der Seele vom Körper.

2973 οἱ δυστυχοῦντες ἐξ ἑτέρων χείρονα πασχόντων παραμυθοῦνται.

Äsop, Fabulae 143 Hausrath

Die, die Pech haben, empfangen aus dem Anblick derer, denen es noch schlechter geht, Trost.

2977 Die Lehre von Kardinaltugenden wird von Platon im Staat (besonders 442b–d) ausführlich entwickelt; knapp werden sie von Platon im Menon (74a) aufgezählt.

2977 ἡ ἀνδρεία τοίνυν ἔμοιγε δοκεῖ ἀρετὴ εἶναι καὶ σωφροσύνη καὶ σοφία καὶ μεγαλοπρέπεια καὶ ἄλλαι πάμπολλαι.

Platon, Menon 74a

Die Tapferkeit also ist meiner Meinung nach eine Tugend, ebenso die Besonnenheit und die Weisheit und die Großmut und noch viele andere.

2990 μακρὸς δὲ καὶ ὄρθιος οἶμος ἐς αὐτὴν / καὶ τρηχὺς τὸ πρῶτον· ἐπὴν δ᾽ εἰς ἄκρον ἵκηται, / ῥηιδίη δὴ ἔπειτα πέλει, χαλεπή περ ἐοῦσα.

Hesiod, Werke und Tage 289–291

Lang ist und steil der Pfad, der zu ihr (der Tugend) hinaufführt, und auch rauh zu Beginn, doch wenn er die Höhe erreicht hat, dann wird er leicht, mag er auch schwer sein.

3004 οὐδεμία τῶν ἠθικῶν ἀρετῶν φύσει ἡμῖν ἐγγίνεται.

Aristoteles, Nikomachische Ethik 1103a19

Keine der ethischen Tugenden wird uns von Natur gegeben.

3008 αὐτίκ᾽ ἔπειθ᾽ ἅμα μῦθος ἔην, τετέλεστο δὲ ἔργον.

Homer, Ilias 19,242

Kaum war es gesagt, und schon war das Werk vollbracht.

μηδὲν ἄγαν   **3023**
(mēdén ágan)
vgl. Platon, Hipparch 228e
nichts im Übermaß

Ἰλιὰς κακῶν· ἐπὶ τῶν μεγάλων κακῶν.   **3041**
Diogenian 5,26
Eine Ilias von Unglücksfällen: bei großen Unglücksfällen.

ἐπὶ δ᾽ ἄλγεσιν ἄλγεα κεῖται.   **3053**
Euripides, Troerinnen 596
auf Leid liegt Leid

εἰ δ᾽ ἀναγκαῖον εἴη ἀδικεῖν ἢ ἀδικεῖσθαι, ἑλοίμην ἂν μᾶλλον **3056**
ἀδικεῖσθαι ἢ ἀδικεῖν.
Platon, Gorgias 469c
Wenn es aber notwendig sein sollte, entweder Unrecht zu tun
oder Unrecht zu erleiden, würde ich es vorziehen, Unrecht zu
erleiden statt Unrecht zu tun.

πατρὶς γάρ ἐστι πᾶσ᾽ ἵν᾽ ἂν πράττῃ τις εὖ.   **3094**
Aristophanes, Plutos 1151
Das Vaterland ist ganz da, wo es einem gut geht.

οὗ οἱ ἀεικὲς ἀμυνομένῳ περὶ πάτρης / τεθνάμεν.   **3096**
Homer, Ilias 15,496f.
Nicht ruhmlos ist es, im Kampf für das Vaterland den Tod zu
finden.

τὸ κακὸν δοκεῖν ποτ᾽ ἐσθλὸν / τῷδ᾽ ἔμμεν ὅτῳ φρένας / θεὸς **3169**
ἄγει πρὸς ἄταν·/ πράσσει δ᾽ ὀλίγιστον χρόνον ἐκτὸς ἄτας.
Sophokles, Antigone 621–625
Wem ein Gott den Geist in Verblendung führt, der hält Schlim-
mes irgendwann für edel. Die wenigste Zeit bleibt er dann frei
von verderblicher Verblendung.

ὦ Κύκλωψ Κύκλωψ, πᾷ τὰς φρένας ἐκπεπότασαι;   **3225**
Theokrit, Idyllia 11,72
Kyklop, Kyklop, wohin bist du in deinen Gedanken weggeflo-
gen?

3289 οἶνος […] καὶ ἀλάθεα.
(oínos […] kai aláthea.)
Alkaios Fr. 366 Voigt
Wein […] und Wahrheit.

3289 οἶνος […] λέγεται καὶ ἀλάθεα.
Theokrit, Idyllia 29,1
„Wein […]," so heißt es, „und Wahrheit".

3305 τούτων ἦν καὶ Θαλῆς ὁ Μιλήσιος καὶ Πιττακὸς ὁ Μυτιληναῖος καὶ Βίας ὁ Πριηνεὺς καὶ Σόλων ὁ ἡμέτερος καὶ Κλεόβουλος ὁ Λίνδιος καὶ Μύσων ὁ Χηνεύς, καὶ ἕβδομος ἐν τούτοις ἐλέγετο Λακεδαιμόνιος Χίλων.
Platon, Protagoras 343a
Zu denen gehörte auch Thales aus Milet, Pittakos aus Mytilene, Bias aus Priene, unser Athener Solon, Kleobulos aus Lindos und Myson aus Chenai, und als Siebter unter diesen wurde der Lakedaimonier Chilon genannt.

3307 ἑπτὰ σοφοὶ χαίροιτε – τὸν ὄγδοον, ὥστε Κόροιβον, οὐ συναριθμέομεν.
Kallimachos Fr. 587 Pfeiffer (= 403 Aspcr)
Ihr Sieben Weisen, seid gegrüßt – den achten, nämlich den Koroibos (diesen Trottel), zählen wir nicht hinzu!

3330 ἐμοῦ θανόντος γαῖα μιχθήτω πυρί. Οὐδὲν μέλει μοι· τἀμὰ γὰρ καλῶς ἔχει
Tragicorum fragmenta adespota Fr. 513 TrGF II ; Cassius Dio 58,23,4
Nach meinem Tod gehe die Erde in Flammen auf. Mich kümmert's nicht. Denn mir geht's gut.

3413 ἀνερρίφθω κύβος.
(anerríphthō kýbos.)
Plutarch, Caesar 32,5; Pompeius 60,2; Menander fr. 59,4 K. Th.
Der Würfel soll geworfen sein!

3466 ὁ μὲν γὰρ ὄρεξιν ἀντιλυπήσεως ἤ τι τοιοῦτον.
Aristoteles, De anima 403a30
Der eine definiert [Zorn] als Verlangen nach Vergeltung.

ἀλλ', ἦν δ' ἐγώ, πρὸς δύο λέγεται οὐδ' ὁ Ἡρακλῆς οἷός τε **3516**
εἶναι.

Platon, Phaidon 89c

„Aber mit zwei", erwiderte ich, „wird nicht einmal, wie das
Sprichwort sagt, Herakles fertig. "

ἥττων γάρ εἰμι καὶ τοῦ ἑτέρου ὑμῶν, ὥστε πολλοῦ δέω μὴ οὐ **3516**
δύο γε φεύγειν. πολὺ γάρ πού εἰμι φαυλότερος τοῦ Ἡρακλέους,
ὃς οὐχ οἷός τε ἦν τῇ τε ὕδρᾳ διαμάχεσθαι [...] καὶ καρκίνῳ.

Platon, Euthydemus 297b–c

Denn ich bin schon schwächer als einer von euch beiden, so
daß ich erst recht vor zwei fliehen muß. Denn ich bin ja um vie-
les schlechter als Herakles, der nicht im Stande war, gegen die
Hydra zu kämpfen [...] und den Seekrebs.

ὀρθὸν μὲν δὴ πάλαι τε εἰρημένον ὡς πρὸς δύο μάχεσθαι καὶ **3516**
ἐναντία χαλεπόν.

Platon, Gesetze 919b

Richtig und schon vor langer Zeit gesagt ist, daß es schwer ist,
gegen zwei Übel, und dazu noch von entgegengesetzter Art, zu
kämpfen.

οὐδὲν Ἡρακλῆς πρὸς δύο.   **3516**

Diogenian 3,44

Gegen zwei ist Herakles machtlos.

ἡ τέχνη διὰ τριῶν, τὸ νόσημα καὶ ὁ νοσέων καὶ ὁ ἰητρός· ὁ **3516**
ἰητρὸς ὑπηρέτης τῆς τέχνης· ὑπεναντιοῦσθαι τῷ νοσήματι τὸν
νοσέοντα μετὰ τοῦ ἰητροῦ.

Hippokrates, Epidemien 1,11

Unsere Kunst umfaßt dreierlei: die Krankheit, den Kranken
und den Arzt; der Arzt ist der Diener der Kunst, der Kranke
muß zusammen mit dem Arzt der Krankheit Widerstand leisten.

Abkürzungen für ausgewählte Sammlungen griechischer Texte

Hausrath = Corpus Fabularum Aesopicarum, ed. A. Hausrath, Leipzig – Berlin 1956/57

Tosi = R. Tosi, Dizionario delle sentenze latine e greche, Milano 2017

PCG = Poetae Comici Graeci, edd. R. Kassel – C. Austin, Berlin – New York 1983–2001

TrGF = Tragicorum Graecorum Fragmenta, Vol. II, ed. R. Kannicht – B. Snell, Göttingen 1981; Vol. V, ed. R. Kannicht, Göttingen 2004

DK = H. Diels – W. Kranz, Die Fragmente der Vorsokratiker, Bd. 1, Berlin ^{6}1951; Bd. 2, Berlin ^{6}1952

West = Iambi et elegi Graeci ante Alexandrum cantati, ed. M.L. West, Bd. 1, Oxford ^{2}1971

Maehler = Pindarus. Pars II, ed. H. Maehler, Leipzig 1989

Page = Epigrammata Graeca, ed. D.L. Page, Oxford 1975

Voigt = Sappho et Alcaeus, Fragmenta, ed. E.-M. Voigt, Amsterdam 1971

Griechische Autoren

Aischylos, 525/24–456 v. Chr., bedeutender griechischer Tragödiendichter. Nur sieben seiner 90 Werke sind erhalten: Hiketiden, Die Perser, Der gefesselte Prometheus, Die Sieben gegen Theben, Orestie: Agamemnon, Choephoren, Eumeniden.

Aisopos (lat. Aesop), 6. Jh. v. Chr., Begründer der Fabeldichtung.

Alkaios, ca. 600 v. Chr., griechischer Lyriker aus Lesbos, dessen Metren Einfluß auf Horaz ausübten (,Alkäische Strophe').

Anaxagoras, ca. 500–428 v. Chr., aus Klazomenai in Ionien, Philosoph, Freund des Staatsmannes Perikles.

Aratos, ca. 315–240 v. Chr., Dichter der Phainomena, Himmelserscheinungen, eines Lehrgedichts in Hexametern über Sternbilder und Wetterzeichen, eingefügt sind Sternsagen.

Aristippos, 435–355 v. Chr., griechischer Philosoph aus Kyrene in Nordafrika, Schüler und Freund des Sokrates, Begründer der Schule der Hedoniker, die lehrten, höchstes Ziel allen Tuns sei der Genuß des Augenblicks.

Aristophanes, ca. 445–386 v. Chr., genialer Komödiendichter, Vertreter der Alten Komödie. Einige Werke: Die Ritter, Die Wolken, Die Wespen, Der Friede, Die Vögel, Die Frösche. Am bekanntesten wurde sein Lustspiel Lysistrate, Über den Ehestreik der Frauen.

Aristoteles, 384–322 v. Chr., Schüler Platons, Gelehrter, Erzieher Alexanders des Großen, der größte griechische Philosoph nach Platon, dessen zahlreiche Werke gut überliefert sind und bis zur Aufklärung die europäische Philosophie und Theologie stark beeinflußten.

Athenaios, Anfang des 3. Jhs. n. Chr., Verfasser des umfangreichen Werks Deipnosophistai, Das Gelehrtengastmahl, einer Kompilation antiquarischer Nachrichten in unterhaltsamer Form.

Bion, 3. Jh. v. Chr., Wanderprediger und Philosoph, Begründer der Diatribe, des lebendigen Lehrvortrags.

Cassius Dio (Dio Cassius), ca. 150–235 n. Chr., Verfasser einer römischen Geschichte von den Anfängen Roms bis zum Jahre 229.

Demokritos, 470/60–371 v. Chr. Der weitgereiste Philosoph soll sehr alt geworden sein. Er ist der wissenschaftliche Begründer der altgriechischen Atomistik und entwarf ein mechanistisches Weltbild. Demokrit hat Epikur und über diesen Lukrez maßgeblich beeinflußt. Erhaltene Fragmente bei Capelle 293 ff.

Diogenes, ca. 412–323 v. Chr., aus Sinope in Kleinasien lehrte die anspruchslose Genügsamkeit und wurde der Gründer der kynischen Schule. Er soll gewöhnlich in einer Tonne geschlafen und auf jeden Komfort verzichtet haben. Zahlreiche überlieferte Anekdoten lassen ihn als scharfsichtigen, zu bitteren Bemerkungen neigenden Kritiker der menschlichen Konvention erkennen. Er wurde als kyon, Hund, bezeichnet, weil er wie ein Hund lebte und mit bissigen Bemerkungen die Mitmenschen zum Nachdenken – auch über ihr eigenes Leben – herausforderte. Der Begriff Zynismus ist auf ihn zurückzuführen.

Diogenes Laertios, 3. Jh. n. Chr., Verfasser einer Geschichte der Philosophie.

Diogenianos, 2. Jh. n. Chr., griechischer Grammatiker. Unter seinem Namen ist eine Sprichwörtersammlung überliefert, die wohl aus späterer Zeit stammt.

Epiktetos, ca. 50–ca. 130 n. Chr., stoischer Popularphilosoph.

Epikuros, 342/41–271/70 v. Chr., Philosoph, Begründer der epikureischen Philosophie in Athen, die die Lust, definiert als Freiheit von allem Schmerz, zum höchsten Gut erklärt. Erhaltene Werke: 3 Briefe und 40 Merksätze zu den wesentlichen Punkten seiner Lehre. Diese wird von Diogenes Laertios im 10. Buch und von Lukrez dargelegt.

Euripides, ca. 480–406 v. Chr., neben Aischylos und Sophokles der bedeutendste Tragödiendichter des 5. Jhs. v. Chr. 18 Dramen sind erhalten, darunter Alkestis, Medea, Hippolytos, Herakles, Die Troerinnen, Elektra, Iphigenia bei den Tauriern, Orestes u. a.

Eusebios, ca. 260–339 n. Chr., griechischer Kirchenschriftsteller. Er verfaßte u. a. eine Chronik und eine Kirchengeschichte, die in der lateinischen Übersetzung des Rufinus weit verbreitet wurde.

Galenos, 129-199 n. Chr., philosophisch denkender Medizinschriftsteller. Nach Hippokrates der berühmteste Arzt der Antike.

Herakleitos (Heraklit), ca. 500 v. Chr., Philosoph. Bekannt sind seine Sätze vom Krieg als Weltprinzip und vom Fluß aller Dinge. Fragmente bei Capelle 126 ff.

Herodotos, ca. 485–425 v. Chr., großer griechischer Historiker, genannt Vater der Geschichtsschreibung.

Hesiodos, ca. 700 v. Chr., nach Homer der bedeutendste Epiker der archaischen Zeit. Seine viel gelesenen Hauptwerke sind: Theogonia, Göttergeburt (am Anfang ein Schöpfungsbericht), und Erga kai hemerai, Werke und Tage.

Hippokrates, ca. 460–ca. 370 v. Chr., war der bekannteste griechische Arzt und Medizinschriftsteller. Unter seinem Namen sind zahlreiche Schriften überliefert. Die von ihm formulierte Eidesformel, ein Ärztegelöbnis, machte seinen Namen unsterblich.

Homeros (Homer), 9. oder 8. Jh. v. Chr., Dichter der Epen Ilias und Odyssee.

Kallimachos, ca. 300–ca. 240 v. Chr., gelehrter Mitarbeiter an der berühmten Bibliothek von Alexandria, früher Typ des poeta doctus, des gelehrten Dichters. Von ihm sind 6 Götterhymnen und 63 ausgefeilte Epigramme erhalten. Von den Aitia, Ursprungsgeschichten, sind nur Bruchstücke überliefert.

Lukianos, ca. 120–180 n. Chr., aus Samosata am oberen Euphrat. Er war Sophist und Wanderredner und wurde ein sehr fruchtbarer Schriftsteller. Bekannte erzählende Werke: Totengespräche, Göttergespräche, Hetärengespräche, Lukians Traum, Charon u. a.

Menandros (Menander), 342–291 v. Chr., Schüler des Theophrast, Komödiendichter. Von seinen über 100 Stücken wurde nur ein einziges ganz überliefert: Dyskolos, Das Rauhbein. Von weiteren Werken sind zahlreiche Fragmente erhalten.

Pindaros (Pindar), ca. 520–445 v. Chr. Der Dichter schuf (auf Bestellung) hohe Lyrik. In den erhaltenen 45 Siegesliedern feierte er die Sieger bei den Spielen in Olympia, Delphi, Nemea und Korinth. Unter den Siegerstädten wird am häufigsten Aigina genannt.

Platon, 427–347 v.Chr., war der bedeutendste griechische Philosoph; sein Lehrer war Sokrates. Hauptwerke: Politeia, Der Staat; Die Apologie (des Sokrates Verteidigungsrede vor Gericht); Symposion, Das Gastmahl; Phaidros; Phaidon (Über die Unsterblichkeit der Seele); Parmenides; Gorgias; Protagoras.

Polybios, ca. 200–120 v.Chr., Freund des jüngeren Scipio in Rom, Historiker. Von seiner ‚Weltgeschichte‘ sind die ersten 5 Bücher, von anderen Büchern Teile erhalten. Das Werk wurde u.a. von Livius und von Plutarch viel benutzt.

Poseidonios, ca. 135–50 v.Chr., vielseitiger Gelehrter, Historiker und Philosoph. Von seinem Geschichtswerk sind nur Bruchstücke erhalten, seine philosophischen Lehren fanden in den Werken späterer Autoren ihren Niederschlag.

Plutarchos (Plutarch), ca. 46–ca. 120 n.Chr., ist als Verfasser spannend geschriebener Parallelviten bekannt. Je ein berühmter Grieche und ein Römer werden miteinander verglichen, z.B. Alexander der Große mit Caesar, Perikles und Quintus Fabius Maximus u.a.m. Er schuf so farbige Lebensbilder. In den Moralia, kleineren populären Schriften, werden verschiedene Themen behandelt. Titel: Über die Musik, Über die Kindererziehung. Über die Orakel der Pythia. Über das Aufhören der Orakel.

Pythagoras, ca. 578–496 v.Chr., Philosoph, Mathematiker, Astronom und Musikwissenschaftler aus Samos, der in Kroton in Unteritalien (Magna Graecia) lebte und Schüler um sich versammelte, die sich seiner religiösen Gemeinschaft anschlossen. Er soll den bekannten ‚pythagoreischen Lehrsatz‘ aufgestellt haben. Den Pythagoreern galt die Zahl als Grundprinzip allen Seins. Ihre Lehre von der Wiederverkörperung der Seele des Menschen nach seinem Tode im Leibe eines Menschen oder eines Tieres fand viele Anhänger.

Simonides lebte ca. 556–ca. 468 v.Chr. Von seiner Lyrik sind nur noch Fragmente erhalten.

Sophokles, 496–406 v.Chr., Tragödiendichter aus Athen, der mit Aischylos und Euripides zu den großen Dichtern des 5. Jhs., des Jahrhunderts der Klassik der Griechen, gehört. Von den vielen Dramen, die er geschrieben hat, sind 7 Tragödien erhalten: Aias, Antigone, König Ödipus, Die Trachinerinnen, Elektra, Philoktet, Ödipus auf Kolonos.

Strabon, ca. 64–23 n.Chr., weitgereister Geograph, der in seinem umfangreichen Werk Geographia, Erdbeschreibung, 17 Bücher, Sachinformation und Wissen über die Alte Welt vermittelt.

Suda: Titel eines inhaltsreichen byzantinischen Sprach- und Sachlexikons aus dem 10. Jahrhundert.

Theokritos (Theokrit), 1. Hälfte des 3. Jhs. v.Chr., stammte aus Syrakus, lebte dort und in Alexandria. Er war Lyriker und wurde der Begründer der bukolischen Dichtung. Seine Gedichte übten auf Vergil große Wirkung aus.

Theophrastes (Theophrast) aus Lesbos, ca. 371–287 v.Chr., Mitarbeiter des Aristoteles, nach ihm Leiter der peripatetischen Schule in Athen, Naturwissenschaftler, Verfasser der Charaktere, einer Beschreibung verschiedener Menschentypen.

Zenon, 335–262 v. Chr., aus Kition auf Zypern, Philosoph, Begründer der Philosophenschule der Stoiker in Athen. Der Name Stoa stammt von der stoa poikile, der Bunten Halle an der Agora zu Athen, in der die stoischen Philosophen lehrten; sie war u.a. mit Wandgemälden des Malers Polygnot ausgestattet. Die langgestreckte, vorn offene Wandelhalle befand sich in öffentlichem Besitz.

Literatur

M. v. Albrecht, Geschichte der römischen Literatur. Von Andronicus bis Boethius. Mit Berücksichtigung ihrer Bedeutung für die Neuzeit. 2 Bände. Darmstadt ²1994

R. Bartels, Veni vidi vici. Geflügelte Worte aus dem Griechischen und Lateinischen. Darmstadt ⁹1992

K. Bayer, Nota bene! Das lateinische Zitatenlexikon. Zürich ³1999

K. Bayer, Expressis verbis: lateinische Zitate für alle Lebenslagen. Zürich 1996

H. Bebel's proverbia Germanica. Hrsg. v. H. D. Suringar. Leiden 1879. Ndr. Hildesheim 1969

W. Beinert (Hg.), Lexikon der katholischen Dogmatik. Freiburg 1997

Die Benedictusregel. Regula Benedicti. Lateinisch / deutsch. Hrsg. im Auftrag der Salzburger Äbtekonferenz. Beuron 1992

Die Bibel. Einheitsübersetzung Altes und Neues Testament. Freiburg 1993

F. Bömer, P. Ovidius Naso, Metamorphosen. Kommentar von F. B. 6 Bde. Heidelberg 1969 ff.

G. Büchmann, Geflügelte Worte. Berlin ³²1972

W. Buchwald, A. Hohlweg, O. Prinz, Tusculum-Lexikon griechischer und lateinischer Autoren des Altertums und des Mittelalters. München ³1982

W. Capelle, Die Vorsokratiker. Die Fragmente und Quellenberichte übersetzt und eingeleitet. Stuttgart ⁸1979

O. Cato / W. Birnbaum, Lateinische Zitate, Kernsprüche und Redensarten. Hildesheim 1981

Codex Iuris Canonici. Codex des kanonischen Rechtes. Hrsg. im Auftrag der Deutschen und der Berliner Bischofskonferenz. Lat.-dt. Ausgabe. Kevelaer 1983

J. M. and M. J. Cohen, The Pinguin Dictionary of Quotations. London 1960

Demokrit, Fragmente zur Ethik. Griechisch/Deutsch hg. von G. Ibscher, Stuttgart 1996

A. Dempf, Christliche Philosophie. Bonn 1938

A. Dempf, Ethik des Mittelalters. München 1971

H. Denzinger/A. Schönmetzer, Enchiridion Symbolorum definitionum et declarationum de rebus fidei et morum. Barcelona u. a. ³⁶1976

P. Deussen, Allgemeine Geschichte der Philosophie. Leipzig ⁴1920

F. X. Eggersdorfer, Jugenderziehung. München 1962

K. Eichholz, Lateinische Zitate mit deutscher Übersetzung. 2. Aufl. Hamburg o. J.

Erasmus von Rotterdam, Adagia. Vom Sinn und vom Leben der Sprichwörter. Ausgew., übers. u. erl. von Th. Knecht. Zürich ²1985

H. von Fallersleben, Tunnicius. Die älteste niederdeutsche Sprichwörtersammlung, von Antonius Tunnicius gesammelt und in lateinische Verse übersetzt. Herausgegeben mit hochdeutscher Übersetzung, Anmerkungen und Wörterbuch Berlin 1870. Neudruck Amsterdam 1967

K. Flasch, Einführung in die Philosophie des Mittelalters. Darmstadt 1989

H. Freise, Die Bedeutung der Epikur-Zitate in den Schriften Senecas, Gymnasium 96, 1989, Heft 6, S. 532 ff.

A. H. Fried, Lexikon fremdsprachlicher Zitate. Leipzig o.J. (1888)

A. Fritsch, Index Sententiarum ac Locutionum. Handbuch lateinischer Sätze und Redewendungen. Saraviponti Saarbrücken 1996

M. Fuhrmann/D. Liebs, Exempla iuris Romani. Römische Rechtstexte. München 1988

H. Genz, Die Entdeckung des Nichts. Leere und Fülle im Universum. Augsburg 1997

H. Gesche, Caesar. Erträge der Forschung Bd. 51. Darmstadt 1976

Goethes Werke. Hamburger Ausgabe in 14 Bänden. Bde. 9 und 10 Dichtung und Wahrheit. Mit Anmerkungen von Erich Trunz, München [14]2002 u. [12]2003

A. Graeser, Die Philosophie der Antike 2. Sophistik, Plato und Aristoteles [Geschichte der Philosophie. Hrsg. v. W. Röd, Band II]. München [2]1993

Th. Haecker, Vergil, Hirtengedichte. Vergil, Vater des Abendlandes. Frankfurt 1958

O. Hagenmaier, Der Goldene Schnitt. Augsburg [6]1988

R. Häussler, Nachträge zu A. Otto, Sprichwörter und sprichwörtliche Redensarten der Römer. Darmstadt 1968

E. Heimeran / M. Hofmann, Antike Weisheit. Eine Sammlung lateinischer und griechischer Gedanken. München [5]1943

Ch. Helfer, Crater dictorum. Lateinische Sprich- und Schlagwörter, Wahlsprüche und Inschriften des 15.–20. Jahrhunderts. Saarbrücken [2]1995

J. C. A. Heyse, Fremdwörterbuch, neu bearb. von O. Lyon. Hannover [19]1910

J. Hirschberger, Geschichte der Philosophie. Freiburg [14]1976

A. Hohlweg, Justinian. In: Die Großen der Weltgeschichte, Bd. II, hg. von K. Fassmann, Zürich 1972

M. Hossenfelder, Die Philosophie der Antike 3. Stoa, Epikureismus und Skepsis, [Geschichte der Philosophie. Hrsg. v. W. Röd, Band III] München [2]1995

J. Huizinga, Homo ludens. Basel 1938

J. Huizinga, Im Schatten von morgen. Eine Diagnose des kulturellen Leidens unserer Zeit. Bern 1935 Zitiert: J. Huizinga II

K. Jaspers, Über Bedingungen und Möglichkeiten eines neuen Humanismus. Stuttgart 1951

O. Karrer/H. Piesch, Meister Eckeharts Rechtfertigungsschrift vom Jahre 1326. Einleitungen, Übersetzung und Anmerkungen. Erfurt 1927

M. Kasper, Reclams lateinisches Zitatenlexikon. Stuttgart 1996

R. u. R. Keil, Die deutschen Stammbücher des sechzehnten bis neunzehnten Jahrhunderts. Berlin 1893

F. Klingner, Virgil, Bucolica Hirtengedichte. München 1977

M. Kluge, Weisheit der Antike. München 1978

Th. Knecht, Das römische Sprichwort – Abgrenzung, Formen, Anwendung. In: Dialog. Klassische Sprachen und Literaturen. Band XX Reflexionen antiker Kulturen. Hrsg. v. P. Neukam, München 1986

C. S. Köhler, Das Tierleben im Sprichwort der Griechen und Römer. Nachdr. der Ausg. Leipzig 1881. Hildesheim 1967

B. Kytzler, Die Klassiker der römischen Literatur. Die großen Autoren von der altrömischen Republik bis zum frühen Christentum. Düsseldorf 1985. Zitiert: B. Kytzler I.

B. Kytzler, Die Klassiker der griechischen Literatur. Die großen Autoren von Homer bis zum Hellenismus. Düsseldorf 1986. Zitiert: B. Kytzler II.

B. Kytzler, L. Redemund, Unser tägliches Latein. Lexikon des lateinischen Spracherbes. Mainz 1992

S. Lauffer, Daten der griechischen und römischen Geschichte. München 1987

H. Lenk, Werte, Ziele, Wirklichkeit der modernen Olympischen Spiele. Schorndorf ²1972

E. L. A. Leutsch, F. G. Schneidewin, Corpus Paroemiographorum Graecorum, 2 Bände. Hildesheim 1958

R. Lieberwirth, Latein im Recht. Berlin ⁴1996

D. Liebs, Lateinische Rechtsregeln und Rechtssprichwörter. Zusammengestellt, übersetzt und erläutert von Detlef Liebs. München ⁶1998

F. Frh. von Lipperheide, Spruchwörterbuch. Vierter unveränderter Abdruck nach der Originalausgabe Berlin 1907. Berlin 1962

M. Löbe, Wahlsprüche, Devisen und Sinnsprüche deutscher Fürstengeschlechter des XVI. und XVII. Jahrhunderts. Leipzig 1883

F. W. Loof, Allgemeines Fremdwörterbuch. 5. Auflage besorgt von Fr. Ballauff. Langensalza 1900

J. Mansfeld, Die Vorsokratiker I Auswahl der Fragmente, Übersetzung und Erläuterungen. Stuttgart 1995

J. Mittelstraß, Enzyklopädie Philosophie und Wissenschaftstheorie. 4 Bände. Hrsg. von J. M. Stuttgart, Weimar 1995

O. Nikitinski, Zum Ursprung des Spruches Nulla dies sine linea. Rheinisches Museum 1999 Heft 3–4 S. 430 f.

Oertel, Auswahl der schönsten Denk- und Sittensprüche. 1842

A. Otto, Die Sprichwörter und sprichwörtlichen Redensarten der Römer. Gesammelt und erklärt. Leipzig 1890

The Concise Oxford Dictionary of Quotations. Second edition. Oxford 1981

H. Paul, Deutsches Wörterbuch. 9. vollständig neu bearbeitete Auflage von H. Henne und G. Objartel unter Mitarbeit von H. Kämper-Jensen. Tübingen 1992

Der Kleine Pauly. Lexikon der Antike in fünf Bänden. Hrsg. von K. Ziegler und W. Sontheimer. München 1975

K. Peltzer, Das treffende Zitat. Gedankengut aus drei Jahrtausenden und fünf Kontinenten. Thun ⁵1974

W. Rehm, Europäische Romdichtung. München ²1960

H. G. Reichert, Unvergängliche lateinische Spruchweisheit. Hamburg ⁷1983

E. Rettelbach, Evangelium nach Johannes. Unter Berücksichtigung seiner hebräischen Denkstrukturen und Begriffsvorgaben, auf der Basis des griechischen Urtextes und aus der Erfahrung kontemplativ-meditativen Umgehens mit dem Text neu übersetzt und kommentiert. Mettlach-Tünsdorf 1993

L. Romeo, Ecce homo! A Lexicon of Man. Amsterdam 1979

O. de Rudder, Aperto Libro. Citations et Pensées Latines. Paris 1988

G. Schischkoff, Philosophisches Wörterbuch. Stuttgart ²²1991

J. Schoeps, Ungeflügelte Worte. Was nicht im Büchmann stehen kann. Stuttgart 1990

W. Scholze-Stubenrecht u. a., Duden Band 12: Zitate und Aussprüche. Mannheim 1993

E. Schuhmann, Lebensweisheiten der Griechen und Römer. Leipzig 1990

O. Schumann, Lateinisches Hexameter-Lexikon. Dichterisches Formelgut von Ennius bis zum Archipoeta. 5 und 2 Bände. [Monumenta Germaniae Historica Hilfsmittel 4,1] München 1979

P. B. Sepp, Varia. Eine Auswahl von lateinischen und deutschen Versen, Sprüchen und Redensarten. Augsburg [5]1885

K. Simrock, Die deutschen Sprichwörter. Frankfurt a.M. 1846. Nachdruck Stuttgart 1995

Suidae Lexicon, edidit A. Adler. Stuttgart 1989

B. Töpfer, Eigentum und Unfrieden. Zur Deutung eines Seneca-Zitats durch Autoren des 12. bis 14. Jahrhunderts. Stuttgart 1996

R. Tosi, Dizionario delle Sentenze Latine e Grecche. Milano [10]1994

E. Trunz, siehe Goethes Werke

H. Walther, Proverbia Sententiaeque Latinitatis Medii Aevi. Lateinische Sprichwörter und Sentenzen des Mittelalters in alphabetischer Anordnung. 6 Bände. Göttingen 1963–67

H. Walther, Proverbia sententiaeque Latinitatis medii aevi ac recentioris aevi. Göttingen 1982–86

K. F. W. Wander, Deutsches Sprichwörterlexikon. Ein Hausschatz für das deutsche Volk. 5 Bände. Leipzig 1867. Nachdruck Stuttgart 1987

H. Weis, Semper vivum. Lateinische Denksprüche. Stuttgart 1948

J. Werner, *Ab ovo* bis *Veni vidi vici.* Mitteilungsblatt des Deutschen Altphilologenverbandes 3/1996 S. 128 ff.

J. Werner/P. Flury, Lateinische Sprichwörter und Sinnsprüche des Mittelalters aus Handschriften gesammelt. Darmstadt [2]1966

E. F. Wuestemann, Promptuarium Sententiarum ex veterum scriptorum Romanorum libris. Gotha 1856

R. Zoozmann, Zitatenschatz der Weltliteratur. Eine Sammlung von Zitaten, Sentenzen, Aphorismen, Epigrammen, Sprichwörtern, Redensarten und Aussprüchen nach Schlagwörtern geordnet. Königstein/Ts. [12]1980

Quellen

Die Werkausgaben der zitierten lateinischen und griechischen Autoren sind u. a. in folgenden Verlagen erschienen:

Artemis und Winkler (Sammlung Tusculum), Zürich, München
Wissenschaftliche Buchgesellschaft, Darmstadt
Philipp Reclam jun., Stuttgart
B. G. Teubner, Stuttgart und Leipzig
Aufbau-Verlag, Berlin und Weimar
Felix Meiner Verlag, Hamburg
Les Belles Lettres, Collection des Universités des France (Collection Budé), Série greque. Série latine. Paris
The Loeb Classical Library. Harvard University Press, London
Oxford Classical Texts, Oxford
J. P. Migne, Patrologiae cursus completus. Paris, Series Latina 1844 ff., series Graeca, 1857 ff.

Zitierte Werke (Auswahl):

Ammianus Marcellinus, Römische Geschichte. Lateinisch und deutsch. Mit einem Kommentar versehen von W. Seyfarth. Darmstadt 1968
Anonymus Neveleti: Lyoner Yzopet, hg. v. Wendelin Foerster. Altfranz. Bibliothek, 5. Heilbronn 1882
Aurelius Augustinus, Der Gottesstaat. De civitate Dei. Lateinisch-deutsch, 2 Bände. In deutscher Sprache von C. J. Perl. Paderborn 1979
Boethius, Die theologischen Traktate. Lateinisch-deutsch. Übersetzt, eingeleitet und mit Anmerkungen versehen von M. Elsässer. Hamburg 1988
Magni Aurelii Cassiodori Variarum libri XII; De anima. Turnholti 1973
C. Valerius Catullus, Sämtliche Gedichte. Lateinisch/deutsch. Übersetzt und herausgegeben von M. von Albrecht. Stuttgart 1995
M. Tullius Cicero, Topica. Die Kunst, richtig zu argumentieren. Lateinisch und deutsch. Hrsg., übersetzt und erläutert von K. Bayer. München, Zürich 1993
–, Brutus. Lateinisch – deutsch hrsg. und übersetzt von B. Kytzler. München 4 1990
–, Gespräche in Tusculum. Tusculanae disputationes. Lateinisch und deutsch. Mit ausführlichen Anmerkungen hrsg. von O. Gigon. München, Zürich 6 1992
–, Atticus-Briefe. Lateinisch-deutsch hrsg. und übersetzt von H. Kasten Darmstadt, München 4 1990
–, An seine Freunde, Epistulae ad familiares. Lateinisch und deutsch hrsg. und übersetzt von H. Kasten. Darmstadt, München 1989
–, An Bruder Quintus, an Brutus, Brieffragmente, Denkschrift über die Bewerbung. Lateinisch-deutsch hrsg. von H. Kasten. München 1965

Corpus Iuris civilis, hrsg. von P. Krüger, Th. Mommsen, R. Schöll, G. Kroll. 3 Bände. Neudruck Dublin, Zürich 1970

Epistolae obscurorum virorum, hrsg. von Aloys Bömer. 2 Bände in einem Band. Aalen 1978 (Neudruck der Ausgabe Heidelberg 1924)

Desiderii Erasmi Roterodami Opera omnia. Ndr. Hildesheim 1961

Opera omnia Desiderii Erasmi Roterodami. Recogn. J. Clericus. Amsterdam 1987

Horaz, Sämtliche Werke, lateinisch und deutsch nach Kayser, Nordenflycht, Burger hrsg. von H. Färber und W. Schöne. München [10]1985

Juvenal, Satiren. Übersetzung, Einführung und Anhang von H. C. Schnur. Stuttgart 1969

Lucreti de rerum natura libri sex. Edidit C. Bailey. Oxford 1951

Marcus Manilius, Astronomica. Astrologie. Lateinisch-deutsch. Übersetzt und hrsg. von W. Fels. Stuttgart 1990

Martial, Epigramme. Eingeleitet und im antiken Versmaß übertragen von R. Helm. Zürich und Stuttgart 1957

Nicolai de Cusa De docta ignorantia. Lateinisch-deutsch. Band I übersetzt und mit Vorwort und Anmerkungen hrsg. von P. Wilpert, 4. erw. Auflage von H. G. Senger. Hamburg 1994

–, De docta ignorantia. Lateinisch-deutsch. Band III ed. R. Klibansky, übersetzt und mit Einleitung, Anmerkungen und Register hrsg. von H. Senger. Hamburg 1977

Otto von Freising, Chronica sive historia de duabus civitatibus. Lateinisch-deutsch. Übersetzt von A. Schmidt, hrsg. von W. Lammers. Berlin 1960 (Freiherr vom Stein Gedächtnisausgabe Band XVI)

P. Ovidius Naso, Amores, Liebesgedichte. Übersetzt und hrsg. von M. von Albrecht. Stuttgart 1997

–, Die Liebeselegien. Lateinisch und deutsch von F. W. Lenz. Darmstadt 1965

–, Liebeskunst. Ars amatoria. Lateinisch und deutsch. Hrsg. und übersetzt von N. Holzberg. München, Zürich 1985

–, Ars amatoria. Liebeskunst. Lateinisch/deutsch. Übersetzt und hrsg. von M. von Albrecht. Stuttgart 1992

–, Heilmittel gegen die Liebe. Die Pflege des weiblichen Gesichtes. Lateinisch und deutsch von W. F. Lenz. Darmstadt 1969

–, Héroides. Texte Etabli par Bornecque et traduit par M. Prevost. Paris 1965

–, Metamorphosen, lateinisch und deutsch hrsg. und übersetzt von E. Rösch. Mit einer Einführung von N. Holzberg. München, Zürich [12]1990

–, Briefe aus der Verbannung. Tristia, Epistulae ex Ponto. Lateinisch und deutsch. Übertragen von W. Willige. Eingeleitet und erläutert von N. Holzberg. Darmstadt 1990

–, Tristien. Nachdichtung aus dem Lateinischen sowie Nachwort und Anmerkungen von V. Ebersbach. Leipzig 1984

Petrus Lombardus, Sententiae in IV libris distinctae, 2 Bände. Grottaferrata (Romae) 1971/1981

C. Plinius Secundus der Ältere, Naturkunde/Naturalis historia, 37 Bücher. Lateinisch–deutsch. Hrsg. von R. König, G. Winkler, K. Bayer, J. Hopp. München 1973 ff.

C. Plinius Secundus der Jüngere, Epistularum libri decem. Edidit A. A. B My-
nors. Oxford 1963

–, Briefe in einem Band. Aus dem Lateinischen übersetzt von W. Krenkel. Berlin und Weimar 1984

Sextus Propertius, Sämtliche Gedichte. Lateinisch-deutsch. Übersetzt und hrsg.
von B. Mojsisch, H.-H. Schwarz, I. J. Tautz. Stuttgart 1993

Publilius Syrus, Die Sprüche des Publilius Syrus. Lateinisch-deutsch ed. H.
Beckby. München 1999

H. C. Schnur, Lateinische Gedichte deutscher Humanisten. Ausgewählt, übersetzt und erläutert. Stuttgart 1967

L. Annaeus Seneca, Tragoediae. Recognovit O. Zwierlein. Oxford 1986

–, Sämtliche Tragödien. Lateinisch und deutsch. Übersetzt und erläutert von
Th. Thomann. Zürich und München ²1978

–, Philosophische Schriften. Lateinisch und deutsch hrsg. von M. Rosenbach.
5 Bände. Darmstadt ²1980

Benedictus de Spinoza, Opera, Werke. Lateinisch und deutsch. Hrsg. von G.
Gawlik und F. Niewöhner. 2 Bände. Darmstadt ²1979

C. Suetonius Tranquillus, Opera. Vol. I: De vita Caesarum libri VIII. Recensuit
M. Ihm. Leipzig 1908

–, Werke in einem Band. Aus dem Lateinischen übersetzt von A. Stahr und W.
Krenkel. Berlin und Weimar 1965

Thomas von Aquin, Summa theologica. Deutsch-lateinische Ausgabe, übersetzt
von Dominikanern und Benediktinern Deutschlands und Österreichs. Graz,
Wien, Köln 1982 ff.

–, Über den Lehrer. De magistro. Quaestiones disputatae de veritate. Quaestio
XI Summae theologiae Pars I, quaestio 117, articulus 1. Hrsg., übersetzt und
kommentiert von G. Jüssen, G. Krieger, H. J. Schneider. Mit einer Einleitung
von H. Pauli. Lateinisch – deutsch. Hamburg 1988

P. Vergilius Maro, Opera cum Appendice ed. Otto Ribbeck. Lipsiae 1907

–, Aeneis, lateinisch und deutsch. Hrsg. von M. und J. Götte. München ⁷1988

P. Vergilius Maro, Landleben. Ed. J. und M.Götte. Vergil-Viten. Ed. K.Bayer.
Lateinisch und deutsch. Zürich ⁶1995

–, Aeneis. Übertragung von Thassilo von Scheffer. München o.J.

–, Aeneis, Lateinisch und deutsch. Eingeleitet und übertragen von August Vezin. Münster ³1952

F. P. Waiblinger, Gesta Romanorum, Römergeschichten aus dem Mittelalter.
Ausgewählt, übersetzt und hrsg. München 1992

Zweisprachige Ausgaben und Übersetzungen griechischer Autoren

Aischylos, Tragödien. Übersetzt von Oskar Werner. Hrsg. von Bernhard Zimmermann, Mannheim 2011.

Alkaios, Griechisch und deutsch, hrsg. von Max Treu, München 1980.

Aratos, Phainomena. Sternbilder und Wetterzeichen. Griechisch-deutsch. Hrsg. und übersetzt von Manfred Erren, Düsseldorf 2009.

Aristophanes, Sämtliche Komödien. Übertragen von Ludwig Seeger, 2 Bde., Zürich 1952/53.

Aristoteles, De anima – Über die Seele. Griechisch – Deutsch. Übersetzt mit Einleitung und Kommentar von Thomas Buchheim, Darmstadt 2016.

Aristoteles, Die Nikomachische Ethik. Griechisch-deutsch. Übersetzt von Olof Gigon, neu hrsg. von Rainer Nickel, Düsseldorf 2007.

Aristoteles, Historia animalium, Buch VIII und IX. Übersetzt und erläutert von Stefan Schnieders, Berlin/Boston 2019.

[Aristoteles,] Oikonomikos. Das erste Buch der Ökonomik – Handschriften, Text, Übersetzung und Kommentar – und seine Beziehungen zur Ökonomikliteratur, von Ulrich Victor, Königstein/Ts. 1983.

Aristoteles, Physikvorlesung. Übersetzt von Hans Wagner, Berlin 1995.

Aristoteles, Problemata Physica. Übersetzt von Hellmut Flashar, Berlin 1962.

Aristoteles, Über die Teile der Lebewesen. Übersetzt und erläutert von Wolfgang Kullmann, Berlin 2007.

Äsop, Fabeln. Griechisch-deutsch. Hrsg. und übersetzt von Rainer Nickel, Düsseldorf/Zürich 2005.

Diogenes Laertios, Leben und Lehre der Philosophen. Aus dem Griechischen übersetzt und hrsg. von Fritz Jürß, Stuttgart 1998.

Euripides, Ausgewählte Tragödien. Aus dem Griechischen von Dietrich Ebener. Hrsg. von Bernhard Zimmermann, 2 Bde., Mannheim 2010.

Euripides, Fragmente. Übersetzt von Gustav Adolf Seeck, München 1981.

Euripides, Iphigenie im Taurerlande. Helena. Ion. Die Phönikerinnen. Übersetzt von Ernst Buschor. Hrsg. von Gustav Adolf Seeck, München 1972.

Fabeln der Antike. Griechisch – Lateinisch – Deutsch. Hrsg. und übersetzt von Harry C. Schnur. Überarbeitet von Erich Keller, Düsseldorf/Zürich 1997.

Gellius, Aulus, Die attischen Nächte. Übersetzt und mit Anmerkungen versehen von Fritz Weiß, 2 Bde., Leipzig 1875/76.

Herodot, Historien. Griechisch-deutsch. Hrsg. von Josef Feix, 2 Bde., Düsseldorf 2006.

Hesiod, Theogonie. Werke und Tage. Griechisch-deutsch. Hrsg. und übersetzt von Albert von Schirnding. Mit einer Einführung und einem Register von Ernst Günther Schmidt, Berlin 2012.

Hippokrates, Ausgewählte Schriften. Aus dem Griechischen übersetzt und hrsg. von Hans Diller; mit einem bibliographischen Anhang von Karl-Heinz Leven, Stuttgart 1994.

Homer, Ilias. Griechisch-deutsch. Übertragen von Hans Rupé. Mit Urtext, Anhang und Registern, Berlin 2013.

Homer, Odyssee. Griechisch-deutsch. Übertragen von Anton Weiher. Mit Urtext, Anhang und Registern. Einführung von A. Heubeck, Berlin 2013.

Kallimachos, Werke. Griechisch und deutsch. Hrsg. und übersetzt von Markus Asper, Darmstadt 2004.

Jaap Mansfeld, Die Vorsokratiker I: Milesier, Pythagoreer, Xenophanes, Heraklit, Parmenides. Griechisch/deutsch. Auswahl der Fragmente, Übersetzung und Erläuterungen, Stuttgart 1983.

Pindar, Siegesgesänge und Fragmente. Griechisch und deutsch, hrsg. und übersetzt von Oskar Werner, München 1967.

Platon, Apologie des Sokrates und Kriton. Übersetzt und erläutert von Otto Apelt, Leipzig 1919.

Platon, Gorgias. Übersetzung von Joachim Dalfen, Göttingen 2014.

Platon, Hipparchos. Übersetzung und Kommentar von Charlotte Schubert, Göttingen 2018.

Platon, Phaidon. Übersetzung von Theodor Ebert, Göttingen 2014.

Platon, Protagoras. Anfänge politischer Bildung. Griechisch-deutsch. Hrsg., übersetzt und erläutert von Karl und Gertrud Bayer, Düsseldorf 2008.

Platon, Sämtliche Werke III: Menon. Kratylos. Euthydemos. Hippias Maior. Griechisch und Deutsch. Nach der Übersetzung Friedrich Schleiermachers, ergänzt durch Übersetzungen von Franz Susemihl und anderen. Hrsg. von Karlheinz Hülser, Frankfurt am Main/Leipzig 1991.

Platon, Sämtliche Werke IX: Nomoi. Griechisch und Deutsch. Nach der Übersetzung Friedrich Schleiermachers, ergänzt durch Übersetzungen von Franz Susemihl und anderen. Hrsg. von Karlheinz Hülser, Frankfurt am Main/Leipzig 1991.

Platon, Der Staat. Politeia. Griechisch-deutsch. Übersetzt von Rüdiger Rufener, Einführung, Erläuterungen, Inhaltsübersicht und Literaturhinweise von Thomas Alexander Szlezák, Düsseldorf/Zürich 2000.

Platon, Symposion. Griechisch-deutsch. Übersetzt von Rudolf Rufener, mit einer Einführung, Erläuterungen und Literaturhinweisen von Thomas A. Szlezák, Düsseldorf/Zürich 2002.

Platon, Theätet. Griechisch/Deutsch. Übersetzt und hrsg. von Ekkehard Martens, Stuttgart 1981.

Platons Dialoge Timaios und Kritias. Übersetzt und erläutert von Otto Apelt, Leipzig 1919.

Plutarch, Fünf Doppelbiographien, 1. Teil. Griechisch und deutsch. Übersetzt von Konrat Ziegler und Walter Wuhrmann, ausgewählt von Manfred Fuhrmann. Mit einer Einführung und Erläuterungen von Konrat Ziegler, Düsseldorf/Zürich 2001.

Plutarch, Große Griechen und Römer, Band 4. Aus dem Griechischen übertragen und erläutert von Konrat Ziegler, Zürich/München 1955.

Sextus Empiricus, Gegen die Dogmatiker. Adversus mathematicos libri 7–11. Übersetzt von Hansueli Flückiger, Sankt Augustin 1998.

Sophokles, Dramen. Griechisch und deutsch. Hrsg. und übersetzt von Wilhelm Willige, überarbeitet von Karl Bayer. Mit Anmerkungen und einer Einführung von Bernhard Zimmermann, Düsseldorf 2007.

Theokrit, Gedichte. Griechisch – deutsch. Hrsg. und übersetzt von Bernd Effe, Berlin 2013.

Xenophon, Die sokratischen Schriften. Memorabilien, Symposion, Oikonomikos, Apologie. Übertragen und hrsg. von Ernst Bux, Stuttgart 1956.

Alphabetisches Verzeichnis der Zitatanfänge

Aeternitas igitur est interminabilis 479

Aethiopem lavare 1862

Afflavit Deus et dissipati sunt. 2561

Africano virtutem industria 2352

Agunt opus suum fata. 2427

Aio te, Aeacida, Romanos 2613

Ait, aio; negat, nego. 2370

Aiunt enim multum legendum 1596

Alea iacta est. 3413

Aleam, quod mirere, sobrii 3414

Aliena nobis, nostra plus 704

Aliis inserviendo consumor. 312

Aliquando et insanire iucundum 3228

Aliquid crastinus dies 2832

Alit lectio ingenium. 1582

Aliter catuli longe olent 2540

Aliter homines amicam, aliter 1460

Aliter pueri Terentium legunt, aliter 1599

Alitur vitium vivitque 1486

Aliud ex alio malum. 3040

Aliud legunt pueri, aliud viri 1598

Aliud sceptrum, aliud plectrum. 2827

Alius aliis in rebus praestantior. 1779

Alma mater 1924

Alter alterius auxilio eget. 1165

Alter alterius onera portate 1483

alter ego 1243

Altera die vidit Ioannes Iesum 1473

Altera manu fert lapidem 248

Alteri semper ignoscito, tibi 3182

Alteri vivas oportet, si vis 1937

Alterius non sit, qui suus 1124

Alterum autem genus est 2977

Altissima quaeque flumina 551

Ama nesciri. 1495

Ama rationem! 3155

Amant alterna camenae. 1888

Amantes amentes sunt. 3144

Amantium irae amoris integratio 1617

Amare et sapere vix deo 1627

Amat pacem Phidias. 634

Amat victoria curam. 2614

Amator meretricis mores 320

Ambo florentibus aetatibus 72

Amen dico vobis, non relinquatur 2721

Amen quippe dico vobis 181

Amici fures temporum. 623

Amici mores noveris, non 612

Amici, diem perdidi. 2841

Amici, et servi homines sunt. 2646

Amicitia inter pocula 624

Amicitia nisi inter bonos 607

Amicitia olim petebatur, nunc 618

Amicitia semper prodest, amor 1648

Amicitiae immortales, inimicitiae 509

Amicitiis tibi iunge pares. 614

Amicorum omnia communia. 609

Amicus amico. 599

Amicus certus in re incerta 604

Amicus diu quaeritur 622

Amicus est tamquam alter ego. 608

Amicus Plato, sed magis amica 2152

Amnis et annus abit 3324

Amor ac deliciae generis humani. 1655

Amor enim Dei ab eius cognitione 1662

Amor fati. 2441

Amor magister est optimus. 1654

Amor patriae ratione valentior omni. 3098

amor sceleratus habendi 1057

An est quicquam similius 3458

An me ludit amabilis insania? 3227

An nescis longas regibus esse 1072

An nescis, mi fili, quantilla prudentia 2266

analogia entis 36

anáthema sit! 3123

anima candida 2281

Anima esuriens etiam amarum 2826

Anima immortalis est. 2577

anima naturaliter christiana 2575

Animam constat animal esse. 2569

animarum dies 2580

Animula vagula blandula, 2572

Animus aequus optumum cst 873

Animus noster ad 3236
Animus quidem ipse sacer 718
anno Domini 1270
Annosa arbor non transplantatur. 144
Annus producit, non ager. 3446
ante Christum natum 282
Ante circumspiciendum est 468
ante omnia 15
Antiquior omnibus veritas. 3241
Antiquus amor cancer est. 1651
Apes, ut aiunt, debemus imitari. 218
Apex est autem senectutis auctoritas.
    22
Apparet id quidem ... etiam caeco.
    231
appellari ceteros homines, esse solos
    eos 1793
Apud Deum autem omnia 972
Apud Epicurum duo bona sunt 1036
Apud me, ut apud bonum 3450
Apud nos veritatis argumentum 3238
Apud posteros vero id 178
Aqua dentes habet. 3260
aqua et igni interdicere 3255
Aqua et panis est vita canis. 3262
Aqua haeret. 3256
aquam a pumice postulare 3254
aquas in mare fundere 3259
Aquila non captat muscas. 8
Arare malim quam sic amare! 1616
arbor affinitatis / arbor sanguinitatis
    146
Arbor bona 148
Arcus nimis tensus rumpitur. 238
Ardua per praeceps gloria vadit 2345
argenti sitis importuna famesque
    1238
Aristippus voluptatem summum
    1704
Aristoteles ait iram esse 3466
Arma virumque cano, Troiae 1740
Arrige auris! 2092
Ars amatoria 1452
Ars antiqua 1455
Ars deluditur arte. 1441
Ars gratia artis. 1450
Ars imitatur naturam. 1447
Ars longa, vita brevis. 1436

Ars moriendi 1454
Ars nova 1456
Ars poetica 1451
Ars se habet semper ad bonum. 1446
Artem non odit nisi ignarus. 1449
Artem qui sequitur 1444
artes liberales 1453
Artificem commendat opus. 3337
asinus ad lyram 456
Asinus asino pulcherrimus. 461
Asinus asinum fricat. 462
Asinus in tegulis. 288
Assueta relinquere durum 839
Assumite ... gladium spiritus 2554
Astra regunt homines 2743
At ego etiam scio, qui speraverint
    1185
At ego nihil dico de deo inane 1543
At nobis, Pax alma, veni! 629
At nunc barbaria est grandis 76
At omnia, quae sunt, in Deo 962
At pulchrum est digito 532
Atqui, si tempus est ullum iure 2078
Auctor opus laudat. 303
Audacter calumniare, semper aliquid
    3143
Audentes deus ipse iuvat. 2859
Audentes Forsque Venusque iuvat!
    1919
Audentis fortuna iuvat. 896
Audi, Israel, Dominus Deus noster
    970
Audi, vide, tace, si tu vis 1222
Audiatur et altera pars! 1221
Audit, quod non vult, qui 1218
aura popularis 2156
aurea mediocritas 1751
Aurea prima sata est aetas 935
Aurea sunt vere nunc 934
Auream quisquis mediocritatem
    1853
aureus ramus 3522
Auri sacra fames! 933
Auribus lupum tenere. 3371
Auriculas asini quis non 459
Auro loquente nihil pollet 944
Auro pulsa fides, auro 938
Auroque solent adamantinae 942

Aurora Musis amica *est* 1872
Aurum omnes victa iam pietate 939
aurum summi materies mali 931
Austriae est imperare orbi universo. 2110
Aut amat aut odit mulier 571
Aut bibat, aut abeat. 2966
Aut brevis aut nullus sit somnus 2458
Aut Caesar aut nihil! 269
Aut omnia aut nihil. 17
Aut prodesse volunt aut delectare 302
Aut regem aut fatuum nasci 1360
Aut viam inveniam aut faciam. 3272
Avaritia omnia vitia habet. 736
Avaritiam omnia vitia 1055
Avarus animus nullo satiatur 737
Ave Maria gratia plena; Dominus 126
Ave, Caesar, morituri te salutant! 125

Bacchatur vates, magnum si 989
Bacchus et ad culpam causas dedit 3295
baptizantes eos in nomine Patris 1961
Barba non facit philosophum. 129
Barbam vellere mortuo leoni. 1684
Barbarus hic ego sum 127
Basia fert meretrix iuveni 1461
Beata morte nihil beatius. 2926
Beate enim vivendi cupiditate 881
Beati monoculi in terra caecorum. 116
Beati mundo corde 1157
Beati non numerant horas. 2803
Beati pauperes spiritu 92
Beati possidentes. 191
Beati, qui lugent: quoniam ipsi 2956
Beatius est magis dare 681
Beatus ille homo 926
Beatus ille, qui procul negotiis. 889
Bella gerant alii, tu, felix Austria 1103
Bellaque matribus detestata. 1429
Bellum ita suscipiatur, ut 1423
Bellum omnium contra omnes. 1431

Bellum rerum omnium pater. 1418
Bellum se ipsum alit. 1428
Bene autem mori est libenter mori. 2733
Bene eveniat! 884
Bene facta male locata 3362
Bene ferre magnam disce 891
Bene paupertas humili tecto 82
Bene qui latuit, bene vixit. 1508
Benedicta tu inter mulieres 649
Beneficium accipere libertatem 3365
Beneficium invito non datur. 3370
Bernardus valles, montes Benedictus 1867
Bibit hera, bibit herus 2968
Biblia pauperum 89
Bis dat, qui cito dat. 673
Bis vincit, qui se vincit 2622.
Blanditiae fallunt homines 2877
bona fide 843
Bona fides non patitur, ut 291
Bona illa sunt vera, quae ratio 3154
Bonarum rerum consuetudo pessima 898
Boni nullo emolumento impelluntur 2080
Boni pastoris est tondere 1176
Bonis nocet, qui malis parcit. 2492
Bonorum vita beata est. 1027
Bonos corrumpunt mores 2638
Bonum appello, quicquid 1029
Bonum certamen certavi 1310
Bonum quod est, supprimitur 1031
Bonus animus in mala re 1915
Bonus vir semper tiro 1809
Bonus vir sine deo nemo est. 1034
Breve et irreparabile tempus 1507
Brevis a natura vita 1500
Brevis esse laboro, / obscurus fio. 2242
bulla aurea 945

C.Valerius Diocletianus se primus 1121
Cacatum non est pictum. 1731
caecus casus 3478
Caeli enarrant gloriam Dei. 2354
Caelum et terra transibunt 1173

Caelum, non animum mutant 1168
caelumque aspicit et dulcis moriens 3095
Caesar ad Rubiconem. 265
Caesar non supra grammaticos. 270
Caesarem vehis Caesarisque 266
Caesari quoque ipsi, cui 424
Calamitas virtutis occasio est. 2992
Calculi error non nocet. 1256
Caligula optabat, ut populus 2332
campus Martius 522
campus patens 523
Cane vetulo latrante prospectandum 1236
Canes plurimum latrantes 1230
Canet enim tuba, et mortui resurgent 112
Canis a non canendo. 1226
Canis timidus vehementius latrat 1228
Cantabit vacuus coram latrone viator. 2203
Cantat avis quaevis, sicut 3193
Cantherio comeso mulo provehi. 2121
Cantores amant humores. 1898
Careat successibus opto 405
Carius est carum, si praegustatur 230
Carmina secessum scribentis 692
Carpe diem! 2835
casus belli 1426
Casus magister alius 3482
Casus ubique valet. 3479
cathedra Petri 2784
Cato esse quam videri bonus 1030
Cato ille, virtutum viva imago. 273
Causa ei paupertatis sicut 81
Causa mali tanti coniunx iterum 3043
causa prima 1021
causa sui 1022
Cautela abundans non nocet. 3216
Cautis pericla aliorum prodesse 701
Cave canem! 1227
Cavendum est, ne maior poena 2763
Cedant arma togae, concedat 1424
Cede repugnanti, cedendo victor 1931

Cedendo victor abibis. 1339
Cedere maiori non est pudor 1934
Cedere maiori virtutis fama 1933
celeritatem linguae manus 1077
Cernis ut ignavum corrumpant otia 1905
Certa bonum certamen fidei 1309
Certa mittimus, dum incerta petimus. 2610
Certa quidem finis vitae 2906
Certe enim domus animae caro 2573
Certe in eadem re utilitas 2082
Cessante causa cessat effectus. 3078
Cessat vindicta, donec pertranseat 2188
Ceteri ... malum illud quidem, sed alia 3014
ceteris paribus 872
Ceterum censeo Carthaginem 1311
Charissimi, diligamus nos invicem 1665
Christianos ad leones! 1686
Christus resurrexit tertia die secundum 2853
Christus . . . vobis relinquens exemplum 3205
Cibi condimentum fames est. 1237
Cicero . . . parens facundiae 285
circulus vitiosus 1409
Circumdederunt me dolores mortis 1206
Circumspiciendum nobis est 2164
Citius, altius, fortius. 2491
Cito fit, quod di volunt. 992
Cito ignominia fit superbi gloria. 2349
Cito scribendo non fit, ut bene 2507
Civis Romanus sum. 2330
Claude os, aperi oculos! 1879
Claudite iam rivos, pueri 760
Clementia est temperantia animi 1846
Clericus absque libris 1335
Clericus clericum non decimat. 1338
Clericus et laicus sibi semper 1336
Clío, Eutérpe, Thalía 1895
Cogitationis poenam nemo 689

doctor ecclesiae 1563
Doctrina est fructus dulcis 1551
Doctrina Graecia nos et omni 3358
doctus Catullus 755
dolor aegritudo crucians 2482
Dolor patientia vincitur 1568
Dolorem dies longa consumit. 2487
Domina omnium et regina ratio. 3149
domina Roma 2309
Domine, Dominus noster, quam 1957
Domine, ecce duo gladii hic. 2553
Domine, non sum dignus 1131
Domino et dominae feliciter! 1119
Dominum se (Augustus) appellari 1118
Dominus dedit, Dominus abstulit 1128
Dominus et deus noster 1120
Dominus regit me, et nihil 1129
Domus propria, domus optima. 1090
Donec eris felix, multos 900
donec revertaris in terram 2713
Dos est magna parentium virtus. 369
duabus sellis sedere 2783
Duae negationes fortius affirmant. 3518
Duae res plurimum roboris animo 3237
ducente deo flammam inter et hostis 988
Ducunt volentem fata, nolentem 2434
Dulce bellum inexpertis 1419
Dulce est desipere in loco. 2933
Dulce et decorum est pro patria mori. 3096
Dulcia non meruit, qui non 2825
Dulcis inexpertis cultura potentis 401
Dum bibimus, dum serta, 34
Dum differtur vita, transcurrit.1513
Dum fata sinunt, vivite laeti! 2424
Dum femina plorat 572
Dum fugans canis mingit 1232
Dum licet et veros etiam nunc 2677
Dum licet, in rebus secundis 1504
Dum loquor, hora fugit. 2794

Dum satur est venter monachorum 137
Dum spiro, spero. 1189
Dum vires annique sinunt 1395
Dum vires annique sinunt 28
Dum vitant stulti vitia 1484
Dummodo sit dives, barbarus 2269
Duo cum faciunt idem 289
Duobus litigantibus tertius 2782
duodecim tabulae 2828
Duplex negatio est affirmatio. 3147
Dura patientia frango. 697
Durante causa durat effectus. 3079
Durate, et vosmet rebus servate 120
Durum est negare, superior cum 1711
Durum est tibi, contra stimulum 2705
Durum non facilem facit assuetudo 66
Dux atque imperator vitae 715

E commentario sapit. 3320
E plumis cognoscitur avis. 3194
Ea molestissime ferre homines 2512
Ea natura dedit usuram vitae 1967
Eadem utilitatis quae honestatis 205
Ebrietas aut amor secreta producit. 1650
Ebrietas tristitiae medetur. 3285
Ecce homo! 1829
Ecce homo. Wie man wird 1830
Ecce in cruce totum constat. 1414
Ecce tota mihi vita mentitur. 1695
ecclesia militans 1326
Ecclesia non moritur. 1322
Ecclesia non sitit sanguinem. 1321
ecclesia patiens 1327
Ecclesia semper reformanda *est*. 1324
ecclesia triumphans 1328
Ecclesia vivit lege Romana. 1323
Edamus, bibamus, gaudeamus! 472
Ede, bibe, lude! Post mortem 471
Effodiuntur opes, irritamenta 240
Effugere non potes necessitates 2068
Effugit mortem, quisquis 2903
Ego et Pater unum sumus. 3092

Et facere et pati fortia Romanum 2857

Et genus et formam regina pecunia 740

Et genus et virtus, nisi cum re 2986

Et hoc, quod senectus vocatur 1268

Et in Arcadia ego. 73

et in terra pax hominibus 3345

Et iudicatum est de singulis 2297

Et mihi sunt vires 2381

Et mundus transit et 3335

Et nosti mores mulierum 563

Et omnia quaecumque petieritis 684

Et omnis turba quaerebat eum 1402

Et pax Dei, quae exsuperat 639

Et pius est patriae facta referre 1098

Et post malam segetem serendum 2365

Et profecto deus, qui 979

Et proiectus est draco ille 2467

Et qui non accipit crucem 1416

et quidquid Graecia mendax 1010

et quod temptabam scribere 3165

et scient omnes Ecclesiae, quia ego 2055

Et semel emissum volat 3391

Et si habuero omnem fidem 847

Et sicut in Adam omnes moriuntur 2739

Et sit humus cineri non 393

Et Spiritus Dei ferebatur 727

Et tu, Brute? 268

Et verbum caro factum est 548

Et vidi caelum novum 2031

Et vidit Deus, quod esset 1046

Etiam capillus unus habet umbram 2397

Etiam innocentes cogit mentiri 2486

Etiam qui faciunt, oderunt iniuriam. 3059

Etsi suus cuique modus est, tamen 3025

Eunt anni more fluentis aquae. 1266

Eunt via sua fata. 2426

Euntes vero docete omnes 728

Eventus hoc docet. 402

Eventus quoque videndus erit 118

Eventus stultorum magister 403

Ex abundantia enim cordis 1158

ex aequo bonoque 2205

Ex auribus cognoscitur asinus. 463

Ex avaritia omnia scelera 3114

ex cathedra 2785

Ex eius (Nestoris) lingua melle 2026

ex factis, non ex dictis 2870

Ex fructu cognoscitur arbor. 145

Ex improviso fallitur omnis 2879

Ex libris 262

Ex magna coena stomacho fit 1729

Ex malis eligere minima oportet. 3015

Ex oriente lux. 1606

Ex parvis saepe magnarum 1331

Ex perpetuis autem plenisque gaudiis 1501

Ex praeteritis aestimari solent 3128

ex ungue leonem pingere 1683

ex voto 756

Exceptio firmat regulam. 124

Excitat auditor studium. 1219

exclusi tertii principium 326

Executio iuris non habet iniuriam. 3062

Exegi monumentum aere 296

Exemplis discimus. 166

Exemplo aliis esse debetis. 162

Exemplo melius quam verbo 168

Exemplum ferte aliis 3204

Exercitatio artem parat. 3029

Exercitatio mater studiorum. 3032

Exigua est virtus praestare 2243

Exiguo caballo curta strigilis. 2130

Eximia est virtus praestare silentia 2533

Exitus acta probat. 404

Exitus in dubio est. 3519

Exoriare aliquis nostris ex 2184

Experientia docet. 1555

Experti scire debemus. 3348

Experto credite! 399

Expertus dico. 400

expressis verbis 3405

Exspectat tempus sapiens. 1346

Exstincta parum fideliter 530

Exstructis in altum divitiis 389

Forma bonum fragile est. 2494
Forma dat esse materiae. 2596
Forma dei munus; forma quota 2496
Forma viros neglecta decet. 1741
Formosa facies muta commendatio 814
Forsan et haec olim meminisse 412
Fortes fortuna adiuvat. 2855
fortis animus 2856
Fortiter facit ille, qui miser esse 3051
Fortiter in re, suaviter in modo. 1276
Fortitudinem audacia imitatur. 1916
Fortuitos casus nullum 3483
Fortuna bulla *est.* 928
Fortuna caeca est 883
Fortuna cum blanditur 904
Fortuna favet fatuis. 334
Fortuna fortes metuit, ignavos 2861
Fortuna mecum bellum gerit. 2431
Fortuna meliores sequitur. 878
Fortuna miserrima tuta est 2418
Fortuna multis dat nimis 916
Fortuna multis parcere 920
Fortuna obesse nulli contenta est 3045
Fortuna quum blanditur 905
Fortuna vitrea est 908
Fortuna, nimium quem fovet 907
Fortuna, quae plus consiliis 887
Fortunae filius! 892
Fortunam citius reperias 906
Fortunatus et ille deos qui 987
Frangenti fidem fides frangatur 3177
Frangit deus omne superbum. 1182
Fraude perit virtus. 2858
Frenos imponit linguae conscientia. 3503
Friget, quem petere piget. 228
frondem in silvis non cernere 3249
Frons occipitio prior est. 1114
Fronte capillata, post est 753
Frontis nulla fides. 1842
Fructus autem senectutis est 26
Fructus enim ingenii et virtutis 1935
Fuge multitudinem! 1762
fugere pudor verumque fidesque. 2961
Fugit irreparabile tempus. 3429

Fugit retro levis iuventas. 1287
fuimus Troes, fuit Ilium 2590
Fundamentum enim aliud 1025
Fungar vice cotis acutum reddere 1548
furor poeticus 2193
furor Teutonicus 2192

Gallina scripsit. 2504
Gaude et aude! 597
Gaudeamus igitur 596
Gaudia principium nostri sunt … doloris. 588
Gaudia semper amat 1293
Gaudii maeror comes. 2954
Gaudium hoc non nascitur nisi 593
Generosos animos labor nutrit. 64
genius loci 2107
Gens humana ruit per vetitum 3109
genus humanum 1795
Genus irritabile vatum. 300
Gladiator in arena consilium 841
Gladius gladium acuit. 2550
Gloria in excelsis Deo! 2355
Gloria umbra virtutis est. 2350
Gloria virtutem tamquam umbra 2343
Graeca *sunt*, non leguntur. 1001
Graecia capta ferum victorem 1014
Graecia Magna 1013
Graecia, -ae f. 1012
Graecia, facundum, sed male forte 1006
Graeco more bibere 1011
Graecos homines non solum 1003
Graecum hominem et levem 1002
Grais ingenium, Grais dedit 1005
Grata superveniet, quae non 2793
Gratis donato non spectes ora 1881
Gratissimus nummus. 749
Gratius ex ipso fonte bibuntur 2182
Gravissimum est imperium 834
Gutta cavat lapidem non vi 2715
Gutta cavat lapidem non vi 2716

Habeat sibi. 1053
Habemus papam. 2111

Legibus omnes ideo servimus 795
Legio mihi nomen est 1547
Legio patria nostra. 1546
Legum idcirco omnes servi 577
Lento enim gradu ad vindictam 2770
Leve aes alienum debitorem facit 2518
Leve fit, quod bene fertur, onus. 1481
Levis est fortuna, cito 910
Levis sit tibi terra. 396
Levius fit patientia 698
Lex duodecim tabularum 813
Lex dura, sed lex. 808
Lex enim spiritus vitae in Christo Iesu 2929
Lex est constitutio scripta 2234
Lex est ratio summa 798
Lex naturae haec est, ut 1318
Lex posterior derogat 809
Lex prospicit, non respicit. 810
Lex universa est, quae iubet 2730
Libenter feras, quod necesse est. 446
liber vitae 264
Liberae sunt nostrae cogitationes. 688
Liberos cuique ac propinquos 1316
Libri magistri, libri amici. 254
Libri muti magistri sunt. 255
Libros lege! 1593
licentia poetica 306
Licet, quod cuique libet 169
ligna in silvam ferre 3248
Lingua haeret metu. 3501
Lingua ligata tibi multos 3505
Lingua mali pars pessima servi. 2647
Lis litem parit, noxa noxam. 2781
Lites interdum fert, qui vult 2779
Litore quot conchae 1634
Littera enim occidit, Spiritus 732
Litterarum radices amarae, fructus 225
Litterarum studia adulescentiam 224
Loca, quae nimium grata fuere 2108
Longe fugit, qui suos fugit. 2602
Longius aut propius mors sua 2727
Longum iter est per praecepta 163

Longum prooemium audiendi cupido. 1223
Lucri bonus est odor ex re / qualibet. 2759
Lucus a non lucendo. 1605
Ludere cum talis, non est res 3417
Lumina non inter umbras 2398
Lupus et meretrix non facile 321
Lupus in fabula! 487
Lupus non curat numerum 3372
Lupus visum dirigit ad ovem. 3375
Lusus bonus non sit nimius. 2681
Lusus habet finem. 2678
Lux aeterna luceat eis, Domine. 1608
lux alma 1603
Lux in tenebris lucet. 1610
Luxuriant animi rebus 897

M.Tullius stilum optimum effectorem 1561
Maecenas atavis edite regibus 1770
Magis illa iuvant, quae pluris 1314
magistra vitae philosophia 2134
Magna fuit quondam capitis 997
magna Roma 2311
Magnas inter opes inops. 75
Magnatum preces sunt imperia. 227
Magni animi est magna contemnere 1857
Magno animo de rebus magnis 1017
Magnorum fluminum capita 552
Magnum vectigal est parsimonia. 2666
Magnus ille, qui in divitiis 2280
Maior pars concludit. 2753
Maior sum, quam cui possit 2414
Maioresque cadunt altis de 2396
Mala pro bonis legere dementia est. 2471
Male parta male dilabuntur. 194
Male secum agit aeger, medicum qui 99
Male verum examinat omnis 2298
Malefacere qui vult, numquam non 3017
Mallem nescisse futura. 2050
Malo arboris nodo malus cuneus 242

Malo canem, quam anum irritare. 1233

Malo emere quam rogare. 1312

Malo hic esse primus 437

Malo si quid beneficias 3361

Malum consilium consultori 2194

malum discordiae 3523

Malum ex malo. 3021

Malum nullum est sine aliquo bono. 3019

Malus est puer robustus. 1355

Malus fugit lucem ut 1607

Manet (Vivit) post funera virtus. 3007

manet alta mente repostum 2565

Mantua me genuit, Calabri rapuere 3130

manu propria 1078

Manum de tabula! 220

Manus manum lavat. 1074

Marcet sine adversario virtus. 2862

Marcus Porcius Cato 271

maria montesque polliceri 179

Mater artium necessitas. 1439

Mater boni consilii. 2201

mater dolorosa 1925

Materia non habet esse nisi 1766

materia prima 1764

Matronae, non meretricium est 319

Matura, dum libido manet. 351

Mature fias senex, si diu 996

Mavelim mihi inimicos invidere 2022

Maxima debetur puero reverentia. 1353

Maxima pars vatum 301

maxima Roma 2316

Maximae cuique fortunae minime 886

Maximum in eo vitium est 1763

Maximum remedium irae dilatio 3467

Me miseram, quod amor non 1638

Me mortuo terra ignibus 3330

Me quasi umbra sequitur. 2393

Me quoque debilitat series 1571

Me quoque pectoris temptavit 1286

Me vestigia terrent. 2501

Mea culpa, mea maxima culpa. 2520

Mea est ultio, et ego retribuam 2189

Mea virtute me involvo. 2985

Media in vita in morte sumus. 1528

Medice, cura te ipsum! 108

Medici hanc meditationem mortis 2915

Medicina secunda philosophia 1776

Medicina vinci fata non possunt. 1774

Medico imputari eventus mortalitatis 102

Medicus curat, natura sanat. 100

Medicus in sanatione est 105

Medio tutissimus ibis. 1856

Meditare mortem 2913

Medium tenuere beati. 1861

Megarici..id bonum solum esse 292

Mel in ore, verba lactis 1154

Melior tutiorque est certa pax 2618

Meliora praetervolant, deteriora 2473

Melius bene imperare quam 2265

Melius duo defenclunt 3517

Melius homines exemplis docentur. 165

Memento mori! 2737

Memento omnia mihi 423

Memento semper finis 384

Meminerimus etiam adversus 764

Memoria minuitur, nisi 685

Mendacem memorem esse oportet. 1696

Mendaci homini ne verum quidem 1689

Mendacium nullum senescit. 1699

Mens agitat molem. 716

Mens et ratio et consilium in senibus 24

Mens invicta manet. 725

Mentiri nefas habebatur. 1690

Metiri se quemque suo modulo 1753

Metis, quod non seminasti. 435

Meum est propositum in taberna 3209

Mi natura dedit leges 1978

Mihi enim liber esse non 2046

Mihi est vindicta: ego retribuam 2190

Mihi istic nec seritur nec metitur. 2363

Mihi liber esse non videtur 579

Mihi placebo. 706

Mihi videtur acerba semper 2921

Militat omnis amans 3145

Militiae species amor est. 1633

Mille ioci Veneris. 1635

Mille viae ducunt hominem 3271

Minima non curat praetor. 1333

Minimum decet libere, cui 425

Minimum eripit fortuna, cui 909

Mirari valde philosophicus affectus. 2145

Miror, quod non ridet haruspex 2102

Mirum est, quod homo potest umquam 1816

Miser est mus, antro qui 1769

misera contribuens plebs 2746

Misericordia non causam, sed 1847

Miserum istuc verbum 1049

Mitte vadere, sicut vadit 710

Mitto tibi navem prora 2446

Mobile mutatur semper 2166

Mobile sic sequitur Fortunae 2162

mobilium turba Quiritium 2158

modestia vel temperantia, quae est 187

Modicus cibi, medicus sibi. 103

Modo palliatus, modo togatus. 3104

Modus adhibendus est. 1754

Modus est optimus decus ipsum 1750

Modus omnibus rebus optimum 1747

modus procedendi 94

modus vivendi 1497

Molestus interpellator venter. 131

Mollissima corda humano generi dare 2949

Molliter hic viridi patulae sub 1175

Monachi sunt mundo mortui. 1866

mons Sinai / mons sanctus 182

mons olivarum 183

Monstror digito praetereuntium 531

montes auri polliceri 929

more patrum 3085

more Romano 2633

Mores inter ludendum 2680

Moribus antiquis res stat Romana 2693

Moribus egregiis facias tibi nomen 2639

Moriendum est. 117

Mors certa, hora incerta. 2798

Mors cuivis certa 2799

Mors est animae corporisque 2578

Mors et fugacem persequitur 2908

Mors fidelium salutis introitus. 2923

Mors intermittit vitam, non eripit. 2914

Mors ipsa refugit saepe virum. 1742

Mors laborum ac miseriarum quies 2896

Mors omni aetati est communis. 25

Mors quid est? Aut finis aut transitus. 2917

Mors sine musis vita. 1893

Mors stupebit et natura 2927

Mors ultima linea rerum est. 2909

Morte carent animae 2566

Mortem effugere nemo potest. 2901

Mortem naturae finem esse 2897

Morti natus es. 2912

Mortui non mordent. 2924

mos maiorum 2634

Muliebri fecit fide. 2963

Muliebris lacrima condimentum est 3277

Muliebrium vitiorum fundamentum 1488

Mulier es, audacter iuras. 560

Mulier recte olet 561

Mulieres in ecclesiis taceant. 575

Mulierum genus avarum est. 3276

Multa cadunt inter calicem 1666

Multa ferunt anni venientes 1264

Multa non quia difficilia sunt non 2558

Multa petentibus desunt multa. 3187

Multa sunt mulierum vitia. 3275

Multae insidiae sunt bonis. 1026

Multae tribulationes iustorum. 777

Multi docere se profitebantur 2362

Nunc animis opus, Aenea, nunc
1918
Nunc animum atque animam dico
2562
Nunc autem manent fides 848
Nunc est bibendum, nunc pede 2967
Nunc fluens facit tempus 481
Nunc frondent silvae, nunc 1261
Nunc hic dies aliam vitam defert
2631
Nunc opus est celeri subdere calcar
2124
Nunc quidem novo quodam 2701
Nunc quidem paulum a sole! 2652
Nunc totus Graias nostrasque 110
Nunc vino pellite curas! 3279
Nuntia … Romanis, caelestes ita
2318
Nuntius it satanae, quo non valet
2886
Nusquam est, qui ubique est. 2109
Nusquam tuta fides. 2960
Nutrimentum spiritus. 724

O cives, cives, quaerenda pecunia
739
O crudele genus nec fidum 567
O curas hominum! o quantum 365
O fallacem hominum spem! 1187
O falsam spem 1188
O fons Bandusiae splendidior vitro
2181
O formose puer, nimium ne crede
2400
O fortunate adulescens, qui 1207
O magnam vim veritatis! 1399
O mea frustra semper 3493
O mihi praeteritos referat si 1265
O passi graviora, dabit deus 1569
O pater Iuppiter! 1300
O pater o hominum rerumque 477
O praeclarum custodem ovium 2388
O qui res hominumque deumque 235
O saeculum! O litterae! Iuvat vivere!
1530
O sancta justitia! 772
O sancta simplicitas! 357
O tempora, o mores! 2632

O vita, misero longa, felici brevis!
1522
O vitae philosophia dux 2135
Oboedire oportet Deo magis 1831
Obsequium amicos, veritas odium
1081
Obstipui steteruntque comae 2502
Occasio aegre offertur, facile 752
Occidit miseros crambe repetita
1562
octavus sapientium 3307
Oculus domini in agro 1123
Oculus domini saginat equum. 1122
Oderint, dum metuant. 1087
Oderint, dum probent. 1086
Oderunt hilarem tristes 1083
Oderunt peccare boni virtutis amore
2814
Odi et amo. Quare id faciam 1084
Odi memorem convivam. 3298
Odi profanum vulgus et arceo. 2158
Odia qui nimium timet 1085
Odium numquam potest 1089
Officium oblatum saepe ingratum.
313
Ohe, iam satis est. 759
Oleum addere camino. 2099
Oleum et operam perdidi. 2098
Omina sunt aliquid. 3219
Omne bellum sumitur facile 1420
Omne ens est bonum. 2595
Omne honestum in arduo est. 2990
Omne initium difficile. 44
Omne malum ex malo. 54
Omne malum nascens facile 3016
Omne nimium nocet. 3028
Omne simile claudicat. 3134
Omne tempus Clodios, non omne
274
Omne trinum perfectum. 329
Omne tulit punctum 2083
Omne, quod est nimium 505
Omnem consolationem vincit 2970
Omnem crede diem tibi 2837
Omnes enim beati esse volunt. 924
Omnes enim peccaverunt 2824
Omnes enim, qui acceperint gladium
252

Optimum est pati, quod emendare 1577
Optimus odor in corpore est nullus. 1386
Optimus orandi magister 2076
Opus autem mortis in medio est 2574
opus Dei 3338
Ora et labora! 202
Ora et labora, Deus adest 203
Ora pro nobis! 201
Oramus autem Deum, ut nihil mali 3022
Orandum est, ut sit mens sana 720
Orate, fratres! 200
Oratio certam regulam non habet 2687
Oratio cultus animi est. 2688
orator unus e multis 3186
Oratorem irasci minime decet. 2257
Oratorem, nisi qui sapiens esset 2256
Orbis sensualium pictus. 1732
Ordo est anima rerum. 2103
Ordo naturae est ab ipso Deo. 1997
Oremus! 199
Os habet in corde sapiens 1155
Os, oculus, vultus produnt 1882
Oscula qui sumpsit 1459
Ossa ac pellis totus est. 1356
Ostendite modo bellum 1427
Otia corpus alunt, animus 1904
Otia dant vitia. 1910
otium cum dignitate 1900
Otium est pulvinar diaboli. 1913
Otium sine litteris mors est 1908
Ovem lupo commisisti. 2387
Ovo ovum simile. 868

Pacem habebis cum 501
Pacta sunt servanda. 3174
Paete, non dolet. 2489
Pallida mors aequo pulsat pede 2907
Palma non sine pulvere. 2620
Panem et aquam natura desiderat. 249
Panem et circenses. 250
Panis et aqua est vita beata. 3261
par nobile fratrum 253

Par pari referre. 866
Par pari respondere. 865
Parce, puer, stimulis 1352
Pareatur necessitati, quam ne di 2064
Parentes suos non amare 371
Pares cum paribus 867
pari iugo niti 869
Parietes amicitiae custodes. 1929
Paritur pax bello. 1422
Parsimonia est scientia vitandi 2668
Parthis mendacior 1691
Parturient montes, nascetur 180
Partus sequitur ventrem. 138
Parva avis, parvus nidus. 3196
Parva domus, magna quies. 1094
Parva enim magnis saepe 3132
Parva saepe scintilla 527
Parvum parva decent. 1332
Parvus error in principio 1257
Pasce agnos meos! 1474
Passibus ambiguis fortuna 901
pater / patres ecclesiae 3089
pater familias 3081
Paternoster 3090
Pater noster, qui es in caelis 3091
pater patriae 3084
Pater, in manus tuas 1079
Pater, peccavi 2823
Patet enim illud omne 3245
Patet exitus. Si pugnare non 2608
Patet omnibus veritas. 3235
Patientiam omnes recommendant 696
patres conscripti 3083
Patria cara, carior libertas. 586
Patriae solum omnibus carum 3093
Pauper mutatur, si dives 87
Pauper ubique iacet. 77
Pauperis est numerare pecus. 78
Pauperis in causa non auris sit 88
Paupertas artis omnis perdocet. 86
Paupertas et honestas a Deo sunt. 91
Paupertas inpulit audax, ut 80
Paupertatem malum non esse 74
pavor Panicus 2500
Pax Christi 636
Pax intrantibus, salus exeuntibus. 635

Proxime et secundum deos 1794
Proximus sum egomet mihi. 1936
Prudens futuri temporis exitum 3495
Prudens interrogatio quasi 559
Prudentia ac consilio praestat 1343
Prudentis est nonnumquam 1342
Pudorem rei tollet multitudo 2815
Pulvis et umbra sumus. 2712
Punctum est quod vivimus 2173
punctum saliens 2174
Punica fides 2959
Punica fides, Jesuitica fides. 1280
puro pectore 2282
Pythagoram autem respondisse 1498

Qua fugiunt hostes, via 516
Qua vicit, victos protegit ille 1071
Quae acciderunt, accidere possunt. 1376
Quae est domestica sede iucundior? 1096
Quae fugiunt, celeri carpite 1070
Quae fuit durum pati 1573
Quae in iuventute tua 1295
Quae inscitia est, adversum stimulum 2704
Quae medicamenta non sanant 1095
Quae mentem insania mutat 3226
Quae natio non gratum animum 3363
Quae natio superbos non aspernatur 1179
Quae peccavimus iuvenes 1291
Quae seminaverit homo, haec 2369
Quae sit libertas, quaeris? 583
Quae societas luci ad tenebras? 1612
Quae tam firma civitas est, quae 2700
Quae *terra* et bibit 393
quae unitatem in trinitatem 330
Quaedam falsa veri speciem 3232
Quaerimus, quid sit extremum 1028
Quaerit delirus, quod non 2938
Quaeritis, Aegistheus quare sit 1903
Quale vinum, tale Latinum. 3297
Qualis artifex pereo! 2024
Qualis dominus, talis et servus. 2645
Qualis homo, talis eius oratio. 2683

Qualis mater, talis filia. 1922
Qualis rex, talis grex. 1110
Qualis vir, talis oratio. 1734
Qualis vita, finis ita. 1529
Quam quisque norit artem 1437
Quam veterrumus homini 600
Quamquam hoc animi, illud 157
Quamvis sint sub aqua 2479
Quamvis sit modicus, timet 518
Quamvis voce negat, vox est 1723
Quando bibo vinum, loquitur 3296
Quando convenient Ludmilla 2529
Quandoque bonus dormitat Homerus. 1209
Quanta animi perturbatio 3455
Quanto iuniores, tanto 417
Quanto plus liceat, tanto 173
Quantum est, quod nescimus! 2054
Quantum hominum unus venter 134
Quem di diligunt, adulescens 977
Quem ego credo manibus 1066
Quem enim diligit Dominus 3475
Quem paenitet peccasse 2294
Quem putamus perisse, praemissus 2916
Quem saepe transit casus 3047
Quemadmodum coepit, sic 379
Qui amant, ipsi sibi somnia 1624
Qui amat periculum 702
Qui amat, cui odio ipse est 1082
Qui asinum non potest, stratum 460
Qui autem seminat in spiritu 733
Qui bonum omne 3201
Qui bonus est hodie, melior fit 2476
Qui crediderit, et baptizatus 860
Qui credit in me … vivet. 862
Qui credit in me, habet 861
Qui dat beneficia, deos imitatur 3367
Qui dat pauperi, non indigebit. 90
Qui dedit beneficium, taceat. 3366
Qui dormit, non peccat. 2461
Qui dormiunt libenter, sine lucro 2448
Qui eloquentiae verae 2252
Qui enim vult vitam diligere 3508
Qui fodit foveam, incidet 1018
Qui fuit rana, nunc est rex. 1362
Qui gladio ferit, gladio perit. 2551

Qui habet aurem, audiat 2114
Qui habet aures audiendi 1224
Qui invenit animam suam, perdet 1539
Qui invenit mulierem bonam 573
Qui invidet, minor est. 2021
Qui manducat meam carnem 549
qui me hominem inter homines voluit 1806
Qui medice vivit, misere vivit. 104
Qui moderatur labia sua, prudentissimus 1348
Qui negat esse Deum, spectet 967
Qui nescit dissimulare, nescit 1146
Qui nimium probat, nihil probat. 209
Qui nolet fieri desidiosus, amet! 1629
Qui non est mecum 708
Qui non proficit, deficit. 555
Qui per virtutem periit 2724
Qui proficit in litteris 3360
Qui properent, nova musta bibant 3281
Qui saepe rixantur, a paucis 2780
Qui sapit in tacito gaudeat 594
Qui semel verecundiae finis transierit 186
Qui seminant in lacrimis 2366
Qui sibi semitam non sapiunt 3265
Qui sine peccato est vestrum 2723
Qui studet optatam cursu contingere 1351
Qui stultis videri eruditi volunt 455
Qui stultus exit, stultus revertitur. 2939
Qui suo iure utitur, iniuriam nulli 2228
Qui tacet, consentire videtur. 2537
Qui tacet, non fatetur 2536
Qui terret, plus ipse timet. 2503
Qui timet Dominum, honorat 373
Qui timet hominem, cito 668
Qui timide rogat 558
Qui totum vult, totum perdit. 18
Qui ventum seminabunt 2367
Qui vincitur, vincit. 2621
Qui vitia odit, homines odit. 503
Quia aeternitas est mensura 483

Quia Dominus dat sapientiam 3326
Quia misericordiam volui 2100
Quia ventum seminabunt 434
Quicumque enim spiritu Dei 1319
Quicumque turpi fraude semel 1693
Quid avarus? Stultus et insanus? 734
Quid crastina volveret aetas scire 3497
Quid curo stellas, si mihi, Phoebe 2657
Quid de quoque viro et cui dicas 2584
Quid deceat, non videt ullus 1637
Quid enim mihi aufert, qui 1468
Quid est aliud fors 3477
Quid est boni viri? Praebere se fato. 2971
Quid est civitas nisi iuris societas 2696
Quid est ergo ratio? 1035
Quid est fletu muliebri viro 3300
Quid est homo? 1802
Quid est in homine proprium? 3157
Quid est libertas? Potestas vivendi 580
Quid est pietas nisi 368
Quid est sanctius quam domus 1092
Quid est sapientia? Semper idem 3321
Quid hic statis otiosi? 1912
Quid leges sine moribus? 802
Quid non amor improbus audet? 1640
Quid non cogit amor! 1652
Quid non speremus amantes? 1192
Quid novi ex Africa? 2028
Quid nunc te, asine 457
Quid potest esse in otio 1833
Quid quaeris? 556
Quid Romae faciam? Mentiri nescio. 1697
Quid sit futurum cras, fuge 3494
Quid sit summi boni locus 1039
Quid tam populare quam libertas? 578
Quid tibi vitandum praecipue 1760
Quid vesper ferat, incertum est. 3
Quid, si nunc caelum ruat? 1167

Quod si non se continent, nubant. 1104

Quod sis, esse velis, nihilque 3141

Quod tibi fieri non vis, alteri 1941

Quod tribus notum, non est 3355

Quod volumus, et credimus 3378

Quod volumus, sanctum est. 3387

Quod vult habet, qui velle 3384

Quodsi pudica mulier in partem iuvet 566

Quomodo fabula, sic vita 1518

Quoniam largitur dilectis suis 2462

Quoniam mille anni ante oculos 1271

Quoniam non potest id fieri 3377

Quos (Deus) licet meritum naturae 1992

Quos Deus perdere vult, dementat 3169

Quos ego ... 2023

Quos viceris, amicos tibi esse cave credas. 611

Quot caelum stellas 1719

Quot capita, tot sensus. 1381

Quot capitum vivunt, totidem 1380

Quot homines, tot sententiae. 1786

Quot in campo lepores 1659

Quot servi, tot hostes. 515

Quotidiana vilescunt. 2851

Quousque eadem? 290

Quousque tandem, Catilina 694

Radix enim omnium malorum 1063

Rana amat ranam 647

Rapienda rebus in malis praeceps 3046

rara avis 3192

Rarae fumant felicibus arae. 915

Rarissimi sunt autem qui 2772

Raro antecedentem scelestum 2764

Ratio autem nihil aliud est quam 3153

Ratio contra vim parum 827

Ratio fatum vincere nulla valet. 2417

Ratio quasi quaedam lux 1602

Ratio vero dis hominibusque 3159

Ratio, cui nulla resistunt claustra 3151

Ratione, non vi vincenda 3150

Ratis omnia vincet. 2444

Re, non verbis peculium 3399

Rebus in adversis animum 3052

Rebus in adversis melius sperare 3055

Rebus in angustis facile est 1526

Rebus sic stantibus 2361

Recedere a malo est intelligentia. 3173

Rectam instas viam. 3263

Recte facti fecisse merces est. 2872

Recte Socrates, ut ceterorum argueret 2051

Reddenda terrae est terra. 392

Reddit mercatum mox prompta 216

Reddite cui honorem honorem. 346

Reddite ergo quae sunt Caesaris 680

Regia, crede mihi, res est 1366

Regis amicitia non est 1367

Regula Benedicti 2261

Regula et mensura actuum 3162

Relata refero. 184

relicta non bene parmula 2447

Religionem superstitio imitatur. 2286

religionis haec Romanae esse 1000

rem actam agere 2356

Rem acu tetigisti. 2357

Rem facias, rem / si possis, recte 2358

Rem tene, verba sequentur. 2240

Remota iustitia quid sunt regna 2703

Repetitio est mater studiorum 3340

Requiescat in pace. 637

rerum natura creatrix 1964

Res ad triarios rediit. 2360

Res clamat ad dominum. 2359

Res dei ratio. 3160

Res est forma fugax 2499

Res est solliciti plena timoris amor. 1636

Res fallunt: illas discerne! 315

Res loquitur ipsa. 208

Res mala vir malus est 2477

Res publica est res populi. 2694

Res serias omnis ex hoc die 428

Res valet, ars praestat 1445

reservatio mentalis 1278

Spectatum veniunt, veniunt, spectentur 2585

Speculum cordis hominum verba 2248

spemque metumque inter dubii 1193

Sperne voluptates, nocet empta 3137

Spes in nobis est, in Deo exitus. 1202

Spes tenet in tempus 1194

spiritus Paraclitus 730

Spiritus quidem promptus est 547

spiritus rector 726

Stabat mater dolorosa 1926

stabilitas loci 1868

stante pede 670

Stat crux dum volvitur orbis. 1415

Stat magni nominis umbra. 1955

Stat sua cuique dies 2834

status quo 3512

stetit unus in arcem erectus capitis 1799

Stoici soli ex omnibus eloquentiam 2253

Stoicis placet unam causam esse 3076

Stulte, quid est somnus 2452

Stulte, stude! 333

Stulti timent fortunam, sapientes 449

Stultitia est venatum ducere 1225

Stultitia excusationem non habet. 2931

Stultitiam dissimulare difficile 2941

Stultitiam patiuntur opes. 332

Stultorum incurata pudor 97

Stultorum infinitus est numerus 2942

stultorum plena sunt omnia. 2932

Stultum est timere, quod 666

Stultum est ulcisci velle 2185

stultum facit fortuna, quem 911

Stultus quoque, si tacuerit 2943

Sua cuique deus fit dira 160

Sua cuique exorsa laborem 895

Sua quisque exempla debet 3203

Suae quemque fortunae 1679

Suae quisque fortunae faber 877

Suam quisque homo rem meminit. 409

Suave ... e terra magnum alterius spectare 1567

Suavis laborum est praeteritorum 410

sub colore iuris 2404

Sub noctem cura recursat. 2660

Sub pulchra specie latet deceptio 2402

sub rosa 2336

sub specie aeternitatis 484

Subditi ergo estote Deo 2892

Successus ad perniciem multos 407

Successus improborum plures 406

sui generis 93

sui iuris 2217

Suis et ipsa Roma viribus ruit. 2310

Suis fortuna cuique fingitur 275

Sum quod eris, quod es, ipse fui. 2601

Sumite materiam vestris 2509

summa manus 1069

summa summarum 2809

Summi boni perfectionem 1042

Summum bonum a Stoicis dicitur 1973

Summum bonum est animus 1032

Summum bonum immortale 1033

Summum ius, summa iniuria. 2210

Sunt aliquid Manes, letum non 2911

Sunt aries, taurus, gemini 2742

Sunt bona, sunt quaedam mediocria 259

Sunt di immortales lenti 990

Sunt etiam nonnulli acuendis 2679

Sunt facta verbis difficiliora. 2868

Sunt Iovis omnia plena. 986

Sunt lacrimae rerum. 2948

Sunt pueri pueri, pueri puerilia 1354

Sunt sua praemia laudi. 340

Sunt virtutibus vitia confinia. 1490

Suo enim quisque studio maxime 550

super omnia vultus accessere boni 1841

Superanda omnis fortuna 448

Superior stabat lupus. 3373

Sursum corda! 374

Sus magis in caeno gaudet 2545

Tu modo nascenti puero 1349
Tu ne cede malis, sed contra 1917
Tu nescis id quod scis 3347
Tu nihil invita dices faciesque 1850
Tu pias laetis animas raponis sedibus. 2564
Tu quid, tu apud quos 2241
Tu regere imperio populos 1138
Tunc dicit ei Iesus: Vade, Satana! 2376
Tunc ius calcatur, violentia 831
Tunc praecipue in te ipse 2165
Tunica propior pallio est. 1107
Turpe est aliud loqui, aliud sentire. 293
Turpia peiores reddunt proverbia mores. 2641
Turpis avis, proprium qui 3195
Turpis fuga mortis 2902
Turpissimum tunc discere velle 1556
tyrannus, quo neque taetrius 3012

Ubi amici, ibidem opes. 601
Ubi autem spiritus Domini, ibi libertas. 587
Ubi bene, ibi patria. 3094
Ubi est mors victoria tua? 2706
Ubi innocens formidat 2301
Ubi lucrum est, ibi vix audet 2965
Ubi maxima spes, ibi minima 1201
Ubi mel, ibi fel. 1213
Ubi nihil est, Caesar 1306
Ubi nil timetur, quod timeatur 662.
Ubi ordo est lex, ibi 2104
Ubi peccat aetas maior, male 31
ubi saevae nutu Iunonis eunt res 1297
Ubi solitudinem faciunt, pacem 633
Ubi tu Caius, ego Caia. 1100
Ubicumque fuerit corpus, ibi 1
Ubicumque homo est, ibi 3369
ubique pavor et plurima mortis imago 659
Ultima latet. 2807
ultima ratio regum 1710
ultima Thule 2894
ultimam manum imponere 1068
Ultra posse nemo obligatur. 1378

Ulula cum lupis, cum quibus 3376
umbram suam timere 2394
una atque eadem voce 2747
Una harum ultima. 2806
Una hirundo non efficit ver. 651
Una salus victis nullam 190
Unde fames homini vetitorum 2672
Unde habeas, quaerit nemo 1051
Undique ad inferos tantundem 1204
Uni cuique dedit vitium 499
Unicis *pueris* quo plus 454
unio mystica 358
Unius ovis scabies totum gregem 2391
Universalia sunt ante res. 316
Universalia sunt in rebus. 317
Universalia sunt post res. 318
Universalia sunt nomina. 1956
uno ore 1885
Unum cum noveris, omnes 415
Unum ergo bonum ipsa virtus 1038
Unum est bonum, quod honestum. 1037
Unum est levamentum malorum 1574
Unus dies apud Dominum 1273
Unus homo nobis cunctando 2692
Unus mihi pro populo est 355
Unus omnium parens mundus est. 3086
Unus pro multis 354
unus pro omnibus 356
Unus testis, nullus testis. 3451
urbi et orbi 2709
urbs Roma virtutum omnium 2322
Uri, vinciri ferroque necari. 842
Usque adeone mori miserum est? 2726
Usus frequens omnium magistrorum 3031
Usus magister est optimus. 1558
Usus tyrannus. 833
Ut ameris, ama! 1653
Ut ameris, amabilis esto! 1632
Ut causa, quid sit effectum, indicat 3074

Aus dem Verlagsprogramm

Klassische Philologie bei C.H.Beck – Eine Auswahl

Hellmut Flashar
Aristoteles
Lehrer des Abendlandes
3. Auflage. 2015. 416 Seiten mit 9 Abbildungen und 1 Karte.
Gebunden

Hellmut Flashar
Sophokles
Dichter im demokratischen Athen
2000. 220 Seiten. Gebunden

Hermann Fränkel
Dichtung und Philosophie des frühen Griechentums
Eine Geschichte der griechischen Epik, Lyrik und Prosa
bis zur Mitte des fünften Jahrhunderts
5. Auflage. 2006. 636 Seiten. Leinen

Reinhart Herzog/Peter L. Schmidt (Hrsg.)
Handbuch der lateinischen Literatur der Antike

Band 4: Die Literatur des Umbruchs
Von der römischen zur christlichen Literatur 117–284 n. Chr.
Herausgegeben von Klaus Sallmann
1997. XXXIV, 651 Seiten. Leinen

Band 5: Restauration und Erneuerung.
Die lateinische Literatur von 284–374 n. Chr.
Herausgegeben von Reinhart Herzog
1989. XXXIX, 560 Seiten. Leinen

Band 6: Die Literatur im Zeitalter des Theodosius (374–430 n. Chr.)
Herausgegeben von Jean-Denis Berger, Jacques Fontaine und
Peter L. Schmidt
1. Teil: Fachprosa, Dichtung und Kunstprosa
2020. XL und 696 Seiten. Leinen
2. Teil: Christliche Prosa
2020. XLII und 1005 Seiten. Leinen

C.H.Beck München

Klassische Philologie bei C.H.Beck – Eine Auswahl

Martin Hose
Kleine griechische Literaturgeschichte
Von Homer bis zum Ende der Antike
1999. 261 Seiten. Paperback

Martin Hose (Hrsg.)
Meisterwerke der antiken Literatur
Von Homer bis Boethius
2000. 188 Seiten. Paperback

Markus Janka
Vergils Aeneis
Dichter, Werk und Wirkung
2021. 128 Seiten mit 2 Schaubildern. Broschiert

Dennis Pausch
Virtuose Niedertracht
Die Kunst der Beleidigung in der Antike
2021. 223 Seiten mit 11 Abbildungen. Gebunden

Thomas Alexander Szlezák
Platon
Meisterdenker der Antike
2021. 779 Seiten. Gebunden

Bernhard Zimmermann
Homers Odyssee
Dichter, Helden und Geschichte
2020. 128 Seiten mit 3 Abbildungen und 1 Stammbaum. Broschiert

C.H.Beck München